Au nom de la terre

**Agrarisme et agrariens,
en France et en Europe,
du 19e siècle à nos jours**

Mondes ruraux contemporains

Collection pluridisciplinaire du Laboratoire d'études rurales
(Université de Lyon-INRA)
Directeur : Jean-Luc Mayaud

Déjà paru :

Claire DELFOSSE, *La France fromagère 1850-1990*, 2007

Association des ruralistes français
Laboratoire d'études rurales
Pierre Cornu et Jean-Luc Mayaud [dir.]

Au nom de la terre

Agrarisme et agrariens, en France et en Europe, du 19e siècle à nos jours

Actes du 23e colloque
de l'Association des ruralistes français

http://www.bhedition.com

La Boutique de l'Histoire, Paris, 2007
ISBN 978-2-910828-44-8
Imprimé en France

Pour Pierre Barral

Introduction
Le temps retrouvé de l'agrarisme ?
Réflexion critique sur l'historicité
et l'actualité d'un paradigme

**Pierre CORNU
et Jean-Luc MAYAUD**

Avec *Les agrariens français de Méline à Pisani*, en 1968 [1], Pierre Barral offrait à la communauté des historiens – mais également des géographes, sociologues et politistes intéressés au monde rural – une somme magistrale, mettant en lumière la cohérence de longue durée de l'agrarisme français. Depuis, débats et recherches nouvelles, bien au-delà des controverses propres au contexte scientifique de l'époque [2], n'ont cessé d'alimenter la réflexion et le travail des chercheurs. Réflexion et travail que Pierre Barral a lui-même contribué à enrichir, notamment par le souci de ne pas enfermer son sujet dans un face-à-face entre intérêts agricoles institués et puissance publique, mais de faire varier les échelles temporelles et spatiales de l'analyse. Dès 1964, dans un article important de la *Revue historique*, il avait ainsi défendu la nécessité d'un comparatisme européen de l'histoire des organisations agraires [3]. En 1969, il dirigeait une livraison de la revue

---

1. Pierre BARRAL, *Les agrariens français de Méline à Pisani*, Cahiers de la Fondation nationale des sciences politiques, n° 164, Paris, Armand Colin, 1968, 386 p.
2. Controverses portant principalement sur le statut de réalité sociale ou de construction politique de l'interclassisme agraire. Posée en 1972 par Philippe Gratton en termes de lutte des classes et en opposition aux thèses de Pierre Barral, la question, à l'époque, a été tranchée à l'avantage du second – même si, comme on le verra dans certaines contributions rassemblées ici, elle est susceptible de retrouver une pertinence. Philippe GRATTON, *Les paysans contre l'agrarisme*, Paris, François Maspero, 1972, 224 p.
3. Vœu qui ne sera réalisé que bien plus tard, dans les années 1980 pour les premières esquisses, dans les années 2000 pour la mise en commun réelle des approches méthodologiques et des hypothèses analytiques des différentes historiographies. Pierre BARRAL, « Les mouvements agrariens de l'ère industrielle (jusqu'à la Seconde Guerre mondiale) », dans *Revue historique*, n° 472, octobre-décembre 1964, pp. 299-330. Pour une approche des formes de renouveau du comparatisme européen : Alberto Mario BANTI, « Elites rurales et organisation des intérêts en Prusse et dans la vallée du Pô (1880-1914) »,

Le Mouvement social consacrée aux « Aspects régionaux de l'agrarisme français avant 1930 »[4]. Et dans sa contribution à *L'histoire économique et sociale de la France*, publiée en 1980, il revenait à l'échelle nationale pour éclairer les enjeux particuliers de la période 1914-1948, phase de transition douloureuse, mais décisive, entre l'agrarisme républicain protecteur et l'intégration au marché[5].

Près de trente ans après l'œuvre maîtresse de Pierre Barral, où en était la recherche sur l'agrarisme ? Quelle actualisation du concept, quelles nouvelles perspectives pouvaient être proposées ? C'est ce que le 23e colloque de l'Association des ruralistes français (ARF), réuni à Lyon en 1999 autour de l'équipe de l'Axe rural du Centre Pierre Léon d'histoire économique et sociale[6], s'était proposé d'éclairer. En hommage à Pierre Barral, présent à la manifestation, et en cohérence avec l'idéal de pluralité des points de vue, à la fois disciplinaires, institutionnels et géographiques, qui constituent l'identité même de l'ARF, le colloque avait été intitulé « *Agrariens et agrarismes, hier et aujourd'hui, en France et en Europe* ». Avec un usage du pluriel qui entendait signifier à la fois la diversité des contextes régionaux et nationaux explorés, mais également l'esprit d'ouverture des organisateurs[7] vis-à-vis des choix méthodologiques et heuristiques des chercheurs impliqués dans le champ. Certes, les études rurales françaises présentent bien des faiblesses, qu'une approche plus réflexive et moins franco-centrée permettrait sans doute

---

dans *Annali dell'Istituto storico italo-germanico in Trento*, volume 14, 1988, repris dans Édouard LYNCH, *Les campagnes dans les évolutions sociales et politiques en Europe, des années 1830 à la fin des années 1920 : étude comparée de la France, de l'Allemagne, de l'Espagne et de l'Italie*, Paris, Hachette, 2005, pp. 131-160 ; Maria MALATESTA, *Le aristocrazie terriere nell'Europa contemporanea*, Rome/Bari, Laterza, 1999, 200 p. ; Rita ALDENHOFF-HÜBINGER, « Deux politiques agricoles ? France et Allemagne (1880-1914) », dans *Histoire et sociétés rurales*, n° 23, 1er semestre 2005, pp. 65-87 ; Pierre CORNU et Jean-Luc MAYAUD, « L'agrarisme, question d'histoire urbaine ? Approche comparée de la construction des "campagnes" dans la France et l'Allemagne de l'ère industrielle », dans Frédéric CHAUVAUD et Jean-Claude CARON [dir.], *Les campagnes dans les sociétés européennes. France, Allemagne, Espagne, Italie (1830-1930)*, Rennes, Presses Universitaires de Rennes, 2005, pp. 33-54 ; Jean-Luc MAYAUD et Lutz RAPHAEL [dir.], *Histoire de l'Europe rurale contemporaine. Du village à l'État*, Paris, Armand Colin, 2006, 405 p. (ouvrage regroupant les communications d'un colloque international tenu à Lyon en novembre 2005).

4. Pierre BARRAL, « Aspects régionaux de l'agrarisme français avant 1930 », dans Pierre BARRAL [dir.], *Aspects régionaux de l'agrarisme français avant 1930.— Le Mouvement social*, n° 67, avril-juin 1969, pp. 3-16. On se souviendra également que la thèse de Pierre Barral avait été l'une des premières à « départementaliser » l'histoire de France : Pierre BARRAL, *L'Isère sous la Troisième République, 1870-1940*, Paris, Armand Colin, 1962, 597 p.

5. Pierre BARRAL, « Les grandes épreuves : agriculture et paysannerie, 1914-1948 », dans Fernand BRAUDEL et Ernest LABROUSSE [dir.], *Histoire économique et sociale de la France, tome 4 : L'ère industrielle et la société d'aujourd'hui (siècle 1880-1980). Second volume, 1914-années 1950*, Paris, Presses universitaires de France, 1980, pp. 821-857, réédition Quadrige, 1993, pp. 823-860.

6. Devenu le Laboratoire d'études rurales, unité pluridisciplinaire regroupant historiens, géographes, ethnologues, agronomes et socio-économistes, avec le statut d'équipe d'accueil depuis 2001 et d'Unité sous contrat de l'Institut national de la recherche agronomique depuis 2007.

7. Pierre Alphandéry (INRA Ivry-sur-Seine), Hugues Lamarche (LADYSS, Université Paris X-Nanterre) et Jean-Luc Mayaud (CPL-CNRS, Université Lyon 2).

INTRODUCTION

de corriger ; mais on doit au moins leur concéder d'avoir su entretenir, avec l'ARF, une structure réellement ouverte et capable de faire vivre, sans dogme ni anathème, et dans la longue durée, le débat non seulement scientifique, mais également citoyen et politique sur les questions touchant au rural.

Participèrent aux échanges durant ces deux journées lyonnaises pas moins de 31 intervenants [8], venus de tous les horizons des sciences sociales et travaillant sur les terrains, les périodes et les objets les plus divers, mais réunis par une même interrogation, à la croisée de l'économique, du social, du culturel et du politique, sur l'agrarisme et ses déclinaisons. Le colloque, on peut le dire, tint toutes ses promesses, et réunit, outre les communicants, une assistance aussi nombreuse que diverse – preuve, s'il en fallait, de l'actualité des questions touchant à la ruralité (on était alors en plein débat sur les contrats territoriaux d'exploitation et la multifonctionnalité rurale...), et de leur interaction avec les questions globales de la territorialité, du développement et du changement social au village. Un certain nombre de thèses, récemment soutenues ou sur le point de l'être, doivent une partie de leur questionnement à ces échanges [9].

Le présent volume, fruit de cette rencontre, représente toutefois bien davantage qu'une transcription de ces débats. Les 25 contributions rassemblées ici [10], huit années après la tenue du colloque, constituent en effet la version actualisée, enrichie par les débats lyonnais mais également

---

8. Empêchés, Michel Pigenet (Université Paris I) et Marcel Jollivet (LADYSS, Université Paris X-Nanterre) ne se sont pas rendus au colloque pour, le premier, y traiter : « Syndicalisme et agrarisme », et pour le second, participer aux conclusions de la manifestation : « Les métamorphoses de l'agrarisme à l'aube du 21ᵉ siècle ».

9. Sur la territorialisation duale de l'agrarisme, à travers l'exemple de la mise hors du temps de la modernité des hautes terres du Massif central par le contrôle du processus de déprise, Pierre CORNU, *La forteresse vide. Une histoire des hautes terres du Massif central entre déprise humaine et emprise symbolique (19ᵉ-20ᵉ siècles)*, Thèse pour le doctorat en histoire sous la direction de Gilbert Garrier et Jean-Luc Mayaud, Université Lumière-Lyon 2, 2000, 3 volumes, 865 f° et 189 f° ; sur les dynamiques micro-locales du politique sous la Troisième République, dans une lecture prosopographique des élus municipaux du département du Rhône, Gaëlle CHARCOSSET, *Maires et conseillers municipaux des campagnes du département du Rhône au 19ᵉ siècle. Étude sociale et politique*, thèse en cours sous la direction de Jean-Luc Mayaud ; sur une histoire du second 20ᵉ siècle à la croisée des approches organisationnelles, institutionnelles et prosopographiques, avec les archives de l'APCA, Mélanie ATRUX, *L'Assemblée permanente des chambres d'agriculture (APCA), 1924-1974*, thèse en cours sous la direction de Claude-Isabelle Brelot ; et enfin, sur une relecture à l'échelon régional et dans une logique prosopographique du syndicalisme agricole au 20ᵉ siècle, avec l'exemple de l'Union du Sud-Est, Pierre CHAMARD, *L'Union du Sud-Est des syndicats agricoles (1888-1940)*, thèse en cours sous la direction de Jean-Luc Mayaud. Cette liste, mentionnant les seuls étudiants du Laboratoire d'études rurales de Lyon, demanderait évidemment à être complétée.

10. N'ont pu ou n'ont pas souhaité remettre leur communication écrite les communicants suivants : Stathis Damianakos (LADYSS, Université Paris X-Nanterre), « Agronomes et populistes : regards croisés sur les fondements idéologiques du paysannisme dans les deux Europe » ; Bertrand Hervieu (CEVIPOF-IEP, Paris), « Conférence inaugurale » ; Christine Margetic-Le Méné (Université d'Artois), « Des coopératives aux clubs d'agriculteurs » ; Jean-Luc Mayaud (CPL-CNRS, Université Lyon 2), « Les logiques agrariennes des politiques agricoles avant 1914 » ; Gilles Pécout (ENS, Paris), « Agrarisme et agrariens en Italie » ; Jean Valengin (Université Lille 3), « Syndicalisme, agrarisme et dorgérisme : entre intégration, contestation et recomposition dans la France du nord ».

par des travaux ultérieurs, des communications présentées [11]. Ainsi que l'attestent les bibliographies fournies par les auteurs, un très important travail de réécriture et d'approfondissement a été accompli, pour permettre à cet ouvrage de présenter au lecteur l'état le plus immédiat de la réflexion collective sur l'agrarisme. Que chacune et chacun des auteurs trouve ici l'expression de notre profonde reconnaissance. Avec une pensée particulière pour Isabel Boussard, membre historique de l'ARF, disparue en mars 2006, dans les derniers mois de préparation de cet ouvrage.

Pierre Cornu et Jean-Luc Mayaud ont assuré la collecte, la relecture et l'édition des textes [12]. Ce travail collectif n'aurait toutefois pu rencontrer ses lecteurs sans le courage et la patience des éditions de la Boutique de l'Histoire, l'une des dernières maisons à faire une place aux publications imprimées de colloques, permettant à la recherche vivante de garder trace des étapes de son développement, et de se faire connaître auprès des acteurs concernés et des lecteurs curieux. Qu'elles en soient remerciées à la hauteur de leurs mérites.

***

Dans son ouvrage fondateur, Pierre Barral proposait une grille de lecture des politiques rurales, agraires et agricoles de l'époque contemporaine à travers le prisme de l'agrarisme, défini non pas comme un archaïsme, mais comme un mouvement social et politique dynamique, participant pleinement de la modernité [13], qu'il se proposait de saisir « sans exclusive », à travers « toutes les formes de cet effort puissant quoique irrégulier, qu'elles aient été violentes, sages ou diffuses, qu'elles aient exprimé une aspiration d'ensemble ou le désir d'une catégorie, qu'elles aient obtenu l'échec ou le succès ». « Au-delà des événements concrets, poursuivait-il, [il avait] cherché en outre à atteindre les mentalités et à définir les images, les jugements, les représentations qui ont opposé le monde rural au monde citadin et réciproquement ». Donc, en dépit de la diversité des formes d'expression de l'agrarisme, c'est bien par son unité sociale, unité fondée sur les spécificités de l'économie rurale [14], dans – et d'une certaine manière *contre* – le contexte

---

11. C'est ainsi que les directeurs du volume ont abandonné le plan initialement retenu pour le déroulement du colloque : « Agrarismes et fondements nationaux » ; « Images de l'agrarisme » ; « Agrarisme et politiques agricoles » ; « Agrariens, anti-agrariens, néo-agrariens » ; « Agrarisme, environnement, qualité ».
12. Ils tiennent à remercier chaleureusement Claude-Isabelle Brelot, professeur d'histoire contemporaine et membre du Laboratoire d'études rurales de Lyon, pour sa relecture attentive et critique de cette longue introduction.
13. On insistera sur cet apport fondamental du travail de Pierre Barral, qui a consisté à réfuter l'application de la théorie du « retard de développement », forgée pour expliquer la situation du « Tiers-Monde » post-colonial, à l'économie rurale contemporaine.
14. Sans doute y a-t-il un impensé spatialiste dans le postulat d'une spécificité de l'économie et des sociétés rurales. Mais sa genèse doit être interrogée dans la production géographique,

de la modernité industrielle [15], qu'il entendait légitimer scientifiquement le concept d'agrarisme. Unité et atemporalité du sens, diversité et contingence des formes concrètes : c'est cette articulation fondamentale, ce dualisme ontologique entre un paradigme politico-symbolique et le corps social qui l'historicise, lui-même englobé dans un dualisme spatial dissymétrique entre une « campagne » pensée dans une rationalité positive et une « ville » plus ambivalente [16], qui se trouve au cœur de la définition barralienne de l'agrarisme.

Dans cette définition, anti-sartrienne si l'on veut, l'essence non seulement précède, mais détermine en grande partie l'existence, réduisant les représentations historiques du « rural » aux étincelles produites par le choc avec l'univers urbain. Cette méfiance à l'égard des « superstructures culturelles » nous rappelle la vigueur du combat idéologique et politique qui se jouait dans les années 1960, parfois à fronts renversés, sur la genèse et la rationalité des identités sociales [17]. Et ce, même si Pierre Barral, comme il le rappelle dans la postface à cet ouvrage, n'a jamais souhaité assumer une posture de théoricien, préférant parler des *agrariens* comme acteurs sociaux et politiques plutôt que de *l'agrarisme* comme système. Mais il y a souvent davantage dans une œuvre que ce que son auteur entend y mettre, ne serait-ce que par l'incubation du contexte dans l'écriture, et la définition barralienne du processus auquel participent les agrariens se prête à l'évidence à une lecture théorique.

Cette définition avait au reste le mérite de se trouver en cohérence non seulement avec les sources de l'historien – c'est-à-dire la production discursive surabondante de la France républicaine sur le fait agricole et/ou rural –, mais encore avec une lecture dominante du temps historique au 20e siècle, et singulièrement dans la période des « Trente Glorieuses », qui combinait les arguments de l'évolutionnisme et du structuralisme pour valider le schéma d'une marche peut-être irrégulière, mais inéluctable des groupes sociaux vers l'élucidation de leur être, par la prise de conscience de

---

voire dans celle des sciences dites naturelles, et non dans l'utilisation dérivée et purement instrumentale qu'en font historiens, sociologues et ethnologues – ce qui n'exonère évidemment pas ces derniers de leurs responsabilités dans la légitimation du dualisme spatial.

15. En se remémorant quel était l'acquis de l'historiographie de la révolution industrielle dans les années 1960… Les travaux ultérieurs ont en effet largement nuancé l'idée d'une assimilation de l'industrialisation et de la croissance économique au fait urbain. Pour un état de la question, voir : Patrick VERLEY, *La révolution industrielle*, Paris, MA éditions, 1985, réédition : collection Folio/Histoire, Paris, Gallimard, 1997, 543 p. ; Patrick VERLEY, *L'échelle du monde : essai sur l'industrialisation de l'Occident*, NRF essais, Paris, Gallimard, 1997, 713 p.

16. Si, en effet, le rationalisme de Pierre Barral l'éloigne de toute tentation anti-moderne, il semble voir tout de même dans la ville, et notamment dans la ville industrielle, une menace objective pour un développement rural menacé au mieux de périphérisation, au pire d'étouffement.

17. …avant que l'histoire culturelle, s'appuyant sur le travail de déconstruction critique du marxisme et du matérialisme par Michel Foucault, Jacques Derrida et quelques autres, ne vienne départager les combattants en restaurant la puissance des mots sur les choses et les actes.

leurs « intérêts » immanents. « C'est tout le dialogue engagé entre les volontés des agriculteurs et les actes des autorités publiques que nous voudrions saisir à la charnière de l'économique et du politique »[18], proposait alors Pierre Barral : manière de souscrire à l'axiome, particulièrement présent dans l'historiographie nationale, d'une révélation de l'être social par le rôle de miroir de la puissance publique[19]. Ce n'est pas par hasard que Méline et Pisani sont convoqués dans le titre de l'œuvre majeure de l'historien.

Le caractère opératoire de cette définition de l'agrarisme – à l'instar de celle de Maurice Agulhon sur la politisation, inversée dans sa construction, mais identique dans son application[20] – n'a cessé de fasciner les chercheurs, et se trouve à l'origine à la fois de la diversité formelle et de la cohérence profonde des travaux des héritiers, revendiqués ou non, de l'œuvre barralienne, comme l'atteste une bonne partie des contributions rassemblées ici.

Or, si le concept d'agrarisme ainsi défini n'a plus à prouver sa fécondité heuristique et sa validité explicative, il demeure que son origine intellectuelle tient davantage de l'axiomatique que de la méthode

---

18. Pierre BARRAL, *Les agrariens français de Méline à Pisani,* ouv. cité, p. 13.
19. Axiome présent jusque dans la pensée libérale française, dotant celle-ci d'une polarisation inconnue dans la tradition anglo-saxonne. Cette pensée de l'État comme accoucheur des identités, par adhésion ou par réaction, se retrouve à la fois dans l'approche du *nation building* et dans celles de la politisation et de la modernisation sociale. L'agrarisme, objet transversal, ne pouvait échapper à ce tropisme.
20. À deux années d'intervalle, entre *Les agrariens français* et *La République au village*, on observe en effet un renversement majeur dans la définition historienne du rôle des Lumières, entre une première conception qui considère que la modernité existe à l'état latent dans le corps social, paysannerie comprise, attendant les conditions et les acteurs de son éveil, et une seconde, diffusionniste, qui considère que la modernité est produite comme principe directeur au sein d'un groupe particulier d'être propagée avant d'être propagée dans les autres groupes par un travail de médiation descendante. L'aptitude étonnante des deux concepts d'agrarisme et de politisation à se combiner dans les travaux des héritiers tient sans doute à ce que, dans l'œuvre de Pierre Barral, le postulat universaliste de départ est masqué par l'affirmation de la pluralité des voies de la modernisation, laissant penser que le monde rural pourrait se trouver en décalage, voire en position de résistance par rapport à l'invention de la modernité républicaine, puis éventuellement socialiste, dans le laboratoire urbain. Les deux thèses se rejoignent ainsi dans la lecture, définie plus haut, d'une « campagne » mise en périphérie. Maurice AGULHON, *La République au village. Les populations du Var de la Révolution à la Seconde République,* Paris, Plon, 1970, réédition : Paris, Éditions du Seuil, 1979, 543 p. ; Maurice AGULHON, « 1848. Il suffragio universale e la politicizzazione delle campagne francesi », dans *Dimensioni e problemi della Ricerca storica,* Milan, Franco Angeli, n° 1, 1992, pp. 5-20, traduction en français, « 1848, le suffrage universel et la politisation des campagnes françaises » dans Maurice AGULHON, *Histoire vagabonde, tome 3: la politique en France, d'hier à aujourd'hui,* Bibliothèque des histoires, NRF, Paris, Gallimard, 1996, pp. 61-82 ; Maurice AGULHON, « "La République au village" : quoi de neuf ? », dans *Provence historique,* tome 194, octobre-décembre 1998, pp. 423-433 ; et pour un panorama historiographique élargi, Gilles PÉCOUT, « La politisation des paysans au 19e siècle. Réflexions sur l'histoire politique des campagnes françaises », dans *Histoire et sociétés rurales,* n° 2, 2e semestre 1994, pp. 91-125.

expérimentale [21] : si l'on permet la formule, l'agrarisme est, en soi, un concept agrarien. Non pas dans une dimension idéologique – l'œuvre de Pierre Barral est toute de distanciation et d'attention au contexte –, mais, encore une fois, dans la vision structurale de l'histoire contemporaine qui le sous-tend, dans laquelle les représentations ne sauraient avoir d'autonomie par rapport aux réalités matérielles, dont elles ne peuvent que procéder. Vision structurale et rationaliste que l'on se gardera bien, malgré l'éloignement des enjeux rappelés plus haut, d'assimiler à un marxisme méthodologique : tout au contraire, à une époque où la recherche en histoire sociale et politique contemporaine s'intéressait de manière quasi-exclusive à l'antagonisme entre « prolétariat » et « bourgeoisie », Pierre Barral entendait, lui – et ce fut, dans le monde des historiens, la profonde originalité, à certains égards le courage de son œuvre –, « sortir du purgatoire cette force sociale profonde », « celle des agriculteurs luttant pour défendre leur place dans la société industrielle »[22]. Ce qui supposait donc, dans le respect des canons de la science sociale de l'époque, mais contre la téléologie marxiste – qui, rappelons-le, vouait alors la paysannerie à la disparition en tant que groupe social… –, l'existence d'une identité sociale « agraire » objective et non conjoncturelle ou seulement superstructurelle, faite d'intérêts matériels partagés transcendant les conflits entre capital et travail. Au-delà, cela supposait surtout une conscience – ou l'émergence d'une conscience – de cette identité spatialisée [23] chez les acteurs concernés, révélée en négatif par la diffusion descendante des Lumières – et l'on trouve là une possible collusion avec le concept de politisation alors à l'œuvre dans l'historiographie – et un processus de désaliénation irrésistible des groupes sociaux vis-à-vis tant des notables que de l'État [24], par l'affirmation d'une nouvelle source de légitimité sociale : la

---

21. Faiblesse constitutive que l'on peut sans doute attribuer au statut de « champ dominé » des études rurales, leur interdisant la théorisation et la production de « lois ». Mais c'est justement par ce statut, et du fait de la situation personnelle de Pierre Barral dans la structure académique, hors des positions de pouvoir, que l'agrarisme a pu constituer un laboratoire de la remise en cause fondamentale des paradigmes fondateurs de la modernité. Et l'on doit bien constater, aujourd'hui encore, l'efficacité de l'apparente modestie des études rurales, déguisées en positivisme érudit, pour contester la valeur heuristique de la critique sociale dans les sciences humaines.

22. Pierre BARRAL, *Les agrariens français de Méline à Pisani,* ouv. cité, p. 13.

23. Au sens d'une production symbolique métonymique de la « paysannerie » par la « terre ». Or, nous l'avons dit, c'est justement le fondement de l'agrarisme que cette spatialisation duale des identités sociales, le monde de la « terre » étant révélé à lui-même par sa confrontation historique à l'industrialisme urbain, mais paradoxalement rejeté dans l'anhistoricité et la passivité par l'accaparement du rôle de sujet de la construction de la modernité par la « ville-lumière ».

24. Processus de désaliénation qui pose des problèmes considérables de périodisation, trop complexes pour que nous les abordions ici ; mais qui se révèle également profondément ambigu, l'effacement des notables correspondant à une réinvention de leur légitimé sociale dans le second associationnisme, et la désaliénation symbolique vis-à-vis de l'État, sanctionnée par l'autonomie organisationnelle, s'accompagnant d'une présence sans cesse accrue des agents de ce dernier dans l'agriculture.

professionnalisation [25]. L'agriculteur, en quelque sorte, est érigé en figure achevée – et donc non susceptible d'être fondue dans le moule du prolétariat ou du salariat – de la voie rurale vers la modernité socio-économique, réunissant le capital symbolique et le savoir empirique localisés, hérités de l'histoire paysanne, et le capital politique et technique, à portée universelle, conféré, dans le cadre du compromis historique entre élites et puissance publique, par les organisations du second associationnisme agraire [26].

Or, c'est justement le postulat de l'agrarisme que cette identité interclassiste de la « paysannerie », puis du « monde agricole », supposés avoir plus d'intérêts communs face à l'industrialisme urbain que d'éléments de division en leur sein... Représentation puissamment inscrite dans la culture nationale depuis les débuts de la Troisième République, légitimée par tout un travail de production discursive, émanant tant des organisations agraires que des institutions ou des médiateurs culturels, et portée au rang de principe scientifique, non pas au temps de Pierre Barral, mais bien en amont : dans l'acte de naissance des sciences sociales elles-mêmes, avec la division fondatrice de l'histoire et de la géographie de l'entre-deux-guerres entre études rurales et urbaines [27], avant que la sociologie ne fasse de même dans l'après-1945. Même le travail critique et réflexif de Pierre Bourdieu, dénonçant la construction sociale et scientifique de la paysannerie comme « classe-objet » [28], n'est pas parvenu à remettre en cause l'idée d'une essence du « rural ». L'histoire des « mentalités » qui prenait son essor scientifique (et plus encore éditorial) dans ces mêmes années soufflait par

---

25. À une époque où, dans la littérature historique, l'on abordait cette question de la professionnalisation uniquement par les sources discursives des organisations, donnant une certaine coloration fonctionnaliste au processus. On notera en passant que l'accent mis dans la définition barralienne de l'agrarisme sur la professionnalisation de l'agriculture est parfaitement congruent avec le souci de promouvoir le monde de la terre comme co-auteur de la modernité, ici dans sa déclinaison rationaliste et techniciste. La professionnalisation du « paysan » n'est en effet pas présentée comme une acculturation à l'industrialisme, mais bien comme une voie autonome juxtaposée. Nous renvoyons à la contribution de Franck Sanselme dans ce même volume pour l'appréciation des limites de l'autonomie de cette professionnalisation dans sa phase ultime.

26. Issu des structures élitaires conservatrices ou républicaines des années 1860-1880, et développé sous la forme du syndicalisme agricole de masse après la loi Waldeck-Rousseau du 21 mars 1884. Ronald HUBSCHER, « Syndicalisme agricole et politisation paysanne », dans *La politisation des campagnes au 19e siècle. France, Italie, Espagne et Portugal. Actes du colloque de Rome, 20-22 février 1997*, Rome, École française de Rome, 2000, pp. 135-152.

27. Interrogation qui se trouvait au cœur des débats du colloque organisé à l'Université de Bourgogne en décembre 2001 autour de l'œuvre de Gaston Roupnel, intitulé « Le temps des sciences humaines. Gaston Roupnel et les années 1930 ». Les actes de ce colloque ont malheureusement été dispersés dans différentes publications. Voir, par exemple : Pierre CORNU, « Lucien Gachon, un itinéraire entre géographie rurale et littérature agreste », dans *Ruralia*, n° 12/13, 2003, pp. 123-137. Annie BLETON-RUGET et Philippe POIRRIER [dir.], *Le temps des sciences humaines. Gaston Roupnel et les années trente*, Dijon, Éditions Le manuscrit, 2006, 279 p.

28. Pierre BOURDIEU, « La paysannerie, classe-objet », dans *Actes de la recherche en sciences sociales*, n° 17-18, pp. 1-6.

trop dans l'autre sens [29]. Car des « intérêts » économiques et sociaux, on avait glissé imperceptiblement aux « valeurs » sociales et politiques, c'est-à-dire au système de représentations qui avait pour fonction, justement, de maintenir la fiction de la communauté de ces « intérêts »...

Ainsi, l'œuvre de Pierre Barral comme celle de ses successeurs, et jusqu'à cette contribution, doivent être replacées dans cette filiation, ce paradigme englobant. L'agrarisme a triomphé parce qu'il a su produire et pérenniser, dans le même temps que les conditions de son historicité, les instruments de sa légitimation scientifique. Et surtout, parce qu'il su maintenir dans l'impensé l'institutionnalisation [30] de la « terre » [31] comme fondement de la singularité sociale du « rural ». D'où la difficulté à démêler, dans les travaux le concernant, la validité heuristique de l'aporie tautologique. Mais encore, pour être sinon complet, du moins juste, la difficulté pour le chercheur à choisir entre une lecture intérieure, compréhensive, analytique de l'agrarisme, et une lecture extérieure, déconstructiviste et hypercritique. Et si l'on voit bien quelle voie a notre préférence aujourd'hui, encore faut-il préciser que cette préférence ne constitue en rien un procès rétrospectif intenté au modèle barralien : c'est justement parce que celui-ci a livré, en trente années de travaux, tous les éléments pour une révision historiographique de l'histoire de l'agrarisme que nous avons les moyens d'ouvrir cette nouvelle voie. Quand bien même elle se proclame en surplomb des champs de son investigation, la science, elle aussi, est inscrite dans un champ des possibles et un domaine du « pensable ».

On le voit donc, c'est bien la périodisation de l'agrarisme qui constitue la clé de compréhension de sa signification historique et de son articulation à la question sociale. Tout d'abord, la datation de l'émergence de la « conscience paysanne » [32] porte cet enjeu majeur : qui, de la montée des intérêts agraires ou du paradigme agrarien, a produit l'autre ? Ne pourrait-on repérer, par une étude archéologique du système de représentation donnant forme culturelle à l'agrarisme à la fin du 19e siècle, une préhistoire

---

29. Avec elle, on est en effet passé d'une essentialisation des positions socio-économiques à une essentialisation des identités, la différence majeure entre les deux processus résidant dans la place des individus : interchangeables, et donc théoriquement libres dans le premier modèle ; singuliers, et donc ontologiquement liés à leur identité dans le second.
30. Nous prenons ce concept dans le sens que lui donne Mary Douglas, dans une relecture d'Émile Durkheim. Mary DOUGLAS, *How Institutions Think*, Londres, Routledge and K. Paul, 1987, 146 p., traduction en français : *Comment pensent les institutions*, La Découverte-poche, Paris, Éditions La Découverte, 2004, 218 p.
31. Ce qui pose la question de la place de la géographie dans la construction de l'agrarisme. Mais ce que nous avons dit de la propension à l'implicite dans les études rurales vaut pour la géographie tout entière ou presque : on ne trouvera guère, dans la littérature disponible, de prise de position nette des praticiens sur la capacité de la lecture spatiale à fonder ou non une « spécificité rurale ».
32. Ronald HUBSCHER, « Réflexions sur l'identité paysanne au 19e siècle : identité réelle ou supposée ? », dans *Ruralia*, n° 1, 1997, pp. 65-80.

du paradigme dans laquelle celui-ci, ou certaines de ses composantes ultérieures, aurait fonctionné de manière déconnectée des questions agricoles et industrielles [33] ? Ne trouverait-on pas de même, en aval, des moments de désajustements entre agrarisme et intérêts agricoles permettant de révéler des solutions de continuité entre le paradigme et le corps social en mouvement qu'il prétend représenter [34] ? Ensuite, saisie longitudinale et périodisation fine analysent l'articulation entre conjoncture économique et institutionnelle d'une part, et développement de l'associationnisme agraire d'autre part. L'agrarisme est-il assimilable à une rationalité économique jouant de la dialectique entre ouverture au marché et protectionnisme, au gré de la conjoncture et des forces et faiblesses de l'« agriculture nationale » [35] ? La grande dépression est-elle la matrice unique du phénomène, et si oui, comment expliquer qu'une « crise » largement relativisée par les historiens de l'économie [36] ait produit un tel effet de cristallisation ? De manière plus aiguë, faut-il considérer le protectionnisme mis en place dans ce contexte comme la satisfaction matérielle et symbolique d'un « être paysan » irréductiblement étranger au libéralisme ou comme la résultante conjoncturelle d'un compromis entre institutions et organisations agraires par-dessus la tête des acteurs concernés ? Ce qui, on l'aura compris, mène à des lectures radicalement opposées du dorgérisme

---

33. On gagnerait sans doute, pour cette quête, à relire les travaux d'histoire sociale et culturelle du premier 19ᵉ siècle, notamment ceux concernant les élites. Le légitimisme, par exemple, constitue une première forme d'inscription dans les pratiques d'une idéologie du « retour sur les terres » qui, certes, n'est plus rousseauiste, et pas encore agrarienne, mais qui ne peut manquer de laisser des traces dans le paysage. Claude-Isabelle BRELOT, *La noblesse réinventée. Nobles de Franche-Comté de 1814 à 1870*, Besançon, Annales littéraires de l'Université de Besançon, 1992, 2 volumes, 1242 p. L'étude des sociétés savantes paraît également une voie intéressante.

34. Jean-Luc MAYAUD et Pierre CORNU, « L'agrarisme, question d'histoire urbaine ?... », art. cité.

35. Nous reprenons sans la valider entièrement cette expression : comme toute réalité spatialisée, l'agriculture ne devient « nationale » qu'au terme d'un processus d'unification qui n'a rien de spontané et dont on peut discuter l'achèvement ou la pérennité. L'angle d'observation a également une forte incidence sur les contours de l'objet : ainsi, « l'élevage bovin » et « les filières lait et viande bovine » ne recouvrent ni les mêmes réalités ni les mêmes intérêts. Peut-on véritablement parler d'une « agriculture » en dehors des organisations qui en revendiquent la défense ?

36. Cette relativisation n'est pas tant une révision de l'appréciation globale de la perturbation des économies rurales européennes qu'une segmentation des effets de celle-ci en fonction des secteurs, zones de marché et acteurs économiques. Avec, notamment, une sortie de l'élevage d'une part, et de la viticulture d'autre part, du modèle d'analyse globale de la crise et de sa périodisation. Voir en particulier les divergences d'appréciation exprimées lors du colloque de Rome, en 1992, entre Bryan A. Holderness et Jean-Luc Mayaud : Bryan A. HOLDERNESS, « La riposta alla crisi agraria della seconda metà del 19 secolo in Francia ed in Gran Bretagna : verso una storia comparata », dans Pasquale VILLANI [dir.], *L'agricoltura in Europa e la nascita della "questione agraria" (1880-1914). Atti del convegno di Roma, ottobre 1992.*— *Annali dell'Istituto « Alcide Cervi »*, Roma, n° 14-15, 1992-1993, pp. 467-492 ; Jean-Luc MAYAUD, « L'integrazione politica dei contadini in Francia e la politica agricola della Repubblica », *ibidem*, pp. 119-130.

INTRODUCTION

ou du corporatisme vichyste – pour se limiter au cas français [37]. Enfin, comment comprendre les conditions de la liquidation et, éventuellement, les formes de réinvention de l'agrarisme pendant ou après l'affirmation du paradigme productiviste ? Est-il réellement mort dans le libéralisme des « Trente Glorieuses », ou triomphe-t-il dans l'œuvre d'Edgard Pisani… repentance comprise [38] ? En effet, l'intégration ou non de la période d'hyper-sélection monofonctionnelle des acteurs de l'agriculture dans le paradigme agrarien a des conséquences majeures sur sa définition ; et de même, qualifier de « néo-agrarisme » la logique de requalification patrimoniale de l'espace rural et les formes de réinvention de la multifonctionnalité des exploitants ruraux est lourd de sens, comme nous le verrons avec les dernières contributions rassemblées dans cet ouvrage.

Cet enjeu de la chronologie, Pierre Barral lui-même l'avait parfaitement repéré, puisque la clef de voûte de son travail se situait dans l'analyse du contexte de la « Grande Dépression » de la fin du 19e siècle, période d'émergence de l'associationnisme agraire de masse [39], tant en France que dans les pays voisins [40]. Et c'est bien en démontrant, avec les sources discursives à sa disposition, la corrélation entre cette crise et cet essor, dans le contexte de la seconde révolution industrielle et d'une urbanisation accélérée, qu'il avait pu défendre et imposer la thèse d'une assise (et donc d'une légitimité) sociale de l'agrarisme. Toute la suite en découle : à la fois le succès de longue durée de l'agrarisme, comme mode de défense des intérêts d'un groupe spécifique dans le contexte de sa marginalisation démographique, économique et politique ; et l'idée que le productivisme des « Trente Glorieuses », loin d'être une rupture, s'inscrirait dans la continuité de l'agrarisme, modèle de développement propre à l'agriculture, obstinément

---

37. On trouvera un écho à ce débat dans la recherche allemande, avec une tendance majoritaire chez les auteurs à « naturaliser » le protectionnisme. Voir les contributions au colloque de Lyon de novembre 2005, réunies dans : Jean-Luc MAYAUD et Lutz RAPHAEL [dir.], *Histoire de l'Europe rurale…*, ouv. cité ; et Rita ALDENHOFF-HÜBINGER, « Deux politiques agricoles ?… », art. cité.

38. La présence du nom du ministre de l'Agriculture du général de Gaulle dans le titre de l'ouvrage de Pierre Barral ne doit pas seulement être comprise comme un effet de loupe du contexte politique des années 1960, survalorisant le volontarisme étatique. Il y a bien, dans l'œuvre de Pierre Barral, une lecture de longue durée de l'agrarisme qui dépasse les ruptures conjoncturelles pour embrasser dans un même mouvement la politique agricole de la République de Gambetta et ses lointains héritages de la République gaullienne. Quant à Edgard Pisani lui-même, il incarne de manière frappante à la fois la légitimation institutionnelle du productivisme dans les années de la « révolution silencieuse », et les voies ultérieures de sa remise en cause. On lira avec profit son autobiographie critique et prospective à la fois : Edgard PISANI, *Un vieil homme et la terre. Neuf milliards d'êtres à nourrir. La nature et les sociétés rurales à sauvegarder*, Paris, Éditions du Seuil, 2004, 231 p.

39. Pierre BARRAL, « Les mouvements agrariens de l'ère industrielle… », art. cité.

40. Ramon GARRABOU [dir.], *La crisis agraria de fines del siglo 19*, Barcelone, Editorial crítica, 1988, 359 p. ; Gloria SANZ LAFUENTE, « Une relecture des grandes organisations de propriétaires terriens en Europe. Entre l'entreprise coopérative, la transformation agraire et la politisation des campagnes 1880-1939 », dans Jean-Luc MAYAUD et Lutz RAPHAEL [dir.], *Histoire de l'Europe rurale contemporaine…*, ouv. cité, pp. 117-137.

mais très validement décalé par rapport à la fois à la vulgate marxiste et à l'évangile libéral...

La « terre », ce serait en quelque sorte la pierre angulaire rejetée par les penseurs de la modernité, et cependant ni archaïque, ni marginale : indispensable. L'un de ces « hybrides » impensés de nature et de culture mis en lumière par le travail critique de Bruno Latour [41]. Mais quelle est la « vérité » de cette terre-là ? Quel ordre social, puisque c'est bien de cela qu'il s'agit, encore et toujours, parle à travers le fantasme de sa subjectivité ? Car l'interclassisme, la professionnalisation, l'intégration au marché et la mise en place de la cogestion des « affaires rurales » avec la puissance publique constituent des éléments de définition à la fois positive et négative de l'agrarisme : il y a ceux qui y entrent, et ceux qui en sont peu à peu exclus, ou qui entrent en dissidence – ouvriers agricoles, « hommes des bois », pluriactifs, *etc*. Et lorsque, avec la « révolution silencieuse », la « terre » soudain se tait – c'est-à-dire qu'on cesse pour un temps de la convoquer –, faut-il supposer que c'est l'agrarisme tout entier qui est mis entre parenthèses ou, pour suivre Pierre Barral, penser qu'il entre simplement dans une nouvelle phase de son développement ? Quoi qu'il en soit, depuis la fin des années 1970, à l'évidence, la « terre » a retrouvé des porte-parole. On pourrait même parler d'un véritable clergé, divisé, certes, en chapelles concurrentes, tant est puissante l'entreprise de requalification sacrale de la nature-espace [42]. Évangile agronomique contre pastorale écologiste, l'héritage des Lumières se joue à nouveau sur la physiocratie... Et l'on voit bien comment, au risque de tous les anachronismes, et sans la caution de l'auteur, la pensée fondatrice de Pierre Barral trouve un écho puissant dans les débats du présent ; avec, sous-jacent à l'agrarisme, non plus le concept d'espace, mais ceux de « patrimoine », de « territoire » et plus encore d'« environnement », dans une remise en cause radicale de la rationalité, de l'universalisme et de l'anthropocentrisme fondateurs des sciences sociales.

***

Bien entendu, les textes rassemblés ici, malgré leur richesse et leur acuité, ne peuvent prétendre répondre entièrement à ces interrogations majeures. Ils constituent toutefois, par leur diversité même, une étape indispensable à la production d'une réponse des sciences humaines à la demande sociale sur les héritages et les enjeux du « rural » : celle de l'exposition du réel, de la mise à plat des segments d'histoire, des logiques territoriales et des jeux d'acteurs qui pourraient permettre de penser à

---

41. Bruno LATOUR, *Nous n'avons jamais été modernes. Essai d'anthropologie symétrique*, Paris, Éditions La Découverte, 1991, 206 p.
42. Notamment dans la postérité idéologique, politique... et marchande (que l'on pense à certaines enseignes « écologistes ») de l'œuvre de James Lovelock (« L'hypothèse Gaïa ») et de ses passeurs en France.

nouveaux frais la question de l'agrarisme, dans la distanciation réflexive et l'analyse comparée.

Cinq grands thèmes peuvent être dégagés dans la production des différentes disciplines et des historiographies mobilisées dans ces rencontres lyonnaises. Des thèmes qui traduisent, certes, les préoccupations diverses de la recherche, mais aussi leur articulation profonde : en effet, dans la fidélité à la démarche historienne de Pierre Barral, c'est bien le souci de la contextualisation et plus encore de la périodisation qui l'emporte dans les communications présentées, et pas seulement sous la plume des historiens.

Agrarisme et construction de la nation

Le premier thème, le plus proche de l'œuvre barralienne, s'impose à cette place par son interrogation génésique : c'est celui du lien fondamental entre naissance de l'agrarisme et intégration nationale des paysanneries européennes. Non pas que le politique s'impose comme clé de lecture privilégiée de la question de l'agrarisme, mais tout simplement parce que, à la suite des interrogations et des hypothèses d'Eugen Weber sur le processus de *nation building* [43], et parfois contre ces dernières, c'est dans cette optique que la plupart des travaux ont été conduits pour la période de la fin du 19e et du début du 20e siècle, que ce soit en France, autour de la question de la républicanisation de « la » paysannerie ; en Espagne, autour de celle de l'échec de la construction nationale ; ou en Allemagne, à propos des racines de l'anti-étatisme.

C'est ainsi par une analyse critique de l'évolution des discours et de la stratégie de conquête républicaine de Léon Gambetta dans les années 1870 qu'Annie Bleton-Ruget aborde la question de l'agrarisme, interrogeant le renversement des représentations sur la paysannerie dans cette famille politique. « Réinsérés dans la conjoncture politique qui les porte, les propos que le tribun républicain consacre [à la paysannerie] permettent de saisir les interrogations dont elle a été l'objet, la place stratégique qu'on entend lui accorder et les modalités d'intégration dans la collectivité nationale qu'on lui réserve ». Et de fait, l'évolution est spectaculaire qui, d'un paysan conservateur et aliéné aux forces du passé par atavisme, voit naître un citoyen en sabots garant de l'ordre et de la prospérité nationale. Léon Gambetta, par sa connaissance de la « province », sa lecture stratégique des évolutions sociologiques – les « couches nouvelles » – et sa maîtrise des réseaux verticaux de l'acculturation au politique, dont Annie Bleton-Ruget met ici en lumière les acteurs régionaux, joue bien un rôle crucial dans l'adhésion raisonnée des républicains à l'agrarisme. Une adhésion que l'on se gardera bien d'assimiler à une soumission ou à un quelconque reniement,

---

43. Eugen WEBER, *Peasants into Frenchmen. The Modernization of Rural France, 1870-1914*, Stanford California, Stanford University Press, 1976, 615 p., traduction en français sous le titre : *La fin des terroirs. La modernisation de la France rurale. 1870-1914*, Paris, Librairie Arthème Fayard/Éditions Recherches, 1983, 844 p.

tant l'attitude de Gambetta et des siens est pétrie d'une morale du combat dans ces années charnières. L'agrarisme n'est pas réductible au conservatisme, et c'est bien de sa diversité et de ses ambiguïtés qu'il s'agit de faire l'histoire.

Miguel Cabo Villaverde, ambassadeur d'une historiographie ibérique en plein renouvellement, s'intéresse, lui, à l'agrarisme comme force sociale et politique autonome. Il montre, à travers l'exemple galicien, comment un mouvement profondément ancré dans les structures socioculturelles d'une société rurale périphérique, dominée par le système du *foro*, vient suppléer les carences de l'État central espagnol et générer une modernisation endogène, non pas repliée sur elle-même, mais permettant une ouverture bénéfique de la société rurale galicienne sur l'espace économique et migratoire. « Instance de médiation » opérant dans le contexte d'une longue transition vers la modernité, l'agrarisme galicien, tel que le définit l'auteur, serait non pas un particularisme, une aberration archaïsante limitée à un espace en marge, mais une pièce à ajouter à un comparatisme européen des voies d'intégration du monde rural à la modernité économique, sociale et politique. Avec, en guise de conclusion, l'esquisse d'une thèse audacieuse rejetant la vision téléologique du développement comme triomphe de l'individualisme agraire, pour lui préférer une analyse sociale longitudinale des logiques collectives d'emprise sur le marché et les réseaux, dont on ne peut qu'espérer la voir devenir un véritable programme de recherche transnational dans les années à venir. En comparaison, notamment, avec les formes de réinvention du collectif, dans la pluriactivité et selon les modalités d'ouverture au marché, des fruitières aux coopératives, tant dans la France de l'Est que dans l'Allemagne de l'Ouest ou les régions alpines…

C'est une échelle chronologique beaucoup plus ample que Robert Von Friedeburg a retenue pour interroger la genèse de l'anti-étatisme rural en Allemagne. Adoptant une démarche rétrospective, fondée sur le constat de l'adhésion massive de l'Allemagne rurale au discours du NSDAP à la fin des années 1920, l'auteur propose une relecture de l'histoire rurale allemande mettant l'accent sur l'originalité du rapport des villages à l'État dans le contexte de la longue crise du Saint Empire : à l'opposé du modèle français, l'exemple allemand livre en effet le cas singulier d'un rapport beaucoup plus proche et plus conflictuel au pouvoir d'État, les querelles de souveraineté entre les princes et l'empereur à l'époque moderne étant mises à profit par les communautés villageoises pour contester la tutelle pesante des premiers. Les conditions de sortie du régime seigneurial au 19e siècle, avec la généralisation du principe du rachat des droits, créant une situation d'endettement des paysans non pas auprès des ci-devant seigneurs fonciers, mais auprès des caisses des États, n'auraient fait qu'amplifier et cristalliser l'anti-étatisme ancien du monde des villages. Ainsi, le travail de politisation descendante des organisations agrariennes conservatrices de la fin du 19e siècle n'aurait fait que recueillir les fruits de cette longue histoire, avant que celles-ci ne se trouvent dépossédées de cette rente de situation par des mouvements plus directement politiques et adaptés à l'« ère des masses »[44]. Thèse stimulante, mais qui pose des questions délicates, comme celle des modalités de la transmission de la mémoire de l'anti-étatisme, et du caractère déterministe de l'analyse sociale et politique du phénomène. À cet égard, on ne peut que souhaiter la multiplication des monographies régionales[45], susceptibles d'éclairer notamment les comportements des acteurs – élites, médiateurs, mais également paysans eux-mêmes – et de saisir le contenu réel d'un anti-étatisme dont on sait, exemple français à l'appui, combien il peut être ambivalent et réversible…

Avec l'étude de Jean-François Chanet sur l'enseignement primaire en milieu rural sous la Troisième République, et les débats qui agitent le monde des praticiens sur l'opportunité de dissocier l'enseignement rural de l'enseignement urbain, on ne quitte qu'en apparence le champ politique et la problématique de la *Fin des terroirs*. En effet, l'approche culturelle de l'agrarisme tentée ici rejoint parfaitement l'enquête d'histoire sociale de Miguel Cabo Villaverde sur la rationalité historique du *nation building* : la politisation-nationalisation des « masses » doit-elle se faire de manière univoque, au risque de mettre en danger l'ordre social acquis, ou ne pourrait-on segmenter le corps social en entités spécifiques, définies par leur position dans l'espace ? À la dialectique centre-périphérie qui caractérise l'espace ibérique, le cas français offre en effet un contrepoint dans lequel l'opposition ville-campagne sert de paradigme fondateur d'un travail d'acculturation différentielle. Jean-François Chanet met toutefois en lumière les contradictions d'une République qui se veut synthèse des valeurs universelles et des « petites patries » et qui, de fait, s'interroge sur la pertinence d'un enseignement agricole à l'école primaire. Il y a toutefois loin des discours aux actes, et de la volonté affichée aux contraintes du jeu social et institutionnel. Ainsi, « l'institution scolaire peut apparaître comme le point de cristallisation de deux représentations antagonistes qui surestiment également ses pouvoirs, où l'historien identifie des imaginaires sociaux bien plus qu'une réalité scientifiquement mesurable : celle de l'école déracinante et niveleuse d'un côté, de l'autre celle de l'école libératrice parce que maintenue à l'écart du jeu des forces économiques ». Malheureusement, si l'historien est bien armé pour saisir les enjeux de la mise en œuvre ou du rejet de l'agrarisme dans les débats sur l'organisation institutionnelle et la politique des programmes de l'école primaire, son

---

44. Sur la politisation de l'anti-étatisme paysan en Allemagne dans le dernier quart du 19e siècle, on lira avec profit : Christof DIPPER, « La politisation des paysans allemands, de la Révolution de 1848 à l'avènement du nazisme. Le cas de l'Odenwald », dans Jean-Luc MAYAUD et Lutz RAPHAEL [dir.], *Histoire de l'Europe rurale contemporaine…*, ouv. cité, pp. 350-377.

45. Dont on peut mesurer l'intérêt à l'aune des travaux impulsés par Lutz Raphael à l'Université de Trêves sur la question de « l'État au village ». Ruth DÖRNER, Norbert FRANZ et Christine MAYR [dir.], *Lokale Gesellschaften im historischen Vergleich. Europäische Erfahrungen im 19. Jahrhundert*, Trier, Kliomedia, 2001, 430 p.

savoir s'arrête à la porte de la classe – même si les écrits des acteurs laissent entrevoir une partie des pratiques et de leur « inertie », comme l'illustre le texte subtil proposé par l'auteur –, et plus encore à celle de la cuisine familiale et de ses conversations, qui font et défont les carrières scolaires des enfants de la Troisième République...

Édouard Lynch conclut cette première partie thématique avec une interrogation sur la continuité de l'agrarisme, pensée de part et d'autre du choc majeur de la Grande Guerre. Doit-on voir dans cet événement une rupture de l'ordre culturel et politique ou l'occasion d'une adaptation et d'un prolongement du paradigme agrarien mis en place à la « Belle Époque » ? Cette interrogation figurait déjà en bonne place dans la réflexion de Jean-François Chanet, optant pour la théorie d'une exacerbation de l'agrarisme dans la guerre et l'après-guerre, mais sans changement de nature. Édouard Lynch, pour sa part, montre que, paradoxalement, la violence du choc rend encore plus nécessaire le discours de la continuité, et que l'agrarisme s'impose dans l'après-guerre comme l'un des instruments privilégiés de régénération nationale, la figure du « soldat-laboureur » servant de fondement à un ordre républicain sanctifié par le sacrifice collectif. L'intuition de Gambetta était juste : presque deux générations après la défaite de 1870 et le célèbre cri de Gaston Crémieux sur la « majorité rurale, honte de la France », la « paysannerie » est bien devenue le socle du régime. Mais une « paysannerie » qui répond bien mal à ce vocable et dont la réalité sociale, malgré la consolidation de la petite et moyenne exploitation familiale et un début de modernisation technique, est plutôt celle d'une marginalisation relative. Et l'on retrouve l'ambiguïté de l'analyse causale de l'agrarisme qui, depuis Pierre Barral, hésite entre facteurs positifs – la dynamique endogène du monde rural, la professionnalisation, le développement des organisations – et facteurs négatifs – la marginalisation sociale et politique des ruraux, la concentration capitalistique dans les villes, *etc.* Or, ces causalités sont en partie contradictoires, et si l'on peut comprendre comment l'agrarisme comme discours s'est ingénié à marier les contraires pour mieux fonder sa légitimité, il est difficile d'accepter scientifiquement d'habiller les vainqueurs des signes de la victimité.

Reste le débat sur ce que l'expérience de la guerre aurait généré dans le corps social, et plus particulièrement dans les sociétés rurales : une logique d'émancipation ? d'affaiblissement du lien à la terre ? de « brutalisation » ? Mais pour répondre à ces questions biaisées par leurs intentionnalités et leur téléologie implicites, on ne peut rester dans la sphère des représentations politiques et des identités conférées par l'englobant : c'est la dynamique sociale elle-même, analysée à l'échelon le plus fin, celui du ménage, et son rapport à la conjoncture, économique, politique et culturelle, médiatisée ou non, qu'il conviendrait d'interroger.

INTRODUCTION

Agrarisme et développement rural

L'agrarisme, on l'a dit, apparaît d'abord dans les sources comme un système de représentations. Mais pour Pierre Barral, il est avant tout l'expression d'une logique socio-économique, donnant sens et cohérence à la multiplicité d'expériences techniques, culturales, managériales et commerciales qui permettent, entre la fin du 19e siècle et le milieu du 20e, la transition du « paysan » à l'« agriculteur » et de l'histoire agraire « immobile » à l'âge de la croissance. C'est donc dans la perspective de rendre compte de la postérité de cette intuition barralienne que nous avons rassemblé les cinq communications qui suivent sous cette thématique du « développement rural ».

La contribution d'Alain Clément relative au débat entre protectionnisme et libre-échange dans l'Angleterre du premier 19e siècle peut sembler en décalage par rapport à cette problématique et à la chronologie admise. Pour Pierre Barral pourtant, à l'instar de nombreux historiens de l'économie, le « cas » anglais fournit, par son antériorité et son originalité [46], un point de référence indispensable à la compréhension de l'agrarisme continental, pensé, justement, comme une réaction à l'industrialisme exacerbé de la grande île et à ses conséquences sociales menaçantes. Alain Clément met en lumière à la fois la vivacité et la profondeur du débat qui anime la société britannique dans le premier 19e siècle. Un débat nourri par les arguments des théoriciens, de Ricardo à Malthus, mais arbitré également par des forces sociales et politiques très présentes. Et si, comme l'écrit Alain Clément, « le mouvement très général en faveur du libre-échange a de quoi surprendre, tant est ancrée dans l'histoire de nos sociétés l'adhésion populaire aux thèses d'un État nourricier, où le marché est appelé à jouer un rôle de pourvoyeur de vivres dans le cadre d'une réglementation et d'un contrôle étatique plus ou moins renforcé », cela s'explique assez aisément par la structure très concentrée et socialement hiérarchisée d'une urbanisation particulièrement dynamique et d'une économie rurale britannique très précocement sortie de la logique de peuplement. Au moins dans ce cas singulier, et sans possibilité de distinguer entre ruraux et urbains, le protectionnisme ne pourrait donc être assimilé à l'« état de nature » de la culture économique de la société… Reste à savoir si l'on peut parler, avec l'auteur, de défaite des « agrariens » avec l'abolition des *corn laws*, à une époque où leur existence comme groupe est très discutable – à moins de les assimiler au monde de la grande propriété et du premier associationnisme, ce qui nous paraîtrait être une dilution dommageable du concept.

---

46. Sur l'intérêt persistant des historiens pour le « laboratoire britannique », on pourra lire la contribution stimulante de Jean-Charles Asselain et Christian Morrisson à la révision des paramètres du « *take off* » en liaison avec la problématique malthusienne de l'accumulation : Jean-Charles ASSELAIN et Christian MORRISSON, « Les origines de la croissance économique moderne : éducation et démographie en Angleterre (1650-1750) », dans *Histoire, économie et société*, volume 24, n° 2 2005, pp. 195-220.

Avec Claire Delfosse, on passe du 19ᵉ au premier 20ᵉ siècle, et de la macro-économie à l'économie sectorielle, en l'occurrence la filière lait. Dans quelle mesure la notion de « qualité » constitue-t-elle, pour ce produit emblématique de l'époque de l'hygiénisme triomphant, une instance de médiation efficace entre monde des producteurs et monde des consommateurs, alors même que tout contact direct tend à disparaître au profit d'intermédiaires industriels et commerciaux ? Malgré la perspective historique adoptée, c'est logiquement en géographe que Claire Delfosse développe sa réponse, mettant en lumière les formes de territorialisation et d'institutionnalisation, dans la droite ligne du second associationnisme, qui accompagnent le développement et la définition sociale de cette notion de « qualité » – pas seulement pour le lait – dans les années 1920-1930. En opposition avec le modèle britannique, très important est le poids de l'État et de l'Académie – en l'occurrence des spécialistes de l'hygiène et de la nutrition qui remplacent, *mutadis mutandis*, les théoriciens de l'économie de la communication précédente. « S'intéresser au consommateur désormais acteur de la production, mais en l'éduquant, et cela avec la collaboration de l'État, tels sont donc les objectifs des agrariens », écrit l'auteur. La clef de voûte de la construction institutionnelle de la qualité des produits laitiers, gage d'un prix rémunérateur selon les porte-parole des unions syndicales, c'est tout d'abord, en mai 1932, la création du Comité national de propagande en faveur des produits laitiers, qui coiffe les comités départementaux, puis le Comité du lait en 1935. Ces instances sont fortement investies par les grands agrariens de l'entre-deux-guerres, dans une logique de gestion corporatiste du secteur. Il n'y a donc pas que la question du blé et des subsistances, formulée au 19ᵉ siècle et articulée à celle du protectionnisme, qui puisse servir d'enjeu social et symbolique entre producteurs et consommateurs : au 20ᵉ siècle, le lait et sa qualité hygiénique constituent un enjeu tout aussi important, susceptible de peser tant sur le marché que sur les institutions et d'ouvrir aux agrariens, dans leur entreprise de légitimation par la professionnalité et la médiation sectorielle, un nouvel espace d'influence [47].

Claire Delfosse y fait allusion dans son texte : la question de l'hygiène des produits alimentaires et de la gestion corporatiste de leur surveillance ne peut être déconnectée du contexte politique européen de cette période, et les expériences de corporatisme à la française trouvent des antécédents pour le moins ambigus dans l'Allemagne hitlérienne. C'est justement à celle-ci que s'intéresse Wolfram Pyta, dans une communication qui interroge l'*a priori* d'une discontinuité totale entre le planisme autoritaire mis en place par l'État nazi et les plans de relance de l'après-guerre démocratique. Doit-on

---

47. Sur cette question des normes et de la définition des produits, l'histoire économique a également produit récemment des travaux intéressants : Pierre-Antoine DESSAUX, « Comment définir les produits alimentaires ? L'élaboration des références pour l'application de la loi du 1ᵉʳ août 1905 entre expertise et consensus professionnel », dans *Histoire, économie et société*, volume 25, n° 1 2006, pp. 83-108.

INTRODUCTION

situer la transition entre agrarisme et modernisation agricole de part et d'autre de l'« année zéro » 1945, sous la forme d'une discontinuité, ou doit-on la placer plus en amont, sous la forme d'une évolution, dans le remplacement en 1942 de Walter Darré, encore empreint d'une vision organiciste de la ruralité, par Herbert Backe, promoteur de l'ingénierie sociale appliquée à la production de biens primaires ? Différence de trois ans, mais d'une importance symbolique considérable. « Les nationaux-socialistes à la Backe étaient, tout comme Darré, des fanatiques convaincus du racisme, mais ils rattachaient cette vision du monde à un grand "professionnalisme" et essayèrent de moderniser l'agriculture [48] afin que cette dernière fut à même de satisfaire aux exigences qu'on lui avait imposées en matière de livraison. Ce faisant, ils se retrouvèrent en totale contradiction avec la tradition agrarienne », écrit Wolfram Pyta, adhérant donc à la seconde thèse. Selon lui, et malgré sa brièveté, « l'action politique sur le village eut des suites décisives. Surtout chez les "paysans héréditaires", courtisés et privilégiés par le régime, il est facile de constater un assouplissement progressif des modes de pensée transmis par l'éducation. Ce furent ces paysans à temps plein qui osèrent s'aventurer hors du ghetto mental [49] de la communauté villageoise et commencèrent à

---

48. On notera l'opposition logique entre « racisme » et « modernité » dans la rhétorique de l'auteur. De fait, et si l'on accepte de mettre entre parenthèses le signifié dramatique de l'association de ces mots dans la période nazie, et d'élargir la réflexion au « style de pensée » dominant dans les études rurales (pour utiliser le concept de Ludwik Fleck), on ne peut qu'être frappé par l'ambiguïté épistémologique fondamentale des analyses de l'agrarisme d'une part, et du « modernisme » d'autre part, produites par les chercheurs européens. Ambiguïté qui tient sans doute, dans le premier cas, à l'application impensée d'une philosophie morale pour partie liée à l'agrarisme dans la tentative d'analyse distanciée de celui-ci ; et, dans le second cas, à une conception naïve et téléologique des Lumières qui conduit à rejeter comme scories des âges barbares les formes de violence qui accompagnent le processus de production de la modernité. Il y aurait donc un effet de court-circuit, en quelque sorte, entre le sujet observant et l'objet observé. Comme si on était condamné soit à enfermer l'agrarisme dans l'archaïsme, et donc à lui dénier tout caractère d'hybridation avec la modernité – point de vue adopté ici par Wolfram Pyta, et qui lui permet en retour de débarrasser le modernisme de tout « archaïsme » –, soit à rejeter hors de la matrice de l'agrarisme tout ce qui appartiendrait au versant « sombre » de la modernité, lié à la ville et à sa violence sociopolitique intrinsèque – point de vue plus proche de Pierre Barral nous semble-t-il, et qui a pour effet de neutraliser la dimension anti-humaniste de l'agrarisme. Revenons à la question du racisme : malgré l'opposition des conceptions de l'agrarisme, la plupart des auteurs sont étonnamment d'accord pour l'écarter de la matrice globale. La « modernité » ne serait pas intrinsèquement raciste (aberration nazie reléguée dans le pathologique), la « terre » non plus, même sous Vichy… Mais si on élargit la réflexion à la question du darwinisme social, les choses deviennent plus opaques : plus qu'au racisme en effet, le projet nazi pour le monde rural ressortit à une logique de sélection brutale, parfaitement compatible et cohérente avec la « modernité » ; et si, de l'autre côté, on accepte de faire entrer les « Trente Glorieuses » dans le paradigme agrarien, alors la logique de sélection, par le marché cette fois, et sans la dimension criminelle précédente évidemment, y est présente ; elle en est même constitutive. Il y a donc bien un impensé moral dans les études rurales (pour rester dans notre domaine) qui, quel que soit le point de vue adopté, interdit de prendre en compte les hybridations entre paradigmes. Les faits, pourtant, sont têtus : la politique agricole du Reich est moderniste *et* raciste ; le régime de Vichy est agrarien *et* génocidaire.

49. Nous laissons à l'auteur la responsabilité de cette formulation.

se défaire du vieil Adam. [...] Du point de vue de l'histoire sociale [50], la modernisation signifie donc la disparition de modèles sociaux de type communautaire, la fragmentation de formations compactes et solidifiées en parties complémentaires. Et, vu sous cet aspect, il faut sans doute concéder au régime nazi une action de modernisation », ajoute-t-il. On ne peut que regretter le laconisme de l'analyse, qui appellerait des pages de commentaires et de nuances sémantiques. Le nazisme n'est réductible ni à un utilitarisme brutal ni à un fonctionnalisme cynique ; si l'auteur nous le permet, cette idéologie va un peu plus loin que cela, et pas seulement par racisme, comme il l'évoque lui-même, trop rapidement, avec l'exemple de la stigmatisation des paysans de l'Eifel et du Rhön bavarois. D'un point de vue scientifique, en outre, on doit faire remarquer que, dans l'ordre du discours et de la symbolique politique, le régime persiste à instrumentaliser l'héritage idéologique de l'agrarisme : à côté d'objectifs de productivité qui n'ont rien de spécifique, il s'agit bien de valoriser la maîtrise de l'« espace » par le « peuple », et d'essentialiser une condition que, à notre connaissance, on n'assimile jamais à la condition ouvrière ou à l'entreprenariat durant la période nazie. Ainsi, même sous la pression des réquisitions de guerre, est-on fondé à voir dans la politique « rurale » du Reich une étape de la modernisation des « campagnes » allemandes ? Il nous semble, là encore, que tout excès de dilution des concepts est préjudiciable à la clarté du discours scientifique, et que l'on ne peut assimiler cette « modernisation »-là, à celle, par exemple, des grandes plaines américaines de la même époque [51]. Quant au « plan vert » développé par la République fédérale, il prend en compte au village, certes, un tissu social singulièrement fragilisé. Mais l'impact de la défaite, la ruine de l'État, les pertes, le traumatisme moral, bref, le contexte dans son ensemble doit être rappelé avant toute discussion sur les continuités supposées entre politiques agricoles et rurales des périodes nazie et libérale. Enfin, force est de reconnaître que la réflexion de Wolfram Pyta sur l'agrarisme du premier tiers du 20e siècle se démarque de la lecture barralienne, qui refusait de réduire l'agrarisme à un attachement (intéressé) des élites à l'ordre social ancien, y voyant au contraire un véritable projet modernisateur non-libéral. Sans doute le comparatisme européen n'en est-il qu'à ses débuts ; il est trop peu avancé encore pour permettre une réflexion croisée sur les concepts qui évite les malentendus.

Même à l'intérieur de l'historiographie française, il est possible toutefois de se heurter aux mêmes difficultés, lorsqu'un objet pareillement sensible – il s'agira ici de la période de Vichy – éveille l'attention de disciplines académiques différentes. Ainsi, la réflexion proposée à Lyon par la politiste

---

50. *Idem.*
51. Où nous faisons une distinction entre modernisation et modernisme, le premier concept gardant ici la signification commune et idéologiquement neutre de « processus économique, social et/ou technique évolutif », le second prenant la dimension d'un paradigme susceptible, lui, d'englober des variantes libérales et totalitaires.

INTRODUCTION

Isabel Boussard sur la politique « agrarienne » de Vichy se démarque-t-elle sur des points importants de l'approche commune aux historiens du social et du politique sur cette question. C'est en effet l'angle d'observation de l'« objet » qui diffère : les historiens cherchent avant tout à contextualiser et à placer les décisions politiques dans leur dynamique temporelle propre, tandis que les politistes [52] s'efforcent davantage d'évaluer les textes, leur impact et leur postérité. À cet égard, Isabel Boussard a pleinement raison de souligner que la Libération ne signifie pas un effacement complet de l'œuvre législative du régime de Vichy. Mais on ne peut réduire l'action de ce dernier au montage institutionnel de la Corporation, à la loi sur le fermage et le métayage et aux mesures en faveur de l'habitat rural. Tout comme pour le texte précédent, l'exercice qu'est une communication à un colloque montre ses limites dans l'évocation des expériences complexes et des sources historiques biaisées des périodes de crise. Vichy n'est pas constitué d'une juxtaposition de bureaux, travaillant plus ou moins efficacement et rationnellement... Malheureusement, notre débat avec l'auteur doit s'arrêter là, et on ne peut que renvoyer le lecteur à ses nombreux travaux [53] pour y découvrir ce qui fonde l'analyse livrée ici.

La dernière contribution de cette thématique, celle de Franck Sanselme, en apparence la plus immédiatement contemporaine et la plus limitée dans son objet – elle porte sur une herméneutique du texte du *Larousse agricole* de 1952 – est en réalité susceptible de fournir un lien intéressant avec les autres contributions, tant l'« évangile agronomique » de la « révolution silencieuse » accumule de strates sédimentaires et mobilise de représentations – pour mieux les anéantir dans son idéal de rationalisation. En effet, le discours sur l'exploitation agricole assimilable à une entreprise, dotée des mêmes fonctions et des mêmes finalités, n'est pas une nouveauté de l'après-guerre et, malgré l'intérêt de l'approche en termes de traduction du centre à la périphérie, il n'est pas réductible à une application « pure » du modèle industriel. Au vrai, ce discours constitue, dans une logique intertextuelle, la résultante – certes peu syncrétique mais intéressante justement par ses silences – d'un long débat, qui mobilise élites et institutions depuis la fin du 18e siècle sur l'opportunité de la définition d'une rationalité différente en matière agricole. Bref, il est au cœur de la problématique agrarienne, et de la question évoquée plus haut de la défaite (momentanée ?) de son dualisme fondateur dans les années de triomphe du productivisme. Demeure, bien évidemment, la question de la diffusion et de

---

52. Généralisation évidemment abusive.
53. On se reportera essentiellement à : Isabel BOUSSARD, *Vichy et la Corporation paysanne*, Paris, Presses de la Fondation nationale des sciences politiques, 1980, 414 p. Sur le statut du fermage, Isabel Boussard a donné une communication au colloque de Caen de 1997 sur « Les contrats agraires de l'Antiquité à nos jours » : Isabel BOUSSARD, « Le statut du fermage (1936-1946) » dans Gérard BÉAUR, Mathieu ARNOUX et Anne VARET-VITU [dir.], *Exploiter la terre. Les contrats agraires de l'Antiquité à nos jours, Actes du colloque international de Caen 10-13 septembre 1997*, Bibliothèque d'histoire rurale n° 7, Caen, Association d'histoire des sociétés rurales, 2003, pp. 173-193.

la réception de ce catéchisme : tâche immense qui, à l'instar de l'étude de la réalité microsociale de l'adhésion au paradigme agrarien, attend ses chercheurs. En attendant, le travail de Franck Sanselme permet d'écrire un scénario très plausible du succès de la normalisation productiviste. On ne peut livrer ici un résumé de l'analyse particulièrement fine et argumentée du rapport nouveau à l'espace agricole, au temps du travail et à la hiérarchie sociale aux champs proposée par l'auteur. On se contentera donc de dire que sa réflexion critique permet d'éclairer tant la problématique de la soumission de l'agriculture à la rationalité marchande (par opposition à un protectionnisme désormais assimilé à l'autarcie), que celle de la scientifisation des pratiques (par opposition au savoir-faire empirique « paysan » discrédité) ou de la dé-territorialisation techniciste de l'agriculture (par opposition à l'ancrage terrien et à la revendication de singularité de chaque espace, notamment par la mise en exergue de la « qualité » par les agrariens).

Or, que ce soit dans l'Angleterre de la révolution libérale, dans l'Allemagne du darwinisme social étatisé ou dans la France de la contre-révolution nationale, c'est bien cette construction duale et normative du social que nous avons rencontrée, à la fois dans les faits… et en partie dans les analyses. Qui est moderne, qui est archaïque ? Qui crée de la valeur sociale, qui la thésaurise indûment ? Oppositions certes inscrites dans les représentations, enjeu majeur de l'opposition entre paradigme libéral et agrarisme, mais biaisées et, *in fine*, stériles pour la recherche. Est-il possible de penser le développement avec d'autres critères que ceux fixés par l'époque que l'on interroge, et dans une focale différente de celle de ses sources ? C'est toute la question de la capacité des sciences sociales à définir, en position latérale par rapport au donné – et à la demande sociale et institutionnelle pour les sciences du présent –, un protocole d'analyse qui tienne compte des biais et des silences et qui permette de juger des continuités et des discontinuités. C'est aussi celle de leur légitimité, en position surplombante, à définir la « valeur », la « qualité » ou la « rationalité » du processus observé. Laissons ces interrogations ouvertes, rappelant simplement, ces exemples à l'appui, que la réponse par l'affirmative à la seconde notamment est lourde de responsabilité pour la parole scientifique.

L'agrarisme, enjeu social, instrument politique

Que l'agrarisme l'ait emporté au 20e siècle ne signifie ni que le combat fut aisé ni la victoire totale. Bien des chercheurs, depuis Philippe Gratton, ont cherché à mettre en lumière, aux marges sociales et spatiales du monde rural ou au cœur même des organisations agraires, dans la petite exploitation, les faiblesses et les contradictions de l'agrarisme. Avec les outils de l'analyse marxiste, puis ceux, plus affinés, de la sociologie d'un Pierre Bourdieu, ils se sont efforcés de montrer que la domination du paradigme agrarien n'empêchait pas certaines formes de dissidence, voire de contestation. Dans cette optique, les populations d'ouvriers agricoles, mais plus encore de métayers, ont constitué un laboratoire d'observation privilégié, en liaison avec une approche politiste de la pénétration des idéologies de la lutte des classes dans les « campagnes » ; avec, comme référence majeure, explicite ou implicite, l'historiographie italienne du *Biennio rosso* et de ses antécédents [54]. Une conflictualité que Pierre Barral n'a jamais cherché à nier : sa typologie des sociétés agraires, mettant en lumière les formes de contestation structurelle de l'ordre social, intégrait pleinement cette dimension. Mais son travail visait justement à démontrer que les antagonismes sociaux internes au monde rural avaient pu être dépassés, à la fois par une logique de compromis et par l'évolution des attitudes tant des exploitants que des élites rurales : d'où un effet d'union que les pouvoirs publics n'avaient pu que reconnaître et associer à la définition des politiques agricoles.

Les deux premières contributions de ce thème, celle de Jérôme Lafargue sur la lutte des métayers des Landes pour l'abrogation de leur statut, et celle de Bruno Dumons sur les administrateurs de l'Union du sud-est des syndicats agricoles, illustrent parfaitement les paradoxes de l'approche historique de l'agrarisme : partant tous deux d'une lecture mixte, à la fois sociale et politique, interrogeant l'échelle régionale et la logique organisationnelle des intérêts ruraux, ils aboutissent à des portraits radicalement opposés du monde rural français de l'entre-deux-guerres. Le premier, en effet, dans son entreprise de restitution de « la geste un peu triste des métayers landais », met en lumière un monde rural non pas figé de part et d'autre d'une ligne de fracture nette entre capital et travail, mais traversé de failles et de conflits, de moments de calme plat et de crises brutales. La présence du socialisme est finalement ambiguë : certes, la SFIO tient, avec la Chalosse, un bastion solide durant une bonne partie du 20ᵉ siècle… mais pour quel résultat ? Des rapports sociaux qui ne se modifient guère que par le vide, au moment de la « révolution silencieuse », et une politisation qui s'arrête au stade du vote et de l'action revendicative ponctuelle. Du côté du monde de la propriété, on serait tout aussi en peine de définir une identité sociopolitique marquée : les réseaux demeurent flous, et on gère la rente plus qu'on affirme un modèle. De fait, il n'y a pas vraiment de combat contre l'agrarisme, parce que celui-ci n'est guère identifiable, et encore moins personnalisable dans cette configuration régionale. Quoi qu'on se soit raconté – et qu'on ait raconté à l'historien en quête de témoignages –, l'*habitus* des dominés paraît s'être révélé plus fort que la conscience de classe…

Avec Bruno Dumons, c'est le monde de la grande propriété et du syndicalisme conservateur de l'Union du Sud-Est qui prend la parole. Véritable archétype du second associationnisme agraire, cette union

---

54. Voir : Manuela MARTINI, « Conflits sociaux et organisations paysannes dans les campagnes italiennes, du *Risorgimento* à l'arrivée du fascisme au pouvoir », dans *Ruralia*, n° 16-17, 2005, pp. 101-135.

régionale est tenue par un réseau extrêmement efficace de grandes familles, dont les liens croisés sont ici mis en lumière pour la période allant de la fondation de l'Union, en 1888, jusqu'à l'effondrement de la Troisième République en 1940. La thèse de l'auteur, proche de celle qu'a défendue dans le chapitre précédent Isabel Boussard, est que l'historiographie des élites agrariennes s'est trop focalisée sur le conservatisme politique, délaissant l'action concrète et bien réelle de modernisation. « Face à la modernisation du monde agricole sous la Troisième République », écrit Bruno Dumons, « ces élites agrariennes, en particulier celles d'essence conservatrice et cléricale, ont montré une réelle capacité d'innovation dans les différents enjeux qui se présentaient à elles, que ce soit dans les techniques agricoles, la protection sociale ou les circuits bancaires ». Il ne s'agit pas de nier le conservatisme de ces élites : Bruno Dumons rappelle le rôle de matrice du catholicisme intransigeant, l'hostilité aux Lumières et à la République des administrateurs de l'Union. Mais il préfère s'attarder sur l'héritage de la physiocratie et des sociétés savantes : il y relève un goût pour l'innovation qui se retrouve dans l'action concrète de ces dirigeants, sur leurs propres terres et dans leur travail syndical. On retrouve ainsi, par un biais original, la thèse du succès de l'agrarisme par le « syndicat-boutique » : c'est parce que les élites conservatrices étaient efficaces dans leur effort de vulgarisation et de diffusion à bon prix des innovations techniques qu'elles auraient mérité la confiance des exploitants. Mais Bruno Dumons va plus loin, affirmant tout d'abord que conservatisme politique et modernisme économique ne sont nullement incompatibles, mais forment un ensemble cohérent dans la longue durée, et ensuite que, par cette légitimité acquise dans la sphère du développement, ces élites ont su non seulement trouver un ancrage politique local, mais en faire un véritable outil de politisation descendante des ruraux, dans la continuité de l'action des notables du 19e siècle. « Bien qu'ils soient hostiles sur le fond à la République, ces "blancs" du Sud-Est ont largement participé à l'instauration de la "politique au village" et méritent, de ce fait, que l'historiographie contemporaine ne les méprise plus et les considère comme objets d'histoire à part entière », conclut-il. On le voit, la synthèse n'est pas aisée avec Jérôme Lafargue. Et s'il fallait trancher entre l'une et l'autre vision, cela ne pourrait légitimement se faire que par l'apport d'une troisième contribution, éclairant la perception de l'action des notables du sud-ouest comme du sud-est par les exploitants ruraux eux-mêmes, et évaluant la question du développement, de l'innovation et de la rationalité économique du faire-valoir indirect avec d'autres sources que celles des élites, des syndicats et des partis, agrariens ou non. Mais ce travail, que seule l'histoire sociale fine peut espérer réaliser, n'est pas encore parvenu à maturité [55].

---

55. L'un des axes de recherche du Laboratoire d'études rurales est organisé autour de la thématique « Prosopographie des acteurs du développement rural, 19e-21e siècles ». Une bonne part des thèses en cours s'intègre dans cette recherche collective ambitieuse.

INTRODUCTION

C'est dans la direction opposée, celle d'une histoire paneuropéenne de l'agrarisme, mais analysée de manière décalée par l'observation de la propagande développée en milieu rural par les partis communistes issus de la Troisième Internationale, que Jean Vigreux choisit de traiter la question. Reprenant la thèse de la victoire incomplète de l'agrarisme, mais non celle de la lutte des classes au village qui lui semble obsolète, il montre, par une approche politiste et culturaliste, et à travers l'étude de l'action du Krestintern puis de l'Institut agraire international, comment le communisme a tenté, dans l'entre-deux-guerres, de diffuser sa propre représentation de la question agraire pour se constituer des bastions ruraux. De fait, c'est très classiquement l'opposition entre pensée et pratique, idéologie et prise en compte du « terrain » que l'auteur met en lumière, dans un schéma descendant de la politisation intégrant les rétroactions avec la culture politique en place. En l'occurrence, il montre comment l'Internationale, ou du moins une partie de ses sections, passe d'un projet collectiviste à la défense tactique de la petite propriété, et d'un projet de changement révolutionnaire global à une logique « cellulaire » et pragmatique de la contagion. L'agrarisme d'une part, le communisme de l'autre, existeraient certes de manière pure dans le ciel des idées, mais le second serait contraint à une hybridation avec le premier pour avoir une chance de s'incarner [56]... Ce qui pourrait conduire à l'aporie d'une théorie politique qui ferait de l'agrarisme, sinon l'état de nature, du moins l'état archaïque et premier des sociétés agraires, avec comme fondement l'attachement « atavique » et donc anhistorique des paysans à la propriété de la « terre ». Jean Vigreux se sort de cette impasse en invoquant la « tradition » de lutte des sociétés rurales, c'est-à-dire la figure du « jacques » rebelle à l'ordre social. Sensible dans les travaux les plus récents sur la politisation à gauche des « campagnes » [57], cet argument des « traditions dissidentes » n'est toutefois pas sans ambiguïtés [58], et se heurte au même problème que la contribution précédente : il n'est abordé que par les représentations produites par l'englobant et les organisations. *Mutatis mutandis*, la légitimation de l'association entre communisme et petite propriété est du même ordre que celle de l'association entre conservatisme politique et innovation culturelle rencontrée précédemment : soit une lecture *de l'intérieur* des paradigmes. L'ouverture sur l'après-guerre français et la naissance du Modef en 1959 permettent à Jean Vigreux de montrer la postérité paradoxale du

---

56. Où l'on retrouve la réflexion sur les hybrides initiée à l'occasion de la contribution de Wolfram Pyta. Il n'est toutefois pas certain que Jean Vigreux accepte ici la logique d'hybridation des paradigmes comme un fait social « normal » : son argumentaire laisse entendre qu'il ne s'agirait ici que de l'étape d'instabilité de l'affrontement des deux paradigmes pour le contrôle des esprits. Comme l'huile et le vinaigre, communisme et agrarisme ne se marieraient que de façon très temporaire...

57. Voir, par exemple : Dominique DANTHIEUX, « Le communisme rural en Limousin : de l'héritage protestataire à la résistance sociale (de la fin du 19ᵉ siècle aux années 1960) », dans *Ruralia*, n° 16-17, 2005, pp. 175-199.

58. Il peut en effet aider aussi bien à naturaliser l'anti-étatisme ou l'ethnicité.

communisme rural installé dans l'entre-deux-guerres : un champ du cygne de la petite propriété et du dernier des « jacques »... à la tonalité agrarienne. La « révolution silencieuse » fragilise l'ancrage politique de ceux qui s'étaient appuyés sur les « petits », et renvoie dans une même nostalgie les défenseurs communistes et conservateurs de l'agriculture de peuplement. Archaïsme et modernité, encore et toujours. Bien entendu, cet agrarisme des vaincus ne se reconnaît pas pour tel : les agrariens, ce sont toujours les vainqueurs, et donc, désormais, les productivistes. Pierre Barral et sa thèse d'une modernité rurale irréductible aux modèles urbains du libéralisme industrialiste comme du socialisme ouvriériste sortent donc renforcés de cette investigation dans l'histoire du « communisme aux champs », un communisme capable un temps de profiter des failles de l'agrarisme, mais *in fine* vaincu par un paradigme plus fort que lui. Et si l'on refuse l'argument de Pierre Barral sur l'originalité principielle du rapport entre capital et travail dans le monde rural, il reste à expliquer, autrement que par des raisonnements circulaires sur les représentations, comment l'agrarisme, réponse boiteuse à la « question agraire », a bien pu supplanter un programme politique qui, en théorie, aurait dû s'imposer dans les sociétés rurales « à hiérarchie »...

Avec le travail de Frédéric Zalewski sur la Pologne contemporaine, on ne revient que pour des éléments de contexte à la problématique de la collectivisation et de ses « aménagements » avec les systèmes agraires anciens : c'est en effet l'histoire des avatars politiques de l'agrarisme qui l'intéresse au premier chef, avec le retour sur la scène nationale des anciens partis agrariens dans la Pologne post-communiste. Prenant pour objet d'étude le PSL, structure partisane ayant survécu à la fois à la naissance de la nation polonaise, à la prise du pouvoir par les communistes dans l'après-guerre et à leur effondrement en 1989, il montre comment le thème de la défense des « intérêts » des exploitants ruraux a structuré dans la longue durée le champ politique polonais et, au-delà, la mystique nationale. Or, le PSL, à l'instar des autres organisations agrariennes polonaises plus récentes – syndicats et partis – fait preuve d'une aptitude assez remarquable au renversement d'alliances et de positionnement, ayant su faire oublier sa participation au régime communiste – en prétendant incarner l'héritage de la résistance victorieuse des paysans à la collectivisation stalinienne –, puis tenté de faire de même pour sa participation aux gouvernements libéraux issus de *Solidarnosc,* après le discrédit de ces derniers. Avec, comme constante, un discours de captation de l'« être » paysan et de sa dignité politique, dans une surenchère d'arguments qui ne se réduisent pas à la démagogie, mais ne l'évitent pas non plus. Délaissant cet aspect, Frédéric Zalewski mobilise la mémoire longue de l'histoire de la construction politique de la nation polonaise pour expliquer la puissance symbolique de ce néo-agrarisme, capable encore de capter plus de 10 % des voix en intériorisant la critique des libéraux sur son « archaïsme » et en refusant à la fois les orientations libre-échangistes et multifonctionnelles de l'agriculture européenne [59]. Inversant la perspective de Jean Vigreux, Frédéric Zalewski montre comment l'agrarisme polonais s'inspira de la critique marxiste dans l'entre-deux-guerres pour fonder son antilibéralisme. Or, le maintien instrumental du Parti paysan sous le régime communiste, au service d'un contrôle de l'agriculture non collectivisée, accentua l'effet de construction hybride de l'agrarisme polonais, provoquant l'incompréhension des observateurs extérieurs après 1989 sur la résistance des exploitants agricoles, pourtant « libres », aux réformes libérales. « Les paysans polonais ont été amenés à développer au fil des ans une rationalité économique propre, qui, pour autant qu'elle leur permettait de s'accommoder de la planification, ne les préparait en rien au marché », conclut-il. On retrouve donc encore une fois l'idée chère à Pierre Barral d'une singularité du fait rural, même si, dans le cas particulier de l'histoire polonaise, cette identité subit bien des vicissitudes et doit s'habiller de formes trompeuses.

À l'évidence, les études de cas comme les angles et les échelles d'observation les plus variés de l'agrarisme politique aboutissent à une remarquable homogénéité des conclusions, allant dans le sens d'un renforcement de la thèse initiale du maître. Toute la question est de savoir s'il s'agit là d'une conclusion indépassable ou de la répétition de l'effet d'une démarche méthodologique. En effet, la lecture des sources produites par les organisations et les institutions, critique ou non, couplée ou non à une analyse électorale, a tendance à enfermer le discours, qu'on le veuille ou non, dans une légitimation du paradigme global dans lequel ces sources et ces procès-verbaux de rapports de force sont pensés et produits. Peut-on espérer trouver d'autres concepts que ceux de l'agrarisme, d'autres instances d'évaluation que celles qu'il s'est données pour en déconstruire l'histoire ? C'est tout l'enjeu des recherches à venir.

Pour conclure sur ce thème, ajoutons qu'on ne peut qu'être frappé, au vu de la tonalité dominante des contributions évoquées, par le désenchantement – on pourrait presque dire le caractère dépressif – de l'état de la recherche sur la modernisation sociopolitique du monde rural. Le temps historiographique de l'épopée syndicale, de la glorieuse émancipation des masses et de la résilience des identités bafouées est terminé, et sans doute y gagne-t-on en rigueur et en nuance. Mais la théorie de la complexité a ses limites, qui se situent au seuil de l'intelligibilité. Sortir de la linéarité de l'histoire est une nécessité, mais doit-elle déboucher sur la révocation de tout critère de critique sociale historienne ? Encore une fois, c'est par une approche sociale renouvelée, interrogeant les acteurs au plus près des enjeux économiques, sociaux et politiques de leurs existences croisées, que

---

59. Les analyses de cette contribution, antérieure à l'entrée de la Pologne dans l'Union Européenne en 2004, ne peuvent évidemment être extrapolées à la situation présente. Elle n'en garde pas moins toute sa pertinence sur les enjeux de la période de transition entre bloc soviétique et Europe.

l'on peut espérer sortir de l'impasse du relativisme et parvenir à refonder une compréhension dynamique de la production de la modernité.

L'agrarisme, objet idéologique incertain

Dans l'attente de ce renouveau par le social, l'approche par les représentations garde toute sa pertinence, pourvu qu'elle prenne en compte les acteurs sociaux qui les portent et/ou les subissent, et les conditions de leur production et de leur diffusion. C'est le cas des contributions rassemblées sous ce thème, qui interrogent de manière critique l'agrarisme comme objet idéologique, en mettant au jour les contradictions et les glissements du paradigme au cours du 20e siècle.

Guy Barbichon s'est réservé un observatoire de choix en relisant cinquante ans de discours au Palais Bourbon, des lendemains de la Grande Guerre au début des années 1970. Représentation agrarienne par excellence, l'« exode rural » se révèle, par une lecture à la fois quantitative et qualitative de ses occurrences, un excellent indicateur de la prégnance de l'agrarisme au sein du pouvoir législatif. La démarche de l'auteur, proche de l'analyse intertextuelle déjà évoquée, vise tout à la fois à repérer les formes de continuité – il utilise pour sa part l'image d'une « chaîne de discours » – et de discontinuité – dans les renversements successifs de l'analyse dominante, entre déploration et acceptation du phénomène. La périodisation des discours proposée par Guy Barbichon vient conforter celle que nous avons pu esquisser jusqu'ici sur les grandes inflexions de l'histoire de l'agrarisme : « Une première phase est dominée par le dogme inébranlable d'une "malfaisance" de l'exode rural, et par l'instrumentalisation du thème dans une argumentation de sollicitation d'étroites faveurs budgétaires. Dans la phase suivante, se manifeste un ébranlement des convictions ordinaires, et bientôt s'opère un renversement des positions relatives aux départs des agriculteurs. Cette phase d'inversion est suivie d'un retour à la position primitive, de condamnation de l'exode ». Si l'on peut discuter de la césure de 1958 proposée par l'auteur pour le passage de la première à la deuxième phase [60], et de l'idée d'un « retour » après l'adhésion au « modernisme » [61], en revanche, l'instrumentation idéologique au long cours de la thématique de l'« exode rural » par les élus

---

60. Avec, évidemment, une éclipse de la production de discours parlementaires pendant les années du régime de Vichy. La continuité entre la culture parlementaire de l'avant-juin 1940 et celle des élus des deux constituantes et des assemblées législatives de la Quatrième République demanderait sans doute à être nuancée. Et même pour ceux qui utilisent en 1950 les mêmes mots qu'en 1930 – la « terre », le « déracinement », le « désert », *etc.* –, il est difficile de ne pas prendre en compte le sens très particulier que ceux-ci ont pu prendre en 1940.
61. Est-ce vraiment la même chose que l'on déplore, en 1920 et en 1970 ? L'auteur lui-même en doute : « À l'époque première, il s'agissait de pérenniser le paysan œuvrant en son espace champêtre. Dans la nouvelle perspective, on se préoccupe du maintien des agriculteurs économiquement marginalisés moins en tant que producteurs agricoles qu'en tant que protecteurs de l'environnement naturel », nuance-t-il.

nationaux est tout à fait évidente, et l'auteur a beau jeu de mettre en parallèle, au temps des « vérités inébranlables » de la Troisième République, les prises de parole parfois interchangeables des députés de tous bords. Même si les points de vue redeviennent divergents quand il s'agit d'analyser les causes ou les remèdes éventuels au « mal » : il nous faudra revenir sur cette distinction entre sensibilité agrarienne et soumission à l'ordre social induit par le paradigme. Comme toute représentation qui réussit trop bien, toutefois, l'« exode rural » finit assez rapidement par excéder son propre signifié, et venir servir de caution aux stratégies et aux sollicitations les plus diverses : dans les exemples rapportés par l'auteur, dès les années 1930, et plus encore dans l'après-guerre, la réduction du concept à une simple figure de rhétorique est manifeste. Là où une génération ou deux plus haut, on invoquait les difficultés du climat ou la pauvreté des sols, c'est désormais l'exode qui sert à justifier les demandes de subventions. En va-t-il de même, plus largement, de l'argumentaire agrarien ? On est en droit de le penser, les mots ayant une tendance universelle à s'user quand on en abuse ou mésuse – qu'on en juge par l'effet actuel de la publicité sur la langue. Et peut-être faudra-t-il réviser en profondeur une histoire des représentations qui tient trop facilement pour signifiante leur seule présence dans une production discursive ou iconographique : de même qu'il y a, en histoire de l'art, retard assez systématique de la figuration sur la matérialité de la chose figurée – que ce soit par maniérisme archaïsant ou tout simplement paresse –, on peut observer, dans l'histoire des idées, des phénomènes de reprise machinale de formules mortes, n'ayant pas d'autres signification pour ceux qui les prononcent que de donner un lustre antique à leur prose... Au-delà de cette question, pour la période la plus récente, l'analyse de Guy Barbichon se complexifie pour lire, derrière les formules attendues, les tentatives d'instrumentation non plus de la représentation de l'« exode », mais du fait social lui-même. En effet, c'est bien la dialectique entre protectionnisme – appliqué ici à l'agriculture de peuplement – et libéralisme – entendu désormais comme application de la sélection des acteurs par le marché – qui nourrit les analyses des experts et des élus durant les prémices de la « révolution silencieuse » : faut-il laisser faire ou contrôler ? et dans la seconde hypothèse, freiner ou accélérer le mouvement ? Toute la difficulté est de mettre en cohérence un discours fortement contraint par un système référentiel caduque, et des actes fortement contraints par une dynamique du marché, d'abord national puis de plus en plus européen, induisant un comportement passablement schizophrène. On comprend mieux, dès lors, le soulagement que constitue l'émergence du « néo-agrarisme » dans les années 1970...

André Fel reste dans cette thématique de la dépopulation rurale et de ses lectures successives, mais en portant son regard sur le monde des experts, à la frontière de l'administration et de l'académie, depuis la glorieuse époque du « plan » jusqu'à celle des « aménageurs ». C'est évidemment à la fois le témoin et le géographe qui écrivent, l'auteur ayant voué l'essentiel de sa carrière, depuis sa thèse sur les hautes terres du Massif Central [62] publiée au moment des lois Pisani-Debré, à penser et faire connaître le sort particulier des « espaces fragiles » dans la production d'une agriculture nationale moderne et compétitive. Partant des derniers feux du « paysannisme » dans les années 1950, passant par le grand tournant de la conversion au modèle du « délestage » – on retrouve la chronologie de Guy Barbichon –, pour terminer par l'évocation des angoisses des responsables publics face au « vide » qui gagne dans les zones en difficulté du territoire, André Fel fait mesurer rétrospectivement la responsabilité des discours successifs produits sur le « rural » et l'« agricole » ; on regrettera seulement que, au-delà des grandes figures, il ne nomme et ne qualifie que de manière très implicite les acteurs et les réseaux d'acteurs de ces mises aux normes successives, parmi lesquels on retrouverait sans doute bon nombre de praticiens et d'institutions des sciences sociales. Pourtant, lorsque André Fel évoque les *leaders* de la « révolution silencieuse », « sortis de la petite paysannerie de la Bretagne, de l'Auvergne, de l'Aveyron », il reprend l'analyse de Pierre Barral sur le caractère essentiellement endogène de la dynamique de modernisation du monde rural : qui donc a produit le paradigme productiviste ? qui l'a légitimé ? La question reste entière, et c'est une véritable prosopographie des acteurs de cette période cruciale qu'il faudrait entreprendre pour démêler enfin quelles dynamiques et quels conflits sociaux et institutionnels se jouent sous la couverture des représentations.

Il aurait été dommage de consacrer une large partie de discussions de ces journées lyonnaises à l'histoire des représentations du « rural » sans examiner, à côté de la profusion des textes, l'iconographie produite. François Portet s'y est essayé, avec un commentaire critique de ces véritables marqueurs de l'imagerie rurale contemporaine que furent *Farrebique* (1946) et *Biquefarre* (1983) du cinéaste Georges Rouquier. Or, s'il est déjà particulièrement malaisé de se placer à distance d'un système de représentations dont on a du mal à cerner les limites, la démarche est encore plus délicate quand ce système utilise vos propres codes de légitimité pour vous convaincre de sa « vérité ». Ainsi François Portet repère deux conditions fondamentales de l'observation ethnographique dans cette œuvre : « durée longue de l'observation et attention au quotidien, à l'intime et au détail infime qui, avec le choix de "vrais personnages", confèrent la force du témoignage authentique à ce film, au point de faire oublier qu'il s'agit d'une œuvre de fiction, dont les situations et les dialogues sont soigneusement mis en scène par le réalisateur ». De fait, *Farrebique* surtout, et *Biquefarre* dans une moindre mesure, ont joué un rôle majeur dans l'alimentation d'un imaginaire rustique anhistorique jusqu'au sein de la

---

62. André FEL, *Les Hautes-terres du Massif central, tradition paysanne et économie agricole*, Publications de la Faculté des lettres et sciences humaines de Clermont-Ferrand, Nouvelle série, n° 13, Paris, Presses universitaires de France, 1962, 340 p.

communauté savante. Ce que François Portet souligne par la restitution du « hors-champ » de ces films, par exemple le retour d'un frère des camps de prisonniers allemands. Mais les deux films sont également intéressants par la manière dont ils construisent, par contraste, la périodisation des systèmes de représentations évoquée plus haut : civilisation paysanne éternelle dans le premier, déstructuration techniciste dans le second. Or cet effet de dramatisation trouve un écho tout particulier chez les ethnologues, les poussant à collecter, dans une logique d'urgence, les témoignages d'une culture menacée par une modernité « agressive ». Replaçant son objet dans l'histoire longue de l'ethnographie rurale, depuis l'héritage de Georges-Henri Rivière et du Musée des arts et traditions populaires, François Portet montre la remarquable convergence des discours et de la demande sociale autour d'une représentation doloriste de la « fin de paysans », proposant une analyse détaillée de la mise en scène du nœud dramatique de la transmission patrimoniale dans *Farrebique*. Au final, c'est bien la « maison », objet ethnographique s'il en est, qui se trouve exaltée et comme sacralisée dans cette œuvre – parallèle troublant entre la construction de l'agrarisme comme idéologie de l'enracinement et l'entreprise globale de l'ethnographie rurale comme saisie du culturel localisé. Et tout comme pour les relations ambiguës évoquées plus haut entre géographes et planificateurs, il conviendrait de se poser la question de l'interaction, pas forcément à sens unique, entre ethnographie et iconographie du rural.

Les deux dernières contributions à la thématique des représentations portent non plus sur le centre, mais sur les marges du système. Aussi peuvent-elles être lues en parallèle : en effet, le texte de Christine César sur la genèse de l'agriculture biologique au sein de la revue *La Vie claire* entre sa création en 1948 et la reconnaissance officielle de l'agriculture biologique en 1981, et celui de Nicolas Woss sur la production discursive de la revue *Nature et progrès,* dans les années 1964-1974, peuvent apparaître comme des travaux d'archéologie du néo-agrarisme de la fin du 20e siècle, qui fera l'objet du thème suivant. En effet, comme l'écrit Christine César, « l'efficacité symbolique du discours de l'agriculture biologique en France recèle une ambivalence qui, déployée, permet de comprendre comment s'est orchestré autour des "produits bio" le passage de la "nostalgie communautariste" agrarienne des années 1940 à l'utopie communautaire anticonformiste des années 1970 ». C'est bien ce long couloir souterrain qui va du « paysannisme » à la requalification des idéologies organicistes, par-dessous l'hégémonie du paradigme productiviste, que ces auteurs tentent d'explorer. À lire Christine César, les fondements de l'agriculture biologique sont clairement réactionnaires : c'est un antimodernisme virulent qui anime les pères fondateurs, pourtant issus de la Faculté pour une partie d'entre eux. En rupture de ban avec le syndicalisme majoritaire comme avec le milieu scientifique, ces hommes cherchent à définir une voie de ressourcement passant par une alimentation extrêmement normée, légitimée par la fiction scientiste d'un « ordre naturel » que l'agriculture et les modes de consommation modernes auraient profané. Les mythes agrariens occupent donc une place de choix dans le travail de propagande de la revue, avec notamment l'évocation d'un passé paysan harmonieux ; mais ils sont complétés par des images d'un registre très différent, comme celles d'une paysannité d'antan soumise aux rythmes biologiques et d'une corporalité pré-pasteurienne et surtout pré-contraceptive assimilée à un idéal de pureté. À cet égard, la vigueur des attaques contre le féminisme est symptomatique d'un anti-humanisme et d'un anti-individualisme qui trouvent leurs origines très en amont dans le 19e siècle, même si l'héritage plus proche d'un Alexis Carrel n'a pas été sans incidence sur la formulation théorique du dogme.

Avec Nicolas Woss, la focale se resserre sur le tournant des années 1970, bien que l'auteur récuse l'approche chronologique dans son analyse des productions idéologiques, qui selon lui coexistent plus qu'elles ne se recouvrent. Posant toutefois comme rupture majeure les événements de Mai 68, il écrit que « *Nature et Progrès* peut alors revêtir l'aspect d'une véritable usine conceptualiste, qui créa et éprouva des thèmes écologistes, et illustrer l'appropriation d'idées déjà largement débattues par une agriculture qui revendiqua son caractère "alternatif" et novateur ». Les liens sont évidents avec la nébuleuse étudiée par Christine César, la figure de Mattéo Tavéra, « agriculteur, architecte et ingénieur », jouant un rôle charnière entre les organisations. L'adjonction de la notion de « progrès » à celle de « nature » dans l'intitulé de la revue ne doit toutefois pas tromper sur l'orientation antimoderniste de ses promoteurs : c'est bien à un développement séparé, fidèle en cela à l'agrarisme, que rêvent les principales plumes de *Nature et progrès* – même si des sensibilités autres, notamment libertaires, existent au sein du mouvement. On pourrait discuter de la conclusion de l'auteur, selon qui « l'agriculture biologique fut handicapée par ses errements ésotériques et politiques. Elle fut exclue des premiers programmes écologistes alors que son influence sur la structuration du mouvement fut des plus déterminantes ». En effet, il conviendrait de conduire une étude non pas des seules représentations, mais des pratiques et des réseaux de « pratiquants » pour saisir l'importance réelle de ce laboratoire de l'écologie.

La question majeure qui se pose à travers ces deux contributions est toutefois celle de l'occultation de la mémoire réactionnaire et des héritages totalitaires de l'agriculture « biologique », et de leur recouvrement par une idéologie plus ouverte, humaniste et tournée vers la consommation. Christine César le laisse penser : il y a des éléments d'explication dans l'histoire des organisations elles-mêmes, avec des effets de génération. Nicolas Woss semble suggérer qu'il y aurait eu une sorte de travail de décantation idéologique, permettant de purifier le modèle de ses « errements » [63]. À l'évidence toutefois, intervient également l'évolution de

---

63. Terme qui nous semble discutable : parler d'errements suppose qu'il y aurait une vérité du modèle, enfermée dans sa propre cohérence logique. L'expérience de l'historien lui laisse

la demande sociale dans la période cruciale des années 1970-1980 : le « biologique » est approprié par une fraction du marché en rupture de confiance avec le modèle agro-industriel, mais sans le système idéologique qui a présidé à sa genèse souterraine. En effet, l'« individualisme » qui triomphe dans ces mêmes années aboutit à une recombinaison des mémoires, adaptant les référents culturels hérités, non plus à un usage collectif mais individuel. Au-delà de la question de l'agriculture biologique, c'est le paradigme agrarien tout entier qui se trouve à la fois requalifié et remis en cause. C'est en effet le paradoxe de ce tournant civilisationnel que de s'approprier des objets idéologiques qui se trouvent en complète contradiction avec sa dynamique propre…

Crise du productivisme, question environnementale et néo-agrarisme

Avec ce dernier thème, c'est la logique de périodisation qui reprend le dessus, quand bien même les auteurs mobilisés ne sont pas en majorité des historiens. En effet, comme on vient de le voir avec les contributions de Christine César et de Nicolas Woss, la question qui se pose depuis la fin des années 1970 est bien celle des traces, des vestiges, des formes dérivées ou dégradées de l'agrarisme transmises à travers les années de triomphe du paradigme productiviste, et ayant contribué à la redéfinition d'une ruralité multifonctionnelle et à l'individualisation des systèmes de valeurs collectifs. S'agit-il d'une restauration pure et simple de l'agrarisme ? d'un néo-agrarisme, produit d'une mutation acceptée par le marché et reconnue par les institutions ? ou d'un processus nouveau dont on ne percevrait que les formes de requalification et pas encore les formes d'innovation ?

La première contribution, celle de Jean-Philippe Martin, permet très opportunément de faire le lien avec les textes présentés dans le chapitre sur l'agrarisme comme enjeu social et politique, dans une approche longitudinale de l'histoire des « gauches paysannes » dans la France de la seconde moitié du 20e siècle. Le titre, en lui-même, contient certes d'emblée une bonne partie de la conclusion : il s'agit bien de l'histoire, non linéaire dans les faits, mais racontée comme telle par ses acteurs, de la requalification d'une « paysannité ». Les partis et les syndicats de la gauche paysanne, malgré leur marginalité ou en raison d'elle, auraient été les passeurs, à travers la période honnie du productivisme, d'un héritage paysan. Avec toute l'ambiguïté, entrevue déjà dans les exemples étudiés par Jérôme Lafargue et Jean Vigreux, de la définition de cet héritage : paysannisme de classe ou agrarisme holistique ? figure du « jacques » ou du « professionnel » ? de la production de qualité ou de la satisfaction de la demande de masse ? Jean-Philippe Martin préfère laisser de côté la question

<small>penser que les errements ont souvent un caractère structurel dans la dynamique des organisations, et que l'ambiguïté idéologique est une constante plus qu'une anomalie dans l'histoire de l'agrarisme…</small>

des pratiques et de leur signification pour se concentrer sur une approche organisationnelle et idéologique des gauches paysannes. Son argumentation, fondée sur une contextualisation précise des mouvements, se développe en deux temps : tout d'abord, il expose comment, dans la littérature du Modef, puis des Paysans-Travailleurs et enfin de la Confédération paysanne, l'agrarisme est construit comme repoussoir, avec un rejet notamment de l'interclassisme et du corporatisme ; ensuite, et dans une démarche proche de celle qui a été recensée plus haut sur le communisme rural, il met en lumière les accommodements et les ambiguïtés de ces mouvements, dans un jeu des possibles assez étroit pour ces groupes marginaux au tournant des années 1970-1980. L'analyse critique des écrits de Bernard Lambert, centrale dans ce travail de Jean-Philippe Martin, est certes facilitée par la distance, et l'on démêle à vrai dire sans peine les ambiguïtés agrariennes de sa prose. De même, il paraît aisé aujourd'hui de mettre en lumière les racines droitières, pour ne pas dire réactionnaires, du régionalisme militant des années 1970. Cela ne suffit toutefois pas à apporter la preuve d'une continuité d'un « agrarisme de gauche », entre la « fin des paysans » et leur réinvention contemporaine. En effet, s'il suffisait de repérer les indices d'une « sensibilité » agrarienne [64] dans un discours pour le ranger dans le modèle global, alors on pourrait intenter un procès universel aux acteurs contemporains de l'agriculture et du « rural », y compris les auteurs rassemblés ici. De la même manière, il convient de distinguer ce qui constitue le cœur du projet de telle ou telle organisation agricole, et les alliances de circonstance qu'elle est capable de passer avec les mouvements politiques ou culturels du moment : l'exemple de l'« affaire » du Larzac, dans les années 1970, illustre parfaitement le caractère conjoncturel de certaines convergences discursives entre organisations. Ainsi, doit-on suivre l'auteur lorsqu'il établit un parallèle entre la haine de l'instituteur laïc chez Dorgères et la dénonciation du caractère normatif de l'école chez Bernard Lambert ? Si l'on nous permet la comparaison, il ne suffit pas de montrer un attachement à la morale conjugale pour être catholique (et *vice versa*). La sensibilité agrarienne, pour le coup, est bien une forme dégradée d'un paradigme qui fut, avant tout, un système de contrôle sociopolitique de la dynamique de développement, dans une voie séparée, du monde rural. À cette aune, qu'est-ce que les gauches « paysannes » ont de véritablement agrarien ? Là où, non pas dans les discours, mais dans les pratiques syndicales et les choix politiques effectifs, il n'y a ni interclassisme ni corporatisme, et où l'instance légitimante de l'emprise des exploitants sur le sol n'est pas la « terre » subjectivée, mais le social, il nous semble qu'on peut raisonnablement affirmer qu'on se situe en dehors de l'agrarisme. C'est pourquoi, malgré la très grande richesse d'informations et l'acuité d'analyse de cette contribution, on se permettra d'émettre des réserves sur

---

64. En rappelant que l'agrarisme lui-même s'est constitué à partir d'éléments culturels préexistants.

sa conclusion. « Si, avec le Modef, [...] c'est bien d'un agrarisme de gauche qu'il faut parler », juge Jean-Philippe Martin, « il faut souligner que ce courant n'a jamais bénéficié d'un appui inconditionnel du PCF et n'a jamais réussi à être un lieu d'élaboration théorique, mais a été un espace permettant de canaliser la colère des petits paysans ». Et d'ajouter, par contraste : « Les courants qui ont donné naissance à la Confédération paysanne ont incontestablement repris des thèmes agrariens ; toutefois, leur volonté d'élaborer un projet en phase avec les attentes de la société, leur choix de rester indépendants sur le plan politique et la place centrale de l'idée de solidarité, à rebours d'un corporatisme frileux, nous font penser que par-delà les emprunts, il n'est pas possible de caractériser les idées défendues par ce syndicat comme un nouvel agrarisme de gauche ». Le Modef serait donc tombé dans l'agrarisme par insuffisance intellectuelle, quand la Confédération, elle, aurait su sortir de l'ornière par un effort de production idéologique en symbiose avec la demande urbaine et le système de valeurs des détenteurs du capital culturel... Encore une fois, il nous semble que l'agrarisme est ici pensé avec ses propres concepts, retournés contre lui ; et la modernité de même, dans une approche culturaliste du politique qui écarte les pratiques sociales de son entreprise typologique et normative. Et nous ne pouvons que nous interroger sur notre capacité de praticiens des études rurales à produire une analyse distanciée de mouvements qui partagent tout ou partie de nos références théoriques et éthiques.

La question de la résilience de la culture agrarienne se trouve également au cœur de la réflexion de François Purseigle, mais dans une approche très différente, qui privilégie la captation du discours sur soi en cours d'élaboration dans les rangs de la jeunesse « agricole » actuelle, à travers un échantillon de la population des élèves d'établissements scolaires agricoles languedociens, dans un objectif de comparaison à distance avec les travaux sur la génération de la « révolution silencieuse ». Encore une fois, c'est le « référentiel modernisateur » qui est au centre des analyses, avec l'idée sous-jacente que le retour de l'agrarisme constituerait le signe pathologique d'une crise de l'idéal de « progrès ». Dans ce contexte, que révèle le système de représentations en cours de cristallisation dans la génération des futurs exploitants des années 2000 ? « Tout en partageant une "méta-culture collective" qui se traduit dans l'adhésion à des valeurs, des goûts vestimentaires, des loisirs – que l'on retrouve au sein même des temples de l'urbanité que sont les banlieues –, cette jeunesse s'affiche profondément attachée à la segmentation de l'espace en deux pôles distincts mais complémentaires : la ville et la campagne », observe l'auteur de l'enquête. Et d'ajouter cette précision intéressante : « ce sont les jeunes étudiants et élèves des lycées agricoles, originaires des agglomérations urbaines, qui semblent le plus attachés à cette représentation duale de l'espace ». L'agrarisme serait vraiment devenu une « question d'histoire urbaine »[65]…

Analysant le « néo-agrarisme » comme une tentative de réponse aux crises des appartenances territoriales et professionnelles, François Purseigle alimente la thèse de la dégradation du paradigme sociopolitique originel en pur jeu de références, utilisées parfois à contresens dans un contexte qui, évidemment, est radicalement différent de celui de la fin du 19e siècle. Avec un second corpus d'enquêtes, portant cette fois sur les jeunes exploitants adhérents de la Coordination rurale, François Purseigle fait un pas de plus dans l'analyse en reprenant le concept critique de « fondamentalisme agraire » développé par Bertrand Hervieu[66]. Le terme n'est évidemment pas neutre, et évoque les autres formes de néo-conservatisme à l'œuvre dans les sociétés industrialisées, à la fois du côté des dominants et des dominés. Avec, dans les discours de ces jeunes militants, un processus très lisible de réactivation du mythe terrien, recomposé à partir d'emprunts à l'environnementalisme : « Nous sommes tous concernés au plus profond de nous-mêmes, génétiquement[67], culturellement, sensuellement attachés à nos campagnes », peut-on lire dans la prose du mouvement. Entre auto-aliénation à la terre-matrice de la nation et aliénation subie à la demande urbaine, les jeunes de la Coordination rurale auraient fait leur choix… Et l'on retrouve ici un écho de ce que Pierre Zalewski a pu trouver dans la littérature du PSL polonais. « Face au "grand chambardement" d'une France paysanne qui a perdu son visage de société agraire, une partie de la jeunesse agricole d'aujourd'hui paraît dépourvue des outils lui permettant de penser la complexité qui se fait jour au sein d'un "village planétaire" dont elle appréhende difficilement les contours », conclut François Purseigle. On se laisserait volontiers convaincre, n'était le parallèle troublant de ce jugement implicitement moral avec celui formulé précédemment par Jean-Philippe Martin sur le Modef. Le néo-agrarisme ou le fondamentalisme agraire ne sont-ils donc – à l'instar de l'islamisme ? – que des « pensées pauvres » pour acteurs sociaux inaptes à la compétition libérale dans les champs de l'économie, de l'information et de l'affirmation symbolique ? Sans doute conviendrait-il d'élargir la focale, et de s'interroger sur un système global qui enferme les dominés et les perdants dans des discours qui constituent, assurément, un repoussoir très commode pour l'humanisme modernisateur des élites… Peut-être également faudrait-il se saisir de l'argument

---

65. Pierre CORNU et Jean-Luc MAYAUD, « L'agrarisme, question d'histoire urbaine ?… », art. cité.

66. Bertrand HERVIEU, « Ruptures identitaires et fondamentalisme agraire. Vers une ère nouvelle pour la représentation professionnelle », dans Marcel JOLLIVET et Nicole EIZNER [dir.], L'Europe et ses campagnes, Paris, Presse de la Fondation nationale des sciences politiques, 1996, pp. 133-151.

67. Sans vouloir sur-interpréter l'emploi d'un terme tombé dans le vocabulaire courant, on ne eut s'empêcher d'y voir un écho, dans une forme scientiste et non plus religieuse, de l'organicisme initial de l'agrarisme.

intéressant proposé par François Purseigle, et déjà pressenti dans la réflexion de Christine César, d'une confusion actuelle des registres du « je » et du « nous » dans les systèmes de représentations, permettant de relativiser l'aliénation des acteurs réels.

L'idée d'un fondamentalisme implique, bien évidemment, la référence à des fondements. Pour ce qui concerne l'agrarisme, on l'a dit, c'est encore et toujours la « terre »[68] qui remplit cette fonction. Mais celle-ci n'est à son tour qu'une représentation, construite à partir d'éléments puisés auprès d'instances légitimantes ultimes. Or, depuis l'épuisement des sources religieuses du sacré, c'est du côté de la « nature », et avec les méthodes ou les apparences de la science, que les dévots de la « terre », mais aussi leurs concurrents défenseurs de l'« environnement »[69], vont chercher leurs arguments. Mais l'histoire de la convocation de la « nature » dans le jeu social ne répond pas aux même temporalités que le politique, et il faut remonter bien plus en amont de la genèse de l'agrarisme pour repérer la dernière césure majeure dans le rapport des sociétés occidentales au « monde » – en fait, à la charnière entre âge classique et modernité, analysée par Michel Foucault dans *Les mots et les choses*[70]. C'est dans ce moment crucial, selon Yves Luginbühl, que s'est opérée la dissociation entre rapports à la terre-paysage et à la terre-nourricière, produisant deux types d'acteurs et deux systèmes de représentations incompatibles, seules quelques figures exceptionnelles (et là encore hybrides…) venant rappeler l'artifice de la distinction première. Celle-ci, à le lire, « renvoie en effet à l'évolution des rapports sociaux à la nature et au changement social, parce qu'elle met en relation des acteurs de l'agriculture et du paysage dans deux domaines apparemment distants mais qui ont fortement à voir, l'un et l'autre, avec la nature et sa manipulation ou avec l'expérimentation des processus naturels, vus d'un côté, depuis la production de biens alimentaires à partir d'objets naturels, et de l'autre depuis la mise en forme des composantes de la nature ». À l'évidence, cette réflexion critique ne surgit pas du néant : nous vivons, nous aussi, une transition majeure dans laquelle, sous la pression d'un millénarisme écologiste en expansion, la demande adressée à l'agriculture rejette la monofonctionnalité productive, et ajoute peu à peu de nouvelles fonctionnalités, y compris patrimoniales et esthétiques – celles-là même que rejettent les militants de la Coordination rurale, non pas par anti-écologisme, mais parce qu'ils assimilent la multifonctionnalité à une soumission à la « ville ». C'est tout l'objet de cette contribution d'Yves Luginbühl de montrer comment le fragile héritage de l'« agronomie » holistique de l'âge classique se serait transmis à travers

---

68. Pierre BARRAL, « La terre », dans Jean-François SIRINELLI [dir.], *Histoire des droites en France, tome 3: Sensibilités*, Paris, Éditions Gallimard, 1992, pp. 49-70.
69. Voir la contribution suivante sur la directive Natura 2000.
70. Michel FOUCAULT, *Les mots et les choses. Une archéologie des sciences humaines*, Bibliothèque des sciences humaines, Paris, Gallimard, 1966, 405 p.

l'âge moderne, pour apporter éventuellement ses solutions à la crise actuelle[71]. « Comme Jean-Jacques Rousseau », écrit-il, « des concepteurs de jardins au service d'aristocrates éclairés ont pensé effectivement que l'imitation de la nature, belle par essence, constituait la voie vers un paysage de bonheur universel. Ils voyaient la campagne comme un lieu où pouvait s'exercer la démocratie et où les nouvelles techniques agronomiques [...] pouvaient contribuer à la fois à une meilleure alimentation [...] et à un spectacle charmant et pastoral ». Or, contrairement aux idées reçues, cette orientation n'aurait pas disparu avec le triomphe de la civilisation industrielle, mais se serait maintenue, au sein de l'élite terrienne pour l'essentiel, jusqu'à la fin du 19e siècle, parvenant même, par un effet de catéchèse sur les exploitants ruraux proches, à « naturaliser » certaines « bonnes » pratiques[72]. L'agricolisation du monde rural dans le premier 20e siècle, puis sa soumission au productivisme dans sa seconde moitié, auraient évidemment joué un rôle néfaste dans cette logique. Le « paysan » abandonné à lui-même n'aurait produit de paysage qu'inconsciemment, tantôt de manière positive et tantôt de manière négative, au gré des évolutions des techniques culturales. D'où la difficulté, au moment de la crise du productivisme dans le dernier quart du siècle, de faire renaître une culture de l'harmonie entre nécessités productives et critères environnementaux et paysagers. L'auteur propose à ce sujet une étude de cas fort intéressante sur les voies difficiles de la « réhabilitation » du bocage dans l'Ouest. Sa conclusion, comme on pouvait s'y attendre, est un acte d'engagement : « Si l'agronome est un homme de projet et le paysagiste également, la voie vers une agriculture paysagiste passe peut-être ainsi par le projet d'une exploitation agricole et paysagiste qui saurait décliner les diverses dimensions de la question du paysage : sociale, esthétique et écologique, et qui ferait de son chef un véritable agronome paysagiste ». Sans nous permettre de porter un jugement sur cette position, on notera qu'elle implique une disqualification d'une bonne partie des acteurs de l'agriculture d'aujourd'hui, proposant donc non pas un néo-agrarisme – celui-ci étant largement fondé sur l'acquis de la « fin des notables » – mais peut-être davantage une néo-physiocratie, les Lumières et

---

71. Saut temporel qui ne fait que redoubler, à une échelle plus vaste, celui des néo-agrariens qui vont chercher dans l'avant-1940 une paysannité non polluée par le capitalisme... Il faudra un jour se pencher sur la production collective de la mémoire – on pourrait déjà dire de la « légende noire » – du productivisme, y compris par ceux, individus et institutions (syndicales, politiques et académiques), qui l'ont un temps porté. À titre de première piste, on pourra s'interroger sur la prévalence des qualificatifs de la laideur dans les discours ainsi que dans les images produites : nous nous permettons de renvoyer à : Jean-Luc MAYAUD, *Gens de l'agriculture, la France rurale 1940-2005*, Paris, Éditions du Chêne, 2005, 311 p.

72. Les approches expérimentales à l'échelle micro invitent toutefois à nuancer ce modèle descendant, qui ne tient pas compte des cloisonnements sociaux. Voir par exemple : François LALLIARD, « Élites impériales et modernisation de l'espace rural dans le sud-est du Bassin parisien, Les Berthier de Wagram et le canton de Boissy-saint-Léger de 1830 à la crise de 1929 », dans *Ruralia*, n° 18-19 2006.

INTRODUCTION

le romantisme réconciliés s'entendant pour guider le travail et la technique. Quels nouveaux agromanes investiront dans cette utopie ?

Pierre Alphandéry et Agnès Fortier donnent un coup de cognée supplémentaire sur le coin entre agrarisme et environnementalisme, en analysant pour nous la contestation du réseau écologique européen Natura 2000 par le « Groupe des neuf », alliance circonstancielle d'organisations agricoles inquiètes de voir remise en cause la fonction productive des espaces ruraux. Restituant la genèse institutionnelle du projet et les difficultés apparues lors de la définition concrète des zones concernées, les auteurs mettent en lumière les difficultés de communication entre acteurs sur un « objet » servant de support à des représentations contradictoires : encore et toujours la « terre ». Or la mobilisation des scientifiques, pensée comme argument d'autorité s'imposant aux acteurs des territoires, n'aboutit pas au résultat escompté pour une raison très conjoncturelle : « la réalisation des inventaires qui s'appuie en priorité sur la phytosociologie, a révélé un manque de compétences scientifiques directement mobilisables dans le cadre français, du fait notamment de l'insuffisance de personnel qualifié dans cette discipline »... À partir de là, le jeu s'ouvre à un rapport de forces classique entre organisations et institutions, avec la « demande sociale » en arrière-plan. Un affrontement dont la vigueur est corrélée à l'importance de la remise en cause que porte le programme Natura 2000 : c'est en effet rien moins que le droit de propriété dans sa définition libérale qui est remis en cause sur 13 % du territoire, notamment dans les zones boisées. Dans ces circonstances, « le groupe des neuf s'affiche comme le représentant des "propriétaires et utilisateurs de la nature" (selon les termes de son premier communiqué) défendant leurs droits et leurs usages contre les réglementations imposées par l'"écologie des villes" ». L'analyse de Pierre Alphandéry et Agnès Fortier montre toutefois que l'assimilation du « groupe des neuf » à une reconstitution d'un front agrarien trouve ses limites dans l'hétérogénéité et l'hégémonie très discutable du *lobby* ainsi formé. Ainsi, les chasseurs et les forestiers y sont très présents, mais tous les syndicats agricoles n'y figurent pas. De fait, le dualisme entre « agrariens » et « urbains », producteurs de biens primaires et consommateurs de paysages, tient davantage de l'effet de mise en scène que de la réalité sociopolitique. Ce que le travail des deux auteurs révèle, c'est bien l'incertitude de la situation actuelle, entre la crise d'un paradigme (capable toutefois de fournir encore des armes) et les voies de son remplacement.

Ce n'est évidemment pas sans une certaine malignité que nous avons réservé la dernière place de ce chapitre à Hélène Brives. Le titre choisi pour sa communication au colloque de Lyon : « L'agrarisme est-il soluble dans le lisier ? », est en effet une double provocation : à la fois, dans le cadre de son étude de la mise en place des plans d'épandage sur le territoire de la commune bretonne de Guéhenno, pour révéler l'inanité de la représentation agrarienne de la « communauté locale » comme cellule infrangible de la ruralité (mise à mal par la compétition pour la mainmise sur les terrains d'épandage) ; mais plus largement aussi, en faisant ressortir le caractère finalement peu opératoire des grands paradigmes pour expliquer le jeu social dans sa réalité incarnée, celle de la *micropolis* communale. « En renouvelant le lien entre techniques agricoles et milieux physiques, les problèmes de pollution amènent à repenser l'agriculture dans sa diversité et dans son ancrage territorial », écrit très justement l'auteur : il fallait bien l'odeur du lisier pour faire descendre du « ciel » des représentations et des discours les acteurs et les observateurs des questions rurales, et les rappeler aux réalités. Nous avons déjà eu l'occasion de souligner l'articulation de longue durée de la question de l'agrarisme avec celle de la politisation : nous y voici ramenés par le biais le plus inattendu. « Par son caractère physique, spatial, qui le pose comme une évidence indiscutable, le cadre communal permet de rassembler tous les exploitants sans qu'ils aient à justifier de leur engagement autrement que par le fait de faire partie de la commune, sans avoir à partager de point de vue politique ou à appartenir à une quelconque organisation », écrit encore Hélène Brives. Mais on est bien loin ici du mythe agrarien de l'unité villageoise et de son fonctionnalisme aliénant : la *micropolis*, individus, groupes, activités et formes de territorialisation, c'est tout simplement l'échelle pertinente d'observation du jeu social et politique [73]. « La prise en charge, par les agriculteurs eux-mêmes, en groupe, de l'organisation de leur activité et de leur développement est un des *credo* de la Jeunesse agricole catholique repris dans les fondements idéologiques du développement agricole, qui a marqué aussi bien le responsable professionnel agricole qu'est le maire que les deux conseillers. [...] Dans ce tandem avec les conseillers, le maire joue le rôle de responsable professionnel de GVA qu'il a longtemps été sans s'afficher aujourd'hui comme tel », explique Hélène Brives, se faisant historienne dans sa conclusion.

Et l'on retrouve bien ici la part la plus féconde de l'œuvre de Pierre Barral : le regard posé sur les jeux d'acteurs et d'organisations, l'attention portée à la difficile construction du collectif, et non pas de l'holistique, dans une double logique de pesée des intérêts en jeu et de mise en cohérence contrainte de l'ensemble, inévitablement partielle et partiale, par l'appel à des systèmes de valeurs légitimants – catholicisme ici, république ou socialisme ailleurs –, débouchant sur l'agrarisme. « Nous appliquerons ce terme aux petits comme aux gros, aux hommes de droite comme aux hommes de gauche, aux syndicalistes comme aux politiciens », écrivait-il ; « c'est tout le dialogue engagé entre les volontés des agriculteurs et les actes des autorités publiques que nous voudrions saisir à la charnière de l'économique et du politique » [74]. Il y a donc bien là l'idée d'une co-

---

73. Jean-Luc MAYAUD, « Pour une communalisation de l'histoire rurale », dans *La politisation des campagnes au 19ᵉ siècle. France, Italie, Espagne et Portugal. Actes du colloque de Rome, 20-22 février 1997*, Rome, École française de Rome, 2000, pp. 153-167.
74. Pierre BARRAL, *Les agrariens français de Méline à Pisani,* ouv. cité, p. 13.

construction, d'un processus plus que d'une vérité archétypale. Mais l'agrarisme comme concept heuristique a été peu à peu oublié, au profit d'une légitimation *a priori* du paradigme. Peut-être alors faudra-t-il un jour dissocier dans l'analyse ce qui se construit dans le local, y compris dans la structuration institutionnelle, et ce que l'englobant produit comme système signifiant instrumental par-dessus la marqueterie des localités. Autrement dit, cesser d'appeler *agrarisme* « cet effort puissant quoique irrégulier… » ; cesser de valider *a priori* l'agrarisme, quand bien même cette captation de l'énergie du social serait sanctionnée par la société elle-même, dans un processus d'auto-aliénation par l'adhésion syndicale ou par le vote : on le sait depuis longtemps, tous les acteurs sociaux, même les dominés, même les plus aliénés, sont à la fois jouets et joueurs, et agissent en « stratèges » dans les champs de l'économique et du politique – bien au-delà des analyses dépassées sur le « syndicat-boutique ». Mais ce que l'on oublie, c'est que ce jeu inclut une pratique du langage – et des formes *actuelles* du langage – fondamentalement ambiguë : ce que nous avons appelé, dans le contexte du rapport au politique au 19e siècle, la pratique du « double langage »[75]. Non pas seulement, comme on l'a trop vite compris, un double langage entre le local et le global, au sens de concepts qui seraient vidés de leur substance universelle et abâtardis par un usage prosaïque dans un sens, et purifiés et rationalisés dans l'autre ; mais double langage au sein même de l'interconnaissance – qu'elle soit celle du village ou des élites dirigeantes d'une organisation –, tout simplement dans la part de liberté des acteurs, et cette distance interlope entretenue entre les mots et les choses. Or, cette distance, c'est l'approche *micro* qui nous permet de la repérer. Non pas parce que « tout » se jouerait dans le micro – contresens de ceux qui ne comprennent ou ne veulent pas comprendre la démarche heuristique de l'histoire sociale fine, et des approches *micro* dans les autres sciences sociales –, mais parce que cette dynamique du social n'est lisible qu'à cette échelle. Cette étude d'Hélène Brives ne peut que nous conforter dans cette conviction.

Il nous semble donc que les praticiens des sciences sociales, après avoir tant pris à cœur les choses – la civilisation matérielle, le travail, la solidarité en actes –, et désormais les mots – les représentations, les valeurs, les identités –, gagneraient à faire la synthèse de leurs acquis heuristiques, pour voir enfin les constructions humaines, et les sources qui en portent les traces, dans leur réflexivité et leur labilité sociale constitutives. Si cette confrontation pluridisciplinaire sur le paradigme agrarien pouvait servir à cela, ce serait un pas majeur dans l'émancipation des études rurales de leur *habitus* de champ périphérique et dominé, et plus largement, des sciences

---

75. Jean-Luc MAYAUD, « Pour une communalisation de l'histoire rurale », art. cité ; Jean-Luc MAYAUD, « Der Staat im französischen Dorf des 19. Jahrhunderts. Lokale Machtverhältnisse im Blickfeld der Mikrogeschichte », dans Ruth DÖRNER, Norbert FRANZ et Christine MAYR [dir.], *Lokale Gesellschaften im historischen Vergleich. Europäische Erfahrungen im 19. Jahrhundert*, Trèves, Kliomedia, 2001, pp. 271-288.

sociales elles-mêmes, vis-à-vis tant de la demande sociale et institutionnelle que des objets eux-mêmes et de leur capacité à se constituer, à l'instar de la ferme de *Farrebique*, en leurres documentaires.

***

Enfin, à ceux de nos lecteurs qui pourraient s'étonner de la liberté de critique et de déconstruction théorique que nous nous sommes octroyée dans cet essai introductif, à la fois sur l'œuvre de Pierre Barral et sur les contributions rassemblées, nous répondrons tout simplement que nous avons, avant toute autre considération, pris au sérieux le travail des chercheurs, et plus encore leur parole. Une parole qui ne trouve pas sa finalité dans la louange, mais dans la discussion, la *disputatio* savante qui seule, par le jeu strict de ses règles, permet de produire un sens qui ne soit pas d'emblée biaisé par les rapports de forces sociaux. Et c'est bien parce que nous accordons encore une valeur à l'écrit scientifique et une responsabilité morale à sa diffusion que nous ne pouvons pas accepter l'évolution actuelle de l'académisme vers l'occultation complète, par les stratégies du silence, de l'argument d'autorité ou de l'autocensure de la phase de validation collective de la recherche – c'est-à-dire par une démarche de confiscation de l'information et des clés de sa compréhension contraire à l'idéal des Lumières. La légitimité d'une institution scientifique ne réside pas dans l'importance de son capital symbolique, encore moins dans le capital social de ses membres, mais dans son aptitude à mobiliser ces capitaux et la puissance de travail de ses chercheurs pour produire, dans la conscience réflexive et nécessairement inconfortable des responsabilités de ces derniers, des connaissances falsifiables, révisables et mutualisables. Or cela n'est possible que par un travail permanent de critiques croisées, battant en brèche la tendance de chaque auteur ou de chaque institution productrice de savoir à faire de son objet d'étude l'enjeu de la justification de sa propre position sociale… Voie pernicieuse par laquelle a été constituée la « classe-objet » de la paysannerie, et par laquelle se développe aujourd'hui une entreprise globale de re-légitimation des formes inégalitaires et segmentées d'ordre social. Nous ne pouvions donc livrer ce recueil de travaux sans assumer pleinement notre responsabilité d'éditeurs scientifiques, chacun étant légitime face à son objet et dans la configuration propre de son ancrage académique.

Et si donc l'on veut bien nous lire avec la même attention au choix des mots, des concepts, des exemples et des schèmes argumentatifs que celle que nous avons exercée ici, on ne pourra que reconnaître le respect en lequel nous avons tenu la démarche et l'apport scientifique des chercheurs en général, et de Pierre Barral en particulier. Quel plus bel hommage, en effet, que de voir son œuvre encore discutée près de quarante ans après sa publication ?

Première partie

**Agrarisme et construction
de la nation**

Gambetta et la République des paysans (1871-1879)

Annie BLETON-RUGET

L'intérêt de la Troisième République pour les paysans et l'agriculture a fait l'objet d'études attentives, comme celles que Pierre Barral a consacrées à l'agrarisme républicain [1]. Certaines contributions y reviennent dans cet ouvrage en analysant la politique agricole du régime républicain [2]. Nous nous sommes pour notre part attachée à l'époque qui précède la crise agricole et la mise en œuvre de mesures en faveur de l'agriculture. Cette période est, pour reprendre l'expression de Claude Nicolet, celle « des années de création continue de la République républicaine » [3] pendant lesquelles les républicains s'emploient à construire les bases idéologiques et institutionnelles du régime qu'ils appellent de leurs vœux. Durant les huit années qui vont de l'élection de l'assemblée nationale à celle du premier sénat républicain, leurs combats ne se limitent pas à un objectif strictement constitutionnel. L'entreprise de conquête de l'opinion et d'installation de la République dans laquelle ils s'engagent s'inscrit dans un projet plus large. En s'appuyant sur des changements sociaux déjà largement amorcés [4], ils se livrent alors à un travail de construction politique de la société qui assigne à divers groupes sociaux des places et des fonctions spécifiques. C'est à celles qui reviennent à la paysannerie que nous nous sommes plus particulièrement intéressée, une

---

1. Pierre BARRAL, *Les agrariens français de Méline à Pisani*, Cahiers de la Fondation nationale des sciences politiques, n° 164, Paris, Armand Colin, 1968, 386 p.
2. Jean-Luc MAYAUD, « Les logiques agrariennes des politiques agricoles avant 1914 », communication au colloque de Lyon, non publiée dans ce volume. Voir entre autres : Jean-Luc MAYAUD, « L'integrazione politica dei contadini in Francia e la politica agricola della Repubblica », dans Pasquale VILLANI [dir.], *L'agricoltura in Europa e la nascita della "questione agraria" (1880-1914). Atti del convegno di Roma, ottobre 1992.— Annali dell'Istituto « Alcide Cervi »*, Rome, n° 14-15, 1992-1993, pp. 119-130.
3. Claude NICOLET, *L'idée républicaine. Essai d'histoire critique*, Paris, Gallimard, 1982, p. 202.
4. Philip NORD, *The Republican Moment. Struggles for Democracy in Nineteenth-Century France*, Cambridge, Harvard university press, 1995, 318 p.

paysannerie dont on voit se fixer de manière précoce les traits dessinés par le projet républicain.

Cette vaste opération de définition des groupes sociaux revient d'abord à l'état-major parisien regroupé autour du journal *La République* fondé à la fin de l'année 1871. Elle mobilise aussi d'autres cercles républicains, notamment ceux qui se consacrent plus spécifiquement à la propagande rurale en direction des républicains et des campagnes, telle la *Société du patriote,* émanation de la Société d'instruction républicaine créée par Joseph Barni. La province abrite aussi des initiatives destinées à la conquête des populations rurales. Les exemples ne manquent pas, comme l'atteste l'entreprise d'un quarante-huitard toujours actif au début de la Troisième République : Pierre Joigneaux [5]. Beaunois d'origine, ce dernier avait été en 1849, avec la publication *La Feuille du village,* l'un des propagandistes les plus prolifiques du Bureau de propagande démocratique, organe d'expression des démocrates-socialistes [6]. Exilé en Belgique après le coup d'État du 2 décembre, il n'a rien perdu de son goût pour les expériences agronomiques, même sur les sols pauvres de l'Ardenne belge, et de sa passion pour les combats républicains, comme le manifestent, après son retour en France en 1860, la reprise de ses activités politiques et sa candidature aux élections de 1869. Spectateur impuissant du siège de Paris et de la Commune en 1870-1871, c'est dans son département d'origine, où il a été élu en février 1871, qu'il met son expérience politique au service de cette « république des paysans » qui devient l'un des enjeux de la bataille républicaine [7].

À l'instar d'autres républicains comme Eugène Spuller, Challemel-Lacour [8] ou Ranc [9], il est de ceux qui peuvent offrir à l'état-major

---

5. Voir : Paul-Daniel LOBREAU, *Pierre Joigneaux (1815-1892) ou la république en sabots*, thèse de doctorat sous la direction de Gilbert Garrier, université Lyon 2, 1995, 2 volumes.

6. Annie BLETON-RUGET, « Aux sources de l'agrarisme républicain : la propagande démocrate-socialiste et les campagnes (1848-1851) », dans Jean-Luc MAYAUD [dir.], *1848 en provinces.— Cahiers d'histoire,* tome 43, 1998, n° 2, pp. 283-299.

7. On ne peut attribuer à Pierre Joigneaux une responsabilité exclusive dans l'engendrement de ce projet républicain qui est aussi le produit d'une conjoncture historique particulière, mais l'influence de ses activités politiques sur Gambetta est certaine. Un réseau de relations rapprochait les deux hommes : Pierre-Antoine Joigneaux, fils de Pierre, avait été secrétaire de la préfecture de la Sarthe, puis préfet de la Lozère en 1870 et 1871, au temps du gouvernement provisoire et de la Défense nationale. Eugène Spuller, l'inspirateur de la politique gambettiste des débuts de la République – comme l'attestent ses « Lettres à Gambetta » publiées par *La Revue de Paris* en 1900 – connaissait Pierre Joigneaux dont il avait pensé faire le rédacteur du *Moniteur des communes* en 1871. Nathalie BAYON, *Eugène Spuller (1835-1896). Itinéraire d'un républicain entre Gambetta et le ralliement*, Villeneuve-d'Ascq, Presses universitaires du Septentrion, 2006, 314 p

8. Challemel-Lacour a été préfet du Rhône pendant le gouvernement de la Défense nationale. Voir : Édouard KRAKOWSKI, *La naissance de la Troisième République. Challemel-Lacour. Le philosophe et l'homme d'État*, Paris, Éditions V. Attinger, 1932.

9. Sur les liens qui unissaient Léon Gambetta et le « groupe gambettiste » et la manière de les comprendre, on lira l'étude novatrice de : Nathalie BAYON, « Jeunesse et genèse d'un groupe politique : le groupe gambettiste », dans *Revue d'histoire du 19e siècle,* n° 20-21, 2000, pp. 73-91. Nous ne pouvons que regretter que cette étude porte sur la période antérieure à celle que nous travaillons. Une telle démarche aiderait à voir autrement comment se construit le projet républicain autour de la paysannerie.

républicain de Paris une connaissance renouvelée du territoire national et de la France rurale puisée aux difficiles expériences des temps de la Défense nationale. Dans les années incertaines où la maîtrise de la province semble revenir aux conservateurs et aux bonapartistes, c'est à des militants de ce type, issus des petites villes et des chefs-lieux de cantons, que le « parti » doit ses succès électoraux et sa capacité à faire entrer dans la réalité sociale du temps son programme politique. Bientôt, à la faveur de ses « promenades oratoires »[10], Gambetta va les rencontrer. En relation étroite avec le travail politique qu'organise à Paris l'état-major de ses fidèles, le « commis voyageur de la République » se nourrit du contact avec ces républicains de province chargés d'assurer la liaison avec des paysans qu'ils fréquentent régulièrement. Attentif aux vibrations d'une province à conquérir, habile à capter les potentialités de la France républicaine et à les orienter, il aura été l'un des plus actifs à travailler à l'intégration de la paysannerie au projet républicain, contribuant à produire d'un même mouvement la paysannerie républicaine et la république des paysans.

Pour reconstituer cette entreprise, nous avons repris l'itinéraire des voyages de Gambetta et nous nous sommes intéressée aux étapes qui ont été plus particulièrement consacrées à l'évocation de la paysannerie. Réinsérés dans la conjoncture politique qui les porte, les propos que le tribun républicain lui consacre permettent de saisir les interrogations dont elle a été l'objet, la place stratégique qu'on entend lui accorder et les modalités d'intégration dans la collectivité nationale qu'on lui réserve. Au gré des développements d'une situation politique extrêmement mouvante, voire confuse[11], quelques grands moments peuvent être individualisés. Le premier fixe les contours d'une paysannerie républicaine à venir et sa place dans un dispositif d'ensemble qui l'associe à d'autres groupes sociaux : c'est ce que campent les discours de Bordeaux de juin 1871 et de Grenoble de septembre 1872. Le deuxième atteste les préoccupations plus spécifiques dont elle fait l'objet dans le contexte de la lutte contre le bonapartisme : le discours d'Auxerre de juin 1874 en témoigne. Le troisième enfin montre combien la mise en place de nouvelles institutions impose la conquête du vote paysan, enjeu qu'aborde le discours de Château-Chinon d'octobre 1877, et avant lui celui de Belleville sur le « Grand Conseil des Communes de France ».

La paysannerie républicaine

Les premières allusions que Gambette réserve à la paysannerie sont des allusions précoces et quasi inaugurales puisqu'on les rencontre dans le discours de Bordeaux prononcé le 26 juin 1871[12]. Ce discours marque,

---

10. Joseph REINACH, *La vie politique de Léon Gambetta*, Librairie Félix Alcan, 1918.
11. Daniel HALÉVY, *La fin des notables*, Paris, Grasset, 1930, 301 p.
12. *Discours de Bordeaux*, 26 juin 1871, dans *Discours et plaidoyers choisis de Léon Gambetta*, volume 2, par Joseph Reinach, Paris, Bibliothèque Charpentier, 1903, pp. 22-23 (désormais *Discours de Gambetta*).

après un séjour espagnol [13], le retour du député démissionnaire à la vie politique et l'établissement des grandes lignes d'un programme qui va être pour les années à venir celui des républicains. À quelques semaines de l'échéance des élections partielles de juillet, les premières depuis la défaite de février, ces allusions sont d'abord une invitation pressante à un changement d'attitude adressée au parti républicain.

Guidé par un incontestable sens politique et une remarquable sensibilité aux enjeux de dénomination, Gambetta intervient dans ce discours dans un débat quasi-sémantique dont les attendus politiques ne sont pas sans importance. « Les mots, que les partis ont échangés, de ruralité, de Chambre rurale, il faut les relever et ne pas en faire une injure », dit-il à Bordeaux. Ce qui est ici proposé, c'est l'abandon de l'image dévalorisante de la ruralité que certains républicains avaient popularisée dès l'Empire, et plus encore depuis l'élection de l'assemblée nationale le 8 février 1871 sur la base de leurs échecs politiques [14]. Une image qui avait aussi largement alimenté le radicalisme municipaliste des communes de province [15] qu'incarnait fort bien Gaston Crémieux [16]. Mais ce radicalisme était désormais politiquement battu, y compris dans sa forme extrême qu'avait été la Commune, et l'opposition rural/urbain ne se posait plus dans les mêmes termes [17]. L'opposition entre un monde rural archaïque et une société urbaine plus progressiste faisait le jeu des conservateurs qui avaient su retourner en leur faveur la représentation disqualifiante de la paysannerie issue des rangs des républicains. Face à la stigmatisation républicaine de la ruralité comme source d'archaïsme, ils en avaient fait le lieu d'une spécificité propre à fonder un bloc social conforme à leurs aspirations, dans lequel la paysannerie trouvait une place « naturellement » assignée. Comme en témoignent les usages et les éloges de la ruralité dans les journaux et dans les brochures conservatrices à la veille des élections partielles de juillet

---

13. La ratification de la convention d'armistice par l'assemblée nationale entraîne la démission des députés d'Alsace-Lorraine, dont Gambetta, qui gagne Saint-Sébastien. On pourra consulter la biographie politique de Gambetta dans : Georges WORMSER, *Gambetta dans les tempêtes, 1870-1877,* Paris, Sirey, 1964.

14. On relira sur cette question l'article de : Raymond HUARD, « "Rural". La promotion d'une épithète et sa signification politique et sociale, des années 1860 aux lendemains de la Commune », dans *Le monde des campagnes.— Revue d'histoire moderne et contemporaine*, tome 45, octobre-décembre 1998, pp. 789-806, et celui de : Pierre BARRAL, « Note historique sur l'emploi du terme paysan », dans *Études rurales*, n° 21, 1966, pp. 72-80. Nous avons repris ce débat dans : Annie BLETON-RUGET, « À bas les ruraux. Polémiques et politique autour de la représentation nationale en France (février-juillet 1871) », dans Thomas BOUCHET, Matthew LEGGET, Jean VIGREUX et Geneviève VERDO [dir.] *L'insulte en politique. Europe et Amérique latine du 19ᵉ siècle à nos jours*, Dijon, Éditions universitaires de Dijon, 2005, pp. 93-102.

15. Jeanne GAILLARD, *Communes de province, Commune de Paris, 1870-1871*, Questions d'histoire, Paris, Flammarion, 1971.

16. Raymond HUARD, « "Rural". La promotion d'une épithète... », art. cité, p. 795.

17. La Commune de Paris avait manifesté plus de sens politique à l'égard de la province et de la paysannerie en y cherchant appui, et ravitaillement. Voir la proclamation des travailleurs de Paris « Au travailleur des campagnes », Paris, Imprimerie nationale, avril 1871.

1871, la paysannerie s'y trouvait fondue dans l'univers social des solidarités « traditionnelles »[18].

Probablement plus sensibilisés par les enjeux de ces débats idéologiques autour de la paysannerie que leurs homologues parisiens, ce sont les républicains de province qui se sont fait entendre les premiers. Pratiquement contemporaines du discours de Bordeaux, les initiatives de Pierre Joigneaux l'attestent. Dès le 16 juin 1871, celui-ci publie dans *Le Siècle* ses *Nouvelles lettres aux paysans*, revendiquant, comme en 1849, son appartenance « rurale » pour en faire explicitement, contre l'entreprise conservatrice, une appartenance « paysanne ». « Quand on n'a ni linge fin, ni pieds, ni mains de race, il faut savoir rester paysan et défendre les siens. C'est ce que je fais »[19], dit-il alors, dans une identification à la paysannerie qui avait déjà fait le succès de ses adresses pendant la Seconde République[20]. L'écho de ces prises de position républicaines en faveur de la paysannerie est tout à fait sensible également dans la presse des départements. En Saône-et-Loire, ces *Lettres aux paysans* sont reprises dans *Le Peuple de Saône-et-Loire*, le journal de Charles Boysset, exilé comme Joigneaux après le 2 décembre. En Côte-d'Or, le *Journal de Beaune* accueille aussi les articles de Pierre Joigneaux. Dans la Nièvre paraît à la même époque un journal précisément intitulé *Le Journal des paysans*[21].

À quelques semaines des élections partielles, on ne peut limiter ces interventions à des préoccupations purement électoralistes. L'attention portée à la paysannerie contribue à l'identifier comme un groupe social spécifique et à l'arracher à une ruralité qui la rejetterait du côté des couches sociales traditionnellement dominantes dans les campagnes. Ce qui se joue alors, à contre-courant du désespoir de certains républicains des villes, et des espoirs des conservateurs, c'est l'affirmation d'une possible communauté d'intérêts entre les campagnes et les villes. Tandis que les conservateurs stigmatisent ces « beaux diseurs des villes qui vous faisaient des discours superbes, mais des lois détestables et qui, une fois nommés, s'inquiétaient bien peu de ces populations rurales, pourvu que les villes fussent contentes et qu'on y applaudit à leurs amplifications ampoulées », certains républicains, tel Pierre Joigneaux, invitent aussi les campagnes à considérer les villes sous un autre regard. Soucieux de maintenir une cohésion sociale qui lui semble menacée, ce dernier préconise un renversement des points de vue et suggère que « si dans nos campagnes on ouvrait les yeux, on verrait qu'il n'y a rien à gagner à chicaner les villes, en voulant le contraire de ce qu'elles souhaitent et en prenant le contre-pied de ce qu'elles font. Moins les villes consomment, moins nos produits se

---

18. Sur l'exemple bourguignon, voir : *Lettres d'un rural, par le Vicomte de Sarcus, ancien capitaine des dragons, 1871-1881*, Dijon, Imprimerie Darantière, 1871-1881.
19. *Le Siècle*, 7 mai 1870, ou *Le Journal de Beaune*, 30 avril 1870.
20. Voir : Annie BLETON-RUGET, « Aux sources de l'agrarisme républicain… », art. cité.
21. *Le Journal des paysans*, n° 1, juin 1871, éditorial d'Henri Pellault.

vendent et elles consomment d'autant moins que les menées politiques empêchent davantage la confiance d'y renaître et le travail d'y reprendre »[22].

Ce sont ces mises en garde et ces incitations que Gambetta semble avoir parfaitement saisies lorsqu'il évoque, à Bordeaux, à propos de la qualification de « chambre rurale », « cette nouvelle force sociale [qui] serait utilisée pour le bonheur général », pour autant que la démocratie parvienne à démontrer « que l'intérêt vital des classes supérieures [...] c'est précisément d'élever et d'émanciper ce peuple des travailleurs qui tient en réserve une sève encore vierge et des trésors inépuisables d'activités et d'aptitudes ». Et pour cela, dit-il, « il faut apprendre et enseigner aux paysans ce qu'ils doivent à la société et ce qu'ils peuvent exiger d'elle »[23].

Paysannerie et « couches nouvelles »

D'abord conjoncturel, cet objectif d'inclusion de la paysannerie dans la collectivité nationale, et d'alliance des villes et des campagnes, devient dès 1872 l'un des thèmes centraux du programme politique du parti républicain. Le contexte des élections partielles, où les succès se confirment, s'y prête particulièrement[24]. Les républicains ont alors en vue la dissolution de l'assemblée, l'espoir de son remplacement par une chambre républicaine, et celui d'y voir accéder les représentants « des couches nouvelles ». C'est à Grenoble, à l'automne, au terme d'une série de voyages particulièrement mobilisateurs en Savoie et en Isère, que Gambetta annonce « la venue et la présence, dans la politique, d'une couche sociale nouvelle »[25].

Cette référence aux couches nouvelles n'est alors nullement une nouveauté dans les propos de Gambetta. Déjà en octobre 1871, au lendemain des élections des conseils généraux, il commentait les résultats en soulignant que « dans un grand nombre de cantons, le suffrage universel a repoussé le vieux personnel de tous les partis et il a porté ses choix de préférence sur les hommes nouveaux [...]. Le peuple, petite bourgeoise, ouvriers et paysans, conçoit de jour en jour plus clairement l'étroite relation de la politique et de ses affaires, il veut être représenté pour lui-même, il se représentera bientôt lui-même. C'est une révolution »[26]. Depuis cette date, les résultats électoraux n'avaient pu qu'encourager les républicains à

---

22. *Le Siècle*, 16 juin 1871.
23. *Discours de Bordeaux*, volume 2, pp. 22-23.
24. Lors des élections du 9 juin 1972, les républicains gagnent des sièges dans l'Yonne, où Paul Bert est élu, également dans le Nord et dans la Somme. En octobre 1872, ils renforcent leurs positions dans la Gironde, l'Indre, la Loire et les Vosges. Voir Jacques GOUAULT, *Comment la France est devenue républicaine. Les élections générales et partielles à l'assemblée nationale, 1870-1875*, Cahiers de la Fondation nationale des sciences politiques, Paris, Armand Colin, 1954, 239 p.
25. *Discours de Grenoble*, 26 septembre 1872, dans *Discours de Gambetta*, volume 3, pp. 100-101.
26. Cité par : Daniel HALÉVY, *La fin des notables*, ouv. cité, p. 98.

travailler à la mobilisation de ces catégories sociales sur lesquelles ils espéraient fonder les bases de l'unité nationale et du nouveau régime [27]. Si, à Grenoble, la proposition n'est pas nouvelle, c'est pourtant l'efficacité du discours que Gambetta y prononce qui fixe de manière définitive les contours du « peuple » républicain, à la faveur de circonstances qui ont contribué à faire de son intervention un moment historique. Alors que les propos de l'orateur avaient été tenus dans un banquet privé, comme l'imposait le maintien de l'état de siège, c'est à leur relais par la presse qu'ils doivent déjà leur impact, ainsi qu'à la dynamique qu'ils donnent aux succès électoraux républicains dont ils sont en quelque sorte le commentaire [28]. Mais les émois qu'ils ont suscités parmi les conservateurs leur ont offert une chambre d'écho qui n'est rien moins que l'assemblée nationale lors de l'interpellation de Thiers par le général Changarnier [29]. Au moment où les conservateurs agitent à la tribune l'épouvantail du péril social et alors que Thiers s'abrite en réponse derrière la lecture libérale des couches sociales, Gambetta en appelle, sur le terrain, à l'alliance des « travailleurs des villes et des campagnes », « ce monde du travail à qui appartient l'avenir », opposant des couches productrices à une société notabiliaire et rentière. S'agissant de la paysannerie, l'efficacité performative du discours de Grenoble [30] achève le travail de valorisation engagé à Bordeaux. Désormais associée aux couches montantes de la société, c'est une reconnaissance officielle qui lui est accordée, tandis qu'elle entre dans l'histoire en leur compagnie, échappant ainsi à la figuration de l'éternité que lui assignait la tradition conservatrice.

Paysannerie et projet républicain

Associée à d'autres catégories sociales dont elle est appelée à partager le destin historique, la paysannerie n'en est pas moins, dans le contexte des années 1871-1872, l'objet d'attentions spécifiques. Gambetta, une fois encore, s'en est fait le porte-parole, à l'occasion du discours qu'il a prononcé le 14 juillet 1872 à la Ferté-sous-Jouarre, à quelques semaines de la commémoration de la naissance de Hoche. Dans l'inspiration très

---

27. Il faut rapprocher ces propos de ceux tenus au Havre dans lesquels Gambetta récuse la prise en compte séparée des problèmes ouvriers et affirme « qu'il n'y a pas une question sociale », dans *Discours de Gambetta*, volume 2, pp. 259-261. Sur ce débat, voir : François EWALD, « La politique sociale des opportunistes, 1879-1885 », dans Serge BERSTEIN et Olivier RUDELLE [dir.], *Le modèle républicain*, Paris, Presses universitaires de France, 1992, pp. 173-187.
28. « N'a-t-on pas vu apparaître sur toute la surface du pays, – et je tiens infiniment à mettre en relief cette génération nouvelle de la démocratie – un nouveau personnel politique électoral, un nouveau personnel du suffrage universel », dit alors Gambetta, dans *Discours de Gambetta*, volume 3, pp. 100-101.
29. Les termes en sont résumés dans le commentaire introductif que Pierre Barral fait au *Discours de Grenoble*, dans : Pierre BARRAL, *Les fondateurs de la Troisième République*, Paris, Armand Colin, 1968, p. 228.
30. Les discours de Gambetta illustrent de manière exemplaire ce que peut être l'effet performatif des mots, voir : Pierre BOURDIEU, *Ce que parler veut dire,* Paris, Fayard, 1982, 244 p.

patriotique de ce discours, la célébration de la Révolution tient une place de choix, mais l'allusion aux « désastres » et aux tentatives faites pour « apeurer la France » souligne aussi le souvenir toujours traumatisant de la défaite et de la Commune. Pour surmonter ces traumatismes nationaux, c'est à des tâches multiples que doivent désormais s'atteler les républicains : assurer la défense de la nation, travailler à sa régénération, achever la Révolution et établir une République « d'ordre et de liberté » susceptible de résister à la double menace des aventures révolutionnaires et des tentatives réactionnaires. Dans ce programme, la paysannerie tient une place stratégique, fondatrice, elle qui a bénéficié « de l'émancipation légale des citoyens, après ce don magnifique de joyeux avènement de la Révolution française qui prend dans son sillon, où il croupissait comme une bête de somme, le paysan, qui le redresse et lui fait figure humaine »[31]. Bénéficiaire de la Révolution, la paysannerie est le groupe à qui l'on confie la tâche d'en défendre les conquêtes, et d'abord celle qui fait sa passion quotidienne : la propriété. Mais pour cela, il faut en faire « une conscience après en avoir fait un propriétaire ».

En constatant l'absence dans ce groupe « d'intelligence de ses droits et de ses devoirs » – absence qui ne peut être imputée « qu'aux régimes qui se sont succédés depuis la Révolution » – Gambetta trace alors le portrait d'une paysannerie héritière de la Révolution mais qui doit d'abord être éclairée pour entrer de plain-pied dans la nation. Pour y parvenir, c'est aux lumières d'autres couches sociales qu'il pense pouvoir faire appel, affirmant « que ces deux frères, le paysan et l'ouvrier, l'homme de la ville et l'homme de campagne, doivent enfin être réunis et associés par leur frère aîné, celui qui appartient à la bourgeoisie et qui, grâce à une fortune antérieure ou à des sacrifices immédiats, a obtenu une éducation qui doit en faire à la fois un initiateur et un guide »[32]. Un an après l'installation de l'assemblée nationale, beaucoup de chemin reste donc à parcourir pour gagner les campagnes et, à ce stade d'élaboration du projet républicain, les interrogations sur les capacités d'intégration des couches populaires à la société demeurent entières, y compris chez Gambetta.

Trois ans plus tard, lorsqu'il s'agit de fonder les bases du régime républicain, il est de ceux qui n'ont pas hésité à les étayer sur la paysannerie elle-même. Les stratégies de lutte contre le bonapartisme ont été déterminantes dans cette radicalisation des choix politiques et dans la prise en compte de l'urgence d'un moment qui imposait d'anticiper sur un programme conçu à plus long terme. Dans une telle conjoncture, l'installation de la République – cette république du compromis dénoncée par les radicaux – passait par un pari qui paraissait à beaucoup fort risqué : celui de sa possible institution au cœur même de la paysannerie. Face à

---

31. Discours prononcé au banquet de la Ferté-sous-Jouarre, le 14 juillet 1872, *Discours de Gambetta*, volume 2, p. 374.
32. *Idem*, p. 370.

d'autres tenants de la République qui hésitaient à faire un tel pari, Gambetta a franchi le pas, convaincu que si l'éducation paysanne restait à faire, la pédagogie du vote pouvait suppléer une telle carence dès lors qu'on la mettrait en œuvre dans un univers familier [33]. C'est au village que la République des paysans pouvait être instaurée. Quelques discours, tout aussi efficaces que les précédents, permettent de suivre l'élaboration de ce projet d'installation d'une République des paysans et de percevoir les convictions politiques et philosophiques qui le sous-tendent.

La République des paysans

L'étape déterminante dans la conversion des républicains à une république fondée sur la paysannerie a été la lutte qu'ils ont dû mener contre le bonapartisme renaissant à partir du printemps 1874. À cette date, comme Gambetta en fait lui-même le rappel historique dans le discours qu'il a prononcé à Auxerre quelques semaines après l'élection du baron de Bourgoing dans la Nièvre, le bonapartisme reste le principal adversaire des républicains. La démission de Thiers le 23 mai 1873, l'échec de la restauration monarchique en novembre et la démission de de Broglie le 16 mai 1874 ont affaibli les légitimistes et les orléanistes. Les maladresses du gouvernement d'ordre moral, dont témoigne la loi des maires de janvier 1874 [34], ont heurté l'opinion des campagnes et fourni aux républicains des arguments pour susciter dans la population paysanne la crainte d'un retour à l'Ancien Régime. Certains cantons ruraux, comme ceux de la Nièvre où le radical Turigny, exilé après le coup d'État de 1851, est réélu en octobre 1873 [35], retrouvent alors des réflexes politiques qui évoquent singulièrement le temps des campagnes « rouges » de la Seconde République.

Si les républicains ne se sont pas privés d'associer à leurs critiques du conservatisme les candidats bonapartistes, toujours accusés de cléricalisme [36],

---

33. Gambetta revient après coup sur ce débat à plusieurs reprises. À Valence, le 18 septembre 1878, il évoque le pari fait sur le suffrage universel en ces termes : « lorsqu'il y a sept ans, il nous donnait tort, l'avons-nous attaqué, nous sommes nous retournés contre lui ? Non. J'ai dit à ce moment, et je tiens à le répéter, que c'est à lui qu'il fallait s'adresser en parcourant la France, en visitant jusqu'à ses hameaux pour faire pénétrer au fond des âmes les véritables principes restaurateurs et réparateurs de la patrie… », *Discours de Gambetta*, volume 9, pp. 602-605.
34. Cette loi réintroduisait la nomination des maires par le gouvernement et elle a été suivie d'un grand nombre de révocations des maires élus.
35. Le radical Turigny avait été élu une première fois en avril 1873, en même temps qu'un autre radical, Barodet, à Paris. L'élection de Turigny a été invalidée à la suite d'irrégularités et aussi de fortes pressions, mais il est réélu en octobre 1873, en recueillant un grand nombre de voix dans les cantons du Morvan où le souvenir de l'Ancien Régime restait vivace. Ce sont ces voix paysannes qui, pour une part, se portent, l'année suivante, sur le candidat bonapartiste, faisant craindre aux républicains la persistance de l'influence du bonapartisme dans les campagnes. Voir : Jacques GOUAULT, « Comment la France est devenue républicaine… », ouv. cité, pp. 181-182.
36. Pierre Joigneaux, qui n'a pas cessé d'écrire dans *Le Journal de Beaune* et d'y faire paraître ses articles publiés dans *Le Siècle*, se montre particulièrement actif et prolixe pendant l'année 1874. Sans relâche, il est de ceux qui dénoncent l'alliance des « Bonapartistes et des Cléricaux ».

le recours à l'argument de la réaction ne pouvait suffire à discréditer leurs adversaires qui se faisaient eux aussi les défenseurs du suffrage universel et les porte-parole des mérites de *l'Appel au Peuple*[37]. Une fois encore, dans l'affrontement pour le contrôle de l'opinion des campagnes, Gambetta manifeste un réel sens social et politique pour analyser la complexité des changements intervenus sous le Second Empire et en tirer des leçons politiques pour combattre l'influence des bonapartistes sur la paysannerie. Dans cette perspective, le discours qu'il prononce à Auxerre le 1er juin 1874 marque une étape importante dans l'affirmation de la stratégie républicaine[38].

Paysannerie et démocratie républicaine

En choisissant, à quelques pas de la Nièvre, une petite ville qui avait accueilli l'empereur en 1866 – à « quelques semaines de Sadowa » comme il ne se prive pas de le souligner –, Gambetta entend d'abord rappeler, dans un département qui a connu l'occupation prussienne, les responsabilités du régime déchu. La mise en scène de sa venue à Auxerre est aussi l'occasion de s'adresser de manière privilégiée à cette France rurale et provinciale qui n'a pas définitivement rompu avec le souvenir plutôt favorable que lui a laissé l'Empire. Accueilli par le président du conseil général, le député Charles Lepère[39], à l'occasion des fêtes du concours agricole régional, il est là pour « écouter la voix de la France, juger sur place l'état des esprits, rechercher les craintes qui les agitent, les espérances qui les animent, entendre enfin cette grande voix des populations rurales qui doivent être pour les gouvernements d'une société si profondément démocratique […] l'avertissement suprême ».

Le discours d'Auxerre, dont les journaux de province se font l'écho fidèle[40], est souvent retenu pour les analyses qu'il propose des transformations sociales intervenues dans les campagnes depuis que « l'Empire est passé par-là ». Les constats qu'y fait Gambetta ne sauraient pourtant être interprétés comme exclusivement sociaux, tant cette réalité est étrangère à la pensée républicaine qui associe de manière inséparable le social

---

37. L'activité de propagande des républicains contre le bonapartisme a été particulièrement importante, notamment à travers la rédaction et la publication de toute une série de brochures à 5 centimes émanant de la *Société du patriote*. On pourra rappeler quelques titres : Eugène BONNEMÈRE, *Les paysans avant et après 1789* ; J.-B. JOUANCOUX (pseudonyme d'Aristide Couteaux), *Jacques Bonhomme. Histoire des paysans français* ; Pierre JOIGNEAUX, *Le Filleul du pape*.

38. Discours d'Auxerre, 1er juin 1874, *Discours de Gambetta*, volume 4, pp. 154-157.

39. Charles Lepère a été ministre de l'Agriculture et du Commerce en février-mars 1879. Dans la période d'installation de la République, il illustre le profil des républicains de province que Gambetta a beaucoup côtoyés durant ses voyages. Avocat, fondateur du journal républicain *La Liberté*, il est dans son département d'origine membre de la Société pour la propagation de l'instruction populaire. Un autre député de l'Yonne, Victor Guichard, proscrit après le 2 décembre, apparaît dans la correspondance de Gambetta, confirmant l'importance de la province dans son entourage politique. Lettre n° 167, dans *Lettres de Gambetta, 1868-1882*, recueillies et annotées par Daniel Halévy et Emile Pillias, Paris, Grasset, 1938.

40. Voir le *Journal de Beaune,* en date du 6 juin 1874.

et le politique [41]. Lui-même le souligne en précisant que si les changements sociaux auxquels l'Empire a pu contribuer sont bien le signe d'une démocratie, « un état politique où le travail doit tout dominer », ils n'en demeurent pas moins une étape dans une démocratie qui reste inachevée dès lors que « démocratie et république [doivent être] associées comme la cause et l'effet ». Au nouvel état social doit donc renvoyer un nouvel état politique qui ne soit pas « la démocratie césarienne, cet ordre obtenu par la force ». Loin d'assimiler l'Empire au seul conservatisme, Gambetta entend combattre le bonapartisme sur son propre terrain pour montrer qu'il est « la contre-façon de la démocratie ». Contre la nouvelle menace d'une démocratie césarienne, le programme est désormais fixé et la forme du régime proposé ne peut être que la reconnaissance d'une démocratie républicaine construite au plus près de la société. C'est l'occasion de préciser ce qui fait la spécificité de cette démocratie républicaine, cet exercice toujours renouvelé du vote qui a permis « grâce à la permanence du droit de suffrage et d'élections de peupler ses conseils municipaux, cantonaux et généraux, l'Assemblée nationale elle-même ».

Les résultats électoraux de la fin de l'année 1874 [42], après l'alerte provoquée par les succès bonapartistes [43], viennent conforter cette analyse et donner à la conquête républicaine une dynamique nouvelle dans laquelle la paysannerie peut trouver sa place, dès lors qu'aura été mise en œuvre une pédagogie du vote susceptible de révéler ses attentes. C'est aussi ce que suggère Pierre Joigneaux lorsqu'il souligne de manière contemporaine du discours d'Auxerre : « on ne peut pas croire à une opinion publique rurale, parce que les notabilités de village n'en ont point connaissance exacte et que les autorités départementales n'en soufflent mot. On ne peut comprendre qu'à côté des petits personnages de clocher qui ne se confondent plus avec la foule, il y a un public nouveau, des idées en circulation, des discussions ouvertes, des convictions formées, en un mot, une opinion publique avec laquelle on n'a pas encore compté » [44]. Désormais fixé, le programme républicain est ici affiné, l'impératif étant de faire émerger cette nouvelle « opinion rurale » dans un temps où des choix décisifs s'engagent à l'assemblée autour des projets constitutionnels.

---

41. François Ewald a souligné l'originalité de la pensée sociale des républicains opportunistes pour qui toute question sociale est inséparable d'un traitement politique. François EWALD, « La politique sociale des opportunistes... », art. cité.

42. Les élections cantonales d'octobre 1874 et les élections municipales de novembre ont joué un rôle déterminant dans l'appréciation que Gambetta pouvait avoir de la situation politique et de l'état de l'opinion. Comme il le raconte dans une lettre à Juliette Adam du 22 octobre, il avait préparé « un travail de récapitulation énorme qui comprend tous les conseils municipaux de France », en gardant secrètes ces premières expériences de statistique électorale, *Lettres de Gambetta 1868-1882*, recueillies et annotées par Daniel Halévy et Émile Pillias, Grasset, 1938, lettre n° 219.

43. Les bonapartistes gagnent des sièges dans la Nièvre (24 mai 1874), dans le Calvados, (16 août 74) et dans le Pas-de-Calais (18 octobre-1er novembre 1874). Voir : Jacques GOUAULT, « *Comment la France est devenue républicaine...* », ouv. cité, p. 180 et suivantes.

44. Dans ses « Simples causeries » du *Journal de Beaune* de l'été 1874.

Ce choix stratégique de conquête de l'opinion rurale qui anime les républicains depuis le courant de l'année 1874 éclaire le retournement politique de Gambetta en faveur du sénat proposé par les Centres réunis [45], alors qu'il s'était fait en 1873 le pourfendeur impitoyable du projet du duc de Broglie d'instauration d'une chambre haute [46]. Le contexte politique a une fois encore changé et, dans la confusion qui règne dans l'assemblée au début de l'année 1875, le risque d'un conflit majeur entre la chambre et le président le convainc de l'inévitable concession à faire aux Centres en échange d'une reconnaissance de la République [47].

Dans la plaidoirie qu'il fait à Belleville le 23 avril 1875 en faveur du sénat, les habiletés rhétoriques qu'il déploie pour transformer le Grand conseil des notables à la de Broglie en Grand conseil des communes de France [48] trouvent une fois encore leur fondement dans des convictions plus profondes. Le dispositif constitutionnel qui entend faire des communes la base électorale du sénat, en leur confiant le choix des délégués sénatoriaux, rencontre en effet chez lui une préoccupation tôt affirmée : la nécessité d'animer – entendons de politiser – la vie locale. En octobre 1871 déjà, dans sa *Lettre à Cornil* publiée au lendemain des élections aux conseils généraux, il fixait au « parti radical », qu'il opposait en la circonstance au « parti républicain formaliste », la tâche de se préoccuper des « institutions organiques » comme pouvaient l'être les conseils généraux, en espérant qu'avec le renforcement de leur rôle, « la vie locale reprendrait son éclat et sa fécondité au bénéfice de la France et de la République » [49]. Quatre ans plus tard, grâce à l'opportunité qu'offrait l'élection d'un sénat, c'est à travers « l'esprit communal » que « les entrailles de la démocratie » doivent être sollicitées. Face aux conservatismes de tout bord qui n'avaient pas ignoré l'intérêt politique de l'élection des délégués sénatoriaux à la commune, c'est au village qu'il fallait orienter « l'esprit de démocratie » dans un sens favorable à la République.

La République au village

Touchant à la paysannerie, on ne saurait réduire, une fois encore, les préoccupations de Gambetta à des calculs électoralistes, même si le poids du groupe est déterminant. Comme le *leader* républicain sait en expliciter de manière très claire les attendus, ce mode de désignation des sénateurs représente à ses yeux un dispositif qui permet de mettre en action les mécanismes de la pédagogie du vote. Alors qu'il imagine « ces communes

---

45. On sait le rôle qu'ont joué le duc Audiffrey-Pasquier et Casimir-Périer dans l'élaboration des textes constitutionnels et notamment celui concernant le sénat. Voir : Daniel HALÉVY, *La fin des notables...*, ouv. cité.
46. Assemblée nationale, le 28 février 1873, dans *Discours de Gambetta*, volume 3, pp. 282-287.
47. On trouvera l'analyse que fait Gambetta dans une lettre adressée à Ranc, où il expose les craintes que suscite tout risque de dissolution, alors même qu'il avait été le plus chaud partisan de la chute d'une assemblée qu'il a longtemps considérée comme illégitime, lettre n° 232, 12 janvier 1875.
48. Discours de Belleville, 23 avril 1875, dans *Discours de Gambetta*, volume 4, pp. 310-320.
49. « Lettre à un conseil général », dans *Discours de Gambetta*, volume 2, pp. 473-483.

éveillées à la vie politique, se groupant, se renseignant, s'informant, délibérant, déléguant les hommes », plus encore il mesure l'opportunité « de faire comprendre à celui qui dispose d'un bulletin de vote [...] quelle est la relation qui lie cet acte du citoyen à toutes les fonctions de l'État ». Dans le concert des voix républicaines qui s'expriment en faveur de l'échange et à la circulation des informations comme conditions indispensables au triomphe de la République [50], Gambetta est de ceux qui parient plus précisément sur l'efficacité de l'intégration politique par le vote. S'agissant tout spécialement de la paysannerie, il affirme qu'elle « changera sans révolution, sans violence, par la simple manifestation de sa volonté, le cours des choses et fera de la politique, non pas au point de vue de ses intérêts privés, mais du point de vue des intérêts de tous ».

À cette pédagogie du vote appliquée à la paysannerie, Gambetta impose une condition indispensable : qu'elle puisse s'exercer au niveau le plus familier, celui de la commune, c'est-à-dire à travers l'élection des maires [51]. Cette revendication qu'il formule à Avignon en février 1876 a, là encore, souvent été commentée comme un calcul politique destiné à permettre la substitution d'un personnel républicain à celui qui avait été mis en place à la suite de l'application de la loi des maires. Si l'intention est indéniable, elle ne saurait pourtant épuiser la substance d'un projet politique qui a progressivement noué de manière tout à fait spécifique la paysannerie et la République. Une nouvelle fois, c'est à travers ses propos que l'on peut mesurer l'importance pour lui de la proximité et de la familiarité comme instruments d'éducation républicaine de la paysannerie, comme lorsqu'il évoque « la commune qui est la meilleure, la plus intime réduction de la patrie, où se trouvent resserrées les plus intimes affections qui viennent de la naissance, de la famille et des relations les plus anciennes et les plus durables, c'est le berceau, le foyer et la tombe, tous ses souvenirs et tous ses intérêts ». En s'exerçant au plus près de l'univers de son inclusion sociale, la pédagogie du vote pourra intégrer le paysan à la nation républicaine.

Toutes les campagnes électorales, celles de 1876, comme celle de 1877, ou encore celle qui accompagne en 1879 le premier renouvellement du sénat, ont été pour lui l'occasion de rappeler sans relâche, à l'intention des petits et grands états-majors républicains, les vertus d'une telle pédagogie ; sans manquer d'en appeler aussi directement « aux électeurs des campagnes, vous qui avez en main l'avenir de la France », comme il le fait lors de son discours à Château-Chinon, en octobre1877, au cœur d'une Nièvre où le vote paysan avait durablement oscillé entre radicalisme et

---

50. Cette question mériterait une étude à part entière de la manière dont l'idéologie républicaine valorise tout ce qui peut contribuer à franchir les obstacles de la distance, de l'obscurité ou de la contrainte, *etc*. Dominique Maingueneau en fait une lecture convaincante dans un ouvrage consacré aux manuels scolaires. Dominique MAINGUENEAU, *Les livres d'école de la République (1890-1914). Discours et idéologie*, Paris, Le Sycomore, 1979, 344 p.
51. Discours d'Avignon, 9 février 1876, dans *Discours de Gambetta*, volume 5, pp. 91-94.

bonapartisme [52]. De la manière la plus explicite, la paysannerie se trouve cette fois-ci directement sollicitée par les républicains qui consacrent ainsi son rôle et sa place dans l'installation définitive du régime.

Cet appui des républicains sur la paysannerie a souvent été interprété comme un choix conservateur, dès lors qu'il avait à de multiples reprises, venant de l'état-major républicain lui-même, alimenté la représentation « d'une république d'ordre et de réflexion », loin des épisodes révolutionnaires qui avaient marqué les débuts encore provisoires du régime. Ce « conservatisme » des républicains reposait pourtant sur une perception de la paysannerie tout à fait différente de celle du conservatisme des conservateurs. Dans ce temps de fondation de la République, l'agrarisme politique qu'il manifestait était un agrarisme ouvert, dans lequel l'autonomie promise à ce groupe social ne signifiait nullement un repli sur une quelconque spécificité paysanne. Mais plus qu'à travers cette lecture de la paysannerie, c'est dans le pari politique dont elle a fait l'objet qu'il faut lire l'écart qui sépare républicains et conservateurs. Alors que le régime républicain peinait à s'établir, certains comme Gambetta osèrent faire à ce groupe le crédit d'un usage progressiste du suffrage universel. Quelques années plus tard, une fois la République installée, c'est encore lui qui rappelle les attendus qui avaient présidé à un tel pari en affirmant, devant ses amis de la Ligue de l'enseignement, que « le suffrage universel est le droit, il est le droit en exercice et il ne faudrait pas laisser dire un seul instant que son principe ou sa valeur peuvent dépendre de l'état intellectuel de tout un peuple car cet état intellectuel nul n'est en possession de le mesurer » [53].

On mesurera le chemin parcouru par un homme qui, en 1871, à Bordeaux, évoquait « les paysans [qui] sont intellectuellement en arrière de quelques siècles sur la partie éclairée du pays ». Le travail politique l'avait convaincu de les accepter tels qu'ils étaient et d'y adapter les institutions, avant même de pouvoir entreprendre une vraie politique d'instruction. À la faveur de ce travail politique, le républicain avait approché un monde qui ne lui était pas spontanément familier mais qui devait à son sens faire l'objet d'une attention civique. D'une manière plus sensible, c'est dans la lecture que lui inspire *L'Angelus* de Millet, qu'il découvre à Bruxelles à l'automne 1874, que l'on retrouve l'écho de cette conviction qu'il faut vaincre les écarts sociaux et les représentations qui s'y attachent pour fonder un projet politique progressiste. Après avoir évoqué l'atmosphère de recueillement religieux qui baigne le tableau, soulignant ainsi un univers propre à la paysannerie et plutôt étranger au monde républicain, il célèbre – à travers « la peinture qui s'élève et prend un rôle moralisateur, éducateur » – ce moment où « le citoyen passe dans l'artiste, et avec un grand et noble tableau nous avons une leçon de morale sociale et politique » [54].

---

52. Discours de Château-Chinon, 26 octobre 1877, dans *Discours de Gambetta*, volume 7, pp. 320-324.
53. 21 avril 1881, dans *Discours de Gambetta*, volume 9, p. 200
54. Lettre à Léonie Léon, n° 214, 2-5 octobre 1874, dans *Lettres de Gambetta...*, ouv. cité.

Agrarisme et agrariens en Galice : bilan et perspectives de recherche

Miguel CABO VILLAVERDE

L'agrarisme galicien : fortune historiographique et état actuel de la recherche [1]

L'associationnisme agraire galicien s'est historiquement développé en suivant des chemins en grande partie divergents du reste de l'Espagne, divergences qui ont leur origine essentielle dans les singularités de l'organisation agraire et de la répartition de l'habitat rural en Galice [2]. Cette singularité est symbolisée par l'hégémonie du *foro,* mode d'extraction de la rente foncière fondé sur la division des domaines et la sous-location de la terre à la paysannerie. Et ce, jusqu'au début du 20e siècle, malgré les réformes successives des gouvernements libéraux du 19e siècle. Contrat d'origine médiévale, avec la division des domaines et des rentes en espèces, le *foro* était difficilement compatible tant avec le concept libéral de propriété qu'avec le développement des formes modernes de production dans les campagnes [3]. Pour les observateurs de la cour, la Galice rurale – ou même la Galice dans son ensemble – représentait le cas paroxystique d'une société archaïque, figée dans ses hiérarchies, hors de l'histoire et des

---

1. Ce texte a été remis par l'auteur à la fin de l'année 1999 : les références bibliographiques mobilisées ont pu être actualisées (à paraître), mais aucune n'a été ajoutée. (*Note des directeurs du volume*).
2. Le terme *agrarisme* pourrait mener à l'erreur, étant utilisé dans d'autres milieux pour étiqueter des phénomènes dont les acteurs principaux sont les classes propriétaires, comme en Italie par exemple. Mais dans le cas galicien, son utilisation est largement justifiée, selon nous, par sa présence dans la presse et dans la propagande de l'époque, et par ses propres acteurs ainsi que par son emploi généralisé postérieurement dans l'historiographie. Pour une excellente caractérisation de la Galice d'un point de vue agraire. Voir : Abel BOUHIER, *La Galice. Essai géographique d'analyse d'interprétation d'un vieux complexe agraire,* Thèse de l'Université Rennes 2, 1979, 4 volumes.
3. Ramón VILLARES, *La propiedad de la tierra en Galicia, 1500-1936,* Madrid, Siglo 21, 1982. À la fin du 19e siècle, le *foro* concerne, selon des témoignages de l'époque, approximativement 90 % de la superficie agraire mais l'absence de cadastre empêche de vérifier cette estimation.

convulsions de la modernité. D'où la consternation avec laquelle la presse de la capitale enregistrait les épisodes violents de conflictualité rurale, comme ceux attribués à la *Mano negra* dans les régions littorales de La Corogne en 1909, l'expansion de la *Solidaridad Gallega* et de l'*Unión Campesina,* ou encore les massacres de paysans du début des années 1920 dans le contexte de la radicalisation de la mobilisation contre le *foro.* Le cliché de l'Arcadie, soutenu par l'insignifiance de la figure du salarié agricole et par la condition de quasi-propriétaire (en vertu du *foro*) de la majeure partie des paysans, était ainsi remis en cause par ces observateurs, par ailleurs obnubilés par la question sociale dans l'Espagne des latifundia [4]. Il en était de même d'ailleurs pour les hommes d'État et pour les législateurs. Sûrement pour la même raison, l'historiographie espagnole n'a pas été capable d'intégrer l'agrarisme galicien dans ses schémas interprétatifs, de telle sorte que ce sont exclusivement des historiens galiciens qui l'ont sauvé de l'oubli auquel l'avait voué la *damnatio memoriæ* déchaînée depuis 1936.

Notre perspective du phénomène agrarien s'est donc nourrie essentiellement de monographies locales et sectorielles et, ce qui est tout aussi important, des travaux d'auteurs spécialisés dans les champs les plus variés (histoire politique, histoire de la presse, émigration, mouvement ouvrier...) qui ont pris en considération les répercussions de l'agrarisme dans leur champ d'étude. L'agrarisme galicien révèle ainsi la profondeur de son impact social entre le dernier quart du 19e siècle et la Guerre civile [5].

---

4. Le peu de familiarité avec la question agraire galicienne, beaucoup plus complexe que celle du *foro* à laquelle elle se voyait souvent réduite, peut aussi être étendu aux deux forces principales du mouvement ouvrier espagnol : autant les socialistes que les anarchistes ont toujours contemplé avec méfiance ce mouvement qui, de leur point de vue, aspire à un objectif bien peu révolutionnaire, la consolidation de la petite propriété paysanne. Une des exceptions est représentée par l'approche du sociologue Bernaldo de Quiros dans le rapport élaboré par l'*Instituto de reformas sociales,* ayant comme motif la montée de la conflictualité contre le *foro* en 1922-1923 ; INSTITUTO DE REFORMAS SOCIALES, *El problema de los foros en el Noroeste de España,* Madrid, 1923.

5. Le pionnier sur ce point fut José Antonio Durán dès le début des années 1970, qui a centré son travail sur les aspects politiques pour l'époque antérieure à la Première Guerre mondiale. Les apports successifs de l'école formée à l'Université de Saint-Jacques-de-Compostelle à partir du magistère de Ramón Villares ont ouvert de nouvelles perspectives, que ce soit à partir d'études de secteurs (Fernández Prieto sur le changement technique, Martínez López sur le syndicalisme agraire catholique) ou locales (Liñares, Rosende, Domínguez Almansa, Román Lago ou Soutelo Vázquez). José Antonio DURAN, *Agrarismo y movilización campesina en el país gallego (1875-1912),* Madrid, Siglo 21, 1977 ; Alberte MARTINEZ LOPEZ, *O cooperativismo católico no proceso de modernizaciòn da agricultura galega, 1900-1943,* Pontevedra, Diputación Provincial, 1989 ; Lourenzo FERNANDEZ PRIETO, *Labregos con ciencia. Estado, sociedade e innovación tecnolóxica na agricultura galega, 1850-1939,* Vigo, Xerais, 1992 ; Amancio LIÑARES GIRAUT, *O val de Barcala (1900-1936),* Negreira, Feiraco, 1986 ; Anxel M. ROSENDE FERNANDEZ, *O agrarismo na comarca do Ortegal, 1893-1936. A loita pola modernización da agricultura galega,* Sada, Ediciós do Castro, 1988 ; Andrés DOMINGUEZ ALMANSA, *A formación da sociedade civil na Galicia rural. Asociacionismo agrario e poder local en Teo (1890-1950),* Saint-Jacques-de-Compostelle, Xunta de Galicia y Concello de Teo, 1997 ; Isidro ROMAN LAGO, *Os campesiños de Lavadores,* Vigo, Ediciòns A Nosa Terra, 1998 ; Raúl SOUTELO

L'intérêt pour ce cas particulier ne doit pas étonner, étant donné que nous nous trouvons face à un mouvement social maintenu pendant un demi-siècle ayant fait appel à la paysannerie comme base, dans une région marquée par le poids de la ruralité, où en 1900 l'agriculture accaparait 86 % de la population active et où ce pourcentage était encore de 72 % en 1950.

Trajectoire et caractérisation de l'agrarisme galicien

Le début du mouvement agraire galicien est conventionnellement situé en 1886, cette date étant celle de la création légale de la première organisation agraire connue. Le contexte historique est donc celui de la crise agraire de fin de siècle, et de l'articulation, sous des formes nouvelles, de la défense des intérêts de l'agriculture dans tout le continent [6]. Pendant les dix années suivantes, l'élan de l'organisation des sociétés agraires va se manifester de façon exclusive sous la forme de mutuelles d'élevage (essentiellement bovin) dans un cadre paroissial, voire même inférieur (*lugares* ou *barrios*) ; association d'intérêts dont les caractéristiques sont similaires à celles des institutions enregistrées dans tout le nord de l'Espagne et dans différentes régions européennes [7]. Dans sa phase initiale, l'associationnisme agraire en Galice adopte exclusivement la forme des mutuelles, qui ne pivotent ni sur le crédit coopératif comme dans le cadre de la culture germanique, ni sur le coopérativisme de consommation comme dans la plus grande partie de la France. Elles sont donc restées complètement en dehors de la stimulation et de la protection de l'État. Cette caractéristique doit être mise en relation avec la spécialisation croissante de l'élevage de la Galice par rapport à l'ensemble de l'économie espagnole, facilitée par la connexion ferroviaire avec la Meseta à partir de 1883. Dès lors, l'élevage prend un rôle de plus en plus décisif pour les paysans galiciens, représentant un mécanisme fondamental d'obtention de numéraire, dans la préservation toutefois du poids de la communauté locale

---

VAZQUEZ, *Burgueses, intelectuais e protesta social na Galicia rural: Ourense, 1880-1936*, Vigo, Universidade de Vigo, 1999. Nous citons uniquement les monographies publiées et non celles qui sont disponibles exclusivement comme mémoires de licence et dont l'accès est difficile. On trouvera une synthèse récente dans : Miguel CABO VILLAVERDE, *O agrarismo*, Vigo, Ediciòns A Nosa Terra, 1998.

6. Pierre BARRAL, « Les mouvements agraires de l'ère industrielle (jusqu'à la Seconde Guerre mondiale) », dans *Revue historique*, volume 232, 1964, pp. 299-330 ; Ramón GARRABOU [dir.], *La crisis agraria de fines del siglo 19*, Barcelone, Crítica, 1989 ; Pasquale VILLANI [dir.], *L'agricoltura in Europa e la nascita della "questione agraria" (1880-1914). Atti del convegno di Roma, ottobre 1992.— Annali dell'Istituto « Alcide Cervi »*, Rome, n° 14-15, 1992-1993, 509 p. ; Nieck KONING, *The Failure of Agrarian Capitalism,* Londres, Routledge, 1998, pp. 71-112.

7. Organisation extrêmement simple, où le cadre local garantit la connaissance mutuelle, la vigilance et le paiement des indemnisations selon les modalités de partage au prorata ou avec cotisation fixe, *etc*. Une proportion inconnue mais de toute façon très considérable de ces *obrigas* n'est pas répertoriée légalement. Mentions d'institutions similaires dans tout le tiers nord-ouest de la péninsule dans : Francisco José BURGAZ et María PEREZ-MORALES, *1902-1992. 90 años de seguros agrarios en España*, Madrid, Ministerio de Agricultura, Pesca y Alimentación, 1996. Pour le cas galicien, une vision générale dans : Miguel CABO VILLAVERDE, *O agrarismo…*, ouv. cité, pp. 33-37.

ainsi que des formes associatives traditionnelles. Malgré la limitation de leurs objectifs, les mutuelles d'élevage jouent un rôle fondamental en tant qu'origine de formes associatives plus ambitieuses ou en incorporant de nouvelles activités et des fonctions supplémentaires pour devenir des organisations agraires au sens propre du terme, ou encore en facilitant une expérience première d'introduction des habitudes et des actions en commun qui, après, peut s'appliquer à des entreprises plus complexes. Que ce soit en les intégrant comme sections dans les organisations agraires ou en maintenant leur autonomie, les mutuelles vont être présentes pendant toute la période de l'agrarisme – et même survivre à celui-ci, ces institutions existant toujours, même si leur présence est marginale [8].

Les premières organisations agraires, au sens propre du terme, apparaissent sur la frange littorale entre Pontevedra et Vigo, dans une zone d'osmose entre les milieux urbain et rural. Leur caractéristique propre est déjà la variété d'initiatives, préfigurant ainsi à petite échelle ce que seront les champs d'action des associations agraires jusqu'en 1936 : achat collectif des intrants agricoles, dénonciation des abus des autorités locales, présentation de candidats aux élections municipales, *etc*. C'est une double stimulation qui motive cette explosion organisatrice : d'une part, l'apport d'éléments républicains et socialistes, désireux de capter des appuis en dehors des réduits urbains et de miner les bases du contrôle social des partis dynastiques ; d'autre part, les sentiments communautaires exprimés à un niveau paroissial, cadre organisateur prédominant dès le premier instant. L'expansion rapide des nouvelles formes d'organisation, due à l'imitation d'une zone vis-à-vis d'une autre et à la résistance aux épisodes répressifs déchaînés par les *gobiernos civiles* (préfectures) et les réseaux du caciquisme, montre qu'elles répondent à des conditions structurelles et qu'elles ne sont nullement le résultat de l'action de quelques agitateurs parmi les paysans naïfs, comme a pu l'affirmer une lecture intéressée, contemporaine de ces faits.

Jusqu'au second lustre du 20e siècle, l'agrarisme reste un phénomène quasi-exclusif de la province de Pontevedra. Cependant, entre 1906 et la Première Guerre mondiale, il s'étend sur la majeure partie de la géographie galicienne. Dans la province de La Corogne, le saut qualitatif est réalisé grâce à la dynamique de l'action/réaction mise en route par deux organisations opposées quant à leurs objectifs et leurs idéologies, mais intéressées à encadrer la population rurale pour arriver à leurs fins : l'*Unión campesina* anarchiste dans la zone d'influence de la capitale de la province, et la *Solidaridad Gallega*, qui regroupe les forces exclues du système de la *Restauración* (républicains, traditionalistes, régionalistes), à l'exception du mouvement ouvrier. Dans la Galice méridionale, la province d'Ourense et

---

8. María Luisa Pérez Iglesias compte aujourd'hui 150 mutuelles d'élevage qui maintiennent les caractéristiques de leurs prédécesseurs cent ans auparavant. María Luisa PEREZ IGLESIAS, « Tradición y decadencia de las mutuas ganaderas en Galicia », dans *El medio rural español*, Salamanque, Universidad de Salamanca, 1992, volume 1, pp. 499-506.

l'intérieur de celle de Pontevedra, l'expansion se fait par le biais de la radicalisation de l'agitation sociale contre le *foro*, d'abord dirigée par un comité de coordination entre les différentes sociétés (le *Directorio de Teis*), et ensuite, entre 1912 et 1914, par une manifestation de populisme de base agraire, *Acción gallega*. Enfin, dans la province de Lugo, en dehors de l'exception significative du tiers méridional où la permanence du *foro* a donné lieu à une dynamique beaucoup plus proche du modèle d'Ourense, l'organisation de la paysannerie a été stimulée majoritairement par l'Église catholique. Cette réaction de défense sous le signe du catholicisme social, présent aussi bien entendu dans d'autres contrées, rajoute une nuance idéologique de plus sur le tableau bigarré de l'agrarisme, dans lequel cohabitent des sociétés d'idéologie républicaine, socialiste ou anarchiste, avec celles des catholiques et les structures organisées par les groupes de pouvoir local, qui bientôt adoptent certains des procédés de leurs adversaires.

Vers 1914, les différentes tentatives pour unifier sur les plans politico-idéologique et/ou organisationnel la force sociale considérable du mouvement agraire, aboutit à une frustration : le mouvement se révèle incapable, finalement, de s'imposer aux forces de désagrégation et d'hétérogénéité qui le traversent, les particularismes (structures agraires, diversité idéologique des promoteurs de l'associationnisme) paralysant les efforts. Pendant les années de la Grande Guerre, on détecte d'une part une plus grande synchronisation avec le mouvement ouvrier aux alentours des centres urbains, et d'autre part, les graines de la radicalisation de l'après-guerre, germées sous la chaleur de la conjoncture économique dérivée de la neutralité espagnole [9]. Ces tensions vont éclater d'une façon particulièrement violente à la fin du conflit, dans un contexte péninsulaire (agitations agraires en Andalousie, *pistolerismo* à Barcelone) et continental (Révolution russe et ses échos) d'instabilité – ce que les groupes dominants perçoivent comme une menace contre le concept de propriété.

Pour ce qui concerne l'agrarisme, il faut signaler deux caractéristiques majeures de la période 1918-1923 : la première est l'exacerbation de la lutte contre le *foro*, sous le signe d'une radicalisation autant de ses objectifs (abolition sans indemnisation pour l'encaisseur de la rente) que de ses méthodes (refus du paiement des rentes, opposition collective aux embargos, représailles contre les propriétés des *foristes* ou contre ceux qui ne suivent pas les consignes des sociétés agraires). Le moment de plus haute tension est atteint à la fin de 1922, avec la proclamation d'une grève générale dans la province de Pontevedra et le massacre de trois paysans par la *Guardia civil* au cours d'un embargo dans la paroisse de Tui de Guillarei.

---

9. La montée des prix des subsistances, pression des percepteurs du *foro* pour toucher la totalité des rentes en espèces revalorisées, *etc.* Miguel CABO, *O agrarismo…*, ouv. cité, pp. 113-116.

C'est dans ce contexte que l'on assiste à la bipolarisation des organisations en deux grands ensembles rivaux. D'une part, la *Confederación régional de agricultores gallegos* (CRAG) regroupe la plus grande partie des sociétés non confessionnelles, impulse l'opposition au *foro* et défend le projet d'un *Partido agrario* qui puisse se convertir en une force hégémonique à l'échelle galicienne, à partir d'une idéologie incertaine, dans une ambiguïté calculée qui à son origine n'exclut aucun appui – avec toutefois une prédominance d'éléments régionalistes et populistes de gauche. La CRAG peut compter en février 1923 sur 419 sociétés et approximativement 62 000 membres (non pas en adhésions individuelles, mais en tant que chefs d'exploitation [10]). Face à la CRAG, on trouve un syndicalisme agraire catholique, qui se range sous le drapeau du respect du droit social et de la propriété, et qui prévoit pour les organisations agraires une voie progressive et graduelle de consolidation de la petite exploitation familiale par le coopérativisme, antidote à ce que les catholiques considèrent comme la démagogie des sociétés « neutres ». Avec l'appui de l'Église et de beaucoup de propriétaires qui optaient ainsi pour une alternative d'*ordre* aux sociétés confédérales, les fédérations catholiques-agraires (intégrées dans la CNCA, *Confederación nacional católico-agraria*) arrivent en 1920 à réunir un total de 486 syndicats [11]. Ce chiffre impressionnant doit être cependant nuancé en tenant compte de ce que, dans beaucoup de cas, il s'agit de créations précipitées, d'une existence précaire, spécialement une fois que la fureur contre-révolutionnaire, qui avait motivé leur apparition, s'est apaisée.

La situation change complètement à partir de l'instauration de la dictature de Primo de Rivera, à la fin de l'année 1923. Les catholiques-agraires, pour autant qu'on puisse en croire les dirigeants, accueillent avec enthousiasme ce régime. Mais l'adoption d'une attitude semblable du côté de la CRAG peut laisser perplexe, si l'on tient compte du fait qu'elle promouvait l'agitation sociale que, justement, les militaires déclaraient être l'une des motivations de leur *pronunciamiento*. Cependant, les agrariens partagent avec les nouvelles autorités le même mépris pour le système de la *Restauración* et ils trouvent dans cette critique et dans les composants regénérationnistes du *Directorio* le point de convergence suffisant pour entamer une collaboration. La dictature s'est servie ainsi dans de nombreux cas d'éléments de provenance agrarienne pour que son objectif d'extirper

---

10. Information extraite de son organe d'Ourense, *La Zarpa* (13 novembre 1923). Ces chiffres doivent être considérés avec précaution, en raison de la tendance généralisée des organisations agraires à gonfler leurs effectifs. Cependant, en comparant avec d'autres données, ces chiffres nous semblent fiables du moins vis-à-vis du nombre de sociétés fédérées.

11. Ces chiffres supposaient 11 % des syndicats et moins de 8 % des affiliés de la CNCA de toute l'Espagne. Alberte MARTINEZ LOPEZ, *O cooperativismo católico…* ouv. cité, p. 69. Sur la CNCA dans son ensemble : Juan José CASTILLO, *Propietarios muy pobres. Sobre la subordinación política del pequeño campesino en España*, Madrid, Ministerio de Agricultura, Pesca y Alimentación, 1979.

les « vices » du système ne soit pas que des paroles ; et dans le cadre municipal et provincial, les cas sont nombreux où des agrariens jouent volontiers le rôle de personnel politique de relais du nouveau pouvoir. La contrepartie est dans l'acceptation par le pouvoir d'une solution réformiste pour le litige centenaire du *foro* : c'est le décret royal du 25 juin 1926. Mais ce compromis marque aussi la fin du projet du *Partido agrario*, étant donné que des secteurs importants finissent par s'éloigner de la complicité avec la dictature, et que la CRAG elle-même disparaît.

Deux autres éléments touchant à l'évolution de l'agrarisme entre 1923 et 1930 doivent être mentionnés. Le premier est le déclin du syndicalisme agricole confessionnel, qui disparaît là où son implantation avait été due uniquement aux motivations contre-révolutionnaires, inexistantes sous un régime autoritaire, c'est-à-dire là où ce caractère instrumental n'était pas complété par une imbrication dans la dynamique locale, comme dans les contrées d'élevage de bétail du nord de la Galice où se sont affrontés les besoins concrets des affiliés. Le second élément est représenté par l'intensification de la logique coopérative et de divulgation technique du côté des sociétés de toutes tendances, accentuée par l'impossibilité de l'action politique directe due à la suspension des processus électoraux – mais aussi à la conjoncture économique plus favorable des années 1920.

La Seconde République (1931-1936) se traduit en premier lieu par une effervescence agrarienne, qui se manifeste autant par les chiffres et par l'activité des organisations, que dans ses aspects qualitatifs (presse agraire, célébration de congrès, apparition de nouvelles fédérations au niveau des provinces et des contrées). On aboutit ainsi, au sein de l'univers agrarien, à un degré d'hétérogénéité idéologique sans précédent. L'explication réside dans le besoin des partis politiques de s'assurer des appuis dans la population rurale, dans un contexte d'accentuation de la concurrence électorale – ce qui n'exclut pas la survivance des pratiques de clientélisme propres à la *Restauración*[12]. Il convient également de signaler un déplacement vers la gauche comme caractéristique d'ensemble, confirmé par l'effondrement de l'associationnisme catholique agraire, et provoquant une répression générale du mouvement à partir de 1936[13]. Les autorités militaires ont dissous et confisqué les biens de la majeure partie des sociétés agraires qui n'étaient pas des syndicats catholiques ou des mutuelles d'élevage, et au début des années 1940 les organisations survivantes ont fini par s'intégrer dans le syndicalisme agraire franquiste, les *Hermandades de labradores y ganaderos,* au service de

---

12. Un apport récent sur ce point : Emilio GRANDIO SEOANE, *Caciquismo e eleccións na Galiza da II República,* Vigo, Edicións A Nosa Terra, 1999.
13. Sur la répression du mouvement agraire : Lourenzo FERNANDEZ PRIETO, « Represión franquista y desarticulación social en Galicia. La destrucción de la organización societaria campesina, 1936-1942 », dans *Historia Social,* n° 15, pp. 49-65, et Miguel CABO VILLAVERDE, *A integración política do pequeno campesiñado: o caso galego no marco europeo, 1890-1939,* Thèse inédite, Departamento de Historia Contemporánea y de América, Universidad de Santiago, 1999, pp. 383-432.

l'État, dans un but clairement démobilisateur. On ne peut donc placer cette phase dans la continuité de la séquence historique de l'agrarisme d'avant-guerre.

À partir de cette rapide évocation de la trajectoire historique de l'agrarisme galicien, on peut dégager trois caractéristiques qui contribuent à définir son identité par rapport à l'ensemble des mouvements agraires contemporains en Europe :

A) Une pluralité organisatrice et idéologique qui non seulement se maintient tout au long de la période, mais qui en plus atteint sa plus grande expression pendant l'époque républicaine, dernier épisode du mouvement agrarien. L'agrarisme se présente comme un magma complexe dans lequel se débattent des sociétés et des fédérations avec des nuances idéologiques des plus variées, mais où prédominent celles qui optent pour un apparent « apolitisme ». Cependant, cette supposée *neutralité* n'exclut pas la prise de position sur des questions politiques et sociales, spécialement dans le cadre local, et répond en réalité à la peur de provoquer une division interne dans la masse sociale, et de se lier trop étroitement à un parti ou à une organisation syndicale (CNCA, UGT, CNT, *etc.*). Cette diversité contraste avec le modèle majoritaire dans la plus grande partie des régions européennes, où les petites et moyennes exploitations sont prépondérantes et où, avec le temps, on aboutit à une option politique claire (le *Boerenbond* dans les Flandres, la CNCA en Castille-Léon) ou, plus fréquemment, à deux grands réseaux concurrents, comme dans la plus grande partie de la France (entre la conservatrice Rue d'Athènes et le républicain Boulevard Saint-Germain), dans le nord et le centre de l'Italie (entre *leghe* rouges et blanches) ou en Bavière (entre le *Bayerischer Bauernbund* et les organisations catholiques). L'avènement de la dictature en Espagne en 1923 a empêché la consolidation d'un schéma similaire entre deux grands blocs, celui formé par les fédérations catholiques-agraires face à celui de la majeure partie des organisations non-confessionnelles regroupées autour de la CRAG. Il ne faut pas oublier cependant qu'un nombre considérable de sociétés n'étaient encore intégrées ni dans l'une ni dans l'autre famille. La CRAG était beaucoup plus active dans la Galice méridionale – où les antagonismes au sujet de la propriété de la terre étaient plus aigus –, et la rapidité avec laquelle son projet a perdu de sa force à partir de 1923 nous mène à douter de sa solidité.

B) La force de la localité est omniprésente dans le phénomène de l'associationnisme agraire. D'ailleurs, à notre avis, la source de la vitalité et de l'extension géographique du mouvement agraire, et l'explication de la réactivation des organisations après les périodes de répression gouvernementale, résident dans leur ancrage au niveau le plus fin de la sociabilité rurale, réalisée plus spécifiquement, dans le cas galicien, dans le cadre paroissial. C'est ainsi qu'une bonne majorité des sociétés agraires adoptent comme cadre d'action une paroisse : approximativement les deux tiers du total des sociétés l'utilisent en tant que cadre d'implantation, alors que moins de 10 % l'étendent à la totalité de la municipalité ; et, comme nous l'avons vu, un nombre considérable le limitent même à des entités inférieures à la paroisse (*lugares* ou *barrios*) [14]. La prédominance du cadre paroissial, exceptionnelle dans le contexte espagnol (il n'y aurait guère que les Asturies pour offrir un exemple proche), trouve une correspondance avec l'associationnisme agraire dans d'autres régions de l'Europe occidentale de tradition catholique et de prépondérance de la petite et de la moyenne exploitation, comme dans les Flandres, en Autriche ou en Bretagne [15]. La grande force de l'associationnisme agraire réside justement dans le fait qu'il est capable de donner une nouvelle forme au complexe réseau de solidarités des communautés locales, toujours présent malgré l'érosion due aux réformes législatives d'origine libérale du 19e siècle, fondées sur un objectif d'uniformisation juridique et de promotion de l'individualisme agraire [16]. L'associationnisme parvient à réorienter ce réseau à son bénéfice. La clef du succès de l'implantation de beaucoup de sociétés agraires réside donc dans la superposition avec la communauté locale en tant que dépositaire de la solidarité intra-paroissiale, et dans la conversion en porte-parole des intérêts collectifs. Même si les sociétés agraires doivent essentiellement se présenter en tant que *Gesellschaften* – puisqu'il s'agit d'associations volontaires fondées sur l'intérêt –, leur ciment se trouve dans une *Gemeinschaft* préexistante, articulée par des liens spontanés de voisinage. Cette double nature explique des comportements unanimistes, comme le vote collectif de tous les affiliés à une société dans le sens décidé par l'assemblée, mais encore les mécanismes d'exclusion sociale appliqués à qui ne respecte pas les accords, le laxisme des critères d'admission ou l'amplitude des fonctions que les organismes agrariens

---

14. Les chiffres coïncident assez pour les provinces de La Corogne, Lugo et Pontevedra ; nous avons réussi à élaborer pour elles un tableau complet. La province d'Ourense présente des difficultés, puisqu'on ne peut pas compter sur des sources fiables ; cependant les données partielles disponibles ne semblent pas contredire les tendances générales. Pour un appui empirique de ces affirmations, voir : Miguel CABO VILLAVERDE, *A integración...*, ouv. cité, pp. 434-435.

15. Pour le cas asturien : B. FERNANDEZ et J. GIRON, « Aproximación al sindicalismo agrario en Asturias (1906-1923) », dans José Luis GARCIA DELGADO [dir.], *VI Coloquio de Pau. La cuestión agraria en la España contemporánea*, Madrid, Editorial Cuadernos para el Diálogo, 1977, pp. 151-200 ; pour le cas breton : Suzanne BERGER, *Les paysans contre la politique*, Paris, Éditions du Seuil, 1975 ; pour l'Autriche : E. BRUCKMÜLLER, *Landwirtschaftliche Organisationen und gesellschaftliche Modernisierung. Vereine, Genossenschaften und politische Mobilisierung der Landwirtschaft Österreichs vom Vormärz bis 1914*, Salzbourg, Verlag Wolfgang Neugebauer, 1977 ; pour les Flandres : Leen VAN MOLLE, *Chacun pour tous. Le Boerenbond Belge, 1890-1990*, Louvain, Presses universitaire Leuven et Boerenbond Belge, 1990.

16. Pendant le premier tiers du 20e siècle, le système d'entraide agricole est toujours en vigueur et les forêts communales maintiennent une forte présence. Pour une analyse du rôle de l'exploitation des ressources forestières dans la Galice contemporaine, voir : Xesús BALBOA LOPEZ, *O monte en Galicia*, Vigo, Xerais, 1990.

exercent, dépassant largement les limites d'une association professionnelle d'agriculteurs. Il nous semble révélateur de cette logique sociale de ne trouver que bien peu d'exemples de paroisses dans lesquelles deux sociétés coexistent pendant une période prolongée – circonstance provisoire par nature et jugée comme un élément de division et d'affaiblissement du collectif. Le cadre paroissial implique logiquement des effectifs très modestes de membres (qui doivent être compris en tant que *casas* ou exploitations, et non individus). La moyenne par société varie entre un minimum de 72 pour les sociétés de La Corogne et un maximum de 102 pour celles de la province de Pontevedra [17]. La comparaison avec les moyennes des organisations qui optent pour l'implantation municipale démontre cependant que l'option paroissiale est beaucoup plus effective pour capter des appuis, ce qui explique que créer des sociétés paroissiales et chercher ensuite à les coordonner avec les sociétés voisines par le biais des *Federaciones municipales* a été le processus le plus commun.

Pour comprendre cette logique d'organisation, il importe toutefois de faire ressortir une circonstance trop peu mise en lumière : la grande faiblesse de l'implantation des fédérations agraires espagnoles. L'essentiel des sociétés agraires galiciennes s'est en effet organisé selon ses propres formules, complètement étrangères aux revendications et aux programmes des autres régions espagnoles. Les sociétés affiliées aux deux centrales syndicales espagnoles (CNT, UGT) ont toujours été minoritaires et, même nombreux, les syndicats catholiques englobés dans la Confédération espagnole catholique-agraire n'ont jamais été à la hauteur de ce que leurs dirigeants espéraient, au vu de la prédominance de la petite paysannerie et de l'influence bien réelle du clergé rural. Or, cette incapacité à développer une identité et un discours particuliers compatibles avec l'insertion dans une organisation contrôlée par les grands propriétaires de la Meseta (la CNCA) a eu une influence sans doute décisive sur l'échec final du syndicalisme agraire catholique en Galice. Il faut aussi tenir compte, en tant qu'élément de réflexion, de ce que les différents projets d'unification de l'agrarisme se posent toujours en fonction de l'échelle galicienne, comptant tout au plus sur la collaboration des agrariens des Asturies ou du Léon. Le contexte de la genèse de l'agrarisme en Galice, fortement articulé à la spécificité de la question agraire galicienne et marqué par les années de crise du cycle des Assemblées (1908-1919) a pour conséquence majeure que les intérêts du secteur agraire galicien se sont définis non seulement comme différents, mais aussi comme opposés à ceux de l'ensemble du pays. Opposition exprimée dans le rejet des tarifs douaniers sur les céréales, que les agrariens galiciens attribuent aux besoins du centre et du sud latifundiaire, et dans la dénonciation systématique de la discrimination de la Galice quant aux investissements de l'État (communications, politique hydraulique, *etc.*). Ces données, à l'évidence, dépassent la seule question de l'histoire des

---

17. Miguel CABO VILLAVERDE, *A integración…*, ouv. cité, pp. 449-450.

organisations agraires et apportent des arguments au débat naissant sur les limites et les rythmes spécifiques du processus de nationalisation en Espagne. Quant à la réalité de ce processus en Galice, et sans ouvrir le débat sur sa réussite ou son échec, nous croyons pouvoir affirmer que certaines caractéristiques du mouvement agrarien dérivent de ses carences, notamment dans le fait que les organisations agraires ont été amenées à jouer un rôle supplémentaire du fait de l'inefficacité de l'État (importance de l'éducation, de la construction des chemins et autres travaux publics de petite envergure).

C) Paradoxalement, et au-delà de la confusion des sigles et des organisations, du manque d'orientation idéologique prédominante et des disputes et polémiques entre les différents *leaders* et fédérations, on peut signaler dans l'associationnisme agraire galicien des éléments importants de cohésion, qui permettent de le définir comme un mouvement social que le concept d'« agrarisme » servirait à englober. Cette cohérence se fonde sur trois éléments. Le premier est la permanence d'une aspiration collective, sous des projets différents, à un parti ou à une confédération agraire regroupant l'ensemble des sociétés agraires de Galice. Le second est la capacité, démontrée au moins entre 1908 et la fin des années 1910, à organiser et célébrer périodiquement des assemblées agraires galiciennes avec des représentants des sociétés les plus diverses ; réunions au cours desquelles un programme réformiste s'est élaboré, générateur d'une représentation collective dominante du monde rural galicien jusqu'à la Guerre civile. Enfin, nous avons déjà évoqué l'uniformité des façons d'agir des sociétés agraires, au-delà de leurs nuances idéologiques ; uniformité qui tient sans doute à celle de la base sociale de la paysannerie galicienne, valorisant la capacité de représentation des intérêts paroissiaux face à l'administration municipale, les achats collectifs, les assurances pour le bétail, *etc.* Cette affirmation doit être nuancée, bien entendu, pour les questions les plus directement politiques, et pour les options sur la propriété de la terre (position face au *foro* et aux règles de la location des terres). Cependant, cela n'invalide pas l'affirmation générale. D'autant que la tendance à l'homogénéisation, loin de s'affaiblir, a tendance à s'accentuer avec le temps – surtout après que le problème social du *foro* s'est atténué avec le décret de rédemption de 1926. Il en est de même pour les craintes de certains agrariens, soucieux avant tout de la question sociale et d'une stratégie de revendication globale, face à ce qu'ils assimilaient à une domestication, par une dérive techniciste ou une réduction au coopérativisme, de l'associationnisme agraire [18].

18. Cette polémique trouve une expression éclairante lors de la lutte entre Basilio Alvarez, prêtre et *leader* de la populiste *Acción Gallega,* et le vétérinaire Juan Rof Codina, dans les 4e et 5e assemblées agraires célébrées à Ribadavia, respectivement en 1912 et 1913. Alvarez critique dans son discours face à la 4e assemblée le ton technocratique de Rof : « *[...] todavía no llegamos a la era de felicidad que todos vivamente deseamos, y por lo tanto, antes que el*

Cadres d'action : l'agrarisme comme agent du changement économique, politique et social

L'impact de l'agrarisme dans la société galicienne ne peut se comprendre dans sa totalité sans évoquer, même de façon sommaire, les divers champs d'action concrète des sociétés agraires.

A) Dans le champ de l'économie rurale, les sociétés agraires, dans leur ensemble, jouent essentiellement un rôle d'entreprises coopératives, bien que la dispersion des sources rende extrêmement compliqués les calculs sur le volume des opérations commerciales. En effet, les ventes ne sont pas contrôlées au niveau des fédérations, mais réalisées par des centaines de sociétés, de leur propre initiative. Même si, à la fin du 19e siècle, le coopérativisme galicien ne dispose guère de modèles, tous circonscrits au milieu urbain et dirigés par des militaires et des fonctionnaires, il peut compter sur la survivance des pratiques collectives traditionnelles pour la culture et l'utilisation des ressources forestières communales ; un esprit d'association susceptible d'être canalisé en faveur de pratiques coopératives formalisées. Cette connexion est tout particulièrement évidente pour le cas des mutuelles d'élevage. Le coopérativisme a réussi à se convertir en instrument collectif de développement, dans lequel aussi bien les techniciens que les *leaders* agraires voient la panacée contre les faiblesses du *minifundium*, l'individualisme, la décapitalisation ou la routine technique, en suivant le chemin marqué par l'exemple danois universellement invoqué.

L'offre de services coopératifs est une condition presque indispensable pour la consolidation d'un tissu socio-économique rural et elle devient, au 20e siècle, une composante fondamentale des *stimuli* préalables à toute action collective [19]. Les réalisations du coopérativisme agraire galicien pendant le premier tiers du 20e siècle sont toutefois inégales selon les types d'actions. La formule la plus généralisée est représentée par les achats collectifs d'engrais et de produits phytosanitaires, qui non seulement garantissent une remise sur le prix final, mais qui préviennent aussi la fraude dans l'élaboration de ces

---

Boletín que divulgue los medios de combatir el mal del ganado quereis un periódico que os despierte para no caer en las redes que os tiende el hambre [...] Más importante que la cartilla que nos indique cómo se combate la glosopeda, es el catecismo que divulgue nuestras prerrogativas políticas, porque con aquélla preservamos a los ganados de un mal terrible, pero con éstos nos defendemos del caciquismo, la mayor de todas las plagas » ; José Antonio DURAN [dir.], *Abriendo el surco. Manual de lucha campesina*, Madrid, Akal, 1976, pp. 67-68.

19. On pourrait signaler plusieurs exemples d'effet positif d'initiatives coopérativistes menées durant la pleine période de vitalité des sociétés. Par exemple, prenons le cas de la *Sociedad de Labradores de Lugo*, fondée en 1907 et qui, au moment d'entreprendre l'envoi collectif du bétail par voie ferrée en 1913, passe en quelques semaines d'à peine 25 membres à 150. Une chose semblable arrive avec le *Sindicato agrícola de Vilaframil* (Ribadeo), dont le nombre de membres stagne autour d'une trentaine depuis sa fondation en 1919, mais qui double ses effectifs en quelques mois en participant aux expéditions de bétail par le biais de la *Federación del Partido Judicial* en 1928.

produits. L'utilisation et l'achat collectifs des machines agricoles s'avèrent aussi profitable pour pallier les difficultés d'accès pour les petits cultivateurs. La coopération pour la production, en revanche, a besoin d'une plus grande complexité organisatrice. En ce qui concerne le coopérativisme laitier, vinicole et maraîcher, on n'enregistre que des expériences isolées ; les plus grands efforts se concentrent dans le secteur de la viande, principale voie d'intégration de l'économie galicienne dans le marché péninsulaire [20]. L'exportation par voie ferrée des têtes de bétail bovin a introduit les organisations agraires dans un jeu complexe d'intérêts où se trouvent mêlés des compagnies de chemins de fer, les pourvoyeurs, les autorités municipales des marchés consommateurs et les marchands de bestiaux, et où les organisations agraires n'ont jamais réussi à avoir une position de force. En 1929, une des années où les fédérations agraires ont pu envoyer collectivement un grand nombre de têtes de bétail, celles-ci ne représentent que 10 % du total des exportations de la Galice vers le marché de l'intérieur de l'Espagne [21]. L'échec d'un abattoir coopératif à Porriño, appuyé par les fédérations catholiques en 1928, et qui fait faillite peu d'années après, peut être interprété comme une preuve de la difficulté des organisations à imposer leurs revendications face à l'État (réductions des tarifs douaniers sur les fourrages et augmentation de ceux sur l'importation de viande congelée), face aux compagnies de chemins de fer (réduction des tarifs et du temps de transport) et face aux marchés de consommation (priorités accordées aux viandes envoyées par les coopératives). Quant au crédit coopératif, les sociétés agraires ont montré un intérêt moindre dans cette direction, en grande partie à cause de la rapidité avec laquelle les banques privées ont ouvert un réseau de succursales pour profiter de l'envoi d'argent des émigrants.

Les résultats coopératifs insuffisants de l'agrarisme galicien révèlent ceux de l'économie galicienne dans son ensemble et ils ne réussissent pas à supprimer les entraves structurelles (inexistence de grands marchés urbains, déficiences du réseau des communications) qui expliquent la quasi-absence d'industries agroalimentaires antérieures aux années 1950. Ces conditions de base semblent avoir été plus déterminantes pour fixer les limites du coopérativisme en Galice que l'opposition de certains collectifs antagonistes (usuriers, marchands de bestiaux, commerçants de fertilisants) ou que l'attitude réticente de l'État [22]. Au-delà de leurs réalisations immédiates, les

---

20. Ce qui ne fait que traduire la position subordonnée de la Galice dans l'ensemble de l'économie espagnole, puisque la Galice offre un produit non élaboré et d'une valeur moindre sur le marché face à la spécialisation laitière d'une autre région du nord tournée vers l'élevage telle que la Cantabrie ; X. CARMONA BADIA et Leonor DE LA PUENTE, « Crisis agraria y vías de evolución ganadera en Galicia y Cantabria », dans Ramón GARRABOU [dir.], *La crisis agraria...*, ouv. cité, pp. 181-211.
21. Miguel CABO VILLAVERDE, *A integración...*, ouv. cité, pp. 494-495.
22. Sur l'attitude peu décidé de l'administration quant à la promotion du coopérativisme agraire en Espagne, symbolisée par l'application peu généreuse des bénéfices fiscaux fixés par la loi des syndicats agricoles de 1906, voir : Samuel GARRIDO HERRERO, *Treballar en*

sociétés agraires ont toutefois joué un rôle fondamental dans l'adaptation de la paysannerie aux exigences du marché, ainsi que dans leur acceptation de sa nouvelle logique et des concepts tels que l'offre et la demande ou la rentabilité. L'effort de diffusion du système métrique décimal, ou encore les articles de la presse agraire sur les cotes des fourrages ou de la viande sur les différents marchés, ont indéniablement facilité, par un processus d'acculturation, l'intégration dans les circuits commerciaux. De la même façon, le mouvement agraire a construit un terrain de rencontre entre les techniciens agronomiques et la paysannerie, permettant de surmonter les préventions respectives. Dans le cas de la paysannerie, celles-ci étaient motivées par le fait que les techniciens étaient assimilés à des agents de l'oppression d'État, supposés n'avoir qu'ignorance ou mépris pour les méthodes de culture locales [23].

B) Sur le plan politique, les sociétés agraires dans leur ensemble ont introduit un élément de mobilisation ainsi que de nouvelles formes de participation, et elles ont ainsi contribué à créer une culture politique en Galice – malgré les proclamations d'apolitisme de certaines. En effet, dans le contexte de la *Restauración*, toute forme de mobilisation collective représente une menace pour les fondements du système. Consciemment ou inconsciemment, l'action collective de l'agrarisme conduit inéluctablement à une « socialisation de la politique », objectif déclaré d'un *leader* agrarien comme Juan Amoedo, dans la région de Redondela [24]. Il faut tenir compte du fait que les sociétés agraires sont généralement les seules organisations réellement présentes et agissantes dans la Galice rurale, jusqu'à la période républicaine comprise. Cela leur donne un potentiel politique évident. Le cadre local, échelle privilégiée d'action et de décision de ces organisations (pour les impôts sur la consommation, les travaux publics…) a des répercussions immédiates sur leurs affiliés, ce que les mouvements politiques ne peuvent manquer de constater – d'où l'énergie avec laquelle la plupart cherchent à entrer dans ces structures. Les seuls qui restent inflexibles sur ce point sont les anarchistes ; et de fait, cela nuit davantage à leur expansion que les principes collectivistes. Par le biais de la problématique locale, les sociétés agraires offrent un canal de politisation vers des réalités plus vastes. Quant à la diffusion d'une nouvelle culture politique, incomplètement réalisée lors de la Seconde République, elle se construit sur le dépassement en douceur des modes restreints d'accès au politique de la *Restauración*. Celle-ci avait en effet fondé son équilibre sur la démobilisation volontaire de l'électorat et l'appui de partis qui n'avaient

---

comú. El cooperativisme agrari a Espanya (1900-1936), Valence, Edicions Alfons el Magnànim, 1996.

23. Nous ne pouvons pas nous étendre sur cette question ici. Voir : Lourenzo FERNANDEZ PRIETO, *Labregos con ciencia…*, ouv. cité, où le concept d'adaptation est largement développé.

24. Juan AMOEDO, « Adelante agricultores », dans *El Pueblo*, n° 39, 26 juin 1910.

rien à voir avec des organisations de masses modernes offrant des propositions bien définies idéologiquement, mais représentaient seulement des groupes de pouvoir local agglutinés par un réseau de faveurs et d'intérêts mutuels.

Parmi toutes les actions et acquis des associations agraires, on retiendra au moins la notion de responsabilité des représentants publics face à l'électorat, par le biais du suivi (et parfois la dénonciation) de leur gestion [25] ; la perte de prestige des protagonistes du *cunero* [26] ; la réalisation de véritables campagnes électorales dans le monde rural, les premiers meetings dans le monde rural galicien étant ceux du mouvement agraire ; enfin le concept de la valeur du vote, considéré par les agrariens comme le levier permettant à la paysannerie de traduire son poids démographique en influence politique. C'est donc bien le démantèlement du caciquisme qui constitue l'horizon de l'action politique des organisations. Et de fait, les sociétés agraires s'investissent dans le « nettoyage » des élections, par conviction plus ou moins sincère, et surtout parce que c'est la seule façon de faire valoir le potentiel électoral de leurs adhérents. Cette transformation progressive et profonde de la culture politique, qui garde malgré tout certains traits hérités de la *Restauración* – clientélisme, personnalisation et patrimonialisation du pouvoir – a un impact jusqu'au niveau des partis monarchistes du *Turnismo* : les libéraux et les conservateurs doivent apprendre à leur tour les méthodes de leurs adversaires, favoriser les sociétés dociles à leurs desseins, capter les *leaders* agrariens ou encourager dans leurs districts les entreprises coopératives et les granges en complément des vieilles méthodes de contrôle politique.

Le potentiel politique de l'agrarisme est ainsi ratifié par sa capacité à engendrer non seulement de nouveaux *leaders* politiques, mais aussi de nouvelles catégories de *leadership*. Jusqu'au début du siècle, l'activité politique était le domaine d'une élite de propriétaires qui, ayant une formation juridique, suivaient un *cursus honorum* administratif et basaient leur carrière politique sur leur appartenance à une famille politique ou à une parentèle qui contrôlait un district déterminé. Les modifications dans la *praxis* politique dues à l'augmentation de la mobilisation des masses font apparaître des catégories inédites de *leaders* politiques, avec des origines (presque toujours) et un style (dans la totalité des cas) bien différents de ceux des élites traditionnelles. On peut définir trois profils-types. 1) Le tribun populaire, qui cimente son assise politique à partir de son action en tant que *leader* dans un cadre local (maire, gérant de coopérative) mais avec la capacité et l'ambition de transférer son action à une échelle plus vaste ; sa légitimité se fonde sur son image d'homme surgi d'« en bas » et fidèle à ses

---

25. Nous pensons au suivi des décisions des autorités municipales dans la presse locale et agraire, ou à l'organisation d'un tour de rôle pour les sessions du conseil municipal.

26. Candidat imposé à un district par le parti au pouvoir même s'il n'avait aucun lien (familial, professionnel…) avec la circonscription.

origines populaires. 2) Le « *maverick* » ou anticonformiste, professionnel en relation très indirecte avec la culture de la terre, qui atténue la distance sociale avec la masse paysanne par la mise en valeur d'une position antisystème ; un excellent exemple est fourni par le groupe dirigeant d'*Acción Gallega* (1912-1914), composé de jeunes journalistes agglutinés autour de la « soutane rebelle » du curé Basilio Alvarez (finalement suspendu de ses fonctions par la hiérarchie ecclésiastique). 3) Un troisième type de personnage, présent durant les années 1920 et surtout pendant l'époque républicaine, serait celui de l'agitateur ou activiste, dédié presque exclusivement au travail de propagande et d'organisation, dépendant de l'une des fédérations agraires les plus puissantes ou soutenu économiquement par une société d'émigrants qui s'assurent ainsi d'un agent pour leur action en Galice ; leur profil serait celui de personnages avec une expérience migratoire, campés généralement sur des positions idéologiques proches de l'anarchisme ou du socialisme et avec une capacité de compromis idéologique plus forte que dans les deux cas précédents [27].

Bien que les véritables cultivateurs de la terre soient toujours minoritaires aux postes de direction, les diverses monographies locales signalent une présence croissante des paysans à partir de la fin des années 1910, tendance dont il faudrait exclure les syndicats catholiques, ancrés dans des conceptions paternalistes. L'agrarisme s'affirme bel et bien comme la source d'une dynamique de sociabilité et d'acculturation à l'action collective formelle, qui explique que, au « point d'arrivée » du procès sous le quinquennat républicain, on trouve des directions locales composées d'une façon homogène par des paysans, même si leur présence diminue dans les niveaux supérieurs (à quelques exceptions près, comme celle du député socialiste et *leader* de la Fédération agraire de Betanzos, Ramon Beade). De fait, une bonne partie de la classe politique galicienne sous la Seconde République a ou a eu un lien avec l'associationnisme agraire ; indice important du potentiel politique du mouvement. Il en va ainsi des deux chefs du gouvernement d'origine galicienne pendant la République, Santiago Casares Quiroga et Manuel Portela Valladares.

C) Le mouvement agraire est l'un des principaux vecteurs du changement social dans la société galicienne du premier tiers du 20e siècle, dans le cadre d'une interaction fructueuse avec l'action sociale des émigrants par le biais des organisations créées par ces derniers dans les principaux pays de l'Amérique latine [28]. L'associationnisme agraire et celui

---

27. Miguel CABO VILLAVERDE, *A integración...*, ouv. cité, pp. 113-115, analyse fondée sur la terminologie présenté par Blackbourn pour l'Allemagne de Guillaume II ; D. BLACKBOURN, « The Politics of Demagogy in Imperial Germany », dans *Past and Present*, n° 113, pp. 164-165. L'expression « soutane rebelle » vient d'un des discours de Basilio Alvarez.

28. Xosé Manuel NUÑEZ SEIXAS, *Emigrantes, caciques e indianos*, Vigo, Xerais, 1998 ; Xosé Manuel NUÑEZ SEIXAS, « Les paroisses d'outre mer : Politique, *leadership* et

de l'émigration se sont alimentés mutuellement, comme le prouvent les apports financiers des sociétés américaines, l'expérience migratoire de nombreux *leaders* ou la mise en forme de l'agrarisme dans les cercles et dans la presse des Galiciens émigrés. Mais c'est dans le domaine de l'éducation que la synergie est la plus visible, avec le rôle majeur des *Sociedades de instrucción* américaines, qui sont à l'origine de la fondation d'au moins 225 écoles primaires entre 1900 et 1936, les sociétés agraires, quant à elles, garantissant le bon emploi de l'argent des émigrés et le suivi du travail des maîtres [29]. Moins fréquemment, les sociétés agraires se chargent elles-mêmes directement de la construction et de l'entretien des écoles. Or, ces écoles fonctionnent dans un esprit d'innovation pédagogique, dont le laïcisme est le trait le plus symbolique – investissement des *leaders* agrariens dans l'éducation considérée comme contribution, à longue échéance, à la résolution de la subordination sociale de la paysannerie.

L'explosion de la presse locale à partir de la fin du 19e siècle dépend aussi beaucoup de l'influence du mouvement agraire, non seulement par le biais des nombreuses organisations qui détiennent leurs propres organes d'expression, mais aussi par le biais de pratiques nouvelles diffusant la culture écrite, comme les lectures collectives – l'analphabétisme restant très fort –, la création de bibliothèques ou la souscription d'abonnements collectifs des sociétés à la presse générale, officielle ou agricole [30]. La presse, soutenue par les organisations agraires, constitue l'un des instruments privilégiés de l'élaboration d'une nouvelle identité paysanne qui, malgré les nuances et divergences idéologiques, tend à revaloriser son rôle dans la société et le rôle de l'agriculture en tant que fondement de la vie économique – thèse qui explique la lecture de la crise de 1929 comme produit des excès de l'industrialisme et de l'économie artificielle et spéculative [31]. Si les catholiques sociaux insistent sur la paysannerie comme bastion contre le désordre social, les nationalistes sur son rôle de

---

associationnisme régional galicien à Buenos Aires et à La Havane (1890-1930) », dans *Exils et migrations ibériques au 20e siècle*, n° 5, 1998, pp. 131-177.

29. Xosé Manuel NUÑEZ SEIXAS, *Emigrantes, caciques...*, ouv. cité, et Vicente PEÑA SAAVEDRA, *Éxodo, organización comunitaria e intervención escolar. La impronta educativa de la emigración transoceánica en Galicia*, Santiago, 1991.

30. Sur la presse agraire et locale, voir entre autres : José Antonio DURAN, *Agrarismo y movilización...*, ouv. cité, pp. 384-413 ; Ramón VILLARES PAZ, « Notas sobre a prensa local galega no primeiro tercio do século 20 », dans *Cuadernos de Estudios Gallegos*, n° 100, 1984-85, pp. 267-284 ; Alberte MARTINEZ LOPEZ, « A prensa católico-agraria en Galiza », dans Jesús DE JUANA et Xabier CASTRO [dir.], *III Xornadas de Historia de Galicia: Sociedade e movemento obreiro en Galicia*, Ourense, Deputación Provincial, 1986, pp. 321-371.

31. Pour une récapitulation récente sur ce sujet à partir du cas français, voir : Ronald HUBSCHER, « Réflexions sur l'identité paysanne au 19e siècle : identité réelle ou supposée ? », dans *Ruralia*, n° 1, 1997, pp. 65-80. Ronald Hubscher fait ressortir le rôle de l'associationnisme agraire, de la presse agraire et de la création du ministère de l'Agriculture en 1881 pour la formation d'une identité spécifique à partir de la fin du 20e siècle, qui coïncide avec l'accentuation de l'intégration dans le marché.

préservation de la culture et de la langue autochtones dans leur forme la plus pure, les socialistes sur le besoin de la prise en charge d'une conscience de classe et des intérêts communs avec le prolétariat urbain, tous s'accordent à promouvoir l'identité collective du travailleur de la terre. Or, ces discours sur la revalorisation du rôle social de la paysannerie trouvent une traduction dans la pratique. Ainsi, ce n'est pas par hasard que l'on baptise un meeting « affirmation agraire », ou que l'on organise des *fiestas agrarias,* célébrant l'inauguration d'un local ou n'importe quelle entreprise réussie. Ces manifestations ont clairement pour but de renforcer l'identité du groupe. Ainsi, une des premières décisions des agrariens de l'Estrada, quand ils accèdent au gouvernement municipal en 1916, est la construction d'un *Monumento ó labrego* (Monument au paysan). C'est dans ce sens qu'il faut comprendre les différents hymnes agraires [32], avec leurs allusions à une violence défensive légitime, ou les fréquentes invocations au mythe de la révolte *irmandiña* (soulèvement anti-seigneurial au 15e siècle), en rejet d'une vision de la paysannerie inévitablement résignée et soumise [33].

Si nous signalions antérieurement les racines communautaires des sociétés agraires galiciennes, nous devons revenir également sur les contradictions que l'agrarisme génère dans les sociétés locales. Certes, les sociétés servent de moyen d'expression des intérêts paroissiaux face aux instances extérieures, faisant appel à la solidarité interne et aux mécanismes de cohésion (boycottage, destructions) qui contrecarrent l'apparition de *free-riders.* Toutefois, par le biais des innovations dans les modes d'action, elles accélèrent l'insertion dans des réalités plus vastes et introduisent des changements de mentalité qui menacent, à long terme, la survie des fondements matériels et culturels de la communauté paroissiale. Les sociétés agraires, même celles qui se couvrent d'une rhétorique archaïque et de la défense de l'ordre traditionnel – ainsi des organisations catholiques –, représentent une force de stimulation du changement social. Ce qui n'est pas contradictoire avec le fait de fournir à la population rurale les instruments d'un contrôle relatif sur les processus de changement technique et commercial.

On manque toutefois d'informations pour préciser le degré de représentation de la diversité des populations paroissiales, notamment pour les journaliers et les groupes marginaux, et les modalités de la reconnaissance ou de l'accaparement des fonctions de médiation dans la société locale. Pour l'heure, le manque d'études sur la structure sociale de la

---

32. Le plus connu est celui composé par Ramon Cabanillas pour *Acción Gallega.*
33. Deux exemples de règlements de sociétés fondées au début des années 1930 : la *Sociedad de Agricultores de Grixoa,* dans la municipalité de La Corogne à Enfesta, se propose de parvenir ainsi à gagner « El respeto y buen trato que el campesino merece en todos los centros oficiales a donde tenga que recurrir », tandis que le *Bloque campesino autónomo* (Baralla, Lugo) s'efforce de « Crear un prestigio y orgullo de clase, haciendo conocer al campesino todos sus derechos y sus deberes públicos, incorporándolos a la vida de acción política, para libertarlos de su pasividad suicida ».

Galice et sur la différenciation interne de la paysannerie rend toute hypothèse provisoire [34].

Réflexions finales et perspectives de recherche

L'agrarisme galicien peut être analysé, dans la phase de son développement et de son affirmation, comme une instance de médiation entre la société rurale et les différentes institutions (État, marché, monde de la technique agronomique, partis politiques...) avec lesquelles les contacts sont devenus nécessaires à partir du dernier tiers du 19e siècle. En produisant de nouveaux cadres organisateurs, conformes à l'« ère des masses » qui caractérise le contexte européen, l'agrarisme a surmonté les limites des communautés locales et du *leadership* des notables comme moyen de défense des intérêts agraires sans pour autant faire entièrement disparaître celui-ci.

Avec le recul de deux décennies d'études sur l'agrarisme, il nous semble possible de dessiner les lignes des recherches futures. Celles-ci devraient, à notre sens, privilégier trois dimensions ou perspectives :

A) Le mouvement agraire galicien, contrairement à une certaine inertie due au particularisme volontaire ou involontaire de l'historiographie, doit être mis en relation avec la vaste réorganisation des intérêts du monde agraire qui se produit à l'échelle du continent européen à partir de la crise de la fin du 19e siècle [35]. La mise en relation systématique du cas galicien avec les formes et les rythmes que la mobilisation agraire adopte dans l'ensemble de l'Europe doit servir à discerner ce qu'il y a de norme et d'exception dans celui-ci, manière aussi d'importer sur le terrain galicien des outils méthodologiques et des interprétations historiographiques qui disposent d'un plus grand recul sur ces questions.

B) S'il est indispensable de situer l'agrarisme galicien dans son contexte européen, cela ne doit pas se faire au détriment, bien entendu, du cadre espagnol. Nous connaissons encore d'une façon très insuffisante le fonctionnement réel du système politique et institutionnel de la *Restauración* (1874-1923) en Galice, alors que c'est l'époque pendant

---

34. Parmi les auteurs qui ont participé à l'élaboration d'un modèle de structure sociale pour la Galice rurale du 19e siècle, il faut citer José María Cardesín : José María CARDESIN DIAZ, *Tierra, trabajo y reproducción social en una aldea gallega (s.XVIII-XX): Muerte de unos, vida de otros*, Madrid, Ministerio de Agricultura, Pesca y Alimentación, 1992 ; José María CARDESIN DIAZ, « Paysannerie, marché et État. La structure sociale de la Galice rurale au 19e siècle », dans *Annales histoire, sciences sociales*, n° 6, novembre-décembre 1996, pp. 1325-1346.

35. Pierre BARRAL, *Les agrariens français de Méline à Pisani*, Cahiers de la Fondation nationale des sciences politiques, n° 164, Paris, Armand Colin, 1968 ; Heinz GOLLWITZER [dir.], *Europäische Bauernparteien im 20. Jahrhundert*, Stuttgart, Gustav Fisher Verlag, 1977 ; Derek W. URWIN, *From Ploughshare to Ballotbox. The Politics of Agrarian Defense in Europe*, Oslo, Universitetsforlaget, 1980.

laquelle l'agrarisme surgit et acquiert ses traits caractéristiques. L'équilibre particulier du pouvoir de la *Restauración* et le besoin des forces exclues du *turnismo* de trouver des voies alternatives pour l'action sociale et politique, expliquent peut-être la sortie du mouvement agraire hors de la voie purement techniciste et coopérative du modèle scandinave par exemple [36].

C) Sans contradiction avec cet élargissement de la perspective, le cadre d'étude du phénomène agrarien doit rester le cadre local, puisque cette échelle est celle du fonctionnement réel des entités considérées – et non les manifestations plus spectaculaires comme les fédérations et congrès dans le cadre galicien ou de la province, qui représentent des épiphénomènes. Les études à échelle fine, utilisant au maximum les possibilités des archives, de la presse locale et de la source orale tant que la chose est possible, qui rapprochent du quotidien des sociétés agraires, ont démontré largement leur validité heuristique dans les années écoulées (à condition bien sûr de ne pas oublier l'englobant). Les monographies locales déjà disponibles nous présentent l'agrarisme comme un phénomène multiforme, qui montre un haut degré de variabilité selon les caractéristiques de sa zone d'implantation (modes de culture et de propriété de la terre, degré d'influence des centres urbains, émigration, *etc.*). Face à la divergence, par exemple, entre l'agrarisme pratiqué sous le drapeau du coopérativisme et de la vulgarisation technique de contrées telles que l'Ortegal (au nord de La Corogne, région de présence atténuée du *foro*), et l'agrarisme avec fort contenu social, impliqué dans un conflit au long cours contre le *foro* dans la Galice méridionale, certains chercheurs vont jusqu'à nier l'unité du phénomène, et donc le concept d'agrarisme [37]. Le débat naissant entre défenseurs et détracteurs de la thèse d'une unité substantielle sous-jacente aux formes d'organisations et de discours n'est pas sans rappeler le débat qui s'est déroulé en France entre la vision unificatrice de Pierre Barral, autour du concept de « défense agraire », et la réplique de Philippe Gratton, mettant l'accent sur les éléments d'opposition de classe et rejetant la notion d'« unité paysanne » en tant que discours de domination idéologique élaboré par la bourgeoisie [38]. Espérons un débat aussi fructueux, et gageons que l'apparition de thèses divergentes est un signe de maturité au sein d'une historiographie qui, jusqu'ici, s'est beaucoup plus attelée à « pallier les lacunes » de la connaissance factuelle qu'à mettre en scène un débat scientifique et à questionner au fond les thèses dominantes.

Traduction de Mariluz GONZÁLEZ PARENTE

---

36. Et tel que les techniciens agronomes de l'État le défendent unanimement. Cependant, il faut aussi considérer l'influence du maintien prolongé de la question de la propriété en raison de la persistance du système du *foro*.

37. Isidro ROMAN LAGO, *Os campesinos...*, ouv. cité, pp. 170-172.

38. Pierre BARRAL, *Les agrariens français...*, ouv. cité ; Philippe GRATTON, *Les paysans français contre l'agrarisme*, Paris, François Maspero, 1972.

La construction du monde rural allemand comme entité politique (vers 1700-1914)

Robert VON FRIEDEBURG

Lorsque, en 1928, la Ligue rurale du land de Hesse-Nassau, en Allemagne centrale, décide de rompre avec le parti national du peuple allemand (droite nationaliste conservatrice) et de s'en remettre désormais au parti national-socialiste NSDAP, c'est un basculement général de l'électorat protestant rural qui s'opère en direction de la formation d'Adolf Hitler, lui permettant dès lors de se transformer en parti de masse et de remporter des succès électoraux probablement décisifs dans la prise du pouvoir de 1933 [1].

---

1. Robert VON FRIEDEBURG, « Ländliche Gesellschaft und Obrigkeit : Gemeindeprotest und politische Mobilisierung im 18. und 19. Jahrhundert », dans *Kritische Studien zur Geschichtswissenschaft* 117, Göttingen, 1997 ; Martin SCHUMACHER, *Land und Politik: eine Untersuchung über politische Parteien und agrarische Interessen, 1914-1923*, Düsseldorf, 1978 ; Robert G. MOELLER, « Economic Dimensions of Peasant Protest in the Transition from Kaiserreich to Weimar », dans Robert G. MOELLER [dir.] *Peasants and Lords in Modern Germany, Recent Studies in Agricultural History*, Boston, 1986, pp. 140-167 ; Dieter GESSNER, *Agrarverbände in der Weimarer Republik: wirtschaftliche und soziale Vorraussetzungen agrarkonservativer Politik vor 1933*, Düsseldorf, 1976 ; Larry Eugene JONES, « Crisis and Realignment : Agrarian Splinter Parties in the Late Weimar Republic, 1928-1933 » dans Robert G. MOELLER [dir.]*, Peasants and lords in Modern Germany*, Boston, 1986, pp. 198-232 ; Jürgen W. FALTER, *Hitlers Wähler*, Darmstadt, 1991 ; Jürgen FALTER, « Arbeiter haben erheblich häufiger, Angestellte dagegen sehr viel seltener NSDAP gewählt als wir lange Zeit ausgenommen haben : Ein Räckblick auf das Projekt Die Wähler der NSDAP 1928-1933 », dans *Geschichte und Gesellschaft*, 1990 (16), pp. 536-552 ; Jürgen W. FALTER et Hartmut BÖMERMANN, « Die Entwicklung der Weimarer Parteien in ihren Hochburger und die Wahlerfolge der NSDAP », dans Heinrich BEST [dir.], *Politik und Milieu. Wahl- und Elitenforschung im historischen und interkulturellen Vergleich*, Cologne, 1989, pp. 92-118 ; Detlef MÜHLBERGER, *Hitler's Followers. Studies in the Sociology of the Nazi Movement*, Londres, 1991. Sur la Franconie : Jürgen FALTER, « Der Aufstieg der NSDAP in Franken bei den Reichstagswahlen von 1924-1933 », dans *GSR*, 1986 (Jg. 9), pp. 319-359. Sur le pays de Bade : Peter BRANDT et Reinhard RÜRUP, *Volksbewegung und demokratische Neuordnung in Baden 1918/19: zur Vorgeschichte und Geschichte der Revolution*, Sigmaringen, 1991 ; T. SCHNABEL [dir.], *Die Machtergreifung in Südwestdeutschland. Das Ende der Weimarer Republik in Baden und Württemberg 1928-33*, Stuttgart, 1982 ; Alexander WEBER, *Soziale Merkmale der NSDAP-Waehler: eine Zsfassung bisheriger empirischer Unters. Und eine Analyse in den Gemeinden*

Déjà, dans les années 1920, l'opposition à la République de Weimar des groupes de pression agrariens, comme la Ligue rurale (*Land Bund*) du Schleswig-Holstein, dépassait le cadre des revendications économiques et politiques traditionnelles de la paysannerie pour prendre une dimension symbolique majeure, la référence à la Guerre des paysans du 16ᵉ siècle – jusque sur le drapeau de la ligue du Schleswig-Holstein – servant à « absolutiser » l'opposition à l'État. Selon l'analyse socio-historique pénétrante de Rudolf Heberle [2], le militantisme d'extrême droite de cette ligue trouve en effet son origine dans un anti-étatisme radical de longue durée de la paysannerie, développé au 16ᵉ siècle dans la lutte des paysans contre le régime seigneurial. Rudolf Heberle voyait dans le prolongement et le développement de l'anti-étatisme rural au 19ᵉ siècle la cause première de la fragilisation de la République de Weimar après 1919. Un tel activisme anti-étatique se serait construit dans une conception holistique de la paysannerie, sans remise en cause de l'idéal commun de maîtrise de la propriété du sol, pour lequel elle avait lutté dans la longue durée, ni modification d'un ordre social fondé sur la domination des payans-propriétaires vis-à-vis des domestiques, journaliers et fermiers. Au vu de l'énorme succès électoral du NSDAP dans les masses rurales et auprès des populations de faible niveau de qualification [3], c'est cette analyse qui s'est imposée dans l'historiographie allemande [4] et que les recherches récentes ont affinée et nuancée, plus que véritablement dépassée.

Ce qui reste une énigme est l'histoire réelle et concrète de la genèse de cet anti-étatisme comme force d'unification de la paysannerie allemande au cours des périodes moderne et contemporaine [5]. Je me propose ici d'en éclaircir quelques aspects, dans une analyse longitudinale couvrant quatre siècles d'histoire jusqu'à la veille de la Première Guerre mondiale et fondée sur un quart de siècle de recherche.

Je commencerais toutefois par deux observations. En premier lieu, il me semble inadéquat, pour comprendre cette genèse, d'interroger étroitement

---

der Laender Baden und Hessen, Freiburg-im-Breisgau, 1969. Sur les liens de la Ligue agraire du pays de Bade avec le NSDAP : Dieter OHR, *Nationalsozialistische Propaganda und Weimarer Wahlen: empirische Analysen zur Wirkung von NSDAP-Versammlungen,* Opladen, 1997, pp. 4-48. Sur les mouvements catholiques : Oded HEILBRONNER, « The Failure that Succeeded : Nazi Party Activity in a Catholic Region in Germany, 1929-1932 », dans *Journal of Contemporary History* (*JoCH*) 27, 3, 1992, pp. 531-549 ; Armin MOHLER, *Die konservative Revolution in Deutschland: 1918-1932,* Darmstadt, 1972, 25 p.

2. Lui-même exilé pendant le régime nazi. Rudolf HEBERLE, *Landbevölkerung und Nationalsozialismus. Eine soziologische Untersuchung der politischen Willensbildung in Schleswig-Holstein 1918-1932,* Stuttgart, 1963.
3. T. TIPTON, *Nazism, New Nazism, and the Peasantry,* Bloomington, 1975.
4. À propos de la population rurale catholique, voir : S. SCHEIL, « Aktivitaeten antisemitischer Parteien im Großherzogtum Baden zwischen 1890-1914 », dans *ZGO,* Jg. 141, 1993, pp. 304-335 ; Oded HEILBRONNER, « Failure that Succeeded », art. cité, pp. 531-549.
5. Une partie de l'argumentaire développé ici est tiré de mes propres recherches, publiées dans : Robert VON FRIEDEBURG, *Ländliche Gesellschaft und Obrigkeit,* retraçant l'évolution politique du monde rural en Allemagne centrale du 17ᵉ au début du 20ᵉ siècle.

l'histoire des partis et structures sociopolitiques de l'agrarisme allemand : en effet, les groupes de pression de l'époque wilhelmienne, tels que la Ligue agraire ou le Parti prussien conservateur, étaient essentiellement constitués de grands propriétaires. De plus, ils ne commencèrent à lutter pour la captation du vote rural que dans le dernier tiers du 19e siècle, époque à laquelle l'anti-étatisme rural était déjà fortement constitué et enraciné dans la population. Enfin, il est important de noter que l'antiétatisme rural a pu s'exprimer *via* un grand nombre de formations politiques émergeant au 19e siècle, le facteur confessionnel étant sans doute le plus important pour expliquer les orientations de telle ou telle région rurale.

De fait, même si le parti catholique allemand *Zentrum* menait une propagande politique au moins aussi anti-étatique et antisémite que, par exemple, la Ligue agraire, en terme de choix politiques opérés dans l'enceinte du Reichstag avant ou après 1918, il est évident qu'un vote pour celui-ci menait à une direction très différente de celle des partis nationalistes protestants. L'anti-étatisme pouvait donc, selon l'appartenance confessionnelle de l'électeur, aboutir à des choix politiques très différents. Il est clair en tout cas que, pour ce qui est des protestants, l'anti-étatisme mena à une adhésion à l'ultranationalisme.

Ces remarques faites, je voudrais commencer par revenir à la situation sociale et institutionnelle de la paysannerie allemande à l'époque de la paix de Westphalie, puis évoquer rapidement la formation de l'anti-étatisme paysan à partir de la deuxième moitié du 17e siècle, et enfin pointer quelques facteurs majeurs de mutation de cet anti-étatisme dans le contexte du 19e siècle, jusqu'à la veille de la Première Guerre mondiale.

La paysannerie allemande au temps de la paix de Westphalie

Parmi les dix districts administratifs ayant accordé le plus de suffrages aux nationaux-socialistes en 1932, deux se trouvent en Hesse, en Allemagne centrale, avec des suffrages dépassant 70 % pour Adolf Hitler à l'élection présidentielle [6]. Or, si l'on se reporte à ces mêmes zones géographiques en 1650, lorsque, déjà, juifs et chrétiens vivaient côte à côte dans bon nombre de villages de Hesse, on constate une réalité surprenante. En effet, malgré les fréquents conflits sur les taxes et droits divers, les juifs n'étaient pratiquement jamais pris à partie. Et lorsque, en 1657, dans le village de Merzhausen, agité par des conflits multiples, le groupe des chefs de familles paysans, dirigé par un chevalier local, prit d'assaut la demeure d'un ministre du culte réformé pour arrêter des émeutiers qui avaient été protégés par ce dernier, les juifs locaux prirent part aux événements comme membres à part entière de la société villageoise et de ses factions rivales [7].

---

6. Robert VON FRIEDEBURG, *Ländliche Gesellschaft und Obrigkeit*, ouv. cité, pp. 292-295 ; Jürgen W. FALTER, *Hitlers Wähler*, ouv. cité, pp. 163-169 et pp. 206-211 ; Jürgen W. FALTER, « Die Entwicklung der Weimarer Parteien », art. cité, pp. 92-118.

7. Dans cette affaire très bien éclairée par les sources, ce ne sont pas les juifs comme communauté, mais comme individus qui participent ou non à l'attaque du « protecteur » des « petits » du village.

Il y a beaucoup à apprendre de cette affaire [8], à commencer par le fait qu'en ce milieu de 17e siècle, il est bien difficile de découvrir en Allemagne cet État centralisateur qui allait, en réaction, susciter cet anti-étatisme si décisif dans l'histoire de la paysannerie allemande. Le Saint-Empire romain-germanique, par sa nature même, court-circuita en quelque sorte le processus de montée en puissance de l'État moderne dans la forme où celle-ci s'opéra, par exemple, en France ou en Angleterre. Tandis que le Saint-Empire n'eut jamais le pouvoir ni l'appareil bureaucratique nécessaires à son implantation et à son affirmation au niveau local, il se trouva néanmoins conserver une fonction majeure de pouvoir global avant son effacement à partir des années 1740. Jusqu'à la paix de Westphalie au moins, il demeura l'instance la plus importante à laquelle les populations pouvaient s'adresser pour arbitrer les conflits avec leurs seigneurs, comme ils l'avaient fait lors de la Guerre des paysans. En effet, pour la paysannerie, le rapport de force entre leurs seigneurs ecclésiastiques ou séculiers d'une part, et l'Empire d'autre part, pour la maîtrise des droits de juridiction et de souveraineté, prenait une importance vitale. Dans l'Allemagne du 16e siècle, les deux principales forces d'opposition à l'affirmation de la souveraineté territoriale étaient, d'une certaine manière et dans les limites d'une alliance aussi dissymétrique, les populations locales et l'empereur [9].

Pour les populations rurales, la revendication de la souveraineté territoriale (*ius territoriale* ou, en allemand, *Landeshoheit*) par la seigneurie foncière à partir du 15e siècle n'était rien d'autre qu'un moyen de les pressurer davantage. En effet, après la Peste noire, le prix des grains avait chuté et avait stagné à un niveau très faible pendant tout le 15e siècle et même le début du 16e. Et c'est dans ce contexte que les seigneurs tentèrent de revendiquer des droits nouveaux sur leurs sujets, pour en obtenir des services et des redevances non plus en vertu de la seigneurie foncière (*dominium directum*), mais du droit de juridiction et des autres droits découlant de la sub-souveraineté territoriale. Lors de la Guerre des paysans de 1524, la revendication principale des populations révoltées était de revenir sur ce mouvement et de concentrer les droits juridictionnels et le droit de prélever les taxes entre les mains de l'empereur. Quoi qu'il en soit, et même après 1525, les droits de souveraineté restèrent extrêmement dispersés entre les différents niveaux de pouvoir de l'Empire. Ce n'est que dans le demi-siècle qui suit la paix de Westphalie que la sub-souveraineté territoriale et son contenu juridique spécifique devinrent si cloisonnés que,

---

8. John THEBAULT, *Coping With the Thirty Years War: Village and Villagers in Hesse-Kassel, 1600-1680*, Ann Arbor, 1987 ; Robert VON FRIEDEBURG, « Village Strife and the Rhetoric of Communalism : Peasants and Parsons, Lords and Jews in Hesse, Central Germany, 1646-1672 », dans *The Seventeenth Century*, Jg. 7, 1992, pp. 201-226.

9. Pour le contexte juridique et politique de l'émergence de l'État au 17e siècle et ses conséquences sur les conflits régionaux, voir : Robert VON FRIEDEBURG, « The Making of Patriots, Negotiating Monarchy in Seventeenth Century Germany », dans *The Journal of Modern History*, 77, 2005, pp. 881-916.

dans chaque région, le petit groupe des seigneurs qui les avait accaparés devint l'ennemi désigné des communautés rurales victimes de leur pression. Et c'est de cette manière et dans cette période que l'anti-étatisme paysan émergea réellement.

Paysannerie et États dans l'Allemagne des 18ᵉ et 19ᵉ siècles

C'est tout particulièrement dans les pays allemands situés à l'ouest de l'Elbe – là où les communautés rurales étaient particulièrement fortes – que la relation juridique inégale entre noblesse locale et princes disposant de la souveraineté devint claire aux yeux de tous et que les représentants locaux de ces derniers, notamment par leur rôle de préleveurs de taxes, apparurent comme les ennemis des communautés. Non seulement le gouvernement local s'affirmait avec une force grandissante dans la suite de la Guerre de Trente ans, mais encore les prélèvements sur les communautés rurales prirent une ampleur jamais vue jusqu'alors. Cependant, pour la plus grande partie du 18ᵉ siècle et dans la majorité des États territoriaux allemands, ce n'étaient pas les taxes en tant que telles, mais bien les services et redevances qui devaient être payés en reconnaissance de la souveraineté territoriale, qui s'appesantissaient ainsi sur les populations rurales et produisirent un nouveau modèle de conflit. Bien davantage que la noblesse locale, ce sont les agents des États qui, avec une importance grandissante, cristallisèrent les haines. Alors même que le Saint-Empire disparaissait peu à peu de la scène locale en tant qu'État dans la plupart des régions rurales – et même si la cour impériale demeurait, par sa fonction d'appel, un lieu majeur de résistance au processus d'affirmation des États territoriaux – chaque étape de la consolidation de la souveraineté des princes représentait, pour les paysans, un affaiblissement de leur protection contre l'appesantissement des prélèvements.

Il convient également de mettre en lumière un autre facteur qui joua un rôle important dans l'émergence de l'anti-étatisme paysan. Tandis que les pertes humaines de la Guerre de Trente ans commençaient à s'effacer, le 18ᵉ siècle connut un processus de différenciation sociale croissante au sein de la communauté rurale. David Sabean [10], parmi d'autres, a montré comment les systèmes de parenté furent réorganisés sous l'impulsion de paysans enrichis. Si le clientélisme vertical ne disparut pas [11], il est clair que, dans les choix matrimoniaux comme dans ceux des parrains, les clivages sociaux s'affirmèrent avec force. Les paysans prirent conscience

---

10. David SABEAN, « Social Background to Vetterleswirtschaft », dans Rudolf VIERHAUS [dir.], *Frühe Neuzeit - frühe Moderne ? Forschunger zur Vierlschichtigkeit von Übergangsprozessen,* Göttingen, 1992, pp. 113-132.

11. Voir : Martin ZÜRN, *"Ir aigen Libertet": Waldburg, Habsburg und der bäuerliche Widerstand an der oberen Donau 1590-1790,* Tübingen, 1998 ; Robert VON FRIEDEBURG, « "Reiche", "geringe Leute" und "beambte": Landesherrschaft, doerfliche "factionen" und gemeindliche Partizipation 1648-1806. Zugleich eine Antwort auf Peter Blickle », dans *ZhF,* Jg. 23, 1996, pp. 219-265.

eux-mêmes de ce que des réseaux de « cousins », liés par mariages et parrainages choisis parmi les familles aisées, prenaient le pouvoir au village. On constate ici et là – en Bade, en Hesse et dans beaucoup d'autres régions – un mouvement des villageois déshérités pour tenter d'impliquer les États émergents dans leurs intérêts et revendications, notamment la question de l'accaparement des communaux par les « gros ». Mais en réalité, ces États et leurs bureaucraties n'étaient ni suffisamment puissants ni motivés pour interférer dans les relations villageoises, ne voulant pas s'aliéner les coqs de village qui, de fait, constituaient bien souvent la base de l'administration locale.

L'ère napoléonienne fut, par bien des aspects, un sommet de cette évolution. Avec la dissolution du Saint-Empire, quelques-uns des princes les plus puissants, comme ceux de Bade, Wurtemberg ou Bavière, consolidèrent leurs possessions territoriales en véritables États territoriaux d'une assise et d'une emprise jamais vues jusqu'alors. Ce brutal accroissement de la puissance étatique provoqua des résistances très nombreuses dans la population rurale. Dans le même temps, la guerre et la crise économique apportaient leur lot d'épreuves à la paysannerie, avec un accroissement du nombre des sans-terre et des pauvres dans les villages. Si, après 1815, les espoirs des communautés rurales d'une réduction significative des prélèvements et de réformes agraires ambitieuses furent déçus, en revanche les relations entre « gros » et « petits » au village trouvèrent un début de compromis – certes fragile – dont l'opposition à l'emprise étatique constituait une fois de plus le ciment. Les soulèvements observés dans les zones rurales en 1830 et 1848, pour l'abolition des droits féodaux et des droits juridiques intermédiaires de la seigneurie, furent le fait d'une population socialement très hétérogène. En effet, même si la stratigraphie sociale au village tendait à se polariser de plus en plus, les paysans aisés n'étaient pas en mesure d'imposer leur volonté à la majorité des pauvres, non plus que ces derniers de se passer de l'appui des premiers, qui tenaient l'assistance et offraient le travail indispensable aux journaliers. L'abolition progressive des droits féodaux dans les deux premiers tiers du 19e siècle ayant pour vertu de simplifier le paysage politique, c'est clairement l'opposition du village à l'État qui devint le vecteur privilégié d'expression des frustrations de la société rurale allemande.

Vers l'anti-étatisme moderne

Le 19e siècle, ère de réformes, apporta des changements substantiels au processus de définition de l'anti-étatisme paysan. En effet, la mue de l'État vint modifier en profondeur le mouvement initié dans le contexte des 17e et 18e siècles.

Tout d'abord, et comme mentionné plus haut, des réformes agraires supprimèrent progressivement les droits féodaux, contre des versements substantiels aux anciens seigneurs. Mais dans les régions à l'ouest de l'Elbe tout du moins, les plus importants seigneurs fonciers étaient les États princiers eux-mêmes, ce qui signifie qu'une partie non négligeable des indemnités tombèrent dans l'escarcelle des administrations modernes. Ensuite, les réformes eurent pour effet de remettre en cause en profondeur l'ordre social ancien, corporation des possesseurs du sol, et de refonder la communauté rurale sur des bases nouvelles impliquant notamment l'exercice du suffrage : le rapport des gros aux petits et l'équilibre politique au village s'en trouvèrent inévitablement modifiés. Enfin, la révolution industrielle, malgré la fragilité de ses débuts, commençait à ouvrir un nouveau marché du travail pour les sans-terre. Avec une différenciation nette des comportements entre l'est et l'ouest de l'Allemagne, les régions orientales connaissant une émigration rurale à la fois massive et définitive vers les nouveaux centres industriels, tandis que les régions occidentales privilégiaient les migrations saisonnières d'une main d'œuvre rurale qui gardait ainsi son ancrage villageois.

À l'est, ancienne région de servage, cette puissante émigration eut pour conséquence de modifier en profondeur l'équilibre de la société rurale, avec l'apport massif d'une nouvelle main d'œuvre en provenance des terres polonaises d'Allemagne et de Russie, mais sans changer toutefois l'organisation du système de contrôle politique et culturel de ces régions, avec le maintien de l'emprise des grands propriétaires et des partis protestants conservateurs les représentant [12]. À l'ouest de l'Elbe, en revanche, les réformes agraires laissèrent les communautés rurales à peu près intactes dans leur identité de micro-organismes sociaux structurés par des liens croisés denses et, encore et toujours, l'hostilité aux prélèvements verticaux.

Certes, à partir des années 1880, il n'est plus question de droits féodaux. Certes, au début du 20e siècle, la plupart des terres collectives sont devenues propriétés privées. Enfin et surtout, la population active allemande a cessé d'être majoritairement agricole, la plupart des actifs participant désormais au processus d'industrialisation et, quand bien même ils habitent toujours leurs villages, subsistent principalement grâce au salaire gagné en été dans le travail d'usine [13].

Les réformes sociales de Bismarck, malgré tout, ne couvrent pas les populations rurales. Ce qui signifie que le système ancien d'assistance continue à s'appliquer pour les malades et les vieillards. De plus, la crise des années 1880 apprend la prudence à la main d'œuvre rurale vis-à-vis des promesses de la ville. Dans ce contexte, posséder même une infime parcelle de sol semble un atout important pour s'assurer contre les périodes de chômage et préserver son identité sociale au village. Celui-ci reste le cadre d'insertion privilégié de la main d'œuvre, désireuse certes d'échapper, par la micro-propriété, à une dépendance totale vis-à-vis des propriétaires employeurs, mais plus encore de trouver sa place dans l'ordre social

---

12. Ilona BUCHSTEINER, *Großgrundbesitz in Pommern: 1871-1914: ökonomische, soziale und politische Transformation der Großgrundbesitzer*, Berlin, 1993.
13. Robert VON FRIEDEBURG, « La población agraria y los partidos en la Alemania guillermina : la crítica tradicional a la autorida y la génesis del antiliberalismo », dans *Noticario de Historia Agraria*, n° 14, 1997, pp. 93-131.

structuré par ces derniers, et dont l'identité collective se construit toujours autour de la contestation de l'emprise et des prélèvements étatiques.

Alors que le champ politique s'ouvre aux masses à partir des années 1870, les partis naissants entrent en compétition pour la captation du vote rural. Il apparaît très rapidement que toute remise en cause de l'ordre chrétien d'une part, et du principe de propriété d'autre part, sont inacceptables pour la grande majorité des ruraux – excluant de fait les sociaux-démocrates de cette compétition. Dans le même temps, la crise économique et ses conséquences sur les prix des céréales conduisent les paysans à rejeter massivement le système libéral lié à l'industrialisation. Même le nouveau modèle de comportement socio-démographique des classes moyennes modernes, caractérisé par un changement du rapport au mariage, à la parenté et aux pratiques de consommation, se trouve rejeté par les ruraux comme étranger à leurs représentations. Et la charge symbolique négative de l'intrusion de la modernité comme corps étranger à la société rurale allemande se trouve, par les effets de la propagande antisémite, attachée à la population juive. Tandis que le ressentiment contre les juifs était jusqu'alors plus ou moins équivalent à celui de chaque confession chrétienne vis-à-vis des autres, à partir du milieu du 19e siècle, une haine spécifique, passive mais croissante, à la fois chez les catholiques, les luthériens et les réformés, s'affirme comme un trait spécifique de la politisation des zones rurales.

***

Je conclurai en disant que, dans les années 1880, les partis politiques allemands, conscients de l'enjeu nouveau de la compétition électorale et désireux d'user des arguments qu'ils pensent les plus susceptibles de leur apporter adhésions et victoire dans les urnes, jouent un rôle majeur dans la cristallisation de l'anti-étatisme moderne. En particulier durant la crise qui suit la démission de Bismarck, alors que le parti conservateur se trouve en opposition au gouvernement, l'anticapitalisme et l'antisémitisme sont utilisés avec succès et aboutissent à une véritable captation en masse des voix rurales. Et même si les ruraux purent se rendre compte assez vite de ce qu'aucun parti n'était en mesure de leur garantir des prix élevés pour leurs productions et des prix modérés pour l'accès à la terre des « petits » – déplaçant donc leurs voix d'une élection à l'autre – l'anticapitalisme et l'antisémitisme étaient appelés à rester des éléments constitutifs majeurs de l'identité des zones rurales et à peser d'un poids décisif dans les décennies ultérieures.

L'école rurale et la « désertion des champs ».
Les débats sur la place de l'agriculture
dans l'enseignement primaire
des années 1880 aux années 1920

Jean-François CHANET

Historien de l'agrarisme français et biographe de Jules Ferry [1], Pierre Barral est de ceux qui ont indiqué avec le plus de sûreté sur quels points il fallait revoir l'image traditionnelle du lien entre scolarisation et modernisation de la France rurale [2]. Résumons à (trop) grands traits cette histoire. Les fondateurs de la Troisième République [3] voulurent réaliser la gratuité et l'obligation de la scolarité primaire pour achever en France l'unité et l'égalité politiques et former de « bons » citoyens. Ils étaient décidés à accroître le budget de l'instruction publique afin de remédier à la pauvreté ou à la mauvaise volonté des communes rurales où l'ordonnance de 1816, puis les lois de 1833 et 1867 n'avaient reçu qu'une exécution partielle ou nulle. Les écoles primaires devaient être autant de foyers à partir desquels l'usage de la langue française se généraliserait enfin dans les campagnes où elle n'était pas la langue maternelle des populations. L'historiographie confirme la prégnance d'un modèle où la modernisation est indissociable de la politisation démocratique, laquelle n'est envisagée qu'en « adéquation avec l'intégration

---

1. Pierre BARRAL, *Jules Ferry. Une volonté pour la République*, Presses universitaires de Nancy/Éditions Serpenoise, 1985.
2. Pierre BARRAL, « Jules Ferry et l'école rurale », dans *Trema*, IUFM de Montpellier, n°12-13, décembre 1997, pp. 6-16, et Pierre BARRAL, « Depuis quand les paysans se sentent-ils français ? », dans *Ruralia*, n° 3, 1998, pp. 7-21. Voir aussi, pour un autre point de vue sur les thèses d'Eugen Weber : Antoine PROST, « La contribution de l'école primaire républicaine à l'identité française », dans Hans-Gerhardt HAUPT, M.G. MÜLLER et S. WOOLF [dir.], *Regional and National Identities in Europe in the 19th and 20th Centuries*, Kluwer Law International, 1998, pp. 255-274.
3. Voir : *Les fondateurs de la Troisième République*, textes choisis et présentés par Pierre BARRAL, Paris, Armand Colin, 1968.

nationale » [4]. C'est l'angle d'attaque d'Eugen Weber dans son livre qui a fait date, *Peasants into Frenchmen* – entendons : *French citizens*. Admettre ce primat de l'idéologie unitaire permettait en outre d'expliquer le caractère d'urgence que revêtait pour les républicains l'entreprise de laïcisation. Jules Ferry et sa majorité parlementaire donnèrent la priorité à la question scolaire parce qu'en elle, à leurs yeux, résidait la première leçon à tirer de l'échec de la Deuxième République : le suffrage universel sans l'éducation nationale ne garantissait pas l'installation durable de la démocratie libérale.

On rappellera seulement pour mémoire que ce bilan, ainsi résumé, pourrait conduire à négliger un aspect important de l'évolution politique à laquelle il s'applique. La conquête du pouvoir par les républicains et les victoires électorales qui leur permirent de surmonter les premières crises de régime, du 16 Mai au boulangisme, n'auraient pas été possibles si la majorité des électeurs ruraux n'avait penché pour la République avant même que les lois scolaires aient produit leurs effets. Dans cette consolidation progressive, la garantie de l'ordre, de la stabilité, la satisfaction d'intérêts matériels pesèrent plus lourd que l'adhésion militante à des arguments de combat contre les « forces du passé ».

À tout le moins, on admettra avec Eugen Weber que le succès de la politique scolaire « fait partie d'un processus global ». « C'est seulement, ajoute l'historien américain, quand ce que les écoles enseignaient eut un sens qu'elles devinrent importantes pour ceux qu'elles devaient éduquer. [...] Les gens n'allèrent pas à l'école parce que celle-ci était proposée ou imposée, mais parce qu'elle était utile » [5]. Cette observation déplace la question scolaire de l'idéologique vers le social. C'est à quoi conduit aussi l'explication des insuffisances de la scolarisation réelle, de la difficulté d'obtenir une fréquentation régulière, par la misère ou l'aveuglement de paysans insensibles au profit que leurs enfants retireraient de l'instruction et intéressés seulement à celui que représentait leur emploi aux travaux agricoles dès qu'il était possible. Cette attitude initialement dominante n'a reculé que lentement. Les dispositions de l'esprit local ont certes causé bien des résistances et des retards, mais il est aussi des départements où les moyens engagés par l'État n'étaient pas suffisants pour obtenir un succès plus rapide et plus complet. Nulle part ce ne fut plus vrai qu'en Bretagne où la natalité était vigoureuse et l'habitat dispersé [6].

---

4. Gilles PÉCOUT, « La politisation des paysans au 19ᵉ siècle. Réflexions sur l'histoire politique des campagnes françaises », dans *Histoire et sociétés rurales*, 1994, n° 2, p. 95.
5. Eugen WEBER, *Peasants into Frenchmen. The Modernization of Rural France, 1870-1914*, Stanford California, Stanford University Press, 1976, 615 p., traduction en français : *La fin des terroirs. La modernisation de la France rurale. 1870-1914*, Paris, Librairie Arthème Fayard/Éditions Recherches, 1983, 844 p.
6. « C'est chaque année un débat entre les représentants des départements bretons et le ministère de l'Instruction publique pour faire aboutir quelques malheureuses créations de classes ou de postes d'adjoints », déplore, avec l'approbation de Ferdinand Buisson, le député républicain du Finistère Louis Hémon à la chambre, le 16 janvier 1903, au cours du débat sur la circulaire Combes du 29 septembre 1902 prohibant l'enseignement du

Nous ne traiterons pas ici de la « guerre scolaire ». Les ultimes expressions de violence religieuse en milieu rural, et particulièrement la révolte contre les Inventaires dans le sud du Massif central, apparaissent comme des épisodes exceptionnels « où semble avoir battu une dernière fois un très ancien cœur collectif, paysan et chrétien »[7]. Et si l'on peut supposer que, dans ces régions comme en Bretagne, l'institution scolaire républicaine se révéla d'abord « trop étrangère à la société paysanne pour y faire preuve d'efficacité dans l'inculcation de la langue dominante »[8], il n'en est pas moins vrai que, l'accord existant entre l'administration et le clergé sur le bien-fondé de la « nationalisation » des paysans, « l'âpre bataille scolaire entre l'État et l'Église renforça l'émulation et le mimétisme des méthodes, confortant les congrégations dans leur logique francisante »[9].

Puisque c'est bien généralement comme moyen de promotion sociale que l'on entend l'utilité que les parents reconnaissaient à l'instruction – non sans quelque idéalisme, cette forme de « patrimonialisation », pour ne pas dire de sacralisation de la politique scolaire républicaine devenant en quelque sorte la meilleure preuve de son succès –, nous nous attacherons aux débats sur l'action sociale de l'école rurale et à leur évolution jusqu'aux années 1920, à partir de l'interrogation suivante : si on limite leur objet à la problématique de l'intégration politique et culturelle, les motifs des attaques comme de la défense ne risquent-ils pas d'être trompeurs ? S'ils trahissent le souci de l'ordre social propre aux dirigeants républicains – où se rejoignaient en fait les « deux écoles » et les « deux sociétés étrangères, souvent hostiles l'une à l'autre »[10], qui les avaient conçues –, ces débats ne révèlent-ils pas, de plus en plus nettement à mesure qu'on avance dans l'histoire de la Troisième République, un écart entre les aspirations et les besoins des paysans et l'idée que s'en faisaient ou l'image qu'en donnaient

---

catéchisme en breton (*Journal officiel*, Chambre des députés, débats parlementaires, 1903, p. 31). Voir le commentaire de ce discours par : Marine BÉDEL-BÉNARD, *L'enseignement primaire dans le Finistère, 1863-1905*, thèse de l'École des chartes, 1981, tome 1, pp. 278-279.

7. Patrick CABANEL, « La révolte des Inventaires », dans Jean-Pierre CHANTIN et Daniel MOULINET [dir.], *La Séparation de 1905. Les hommes et les lieux*, Paris, Les Éditions de l'Atelier, 2005, pp. 91-108. Voir aussi les réflexions de Claude Langlois au colloque tenu à l'université de Californie, Irvine, en février 1994, sur le thème « Violence and the Democratic Tradition » : Claude LANGLOIS, « La fin des guerres de religion : la disparition de la violence religieuse en France au 19e siècle », dans *French Historical Studies*, 1998, volume 21 n° 1, pp. 3-25 ; Claude LANGLOIS, « De la violence religieuse », *ibidem*, pp. 113-123.

8. Fanch ÉLÉGOËT, *« Nous ne savions que le breton et il fallait parler français ». Mémoires d'un paysan du Léon*, La Baule, Éditions Breizh hor bro, 1978, p. 191.

9. Christian BRUNEL, « Le Comité de préservation du breton, entre raison d'État et raison d'Église », dans Denis JEANSON [dir.], *Le français, le breton, l'école, actes du colloque de Trégarvan, 29 avril 1995*, Trégarvan, Musée du Parc naturel régional d'Armorique, 1997, p. 60.

10. Charles SEIGNOBOS, *Histoire sincère de la nation française* [1933], préface de Guy-P. Palmade, collection « Quadrige », Paris, Presses universitaires de France, 1982, p. 303. L'auteur caractérisait ainsi les effets de la loi Falloux.

communément les élites républicaines ? Ou plus exactement, l'État n'ayant alors, en dehors de l'école, guère de moyens d'action sur les mentalités et sur le libre jeu des habitudes et des intérêts paysans, les « agrariens français » n'ont-ils pas eu tendance à la rendre responsable de l'évolution économique et sociale parce qu'ils ne pouvaient – ni ne voulaient ? – en changer autrement le cours ? Dans cette perspective, l'institution scolaire peut apparaître comme le point de cristallisation de deux représentations antagonistes qui surestiment également ses pouvoirs, où l'historien identifie des imaginaires sociaux bien plus qu'une réalité scientifiquement mesurable : celle de l'école déracinante et niveleuse d'un côté, de l'autre celle de l'école libératrice parce que maintenue à l'écart du jeu des forces économiques.

Cette interrogation incite naturellement à ne pas en rester aux discours généraux, aux normes institutionnelles, pour s'avancer au plus près des options pédagogiques effectivement mises en œuvre. Au cours des discussions de la deuxième semaine sociologique organisée en mars 1951 par le Centre d'études sociologiques du CNRS sur le thème « Villes et campagnes », l'ethnologue Marcel Maget avait fait une remarque qui garde toute sa valeur : « Chaque fois que nous quittons les généralisations pour entrer dans l'étude d'un cas concret, nous nous rendons compte que la multitude des facteurs en présence demanderait un appareil d'observation scientifique dont, en fait, nous disposons rarement »[11]. Nos sources restent pour l'essentiel des textes à caractère normatif ou incitatif, qu'il s'agisse de propositions, de conseils, de prescriptions ou de comptes rendus d'expériences supposées exemplaires, publiés dans les bulletins départementaux de l'instruction primaire, dans les rapports annuels des inspecteurs d'académie ou dans la presse professionnelle et syndicale. À elle seule, il est vrai, la diversité de situations et d'orientations reflétée dans ce corpus permet, selon le vœu de Clifford Geetz, de « pénétrer assez profondément dans le détail pour découvrir un peu plus que le détail »[12]. Ces sources présentent en outre l'avantage de faciliter la mise en lumière des réquisits idéologiques qui ont déterminé les représentations dominantes du rapport entre fonctions de l'école et besoins des paysans.

Une émulation en trompe-l'œil ?

Conformément aux principes qui avaient dicté les lois du 28 mars 1882 et du 30 octobre 1886, les programmes scolaires de 1882 puis de 1887 furent composés pour répondre à un objectif essentiellement civique. Il

---

11. Intervention de M. Maget à la séance 9 : Marcel MAGET, « Évolution récente du genre de vie dans les campagnes françaises », dans Georges FRIEDMANN [dir.], *Villes et campagnes. Civilisation urbaine et civilisation rurale en France*, Bibliothèque générale de l'EPHE, 6ᵉ Section, Paris, Armand Colin, 1953, p. 386.
12. C. GEERTZ, *The Interpretation of Cultures*, New York, Basic Books, 1973, p. 213, cité par Robert O. PAXTON, *Le temps des chemises vertes. Révoltes paysannes et fascisme rural, 1929-1939*, collection « L'univers historique », Paris, Éditions du Seuil, 1996, p. 21.

s'agissait de satisfaire enfin aux conditions de l'égalité entre les citoyens telle que l'avait définie la Révolution française. Dans ce cadre, Antoine Prost l'a souligné, le problème de la « démocratisation » a d'abord été posé « en termes moraux plus que sociaux, et au nom de la cohésion nationale, de la solidarité, plus que de la justice ou de l'égalité devant l'école »[13]. La cité, la patrie, la science : c'est là le triptyque fondamental. Entre les matières scolaires, existait une hiérarchie fixée par les instructions officielles, mais dont l'efficacité dépendait pour beaucoup de la conviction des maîtres et de l'adhésion des parents. Il ne faut jamais perdre de vue cette réalité socioculturelle à la fois massive et tacite lorsqu'on prétend évaluer la portée pratique des débats sur le contenu de tel ou tel enseignement.

Dès le début des années 1880, l'insuffisance de la place faite à l'agriculture dans les écoles souleva un concert de critiques. Des notions d'agriculture et d'horticulture furent introduites dans les programmes des écoles normales d'instituteurs en 1881[14], des écoles primaires en 1882 et des écoles primaires supérieures en 1885. Une circulaire ministérielle du 11 décembre 1887 rappelle qu'à chaque école rurale devait être annexé un jardin. Comme le souligne Thérèse Charmasson, nous n'avons guère de moyens d'évaluer avec précision la portée pratique des instructions officielles. Encore convient-il d'avoir à l'esprit que ces notions étaient comprises dans l'enseignement scientifique, lequel, aux termes de l'arrêté du 18 janvier 1887, se distribuait de la façon suivante : « L'enseignement scientifique occupera en moyenne, et suivant les cours, d'une heure à une heure et demie par jour, savoir : trois quarts d'heure ou une heure pour l'arithmétique et les exercices qui s'y rattachent, le reste pour les leçons de choses et les premières notions scientifiques »[15]. Nous partageons avec Thérèse Charmasson le sentiment que l'abondance des textes

---

13. Antoine PROST, « La démocratisation de l'enseignement : histoire d'une notion », dans Claude-Isabelle BRELOT et Jean-Luc MAYAUD [dir.], *Voyages en histoire. Mélanges offerts à Paul Gerbod*, « série historique », n° 9, Besançon, Annales littéraires de l'université de Besançon, 1995, p. 120. Sur le conflit à ce sujet entre la République et l'Église, voir : Yves DÉLOYE, *École et citoyenneté. L'individualisme républicain de Jules Ferry à Vichy: controverses*, Paris, Presses de la Fondation nationale des sciences politiques, 1994.

14. Les « travaux agricoles et manuels » figurent, à raison de quatre heures par semaine dans chacune des trois années d'études, à côté de la gymnastique dans la rubrique « enseignement donné pendant les récréations » au « tableau de la répartition des matières d'enseignement » annexé à l'arrêté du 3 août 1881 (*Recueil des lois et actes de l'instruction publique*, 1881, n° 30, p. 680). Après la réforme de 1887, l'agriculture et l'horticulture ne bénéficient plus que d'une heure par semaine en deuxième année et de deux en troisième année. Il est précisé que « les leçons d'agriculture seront données aux élèves de 2e et 3e années réunis, à raison de deux leçons par semaine pendant le semestre d'hiver. Le professeur exposera alternativement la première moitié de son cours pendant un hiver et la seconde moitié pendant l'hiver suivant. Les leçons d'agriculture doivent être complétées par des exercices pratiques, des excursions agricoles, des visites faites par les élèves-maîtres, sous la direction de leurs professeurs, dans les fermes les mieux tenues de la région » (Arrêté du 18 janvier 1887, article 97, *Recueil des lois et actes...*, ouv. cité, 1887, n° 3, p. 68.) Précisons que les garçons reçoivent seuls cet enseignement.

15. *Ibidem*, article 19, § V-3, p. 55.

réglementaires publiés entre 1880 et 1900 atteste, autant que la persistance de l'intérêt pour l'agriculture, le « peu de succès que ces efforts rencontrent ». « Il semble, suggère-t-elle, qu'avec le développement de l'enseignement professionnel agricole, l'importance de l'agriculture dans l'enseignement général ait progressivement diminué : c'est désormais un enseignement essentiellement théorique et scientifique, même s'il est parfois complété par des démonstrations » [16]. Alors qu'en toutes régions les inspecteurs se plaignaient de l'habitude qu'avaient les parents de retirer leurs enfants de l'école pour les employer aux travaux agricoles – échec bientôt constaté de la loi face aux mœurs, quoique l'on se préoccupe d'assurer « la représentation de l'élément agricole dans les délégations cantonales » [17] –, de toutes parts aussi on affirmait que l'agriculture n'occupait pas dans la vie scolaire une place conforme à son importance dans la société.

Mais cette prise de conscience est ambiguë. Elle n'a pas le même sens selon les points de vue. Pour les républicains, il faut agir contre la crise agricole et plus globalement en faveur du « progrès ». On retrouve là le volontarisme modernisateur : on ne pourra plus être un bon cultivateur sans avoir acquis à l'école des notions scientifiques élémentaires. L'administration attend des instituteurs qu'ils exercent la plus féconde influence sur l'esprit public. Qu'on en juge par cette annonce parue dans la *Revue pédagogique* en 1882 : « Nos instituteurs ne devraient pas oublier que la situation économique de la France s'est modifiée et qu'un besoin impérieux de transformation culturale leur impose le devoir de préparer leurs élèves à cette grande vie des champs, où le cultivateur doit être armé de toutes pièces pour demander à la terre et obtenir d'elle tout ce qu'elle peut donner. Si l'enfant, de retour au foyer paternel, n'a pas rapporté de l'école les enseignements nécessaires pour améliorer l'exploitation qu'il est appelé à diriger plus tard et qu'il aide pour le moment à cultiver, c'est l'instituteur négligent ou malhabile qui demeure responsable devant le pays. On ne saurait trop insister auprès des maîtres de nos écoles rurales pour qu'ils s'associent à toutes les manifestations de l'enseignement agricole. Un comice agricole d'arrondissement dans l'Indre-et-Loire, le comice de Loches, met cette année à exécution une idée excellente ; il prépare pour le concours qui doit avoir lieu à La Haye une exposition scolaire des écoles communales de l'arrondissement. Nous avons lieu de croire que tous les instituteurs tiendront à devoir et à honneur d'y figurer. […] La société départementale d'agriculture du Doubs a institué, pour la seconde fois, quatre primes de 200 francs à distribuer dans chacun des arrondissements de Besançon, Baume, Montbéliard et Pontarlier, à

---

16. Thérèse CHARMASSON, Anne-Marie LELORRAIN et Yannick RIPA, *L'enseignement agricole et vétérinaire de la Révolution à la Libération, textes officiels avec introduction, notes et annexes*, Paris, Institut national de la recherche pédagogique/Publications de la Sorbonne, 1992, pp. CXIII-CXVII.

17. Circulaire du 5 décembre 1887 relative à cet objet, dans *Bulletin administratif du ministère de l'Instruction publique et des Beaux-Arts*, 1887, n° 781, p. 1253.

l'instituteur qui aura organisé dans sa commune, avec le plus de dévouement et de succès, l'enseignement agricole. Un concours sera ouvert à cet effet pour chacun de ces arrondissements entre les trois instituteurs désignés au jury par M. l'inspecteur d'académie. Le sujet du concours consistera en une composition écrite relatant : 1° La méthode d'enseignement suivie par le concurrent ; 2° Le nombre des conférences faites et celui des élèves ayant fréquenté le cours ; 3° Les perfectionnements à apporter dans la culture, spécialement sur le territoire de la commune et en général sur les terres de la région dont la nature du sol et les genres de récoltes seront décrits »[18].

On s'attache à la visibilité de leurs efforts, à la démonstration de leur zèle, sans vraiment se préoccuper de la qualité de leur formation ou *a fortiori* de leur goût pour l'enseignement agricole. Assurées que les instituteurs sont en majorité des « enfants de la campagne », les autorités ne prennent guère en considération la réalité sociologique de leur changement de condition : pour nombre d'aspirants, devenir maître d'école, c'est d'abord un moyen et une façon de n'être pas cultivateur. Aussi mettent-elles l'accent sur l'émulation, les concours, les récompenses. L'arrêté du 6 décembre 1887 institue des prix spéciaux, consistant en médailles d'argent accompagnées d'une somme variable de 50 à 300 francs, à décerner aux instituteurs ou institutrices pour l'enseignement agricole[19].

En cette matière plus qu'en toute autre, les pouvoirs locaux ont précédé plutôt que suivi l'administration. Les vœux des conseils généraux se suivent et se ressemblent, comme le montre le relevé présenté en 1889 par le directeur de l'école normale d'Avignon, Roger Liquier, dans la revue *L'Instruction primaire* : « Une question qui soulève un concert remarquable, c'est celle de l'enseignement agricole. Douze départements ont émis des vœux à ce sujet. Les conseils généraux du Cantal, des Côtes-du-Nord, de Meurthe-et-Moselle demandent que cet enseignement soit fortifié à l'école normale ; ceux de la Dordogne, de l'Isère, du Lot, de la Savoie, de la Haute-Vienne veulent qu'on lui fasse une plus large place dans les écoles primaires ; dans les Côtes-du-Nord, la Haute-Marne, la Meurthe-et-Moselle, on veut que l'agriculture soit inscrite au nombre des matières exigées pour le certificat d'études[20] — et, dans

---

18. « L'enseignement agricole et les expositions scolaires », dans *Revue pédagogique*, juillet-décembre 1882, pp. 86-87. L'année précédente, le *Journal des instituteurs* avait reproduit un article de Noël Bretagne publié dans le *Journal officiel* du 23 mai, « L'enseignement agricole dans les écoles rurales », qui s'achevait ainsi : « Qu'il nous soit donc permis, en terminant, d'adjurer les instituteurs de nos écoles rurales de mettre de suite en pratique l'enseignement agricole, de multiplier les exemples et de gagner ainsi à la culture progressive, qui seule peut lutter aujourd'hui contre la concurrence de la production étrangère, les jeunes intelligences confiées à leurs soins vigilants » (*Journal des instituteurs*, 26 juin 1881, p. 260.)

19. Thérèse CHARMASSON, Anne-Marie LELORRAIN et Yannick RIPA, *L'enseignement agricole…*, ouv. cité, p. 204.

20. Aux termes de l'arrêté du 16 juin 1880, l'agriculture n'était qu'une « matière complémentaire » à l'oral du certificat d'études primaires. Voir : Patrick CABANEL, *La République du certificat d'études. Histoire et anthropologie d'un examen (19e-20e siècles)*, collection « Histoire de l'éducation », Paris, Belin, 2002, pp. 39-41.

l'Orne, pour le brevet supérieur »[21]. On fera observer que ces vœux remontent aux sessions de 1887 : le temps de réaction des revues d'enseignement n'indique pas qu'ils aient revêtu un caractère d'urgence. Mais en 1897 encore, à un moment où elle avait cessé de publier régulièrement un compte rendu de ces vœux[22], la *Revue pédagogique* jugea bon de signaler celui du conseil général de la Sarthe relatif à l'enseignement agricole[23].

S'ils reçurent une telle publicité dans la presse professionnelle, est-ce parce que leurs rédacteurs admettaient peu ou prou les lacunes auxquelles ils prétendaient remédier ? Des nombreuses propositions relatives à ces questions se dégagent, non sans ambiguïtés, l'idée qu'il faudrait donner aux instituteurs ruraux une préparation professionnelle spécifique et mieux évaluer compétences acquises et notions transmises, la volonté de maintenir autour des enfants une atmosphère propice au goût des choses de la terre, notamment par le choix des activités récréatives et des livres de bibliothèque, et plus encore l'insistance sur la portée pratique attendue de cet enseignement, grâce à l'utilisation des jardins scolaires et autres champs d'expérience[24]. À l'encyclopédisme des programmes[25], ces auteurs opposaient volontiers un idéal utilitariste – dénoncé à son tour, à la fin du siècle, par les pionniers du syndicalisme enseignant. La critique d'un enseignement théorique, abstrait, et qui, obéissant à une logique égalitaire, introduisait dans l'esprit des enfants ruraux des notions susceptibles de les

---

21. R. LIQUIER, « L'enseignement primaire devant les conseils généraux », dans *L'Instruction primaire. Journal d'éducation pratique*, 3 février 1889, pp. 382-383. Voir aussi : E. ROUGET, « Les sanctions de l'enseignement agricole », dans *Revue pédagogique*, volume 35, 1894, pp. 153-154. Quelques années plus tard, E. Rouget sera, à Besançon, un directeur d'école normale fort apprécié du jeune Louis Pergaud.

22. Voir en particulier les vœux des conseils généraux des départements suivants : Creuse, Haute-Marne, Meurthe-et-Moselle et Vosges, dans *Revue pédagogique*, volume 9, 1886, pp. 423-425 ; Cantal, Côtes-du-Nord, Dordogne, Isère, Lot, Haute-Marne, Meurthe-et-Moselle, Orne, Savoie et Haute-Vienne, *ibidem*, volume 13, 1888, pp. 419-424 ; Creuse, Lot, Manche, Hautes-Pyrénées, Seine-et-Oise, Somme et Tarn, *ibidem*, volume 22, 1893, pp. 30-31 ; Gers, Loir-et-Cher, Haute-Marne, Meurthe-et-Moselle, Oise, Sarthe et Tarn, *ibidem*, volume 25, 1894, pp. 260-262.

23. *Ibidem*, volume 30, 1897, p. 472.

24. Voir les conclusions de la commission « chargée d'étudier les moyens de développer et de perfectionner l'enseignement agricole dans les établissements universitaires et, en particulier, dans les établissements d'enseignement primaire », commission créée par l'arrêté du 25 octobre 1887, pris conjointement par les ministres de l'Agriculture et de l'Instruction publique. Comme avant elle une autre commission créée dans le même but sous le Second Empire, elle propose la publication de recueils de dictées et de leçons de choses où l'« on introduirait quelques poésies champêtres, quelques morceaux littéraires, des descriptions de la plaine ou de la forêt, de la vallée ou de la campagne pouvant inspirer aux enfants le goût de la vie rurale et les retenir aux champs », et recommande d'autre part l'introduction d'une épreuve d'agriculture dans tous les examens de l'enseignement primaire. Ce rapport du 11 mai 1888 est cité par : Thérèse CHARMASSON, Anne-Marie LELORRAIN et Yannick RIPA, *L'enseignement agricole…*, ouv. cité, p. CXV.

25. En 1887, les conseils généraux du Pas-de-Calais et du Lot-et-Garonne appellent « l'attention du gouvernement sur la trop grande étendue des programmes dans les établissements scolaires et les dangers qui peuvent résulter du surmenage intellectuel » (*Revue pédagogique*, volume 13, 1888, p. 422).

détourner de leur milieu d'origine, a donc pu déboucher sur la remise en cause des principes mêmes de la politique scolaire républicaine. Cette critique, où résonne parfois un écho de la charge de Clemenceau dans *Le Grand Pan* [26], ne sépare pas le problème de la formation des maîtres, ces « demi-savants » pénétrés d'une idéologie mal assimilée, et celui du contenu de l'enseignement, jugé trop « scientifique » et pas assez pratique.

On le devine, l'administration ne prit en compte les critiques et les vœux que dans la mesure où ils étaient compatibles avec le maintien des buts généraux de l'enseignement primaire. On pourrait multiplier les exemples d'essais plus ou moins concluants d'organisation de l'enseignement agricole et d'adaptation au milieu local. Cependant, l'usage libéral de la critique ou de l'exhortation qui caractérise la presse professionnelle révèle, comme en négatif, une forte inertie. « Le personnel fut surpris, observe l'inspecteur d'académie du Nord en 1894, de l'invasion subite de l'agriculture dans nos programmes déjà si chargés. Il n'était pas généralement prêt à ce genre d'enseignement ». Mais c'est pour ajouter aussitôt qu'« avec le dévouement qui le caractérise, il se mit résolument au travail et ne tarda pas à être à la hauteur de sa tâche ». De fait, à l'exposition scolaire agricole de Lille, en juin 1894, « plus de trois cents instituteurs [ont] envoyé des spécimens de l'enseignement de l'agriculture dans leurs écoles », à quoi « il convient d'ajouter qu'aux examens du certificat d'études primaires, 1 663 élèves ont obtenu l'an dernier la mention de l'agriculture », résultat significatif dans un département comme celui du Nord [27]. Michel Boulet a observé qu'au début du 20e siècle apparaissent, sur l'initiative d'instituteurs, de nouvelles formes d'enseignement, « "cours saisonniers", "écoles d'agriculture itinérantes", afin de répondre aux besoins de familles qui ne veulent ou ne peuvent envoyer leurs enfants dans les écoles d'agriculture » [28].

De l'interpellation à l'enquête

Peu de discussions, sans doute, fournissent de meilleures indications sur l'état des esprits au tournant du siècle que celle de l'interpellation d'Albert Le Play, sénateur de la Haute-Vienne, sur l'insuffisance de l'enseignement

---

26. « Nous avons pris un paysan et nous l'avons bourré d'une science hâtive de manuel, où se heurtent effroyablement les niaiseries de l'ancienne scolastique, les mensonges de la philosophie officielle et d'informes données scientifiques sans coordination, sans vue d'ensemble » (Georges CLEMENCEAU, *Le Grand Pan* [1896], édition présentée par Jean-Noël Jeanneney, collection « Acteurs de l'Histoire », Paris, Imprimerie nationale, 1995, p. 212.)
27. R. SABATIÉ, « L'exposition scolaire agricole de Lille et l'enseignement de l'agriculture dans le département du Nord », dans *Revue pédagogique*, volume 25, 1894, pp. 61-63. Rappelons que l'inspecteur d'académie avait, dans le Nord, le titre de directeur départemental de l'enseignement primaire. M. Brunel a occupé ce poste de juillet 1882 à septembre 1895, date à laquelle il a été nommé inspecteur général.
28. Michel BOULET, « La formation des acteurs de l'agriculture : l'école des paysans », dans Michel BOULET [dir.], *Les enjeux de la formation des acteurs de l'agriculture, 1760-1945*, actes du colloque de l'ENESAD, 19-21 janvier 1999, Dijon, Éducagri éditions, 2000, p. 28.

agricole dans les écoles primaires, le 4 juin 1897 – année, faut-il le rappeler, de la publication des *Déracinés* de Barrès. On en retiendra plusieurs traits. Le profil des orateurs, d'abord. L'interpellateur n'est autre que le fils de Frédéric Le Play. Docteur en médecine, agronome, il avait eu la responsabilité d'organiser à Billancourt la partie agricole de l'exposition universelle de 1867 dont son père était le commissaire général. Propriétaire de la ferme modèle de Ligoure au Vigen, dans le canton de Limoges, il avait obtenu la médaille d'or au concours d'irrigation du centre de la France en 1878. C'est pour succéder à Tesserenc de Bort père, décédé en septembre 1892, que les électeurs sénatoriaux républicains avaient fait appel à lui [29]. Les deux ministres concernés lui répondent successivement, celui de l'instruction publique, l'historien Alfred Rambaud, ancien chef de cabinet de Jules Ferry, puis celui de l'agriculture, Jules Méline, qui, on le sait, est alors président du conseil. Les échanges sont fort courtois. Le Play assure en commençant que son interpellation « ne saurait en aucun cas être considérée comme une critique des actes de M. le ministre de l'Instruction publique », lequel se déclare prêt à écouter « avec la plus grande déférence » les avis du Sénat « qui, plus particulièrement, en sa qualité de grand conseil des communes de France, est chargé de la protection des intérêts agricoles » [30].

L'avis de l'interpellateur est néanmoins sévère. Les espérances qu'avait fait naître la loi du 16 juin 1879, qui avait créé des professeurs départementaux d'agriculture, ont été déçues, car elle n'a pas débouché sur « l'organisation d'un enseignement agricole vraiment sérieux par l'instituteur ». Cet échec est d'autant plus regrettable que « c'est le petit cultivateur, le métayer ou même le simple ouvrier des champs qu'il faut instruire », et qu'« on ne peut le faire que par l'école primaire ». À quoi cet échec est-il dû ? À la mauvaise qualité de la formation des maîtres ; à l'uniformité, à la surcharge, en somme à l'inadaptation des programmes de l'enseignement primaire ; et aussi à l'indifférence de la hiérarchie. Le Play suggère qu'on trouverait sans doute plus d'initiative chez les maîtres s'ils sentaient plus d'intérêt sincère chez des fonctionnaires « élevés dans la seule culture des belles lettres » et incapables « d'apprécier celle du blé ou des betteraves ». Convaincu qu'il faut augmenter le nombre des heures consacrées à l'enseignement agricole dans les écoles normales, il demande qu'on lui attribue « le temps que l'on donne si inutilement aujourd'hui à l'enseignement des langues vivantes ». Et selon lui il faudrait établir, entre les écoles des villes et celles des champs, « une sorte de bifurcation comme il y en avait une autre dans l'enseignement secondaire pour l'étude des

---

29. Il fut membre de la Société d'agriculture et d'horticulture de la Haute-Vienne, de la Société nationale d'agriculture de France et du Conseil supérieur de l'agriculture. J. JOLLY [dir.], *Dictionnaire des parlementaires français*, 1889-1940, tome 6, Paris, Presses universitaires de France, 1970, p. 2244.
30. *Journal officiel*, Sénat, Débats parlementaires, séance du 4 juin 1897, pp. 934-939. De même pour les citations suivantes.

lettres et pour celle des sciences ». Cette proposition ne choque pas la gauche autant qu'on pourrait le croire. Plusieurs de ses représentants approuvent l'orateur lorsqu'il prétend que cette organisation nouvelle « répondrait à toutes les objections, notamment à celles qui portent sur le devoir qui incombe à tout gouvernement démocratique de donner aux enfants une instruction qui leur permette l'accès de tous les emplois de la République » – même s'il ne précise pas comment il serait satisfait à cette exigence.

La vraie ligne de partage des opinions passe entre les membres et les défenseurs de l'Université, attachés au caractère et à l'ambition universalistes de l'école, et ceux qui revendiquent contre elle une plus grande place pour le pratique et l'utile. Ici doit être soulignée une divergence implicite entre les deux ministres. Rambaud défend les institutions existantes et demande un peu de patience, le temps qu'elles aient pu produire tous leurs effets [31]. Il continue d'attendre beaucoup de l'émulation des instituteurs : lorsqu'en 1888 ont été créés les prix spéciaux pour l'enseignement agricole, « il ne s'est présenté dans toute la France que 160 candidats » ; en 1893, on recensait déjà de l'ordre de 1 500 concurrents. Moins confiant, Méline donne raison à l'interpellateur sur plusieurs points. Il est d'accord avec lui pour « renforcer l'enseignement agricole dans les écoles normales » et, à la différence de Rambaud, il ne voit « pas très bien la nécessité d'enseigner les langues vivantes » aux élèves-maîtres. Surtout, il se déclare prêt à « attribuer aux professeurs et aux inspecteurs de l'agriculture un droit de surveillance et d'inspection sur les écoles au point de vue agricole » [32]. Finalement, Le Play obtient le vote de l'ordre du jour suivant, accepté par le gouvernement : « Le Sénat, confiant dans le zèle que le Gouvernement a toujours déployé pour venir en aide à l'agriculture, l'invite à développer l'enseignement de l'agriculture dans les écoles primaires rurales » [33].

Quoique ce débat ne soit pas passé inaperçu dans la presse professionnelle, l'appel consensuel auquel il aboutit fut vite oublié. Il est vain de chercher à caractériser globalement l'attitude du corps enseignant ou de la hiérarchie. On trouve aisément des exemples d'inspecteurs qui, comme O. Pavette, inspecteur primaire à Senlis, chevalier du Mérite agricole, dans *L'Instruction primaire* en 1896, affirmaient que la mission des instituteurs ruraux consistait à obtenir « que les enfants des cultivateurs, qui seront plus tard cultivateurs eux-mêmes, connaissent les avantages de leur future profession et les conditions à remplir pour l'exercer fructueusement » [34]. Plus représentative, assurément, était la tendance à

---

31. Voir aussi le bilan optimiste de : Raymond BRUNET, « L'enseignement agricole en France », dans le *Journal des instituteurs*, 31 mars 1895, p. 431.
32. *Journal officiel*, Sénat, Débats parlementaires, séance du 4 juin 1897, p. 940.
33. *Ibidem*, p. 941.
34. O. PAVETTE, « Ce que peuvent faire les instituteurs en faveur de l'agriculture », dans *L'Instruction primaire*, supplément, 7 juin 1896, p. 281.

accueillir critiques et exhortations comme on laisse passer une mode bientôt remplacée. À la *Revue pédagogique*, on souhaite voir se multiplier les « champs de démonstration », occasion pour l'initiative privée de devancer l'intervention de l'État ou de s'y substituer « avec une richesse de résultats que l'État serait impuissant à obtenir »[35]. Dans le premier numéro de sa revue *L'École nouvelle*, le 1er octobre 1897, Émile Devinat, qui était aussi membre du Conseil supérieur de l'instruction publique et, depuis 1896, directeur de l'école normale d'instituteurs de la Seine, pousse plus loin l'esprit critique. Son article est intitulé : « Un danger. Trop d'agriculture à l'école primaire ». Le début et la fin de son argumentaire méritent d'être cités un peu longuement : « La mode est à l'enseignement agricole, comme elle était il y a dix ans à l'enseignement de la gymnastique. Le Parlement, et derrière lui l'opinion publique demandent, réclament, exigent l'introduction d'un programme plus complet d'agriculture dans le programme général des écoles primaires élémentaires. Ce qu'a dit à la tribune du Sénat M. Le Play, beaucoup de sénateurs le pensent, et plus encore de députés ; or, les uns et les autres paraissent d'accord sur ce point avec la majorité des électeurs ruraux. En 1870, après nos désastres militaires, chacun disait : la France vaincue ne se relèvera que par l'école. Plus tard, après nos premières défaites industrielles et commerciales, on a dit encore : C'est par l'école que la France reprendra ses avantages. Et maintenant, en pleine crise agricole, des milliers de Français répètent : aux maux dont nous souffrons, il n'est guère qu'un remède, l'école. Rien n'est plus flatteur pour nous, assurément, que cette confiance robuste, et d'ailleurs légitime, dans le pouvoir de la première éducation, et nous devrions nous réjouir de cet appel nouveau et pressant – ce ne sera pas le dernier – à la bonne volonté des instituteurs. Cependant, je le confesse, c'est avec un vif sentiment d'inquiétude que j'ai lu les conclusions du discours de M. Le Play et les promesses de l'honorable président du Conseil, M. Méline. Et, tout récemment, dans la dernière session du Conseil supérieur de l'Instruction publique, j'ai cru devoir combattre un projet d'arrêté de M. le Ministre, dans lequel on ajoutait, aux épreuves actuelles de l'examen du certificat d'études primaires, une épreuve écrite et spéciale d'agriculture. […] Or, que va-t-il se passer, si l'on renforce, dans la mesure où on l'annonce, l'enseignement agricole ? C'est que, sous l'influence non plus seulement des chefs hiérarchiques – ce seront les plus sages –, mais des maires, des conseillers généraux, de tous les "plus imposés" de chaque commune rurale, ou même dans l'entraînement d'un goût personnel de certains maîtres pour les travaux de culture, ou encore par suite d'un désir naturel de briller aux examens du certificat d'études, la grande affaire dans nombre d'écoles, ce sera l'éducation spécialement agricole des élèves. Pour visiter le jardin ou le champ d'expériences, on rentrera plus tard, on sortira plus tôt. Les leçons

---

35. DOMBASLE, « L'enseignement agricole à l'école primaire », dans *Revue pédagogique*, volume 31, 1897, pp. 47-48.

d'agriculture empièteront fatalement sur les autres. Et alors, l'éducation libérale des esprits et des volontés, qui tient déjà trop peu de place aujourd'hui, sera encore plus limitée. Non seulement on lui mesurera les heures, mais on la fera avec moins de cœur et moins de foi, car ce ne sera plus la *religion* du maître. La religion du maître, plus matérielle, plus concrète, d'un culte infiniment plus simple et plus aisé, ce sera l'*agriculture*. Je ne sais pas trop ce qu'on y gagnera, mais, ce qu'on doit y perdre, ce pourrait être tout simplement l'esprit de l'école laïque, c'est-à-dire sa raison d'être » [36].

L'excès même de l'inquiétude exprimée par Émile Devinat est un bon indice de l'effet de mode qu'il dénonce. Mais la faible portée pratique des promesses gouvernementales n'empêche pas qu'il y ait là un thème de critique contre l'institution scolaire promis à une longue postérité. Méline s'est fait applaudir d'une partie de la gauche lorsqu'il a souhaité « placer à côté du programme général [...] des programmes d'enseignement agricole locaux particuliers » [37]. Des initiatives avaient déjà été prises en ce sens. L'inspecteur d'académie du Nord concevait bien ainsi l'enseignement agricole qu'il avait rendu obligatoire en 1888 dans les communes rurales et les centres agricoles de son département : « On ne veut pas donner aux enfants seulement des notions scientifiques, on tient aussi à leur faire aimer le sol où ils sont nés, où ils sont appelés à vivre, à les attacher à la terre comme à une mère qu'on n'abandonne pas. Si l'enseignement ne devait aboutir qu'à ce résultat, il mériterait déjà quelque estime. Il s'ensuit que l'enseignement agricole devra le plus souvent se cantonner dans les cultures de la région et empiéter le moins possible sur celles des contrées voisines ou éloignées. [...] On recommande instamment aux instituteurs de se maintenir dans leur milieu et de ne pas sacrifier le nécessaire au luxe et la réalité aux chimères. [...] C'est en restant dans leur sphère, c'est en prenant corps à corps les préjugés, les erreurs, qu'ils les déracineront. Il faut en quelque sorte qu'ils se fixent au sol qu'ils veulent améliorer et féconder » [38].

Cette logique de l'adaptation au milieu local avait un bel avenir devant elle [39]. Ceux qui auraient voulu la pousser jusqu'à la conversion de l'enseignement général en une forme élémentaire d'enseignement professionnel ne s'arrêtèrent guère à la difficulté, suggérée par Alfred Rambaud, de faire changer de cap les « masses énormes sur lesquelles nous

---

36. Émile DEVINAT, « Un danger. Trop d'agriculture à l'école », dans *L'École nouvelle*, n° 1, 1er octobre 1897, pp. 5-6. Né en 1857, Émile Devinat avait été auparavant inspecteur primaire à Bayonne puis directeur de l'école normale d'Ajaccio. Il a dirigé la revue jusqu'à sa mort en 1912 (nécrologie dans le n° 23 du 9 mars 1912, pp. 313-314). Sur ses idées pédagogiques, voir : Francine MUEL, « Les instituteurs, les paysans et l'ordre républicain », dans *Actes de la recherche en sciences sociales*, n° 17-18, novembre 1977, p. 38.
37. *Journal officiel*, Sénat, Débats parlementaires, séance du 4 juin 1897, p. 941.
38. R. SABATIÉ, « L'exposition scolaire agricole de Lille... », art. cité.
39. On nous permettra de renvoyer à notre livre : Jean-François CHANET, *L'École républicaine et les petites patries*, préface de Mona Ozouf, Paris, Aubier, 1996, et en particulier au chapitre IV, pp. 145-175.

opérons »[40]. Au demeurant, on ne pouvait s'en tenir à une réforme des programmes et de la formation des maîtres ; l'enjeu essentiel était bien celui des tutelles, du « contrôle social » exercé sur l'école, et en fin de compte celui de ses moyens d'action. Or ces hommes prompts à réclamer des solutions pratiques restèrent étrangement courts sur les moyens de mieux articuler la vie scolaire et la vie agricole réelles. Car la seule force d'inertie des « masses énormes » n'aurait pas suffi à rendre vains les appels incantatoires si, en ce domaine particulièrement, l'influence attribuée aux enseignants n'avait rencontré une tendance générale de l'évolution économique et sociale – sur laquelle Devinat ne semble pas s'interroger plus que ceux auxquels il répond. En outre il prend un peu trop au sérieux les velléités annoncées de modifier les hiérarchies d'importance établies dans les programmes. Ce qui y reste prépondérant, au tournant du siècle, c'est un humanisme et une morale qu'on suppose appropriés aux besoins limités du peuple, et que ne contestent plus seulement les nostalgiques de l'ancienne France, mais désormais aussi les « prolétariens » de gauche. Dans la sphère de la pédagogie, les discussions témoignent d'une diversité d'opinions plus grande qu'on ne l'imagine de l'extérieur et reflètent des débats plus globaux, sur le syndicalisme et ses rapports avec l'administration, sur le consentement ou l'opposition aux orientations gouvernementales.

Ce n'est certes pas un hasard si, après avoir lancé dans le *Manuel général de l'instruction primaire*, en 1901, comme pour répondre au succès du roman d'Antonin Lavergne, *Jean Coste ou l'instituteur de village*, une vaste « consultation sur la question des traitements », prolongée en 1902 par une « enquête sur les conditions de vie des instituteurs », Ferdinand Buisson se préoccupa à son tour en 1903 de « la réforme pratique des écoles rurales ». Cette initiative consistait d'abord à présenter les résultats de celle prise par Charles Guieysse de consulter les abonnés de sa revue, *Pages libres*, « sur les *principes de l'enseignement* dans les écoles rurales ». C'est l'occasion de vérifier le rôle d'aiguillon que jouaient alors de concert, dans un esprit de militantisme post-dreyfusiste, cette jeune revue et sa voisine, les *Cahiers de la quinzaine*, où Charles Péguy avait publié et commenté *Jean Coste*[41].

---

40. *Journal officiel*, Sénat, Débats parlementaires, séance du 4 juin 1897, p. 939.
41. Les *Cahiers* et *Pages libres*, apparus respectivement en 1900 et 1901, cohabitent dans le même immeuble de la rue de la Sorbonne. Leurs animateurs sont alors amis, parmi lesquels le jeune Daniel Halévy. L'initiative de créer *Pages libres* est venue de la Société des universités populaires, fondée en mars 1899. Péguy concevait ainsi la répartition des rôles : tandis que les *Pages libres* « font de l'enseignement primaire en ce sens que la considération des lecteurs, la formation des élèves y passe au premier plan », les « *Cahiers* font de l'enseignement supérieur » (« Vraiment vrai », introduction à Ch. GUIEYSSE, *Les Universités populaires et le mouvement ouvrier*, Cahiers de la quinzaine, volume III, n° 2, *Œuvres en prose complètes*, éditées par Robert Burac, tome I, Paris, Gallimard, Bibliothèque de la Pléiade, 1987, p. 831). Voir : Sébastien LAURENT, « *Les Cahiers de la quinzaine* et *Pages libres* : de l'utopie collectiviste à la rupture idéologique », dans *Le centenaire des « Cahiers de la quinzaine »._ L'amitié Charles Péguy*, n° 93, janvier-mars 2001, pp. 69-81.

Buisson retient d'abord des fragments de réponses publiés dans *Pages libres* l'impression d'une « critique générale à laquelle on pourrait peut-être retourner le reproche de "*verbalisme*" ». Mais cette impression l'incite à poursuivre l'enquête dans le *Manuel général*. Il propose à ses lecteurs de lui adresser des réponses précises sur la situation actuelle des écoles rurales, leurs résultats, leurs lacunes, puis sur les réformes législatives, administratives et pédagogiques qui pourraient favoriser « une appropriation plus marquée aux besoins du futur agriculteur » [42]. Comme il était prévisible, les avis différèrent sur la part de responsabilité de l'école dans l'évolution de l'agriculture et de la vie rurale. On ne s'étonne pas que soit mise en avant « une proportion énorme d'absences pendant la moitié de l'année », même lorsque est admis le « besoin qu'ont les parents d'employer l'enfant à la maison, à la ferme, aux champs ». Le rédacteur de la synthèse le souligne : « Tout le monde s'inquiète de l'émigration vers les cités, et c'est devenu un lieu commun d'accuser l'école de favoriser, tout au moins par son abstention, cette émigration ». Les réponses les plus argumentées témoignent d'une tension bien caractéristique entre le souci de défendre l'institution qu'on représente et la lucidité sur sa relative impuissance. Ainsi M. Lallemand, de la Côte d'Or, écrit-il : « Voici un fait : il y a trente ans, les cultivateurs de ma région récoltaient, en blé, la moitié de ce qu'ils récoltent aujourd'hui – je n'exagère pas, car je parle d'après eux, et les statistiques agricoles font foi. Les terres de nature stérile ont été améliorées par le drainage et les engrais chimiques. [...] Pendant les vacances dernières, je causais de l'instruction des jeunes gens avec un capitaine-commandant de dragons, logé chez moi lors des grandes manœuvres : "Nous n'avons plus, m'a-t-il dit, dans nos régiments de cavalerie, qu'un ou deux illettrés par régiment, cela fait honneur aux écoles de France". Alors, à qui tous ces braves garçons doivent-ils ces heureux résultats ? Peut-être quelques esprits chagrins en attribueraient la gloire au garde champêtre ? [...] *L'amour de l'agriculture est prôné* ; mais le père d'un de mes élèves destine son fils à être fonctionnaire. Avez-vous la naïveté de croire que mes objurgations pèseront beaucoup dans sa délibération ? L'agriculture est délaissée, soit, ou *plutôt c'est l'emploi d'ouvrier agricole* qui est délaissé, car je ne sache pas qu'il y ait des fermes abandonnées et des champs en friche plus qu'autrefois ; mais cet abandon tient à d'autres causes, l'emploi des machines en particulier, et l'école n'y peut rien » [43].

La place accordée à cette réponse dans le compte rendu ne doit pas conduire à la considérer comme statistiquement représentative. On peut cependant supposer que les sentiments qu'elle exprime étaient ceux d'un grand nombre de maîtres. Aussi les conclusions de l'enquête restent-elles

---

42. Ferdinand BUISSON, « La réforme pratique des écoles rurales », dans *Manuel général de l'instruction primaire*, 3 octobre 1903, pp. 469-470, puis *Manuel général de l'instruction primaire*, 10 octobre 1903, pp. 481-483.

43. Cité dans : « La réforme pratique des écoles rurales », dans *Manuel général de l'instruction primaire*, 21 novembre 1903, pp. 553-555, puis 5 décembre 1903, pp. 579-581. De même pour les citations précédentes. Les passages en italiques sont reproduits à l'identique.

très convenues. Les lecteurs devaient en retenir surtout un énième appel à « rendre l'enseignement plus pratique »[44].

L'éternel retour (à la terre)

Les années passant, on ne peut qu'être frappé de la régularité du retour des mêmes arguments sous les mêmes plumes. À la rentrée de 1908, le *Manuel général* annonce une série d'articles sur le thème suivant : « Ce que la société demande à l'école ». Le premier paru, « De la réforme de l'enseignement primaire au point de vue agricole », signé Jules Méline, relance la controverse suscitée trois ans plus tôt par la publication de son livre, *Le retour à la terre et la surproduction industrielle*[45]. Devant les sénateurs à nouveau, en 1911, Méline répète avec plus de sévérité ses critiques et ses conseils. Un changement est bien sensible, toutefois, et c'est celui qu'on perçoit dans les réactions des revues du « bâtiment », pour reprendre le mot plaisant d'un rédacteur du *Journal des instituteurs*. En 1897, les réserves s'exprimaient avec une modération qui se distinguait à peine de la déférence. Au cours de la décennie qui précède l'entrée en guerre de 1914, le ton change. L'essor du syndicalisme, l'attraction grandissante du socialisme libèrent les esprits et autorisent un ton moins révérencieux. L'un des meilleurs exemples que l'on puisse donner de cette évolution est la « causerie pédagogique » de Populo (pseudonyme de l'inspecteur primaire Émile Salé) que nous reproduisons en annexe, tant ce texte nous semble représentatif du regard porté par les pionniers du syndicalisme enseignant sur un débat vieux de trente années. Ce point de vue ne représente toutefois que la partie la plus militante d'un corps enseignant où, de l'officieuse *Revue pédagogique* à la libertaire *École émancipée*, la diversité des opinions n'a jamais disposé d'autant de tribunes pour s'exprimer. Telle est bien la condition première de la continuité qui caractérise les argumentaires sur l'aspect pratique à donner en matière agricole à l'enseignement primaire, après comme avant la Grande Guerre.

La situation exceptionnelle créée par la guerre a des effets contradictoires. L'administration se doit d'accorder plus libéralement que jamais les dispenses prévues par l'article 15 de la loi du 28 mars 1882 pour l'emploi des écoliers les plus âgés aux travaux des champs, comme le

---

44. « La réforme pratique des écoles rurales », dans *Manuel général de l'instruction primaire*, 12 décembre 1903, p. 592.
45. Jules MÉLINE, *Le retour à la terre et la surproduction industrielle*, Paris, Hachette, 1905. Sur ce débat, marqué par le début de la collaboration de Jean Jaurès à la *Revue de l'enseignement primaire*, on nous permettra de renvoyer à notre article : Jean-François CHANET, « La place et les fonctions du milieu local dans les revues d'enseignement primaire à la Belle Époque. L'exemple de la *Revue de l'enseignement primaire et primaire supérieur* », dans *Les « petites patries » dans la France républicaine.— Jean Jaurès cahiers trimestriels*, n° 152, avril-juin 1999, pp. 119-130. Voir aussi : Laurence RUIMY, *Recherches sur la* Revue de l'enseignement primaire et primaire supérieur, *1880-1914*, mémoire de maîtrise de l'université de Paris-Nord, sous la direction de Jacques Girault, prix Maitron 1994, édité aux *Cahiers du Centre fédéral de la FEN*, n° 13, 1994.

souligne dans sa circulaire du 14 juin 1915 le ministre de l'Instruction publique, Albert Sarraut [46]. En 1917, cela ne suffit plus. « C'est pour tout Français un devoir patriotique de travailler à accroître la production agricole. Ce devoir, je vous prie d'inviter maîtres et élèves à le remplir ». C'est pourquoi la circulaire du 6 janvier 1917 demande que soient exploités à plein les jardins et les champs d'expériences. Les maîtres non mobilisés et les maîtresses feront appel aux municipalités – où ils remplissent souvent les fonctions de secrétaire de mairie – pour qu'elles mettent à leur disposition « un terrain suffisant », ainsi que « le matériel nécessaire à l'exploitation ». Pour l'organisation du travail, il est recommandé « aux inspecteurs d'académie de se tenir en relations avec les directeurs des services agricoles », qui pourront « sans doute fournir des semences et des engrais ».

« D'une manière générale, ce sont les cultures les plus simples (celle de la pomme de terre, par exemple) qu'il y aura lieu d'encourager. D'autre part, notamment dans les écoles de filles, on s'attachera à l'élevage des animaux de petite taille (comme le lapin) dont l'alimentation quotidienne peut être assurée par les enfants les plus jeunes. L'élevage des porcs devra être développé dans les établissements pourvus d'un internat. Chacune de nos écoles ne produirait-elle, en moyenne, que 20 kilos de viande comestible dans l'année, ce n'en serait pas moins un millier de tonnes qui s'ajouteraient à nos réserves, puisque nous avons 50 000 écoles rurales. Et si l'on sait que vingt enfants de 10 à 14 ans ont récolté en 1916, dans la banlieue parisienne, plus de 900 kilos de légumes, on reconnaîtra que nos deux millions d'élèves du même âge peuvent apporter en 1917 une contribution appréciable à l'alimentation nationale » [47].

Nous manquons de données pour apprécier dans quelle mesure ces recommandations ont été suivies. Une statistique officielle sommaire indique qu'au cours de l'année 1917, 1 200 hectares ont été cultivés dans 12 000 communes par 90 000 jeunes filles et 125 000 jeunes gens. L'état des récoltes et produits obtenus, reproduit dans le *Bulletin départemental* de la Loire, n'est pas négligeable :

Pommes de terre	8 000 000 kg
Choux	1 000 000
Poireaux	1 250 000
Carottes et navets	200 000
Haricots, pois, fèves et divers	800 000
Cochons	300
Lapins	53 000
Volailles	15 000

---

46. *Bulletin départemental de l'Isère*, juin 1915, pp. 314-315.
47. Circulaire ministérielle du 6 janvier 1917, *Bulletin départemental de la Loire*, janvier-février 1917, pp. 9-12.

La valeur totale de cette production est évaluée à 4 772 000 francs. Les résultats présentés comme les plus remarquables sont ceux de Paris (350 000 francs), Besançon (63 000 francs), Vannes (55 600 francs) et Nancy (50 000 francs). Parmi les petites communes, Verrières (Loire) a donné, pour 1 250 habitants, une production estimée à 15 140 francs, Courcelles-Montagne (Haute-Marne), pour 320 habitants, 8 772 francs, et Saint-Symphorien (Basses-Alpes), pour 57 habitants, 3 942 francs. En somme, « le mouvement économique produit par la main-d'œuvre scolaire est de 5 472 000 francs »[48], contribuant à la marge à maintenir la relative auto-suffisance alimentaire qui distingue la France de son alliée l'Angleterre[49].

Mais dans le même temps, les rapports annuels des inspecteurs d'académie ne cessent de déplorer l'irrégularité croissante de la fréquentation scolaire. Avouons-le, rares sont ceux qui ne se contentent pas de répéter le lamento d'usage. Quelques-uns soulignent l'impuissance de l'école. Ainsi dans le Cantal : « L'élévation prodigieuse des gains et des salaires, dans les fermes, les burons et les "montagnes" – un vacher de quinze à seize ans gagne jusqu'à 3 000 francs et sa nourriture – a fait perdre le chemin de l'école à la plupart des garçonnets de treize ans et au-dessus, et trop souvent à des enfants plus jeunes : il en est qu'on loue à partir de dix ans, voire de neuf ans »[50]. Dans l'Aveyron voisin, le nombre des élèves « loués » s'accroît jusque dans le bassin minier, où ils étaient rares avant la guerre. « À Saint-Félix-de-Lunel un élève de 14 ans et demi, engagé de la Saint-Jean à la Toussaint, reçoit plus de cent francs par mois. Des adolescents de 15 ans gagnent dans les villes 6 francs 50 par jour ». Aussi, à partir du 1er mai, ne reste-t-il plus dans les écoles rurales que les tout jeunes enfants, « c'est-à-dire ceux qu'il est bon de "garder" à l'école, afin de libérer les familles du soin de les surveiller ». C'est la raison pour laquelle il ne saurait être question de les fermer, comme certains le proposaient, suivant les besoins des agriculteurs. Du reste, « quelques maîtres ne se font pas faute de prêter leur concours aux propriétaires eux-mêmes ». Dans ce département il est vrai particulièrement rural, sur vingt-cinq élèves-maîtres en vacances à l'été 1917, « un préparera son brevet supérieur, un autre sera mobilisé et vingt-trois travailleront les propriétés de leurs parents »[51].

---

48. « Les jardins potagers scolaires en 1917 », dans *Bulletin départemental de la Loire*, février-mars 1918, pp. 80-81.
49. Thierry BONZON et Belinda DAVIS, « Feeding the Cities », dans Jay WINTER et Jean-Louis ROBERT [dir.], *Capital Cities at War. Paris, London, Berlin, 1914-1919*, Cambridge/New-York/Melbourne, Cambridge University Press, 1997, pp. 309-310.
50. Rapport de l'inspecteur primaire H. Germouty, remplaçant l'inspecteur d'académie M. Brunet, mobilisé, sur la situation de l'enseignement primaire dans le département du Cantal pendant l'année 1916-1917, p. 277.
51. Rapport de l'inspecteur d'académie Octave Auriac sur la situation de l'enseignement primaire pendant l'année 1916-1917, dans *Bulletin départemental de l'Aveyron*, septembre 1917, pp. 245-247.

À mesure que la guerre se prolonge, le malentendu s'installe. Le directeur de l'enseignement primaire au ministère, Paul Lapie, écrit en 1915 : « Nous demanderons à nos maîtres de prolonger au-delà de la durée de la guerre les bienfaits de l'entr'aide agricole »[52]. Mais pour la grande majorité des inspecteurs, et sans doute aussi des instituteurs, le recours à la main-d'œuvre scolaire n'est qu'une nécessité regrettable du temps de guerre, et certainement pas une expérience pédagogique à poursuivre après la victoire. Les impressions qui dominent, lorsque celle-ci arrive enfin, restent donc contradictoires. Le terrible « impôt du sang » payé par la paysannerie ne peut qu'inspirer douleur et inquiétude. Ce qu'Anne-Marie Thiesse a appelé « la hantise de la dépopulation »[53], sensible jusque dans les manuels scolaires dès le début du siècle, s'avive et se répand. Mais le rôle joué pendant la guerre par les instituteurs et les institutrices dans la réorganisation de la vie rurale, y compris dans l'aide à la production agricole, semble promettre la réconciliation de l'école et de la terre.

Beaucoup espèrent voir se produire, par rapport à l'avant-guerre, un renversement de tendance, à la faveur de la reconstruction du pays qui doit, pour être pleinement heureuse, ne pas être seulement matérielle. Ainsi sont réactualisées des idées exprimées déjà dans les années 1910. C'est tout particulièrement le cas de celles d'Emmanuel Labat, médecin à Gimbrède (Gers), qui regroupe alors en volume, sous le titre *L'âme paysanne. La Terre. La Race. L'École*, six articles publiés dans la *Revue des deux mondes*, entre le 1er août 1910 et le 15 juillet 1918. Il n'est pas indifférent que ce livre ait bénéficié d'une onzième édition en 1942, avec une préface dans laquelle, après avoir rappelé que « c'est la guerre de 1914 qui a rendu l'espérance au docteur Labat », Henry Bordeaux s'interrogeait : « Cette spiritualité, qu'est-elle devenue en 1940 ? »[54] Le succès de ses idées, en effet, devait sans doute moins à l'« effet Belle Époque », à la nostalgie d'un équilibre perdu, qu'à la volonté de rompre avec tout ce qui avait, avant la guerre, porté atteinte à ce que l'auteur considérait comme un trait essentiel de l'identité française. C'est pourquoi une seconde réactualisation eut lieu, dans des conditions psychologiques inverses, en 1940 – le dolorisme, alors de rigueur, suffisant à donner autorité à ceux que l'on n'avait pas su entendre après la Victoire.

Typique de cette continuité par rapport à l'avant-guerre est aussi le retour de l'idée d'une distinction institutionnalisée entre école rurale et école urbaine. Elle inspire la proposition de loi que dépose le 30 juin 1921 à la chambre le député

---

52. Paul LAPIE, *L'instituteur et la guerre*, collection « La guerre et l'école », Paris, Henri Didier, 1915, p. 17. Cet opuscule reprend des articles et documents publiés par la *Revue pédagogique* dans sa livraison de janvier-février 1915.
53. Anne-Marie THIESSE, *Ils apprenaient la France. L'exaltation des régions dans le discours patriotique*, Paris, Éditions de la Maison des sciences de l'homme, 1997, pp. 87-88.
54. Henry BORDEAUX, « Un médecin de campagne », préface à Emmanuel LABAT, *L'âme paysanne. La Terre. La Race. L'École*, Paris, Delagrave, 1942, p. XIX et p. XXVII. Né en 1853, le docteur Labat est mort en 1925.

de l'Ain Pierre de Monicault[55]. Les nouvelles règles qui viennent d'être adoptées en matière d'avancement, afin d'« éviter les inconvénients de traitements élevés dans les communes rurales », auront, selon lui, pour résultat « que les classes rurales seront faites par de jeunes instituteurs débutants et que ceux d'entre eux qui comprendraient la mentalité rurale, qui auraient du goût pour une existence modeste, mais plus aisée, seront obligés malgré eux de passer dans les écoles des villes au moment où leur expérience pédagogique commencerait à porter ses fruits »[56]. C'est pourquoi il propose « une séparation des deux enseignements ». L'article 1er de la proposition de loi prévôt qu'« à partir de la deuxième année dans les écoles normales des deux sexes, les élèves instituteurs opteront pour la branche ville ou campagne ». Dès lors, seraient créées deux catégories d'instituteurs distinctes. Le passage de l'une à l'autre sera possible « après que les postulants auront satisfait à un examen dont les détails seront fixés par les autorités académiques ». Pour les communes, deux seuils démographiques sont retenus : au-dessous de 1 000 habitants, l'école serait rurale, et, sauf exception, urbaine au-dessus de 2 000 habitants ; entre les deux, les conseils municipaux devraient opter pour l'un ou l'autre statut, leur décision étant soumise à l'avis du conseil général et révisable après chaque recensement de population, même si la commune restait dans la même tranche de population. Pour les élèves, le programme resterait commun jusqu'à l'âge de dix ans ; puis, dans les classes rurales, il serait « allégé d'une fraction de la partie littéraire qui sera remplacée par des cours d'agriculture, de comptabilité élémentaire et des notions élémentaires de droit administratif ».

Si elle n'eut pas de suite législative, cette proposition relança pour deux ans le débat entre les représentants des intérêts agricoles au Parlement, l'administration de l'Instruction publique et les revues d'enseignement primaire. Dans ces dernières, on le devine, elle ne trouva pas beaucoup de partisans. Les conséquences à prévoir sur le recrutement des écoles normales, la hiérarchie implicitement établie entre les deux catégories d'instituteurs, la disparité des conditions d'avancement, de mutation, de rémunération, les suppressions annoncées dans les programmes des écoles rurales, tout cela portait atteinte au principe de l'égalité, entre les élèves comme entre les maîtres[57]. Cela ne signifie pas qu'aient reculé chez ces

---

55. Issu d'une famille de militaires et de hauts fonctionnaires qui démissionnaient pour se consacrer à l'agriculture, fils d'un officier de marine devenu lui-même propriétaire rural, Pierre de Monicault était un ancien élève de l'Institut national agronomique. Maire de Versailleux depuis 1896, il a été député de l'Ain en 1919, le premier d'une liste d'union républicaine dont le programme annonçait : « Nous sommes des hommes nouveaux, mais rompus aux affaires, et non plus des discoureurs ». Il était inscrit au groupe de l'entente républicaine et démocratique, le plus nombreux dans la chambre bleu horizon, et était membre de la commission de l'agriculture. Réélu en 1924, puis, de justesse, en 1928, il sera battu en 1932. J. JOLLY [dir.], *Dictionnaire des parlementaires français...*, ouv. cité, pp. 2488-2489.

56. *Journal officiel*, Documents parlementaires, Chambre des députés, annexe n° 2 938, 1921, pp. 2 053-2 055. De même pour les citations suivantes.

57. Voir : Jean-François CHANET, *L'école républicaine et les petites patries...*, ouv. cité, pp. 164-167. Sur la question des traitements, voir notre article : Jean-François CHANET,

derniers, autant que le prétendaient les agrariens, les « affinités rustiques »⁵⁸ qu'ils leur reprochaient de laisser s'éteindre chez leurs élèves. Encore en majorité originaires de la campagne, ils passaient plusieurs années, et parfois toute leur carrière, dans des villages, des bourgs ou des petites villes où les intérêts agricoles restaient très présents. Parmi eux, après comme avant la guerre, beaucoup étaient secrétaires de mairie ; d'autres, ou les mêmes, occupaient leur temps libre à des travaux d'érudition locale. Comment n'auraient-ils pas senti, mieux que leurs supérieurs et les élus nationaux, combien les aspirations, les désirs des paysans étaient confus, variés, contradictoires ? Michel Augé-Laribé le dit mieux que personne, aux lignes de sa *Révolution agricole* où il évoquait la journée de l'école rurale que la Confédération nationale des associations agricoles avait inscrite au programme du Congrès de l'agriculture de Rouen en 1925⁵⁹. « L'agriculture française doit beaucoup attendre de l'école française »⁶⁰ : si la conclusion du discours prononcé à cette occasion par Paul Lapie ne pouvait déplaire aux participants, rien, dans ce discours, ne contredisait celle que le même auteur avait tirée, vingt ans auparavant, de son étude des résultats scolaires et du devenir des élèves de l'école d'Ay, au cœur du vignoble champenois : « La répartition des individus entre les différentes corporations ne dépend donc pas de l'école : si l'agriculture "manque de bras", cet effet est dû à des causes économiques : sans doute à quelques-uns de ceux qui s'éloignent de l'agriculture, l'école fournit un moyen de vivre ; elle leur permet d'opter entre les professions manuelles et les professions bureaucratiques. Mais à cela se réduit son rôle, et ce n'est pas elle qui les pousse à s'éloigner de l'agriculture »⁶¹.

« Vocation et traitement. Réflexions sur la "nature sociale" du métier d'instituteur dans la France de la Troisième République », dans *Revue d'histoire moderne et contemporaine*, volume 47 n° 3, juillet-septembre 2000, pp. 581-603.

58. Nous empruntons l'expression à Paul Philippon, directeur de l'école normale d'instituteurs de Toulouse : Paul PHILIPPON « Classes rurales et classes urbaines », dans *Manuel général de l'instruction primaire*, 4 mars 1921, pp. 319-320.

59. Marc AUGÉ-LARIBÉ, *La révolution agricole*, collection « L'évolution de l'humanité », Paris, Albin Michel, 1955, p. 284.

60. Cité par : M.-T. LAURIN, « M. Paul Lapie au congrès de l'école rurale », dans *Revue de l'enseignement primaire*, 24 avril 1927, p. 245. M.-T. Laurin était le nom de plume de Marius Tortillet (1876-1930), instituteur à Ceyzériat (Ain), qui depuis la rentrée de 1910 donnait chaque semaine à la revue ses « Réflexions d'un instituteur rural sur l'éducation ». Rappelons que celui-ci avait adhéré au Parti ouvrier français en 1899 et représenté son département au congrès de l'unité socialiste à la salle du Globe en 1905. Au début de ce même article de 1927 (p. 244), il écrivait : « Toutes les personnes qui s'intéressent à l'avenir de l'agriculture et à la prospérité de l'École rurale, on dit qu'elles sont nombreuses, doivent connaître les rapports qui ont été discutés à Rouen au 7ᵉ Congrès de l'Agriculture française, dans la journée du 14 mai spécialement réservée à l'étude des questions concernant l'école et l'agriculture. Journée d'ailleurs généralement désignée sous le nom de Congrès de l'École rurale ».

61. Paul LAPIE, « L'école et la profession des écoliers », dans *Revue scientifique*, 2 et 9 juillet 1904, repris dans *L'école et les écoliers*, Paris, F. Alcan, 1923, p. 133.

Il n'était évidemment pas question pour nous d'opposer, à l'image de l'instituteur « agent de l'impérialisme urbain »[62], celle de l'instituteur artisan, sinon du retour, au moins du maintien à la terre. En pareille matière, rien n'est plus vain que les généralisations. Il est toutefois difficile de nier qu'à l'école, la distinction entre l'effort pour s'instruire et l'aptitude au travail manuel contribua généralement à déprécier celle-ci par rapport à celui-là. Si rien ne permet d'affirmer que les instituteurs cherchaient le plus souvent à détourner leurs élèves des servitudes paysannes, il est vraisemblable qu'ils donnèrent avec plus de sincérité le conseil de « rester à la terre » à ceux dont les résultats scolaires compromettaient les chances d'accéder à un état considéré, le plus souvent aussi, par les parents comme meilleur que le leur. Mais il n'était pas besoin d'une communication supplémentaire pour en arriver à cette conclusion.

Notre propos est de revenir, à l'heure où les vues dominantes sur l'éducation, bien plus qu'au temps de Durkheim et de Bouglé, s'inspirent des observations et des réflexions des sociologues, sur un trait de la modernisation de la France depuis les années 1880 où il faut voir une des sources profondes de la crise du « modèle républicain » dans les années 1930. Pour emprunter un vocabulaire que le sociologue Bernard Boëne a appliqué aux militaires[63], la condition paysanne, restée symboliquement centrale, a commencé entre les deux guerres à devenir socialement marginale. Cette situation a été de plus en plus mal vécue à partir du moment – le début des années 1930 – où l'acuité de la crise économique, ajoutée au basculement démographique enregistré par le recensement – désormais, une majorité de Français vivait dans une agglomération de plus de 2 000 habitants –, accentua le décalage entre les discours sur la France, nation paysanne, et les réalités de la mutation sociale en cours.

Investie, selon le vœu des fondateurs du régime, d'une mission qui consistait à la fois à républicaniser le pays et à assurer une évolution sociale progressive, l'école apparut à beaucoup de ceux que la crise laissait désemparés comme le foyer d'où le mal était parti. Elle n'est certes pas la seule institution à avoir connu la « ramification » décrite par Maurice Agulhon[64], qui l'avait enracinée dans la diversité des terroirs français. Mais la fonction sociale attendue de l'instituteur public dépassait de beaucoup en importance celle des autres fonctionnaires, même de rang plus élevé. Instruction primaire, Jean Giraudoux le rappelait aux lecteurs du *Figaro* en 1937, cela signifiait qu'elle faisait connaître l'importance respective des autres fonctions de l'État : à la campagne surtout, c'est à l'école qu'on

---

62. Robert O. PAXTON, *Le temps des chemises vertes...*, ouv. cité, p. 54.
63. B. BOËNE, « La spécificité militaire conduit-elle à l'apolitisme ? », dans Olivier FORCADE, Éric DUHAMEL et Philippe VIAL [dir.], *Militaires en République, 1870-1962. Les officiers, le pouvoir et la vie publique en France*, Paris, Publications de la Sorbonne, 1999, p. 479.
64. Maurice AGULHON, *Histoire vagabonde, tome I, Ethnologie et politique dans la France contemporaine*, Paris, Gallimard, collection « Bibliothèque des histoires », 1988, p. 12.

apprenait la fonction de l'impôt, l'utilité de la poste et des chemins de fer, le besoin d'une armée et d'une police [65].

Foyer apparent plutôt que réel ? Souvenons-nous de cette phrase de Marc Bloch dans *L'étrange défaite* : « Dans une nation, jamais aucun corps professionnel n'est, à lui seul, totalement responsable de ses propres actes » [66]. Si l'on veut bien s'abstraire d'une vision idéologique de l'école, comment ne pas être frappé de la considérable illusion d'optique dont témoignent les débats que nous venons de retracer ? Son influence s'est exercée dans le sens de la mutation en cours, mais elle ne pouvait être aussi puissante qu'on l'a espéré ou redouté, selon qu'on lui était attaché ou hostile. L'incompréhension qu'a rencontrée la politique de Jean Zay prouve assez à quel point il était devenu difficile de réformer l'humanisme constitutif de la pédagogie républicaine. Et l'extrême animosité dont témoignent, à son endroit, les discours fascistes des années 1930 puis les décisions de l'État français, n'est que la forme conjoncturelle prise, sous l'empire de modèles totalitaires, par un utilitarisme régressif, contraire aux principes mêmes que la Révolution française avait légués aux instituteurs de la nation.

---

65. Jean GIRAUDOUX, « Institut et instituteurs », dans *Le Figaro*, 17 septembre 1937, repris dans *Littérature*, Paris, Grasset, 1941, pp. 167-172.
66. Marc BLOCH, *L'étrange défaite. Témoignage écrit en 1940*, Paris, Albin Michel, 1957, p. 166.

Annexe

« Causerie pédagogique. L'enseignement agricole » (dans *Revue de l'enseignement primaire*, 21e année, n° 47, 20 août 1911, pp. 533-534.)

« Oh ! ce n'est pas la matière qui me manque en ce moment. Quand je prends la plume pour ma causerie hebdomadaire, je me dis : Faut-il reparler de l'histoire comme m'y invitent nos amis Coulaud et Dupin ? Ne vaudrait-il pas mieux revenir au recrutement du personnel ? Et voilà que je vais vous parler d'agriculture. Ma foi, oui. Ça me passionne, l'Agriculture. Et je bénis Cérès avec ses épis, et j'admire le berger Némorin [1] avec sa flûte faisant danser les bergères par trente-six degrés à l'ombre.

D'autre part le Sénat auguste s'en est occupé. Le Conseil supérieur ne pouvait pas passer indifférent. *L'École nouvelle* ouvre une enquête. Comment supposer que la *Revue*, toujours à l'avant-garde, se traîne par derrière ? Allons, hop ! hop ! en avant, la *Revue* !

Mais voilà, comment rester sérieux en compagnie du Sénat, du Conseil supérieur et de l'*École nouvelle* ? On croirait vraiment qu'ils se sont donné le mot pour amuser la galerie. Ils prononcent, chacun leur tour, avec une gravité comique des phrases ballonnées et ronflantes. Écoutez M. Méline, le Père de l'Agriculture, qui épousera certainement Cérès dès qu'elle sera veuve :

"Mais pour que les instituteurs puissent communiquer aux enfants la flamme agricole, il faut qu'ils la possèdent eux-mêmes... Or, j'ai le regret de dire – le fait n'est guère contestable – que, depuis un certain nombre d'années, non seulement on n'avance pas, mais on recule".

À quoi M. Charles Riou [2] réplique : "Ce n'est pas étonnant, vous avez supprimé l'enseignement libre".

Vlan ! L'agriculture serait florissante si les frères crasseux faisaient encore réciter le catéchisme aux petits gardeurs de dindons. Voilà ce dont M. Méline ne se doutait pas.

Pas plus d'ailleurs qu'il ne se doute de l'état actuel de l'agriculture dans notre pays de France. Pardon ! je me trompe : il le connaît fort bien. Nul ne le connaît mieux que lui. Mais il fait semblant de l'ignorer. Il sait cependant que les instituteurs, fussent-ils "enflammés" de la foi agricole, la terre n'en serait ni mieux ni plus mal cultivée.

Et je dirai au Conseil supérieur que ce que je vois de meilleur dans son *vœu*, c'est l'allocation annuelle de 50 francs qui pourrait même s'élever à 200 en faveur du titulaire qui élèverait des abeilles, des poules, des lapins, soustrairait des pommiers au puceron lanique et sa treille à l'oïdium. Allons, jeunes camarades normaliens, cueillez tous la *mention*, avant de quitter l'école : c'est encore ce que l'Agriculture aura produit de meilleur. Deux cents francs, c'est le prix d'une vache. Mais quand, sortis de l'École normale, vous serez en présence des petits paysans qui voudront apprendre à lire et à écrire, votre *mention* vous sera aussi utile qu'un crocodile empaillé au jeune fêtard pour l'entretien d'une danseuse.

Il y a à la Chambre et au Sénat un certain nombre d'hommes qui sont spécialistes. Je ne m'en plains pas : il vaut mieux savoir une chose bien que d'en avoir étudié beaucoup superficiellement. Mais toute médaille a son revers. On veut chaque année, à l'occasion du budget, dire son mot. Cela ne mène à rien, qu'à reculer jusqu'à la canicule le vote du budget.

Donc M. Méline se plaint que la "flamme agricole" soit réduite à un simple lumignon. Je ne comprends pas très bien. Car on s'occupe encore d'agriculture dans les écoles et plus intelligemment qu'autrefois. On essaie de faire comprendre aux élèves les phénomènes de la vie animale et végétale, ce qui est utile à tous les hommes, paysans, ouvriers, employés et… parasites. Que peut-on faire de plus ? Les maîtres de valeur moyenne, armés du petit livre "Sciences, Agriculture", de Lalanne et Bidault [3], remplissent ce programme sans la *mention* dont parle le Conseil supérieur. Il arrivera même que des *mentionnés* enseigneront à la ville où ils ne pourront pas nourrir une poule, alors que de non *mentionnés* vivant à la campagne, rendront les services qu'auraient pu rendre ceux qui toucheront la prime. N'insistons pas. Mentionnés ou non, enflammés ou froids, les maîtres de nos écoles, entendez-moi bien, ne peuvent retenir aux champs ceux qui y souffrent et que la ville attire, parce qu'ils espèrent y souffrir moins.

J'ai passé ma vie à la campagne, camarades. Sans brûler d'une "flamme agricole" j'ai bourré d'agriculture quantité d'élèves qui ont obtenu des prix dans les concours. Ceux qui obtenaient les plus beaux prix, d'ailleurs, étaient précisément ceux qui ne se destinaient point aux travaux des champs. J'ai fait réciter le Catéchisme agricole de Michel Greffe [4] (je ne sais pas si j'orthographie bien) ; j'avais, comme livre de Lecture, *Petit Pierre ou le Bon Cultivateur* [5] : remarquez que Petit Pierre épouse la fille du patron, à la dernière page, ce qui est un encouragement à l'agriculture ; j'avais aussi la *Ferme de Meylan* et la *Routine vaincue par le Progrès* [6]. Ce n'est pas d'hier… Mes écoliers ne sont pas pour cela restés à la campagne. Mon village, qui comptait il y a cinquante ans près de 300 habitants, en compte à peine la moitié aujourd'hui ; le village voisin où j'ai exercé mes fonctions d'instituteur et où *Petit Pierre* était su par cœur comptait plus de 600 habitants : la population y est tellement réduite que l'école des filles n'existe plus et que l'école mixte compte moins d'élèves que je n'en avais à moi seul [7]. – Est-ce que les terres sont moins bien cultivées ? Elles le sont mieux. Où il y avait vingt petits propriétaires et fermiers, il y a aujourd'hui un gros fermier qui a des machines puissantes, des chevaux superbes, et pour valets les fils de ces petits propriétaires expropriés et de ces petits fermiers épuisés.

On assure, cadastre en main, que le nombre des propriétaires a augmenté en France. Puisque c'est un fait, inclinons-nous. Mais, dans les villages que je viens de montrer, le phénomène s'était produit aussi, un peu plus tôt, voilà tout. Pendant quelques années on s'arrachait les lopins. Les petits morceaux se sont ressoudés depuis trente ans. Le même phénomène se produira ailleurs. Le petit cultivateur ne peut lutter contre la science et contre le capital ligués contre lui.

Et cela, nous n'avons pas besoin de le dire à nos enfants. Les parents s'en chargent. Et toute notre "flamme agricole" et toutes les *mentions* universitaires ne prévaudront point contre un phénomène économique résultant d'une organisation sociale qui échappe à notre compétence.

Quand on souffre d'un malaise on consulte son médecin, qui vous dit : Changez de régime. Buvez du lait, supprimez les apéritifs, et… le reste. Vous l'écoutez, vous vous sentez revivre… Au bout de 15 jours le vieux régime a repris ses droits et on en meurt. C'est pourquoi les médecins diplomates, pour conserver leurs clients le plus longtemps possible, ordonnent un régime mixte. Il faut bien avoir l'air de faire quelque chose. C'est pour avoir l'air de faire quelque chose que, il y a une douzaine d'années, le médecin universitaire avait ordonné une composition *orale* d'agriculture qui était *écrite* à l'examen du certificat d'études ; depuis la composition *écrite* fut réellement *écrite*. L'agriculture ne fut pas sauvée pour si peu.

Elle ne le sera pas davantage, demain, quoi que décide le ministre de l'instruction publique. L'école primaire, l'école élémentaire ne prépare ni à l'agriculture, ni au commerce, ni à l'industrie. Elle ne saurait se spécialiser. Elle prépare à la vie. Quand elle a appris aux enfants à lire, à écrire, à compter, quand elle a en outre cultivé leur intelligence, fortifié leur jugement et leur volonté, élevé leur âme vers la justice, la bonté et la beauté, elle a rempli sa tâche.
Il est ridicule de lui demander davantage.

POPULO [8] ».

---

1. Allusion à *Estelle*, pastorale de Florian (1787). Selon le *Grand Dictionnaire universel du 19ᵉ siècle* de Pierre Larousse, Estelle et Némorin, les deux principaux personnages, « sont restés populaires presque à l'égal de Paul et Virginie ».
2. Charles Riou (1840-1927) a été sénateur du Morbihan de 1900 à 1920. Ancien magistrat, il était depuis 1888 maire de Vannes et depuis 1898 conseiller général du canton de Vannes-Est.
3. Jean-Baptiste LALANNE et Eugène BIDAULT, *Les Sciences à l'école primaire, avec leurs applications à l'hygiène et à l'agriculture*, cours moyen et supérieur, Paris, Lecène, Odin et Cie, 1896, VII-313 p., nouvelle éd., Bibliothèque d'éducation, 1911, 352 p. J.-B. Lalanne signait « Jibel » ses articles dans la *Revue de l'enseignement primaire*.
4. Michel GREFF, *Catéchisme agricole, ou Notions élémentaires d'agriculture, enseignée par demandes et réponses par un ancien inspecteur gratuit des écoles primaires*, Metz, Warion, 1848, 140 p., 2ᵉ édition, Alcan, 1849, 144 p.
5. Charles CALEMARD de LAFAYETTE, *Petit Pierre ou le bon cultivateur*, Paris, Hachette, 1859, 228 p.
6. Nous n'avons pas retrouvé *La ferme de Meylan* et le second titre cité fait plutôt penser à *La routine vaincue ou calculs simplifiés des grammes à l'usage des ménagères*, Dijon, Impr. de J.-A. Rabutot, 1859.
7. Émile Salé a été instituteur dans l'Yonne, successivement à Saint-Bris-le-Vineux, à Chablis, à Poinchy, à Asnières-sous-Bois, à Domecy-sur-Cure, à Châtel-Censoir et à Brienon, où il a été nommé en 1885. Les villages auxquels il fait ici allusion sont vraisemblablement Asnières et Châtel-Censoir, où il s'était retiré, même si leurs chiffres de population semblent un peu arrangés pour les besoins de la cause. Ces deux communes sont situées, comme celle de Domecy-sur-Cure, dans le canton de Vézelay.
8. Pour les lecteurs de la *Revue de l'enseignement primaire*, Émile Salé (1847-1928) a été de 1902 à sa mort l'oncle Populo, qui signait la « Causerie pédagogique ». D'abord instituteur dans l'Yonne, il avait passé le brevet supérieur puis avait accédé au corps de l'inspection primaire. Nommé à Die, puis à Montélimar, il avait fini sa carrière à Château-Thierry et, après avoir repris du service à ce poste pendant la guerre, s'était retiré au Châtel-Censoir. À ses obsèques, M. Hénon, inspecteur primaire à Avallon, rendit hommage à ce « Claude Tillier de la pédagogie », au « tempérament bourguignon et voltairien, malicieux et caustique, généreux et vaillant » (*REP*, 22 juillet 1928, pp. 499-500).

La Première Guerre mondiale : renouvellement et mutations de l'agrarisme français

Édouard LYNCH

Dans le siècle agrarien défini par Pierre Barral [1], la Première Guerre mondiale occupe une place paradoxale, tant elle paraît être une étape essentielle dans la transformation des sociétés rurales au 20ᵉ siècle, sans pour autant avoir suscité de ce point de vue une historiographie abondante, qu'il s'agisse de son déroulement ou de ses conséquences économiques, sociales et politiques. Les contemporains avaient pourtant indiqué la voie à suivre, à l'image de l'étude consacrée au paysan français pendant la Grande Guerre, publiée par l'économiste Michel Augé-Laribé [2]. Un premier conflit mondial qui, du point de vue de la paysannerie et de l'agriculture, n'a également que peu profité du renouveau historiographique et des recherches sur la culture de guerre. Pourtant, c'est bien une majorité de ruraux et de paysans qui ont été les principaux protagonistes des nouvelles conditions de combat et des répercussions de la vie au front. L'intérêt croissant porté aux sources privées et notamment à la correspondance a néanmoins eu le mérite de faire resurgir de multiples récits paysans de la Grande Guerre.

Ce colloque sur la fortune et la fécondité du thème de l'agrarisme donne donc l'occasion de revenir sur l'importance du conflit dans l'histoire de la France contemporaine, en s'attachant à montrer combien celui-ci a donné une nouvelle dimension à l'idéologie agrarienne, mais aussi accéléré sa diffusion dans des sphères politiques qui lui étaient restées relativement étrangères, en particulier à l'extrême gauche.

La Première Guerre mondiale consacre l'épanouissement d'un unanimisme agrarien : l'Union sacrée permet la fusion de deux nationalismes. D'une part, le

---

1. Pierre BARRAL, *Les agrariens français de Méline à Pisani*, Cahiers de la Fondation nationale des sciences politiques, n° 164, Paris, Armand Colin, 1968, 386 p.
2. Michel AUGÉ-LARIBÉ, *L'agriculture pendant la guerre,* Paris, Édition des Presses universitaires de France/Publications de la dotation Carnegie pour la paix internationale, 1925, 179 p.

patriotisme « officiel », celui de la République des paysans, forgé par Gambetta puis par Méline, puisant d'un point de vue militaire dans l'héritage de la levée en masse révolutionnaire et la célébration de la petite propriété ; d'autre part le nationalisme fin de siècle, chantre des vertus de la « race » et de la « terre », incarné par l'Action française mais dont l'audience s'étend bien au-delà, comme l'a montré l'épisode de l'affaire Dreyfus [3]. La guerre et ses conséquences démographiques ravivent également l'angoisse de la décadence et du déclin et font du maintien de la structure agricole et de la lutte contre l'exode rural des objectifs prioritaires. Ces convergences nouvelles n'interdisent pas le maintien d'analyses divergentes sur l'impact de la guerre dans les campagnes, autour de la recomposition de l'agrarisme.

La guerre et la synthèse agrarienne

Une guerre paysanne

Premier conflit de l'ère industrielle et attendue comme tel, si l'on songe par exemple aux mises en scène des expositions universelles, la Première Guerre mondiale conserve néanmoins, en France notamment, une très forte dimension paysanne. Le nationalisme français s'est en effet largement construit, au 19e siècle, autour de l'idéologie du soldat-laboureur [4] et de l'union de la terre et des morts, autant de constructions symboliques qui vont connaître une fortune nouvelle.

La guerre fait immédiatement resurgir le thème. Dans *L'Écho de Paris* du 8 août 1914, Franc-Nohain intitule son article « La charrue et l'épée », pour témoigner du dévouement des femmes et des vieillards qui se substituent aux hommes montés au front. Il est vrai que la mobilisation éclatant en période de grands travaux et de moisson facilite la tâche des observateurs. Les contemporains ne s'y trompent pas et la presse use de la métaphore avec prédilection [5] : l'appel des ruraux au son du tocsin en pleine moisson va devenir un passage obligé des récits de guerre. La mémoire paysanne a aussi contribué à figer l'événement, à l'image du récit de Pierre Jakez Hélias : « À cinq heures de l'après-midi, les cloches de l'église paroissiale entrent en branle sur un mode à faire croire que le sacristain a perdu la tête. [...] Comment pourrait-il trouver le ton juste ? Il va d'une cloche à l'autre, frappant avec la maladresse du désespoir. Mais tous comprennent bien son langage ». L'auteur souligne la prescience du sacrifice qui s'annonce, mais aussi la détermination dans l'épreuve : « Mon père donne encore quelques coups de faucille, de plus en plus lentement. Il met un genou à terre et baisse la tête. Et soudain, le voilà qui se lève tout

---

3. Pierre BIRNBAUM, *Le moment antisémite. Un tour de la France en 1898,* Paris, Fayard, 1998, 399 p.
4. Gérard de PUYMÈGE, *Chauvin, le soldat-laboueur, contribution à l'étude des nationalismes,* Paris, Gallimard, 1992.
5. *L'Illustration* du 8 août 1914 offre une variante, celle du chant du coq, assimilé au clairon, « L'aube du 1er août au village. Le salut du Coq ».

droit, jette son outil loin de lui et s'en va vers le bourg à travers champs sans desserrer les mâchoires. Ma mère s'est assise par terre et pleure dans son tablier » [6].

Le déroulement du conflit contribue à renforcer cette dimension paysanne. À la guerre de mouvement prévue par les états-majors se substitue rapidement une guerre de position, où les vertus d'attente et d'endurance sont présentées comme primordiales. Elles rejoignent alors les « qualités » traditionnellement attribuées au monde paysan, celles de la patience et de la résignation. Journalistes et polémistes s'emparent du thème, tel G. Mugnier, qui explique à ses lecteurs comment la guerre des tranchées, loin de surprendre l'état-major, avait été envisagée, grâce à un homme de la terre : « C'est un paysan qui fit la première en France, on me l'a raconté, du moins. Aux grandes manœuvres de 1912 ou 1913. Un des partis battait en retraite. Chargé de l'extrême arrière-garde, en plein terrain découvert, un jeune lieutenant, soucieux de ralentir l'avance de "l'ennemi" – c'était pour rire alors – et de "tenir", avise un paysan assis sur sa charrue à regarder la manœuvre… "Monsieur, rendez-moi un service ! Mettez 'en terre', profond ; faites-moi un sillon dans ce sens-là..." C'était sans doute un fils de paysan, cet officier ! Est-ce qu'un paysan a jamais refusé quelque chose à un soldat ? Notre homme s'exécute […] L'avant-garde ennemie s'arrêta. Un quart d'heure, elle dut attendre le gros du régiment ennemi. Elle dut téléphoner à l'artillerie. Devant elle, elle avait, invisible, elle ne savait où au juste, une force qu'elle ne pouvait estimer. Était-il prudent d'avancer ? » [7]

La littérature de guerre célèbre également l'image d'un paysan heureux de retrouver, dans la tranchée, le contact avec la terre. René Bazin, dans un éditorial de 1916 consacré aux territoriaux, évoque cette familiarité des soldats de retour sur le front : « Ils savent quelle rude semaine ils vont passer ; mais la pluie et le vent sont leurs vieilles connaissances ; la boue des tranchées ne leur fait pas peur ; la patience est leur lot très ancien » [8]. Plus précise encore, cette légende d'un dessin de *L'Illustration* de 1915 montrant un poilu dans sa tranchée : « Paysan obstiné, endurant et stoïque, tenace et laborieux, à qui l'existence cruelle des tranchées restituait néanmoins la satisfaction obscure de manier encore la terre maternelle ».

Guerre des paysans sur le front, mais également à l'arrière, où il appartient désormais aux femmes et aux vieillards de rentrer les récoltes de l'été 1914, puis d'assurer le ravitaillement du pays durant les quatre années du conflit. Une

---

6. Pierre-Jakez HÉLIAS, *Le cheval d'orgueil. Mémoires d'un Breton du pays bigouden*, Collection Terre humaine, Paris, Plon, 1975, p. 46. Ce thème du moissonneur menacé par l'orage – guerrier – est un stéréotype du discours agrarien, comme le montreront les discours du maréchal Pétain, sur la nécessaire résignation du peuple de France : « Il arrive qu'un paysan de chez nous voit son champ dévasté par la grêle. Il ne désespère pas de la moisson future. Il creuse avec la même foi le même sillon pour le grain futur. », 23 juin 1940.
7. G. MUGNIER, *Aux paysans du front,* Paris, Bloud et Gay, 1918, p. 60.
8. René BAZIN, « Territoriaux », dans *L'Écho de Paris* du 4 janvier 1916.

fois encore, journalistes et écrivains, emboîtant le pas au président du conseil René Viviani, rivalisent d'enthousiasme pour célébrer les mérites des paysannes : « Vous verrez cette femme partout, au Nord, au Midi, au Couchant, au Levant et jusqu'aux abords des lignes où la bataille est déchaînée. Vous la reconnaîtrez : jeune, vêtue de deuil, amaigrie par la fatigue, le regard agrandi par la souffrance, elle tient la charrue agrippée au sol, suivie de deux marmots qui, sur le sillon ouvert, mettent leurs petits pas dans les siens. Saluez-la bien bas. Elle est la très belle image, douloureuse et tragique, d'une chose auguste entre toutes. […] Elle est l'image du devoir, non pas d'un Impératif abstrait et nuageux, qui se dérobe aux catégories de notre pensée comme aux émotions de notre cœur, mais du devoir immédiat, vivant, irrésistible, tel qu'il sort des sombres conjonctures de l'heure présente, le commandement de l'instinct de vie, l'appel de la terre et des ancêtres, le commandement et l'appel de la patrie elle-même »[9]. Cette exaltation de la femme accomplissant son devoir est d'autant plus remarquable que, chez les auteurs les plus conservateurs, elle était souvent présentée comme le point faible de la cellule paysanne, par lequel s'insinuaient le doute, le rejet de la terre et l'attirance pour la ville.

Enfin, parce que la guerre se prolonge et que le dévouement des femmes et des vieillards ne suffit plus à assurer le ravitaillement, les autorités civiles et militaires s'efforcent d'accroître les productions, y compris dans la zone des armées. C'est l'image des soldats au repos se substituant aux laboureurs, ou des paysans continuant leur labeur à faible distance de la zone des combats. Telle est la scène qui a frappé l'attention du président de la République : « Dans la lettre qu'il adressait au ministre de la Guerre, au retour de son récent voyage au front, le président de la République disait combien il avait été frappé de voir "à portée des projectiles, devant un horizon que les éclatements d'obus couvrent de fumée et déchirent de lueurs, des paysans tranquilles pousser leur charrue et ensemencer le sol". Il avait reconnu dans ce geste l'affirmation de la vitalité de l'énergie de la race française. C'est une constatation qu'on a faite maintes fois, depuis le début de cette guerre, qu'il est presque impossible d'éloigner le paysan de la terre qu'il aime, de le déraciner »[10].

Sang et fécondité. Terre et nation

Cette union de plus en plus étroite entre les combattants et les paysans favorise l'épanouissement des thématiques liées au « sang » et à la « race », aux « morts » et à la « terre ». Celles-ci ne sont pas nouvelles, mais les mutations du nationalisme français, à partir de la fin des années 1880, leur

---

9. Emmanuel LABAT, *L'âme paysanne. La terre. La race. L'école*, Paris, Delagrave, 1919, p. 291.
10. *L'Illustration*, « Le grain de la moisson de 1915 », 21 novembre 1915.

ont donné une importance nouvelle, à travers les écrits de Maurice Barrès [11] ou de Charles Péguy.

Dès les premiers combats, la propagande s'empare du thème. Commentant une photo de cadavres – allemands – couchés dans les champs, *L'Illustration* s'enflamme : « Soudainement arrachés à leurs champs nourriciers, ces pacifiques ont dû laisser aux plus vieux, aux trop jeunes, aux femmes, le soin de parfaire leur besogne. Maintenant, dans quelques champs pareils, plus vallonnés peut-être, dorés par des pampres au lieu de blés, ils se battent, tandis que d'autres défendent ici leurs champs. Car il n'est plus, désormais, pour les Français, qu'un commun patrimoine que foule l'ennemi et qu'il faut libérer. Une rouge rosée abreuve les guérets que fécondait naguère la sueur des laboureurs, et, là, où s'alignaient les gerbes fauves, des corps jonchent la plaine » [12]. Dans ces premières semaines de conflit, il est encore impossible d'évoquer et encore moins de montrer des cadavres de soldats français. Ceux de l'ennemi assurent pour l'heure cette fonction régénératrice.

Le lien entre la terre et les morts évoque aussi la terre maternelle et nourricière, où se mêlent l'amour, la mort et la vie, comme dans cet éditorial de *L'Écho de Paris* : « Après une longue gestation, la terre de France s'est ouverte pour enfanter. Elle a fait entendre un cri douloureux, un cri d'appel à la vie. Elle traversait alors une agonie pareille à celle qui précède la mort. De cette terre fendue ont jailli ses enfants. Ils sont nés une seconde fois. La terre s'est faite mère, et l'amour du sol, plus délicat, plus farouche et plus fort qu'il ne fut jamais, s'est confondu avec l'amour filial » [13]. De telles évocations ne sont pas le monopole de la presse nationaliste. Dans l'*Humanité*, l'écrivain journaliste Pierre Hamp utilise l'image de la terre, chair de la nation : « Le jardinier aux paroles rares ne pourrait point dire quel rapport existe entre la guerre et son travail, mais il sait qu'il doit l'accomplir. Il s'y voue avec une assiduité augmentée. Plus le canon tonne, plus vivement s'enfonce sa bêche luisante dans la terre aimée. Sa manière de vaincre, c'est de soigner son jardin » [14].

De telles métaphores sont également filées par les poètes, dont les écrits exaltent, après le conflit, le sacrifice des hommes de la terre, point d'orgue d'une passion absolue : « Si tu ne faiblis pas, durant l'atroce guerre / C'est qu'un penser pieux sans cesse te soutint ; / C'est que l'on te meurtrit quand on souille la terre / Qu'en la frappant au cœur c'est ton cœur qu'on atteint. / Comme elle vit par toi, tu ne vis que par elle ; / Le même soleil d'or illumine

---

11. Zeev STERNHELL, *Maurice Barrès et le nationalisme français,* Paris, Presses de la Fondation nationale des sciences politiques, 1972.
12. *L'Illustration,* « Lendemain de bataille : cadavres allemands dans la plaine ».
13. « Terre maternelle », éditorial de VIDE, 3 janvier 1916.
14. Pierre HAMP, « Le jardin blessé », dans *L'Humanité,* 5 juin 1916.

vos jours ; / Paysan noble et beau, Terre sublime et belle, / Ah ! comme l'on comprend l'ardeur de vos amours !... »[15]

La guerre renforce ainsi l'osmose entre la terre et la nation et fait du paysan le dépositaire exclusif de la « race ». Cette thématique est omniprésente chez Louis Veuillot à travers la célébration – sacrée – du pain et du vin : « La France est, avant tout, la terre de la vigne et du blé, ces deux rois de la nourriture humaine, que Dieu même a choisis pour en constituer la matière du Sacrement. La vigne et le blé sont sa richesse et sa force. Il ne faut pas se laisser absorber par le mirage industriel, jusqu'au point de vider les champs dans l'usine. Ce serait risquer la fortune de la France. [...] Oui, les paysans de France, qui, fidèles aux vertus, aux traditions de la race, auront contribué, pour une part décisive et prépondérante, à la victoire des armes, devront assurer demain le triomphe de la terre »[16]. La dimension religieuse en moins, un éditorial d'un hebdomadaire socialiste, le *Droit du peuple* utilise une rhétorique similaire : « Et tandis que là-bas nos fils se battent pour repousser l'envahisseur féroce et avide de nos richesses, le blé et le vin de France dormiront dans la paix des granges et des celliers, trésors de notre race, aliments de notre énergie »[17].

Cependant, le prolongement de la guerre et l'importance des pertes humaines réactivent rapidement les peurs de la décadence, lorsqu'on estime que cette race de paysans est menacée par l'urbanisation et l'industrialisation. La rhétorique du complot et l'obsession de la contagion étrangère sont au centre des écrits d'Urbain Gohier, en particulier lorsqu'il expose sa vision de la guerre : « C'est un résultat ; la chair et le sang des Français engraissent la terre de France envahie, pour que les épis poussent plus drus et plus lourds. Mais qui fera la récolte ? Si notre race possède seule le temple édifié par ses héros, si notre nation seule moissonne les champs fécondés par ses martyrs – très bien. Mais si le temple est envahi est souillé par le rebut des autres peuples, si les gerbes sont dérobées par la horde des malfaiteurs exotiques, notre gloire est une farce et nos sacrifices une atroce duperie »[18].

Il est remarquable de constater que cette rhétorique de l'invasion dépasse le cadre de la seule extrême droite. Dans ses chroniques de *l'Écho de Paris,* J.-H. Ricard, sous le pseudonyme de F. Leterrien, futur ministre de l'agriculture du Bloc national, s'inquiète à plusieurs reprises de la politique d'importation de main d'œuvre dans les campagnes : « La race elle-même est en péril. Par le jeu normal des naissances nombreuses et de l'exode

---

15. Paul DEVIGNE, *Le soldat paysan. Aux nouveaux géants, les Vendéens de la Grande Guerre de 1914-1918*, Fontenay-le-Comte, Imprimerie Lussaud, 1922, p. 4.
16. Louis VEUILLOT, préface de G. MUGNIER, *Aux paysans du front,* Paris, Bloud et Gay, 1918, pp. 2-3.
17. *Le Droit du peuple*, 29 août 1914, « Le blé et le vin de France. Ce qui a été fait pour les conserver ».
18. Urbain GOHIER, *La race a parlé, leçons et moralité de la Grande Guerre,* Paris, La Renaissance du livre, 1916, p. 75.

rural, les familles agricoles ont toujours été notre réservoir sacré du sang français le plus pur. Dans les villes, les croisements entre provinciaux de différentes régions, voir même entre nationaux et étrangers, pouvaient être la loi générale : nos villages maintenaient par leurs mariages entre gens du pays les vertus fondamentales. Voici qu'à leur tour ils vont être envahis d'immigrés ; les sources mêmes du sang français n'en seront-elles pas altérées ? […] Les plus attentifs aux phénomènes sociaux voient plus loin encore, et ils se demandent avec effroi : ces gens-là seront-ils considérés comme les dignes remplaçants de nos morts ? Oui, les sœurs et les filles de nos héros sont-elles destinées à devenir femmes de berbères ou d'Asiatiques ? » [19] Le thème du sacrifice des hommes de la terre se double immédiatement de celui de la pureté menacée et de la contagion.

Stéréotypes : contribution à la construction de la figure paysanne

À travers ces innombrables textes qui exaltent le sacrifice des combattants, on observe la réactivation et le renforcement de tous les stéréotypes sur le paysan et le travail de la terre. Les vertus du travailleur de la terre, l'acharnement qu'il met à cultiver ses champs, à étendre ses propriétés, se retrouvent dans son attitude de combattant. Un combattant doté de « qualités naturelles », physiques, produit de la vie au grand air et de la rudesse d'une existence qui n'a pas été « amollie » par le confort des villes. La déplorable hygiène des campagnes, dénoncée à la fin du siècle par les hygiénistes et les enquêteurs sociaux, devient l'un des attributs de la puissance de la « race ». À cette occasion s'expriment les nombreux clichés sur les « types » régionaux – faconde méridionale, discrétion bretonne –, dont la réunion forge le socle de la résistance française.

Autre « qualité », celle de la patience de l'habitant des campagnes, habitué à attendre, bien après avoir semé, pour toucher le fruit de son travail. Une récolte que le gel ou la grêle vient parfois ravager, laissant le paysan sans défense face à une nature imprévisible. Une patience qui va de pair avec la résignation, lorsque la victoire tarde à venir, et qu'il faut au contraire supporter les assauts de l'adversaire. Une considération ambivalente, qui permet de transformer en qualité ce qui était parfois stigmatisé comme un défaut, c'est-à-dire l'entêtement et la peur de la nouveauté, conséquence de l'isolement mais aussi d'un faible développement intellectuel et moral. Ainsi, après avoir célébré la froide détermination touchant à l'héroïsme « chez ces braves paysans, rappelant le père des Curiaces quand il lançait ses trois fils au combat », Paul Cunisset Carnot dénonce immédiatement les ravages – heureusement contenus – du défaitisme dans ces mêmes campagnes bourguignonnes en les attribuant aux tares congénitales de ce peuple enfant : « Ces pauvres esprits ne raisonnent

---

19. J.-H. RICARD, *L'appel de la terre (1915-1918) par François Leterrien*, Paris, Payot, 1919, p. 179. Article publié le 25 juillet 1916, sous le titre « Sauvons la race ».

ni ne discutent car ils en sont incapables. Ils sont d'une enfantine impressionnabilité et d'une crédulité véritablement déconcertante »[20].

Car derrière la célébration du soldat laboureur, dépositaire des vertus de la race, les jugements péjoratifs sont prompts à resurgir. Sur le front, il n'y a pas loin de la résignation à un fatalisme apeuré, une thématique qui n'apparaît pas dans la propagande, mais qui sous-tend un certain nombre d'analyses des autorités militaires et civiles, notamment lorsque le mécontentement gagne les campagnes. Surtout, les difficultés croissantes du ravitaillement, à l'arrière, et les profits réalisés par les producteurs agricoles réactivent rapidement les critiques traditionnelles contre l'appât du gain, l'avarice et l'égoïsme viscéraux du paysan. Ainsi, l'agrarisme revivifié par la guerre ne lève pas toutes les ambiguïtés du discours sur la place du paysan dans la nation et n'interdit par la persistance d'analyses divergentes.

Un agrarisme revivifié et parfois polémique

À la recherche de l'équilibre entre agriculture et industrie

L'agrarisme est défini par Pierre Barral comme « une force sociale profonde, celle des agriculteurs luttant pour défendre leur place dans la société industrielle »[21]. Sous l'angle idéologique, cette définition peut être précisée, en rappelant qu'il ne s'agit pas seulement d'un réflexe de type corporatif ou catégoriel : en effet, la défense de l'agriculture se caractérise par l'utilisation massive d'arguments moraux liés aux particularités du travail de la terre. Si le paysan doit être protégé, c'est qu'il incarne une dimension essentielle de l'humanité que la civilisation urbaine, non seulement ne possède pas, mais en plus détruit. De fait, l'agrarisme prend une dimension nouvelle au tournant des années 1880, lorsque l'industrialisation et l'urbanisation commencent à faire ressentir leurs effets dans une France jusque-là relativement protégée, tout comme en Allemagne ou aux États-Unis[22].

La dénonciation de l'exode rural et de « la terre qui meurt »[23], la multiplication des ouvrages et des pamphlets en faveur du « retour à la terre »[24] trouvent dans la guerre un nouveau ressort. Conséquence logique de l'exaltation du soldat laboureur, la première leçon du conflit, pour l'ensemble des observateurs, est la nécessité de renforcer ou tout au moins de préserver l'agriculture française. Telle est l'opinion professée par Urbain Gohier : « C'est la classe agricole, la profession agricole, la prospérité de l'agriculture, l'attachement des paysans au sol, la résistance de leurs corps

---

20. Paul CUNISSET-CARNOT, *La vie aux champs pendant la guerre,* Paris, Plon, 1917, p. 175.
21. Pierre BARRAL, *Les agrariens français...*, ouv. cité, p. 13.
22. Pierre BARRAL, « Les mouvements agrariens de l'ère industrielle (jusqu'à la Seconde Guerre mondiale) », dans *Revue historique*, n° 472, octobre-décembre 1964, pp. 299-330.
23. René BAZIN, *La Terre qui meurt,* Paris, Calman Lévy, 1899, 336 p.
24. Jules MÉLINE, *Le retour à la terre et la surproduction industrielle,* Paris, Hachette, 1905.

et de leurs vertus à l'infection du "progrès", qui semblaient promettre à la France une vitalité inépuisable. Tant que la terre et les hommes de la terre demeuraient intacts, les crises politiques, financières, morales, n'affectaient que les couches superficielles.[…] Mais si les classes agricoles déclinent, tout le corps de la nation se trouve en péril. […] Le vrai mal consiste dans l'abandon de la terre pour les travaux industriels. […] Les économistes s'accordent à placer aux environs de 1880 les débuts de la crise agricole ; c'est vers 1880 que la profession agricole et la possession de la terre ont commencé à perdre faveur dans l'esprit des paysans »[25].

Cette analyse rejoint, sur le fond, celle que livre le socialiste Adéodat Compère-Morel quand il énonce les causes de la résistance française face à l'Allemagne : « Il ressort de plus en plus des événements que si la France subit si allègrement la pénible épreuve qu'un militarisme orgueilleux et cynique lui a imposée, c'est qu'elle est toujours une nation agricole […]. Cette terrible crise est une dure leçon pour les pays où l'équilibre entre industries urbaines et rurales s'étant rompu leur sol s'est, en quelques années, recouvert de monstrueuses usines, où le bruit du marteau-pilon remplace les chants des laboureurs, tandis que, des hautes cheminées, les épaisses et noires volutes de fumée salissent le ciel, obscurcissent le soleil et empoisonnent l'atmosphère… »[26]

La principale leçon de la guerre est en effet que la durée du conflit, aggravée par les effets du blocus et de la guerre sous-marine, a fragilisé les nations qui dépendaient des approvisionnements étrangers. Dans ces conditions, la France a pu en partie échapper aux sévères restrictions qui ont frappé les populations allemandes. Victorieuse, elle doit préserver dans l'avenir ce qui a été la cause de son salut, tant sur le plan militaire, économique que politique : « J'ai crié ma foi dans les ruraux, avec amour et passion ; c'est qu'en effet, je suis persuadé que notre agriculture, plus que jamais, est et doit être notre première industrie nationale. En tout cas, elle est, pour de longues années, notre seule industrie de surproduction, c'est-à-dire celle qui nous donnera un surplus exportable de produits analogues à celui que l'Allemagne tire de ses usines, et qui lui permet de faire à l'Angleterre elle-même une concurrence inquiétante. […] Nos campagnes, ennemies des bouleversements et des aventures, mais toujours prêtes à lutter pour le droit et pour l'honneur, nous ont permis de nous relever, puis de gagner la guerre. Elles gagneront la paix »[27]. Certes, un tel cri du cœur n'est pas totalement désintéressé, sous la plume de l'ancien ministre de l'Agriculture de Clemenceau, mais il participe à un mouvement général de repli sur les valeurs traditionnelles et notamment sur l'agriculture.

---

25. Urbain GOHIER, *La race a parlé…*, ouv. cité, pp. 261-263.
26. *L'Humanité,* 13 février 1915, « L'agriculture en temps de Guerre », éditorial d'Adéodat COMPÈRE-MOREL.
27. Victor BORET, *Pour et par la terre*, Paris, Payot, 1921, p. 314.

Péril démographique et retour à la terre

Parmi les menaces qui pèsent sur la nation, la question de la faiblesse démographique est l'une des plus importantes. Les commentateurs ne manquent pas de constater que l'affaiblissement démographique s'est déjà largement manifesté dans les campagnes, situation que l'ennemi lui-même regarde avec satisfaction : « Autrefois, vous le savez comme moi, la maison du laboureur français débordait de vie : selon la gracieuse image de nos livres saints, "les enfants s'y étalaient comme une vigne abondante aux flancs de la maison" ; La mère, mariée jeune, fière de sa fécondité, ne dédaignait pas de mêler ses berceaux à ceux de ses aînées. On y vieillissait avec et comme les chênes robustes qui l'ombrageaient. Elle était comme la ruche où le miel ne manque pas, d'où sortaient de nombreux essaims ; comme le nid où la couvée repose nombreuse sous l'aile maternelle. Et ainsi s'était formée sur cette terre cette aristocratie paysanne dont la France était fière, qui faisait sa force et son honneur ; par qui mûrissait le blé qui fait le pain et la grappe qui donne le vin (*vifs applaudissements*). Or, aujourd'hui, Messieurs, approchez-vous de la ruche, vous n'avez pas à craindre d'y être piqués (*rires*). Voyez le nid ; le plus souvent il est vide. Il a fallu remplacer le fils par le mercenaire étranger. Ce qui fait qu'une plume germanique a pu se donner la joie d'écrire que "La charrue en France sera de moins en moins poussée par des mains françaises" »[28].

En dépit de ce terrible constat, tous veulent espérer en un ultime sursaut, seul capable de panser les blessures d'un pays ravagé. Car la fécondité des villes ne peut avoir la même valeur que la fécondité des champs, seule cette dernière assurant la perpétuation des vertus de la race : « Leur assemblage [les paysans] varié, touffu, compose l'immense et noueuse phalange, la solide "famille", le cep de la nation, à son premier et fondamental degré. Le peuple des campagnes, pris dans son ensemble, est celui qui, le plus, produit et fournit la plante humaine, parce qu'il représente, avec une exactitude directe, la terre, sur laquelle et dont il vit, la terre, foyer déjà de tous les autres foyers, source des sources, noyau de tous les fruits, essentiel élément de tous les genres de générations. À son contact incessant et salubre, le paysan, même dans la dépense et l'usure qu'il en fait, accroît sa force et son énergie au lieu de la surmener »[29].

Dès lors, il est indispensable que l'agriculture de l'après-guerre soit plus que jamais préservée des ravages de la concurrence urbaine. Bien entendu, il n'est pas question de renoncer aux activités industrielles, mais seulement de conserver l'équilibre, terme équivoque et imprécis que l'on retrouve dans la plupart des interventions agrariennes. Chez le vicomte de Roquette-Buisson, cette nécessité est à la fois morale et économique : « Donc

---

28. Ligue populaire des pères et mères de familles nombreuses de France, section centrale de Lyon, conférence du 19 décembre 1915, par M. Jacquier, avocat, ancien bâtonnier, Imprimerie Sibillat, Lyon, p. 10.
29. Henri LAVEDAN, *La famille française*, Paris, Perrin, 1917, p. 136.

l'équilibre français va se rompre. La crise sera-t'elle longue et bénigne ou courte et violente ? En fin de compte, y aura-t'il des changements profonds ou des altérations superficielles ? Nul ne saurait le prévoir. Mais il est certain que la nation est en gésine, que la crise éclatera et que, demain, les heurts sociaux seront, au sein du pays, fréquents. Alors il convient de se rejeter sur les éléments les plus stables et les plus sûrs du pays, qui seront les modérateurs et les freins nécessaires. Ces éléments, n'allez pas les chercher bien loin ; ils se présentent d'eux-mêmes : ce sont, tout à la fois, la terre et les productions de la terre et ceux qui travaillent la terre » [30].

Une position largement partagée par les radicaux socialistes, dont l'auteur cite d'ailleurs un texte de 1916 : « C'est par l'agriculture que la France peut et doit se refaire ; c'est la base et la source de sa vie ; on ne donnera jamais trop d'encouragement à la production agricole ; elle doit être maintenue à tout prix, afin que l'équilibre parfait, qui a toujours régné dans ce pays entre l'industriel et l'agricole reste établi. […] L'exemple de l'Angleterre, qui avait abandonné la culture de son sol pour devenir surtout un pays industriel, doit être présent à notre esprit… Il faut éviter cette erreur économique… Il faut aider notre culture… L'agriculture a toujours été le bas de laine de la France ; aussi, elle doit rester la première et la principale industrie de notre pays » [31].

Chez les socialistes, Compère-Morel parvient à des conclusions identiques pour l'avenir, en particulier dans un article intitulé « La guerre des paysans » : « Notre agriculture, trop négligée jusqu'ici, ne devra plus être considérée dès aujourd'hui, comme une industrie d'une médiocre importance, ne jouant qu'un rôle secondaire au point de vue du progrès et de la civilisation […] Les nations les plus favorisées ayant été celles dont le monde rural se sera montré le plus résistant et dont les exploitations agricoles seront restées les plus prospères, efforçons-nous d'améliorer le sort de ceux qui cultivent notre sol et faisons tous les sacrifices pour les seconder dans leur tâche. En eux résident les sources de vie les plus saines, les plus pures et les plus robustes. Que notre pays s'en souvienne ! » [32] Si de tels propos ne se retrouvent pas au sein de toute l'extrême gauche socialiste, émanant d'un homme qui a construit sa position politique sur les questions agricoles, ils n'en relèvent pas moins l'attraction croissante qu'exerce l'agrarisme dans le champ politique.

Cet unanimisme se manifeste dans le projet de loi discuté et voté au début de l'année 1918. Il s'agit, pour ses auteurs, d'encourager le retour des blessés et des mutilés vers la terre, alors que la plupart d'entre eux se dirigent vers les villes et les emplois de fonctionnaires. La première mesure consiste à mieux organiser la prise en charge des mutilés, afin de les mettre

---

30. Vicomte de ROQUETTE-BUISSON et Marcel-A. HÉRUBEL, *La terre restauratrice*, Paris, Payot, 1919, p. 21.
31. *Ibidem*, p. 196.
32. *L'Humanité,* 4 août 1916, éditorial d'Adéodat COMPÈRE-MOREL.

en contact au plus tôt avec les possibilités du retour à la terre et les soustraire à l'attraction des villes. Tels sont les arguments que développe le député Nouhaud : « Ils sont nés à la campagne, ils y ont vécu des heures heureuses, ils y élèveront les leurs dans les mêmes conditions ; au contraire, vous les dirigez dans les villes, dans des centres viciés, corrompus, où la vie est coûteuse et difficile. Oui, messieurs, l'homme qui n'est pas né à la ville, qui n'a pas l'habitude de cette existence d'atelier, surtout à un âge adulte, avec un physique ébranlé, est en danger. [...] Si nous laissons tous ces mutilés venir à la ville, nous leur créons un avenir malheureux, car, à l'âge où ils sont arrivés, mutilés, le corps meurtri, ils n'ont pas la résistance nécessaire pour accomplir leur tâche dans un atelier. Et puis vous savez quel sera leur genre de vie à la ville ; ils habiteront un logement rétréci ; ils n'auront plus le grand air de la campagne. (*Très bien ! très bien !*) »[33]

L'autre volet du projet, toujours afin d'encourager le retour à la terre, favorise l'achat de petites propriétés par les fermiers, les métayers et les petits propriétaires blessés durant le conflit. Pour Henri Queuille, une telle mesure devrait être étendue à tous les agriculteurs mobilisés, afin de les détourner des villes où ils sont attirés, en particulier par des salaires élevés. En attendant, la chambre se rallie à un amendement présenté par les socialistes Barthe et Compère-Morel, mais aussi par le duc de Blacas, afin d'abaisser le taux du prêt de 2 à 1 %. Face à l'opposition du gouvernement, Jean Durand déclare : « Ne discutez pas, messieurs, une question de taux, quand il s'agit de paysans qui n'ont pas discuté la quantité de sang qu'ils ont versé pour la France »[34]. Reste que la mesure conserve une portée limitée et qu'elle ne sera pas étendue à d'autres catégories de combattants. Cela découle pour une large part du décalage entre les discours exaltant le retour à la terre et la faiblesse de l'action législative concrète en faveur du développement de l'agriculture.

Paix sociale et mythe de la petite propriété : convergences et affrontements

Les conséquences de la guerre sur la question sociale dans l'agriculture sont l'objet d'un consensus bien moindre. L'agrarisme s'est en effet largement construit sur l'opposition entre une société paysanne harmonieuse et respectueuse des hiérarchies et une industrialisation porteuse de lutte des classes. Contre la vision unitaire du monde agricole soutenue par les conservateurs et les modérés, l'extrême gauche et une partie des radicaux ont fréquemment invoqué l'existence d'une lutte des petits contre les gros et dénoncé la tutelle de plus en plus pesante exercée par la grande propriété foncière[35].

---

33. *Journal officiel de la République,* Chambre des députés, débats, 6 février 1918, p. 327.
34. *Ibidem,* p. 337.
35. À l'image du débat parlementaire entre Jaurès et Deschanel.

Pour les conservateurs, la guerre apparaît bien comme la justification des combats politiques du passé : les socialistes et le monde ouvrier, fils de l'industrialisation, après avoir tant vanté la nécessaire fraternité de classe et leur capacité de faire obstacle à la guerre, ont assisté à l'effondrement de l'internationalisme. Si l'Union sacrée apaise un temps les différents politiques, les discussions parlementaires voient rapidement resurgir les joutes oratoires où la droite rappelle à l'extrême gauche qu'elle est dépourvue de toute légitimité patriotique et agricole. En 1916, à l'occasion d'un débat sur les affectations spéciales, *l'Humanité* relève avec indignation les propos d'un député, Laurent Théveny : « Oui, il n'y aura bientôt plus que les campagnards dans les tranchées ! (*Interruptions sur les bancs du Parti socialiste.*) Tous vos électeurs sont dans les usines, les nôtres sont dans les tranchées ! N'augmentez pas encore la différence. (*Très bien ; très bien ! sur divers bancs*) »[36].

De son côté, l'extrême gauche s'efforce de profiter de l'Union sacrée pour faire progresser la législation sociale en faveur des ouvriers agricoles, traditionnellement écartés du champ législatif au nom de la nécessaire « liberté » du cultivateur. Lors de la discussion d'un de ces projets, en mars 1915, le rapporteur invoque, pour en différer l'examen, la « patriotique nécessité de maintenir l'union fraternelle de tous les Français devant l'ennemi », provoquant la réaction immédiate des députés socialistes, à l'image d'Émile Dumas : « Comme toujours, les travailleurs agricoles vont être écartés du bénéfice de la loi sur les accidents du travail. Ah ! Messieurs, ce n'est pas la récompense de leur courage d'ouvriers et de leur vaillance de combattants, la solution qu'ils espéraient de vous. […] Messieurs, prenez vos responsabilités car demain, après la guerre, nous reviendrons du front (*Mouvements divers*) – car nous en reviendrons et nous pourrons causer »[37].

En dépit des difficultés croissantes du ravitaillement et de la carence de la main d'œuvre, les gouvernements successifs renâclent à voter des mesures coercitives : la tentative de mise en culture des terres abandonnées en fournit une illustration exemplaire. Là où les socialistes veulent voir une manière de sanctionner l'absentéisme des grands propriétaires et une première forme d'exploitation collective de la terre, le ministre de l'Agriculture, Jules Méline, censé défendre le projet, réaffirme son attachement à la liberté du producteur : « Je reconnais volontiers qu'en temps de guerre, la défense nationale prime tout. Je fais même cette concession à l'honorable M. Compère-Morel que la culture des terres en temps de guerre fait partie, dans une certaine mesure, de la défense nationale, puisqu'elle intéresse l'alimentation générale et le bon état de nos finances. Mais il ne suffit pas d'invoquer la défense nationale pour supprimer les droits des citoyens français ». Et il achève son plaidoyer par

---

36. *L'Humanité*, 19 juillet 1916, « Chacun à sa place », SIXTE-QUENIN.
37. *Journal officiel de la République,* Chambre des députés, débats, séance du 12 mars 1915, p. 369.

un discours sans équivoque : « Je vous assure que d'après les lettres que j'ai reçues, un grand nombre de personnes, des femmes surtout, ne se font pas à l'idée d'admettre un étranger à côté d'elles sur leurs terres. *(Applaudissements sur divers bancs.)* Elles considèrent cela comme une violation du droit de propriété. *(Interruptions sur les bancs du parti socialiste.)* Le sentiment de la propriété individuelle, que vous le vouliez ou non, est profond dans l'âme du paysan français. C'est lui qui en ce moment fait sa force, car s'il défend le sol de la France, il défend aussi sa propre terre »[38]. De fait, même lorsqu'il parviendra, sous le ministère Clemenceau, à faire prévaloir ses vues sur la mise en culture des terres abandonnées, Adéodat Compère-Morel se heurtera aux réticences des assemblées qui amputeront largement son projet de loi.

La guerre a pour ultime conséquence de renforcer la légitimité économique et sociale de la petite propriété, qui avait fait avant-guerre l'objet d'interminables débats. D'un point de vue économique, les grands domaines, vecteurs traditionnels de la modernité et du progrès technique, ont été fragilisés par la crise de la main d'œuvre. Au contraire, les petites exploitations, laissées aux mains des femmes et des vieillards, ont fait preuve d'une réelle capacité d'adaptation. Les expériences de culture mécanique lancées par les autorités s'avèrent peu concluantes et surtout difficilement applicables à la multiplicité des petites exploitations. La coexistence des deux est donc la leçon essentielle de la guerre : « En attendant, ces grandes sociétés civiles serviraient de modèle technique sans risquer d'ébranler, ce qui est essentiel en France, la capacité de production de nos moyennes et petites exploitations. Celles-ci ne doivent pas être détruites ; elles viennent de faire leurs preuves ; sans elles, sans surtout la petite propriété, durant cette guerre, la France aurait été dans l'impossibilité de soutenir l'immense effort de production alimentaire qui lui a permis d'être le pays du monde où les restrictions sévissent, encore maintenant, avec le moins de rigueur »[39].

D'un point de vue social et national, surtout, la petite propriété incarne le soldat laboureur, bien plus que l'ouvrier, dont l'appartenance à la terre est remise en cause par l'attrait de la ville. Sur la gauche de l'échiquier politique, on rappelle toutefois que la condition première de la prospérité de l'agriculture est de donner la terre au paysan qui l'exploite comme le précise le chroniqueur socialiste J. Delaglèbe en réagissant à un article de Leterrien : « Mais trêve de plaisanteries. Je serais cruel d'insister davantage. Le retour à la terre ! Le retour à la terre à outrance ! j'en suis, moi aussi, un chaud partisan. Reste à savoir comment cette transformation, cette nouvelle adaptation pourra s'accomplir. Un seul moyen à employer. Un remède unique. La terre aux paysans. La terre à ceux qui l'arrosent de leur sueur

---

38. *Ibidem*, débats, séance du 28 mars 1916, pp. 704-705.
39. Vicomte de ROQUETTE-BUISSON et Marcel-A. HÉRUBEL, *La terre restauratrice,* ouv. cité, p. 121.

pour en extraire le pain. La propriété à ceux qui la cultivent. L'application pure et simple du socialisme. […] En réalité, si les ruraux abandonnent leurs terres et si demain ils continuent, c'est que les questions intéressant profondément notre agriculture nationale n'ont jamais été même effleurées dans leur ensemble. […] Le retour à la terre de ceux qui ont pour grande mission d'extraire du sol nourricier tout ce qu'il y a de plus nécessaire et de plus indispensable au genre humain ! Qui ne saurait en être partisan ? »[40] Bien entendu, pour une partie des socialistes, cette redistribution du sol passe en théorie par le collectivisme, mais le slogan, « la terre à celui qui la travaille » a l'avantage d'être suffisamment ambigu pour permettre la propagande tout en satisfaisant aux exigences de doctrine ; aussi connaîtra-t-il une grande postérité.

Chez les auteurs conservateurs, la tonalité est quelque peu différente, et si l'on fustige les ouvriers agricoles qui succombent si facilement à l'attrait factice des villes, on reconnaît également la nécessité, pour les grands propriétaires exploitants, de revenir à la terre. Une fois encore, la guerre a montré l'exemple de leur importance sociale : « Par sa seule présence, le propriétaire est source de réconfort et d'énergie, pour tout un monde de femmes et de faibles qui cherchent des conseils et des appuis. S'il quitte la campagne, sa place ne reste pas vide, elle est bientôt prise. Comme dans un sol d'où la culture disparaît, les mauvais germes l'envahissent. Voyez tout le bien exercé par les résidants dans les provinces où ils sont encore nombreux, et comparez avec la situation des régions où sévit l'absentéisme. Croit-on que la propagande défaitiste se serait attaquée à nos villages avec autant d'audace s'il y avait eu davantage d'hommes éclairés pour la combattre aussitôt naissante ? »[41] Des propos de circonstance qui témoignent néanmoins de la volonté des conservateurs d'accroître leur action en direction des paysans au lendemain de la guerre, en particulier au sein des organisations professionnelles dont ils ont été les initiateurs.

***

La Première Guerre mondiale ne provoque donc pas l'émergence, dans le discours agrarien, de thématiques véritablement nouvelles : l'éloge du paysan, socle de la prospérité nationale, rempart de la patrie et dépositaire des vertus de la race, rassemble en effet des idéologies forgées dès le 19e siècle. Toutefois, la guerre leur confère une portée nouvelle et contribue surtout à les rassembler, donnant une cohérence plus forte à l'agrarisme républicain qui s'épanouit dans l'après-guerre. La guerre contribue également à faire disparaître les affrontements sur la valeur respective de la grande et de la petite propriété, l'extrême gauche rejoignant les radicaux-socialistes pour faire de l'exploitation paysanne le pilier de la prospérité

---

40. *Le Populaire du Centre,* 21 avril 1917, « Le retour à la terre », par Jean DELAGLÈBE.
41. J.-H. RICARD, *L'appel de la terre…*, ouv. cité.

agricole et nationale. Le débat sur l'enrichissement paysan – dont il faudra évaluer un jour l'impact exact sur la structure foncière – a mis un terme aux discussions sur la concentration agraire et repoussé la perspective d'une politique volontariste de remembrement.

Mais la guerre n'a pas eu sur la question paysanne qu'un impact idéologique : certes, le thème du soldat laboureur et les vertus paysannes du pays connaîtront, sous le régime de Vichy, une ultime fortune, mais il est indispensable de s'interroger sur les conséquences concrètes sur le corps social et en particulier sur la paysannerie. Si celle-ci a été incontestablement instrumentalisée dans les affrontements idéologiques, à droite comme à gauche, elle n'en a pas moins subi de plein fouet le choc de la guerre, sur le front comme à l'arrière. Et les nouvelles formes de mobilisation collective qui se produisent durant l'entre-deux-guerres sont une preuve concrète de ces mutations. Produit pour une part de la culture de guerre, l'impact du premier conflit mondial dans les campagnes ne se réduit pas à une histoire culturelle et l'agitation paysanne des années 1930 en porte l'empreinte indélébile.

Deuxième partie

Agrarisme et développement rural

Agrarisme et libre-échange dans la première moitié du 19ᵉ siècle en Grande-Bretagne. Le débat sur les *corn laws*

Alain CLÉMENT

Le débat qui a lieu en Angleterre dans la première moitié du 19ᵉ siècle à propos des *corn laws* reprend un thème fort ancien : celui de l'approvisionnement alimentaire et de l'opportunité d'une indépendance alimentaire nationale [1]. Aux 16ᵉ et 17ᵉ siècles, les mercantilistes avaient déjà souligné l'importance de l'objectif d'autosuffisance. Les libéraux, au cours du 18ᵉ siècle, avaient marqué leur réticence à voir le secteur agricole mis au même rang que les autres secteurs, sans oublier le vaste courant d'*économie morale* hostile à toute idée de libéralisation. Le 19ᵉ siècle, en revanche, introduit un débat national, parlementaire, intellectuel et populaire sur les avantages et les inconvénients respectifs du libre-échange et du protectionnisme agricole matérialisé par les *corn laws*.

L'exceptionnelle richesse des écrits économiques publiés autour de 1815 et leur engagement pour ou contre l'abrogation des *corn laws* consacrent l'entrée en force des experts économiques dans le débat politique. Ces écrits et les réflexions économiques substantielles et partisanes en provenance du monde politico-administratif et du monde marchand et industriel, la prégnance des débats parlementaires qui vont se dérouler entre 1815 et 1846, mais aussi le rôle de la presse et celui, inédit, de nombreux groupes de pression, vont pendant près de trente ans mobiliser l'opinion publique sur un grand débat économique – un peu d'ailleurs à l'image de la nation française de 1750, dont Voltaire disait que « rassasiée de vers, de tragédies, d'opéras [...] elle se mit à raisonner sur les blés » [2]. Il est vrai que la question a toujours intéressé les populations, mais le mouvement très général en faveur du libre-échange a de quoi surprendre, tant est ancrée dans l'histoire de nos sociétés l'adhésion populaire aux thèses d'un État

---

1. Ce texte a été remis par l'auteur à la fin de l'année 1999 : les références bibliographiques mobilisées ont pu être actualisées (à paraître), mais aucune n'a été ajoutée. (*Note des directeurs du volume*).
2. Cité par : Catherine LARRÈRE, *L'invention de l'économie au 18ᵉ siècle,* Paris, Presses universitaires de France, 1992, p. 221.

nourricier, où le marché est appelé à jouer un rôle de pourvoyeur de vivres dans le cadre d'une réglementation et d'un contrôle étatique plus ou moins renforcé [3].

L'étude de ces multiples écrits, la connaissance des différents acteurs du débat, l'analyse de leurs stratégies et des actions menées au sein du parlement, au sein d'associations et d'organismes consulaires, devraient permettre de rendre compte du succès du libre-échange sur le protectionnisme. En revanche, le contexte économique qui aurait pu alimenter le débat ne se prête pas d'emblée à l'illustration des arguments libre-échangistes.

Le contexte économique et réglementaire

Les résultats quantitatifs dans le domaine agricole

La première moitié du 19e siècle est marquée en Grande-Bretagne par une croissance du nombre de bouches à nourrir, parallèlement à une diminution du nombre de personnes qui assurent le ravitaillement des non-agriculteurs. Cette croissance de la population, urbaine en particulier [4], résulte d'une migration liée à la fois à l'existence d'un trop-plein dans les campagnes (en raison de la poursuite du mouvement des *enclosures* et du tout début de la mécanisation) et d'un développement de l'industrialisation dans les villes. Face à cette croissance de la demande de produits alimentaires, l'agriculture nationale parvient à produire suffisamment : en effet, durant la période 1811-1830, 3 % seulement de la production sont importés contre 13 % pendant la période 1831-1850. À partir de 1850, la part importée est substantielle, atteignant 79 % en 1891 [5]. Le pourcentage relativement faible des céréales importées jusqu'au milieu du siècle s'explique non seulement par les performances nationales, qui sont sans aucun doute remarquables [6] – la production agricole augmente de fait de

---

3. Voir : Edward P. THOMPSON, « L'économie morale de la foule dans l'Angleterre du 18e siècle » dans Florence GAUTHIER et *alii*, *La guerre du blé au 18e siècle*, Paris, Éditions de la passion, 1989. En France, l'épisode physiocratique de la libéralisation du commerce des blés sous Louis XV nous apporte aussi une preuve évidente de l'hostilité populaire aux thèses libérales ; voir : Steven KAPLAN, *Le pain, le peuple, le roi, la bataille du libéralisme sous Louis XV*, Paris, Librairie académique Perrin, 1986.

4. 53 % des Anglais vivent dans les villes en 1850. Londres passe à 2 millions d'habitants à cette même date, Manchester passe de 75 000 à 303 000 habitants entre 1810 et 1851 et Liverpool de 82 000 à 376 000 habitants.

5. Paul BAIROCH, *Révolution industrielle et sous-développement*, Paris, Éditions de l'École des hautes études en sciences sociales, 1984, p. 227.

6. Les innovations, plus que partout ailleurs, expliquent les belles performances de l'agriculture nationale. Les engrais sont largement utilisés. Le drainage en profondeur se répand à partir de 1820, la mécanisation connaît un développement important dès la fin des années 1820 avec l'introduction des premières machines agricoles. Enfin, les exploitations sont d'une taille relativement importante, à la différence de celles du continent. Les rendements en blé sont très élevés, de l'ordre de 13,6 quintaux en 1800 et de 17,5 quintaux en 1850 alors que la France enregistre des résultats de seulement 8 à 11 quintaux au cours de la même période. C'est une des réponses effectives à la baisse des prix durant cette première moitié du siècle, la seconde étant la solution politique, c'est-à-dire le vote au parlement d'une législation plus protectionniste. Voir : D.C. MOORE, « The Corn Laws and High Farming », dans *Economic History Review*, volume 18, n° 3, 1965, pp. 544-561.

225 % entre 1800 et 1850 – mais aussi en raison de l'adoption d'une législation très protectionniste.

Une législation très protectionniste et coûteuse

Si les coûts de transport (100 % du prix du blé par voie maritime et plus par voie terrestre) dissuadent l'importation, le régime des échanges extérieurs tend aussi à la restreindre, car il demeure très largement protectionniste. Les droits sur les blés ont été relevés à plusieurs reprises, et ce dès 1791 [7]. À cette date, la libre importation n'est possible que si le *quarter* de blé enregistre un prix de 54 shillings sur le marché national, contre 48 shillings auparavant. Ce barème est relevé en 1804 puisqu'il passe à 66 shillings et à 80 shillings en 1815. Il retombe à 52 shillings en 1828. À cette date, on adopte un nouveau système, dit d'échelle mobile, qui remplace l'interdiction absolue d'importer quand le prix est inférieur à un certain niveau. Cette échelle constitue une réduction du protectionnisme agricole. Mais c'est en 1846 qu'on abroge réellement le régime de protection pour faire place progressivement à une politique de libre-échange inédite.

Une des raisons de la politique protectionniste est la volonté de limiter et ralentir les baisses de prix agricoles qui ne manquaient pas de se produire et d'inquiéter le monde rural, en particulier l'aristocratie foncière. La baisse des prix, en ce début de siècle, qui concerne toutes les agricultures européennes, constitue une tendance de long terme. Le mouvement de baisse, qui ne peut pas toujours être compensé par une réduction des coûts ou par un accroissement de la production, crée une situation difficile pour les exploitants. En Angleterre, le prix du blé est passé de l'indice 168 en 1790 à 128 en 1840 et à 100 en 1850. On comprend dès lors que les représentants du monde rural aient exigé du pouvoir le maintien ou le renforcement des mesures de protection. Mais compte tenu des résultats au cours de cette période, faut-il voir là les limites et l'échec du maintien d'une politique agricole protectionniste, ce qui renverrait dos-à-dos les partisans du libre-échange et ceux d'un renforcement de la politique douanière ? Ou bien son succès relatif, eu égard à la situation plus catastrophique sur le continent ? Si les historiens d'aujourd'hui n'ont pas encore tranché [8], il semble que les

---

7. Avant cette période, les lois sur les blés étaient conçues pour limiter les exportations et éviter les pénuries et les spéculations à la hausse sur les prix, voir : Joan THIRSK [dir.], *The Agrarian History of England and Wales,* Cambridge, Cambridge University Press, 1967-1985 ; Marcel MAZOYER et Laurence ROUDART, *Histoire des agricultures du monde,* Paris, Éditions du Seuil, 1997, p. 342.

8. Sur cette question, les historiens actuels s'opposent encore : S. FAIRLIE, « The Nineteenth-Century Corn Law Reconsidered », dans *Economic History Review,* volume 18 n° 3, décembre 1965, pp. 562-573 ; S. FAIRLIE, « The Corn Laws and British Wheat Production, 1829-1876 », dans *Economic History Review,* volume 22, n° 1, avril 1969, pp. 88-109. L'auteur défend une position contraire aux analyses couramment admises, en particulier par B. Kemp (*Victorian Studies,* volume 5, mars 1962), et avant elle par C.R. Fay, G.E. Fussel et M. Compton. La première revendique une efficacité des *corn laws,* à la différence de la seconde. Pour cette dernière, les lois étaient inefficaces en raison des bas prix agricoles

acteurs de l'époque se soient plus mobilisés sur des idées et des conceptions que sur des faits précis, ce qui peut expliquer par ailleurs l'importance des mouvements fortement engagés et déterminés pour lutter contre cette politique alors que les prix sont finalement relativement bas et que les seuls arguments économiques avancés ne sont pas en mesure de rendre compte de la détermination des libre-échangistes et des raisons du succès de ces derniers.

Le débat chez les économistes

Le débat à propos de la politique agricole, qui d'abord fait l'objet d'échanges entre les économistes, revêt une richesse extrême dans la mesure où il permet à la science économique de mieux se constituer en tant que discipline scientifique et autonome [9]. Dans un deuxième temps, le débat s'élargit au-delà du cercle des économistes, impliquant toutes les couches de la société. Il perd alors en contenu purement économique pour revêtir une dimension plus politique et sociale et peut-être démontrer qu'au-delà de la défense d'une politique agricole protectionniste ou d'une politique libérale, c'est toute la société qui est concernée à travers ses inévitables coalitions et/ou oppositions d'intérêts.

L'argument du pain à bon marché

L'argument du pain à bon marché qui fut une des revendications fortes de l'économie morale du 18e siècle, est repris par les classiques, mais sur la base d'une analyse en termes de profits, et non plus en termes de simple économie du besoin. Cet argument économique essentiel au débat sur le libre-échange va toutefois cristalliser l'opposition entre les ténors de l'économie classique.

Débat à propos du bas prix des céréales

Les céréales constituent une composante majeure du coût du facteur travail. Elles représentent ce que Ricardo appelle le « bien salaire », si bien que toute hausse du prix du blé a une répercussion sur le prix du travail, et par voie de conséquence, sur la rentabilité de la production c'est-à-dire sur le profit. En 1817, il affirme que « si, au lieu de cultiver notre propre blé ou de fabriquer les vêtements ou les autres biens nécessaires aux travailleurs, nous découvrons un nouveau marché qui nous fournit ces marchandises à

---

observés au cours de cette période sur le marché britannique, l'objectif d'un *quarter* de blé à 80 shillings étant loin d'être atteint. En revanche, S. Fairlie démontre l'effet de ces lois sur les prix intérieurs pour un certain nombre d'années. Par exemple, sur la période 1815-1838, les baisses de prix ont été moins importantes que sur le continent. En revanche, entre 1837 et 1842, on assiste en Europe à une pénurie généralisée accompagnée de hausses de prix. En Grande-Bretagne, la production augmente au moins jusqu'en 1846 de façon continue, en raison d'une protection qui a rendu possible une extension des surfaces agricoles (pas toujours très rentable) remise en question par l'abrogation.

9. Voir : Paul VIDONNE, *La formation de la pensée économique*, Paris, Economica, 1986.

meilleur compte, les salaires diminueront et les profits augmenteront »[10]. Le rôle de la nourriture bon marché est encore plus explicite dans l'*Essay* de 1815 : « Tout ce qui facilite la production de biens alimentaires, [...] augmente le taux de profit »[11] car, selon l'auteur, le taux de profit ne dépend que du taux de salaire. Il est rejoint sur ce point par E. West[12] puis, plus tard, par R. Torrens[13] qui affirme : « Toute augmentation du prix du blé augmentera le prix naturel de chaque article fabriqué par les consommateurs de blé ou en d'autres termes abaissera les pouvoirs productifs de chaque espèce d'industrie manufacturière ».

Ce point de vue est contesté par Malthus et par ses disciples. En effet, l'auteur des *Observations* refuse de considérer que le prix de la nourriture, et du blé en particulier, ait une détermination fondamentale sur le prix du travail et donc sur le prix des biens. Le blé est une simple composante des achats des travailleurs : « Rien n'est plus évident, tant de la théorie que de la pratique que de l'expérience, que le prix du blé ne règle pas immédiatement ni généralement le prix du travail et de toutes les autres marchandises »[14]. Il est suivi sur cette question par un autre auteur, W. Jacob, qui en 1814 ajoute que « le prix du travail comme toute marchandise est régulé par son abondance ou sa rareté »[15], ce qui sous-entend que le blé ne joue pas le rôle que les classiques lui assignent. Un proche de Malthus, W. Spence[16], tout en partageant globalement cette analyse, fait remarquer qu'en cas de baisse du prix du blé, et donc des salaires, selon le schéma classique, c'est la demande de produits manufacturés qui se retrouverait atteinte et donc le secteur industriel lui-même. Si les opposants au bon marché des céréales tentent de balayer les arguments auxquels les industriels risquent d'être sensibles, ils n'en oublient pas pour autant la population, qu'ils vont tenter de joindre à leur cause au moyen d'autres arguments. Malthus part en guerre contre l'idée selon laquelle un bas prix du blé est un bien pour le peuple, car « il est très possible qu'un peuple peut être pauvre et que certains puissent mourir de faim, dans un pays où le prix monétaire du blé

---

10. David RICARDO, *On the Principles of Political Economy and Taxation,* 1817, dans Piero SRAFFA [dir.], *The Works and Corrrespondence of David Ricardo,* Cambridge, Cambridge University Press, 1951-1955, 10 volumes, volume 1, p. 132.
11. David RICARDO, *Essay on the Application of Capital to Land,* 1815, dans P. SRAFFA [dir.], *The Works…,* ouv. cité, volume 4, p. 13.
12. Edward WEST, *Essay on the Application of Capital to Land,* 1815, réédition par J.H. HOLLANDER, Baltimore, The Johns Hopkins Press, 1903.
13. Robert TORRENS, *An Essay on the External Corn Trade with an Appendix on the Means of Improving the Condition of the Labouring Classes,* 1ère édition 1815, 2e édition, 1829, réédition New-York, Augustus McKelley, 1972.
14. Thomas MALTHUS, *Observations on the Effects of the Corn Laws,* Londres, J. Johnson, 1814, réédition Augustus MCKELLEY [dir.], *T.R. Malthus, The Pamphlets,* New-York, 1970, p. 106.
15. William JACOB, *Considerations on the Protection Required by British Agriculture,* Londres, J. Johnson, 1814, p. 146.
16. William SPENCE, *The Objections against the Corn Bill Refuted,* 1815, réédition Bristol, Thoemmes Press, 1991.

est très bas »[17]. En fait, ce n'est pas le prix du blé qui doit être pris en compte, mais la valeur réelle d'échange du travail et le pouvoir de cette dernière de commander les subsistances. Si l'argument du prix du pain est si âprement discuté, c'est non seulement en raison de son poids essentiel dans les coûts de production à court terme, mais également en raison de l'orientation à la hausse des prix agricoles à long terme, selon les ricardiens.

Une tendance à la hausse dans le long terme

En dépit de l'observation des faits, Ricardo tente d'expliquer pourquoi, à long terme, les prix agricoles doivent augmenter, et détermine les moyens à mettre en œuvre pour ralentir cette hausse néfaste au secteur industriel et à l'économie toute entière. Chez cet auteur, comme chez Torrens ou chez West, les prix agricoles ont tendance à augmenter car la croissance nécessaire de la production agricole nécessite le recours à des terres de fertilité sans cesse inférieure. Cette augmentation favorise la formation de la rente qui apparaît grâce au recours à des terres de moins en moins fertiles de telle sorte que plus le recours aux terres pauvres s'avérera nécessaire, plus les propriétaires fonciers percevront des revenus supplémentaires. « Il s'ensuit que l'intérêt du propriétaire terrien est toujours opposé à ceux de toute autre classe de la communauté, sa situation n'est jamais aussi prospère que lorsque la nourriture est rare et chère »[18]. Une deuxième raison de la hausse des prix agricoles est liée à la rigidité de la demande à la variation des prix. Torrens résume parfaitement ce qu'on appelle l'élasticité-prix : « Le blé est un article d'une telle nécessité première que si des mesures destinées à maintenir son prix à un niveau élevé étaient adoptées, les gens se priveraient de tous les autres articles afin de se le procurer »[19]. L'explication de Malthus est différente, mais converge vers la même constatation : l'abondance de produits agricoles ne conduit pas à une baisse des prix comme ce serait le cas avec les autres produits, mais à une demande accrue potentiellement présente[20].

Le recours au progrès technique pour limiter la hausse

Face à l'existence de rendements décroissants spécifiques à l'agriculture, soulignés particulièrement par Torrens, Ricardo, West et N. Senior[21], le recours au progrès technique se révèle nécessaire. Ricardo

---

17. Thomas MALTHUS, *The Grounds of an Opinion on the Policy of Restricting the Importation of Foreign Corn,* Londres, J. Johnson, 1815, réédition Augustus MCKELLEY [dir.], *T.R. Malthus*..., ouv. cité, p. 154.
18. David RICARDO, *Essay on the Application*..., ouv. cité p. 10. Pour Malthus, la rente trouve son origine dans la fertilité de la terre et constitue un don de la nature, alors que pour Ricardo elle n'est qu'un simple transfert de revenu devant être réduit avec l'instauration du libre-échange.
19. Robert TORRENS, *An Essay on the External Corn Trade*..., ouv. cité, p. 247.
20. Malthus ne fait que reprendre une loi déjà développée par Cantillon et par Smith selon laquelle « les hommes se développent comme des souris » et la croissance de la production alimentaire génère une croissance de la population.
21. Nassau SENIOR, *An Outline of the Science of Political Economy,* Londres, Clowes & Sons, 1836, réédition A. McKelley, New-York, 1965.

prend bien soin d'ailleurs de distinguer, dans les *Principes*, les deux types de progrès possibles : les améliorations qui augmentent les facultés productives de la terre, et celles qui, par le perfectionnement des machines, permettent d'avoir le même résultat avec moins de travail. Le progrès technique tend alors à ralentir la hausse des prix, ce qui est à l'origine d'une amélioration des profits et d'une diminution de la rente. Malthus n'en tire pas les mêmes conséquences, en raison de la théorie de la demande auto-entretenue, même s'il admet que le progrès technique augmente la production : les prix doivent rester stables. Pour Ricardo, en revanche, le meilleur moyen pour lutter contre cette hausse est avant tout d'augmenter les importations afin de profiter également des effets d'une bonne spécialisation internationale démontrés par la célèbre théorie des avantages relatifs, développée dans les *Principes*.

Inefficacité des lois sur les blés ?

Outre le fait que les lois sur les blés empêchent la Grande-Bretagne de profiter d'une nourriture à bon marché en provenance des pays étrangers, la politique protectionniste est à l'origine d'effets pervers. Dans une situation de pénurie, les prix intérieurs s'élèvent, mais comme le fait remarquer Ricardo, « c'est à ce moment qu'on leur livre en concurrence des cultivateurs pour qui un prix de 40 shillings est une rémunération suffisante de tous les frais de production »[22]. Cette production étrangère conduit alors les fermiers anglais à la ruine. En déconnectant le pays du marché international, on crée une situation où les prix fluctuent de manière trop brutale, au gré des récoltes et des importations. L'ouverture au marché mondial est facteur de stabilité. En revanche, la protection du marché national amplifie les variations au préjudice des producteurs, et trop souvent maintient les prix à un niveau trop élevé pour la communauté[23]. Plus la zone d'échanges s'étend territorialement, plus le risque de pénurie ou d'abondance s'éloigne. Selon ces auteurs, l'irrégularité et la fluctuation des prix sont inversement proportionnelles à l'étendue de la zone d'échanges. Comme les restrictions à l'importation obligent le pays à veiller à son indépendance, lors des années de production excédentaire, on assiste à un effondrement des prix.

En revanche, pour Malthus, l'interdépendance économique risque de rendre le pays tributaire des aléas conjoncturels des autres pays, car si on observe une disette dans un État, on peut aussi l'observer ailleurs. Avec cette hypothèse de la concomitance des crises, Malthus ne croit pas non plus

---

22. David RICARDO, *On Protection to Agriculture*, Londres, J. Murray, 1822, réédition P. SRAFFA [dir.], *The Works…*, ouv. cité, volume 4, p. 242.

23. James Mill en 1804 affirmait déjà : « Le système des primes, sans donner le moindre encouragement à l'agriculture, a tendance à provoquer une plus forte fluctuation des prix et à induire tous les désagréments de prix trop élevés ou trop bas », dans James MILL, *An Essay of the Impolicy of a Bounty on the Exportation of Grain,* Londres, Baldwin, 1804, réédition Londres, Thoemmes Press, 1993, ouv. cité, p. 67.

à la formation d'un prix mondial stable dans le domaine agricole. C'est une des raisons pour lesquelles Malthus croit aux effets positifs des *corn laws*. Il propose d'ailleurs l'instauration d'une prime de cinq shillings par *quarter* à l'exportation afin d'inciter les agriculteurs à produire plus, et le maintien des taxes à l'importation, afin de mettre « l'agriculture en état de marcher du même pas que les manufactures » [24]. Un autre auteur proche de Malthus, W. Jacob [25], estime que le développement de l'industrie n'a été possible qu'avec un certain protectionnisme et qu'il convient en conséquence d'accorder les mêmes avantages au secteur agricole, d'autant plus que l'existence d'un équilibre entre les différents secteurs d'activité, au sein d'une économie, apparaît nécessaire. L'abrogation aboutirait à terme, selon ces auteurs, à la disparition du secteur agricole, ce qui induirait des conséquences politiques et sociales regrettables.

Portée limitée des arguments politiques et sociaux des protectionnistes

Pour les malthusiens, en s'approvisionnant de plus en plus à l'extérieur, un pays risque de conduire inévitablement une partie de sa population au chômage si les prix des produits agricoles ne sont pas compétitifs. Pour les travailleurs, les salaires risquent de baisser, en raison du chômage de la population salariée rurale, parallèlement aux baisses du prix du blé (l'argument sera utilisé par les abolitionnistes pour convaincre les manufacturiers). Donc, cette baisse du prix du travail ne sera pas forcément compensée par une demande de travail plus importante. Mais Torrens prend le contre-pied de cet argument : si les prix du blé augmentent, en raison de l'inélasticité de la demande de blé par rapport aux prix, on assistera à une diminution de la demande de produits manufacturés et donc au ralentissement de l'emploi dans le secteur industriel.

Un autre risque, selon Malthus, est de voir disparaître progressivement les fermiers dans la mesure où les surfaces agricoles tendent à diminuer. Les propriétaires fonciers, pour leur part, peuvent être confrontés à une diminution de leurs rentes, si bien que seuls les commerçants et les manufacturiers seraient bénéficiaires en augmentant leur commerce avec l'étranger. Or, nous dit Malthus, « comme ceux-ci ne constituent cependant qu'une très petite portion de la classe des personnes vivant des profits de leur stock au point de vue du nombre, et probablement pas plus d'un septième ou un huitième du point de vue de la propriété, on ne peut permettre à leurs intérêts de s'opposer à ceux d'un si grand nombre » [26]. Ricardo répond que seuls les propriétaires fonciers retirent « un intérêt non seulement temporaire mais aussi durable » et sont les seuls à profiter en fait

---

24. Robert MALTHUS, *An Essay on the Principle of Population,* 2e édition, 1806, réédition dans Wrigley & Pickering, *The works of T.R. Malthus*, Londres, 1986, volume 3, p. 426.
25. William JACOB, *Considerations…*, ouv. cité.
26. Robert MALTHUS, *The Grounds of an Opinion…*, ouv. cité, pp. 160-161.

de ces lois. J.S. Mill s'insurge, dans les colonnes de la *Westminster Review* en 1826, contre le fait que l'intérêt des propriétaires fonciers passe avant celui de la nation, tout en ayant recours à des arguments du type « les intérêts de la nation » alors qu'il s'agit en fait de l'intérêt pécuniaire d'une classe sociale. Donner priorité aux propriétaires fonciers, c'est accorder plus de considération à la rente, revenu d'oisiveté, qu'au profit, récompense du travail et de l'industrie.

Les partisans des *corn laws* craignent la dépendance alimentaire pour leur pays. La proximité des guerres napoléoniennes et du blocus justifie sans aucun doute leurs craintes. Malthus, mais surtout W. Jacob et W. Spence, insistent sur les capacités des États à utiliser le secteur agricole comme arme et moyen de pression. Ricardo répond en niant l'existence de cette éventualité, car une telle politique s'avérerait désastreuse économiquement pour le pays fournisseur. Les faits semblent donner raison à ce dernier, car le blocus fut plus une perte pour la France que pour l'Angleterre [27]. Même en cas de mauvaises récoltes, affirme Ricardo, le pays exportateur semble plus prompt à vendre sa production à l'étranger à un prix plus élevé, quitte à imposer à ses consommateurs intérieurs une réduction de leur consommation.

S'il y a bien eu débat entre les économistes, durant les premières décennies du siècle, il ne faut pas sous-estimer pour autant les points de convergence entre ces derniers [28]. À l'occasion de discours à la chambre des communes ou lors de sa correspondance avec J.R. McCulloch, Ricardo adopte des positions moins libérales que dans les textes de 1815 et 1817. Dans une lettre datée de 1821, il précise « qu'il devrait être accordé une prime à l'exportation du blé afin que les prix à l'étranger et à l'intérieur soient très proches », de même qu'il tolère une taxe à l'importation (aux environs de 10 shillings, alors qu'elle était de 20 shillings quand le prix du *quarter* de blé était au dessous de 70 shillings). L'impact d'une alimentation à bon marché est limité. S. Hollander [29] relève chez Ricardo que si le taux de profit peut être influencé par le prix de la nourriture, d'autres effets jouent à contre-courant, et en particulier l'immobilité des capitaux et la supériorité industrielle de l'Angleterre en terme de compétitivité, en dépit d'une nourriture perçue comme plus chère qu'à l'étranger. Les propos de Ricardo sont d'ailleurs très clairs sur cette question : « Je crois qu'aucune mesure ne pourrait contribuer autant en faveur de notre richesse et prospérité qu'une abrogation des *corn laws* [...], mais bien que ce soit mon opinion, je suis prêt à admettre que nous ne pouvons pas avoir de limite à

---

27. Voir sur ce point : Jacques WOLFF, *Histoire économique de l'Europe, 1000-2000*, Paris, Economica, 1995, p. 319.
28. Voir : Alain CLÉMENT, *Nourrir le peuple. Entre État et marché, XVIe-XIXe siècles. Contribution à l'histoire intellectuelle de l'approvisionnement alimentaire*, Collection Économiques, Paris, Éditions l'Harmattan, 1999, 320 p.
29. Samuel HOLLANDER, « Ricardo and the Corn Laws : a revision », dans *History of Political Economy*, 1977, volume 9, n° 1, pp. 1-47.

notre prospérité malgré l'opération continue de nos *corn laws* »[30]. Les autres économistes ricardiens suivent la même ligne : Senior pense que les taxes devraient diminuer sur une période de douze ans, Torrens penche aussi pour une dégressivité. McCulloch opte pour le maintien d'une taxe fixe permanente dans un texte de 1824[31] (5 à 7 shillings lui paraissent être convenables).

Il est à noter aussi que Malthus entame une conversion progressive et modérée vers le libre-échange. Dans une série de lettres adressées à Thomas Chalmers, Nassau Senior et Jane Marce, Malthus envisage la nécessité de parvenir à un commerce sans restriction, à la condition toutefois de maintenir un certain équilibre entre les secteurs. Ces attitudes modérées et réfléchies vont trancher avec la détermination d'un vaste courant d'opinion très favorable au libre-échange. Si les économistes ont permis de nourrir le débat sur les enjeux des *corn laws*, ils sont très souvent restés en retrait par rapport au grand débat national qui va avoir lieu, vingt ans environ après la publication de leurs œuvres respectives. Une seule initiative prise en 1820 doit être relevée. Il s'agit de la pétition dite des marchands, rédigée par Thomas Tooke[32] et remise au banquier Baring à la chambre des communes afin de promouvoir la nouvelle pensée libérale[33]. Leurs idées rencontrent un écho inhabituel en dehors des cercles traditionnels d'influence et contribuent à la formation d'une nouvelle économie « populaire ».

L'« économie populaire » et la victoire du libre-échange

Le 19e siècle anglais illustre une certaine continuité entre les représentations économiques populaires et le discours savant, qui se concrétise dans un emprunt substantiel des thèses classiques par les pamphlétaires et les hommes politiques impliqués dans le débat public dès la fin des années 1820[34].

---

30. Cité par : Samuel HOLLANDER, « Ricardo and the Corn Laws... », art. cité, p. 23.

31. John Ramsey McCULLOCH, « Corn Laws and Corn Trade » dans *Supplement to Encyclopedia Britannica*, 6e édition, volume 3, Édimbourg, Contestable, 1824, pp. 342-373.

32. Auteur, avec William Newmarch, d'une histoire des prix de 1792 à 1857 : Thomas TOOKE, A History of prices and of the state of the circulation, Londres, Longman/Orme/Brown/Green and Longmans, 1838-1857, 6 volumes : volumes 1-2, *From 1793 to 1837* (1838) ; volume 3, *In 1838 and 1839* (1840) ; volume 4, *From 1839 to 1847 inclusive* (1848) ; volumes 5-6, *During the nine years 1848-1856* (1857).

33. Voir : Paul BAIROCH, *Victoires et déboires, Histoire économique et sociale du monde du 16e siècle à nos jours,* Paris, Gallimard, 3 volumes, volume 2, pp. 280-285.

34. Les relations entre économie populaire et pensée économique savante sont parfois plus complexes, allant souvent même jusqu'à l'opposition et la constitution de deux pensées contraires. Voir : Philippe STEINER, *Sociologie de la connaissance économique, essai sur les rationalisations de la connaissance économique (1750-1850)*, Paris, Presses universitaires de France, 1998.

Une première protestation modérée à la politique agricole protectionniste

Les premiers opposants à ces « pré-agrariens » sont naturellement des industriels, mais aussi des propriétaires fonciers « éclairés » qui souvent partagent leur temps entre ville et campagne, investissant dans l'immobilier, les mines et les affaires industrielles et commerciales. Le principal argument avancé par les ricardiens et repris par ces opposants, est celui des coûts salariaux qui réduisent la compétitivité des produits industriels sur les marchés extérieurs. C'est ce qu'expriment par exemple dans leurs pamphlets James Graham [35], John Rooke [36] ou Charles Fitzwilliam [37]. Ce dernier note aussi que si le prix du blé était plus bas, cela permettrait au peuple de consommer plus de viande et plus de produits industriels, ce qui permettrait au secteur agricole d'enregistrer une compensation [38]. La plupart de ces auteurs ne considèrent pas, comme Ricardo, que les propriétaires fonciers sont de simples oisifs profitant d'une rente injustement perçue. Mais ils restent persuadés que le secteur agricole ne peut se développer sans les autres secteurs ou même contre eux. Le commerce, dit Rooke, crée des emplois par son développement, favorise la croissance démographique et donc la demande de produits agricoles. Fitzwilliam considère la prospérité commerciale et industrielle comme la clef de la bonne santé de l'agriculture. La prospérité rurale dépend de la consommation urbaine, affirme-t'il. Ainsi, moins de taxes profiteront à la fois aux deux secteurs, directement ou indirectement. Les mêmes arguments sont présents chez J. Childers [39] ou Th. Jevons [40].

---

35. James GRAHAM, *Corn and Currency in an Address to the Land Owners*, Londres, J. Ridgway, 1826, 116 p. réédité dans Alon KADISH [dir.], *The Corn Laws, the Formation of Popular Economics in Britain*, Londres, William Pickering, 1996, 6 volumes, volume 1, pp. 1-116.

36. John ROOKE, *Free Trade in Corn*, Londres, J. Ridgway, 1828, 83 p., réédité dans Alon KADISH [dir.], *The corn laws...*, ouv. cité, volume 1, pp. 115-202.

37. Charles FITZWILLIAM, *Addresses to the Landowners of England on the Corn Laws*, Londres, J. Ridgway, 1839, 60 p., réédité dans Alon KADISH [dir.], *The Corn Laws...*, ouv. cité, volume 1, pp. 204-262. Fitzwilliam fait partie des propriétaires fonciers du West Riding favorables dans une certaine mesure au libre-échange, ce qui tend à contredire la vision erronée d'une opposition systématique des propriétaires fonciers à l'abrogation des lois sur les blés. Voir : J.T. WARD, « West Riding Landowners and the Corn Laws », dans *The English Historical Review*, volume 81, n° 319, avril 1966, pp. 256-272. Rooke et Graham étaient aussi initialement des propriétaires fonciers du Cumberland, ayant exercé également des mandats politiques. Parmi les plus connus pour leurs publications, notons aussi J.W. Childers et Cavendish qui furent parmi les premiers membres de la Société royale d'agriculture, qui visait à diffuser les nouvelles techniques agraires comme réponse au problème des bas prix. Voir : D.C. MOORE, *The Corn Laws...*, ouv. cité, p. 548.

38. *Ibidem*, p. 38.

39. J.W. CHILDERS, *Remarks on the Corn Laws*, Londres, J. Ridgway, 1839, 15 p. Réédité dans Alon KADISH [dir.], *The Corn Laws...*, ouv. cité, volume 1, pp. 277-290.

40. Thomas JEVONS, *Prosperity of the Landholders not Dependant on the Corn Laws*, Londres, Longmans & C°, 1840, 68 p., réédité dans Alon KADISH [dir.], *The Corn Laws...*, ouv. cité, volume 2, pp. 81-148.

Le mécanisme de protection, fixe ou mobile, est aussi critiqué à cause de son inefficacité, car il n'induit pas la stabilité attendue et surtout la garantie de prix suffisamment rémunérateurs. Bien au contraire, affirme J. Childers, « le système des *corn laws* augmente le prix à un moment et le diminue à un autre »[41]. L'instabilité générée par ce système d'échelle mobile nuit d'abord au fermier qui ne peut se baser sur un prix stable à partir duquel les rentes sont calculées, et ensuite au consommateur en cas de variation subite des prix (mais pas des salaires). En fait, tous ces auteurs pensent qu'en intégrant le marché anglais au marché mondial, on obtiendra un prix producteur plus stable et plus rémunérateur pour tous. L'idée d'une simple taxe accompagnée d'une autorisation d'importation permanente semble davantage retenir l'attention[42], en raison de son efficacité.

La question des *poor rates* est également évoquée par ces défenseurs du libre-échange. Les *poor rates* qui sont payés, en partie, par les propriétaires fonciers, sont indexés sur le prix des céréales, suite à la mise en place du *Speenhamland system* en 1795. Or, le poids de cet impôt n'a cessé de peser en raison d'une paupérisation croissante des campagnes. De fait, une baisse des prix réduirait le poids fiscal des contribuables et en particulier des fermiers et des propriétaires. En revanche, la question des salaires est plus délicate et ne sera abordée de front que durant la période de forte protestation de la fin des années 1830. Mais déjà, la position d'un auteur comme Fitzwilliam anticipe assez bien le point de vue futur : si, dans un premier temps, les salaires doivent baisser en raison d'une diminution des prix agricoles, dans un deuxième temps, en raison d'une meilleure compétitivité industrielle des entreprises britanniques, l'emploi devrait augmenter et par conséquent le marché du travail devrait enregistrer une variation à la hausse des salaires, car c'est d'abord la loi de l'offre et de la demande qui détermine leur niveau.

De la naissance de la Manchester School *(1838) à l'abrogation des* corn laws *(1846)*

Dès la fin des années 1820, le nombre d'opposants au régime protectionniste ne cesse de grossir, parallèlement à la popularité des idées libérales, de mieux en mieux connues au sein de l'opinion publique. La plupart des opposants se regroupent au sein de la *Manchester School*.

La *Manchester School* : un regroupement disparate

Outre les industriels et les propriétaires fonciers précédemment cités, il existe tout un courant d'industriels paternalistes animés par des mobiles humanitaires estimant que les *corn laws* imposent une taxe injuste et génératrice de pauvreté. Ces gens qui par ailleurs favorisent la création

---

41. J.W. CHILDERS, *Remarks on the Corn Laws...*, ouv. cité, p. 8.
42. Voir par exemple : David SALOMONS, *Reflections on the Operation of the Present Scale of Duty for Regulating the Importation of Foreign Corn,* Londres, Richardson, 1839, 79 p., réédité dans Alon KADISH [dir.], *The Corn Laws...,* ouv. cité, volume 2, pp. 1-81.

d'organisations d'entraide et de coopératives, sponsorisent une organisation comme la *Manchester Statistical Society,* qui engage les premières études sur la condition des travailleurs dans les usines, et met l'accent sur le problème de la demande solvable et du niveau des salaires, jugés insuffisants tant pour des raisons économiques que sociales.

La famille Greg, propriétaire des plus grandes filatures du *Lancashire,* est représentative de ce courant de pensée. L'argument des bas salaires est certes évoqué, mais R.H. Greg pense que loin de diminuer les salaires (qui dépendent d'abord de la loi de l'offre et de la demande), l'abrogation devrait entraîner une augmentation du niveau de vie, davantage de nourriture et une meilleure consommation globale [43] des autres biens. Son frère William Greg [44], analysant le succès de l'entreprise familiale, conforte l'idée que le problème manufacturier n'est pas un problème de surproduction, mais de sous-consommation. En conséquence, l'abrogation des *corn laws* devrait contribuer à le résoudre en jouant sur le niveau des salaires et sur celui des revenus réels. C'est enfin sous un angle plus politique que W. Greg, dans un article de la *Westminster Review* publié en 1842, élargit les enjeux de cette loi en mettant l'accent sur les profondes inégalités sociales dont ces lois sont responsables : « Dans toutes les nations aristocratiques, l'inégalité des classes pèse lourdement sur les pauvres. Presque par une loi de la nécessité, le privilège d'un individu engendre un fardeau pour un autre, l'exemption d'une classe devient un fardeau pour une autre [...]. Dans un pays où la richesse et la puissance n'offrent aucune assistance à leurs citoyens souffrants [...], dans lequel l'aristocratie cherche à multiplier les fardeaux d'une classe sur les autres dans le but de multiplier ses propres dispenses, assurément un tel pays ne présente aucune assurance et il incombe à toute personne qui y vit de préparer le changement à venir » [45].

Un troisième groupe d'opposants est formé par les pacifistes, membres de cette nouvelle *classe moyenne* industrielle dont R. Cobden et J. Bright sont les représentants les plus connus. J. Bright [46], issu du nouveau monde des affaires de Manchester, se lance dans une carrière politique et est élu au parlement en 1843. Il conduit la croisade contre les *corn laws*, anime de nombreuses réunions dans tout le pays, en étroite relation avec R. Cobden, autre pilier de la Ligue *anti-corn laws*. Ce dernier, qui a fondé sa propre affaire à Manchester, devient aussi membre de la chambre de commerce de

---

43. R.H. GREG, *Speech on the Corn Laws,* London, J. Ridgway, 1840, 18 p., dans Alon KADISH [dir.], *The Corn Laws…*, ouv. cité, volume 5, pp. 311-328.

44. William GREG, *In Not Over-Production but Deficient Consumption, the Source of Our Sufferings,* Londres, H. Hooper, 1842, 28 p., réédité dans Alon KADISH [dir.], *The Corn Laws…,* ouv. cité, volume 5, pp. 329-358.

45. William GREG, cité dans Alon KADISH [dir.], *The Corn Laws…*, ouv. cité, volume 1, p. XXXIV.

46. Sur sa vie, voir la biographie de : G.M. TREVELYAN, *The Life of John Bright,* 1ère édition 1913, reprint Routledge/Thoemmes Press, 1993.

cette même ville ; il fréquente très tôt les cercles libre-échangistes. Très vite, il a l'idée d'utiliser cette institution pour en faire la base d'un mouvement anti-*corn laws*. Il est élu au parlement en 1841 et devient rapidement un personnage national, un véritable agitateur d'idées. Dans la campagne de ces parlementaires contre les *corn laws*, l'idée d'associer la classe des travailleurs à leur combat fait partie de la stratégie d'action. La question des salaires est de fait mieux abordée par ce groupe, qui n'hésite pas à considérer les intérêts des industriels comme étant en totale harmonie avec ceux des salariés, compte tenu de la nécessité de salaires élevés. « Les bas salaires ont-ils déjà prouvé la prospérité de nos manufactures ? À chaque période, quand les salaires ont chuté, il a été prouvé aussi que les intérêts manufacturiers ont été touchés »[47]. Dans un autre discours, R. Cobden est encore plus clair : « Les intérêts de la classe moyenne seront servis par des salaires élevés à partir d'une augmentation de la demande intérieure autant que par une meilleure sécurité de la propriété et une diminution des *poor rates* qui aboutissent à la paupérisation de cette même classe moyenne »[48].

L'ultime argument utilisé dans leur campagne repose sur le fait que le libre-échange constitue un facteur puissant de paix internationale en raison de l'interdépendance économique des nations, qui ont dès lors plus à gagner dans le commerce que dans la guerre. Dans son discours de 1846 à la chambre, Cobden déclare solennellement : « Je regarde plus loin, je vois le principe du libre-échange jouant dans le monde moral le même rôle que le principe de la gravitation dans l'Univers : attirant les hommes les uns vers les autres, rejetant les antagonismes de race, de croyance et de langue ; et nous unissant dans le lien d'une paix éternelle ».

Un quatrième groupe est composé de radicaux, philosophes pour la plupart, et appartenant au courant utilitariste de J. Bentham. Ces abolitionnistes, parmi lesquels J. Bowring, l'éditeur scientifique des oeuvres de Bentham, mais aussi P. Thompson et J. Hume, qui mènent parallèlement une campagne pour la réforme électorale en 1832, apportent une dimension intellectuelle à l'école de Manchester. Charles Villiers, un des leurs, s'impose comme le *leader* du mouvement libre-échangiste au parlement, avant d'être remplacé en 1841 par R. Cobden.

Un cinquième groupe est composé de radicaux appartenant à la classe moyenne, différents des précédents par leur origine, plus impliqués dans les affaires et plus proches des réalités. On citera Archibald Prentice, éditeur de *la Manchester Gazette*, puis du *Manchester Times*, J.B. Smith, un économiste autodidacte et négociant en coton unitarien, ou encore G. Wilson, manufacturier[49]. Ils participent aussi à d'autres combats

---

47. R. COBDEN, cité dans Alon KADISH [dir.], *The Corn Laws...*, ouv. cité, p. XXXIV.
48. *Ibidem*, p. XXXV.
49. Le groupe est en grande partie composé de marchands unitariens, parmi lesquels Richard et Thomas Potter, J.E. Taylor, John Shuttleworth, F.R. Atkinson et Edward Baxter. Voir :

(abolition de l'esclavage et de la peine de mort, réforme des prisons, réforme des actes de navigation, réforme du parlement, libéralisation du commerce colonial...). J. Wilson est l'un des membres les plus influents de ce groupe. Il commence à écrire dans le *Morning Chronicle* et dans *The Examiner,* puis fonde en 1843 un hebdomadaire, *The Economist,* pour apporter des faits concrets au débat et participer à l'élaboration de cette pensée « populaire ».

De la naissance de la Ligue à l'abrogation des *corn laws*

Si le mouvement de protestation contre les *corn laws* prend dès le départ une envergure nationale, ce sont les abolitionnistes de Manchester qui assurent la direction du mouvement. Dans ce combat, la chambre de commerce de Manchester joue un rôle déterminant, même si dans les années 1820 la position de la plupart des industriels est très modérée à l'égard du libéralisme. Il faut préciser que tous les industriels ne sont pas au départ des libre-échangistes convaincus, particulièrement ceux qui participent au commerce colonial, ainsi que les armateurs. La rupture a lieu en 1838, quand R. Cobden et leurs amis font passer la résolution de l'abrogation. Au cours de la séance du 13 décembre 1838, la campagne pour l'abrogation est présentée comme une opposition de classes sociales par Cobden, J. B Smith, et J.C. Dyer [50]. Ces différents intervenants abandonnent le ton consensuel tenu jusque là par les dirigeants de la chambre. J.C. Dyer parle même de l'aristocratie foncière comme de « vampires qui vivaient du sang de la nation et étaient intéressés simplement par le monopole qu'ils souhaitaient conserver ». Le 20 décembre, les opposants préparent une nouvelle pétition demandant l'abrogation, et la motion est adoptée, puis suivie de l'élection d'un nouveau président, en la personne de J.B. Smith. En 1845, la chambre se divise entre les abolitionnistes et les conservateurs, qui fondent la *Manchester Commercial Association*.

Parallèlement, entre 1820 et 1840, ces lois sont régulièrement dénoncées au parlement, mais les radicaux sont encore loin de disposer d'une majorité. En 1836, les philosophes radicaux forment l'association *anti-corn laws* de Londres. En 1838, cette association sert de modèle à celle qui est constituée à Manchester. Début 1839 est fondée par Cobden et Bright la *National anti-corn laws league* (sous forme de fédération d'associations locales) dans laquelle la ligue de Manchester exerce une influence considérable.

À compter de cette période, le mouvement en faveur de l'abrogation prend une toute autre tournure. Une véritable campagne nationale se met en mouvement en faveur de l'abrogation, plus d'ailleurs dans l'opinion qu'au

---

Michael J. TURNER, « Before the Manchester School : Economic Theory in Early Nineteenth-Century Manchester », dans *History*, volume 79, n° 256, juin 1994, pp. 216-241.
50. Voir : *Report in the Manchester Chamber of Commerce on the Destructive Effects of the Corn Laws*, Londres, Ridgway, 1839, 112 p. dans Alon KADISH [dir.], *The Corn Laws...*, ouv. cité, volume 5, pp. 158-272.

parlement, où les partisans sont naturellement minoritaires [51]. En 1840, à titre d'exemple, la Ligue organise 800 conférences et distribue un million de brochures. Le succès de ces campagnes tient à l'extrême popularité des thèses défendues, chacun y trouvant son compte. Même si la classe moyenne joue un rôle-clef dans cette affaire, les dirigeants de la Ligue n'hésitent pas à se tourner vers le mouvement ouvrier en laissant entendre que la question des salaires est au centre de leur campagne. La ligue tente d'enrôler les ouvriers, en particulier sous l'influence de Bright. On adresse deux types d'arguments aux travailleurs. Le premier est politique : la taxe sur les blés est injuste parce qu'elle frappe fortement les pauvres et parce que les riches ne la subissent pas. Le second argument est économique : l'abrogation augmenterait à la fois les salaires réels et monétaires. Les salaires monétaires augmenteraient en raison d'une hausse de la demande de travail de la part des manufactures, et les salaires réels s'élèveraient à cause de la baisse du coût de l'alimentation. Mais le discours de la Ligue passe mieux auprès des fermiers et des salariés agricoles, car les lois ne leur avaient pas permis d'améliorer leur situation.

Le succès de la Ligue tient au fait qu'elle a laissé entendre que les consommateurs, les manufacturiers, les exportateurs, les salariés seraient gagnants et même la plupart des travailleurs ruraux. Tous les mécontentements se confondent dans un intérêt national contre un ordre privilégié établi, rendu responsable de tous les maux. De fait, cette campagne est non seulement celle du libre-échange, mais aussi celle du changement politique auquel aspire en particulier la classe moyenne.

Il ne manque plus que l'intelligence politique et l'ouverture des principaux dirigeants du parti Tory, et particulièrement de Robert Peel, pour abroger ces lois. Le génie de Peel est aussi d'avoir compris qu'il ne devait pas y avoir opposition mais compatibilité entre le monde des villes et le monde rural. En faisant voter en 1846 le *Public Money Drainage Act,* qui accorde des prêts en vue du drainage des terres [52], Peel met l'accent sur la nécessité de privilégier la solution du progrès technique comme moyen permettant de défendre l'agriculture anglaise et de rendre cette dernière compétitive et compatible avec l'abrogation des lois, même si l'effort financier est très modeste. Les industrialistes, aidés par la récolte désastreuse de 1845 et la maladie de la pomme de terre, permettent enfin de l'emporter. Après deux nuits de débats à la chambre, les résolutions de la Ligue sont adoptées avec une majorité de 97 voix et, à la fin juin, la haute assemblée adopte la loi. Dans son discours de 1846, Peel proclame : « Je crois que c'est l'intérêt de l'agriculteur que la prospérité industrielle soit établie sur des fondations permanentes. Je crois que les intérêts directs et

---

51. En 1840, la chambre des communes désigne un comité spécial, le *Select Committee in Import Duties,* chargé d'examiner les analyses des libre-échangistes et les retombées potentielles d'une telle politique.
52. Voir : D.C. MOORE, « The Corn Laws and High Farming… », art. cité, p. 560.

indirects des classes industrielles et agricoles sont les mêmes »[53]. La Ligue ne survit pas à l'abrogation, puisqu'elle est dissoute le 4 juillet 1846. Son existence s'est confondue avec le combat mené par ses disciples.

S'agit-il d'un véritable mouvement populaire ?

Le combat mené par les opposants à l'ordre ancien, dirigé contre les propriétaires fonciers et contre l'ordre politique traditionnel qu'ils incarnaient, fut-il réellement populaire ? Certes, en 1815, le peuple s'oppose aux lois sur les blés, puisque lors du vote, le parlement doit être défendu par la troupe[54]. Pourtant, le mouvement chartiste finit par adopter une position hostile à l'abrogation. En effet, c'est le machinisme et non le protectionnisme agricole qui, selon ses militants, appauvrit les ouvriers. Le libre-échange aboutirait, selon eux, à plus de chômage rural, donc à plus de chômage urbain et finalement à une baisse des salaires[55].

Au-delà de ce grand mouvement en faveur de l'abrogation, où chacun semble trouver son intérêt[56], se profile pourtant un projet économique et social beaucoup moins populaire, dans lequel le marché constitue la matrice première. L'abrogation de 1846 fait partie d'un train de mesures plus larges de libéralisation de l'économie (suppression des actes de navigation en 1849, abrogation de nombreuses taxes douanières entre 1846 et 1852), et doit être surtout rapprochée, comme le suggère Karl Polanyi[57], de l'abrogation du *Speenhamland System* en 1834. Cette dernière mesure, qui avait obligé les travailleurs à accepter n'importe quel travail à n'importe quel prix, avait été la première qui avait contribué à réduire le coût d'entretien de la main d'œuvre, participant à la constitution d'un véritable marché concurrentiel du travail, utile à la conquête des nouveaux marchés extérieurs, mais désastreuse sur le plan social. Le marché finit par absorber ce qui était tenu jusqu'alors à l'écart, en accordant à la terre et au travail le même statut qu'à n'importe quelle marchandise. Cobden, en proclamant que l'agriculture est une affaire et que ceux qui sont ruinés doivent vider les lieux, confirme bien cette tendance. Le marché devient ainsi le meilleur moyen d'allouer les ressources. Cette victoire du libre-échange va pourtant à l'encontre de l'*économie morale populaire* pour laquelle le marché apparaissait comme source d'une profonde injustice.

***

---

53. Cité par : François CARON dans Pierre LÉON [dir.], *Histoire économique et sociale du monde,* tome 3, Paris, Armand Colin, 1978, p. 424.
54. Voir sur ce point : Edward P. THOMPSON, *La formation de la classe ouvrière anglaise*, Paris, Gallimard/Éditions du Seuil, 1988, p. 287.
55. Voir : William D. GRAMPP, *The Manchester School of Economics*, 1960, réédition Routledge/Thoemmes Press, 1993, p. 74.
56. Un des principes de la philosophie de Bentham est « le plus grand bonheur pour un plus grand nombre ».
57. Karl POLANYI, *La grande transformation, aux origines politiques et économiques de notre temps,* Paris, Gallimard, 1983.

Le débat qui a lieu au cours de cette première moitié du 19ᵉ siècle en Grande-Bretagne illustre une première forme d'opposition systématique et organisée du monde industriel au monde rural, du monde des villes au monde des campagnes, des agrariens aux industrialistes, et plus particulièrement des grands propriétaires fonciers, représentants d'un ordre ancien auquel sont attachés des privilèges perçus comme tels, à la classe montante des industriels, porteuse d'un nouveau projet économique et social. Même si ce mouvement n'a pas réussi à convertir totalement le mouvement ouvrier, très sceptique quant aux vertus du libre-échange, sa victoire s'inscrit pour longtemps dans les choix économiques et politiques de la Grande-Bretagne, alors que partout en Europe le soutien au monde rural et la défense des agrariens va prendre la forme durable du protectionnisme agricole, que Pierre Barral a su magnifiquement retracer dans l'œuvre qu'il lui a consacrée [58].

---

58. Voir en particulier : Pierre BARRAL, *Les agrariens français de Méline à Pisani*, Cahiers de la Fondation nationale des sciences politiques, n° 164, Paris, Armand Colin, 1968 ; Pierre BARRAL, *Les sociétés rurales au 20ᵉ siècle,* collection U, Paris, Armand Colin, 1978.

Agrarisme et qualité dans l'entre-deux-guerres. La question du lait

Claire DELFOSSE

La question de la qualité des produits agroalimentaires est au cœur des relations entre agriculteurs et consommateurs. Elle est aussi un thème important de la politique de l'État. Dans l'entre-deux-guerres, un grand nombre de changements interviennent dans la société française (période de renversement de majorité entre population rurale et population urbaine), dans la production et la commercialisation (période d'affirmation des industries agroalimentaires et allongement des circuits de vente), dans la consommation (le consommateur a le choix et émet des besoins qualitatifs, naissance de la publicité), dans le domaine scientifique (et notamment dans le secteur de la nutrition) et enfin dans la législation de la qualité qui se met véritablement en place : décrets d'application de la loi de 1905 sur la répression des fraudes, et vote de la loi de 1919 sur les appellations d'origine. Ces changements suscitent de nombreux débats sur la qualité, sa définition, sa gestion, notamment dans le secteur laitier. Ils sont particulièrement vifs dans le cas de l'approvisionnement en lait. Comment les agrariens s'emparent-ils de la thématique de la qualité alors que l'agrarisme tend dans l'entre-deux-guerres à s'incarner dans le corporatisme ? Cette question permet de mettre au jour les différentes facettes d'un corporatisme laitier naissant.

Le lait, produit de consommation « contrôlé »

Les besoins en lait de consommation des grandes villes ne cessent de croître dans cette période. Leur approvisionnement suscite d'autant plus de débats que le lait revêt une valeur symbolique. Il est l'aliment de base des enfants et des vieillards, soit des catégories de population les plus fragiles, et cela alors qu'il ne se conserve pas et est soumis aux fermentations microbiennes qui peuvent le rendre nocif, voire mortel. Tous ces éléments en font un produit contrôlé par différents acteurs dès l'entre-deux-guerres.

Transformation des conditions d'approvisionnement : le poids croissant des intermédiaires

Le fait le plus marquant de l'entre-deux-guerres est le développement des industries du lait de consommation et l'extension du bassin de collecte des grandes villes. La vente directe du producteur au consommateur tend à disparaître. Jusqu'à la guerre de 1914, Paris était approvisionné de deux manières : par les étables des laitiers-nourrisseurs (des éleveurs qui achetaient des vaches prêtes à vêler et qui vendaient du lait directement aux citadins) situés dans la ville ou sa banlieue, et par l'acheminement ferroviaire du lait de la campagne. En 1895, les vacheries urbaines représentaient encore un tiers des ressources parisiennes en lait ; en 1913, elles n'en représentent plus que 15 %[1]. Après la guerre, leur nombre ne cesse de diminuer. En 1914, il y avait encore dans Paris 95 laitiers-nourrisseurs. Au début des années 1920, il en reste 30 seulement, entretenant au total 388 vaches[2]. Désormais, des intermédiaires ramasseurs drainent la production pour les détaillants urbains ; de petits industriels créent leur affaire autour des grandes villes ou des agglomérations ouvrières ; enfin, autour de la capitale et de Lyon, des sociétés laitières à succursales multiples, comme Maggi et les Fermiers réunis (Paris)[3] ou la Société laitière moderne (Lyon) affirment leur puissance. Ces sociétés s'apparentent au succursalisme instauré dans le commerce de l'épicerie et de l'alimentation générale. Mais elles le complètent par une intégration verticale allant de la collecte du lait dans les centres de production jusqu'au stade final de la vente au consommateur, prenant ainsi à leur compte toutes les opérations industrielles s'interposant dans la chaîne, telles que le traitement hygiénique, le transport, le contrôle de qualité et le conditionnement. Elles ont leurs propres boutiques, voire livrent directement à leur clientèle. Par ailleurs, dans les villes, les crémeries ou les épiceries qui vendent un peu de lait sont de plus en plus nombreuses.

Cette situation touche la plupart des grandes villes. Au début des années 1930, les villes de Bordeaux, Marseille et Lille sont alimentées pour un tiers par les firmes laitières et pour deux tiers par la production locale. À Nancy, Rouen, Amiens, Lyon ou Toulouse, la livraison s'équilibre entre les deux types d'approvisionnement. En revanche, à Paris, où la production atteint en moyenne 1 100 000 litres par jour, 50 000 litres seulement proviennent des fermiers

---

1. François VATIN, *L'industrie du lait. Essai d'histoire économique*, Paris, L'Harmattan, 1990, p. 60.
2. La situation n'est pas meilleure dans le département de la Seine : il en reste, toujours au début des années 1920, 375 pour un effectif de 5 220 vaches. Marcel DONON, « Production laitière française et lait en nature », dans *La France laitière*, slnd, 1934, pp. 39-62.
3. En 1912 sur les 270 centres de ramassage qui approvisionnaient Paris, 48 d'entre eux appartenaient aux deux plus grandes sociétés dont la Société des fermiers réunis qui réalisaient ainsi 21,5 % de l'approvisionnement. J.E. Lucas, 1918, « L'approvisionnement de Paris en lait en 1917 », dans *L'Industrie laitière,* cité par François VATIN, *L'industrie du lait...,* ouv. cité.

voisins et des nourrisseurs, le reste étant apporté par les industriels et les coopératives [4]. Le lait consommé à Paris provient de plus de 300 dépôts répartis dans un rayon de plus de 300 kilomètres. À certaines périodes de l'année, ce rayon peut même atteindre 600 kilomètres. En effet, l'aire de collecte parisienne s'étend considérablement. Ainsi, par exemple, l'entreprise Maggi va chercher son lait depuis les Ardennes jusqu'au département de la Vienne [5].

On assiste donc à une multiplication des intermédiaires ou à l'affirmation de l'un d'entre eux comme acteur fondamental de l'approvisionnement des villes – l'industriel laitier – ainsi qu'à un accroissement considérable de l'aire de collecte. Cette extension pose toutefois des questions sur les moyens de transport, leur coût, leur adaptation, leur souplesse, ainsi que sur les modalités de conservation sur de longues distances de ce produit fragile qu'est le lait.

Le développement des industries de collecte concourt au développement de la production laitière dans des régions où elle était peu présente auparavant, ainsi qu'auprès de petits exploitants qui trouvent des débouchés à leur production sans avoir à transformer eux-mêmes ; un développement que la crise de 1929 favorise. Ainsi, de plus en plus d'agriculteurs sont concernés par la production laitière, ce qui ne saurait laisser indifférents les agrariens. Le développement des entreprises de lait de consommation et celui de l'alimentation en produits frais des villes à la population croissante provoquent des conflits sur le prix du lait ; des conflits qui apparaissent tout d'abord à la suite de crises structurelles (évolutions opposées des pics de production et de consommation), puis suite à une forme de surproduction qui va tendre également à devenir structurelle à partir du moment où la production retrouve son niveau d'avant guerre. Ces conflits sont d'autant plus forts que le système des contrats de vente tend à se développer et qu'outre la question du prix, se développent des débats sur la teneur des contrats : exigences qualitatives, et exercice du contrôle de la qualité du lait collecté.

Le lait un aliment surveillé : les pouvoirs publics et le lait

Pendant la Première Guerre mondiale et dans l'entre-deux-guerres, l'État intervient dans le secteur du lait de consommation en tout premier lieu par une surveillance des prix. En effet, pendant la Première Guerre mondiale, la production laitière chute considérablement sous l'effet des réquisitions de vaches laitières et la disparition de la main d'œuvre agricole. Par ailleurs, une dizaine de départements sont envahis totalement ou partiellement. Parmi eux, on compte des départements laitiers qui approvisionnaient des villes et des cités ouvrières du Nord, ainsi que des

---

4. Marcel DONON, « Production laitière française… », art. cité.
5. Le lait qui y est collecté sert comme réserve pour l'alimentation de Paris, durant les mois d'hiver. En dehors de cette période la Société y fait du beurre et des fromages destinés pour la plus grande part à ses dépôts parisiens.

départements qui contribuaient à l'alimentation en lait de la ville de Paris. La faiblesse de la production laitière remet en cause l'approvisionnement en lait des villes. Ainsi, alors qu'avant guerre la capitale et sa banlieue recevaient 300 millions de litres par an, elles n'en reçoivent plus que 170 millions en 1918 et 1919. La pénurie est particulièrement grande en hiver, saison durant laquelle la production laitière est la plus faible. Cette situation contribue à l'augmentation des prix. L'importance du lait dans la production, et surtout dans la consommation, pousse l'État à intervenir. Il s'agit alors de freiner la hausse du prix du lait et de ses dérivés dans les grandes agglomérations. Une taxation des prix de vente du lait de consommation est dès lors instaurée.

La situation de la production n'est pas meilleure au lendemain de la guerre : la production laitière met plusieurs années avant de retrouver son niveau d'avant guerre. En ville, la situation de pénurie se maintient, notamment en hiver, jusqu'au milieu des années 1920. La question des prix est d'autant plus vive que la fin de la stabilité du franc ne fait qu'accroître le sentiment que le prix du lait s'enflamme. La taxation est maintenue jusqu'en 1919, mais comme le note Pierre Barral [6], elle ne résout pas le problème et ne calme pas l'opinion qui, bien relayée, voire encouragée par la presse, met en cause les producteurs dont on exagère l'enrichissement. Face à cette situation, le pouvoir tâtonne entre influences urbaines et influences rurales [7]. Pour le lait, aliment de première nécessité, l'État semble plutôt choisir l'influence urbaine. En effet, si l'ensemble des taxes est supprimé au début des années 1920, le prix du lait de consommation à Paris et dans les grandes villes n'est toujours pas libre : des accords sont établis entre les grandes maisons et les municipalités. Simultanément sont constituées des commissions départementales des cours, puis des conseils de consommateurs. Au sein de ces commissions, de graves conflits surgissent régulièrement. Par ailleurs, le délit de spéculation illicite subsiste : voté en 1916 et reconduit pour trois ans le 23 octobre 1919, il bloque l'augmentation du prix du lait. Enfin, l'État contrôle le lait et ses prix par un autre moyen : l'article 419 du code pénal. Cet article est couramment utilisé depuis la guerre comme moyen de lutte contre l'augmentation des prix. Il concerne « la réunion de coalition entre les principaux détenteurs d'une même marchandise ou denrée tendant à ne pas la vendre ou à ne la vendre qu'à un certain prix ; la sur-offre faite aux prix que demandaient les vendeurs eux-mêmes » [8].

L'État intervient également par le biais de la loi sur la répression des fraudes pour la qualité du lait. En effet, l'entre-deux-guerres est également

---

6. Pierre BARRAL, *Les agrariens français, de Méline à Pisani*, Cahiers de la Fondation nationale des sciences politiques, n° 164, Paris, Armand Colin, 1968, 386 p.
7. *Ibidem.*
8. Pierre CASANOVA, « Le lait devant la loi », dans *La journée du lait. 19 septembre 1922. Rapports et compte rendu*, Paris, Librairie agricole de la Maison rustique, 1922, pp. 142-143.

la période où se met véritablement en place la législation issue de la loi de 1905 sur la répression des fraudes. Les décrets portant application de la loi de 1905 concernant les produits laitiers ne paraissent qu'en 1924 et posent beaucoup de questions : comment définir le produit, sa variété, comment garantir qu'il n'est pas frauduleux, comment mesurer la fraude et à qui incombe la fraude (au producteur de lait, au transformateur, au commerçant…) ? Les principales fraudes reconnues pour le lait concernent le mouillage (ajout d'eau) et l'écrémage partiel. Ces fraudes ne sont pas faciles à déterminer car les taux de matière grasse et de matière sèche dans le lait sont variables suivant les saisons, les races animales… Aussi, des échantillons contradictoires sont-ils réclamés par les professionnels du lait. Par ailleurs, comme il y a de moins en moins de laitiers nourrisseurs dans et près des villes, une autre question se pose : la fraude est-elle le fait de l'éleveur ou de l'intermédiaire ?

En matière de qualité du lait, le principal débat porte sur la question suivante : un lait malpropre n'est-il pas un lait fraudé dans la mesure où il met en danger la vie du consommateur ? Un point que reconnaît le décret du 25 mars 1924, qui ne considère pas comme un lait propre à la consommation un lait « coloré, malpropre, malodorant » [9] et par conséquent en interdit la vente. Ce décret reconnaît ainsi que la qualité du lait ne porte pas seulement sur ses qualités intrinsèques, mais également sur ses qualités sanitaires. Toutefois, il est difficile de contrôler, et cela alors même qu'un nouveau groupe de pression que l'on peut qualifier d'hygiéniste interpelle régulièrement l'État et les producteurs au sujet de la qualité du lait, et notamment sur sa salubrité.

Le lait et la santé des citadins : les hygiénistes et le lait

Le lait est un produit important pour les nourrissons [10] et, dans un contexte de forte mortalité infantile et de discours sur le repeuplement de la France, il revêt des enjeux sanitaires symboliques et nationalistes encore plus forts : « La valeur du lait au point de vue alimentaire, n'est pas discutable. C'est un aliment et un aliment complet. Mais il a quelque chose de plus : il est d'une nécessité absolue ; sa valeur est d'ordre national et c'est sur la bonne et saine production du lait qu'il faut compter pour lutter contre le plus grand mal que nous ayons à redouter et qui ne fait que s'accroître, je veux parler de la diminution de notre population. […] Eh bien, oui, le lait, il est d'ordre national. Pourquoi ? Parce que non seulement il est, dans certains cas, un agent thérapeutique de premier ordre pour les

---

9. Décret du 25 mars 1924 portant règlement d'administration publique pour l'application de la loi du 1er août 1905 pour ce qui concerne le lait et les produits laitiers, Article 2, deuxième alinéa.
10. Depuis la fin du 19e siècle, le lait de vache s'affirme comme le principal mode d'allaitement artificiel.

malades, mais parce que c'est une nourriture irremplaçable pour l'enfant, pour sa seconde nourriture »[11].

Il faut donc suffisamment de lait, un lait pas trop cher, et surtout un lait propre. C'est le combat d'un certain nombre d'associations dont le nom est en lui-même évocateur : « Sauvons les mères et les bébés », « Association de propagande pour la protection médicale et hygiénique de la mère et de l'enfant »[12]. D'autres associations se créent dans les années 1920, dont la « Ligue du lait », qui est un acteur important de ce que le vétérinaire Jules Rennes appellera la *Question du lait* dans son ouvrage paru en 1927[13]. La Ligue du lait a été fondée en 1921 sur l'initiative de la Société de pathologie comparée. C'est une association qui a « en vue d'aboutir à améliorer la production et la manipulation du lait, et préserver le public, notamment les enfants et les malades, des laits nocifs dont la consommation constitue actuellement un péril national ». Elle est donc « instituée uniquement dans un but d'hygiène sociale. Elle est ouverte à tous ceux qui s'intéressent à la question du lait, à la puériculture, à la protection de l'enfance et à l'hygiène alimentaire en général »[14]. La Ligue a comme président le professeur Adolphe Pinard, député de Paris, membre de l'académie de médecine, et comme vice-président Roëland, vétérinaire, conseiller municipal de la ville de Paris et conseiller général du département de la Seine. Roëland dit avoir obtenu, dès 1922, 25 adhésions parmi ses collègues conseillers municipaux et généraux de Paris et de la Seine, signe de l'importance de cette question. Ainsi, la qualité du lait de consommation passionne les municipalités, les pédiatres et médecins, qui pour certains d'entre eux travaillent aussi sur les qualités nutritives du lait et des produits laitiers. Pour la question de la propreté de la production de lait, de la récolte et de la vente, ils vont s'allier aux vétérinaires. Aussi compte-t-on le vétérinaire Charles Porcher parmi les promoteurs de la Ligue du lait ; il est directeur de l'école vétérinaire de Lyon et directeur de la nouvelle revue *Le Lait*, fondée en 1921. Elle ouvre ses pages non seulement aux spécialistes de laiterie (microbiologistes, techniciens de laiterie…) comme dans les revues préexistantes, mais aussi aux juristes, aux vétérinaires et aux associations, et en particulier à la Ligue du lait, dont Charles Porcher salue la création[15].

Ces nouveaux acteurs, que l'on peut regrouper sous la dénomination d'hygiénistes, interpellent les pouvoirs publics pour que le lait soit contrôlé par les services d'hygiène au même titre que l'eau ou la viande. Ils se

---

11. Adolphe PINARD, dans *La journée du lait…*, ouv. cité, p. 126.

12. On pourrait citer également « L'œuvre de l'enfance » ; « L'Œuvre nationale de l'enfance »,…

13. Jules RENNES, *La question du lait. Étude médicale, biologique et sociale*, Paris, Masson et Cie éditeurs, Libraires de l'Académie de médecine, 1927, 222 p.

14. Citation extraite d'un article de Charles Porcher, (« La Ligue du lait ») saluant la création de cette association dans sa revue *Le lait*, (1921), pp. 319-320).

15. Charles PORCHER, « La Ligue du lait », dans *Le lait*, 1921, pp. 319-320, et encore plus largement l'année suivante : Charles PORCHER, « La Ligue du Lait », dans *Le Lait*, 1922, pp. 509-514, encourageant ses lecteurs à adhérer à l'association.

demandent jusqu'à quel point les municipalités ne pourraient pas intervenir au-delà de la question du prix, mais directement sur l'approvisionnement et surtout sur la qualité [16]. Ce ne sont pas tant les fraudes, comme le mouillage du lait ou l'écrémage, mais la qualité sanitaire du lait qui les préoccupe et sur laquelle il leur semble nécessaire d'agir. Dans l'un de ses discours, Roëland compare les pouvoirs publics et d'une certaine façon le citadin, à un homme qui au milieu d'un incendie, lorsque le feu est à ses trousses, se préoccuperait de savoir si on ne lui a pas volé son ticket de métro de retour : « La Ligue du lait n'hésite pas à le dire : le mouillage, l'écrémage et la spéculation illicite ressemblent fort à ce ticket de Métropolitain ». Il précise où est l'incendie : « L'incendie existe quand le nouveau-né est emporté par la gastro-entérite, parce que les mouches sont allées souiller son lait ; quand il y a dans une étable sordide, des vaches efflanquées et tuberculeuses, quand le garçon laitier est un porteur de bacilles typhiques et qu'il en infeste les bidons. En un mot l'incendie est partout où le lait est sale » [17].

Le débat sur la qualité sanitaire du lait est relancé par les possibilités nouvelles qu'offrent le froid industriel et les travaux des nutritionnistes. En effet, alors que depuis quelques années le lait destiné aux grandes villes et qui venait de relativement loin était stérilisé, la possibilité de conserver le lait par le froid relance le débat sur la stérilisation. Certains citent en exemple les États-Unis : la ville de New York serait approvisionnée dès les années 1920 par du lait non pasteurisé, mais refroidi dès les exploitations agricoles (les exploitants gardant la glace de l'hiver) puis le lait est acheminé dans des wagons adaptés, et cela alors que le lait vient de régions éloignées. De telles conditions, comme le souligne le vétérinaire Porcher, sont difficiles à mettre en œuvre en France où les conditions climatiques ne sont pas les mêmes, l'hiver étant moins rigoureux qu'aux environs de New York : il est plus difficile de garder de la glace ! D'autres rétorquent que l'électrification des campagnes en cours permettrait de produire le froid.

L'intérêt pour le mode de conservation par le froid est d'autant plus grand que les nutritionnistes mettent au jour les qualités du lait : des diastases qui font du lait un aliment très digeste et des vitamines ; des éléments qui corroborent la « supériorité du lait, l'aliment irremplaçable pour l'enfant qui a besoin de se développer, pour le malade et le vieillard, dont les facultés digestives sont amoindries ou épuisées » [18]. Or, la stérilisation détruit ces éléments. Ainsi, certains pédiatres dénoncent les méfaits de la stérilisation sur les qualités nutritives du lait : ils le qualifient

---

16. Charles PORCHER, « Le rôle des municipalités dans l'approvisionnement en lait », dans *Le lait*, 1928, pp. 204-209.
17. ROELAND, « Discours », dans *La journée du lait...*, ouv. cité, pp. 93-95.
18. A. MONVOISIN, « Le contrôle sanitaire du lait », dans *La journée du lait...*, ouv. cité, p. 174.

ainsi de « lait mort »[19]. Tel est le cas de Roëland, qui s'exprime ainsi au titre de vice-président de la Ligue du lait : « [...] nous demandons le lait vivant et intégral, avec ses vitamines, ses diastases, et que, tout en rendant hommage à la stérilisation du lait, nous proclamons hautement qu'elle n'est qu'un pis-aller »[20]. La dénonciation de la pasteurisation est moins radicale toutefois, avec le vétérinaire Jules Rennes qui écrit que « La pasteurisation est un aveu d'insuccès. Nous reconnaissons que notre approvisionnement de lait est toujours sale et qu'il faut pasteuriser. [...] Il faut veiller avec soin à ce que la pasteurisation ne soit pas un obstacle à l'amélioration des méthodes de récolte et de manutention de lait. L'idée que la pasteurisation améliore le lait et rattrape les conséquences de la malpropreté et du manque de soin est assez répandue pour qu'il faille la combattre. Elle est fausse et dangereuse »[21]. En effet, les modes de production des éleveurs sont directement mis en cause par les hygiénistes : Jules Rennes écrit dans la première page de son ouvrage intitulé *La question du lait - Étude médicale, biologique et sociale*, publié en 1927[22] : « Le lait ordinaire, le lait courant, le lait de tous les jours, le lait vendu partout et à tous, n'est pas toujours un lait normal. C'est habituellement un lait malpropre, et, par conséquent, un lait microbien ; car un lait sali se trouve, du même coup, ensemencé de germes. Très fréquemment aussi, le lait courant est le lait adultéré. Enfin, certaines maladies, ou certains aliments, font passer dans le lait des vaches des microbes ou des toxines. En sorte que, dans une proportion variable, mais toujours trop élevée, le lait courant est malpropre, adultéré, microbien, toxique »[23]. Il explique à quoi est due cette situation : « D'où viennent ces anomalies du lait ? De l'étable sale, de la traite sans soin, du matériel mal lavé, de la laiterie sans hygiène, du mauvais état sanitaire des vaches. Et quelles sont ses conséquences ? Ce sont les diverses maladies transmises par le lait souillé aux adultes et surtout aux enfants... »[24]. Ces descriptions apocalyptiques sont nombreuses dans la littérature consacrée au lait de consommation, les associations pour l'enfance étant parfois encore plus dures.

La question de la qualité sanitaire du lait cristallise alors une sorte d'incompréhension entre producteurs et consommateurs, entre producteurs et hygiénistes et hommes politiques. Cette situation donne lieu à des réactions agrariennes à Paris et à Lyon, et dans un certain nombre de grandes villes.

---

19. C'est l'occasion de réhabiliter le lait de chèvre de moins en moins utilisé et que l'on soupçonnait de transférer les vices de la chèvre à la personne qui le consommait : caractère capricieux, odeur, *etc.*
20. ROELAND, « Discours », dans *La journée du lait...*, ouv. cité, p. 93.
21. Jules RENNES, « La question du lait », dans *Le Lait*, 1928, p. 210.
22. Jules RENNES, *La question du lait...*, ouv. cité, p. 5.
23. *Ibidem.*
24. *Ibidem*, p. 209.

Les positions agrariennes face à ce contrôle : il ne peut y avoir de « bon lait » sans liberté des prix

La première de ces réactions consiste dans l'organisation de journées du lait qui ont lieu au cours de l'année 1922, à un moment où la question du prix du lait devient de plus en plus cruciale, la production laitière tendant à retrouver son niveau d'avant guerre. Plusieurs journées du lait sont organisées à Lyon, Bordeaux, Grenoble et surtout à Paris. La journée du lait parisienne donne lieu à la publication d'un ouvrage, complété par un travail sur l'approvisionnement en lait de la ville de Lyon [25] écrit par Pierre Saint-Olive, représentant de l'agrarisme laitier lyonnais [26], ingénieur agronome ayant fait sa thèse sur cette question. On trouve également une brochure de 34 pages, publiée en 1928 par la Confédération générale des producteurs de lait (CGPL), elle-même fondée en 1920, avec pour objectif de montrer ce qu'est vraiment la production laitière [27] : « La présente brochure a été rédigée pour répondre à la décision prise par la Confédération générale des producteurs de lait de porter la question devant l'opinion publique. Elle indique les conditions actuelles de la production, les prix de revient et les prix de vente et enfin les solutions qui devraient être données dans l'intérêt même des cultivateurs et des consommateurs aux problèmes de la répartition et de l'accroissement de la production ». Ces documents nous permettent d'analyser le discours agrarien dans le cadre des débats sur la qualité du lait de consommation.

La journée du lait et les devoirs des trois acteurs-clefs

La journée du lait parisienne, organisée le 19 septembre 1922, vise certes à résoudre des difficultés régionales (l'approvisionnement en lait de la capitale et de sa banlieue), mais revêt surtout une dimension nationale [28].

---

25. Pierre SAINT-OLIVE et R. GUYOT-SIONNEST, *Le ravitaillement en lait d'une grande ville française. Étude sur la production, le commerce, et la consommation du lait servant à l'alimentation de Lyon*, Lyon, Union du Sud-Est des syndicats agricoles, 1926, 131 p. Ces travaux et réflexions sur l'approvisionnement en lait des grandes villes ont des échos et relais en dehors des milieux agricoles ou hygiénistes. En effet, plusieurs articles sur cette question sont publiés dans des revues de géographie : G. LANGERON, « Le ravitaillement en lait de la ville de Dijon », dans *Annales de géographie*, 1930, pp. 526-529 ; R. DUBUC, « L'approvisionnement de Paris en lait », dans *Annales de géographie*, 1938, pp. 257-266. Au lendemain de la Seconde Guerre mondiale, un long article est consacré à l'approvisionnement en lait de la ville de Lyon : O. ALLIX-RELIAT, « Le bassin laitier lyonnais et l'approvisionnement en lait de la ville de Lyon », dans *Études rhodaniennes*, 1945, pp. 71-96.

26. La journée du lait de Lyon qui a lieu deux mois après la journée parisienne aboutit à la création du Secrétariat du lait, section laitière de la puissante Union du Sud-Est agricole. Pierre Saint-Olive en est le président. Il est lui-même issu du syndicalisme laitier de l'Isère, région de petite exploitation et de polyculture où les conflits sur les prix sont particulièrement durs ; la journée du lait de Grenoble, telle que la relate Pierre Saint-Olive, est beaucoup plus conflictuelle et ouvre sur un projet de grève du lait.

27. CGL, *Le lait - prix - consommation*, Paris, CNAA, 1928, p. 1.

28. Dans la publication issue de cette journée, on trouve le nom des personnes qui ont contribué à son organisation, la liste des groupements adhérents, les textes des rapports, le

En effet, réunie peu de temps avant l'échéance de la prorogation de la loi sur le délit de spéculation illicite, il est difficile de ne pas imaginer qu'elle a aussi pour fin de faire pression pour sa non-reconduction. D'ailleurs, un des maîtres-mot des débats de cette journée est la « liberté ». Toutefois, cette réunion a pour vocation d'établir un dialogue entre les différents partis concernés par la question du lait. Elle est organisée sous la présidence de Marcel Donon, ingénieur agricole et sénateur du Loiret, « l'homme du lait » à Paris, exerçant les fonctions de président de la Fédération des laiteries coopératives de la région de Paris, mais aussi « homme politique agricole » aux fonctions importantes, car il est secrétaire de la commission d'agriculture du Sénat. On a là un représentant éminent de l'agrarisme laitier de l'entre-deux-guerres. Marcel Donon, président du comité d'organisation, invite à la journée parisienne du lait les deux ministres directement intéressés par la question laitière et qui représentent en quelque sorte les deux parties : les producteurs, avec Henry Chéron, ministre de l'Agriculture, et les consommateurs-citadins et les hygiénistes, avec Paul Strauss, ministre de l'Hygiène et de la Prévoyance sociale, qui y prennent la parole.

La journée parisienne a pour but, tel que l'énonce Marcel Donon lui-même dans son discours inaugural, de réfléchir à une juste rémunération des producteurs de lait face au contrôle des prix ou aux dénonciations visant à faire des paysans des affameurs, et à l'amélioration de la qualité du lait, afin de répondre aux préoccupations des hygiénistes et des consommateurs. « Nous avons tous le désir, hygiénistes, industriels et producteurs, d'obtenir une amélioration rapide des conditions de la récolte du lait, pour aboutir à la mise en vente exclusive d'un aliment contenant tous les éléments nécessaires à la vie, mais débarrassé de tous les germes de mort »[29]. D'emblée, il tient à montrer que prix et qualité sont étroitement liés.

Après avoir dressé le tableau de la situation de la production laitière, et rappelé l'importance du lait et les difficultés d'approvisionnement des villes, Marcel Donon consacre une partie aux modalités d'action à engager pour résoudre le problème du lait. Pour cela, il décline les devoirs des producteurs, des pouvoirs publics et des consommateurs[30] : les trois groupes d'acteurs-clés de la question du lait. Ces devoirs (annexe 1) s'articulent autour de trois grandes thématiques alliant prix et qualité et correspondent aux motions votées à l'issue des rapports présentés et

---

contenu des débats et les discours, y compris les rapports qui n'ont pas pu être discutés. Cette publication est riche d'enseignements : elle permet de connaître les forces en présence, la teneur des débats, les thèmes agrariens, ainsi que de mieux connaître le début de l'organisation professionnelle nationale du secteur laitier.

29. Marcel DONON, « Discours d'ouverture », dans *La journée du lait...*, ouv. cité, p. 19.
30. Les devoirs des consommateurs ne sont pas décrits de façon aussi claire que pour les deux autres catégories d'acteurs.

débattus en séances (annexe 2) [31] : amélioration de la production et liberté des prix ; distinction entre deux types de lait ; aide de l'État mais non-interventionnisme.

La question de la qualité du lait est indissociable de celle de la liberté commerciale

L'essentiel des débats tourne autour de la nécessaire liberté commerciale (abrogation de la loi sur les spéculations illicites), celle-ci devant profiter à l'augmentation de la production. En effet, plusieurs discours ou rapports insistent sur le fait que les laitiers-nourrisseurs disparaissent car leur production n'est plus rentable face au blocage des prix. Certains orateurs suggèrent que ce même blocage risque de décourager d'autres producteurs une fois qu'ils auront fait le calcul du prix de revient de leur production. En effet, tous soulignent que désormais, le paysan compte, et que si jusqu'à présent il ne l'a pas fait, il se doit de le faire.

Pour rassurer les consommateurs et les pouvoirs publics, Marcel Donon demande aux producteurs d'abaisser leur prix de revient par une amélioration de la productivité. Pour ce faire, il encourage les producteurs de lait à sélectionner leurs animaux ainsi qu'à améliorer l'alimentation des vaches laitières. Il prône également le développement du contrôle laitier. Parallèlement, il leur demande de prendre plus de soin du lait qu'ils produisent, soit de produire un lait propre et sain ; c'est une façon de répondre à un argument avancé par le vétérinaire Charles Porcher dans sa conférence : « s'il est juste que vous receviez pour le lait que vous produisez un prix équitable, en revanche vous devez savoir que la marchandise que vous vendez n'est pas une marchandise comme les autres ; elle exige des soins spéciaux et il en est parmi ceux-ci que vous pouvez

---

31. On peut ranger les travaux en deux catégories. La première est faite de rapports plutôt « techniciens », rassemblant des travaux d'experts scientifiques et techniques certes, mais des experts agrariens, car ce sont aussi des propriétaires ou des producteurs de lait. Dans ce groupe, on compte le rapport de A. Monvoisin, professeur de chimie et de microbiologie appliquée à la conservation des denrées périssables, consacré au contrôle sanitaire du lait ; un rapport non lu, celui de Charles Porcher, consacré aux « Modifications à apporter à la production du lait en vue de réduire son prix de revient et d'améliorer sa valeur hygiénique » (plus proche des milieux hygiénistes que des agrariens) assorti d'ailleurs d'un rapport écrit par le docteur Chambrelent, médecin-résident de la Maison nationale maternelle (« Des conditions d'hygiène indispensables qui doivent être exigées dans la production du lait destiné aux enfants et aux nourrissons ») ; et enfin un rapport technique et commercial, celui de M. Poher, ingénieur agronome, ingénieur des services commerciaux de la compagnie Paris-Orléans intitulé : « Amélioration à réaliser dans le transport du lait par voie ferrée ». Parmi le deuxième groupe : un rapport dont les motions seront adoptées sans trop de difficultés, celui de Henry Girard, ingénieur agronome, membre de l'académie d'agriculture et surtout agriculteur dans une commune du riche département de l'Oise, portant sur le « Prix de revient du lait », et complété par celui de M. Lafitte, président du comice agricole de Reims. Un autre rapport suscite bien plus de débats, il s'agit du rapport de Pierre Casanova, ingénieur agronome et avocat à la cour d'appel de Paris, intitulé « Le lait devant la loi ».

prendre sans qu'il vous en coûte une dépense supplémentaire. Pour cela, il vous suffit de savoir être propre »[32].

À cela, Marcel Donon répond qu'il est d'accord sur la nécessité d'augmenter la production et la propreté, mais il ajoute : « [...] vous voulez du bon lait, ce qui est d'importance primordiale, payez-le, toute la question est là »[33]. Il lie cette fois directement qualité du lait et juste rémunération. Il informe également le vétérinaire, et par-là même les milieux hygiénistes, de ce que la situation n'est pas aussi déplorable que l'on veut bien le dire, qu'il y a eu des progrès en termes d'hygiène du lait à la ferme. Il rejoint ainsi une thématique forte qui émerge durant l'entre-deux-guerres, notamment dans l'ouvrage de Pierre Saint-Olive et dans celui de la Confédération générale des producteurs de lait, certes à propos des prix, mais qui a des incidences sur la qualité : « le paysan » est un homme nouveau, il veut une juste rémunération de son travail et en même temps cela signifie qu'il devient plus « professionnel ». « Le paysan » est devenu un « producteur soucieux avant tout de ses intérêts économiques et professionnels »[34]. Il est donc plus soucieux de l'hygiène. Cependant, « Vouloir transformer toutes les étables, faire du paysan qui trait un opérateur de clinique ou lui imposer un contrôle étroit de ses animaux qui le dégoûtera rapidement de la production laitière, ce sont là des chimères irréalisables »[35].

En effet, face à la pression des hygiénistes qui souhaiteraient voir remplacer la stérilisation et la pasteurisation par l'usage du froid, les agrariens militent pour la pasteurisation du lait. Toutefois, ils ne sont pas contre la production d'un lait que l'on qualifierait aujourd'hui d'ultra-propre pour être vendu non pasteurisé, à condition que ce ne soit pas la généralité, que l'on distingue plusieurs catégories de lait selon leur degré de « propreté » : « La première, la plus abondante, qui serait la catégorie ordinaire, commerciale, constituée par les laits de consommation » et la seconde « faite de laits spéciaux, récoltés avec des précautions minutieuses et soumis à un contrôle sanitaire »[36]. Mais ce lait « pur, idéal tels que le réclament les médecins et les hygiénistes » et destiné aux vieillards, aux malades et aux enfants, doit être une catégorie reconnue par l'État et surtout une catégorie de lait en vente totalement libre, car ce lait est « beaucoup plus cher à obtenir que le lait de ramassage proprement dit, qui constitue le produit de qualité courante de nos exploitations »[37]. Et Marcel Donon de citer en exemple les États-Unis, qui semblent être un modèle pour les hygiénistes (du lait cru conservé par le froid alimentant les grandes villes),

---

32. Charles PORCHER, *La journée du lait...*, ouv. cité, p. 117.
33. Marcel DONON, *La journée du lait...*, ouv. cité, p. 120.
34. Pierre SAINT-OLIVE et R. GUYOT-SIONNEST, *Le ravitaillement en lait d'une grande ville française*, ouv. cité, p. 94.
35. CGL, *Le lait - prix - consommation...*, ouv. cité.
36. Marcel DONON, « Discours inaugural », dans *La journée du lait...*, ouv. cité, p. 31.
37. *Ibidem*.

tout en le détournant au profit des arguments agrariens. En effet, il précise que dans ce pays on distingue plusieurs catégories de lait suivant leur qualité. S'il ne détaille pas ce point, d'autres publications s'y réfèrent, comme la brochure-manifeste de la Confédération générale du lait dans laquelle on peut lire que le lait est réparti en trois catégories : le lait de grade A, contrôlé, qui peut être livré cru aux enfants ; le lait de grade B est pasteurisé et lui aussi contrôlé ; enfin le lait de grade C « pour la cuisine, pasteurisé et souvent à demi-écrémé ». Plus important, les auteurs ajoutent, afin de montrer aux hygiénistes que ce modèle n'est pas aussi idéal que cela, et qu'ils n'envisagent pas de vendre des laits aussi chers qu'aux États-Unis, pays neuf où les excès sont permis, même pour le prix de vente du lait pasteurisé « qui est le lait courant » : « Nous croyons que par une sage politique du lait, nous pouvons faire aussi bien sans imposer de telles charges au consommateur »[38]. Cela suppose donc que l'État entende leurs revendications sur la liberté des prix, et que « l'habitant des villes modernes »[39] reconnaisse les différentes qualités de lait et les paie à leur juste prix.

Qui doit et peut contrôler la qualité ?

La définition de la qualité a pour corollaire son contrôle, et là naissent quelques difficultés. Si les agrariens reconnaissent l'intérêt de la loi sur la répression des fraudes (Marcel Donon rappelle que cette loi est indispensable[40]), ils sont rarement d'accord sur les modalités de contrôle engagées. Pour ce qui est des falsifications (lait écrémé, mouillage du lait), ils réclament que des contre-prélèvements soient vraiment effectués. Mais c'est surtout le contrôle du lait sale qui fait débat. Certes, le décret de 1924 ouvre *a priori* l'accès des étables aux services de la répression des fraudes ; mais comme le note Maxime Toubeau, inspecteur général chef de service de la répression des fraudes en 1928, un contrôle de toutes les étables ne pourrait être institué en France que par une loi et celle-ci constituerait une dérogation au principe de la liberté de production et de vente, ainsi qu'à celui de l'inviolabilité du domicile et de ses annexes. Il précise d'ailleurs que lorsqu'en 1912 le ministère de l'Agriculture avait déposé un projet de loi pour organiser cette inspection, et cela même sous une forme très prudente (ce sont ses propres termes), il s'était heurté à une telle résistance de la commission de l'agriculture de la chambre que le projet de loi n'avait même pas été en mis en discussion, et cela notamment parce qu'un tel projet allait à l'encontre des principes de liberté. Ces principes sont réaffirmés au lendemain de la Grande Guerre par les agrariens, comme par exemple dans

---

38. CGL, *Le lait – prix – consommation…*, ouv. cité, p. 24.
39. Cette expression est celle des auteurs de la brochure de la Confédération générale des producteurs de lait.
40. Marcel DONON, « Réponse au rapport de Pierre Casanova ingénieur agricole et avocat à la Cour d'appel de Paris "Le lait devant la loi" », dans *La journée du lait…*, ouv. cité, pp. 156-157.

la brochure de la CGPL, où il est précisé « que les producteurs ont une position de principe très nette : pas de contrôle obligatoire à la production »[41], ce qui rend le ministère prudent et le contrôle sanitaire des laits bien difficile. Cette position vaut également pour la répression des falsifications.

Ce que prônent les agrariens, ce sont des actions de vulgarisation conduites éventuellement en collaboration avec l'État. Ainsi peut-on lire dans la même brochure : « Ce que nous tenons à dire, c'est que l'on obtiendra beaucoup plus des producteurs de lait par l'intérêt et par une amicale collaboration, que par les mesures de la répression »[42]. Telle est déjà la position de Marcel Donon lors de la journée du lait. Ainsi, pour les laits spéciaux, il précise que le contrôle sanitaire pourrait être le fait des autorités administratives ou d'organismes spéciaux rattachés aux offices départementaux. Il réclame également l'aide de l'État pour l'organisation de concours ou la vulgarisation des bonnes méthodes de récolte du lait. Marcel Donon et les « agrariens du lait » ne sont pas contre l'intervention de l'État, non pas pour le contrôle chez eux, mais plutôt pour une collaboration autour d'actions d'éducation et de sensibilisation. Ils invoquent souvent les exemples néerlandais et danois lorsqu'il s'agit de garantir la qualité des produits laitiers, pays où ce sont des fédérations de coopératives qui gèrent leurs stations de contrôle et délivrent des estampilles de conformité, le rôle de l'État se limitant à garantir – notamment à l'étranger – la viabilité du contrôle effectué par les professionnels eux-mêmes.

C'est donc plus un partenariat avec l'État qui est recherché ; un partenariat qui se ferait avec les organisations professionnelles des producteurs. Ces dernières font aussi appel à l'État pour renouer des liens avec les consommateurs, troisième acteur identifié par Marcel Donon lors de l'énonciation des devoirs susceptibles de remédier à la crise du lait.

Qualité et consommateur-citadin

Pour les citadins, Marcel Donon propose comme devoir de mieux payer le lait, et de « s'intéresser aux choses de la terre ». En effet, les discours agrariens à propos de la question laitière déplorent l'incompréhension dont ils font l'objet de la part des consommateurs. Ils mettent en lumière la coupure qui tend à s'établir entre le paysan et le citadin des grandes villes. Les auteurs de la brochure de 1928 distinguent très nettement les consommateurs des petites villes ou villes moyennes, qui ont encore des contacts avec les producteurs, et ceux des grandes villes qui s'approvisionnent auprès des intermédiaires et qui, étrangers aux choses de la terre, ne comprennent pas « qu'il ne suffit pas de mettre un seau sous une mamelle pour obtenir le breuvage pur, propre et savoureux qu'ils réclament

---

41. CGL, *Le lait – prix – consommation...*, ouv. cité, p. 31.
42. *Ibidem.*

à juste titre »[43]. Il faut que le citadin prenne conscience que le paysan est un homme nouveau : « Que cette transformation irrite certains milieux urbains, que ceux-ci se cabrent à l'idée que le paysan n'est plus un être, à peine humain, destiné à lui assurer à bon marché la nourriture quotidienne, c'est ce que nous ne pouvons pas comprendre. Le travail paysan a une valeur comme celui de l'ouvrier, du commerçant ou de l'industriel. Il faudra que l'on s'habitue à voir les cultivateurs réclamer le paiement de cette valeur »[44].

Ainsi les agrariens se sentent-ils obligés de rappeler la réalité, l'importance et la dureté du travail paysan et en particulier celui de la paysanne, pilier de la production laitière. Or, sa situation serait encore plus difficile avec la dépopulation rurale qui fait qu'elle ne trouve plus de vacher ou de servante de ferme pour l'aider et que d'ailleurs elle ne pourrait plus les payer car le lait n'est pas assez bien rémunéré : « Il faut le dire nettement : le prix du lait à l'étable ne permet pas de payer un vacher, et parce que la tâche féminine devient trop lourde, le foyer rural est menacé »[45]. Cette situation menace d'accélérer l'exode rural, un phénomène dont la dénonciation est classique dans le discours agrarien. Pierre Saint-Olive suggère également que cette situation ne permet pas à la fermière d'accorder assez de temps et donc de soin à la production laitière et à la récolte du lait, renvoyant ainsi la balle dans le camp du consommateur qui, lui, est protégé par les lois sociales : « Qui donc veille encore le soir pour relaver la vaisselle et nettoyer le logis, quand, après une journée qui n'est pas celle des huit heures, après avoir payé à la nation un impôt de travail en nature de trois, quatre, six heures supplémentaires (impôts dont les économistes de chambre oublient de tenir compte dans leurs évaluations), l'homme de la terre peut retrouver son lit ? Oui, qui donc ? »[46] Tous rappellent à l'envi que le paysan ignore la loi des huit heures, n'a pas de dimanche de repos ; un thème cher aux agrariens. Ainsi, Marcel Donon, après avoir encouragé les consommateurs à connaître « dans leurs grandes lignes les différents problèmes que doit résoudre chaque jour le laitier consciencieux », ajoute qu'ainsi, « En buvant leur lait le lundi matin, ils réfléchiront au travail que les vachers faisaient la veille pendant leur repos du dimanche »[47].

Le consommateur ne doit pas seulement s'intéresser aux choses de la terre, mais il doit être éduqué sur ce qu'est un bon lait : le lait non fraudé et le lait sain. Pierre Saint-Olive, avec son art de la formule, va jusqu'à écrire que : « […] ignorant les qualités du bon lait à un point inimaginable – on en

---

43. Pierre SAINT-OLIVE et R. GUYOT-SIONNEST, *Le ravitaillement en lait d'une grande ville française…*, ouv. cité, Introduction, p. 1.
44. *Le lait,* 1928, brochure, p. 14.
45. Pierre SAINT-OLIVE, *Rapport pour la journée du lait du 19 novembre 1922.*
46. Monographie agricole de 1929, département du Rhône, chapitre 13 : « Vente de lait », p. 260.
47. Marcel DONON, « Discours inaugural », dans *La journée du lait…,* ouv. cité, p. 32.

a vu qui refusaient un lait trop crémeux qu'ils soupçonnaient artificiellement jauni à la surface – le consommateur paraît n'attacher quelque importance qu'au prix »[48]. Là, il y a consensus entre les agrariens et les hygiénistes.

Mais les agrariens vont au-delà. À l'affût des progrès des sciences, ils s'approprient les études des médecins sur les qualités nutritionnelles du lait, afin d'encourager sa consommation par les adultes et les grands enfants. En effet, des travaux de médecins et de spécialistes de laiterie présentés lors des congrès internationaux de laiterie montrent que le citadin français consomme beaucoup moins de lait que ceux d'Europe du Nord. Il faut donc encourager la consommation en vantant les qualités du lait. C'est d'autant plus crucial que dès le milieu des années 1920, la production retrouve son niveau d'avant guerre et que les excédents laitiers réapparaissent avec des chutes de prix consécutives. Pour convaincre les consommateurs, les agrariens utilisent le moyen moderne de communication qu'est la « propagande », un outil d'autant plus nécessaire qu'il n'y a plus de contact direct entre producteur et consommateur. Ainsi, dès la journée du lait parisienne, est distribuée une affiche du lait financée par la journée du lait, les producteurs de lait, la laiterie en gros ainsi que la crémerie au détail. Très « chargée », elle constitue un résumé des messages que les professionnels ont voulu faire passer lors de la journée du lait. Elle a pour titre « Le lait, aliment de première nécessité est méconnu ! » L'affiche est composée de cinq bandes de dessins, les deux premières présentent la valeur nutritive du lait, les trois autres son prix de revient, qui comprend les opérations allant de la nourriture de la vache au transport du lait jusqu'à la crémerie. Aussi est-il écrit en gros au bas de cette affiche : « Exigeons du Bon lait, mais sachons le payer à sa juste valeur ». Dans une motion issue des rapports de la journée du lait, il est demandé que les ministres de l'Agriculture, de l'Hygiène et de l'Instruction publique « veuillent bien faire, chacun dans leur ressort, la plus active propagande en faveur de l'"affiche du lait" de façon à encourager les producteurs, à éclairer les consommateurs et en particulier la jeunesse française ».

S'intéresser au consommateur désormais acteur de la production, mais en l'éduquant, et cela avec la collaboration de l'État, tels sont donc les objectifs des agrariens. La demande de concertation entre État et profession laitière est un thème fort de la journée parisienne du lait : les agrariens revendiquent leur liberté, tout en souhaitant la collaboration de l'État. Le vœu de créer un office du lait que l'on retrouve à plusieurs reprises dans les textes de la journée du lait parisienne en est l'illustration. Une motion votée y fait même directement référence : « Que les pouvoirs publics, en vue de se documenter sur toutes les questions relatives à la production du lait, constituent un Office du lait comprenant en proportion équitable des

---

48. Pierre SAINT-OLIVE et R. GUYOT-SIONNEST, *Le ravitaillement en lait d'une grande ville française…*, ouv. cité, p. 126.

délégués des Groupements de producteurs, cet Office devant être ultérieurement consulté avant toutes décisions officielles, concernant le lait et les produits qui en dérivent »[49]. Mais pour une concertation avec l'État, il faut des organisations de producteurs fortes et structurées.

« Organisons-nous ! » : de l'agrarisme au corporatisme laitier

L'évolution de l'agrarisme vers des organisations plus spécialisées se fait largement sentir dès les années 1920 pour le secteur du lait de consommation. Ainsi est fondée en novembre 1920 la Confédération générale des producteurs de lait, née du syndicalisme laitier parisien, mais à l'ambition nationale. La confédération vise à fédérer le syndicalisme laitier et surtout à le développer partout en France. Ces nouvelles organisations agrariennes ont pour but l'intervention dans la gestion des marchés et des prix ; elles s'investissent également dans la gestion de la qualité et dans les débats qu'elle suscite, comme nous avons pu le voir avec la journée du lait. Mais cela ne fait que se renforcer.

Des implantations locales, régionales et nationale

L'agrarisme, travaillé par le corporatisme, contribue largement à la formation de nouveaux syndicats et d'une nouvelle génération de coopératives[50]. Le regroupement des producteurs en syndicats de vente de lait vise à l'organisation des producteurs face aux intermédiaires pour négocier les prix, voire des clauses qualitatives dans les contrats de vente. La brochure-manifeste de la Confédération générale des producteurs laitiers insiste sur le fait qu'il faut que les contrats entre producteurs et intermédiaires permettent de payer le lait propre plus cher et accordent « des primes aux producteurs qui accepteraient de suivre quelques règles simples d'hygiène pratique »[51].

Au-delà de la négociation sur les prix, les syndicats peuvent être à l'origine de la création de coopératives. Ces dernières ont pour fonction de se doter d'outils permettant de transformer les excédents saisonniers[52] en autres produits laitiers, comme le beurre ou le fromage, pour éviter une chute des prix. Ainsi Pierre Saint-Olive, producteur de lait du Dauphiné, une région proche de celle des fruitières, donne pour modèle leur organisation. Drainant la quasi-totalité du lait de régions entières, elles

---

49. Motion au rapport Henry Girard, dans *La journée du lait...*, ouv. cité.
50. Voir : Claire DELFOSSE, *La France fromagère*, à paraître (2007) à la Boutique de l'Histoire.
51. CGL, *Le lait – prix – consommation...*, ouv. cité, p. 31.
52. C'est effectivement un des problèmes les plus graves de l'alimentation en lait des villes : dans certaines régions, les quantités ramassées au printemps sont le double de celles de l'automne. Aussi voit-on apparaître des excédents ; ceux-ci sont d'autant plus importants que parfois la population urbaine est moins nombreuse l'été, il y a donc plus de lait pour moins de consommateurs. C'est surtout le cas du marché lyonnais où les variations saisonnières sont qualifiées de « daube lyonnaise ».

paient bien le lait, mais ont de grandes exigences, auxquelles se plient les producteurs, quant à la qualité du lait livré : « les fruitières de l'Ain et de la Savoie ont tracé la voie. Un peu de cohésion, d'entente et de discipline doivent permettre aux producteurs de fournir aux laitiers lyonnais le lait nécessaire, tout le lait nécessaire, rien que le lait nécessaire, et, par-dessus le marché, du lait pur et du lait propre »[53]. La coopération peut donc résoudre le problème des variations saisonnières de production et de prix, mais aussi la question de la qualité. D'ailleurs, les groupements de producteurs exercent dès qu'ils le peuvent un contrôle de la production, s'assurent de la tenue des étables et cherchent à promouvoir l'éducation des éleveurs[54].

Les agrariens souhaitent que les syndicats locaux soient regroupés en unions ou en fédérations régionales, qui elles-mêmes doivent ensuite être regroupées à l'échelle nationale. Ainsi par exemple dans le bassin laitier lyonnais, les syndicats locaux sont fédérés au sein de l'Union du Sud-Est qui a créé, à la suite de la journée du lait lyonnaise, une section laitière intitulée « Secrétariat central du lait ». Il a pour but de centraliser « tous les renseignements concernant les ventes de lait, les cours du beurre et du fromage, les variations de la production et de la consommation ». Le Secrétariat central du lait joue aussi un rôle d'information et de défense des producteurs du point de vue de la législation, et il fait office de conseiller juridique des syndicats. Enfin, il joue un rôle de documentation tant sur les conditions de création de coopératives, que sur les wagons isothermes ou les épizooties...

Les fédérations régionales ont également pour mission d'impulser les créations de syndicats locaux et de coopératives de transformation. Ainsi à Lyon, où la réflexion a été particulièrement poussée, le Secrétariat central du lait réorganise le syndicalisme laitier autour de la ville. Deux options ont été envisagées : la première visait à organiser à Lyon « une vaste entreprise pour ravitailler directement la population », mais les agrariens lyonnais n'ont pas choisi cette voie, redoutant la faiblesse de la discipline des producteurs et la puissance des grandes entreprises qui n'auraient pas apprécié un tel concurrent et l'auraient écrasé. Aussi l'Union du Sud-Est a-t-elle opté pour une organisation en fédérations constituées le long des voies ferrées qui structurent l'approvisionnement en lait de la ville de Lyon[55]. Cette conception est parfaitement adaptée aux conditions économiques et commerciales et fait fi des limites administratives dans lesquelles s'inscrivaient souvent les organisations agrariennes anciennes[56]. « L'idée générale qui présida à leur formation fut la suivante : grouper exclusivement

---

53. Pierre SAINT-OLIVE et R. GUYOT-SIONNEST, *Le ravitaillement en lait d'une grande ville française...*, ouv. cité.
54. *Monographie agricole de 1929, département du Rhône*, ouv. cité.
55. *La vie laitière*, cité dans la monographie agricole de 1929 du Rhône, p. 267.
56. La recherche d'adéquation entre syndicats et aires de production « spécialisée » se retrouve également dans le secteur des fromages où les syndicats visent souvent à délimiter une aire de production d'origine garantissant une qualité du fromage.

sur le terrain professionnel de la production laitière tous les agriculteurs intéressés par le même régime ferroviaire ou commercial. Autrement dit : l'écoulement du lait se faisant par les voies ferrées et le tramway, les fédérations du lait, méprisant toutes les délimitations administratives, se constitueraient selon les rayons de ramassage de ces voies ferrées et de ces tramways, de telle façon qu'en une après-midi de dimanche, les chefs de syndicats communaux ayant mêmes débouchés et mêmes intérêts puissent se réunir facilement au siège de la Fédération et arrêter en commun leur ligne de conduite » [57]. L'idée étant qu'à terme, la ville de Lyon soit ceinturée d'un réseau de coopératives travaillant en complémentarité.

Pour que l'organisation corporatiste soit complète, il est envisagé une organisation nationale puissante. Aussi, les vœux émis lors de la journée du lait lyonnaise donnaient pour mission au Secrétariat général du lait d'entrer « rapidement en relation avec les organismes semblables déjà créés à Paris et dans les autres villes de France, de façon à assurer par un contact intime la défense des producteurs de lait devant les acheteurs, les pouvoirs publics et l'opinion ». La puissance du mouvement n'exclut pas des formes de coopération, voire de sollicitation des pouvoirs publics. La CGPL écrit ainsi que « les organisations syndicales devront étroitement collaborer avec les pouvoirs publics pour favoriser l'éducation du paysan et améliorer les techniques de l'industrie laitière » [58]. L'intérêt pour le progrès et les moyens modernes de production se retrouve pour l'industrie laitière : les coopératives comptent parmi les entreprises innovantes ; elles travaillent avec les écoles de laiterie et bénéficient des aides du ministère de l'Agriculture pour leur équipement. Quant à l'éducation des paysans, la collaboration entre organisations professionnelles et pouvoirs publics s'institutionnalise dans le courant des années 1930, dans le cadre notamment de la mise en œuvre de la « propagande laitière ».

Le comité de propagande, une forme de cogestion et de promotion de la qualité

Le premier effort de propagande en faveur du lait est réalisé à Paris à l'issue de la journée du lait. Peu après, l'office du lait réclamé par Marcel Donon est créé, et il en devient le président. L'un des objectifs de l'Office est de réaliser des campagnes de propagande dans la capitale et dans le département de la Seine. Les crédits utilisés par ce groupement sont versés par les producteurs qui approvisionnent Paris, la laiterie en gros, les sociétés à succursales multiples vendeuses de produits laitiers, et les crémiers détaillants. Dès 1930, l'Office du lait participe à la foire de Paris, il y organise un pavillon de propagande avec distribution de lait. Il s'agit bien là d'une forme moderne d'action. Continuant la collaboration annoncée lors de

---

57. Pierre SAINT-OLIVE et R. GUYOT-SIONNEST, *Le ravitaillement en lait d'une grande ville française...*, ouv. cité, p. 99.
58. CGL, *Le lait – prix – consommation...*, ouv. cité, p. 20.

la journée du lait parisienne, l'office tente aussi les premières expériences de distribution de lait dans les écoles, sous la direction de l'Office national d'hygiène sociale et avec le concours de la direction de l'enseignement primaire. Dans un premier temps, l'Office du lait n'a toutefois qu'un champ restreint au département de la Seine, et ne concerne que le lait de consommation.

La crise lui donne plus de moyens et va en faire une organisation nationale. Les difficultés d'écoulement des produits agricoles, alors que la production de lait ne cesse d'augmenter, rendent nécessaire la propagande visant à développer la consommation des produits laitiers. En 1931, le parlement approuve une loi « d'outillage national » qui donne des crédits au ministère de l'Agriculture pour améliorer les débouchés des produits agricoles français. Il est alors décidé que la gestion des crédits soit confiée à des organismes nationaux interprofessionnels présentant des programmes d'action précis et chiffrés [59]. C'est ainsi qu'est créé un Office national de propagande du lait, du beurre et des fromages. Il s'agit d'un comité interprofessionnel organisé sous le patronage de l'État. Il associe les groupements de producteurs, d'industriels ou de commerçants de produits laitiers. On note toutefois le poids des agrariens dans la composition du conseil de direction, où on retrouve Marcel Donon, qui en est le président, M. de Crazannes, président de la puissante Fédération des coopératives laitières et de l'Association centrale des laiteries coopératives des Charentes et du Poitou, ainsi que Jean Achard, secrétaire général de la Confédération générale des producteurs de lait. La dénomination de cet office semble directement héritée de celui de Paris. L'office est officiellement créé en mai 1932. Il change de nom, sûrement pour se mettre en conformité avec les autres secteurs de production : il devient le Comité national de propagande en faveur de l'amélioration de la production et du développement de la consommation du lait, des beurres et des fromages.

Fortement marqué par les organisations agrariennes, le comité national suscite la création de comités départementaux permettant de s'assurer la collaboration des associations régionales, départementales et locales intéressées. Les comités départementaux sont composés de représentants de groupements de producteurs, d'industriels, de commerçants, ainsi que de représentants de services des ministères de l'Agriculture et de l'Enseignement et des services d'Hygiène. La carte présentant ces comités en 1934 montre que tous les départements ne sont pas couverts, mais on note une nette prédominance des départements où se trouvent les grandes villes ou à forte concentration de population ouvrière. Cela tiendrait-il au poids des organisations concernant le lait de consommation ?

Revenons sur la dénomination du comité. Il est intéressant de noter que, tout de suite, il est certes question de développer la consommation, mais

---

59. *La propagande française en faveur des produits laitiers, Rapport moral et comptable*, slnd, 104 p.

aussi d'améliorer la production. Son programme, élaboré par Jean Achard, vraisemblablement en étroite collaboration avec Marcel Donon, reprend beaucoup des motions ou des vœux émis lors de la journée du lait parisienne. Les questions de la qualité et des rapports ville-campagne (ou plutôt paysans-citadins) y sont centrales. Comme « la bonne qualité d'un produit constitue la meilleure garantie du développement de sa consommation », le comité de propagande conduit un grand nombre d'actions en direction du producteur de lait, afin d'attirer son attention « sur la nécessité d'améliorer la qualité du lait »[60]. Ainsi, des « tournées de propagande » sont effectuées dans les régions de production laitière par des conférenciers qui se déplacent dans des voitures spécialement équipées (elles transportent un stand démontable d'exposition). Ils montent leur exposition dans les foires et marchés, ou au cours de conférences. Lors de ces manifestations, ils distribuent également des « tracts insistant sur la nécessité de récolter du lait propre »[61]. Ils utilisent par ailleurs d'autres moyens modernes de communication, telles les projections cinématographiques.

Les comités régionaux, réalisant ainsi l'un des vœux de Marcel Donon, organisent dans les centres de ramassage et de production des concours de propreté du lait pendant lesquels des causeries et des conseils sont donnés. Ces actions s'apparentent aux voies « traditionnelles » de l'excellence rurale[62], mais sont modernisées car accompagnées de films, causeries, *etc*. Enfin, en accord avec le ministre de l'Éducation nationale, « l'Office du lait a obtenu que le corps enseignant fasse aux enfants des écoles rurales des leçons sur les précautions à prendre pour récolter un lait propre et sain »[63].

Le consommateur n'est pas absent de ces actions éducatives : les écoliers des villes ont, quant à eux, droit à « des causeries sur la valeur alimentaire du lait ainsi que sur la façon dont il est récolté et transformé »[64]. En ville, le comité développe ses actions publicitaires en faveur de la consommation du lait : stand à la foire de Paris, projections cinématographiques, films documentaires, émissions radiophoniques, affiches, insertions dans la grande presse (presse féminine naissante). Les distributions de lait s'étendent à d'autres grandes villes comme Lyon, Lille, Bordeaux, Toulouse, Saint-Étienne... Des actions de promotion sont également conduites en direction des pays étrangers. Ainsi, par exemple, un ouvrage intitulé *La France laitière* est publié à l'occasion du dixième Congrès mondial de laiterie de 1934 et du seizième Congrès international d'agriculture qui s'est tenu la même année en Bulgarie. Dans cet ouvrage,

---

60. Jean ACHARD, « La propagande en faveur du lait et des produits laitiers », dans *La France laitière*, 1934, pp. 211-223.
61. *Ibidem*.
62. Jean-Luc MAYAUD, *Cent cinquante ans d'excellence agricole en France. Histoire du Concours général agricole*, Paris, Belfond, 1991, 192 p.
63. Jean ACHARD, « La propagande... », art. cité.
64. *Ibidem*.

une large place est faite aux représentants des organisations professionnelles laitières [65]. Ils y rappellent l'importance des produits laitiers en France et leur diversité, et ils y vantent la qualité des produits laitiers français, faite de « traditions » et de modernité.

Au-delà de cette expérience, les agrariens cherchent à peser sur la gestion des marchés et sur la définition des produits laitiers, qui demeure imparfaite à l'issue du décret de 1924. La qualité des produits reste un enjeu majeur.

La loi de 1935, vers une gestion corporatiste de la qualité ?

Cela suppose tout d'abord que le milieu laitier s'unisse. Certes, il existe une organisation des producteurs de lait, proche de celle des coopératives ; mais les conflits avec les industriels sont parfois très forts au niveau local, notamment pour la négociation du prix du lait [66]. Ainsi, la brochure-manifeste de la Confédération générale des producteurs laitiers de 1928 explique que les coopératives doivent collaborer avec les industriels du lait en ajoutant que ceux-ci « ne doivent pas s'effaroucher de cette organisation syndicale intégrale que nous préconisons », car « seuls pourront en être victimes ceux qui ne sauront pas s'adapter peu à peu à des techniques meilleures et comprendre que les industriels qui achètent aux paysans leurs produits ne doivent pas considérer leurs fournisseurs comme les serfs d'une nouvelle féodalité sur le plan économique, mais rechercher dans une collaboration féconde avec la profession organisée, la prospérité de toute l'industrie laitière depuis la production jusqu'à la livraison à la consommation » [67]. Les mots sont durs...

Les différents modes de valorisation du lait et la spécialisation des entreprises dans un produit particulier rendent également difficile l'union. Là encore, les tensions ont été assez fortes, notamment dans les années 1920, dans la mesure où seul le prix du lait de consommation était contrôlé : ceux du beurre et du fromage ne l'étaient plus après 1919. Aussi les agrariens ne cessent-ils d'affirmer, et cela même avant la crise, que « malgré les apparences diverses des produits finis livrés à la consommation par l'industrie laitière et bien que chacun d'eux semble constituer un

---

65. Ainsi par exemple, Marcel Donon a écrit les pages sur le lait de consommation et Jean Achard celles sur la propagande laitière.

66. On assiste à des conflits locaux très durs comme entre les herbagers de Thiérache (nom de producteurs de lait de cette région) et la société privée Maggi implantée dans cette région au lendemain de la Première Guerre mondiale et dont le lait est destiné à l'alimentation de Paris. Le syndicat des producteurs herbagers de Thiérache « a été créé dans le but de permettre aux producteurs de nos régions d'être bénéficiaires des avantages que procure l'association syndicale. Du fait même que dans nos régions, existe un trust du lait qui impose ses volontés et bien trop souvent, exploite les producteurs » (Archives départementales de l'Aisne, 7M30). Les termes sont forts : « trust » « impose ses volontés » et « exploite ». Les herbagers se déclarent prêts à faire la grève si leurs exigences en termes de prix du lait et d'horaire de collecte ne sont pas satisfaites. Le combat est long et difficile, mais finalement, un accord est signé à la fin du mois de septembre 1937. Ce conflit n'a rien d'exceptionnel.

67. CGL, *Le lait – prix – consommation...*, ouv. cité, p. 33.

marché spécial, le problème du lait est un, quelle que soit sa destination. Les intérêts réels de tous les producteurs de lait sont les mêmes, et les producteurs de beurre ne peuvent pas se désintéresser des grands mouvements du marché des fromages, les producteurs de fromages de ce qui se passe sur le marché du lait d'alimentation » [68]. Dans les années 1930, certes l'organisation professionnelle progresse : à la création de la Confédération générale des producteurs de lait, succèdent celle de la Fédération nationale des coopératives laitières en 1930 (les dirigeants de ces deux fédérations sont très proches), avant celle de la Fédération nationale des industriels laitiers en 1936. Ces syndicats professionnels nationaux gèrent l'ensemble du secteur laitier suivant leur statut (privé ou coopératif) et suivant leur fonction. Aussi l'organisation professionnelle du secteur laitier est-elle imparfaite, par rapport à d'autres pays. Toutefois, ces différentes fédérations s'étaient réunies à Paris, en 1934, en une Assemblée générale de la confédération générale laitière. Cette assemblée avait pour but d'exprimer leur inquiétude sur la situation des producteurs de lait et ainsi faire pression sur l'État pour qu'il s'implique dans la gestion du marché du lait. Ils réclamaient une gestion corporatiste du secteur.

La loi de 1935 relative à « l'organisation et à l'assainissement du lait et des produits laitiers » tendait à y répondre. Votée à la demande des organisations professionnelles du lait, et notamment de la Confédération générale des producteurs de lait, cette loi fait plus de place à la cogestion par la création d'un Comité du lait composé de vingt membres : trois parlementaires, treize représentants des professionnels et quatre fonctionnaires. Parmi les parlementaires et les représentants des producteurs, se retrouvent quelques personnages-clés de l'agrarisme laitier qui cumulent les fonctions, et en particulier Marcel Donon, qui est nommé au titre de représentant du parlement [69]. Cette organisation interprofessionnelle s'inspire d'exemples étrangers, y compris allemand : en Allemagne nazie, la loi du 13 septembre 1933 avait créé une corporation de l'alimentation (*Reichsnährstand*) regroupant les transformateurs et le commerce, divisée en associations professionnelles obligatoires par produits dotées en principe de pouvoirs étendus en matière d'organisation du marché et de fixation des prix [70]. Le Comité du lait s'apparente en outre aux organismes

---

68. *Ibidem*, p. 32.
69. En 1934 il est sénateur du Loiret, président du conseil général de ce même département, mais aussi président de l'Office national de propagande pour l'organisation et le développement de la production et de la consommation du lait, du beurre et des fromages, président de la Fédération des coopératives et syndicats laitiers de la région de Paris, vice-président de la Confédération générale des producteurs de lait et vice-président de la Fédération nationale des coopératives laitières.
70. Daniel HAIRY et Daniel. PERRAUD, *Problèmes d'organisation de l'économie laitière*, INRA, 1980. D'autorité, des coopératives ont été organisées et l'approvisionnement en lait régionalisé. Le livre de propagande du régime allemand réalisé pour le 11ᵉ congrès international de laiterie en 1937 est significatif à cet égard : *L'industrie laitière allemande d'aujourd'hui*, ministère de l'Alimentation et de l'Agriculture de Prusse et du Reich, 162 p.

interprofessionnels chargés de réguler le marché du blé (Office national interprofessionnel des céréales) ou du vin (Comité national des appellations d'origine des vins et des eaux de vie, s'intéressant à la fois au marché et à la qualité) [71].

Ainsi, la « qualité » rencontre bien des points fondamentaux de la doctrine agrarienne de l'entre-deux-guerres : la liberté, le refus d'un trop grand encadrement de l'État, et l'unité professionnelle sectorielle. Elle éclaire également sur la relation entre monde paysan et citadin-consommateur.

---

71. Le Comité national des appellations d'origine des vins et des eaux de vie est fondé en 1935 (il deviendra l'Institut national des appellations d'origine, INAO, en 1947). Il est le premier comité interprofessionnel français. Des pouvoirs réglementaires lui sont délégués. Aucune appellation d'origine viticole ne peut voir le jour s'il n'a pas pris une décision favorable, en approuvant un texte précis la définissant. Pour plus de détails, voir : *Une réussite française. L'appellation d'origine contrôlée. Vins et eaux de vie*, Paris, INAO, sd.

Annexe 1 :
Marcel Donon et les devoirs des acteurs de la filière lait

Devoirs des producteurs :
Abaissement du prix de revient par une amélioration de la production
Le lait propre et sain
Les laits spéciaux contrôlés

Devoirs des Pouvoirs publics :
Abrogation de la loi sur la spéculation illicite
La liberté de commerce créera l'abondance
Concours du Bon lait
Autoriser la vente libre de laits contrôlés
Deux catégories de lait
Abaissement des frais de transport
Propagande par tracts et affiches en faveur du Bon lait

Devoirs des consommateurs
Encourager les producteurs à faire des laits spéciaux
S'intéresser aux choses de la terre

Annexe 2 :
Motions adoptées lors de la journée parisienne du lait

Motion issue du rapport de M. Poher
[...] émettent le vœu qu'un tarif uniforme sur tous les réseaux soit promulgué en ce qui concerne le tarif du lait, sur la base du tarif le plus bas d'avant guerre, multiplié par le coefficient voté par le Parlement.

Motions issues du rapport de Charles Porcher :
[...] Que les Pouvoirs publics favorisent par les moyens dont ils disposent, notamment par l'intermédiaire des offices agricoles départementaux et régionaux, la sélection des animaux, au moyen du contrôle laitier et de subventions accordées aux reproducteurs de choix.
[...] Que les Pouvoirs publics favorisent la vulgarisation des connaissances relatives à la production d'un lait propre et sain et qu'ils étudient en outre les conditions les plus pratiques de l'organisation du contrôle biologique du lait.

Motions issues du rapport de Casanova
[...] Que M. le garde des Sceaux invite les Parquets à ne plus considérer les membres d'un Syndicat de laitiers comme les principaux détenteurs de la denrée « au sens de l'article 419 du code pénal » et à se montrer plus circonspects dans les poursuites pour coalition entre les membres desdits Syndicats ;
[...] Que les autorités compétentes autorisent et, au besoin, règlementent officiellement la vente du lait écrémé.
(Les autres vœux concernent les prélèvements pour les fraudes).

Motions issues du rapport de Henry Girard
[...] Que le marché soit libre, que si nécessaire, des cartes de priorité et le cas échéant des cartes de lait à prix réduit, aux frais de la collectivité, soient utilisées là où le besoin s'en fait sentir ;
[...] Que les pouvoirs publics, en vue de se documenter sur toutes les questions relatives à la production du lait, constituent un Office du lait comprenant en proportion équitable des délégués des Groupements de producteurs, cet Office devant être ultérieurement consulté avant toutes décisions officielles, concernant le lait et les produits qui en dérivent ;
[...] Que dès maintenant par les soins des Offices agricoles ou la Confédération générale du lait, des renseignements périodiques sur le coût de la production du lait établis suivant un plan et une méthode homogènes, soient adressés à l'Office du lait ou à la CGL qui constituera ainsi une documentation des plus utiles pour l'avenir ;
[...] que MM. Les ministres de l'Agriculture, de l'Hygiène et de l'Instruction publique veuillent bien faire, chacun dans leur ressort, la plus active propagande en faveur de l'« affiche du lait » de façon à encourager les producteurs, à éclairer les consommateurs et en particulier la jeunesse française.

La tradition agrarienne
et les visions planistes,
du Troisième Reich au « Plan vert »
de la République fédérale allemande

Wolfram PYTA

En Allemagne, depuis une soixantaine d'années [1], on a rompu avec une certaine tradition de pensée agrarienne. Or, comme nous voudrions le montrer, l'action de l'État national-socialiste ne fut pas pour rien dans cette mutation.

La pensée agrarienne en Allemagne plonge ses racines au plus profond de la tradition conservatrice du 19e siècle et du début du 20e siècle. Toutefois, il ne s'agissait pas seulement d'une attitude antilibérale, opposée à l'émancipation de l'individu par rapport à des catégories prédéfinies. Dans une perspective positive, le conservatisme agrarien allemand se faisait l'avocat du maintien de structures sociales communautaires. Le noyau générateur d'identité était la « communauté villageoise » (en allemand *Dorfgemeinschaft*), où l'on vivait et commerçait en circuit fermé. Le conservatisme agrarien se référait au microcosme villageois et cherchait à préserver la vie communautaire des effets destructeurs de la modernisation sociale et culturelle [2].

Dans une perspective étatique, il préconisait une vision corporatiste de la société. Car les « intérêts agricoles » voulaient s'assurer une influence maximale sur les décisions politiques. Or, cette influence se serait vue nécessairement réduite dans un système purement parlementaire, dans lequel la loi démocratique du plus grand nombre est décisive. Et les agrariens espéraient également atteindre de cette manière leur but politico-

---

1. Ce texte a été remis par l'auteur à la fin de l'année 1999 : les références bibliographiques mobilisées ont pu être actualisées (à paraître), mais aucune n'a été ajoutée. (*Note des directeurs du volume*).
2. Wolfram PYTA, *Dorfgemeinschaft und Parteipolitik 1918-1933. Die Verschränkung von Milieu und Parteien in den protestantischen Landgebieten Deutschlands in der Weimarer Republik*, Düsseldorf, Droste, 1996, 514 p.

économique le plus immédiat : l'introduction d'un tarif douanier protectionniste pour tous les produits agricoles [3].

Avant 1933, le parti national-socialiste ne jouit dans aucun milieu social d'un soutien comparable à celui qu'il connut dans le monde rural et protestant. En effet, les paysans protestants ne furent pas les derniers à porter Hitler au pouvoir en janvier 1933 [4]. Il n'entrait pourtant guère dans les intentions du régime national-socialiste de perpétuer la tradition agrarienne. On trouvait certainement aussi au NSDAP un courant important qui se laissait guider par une vision « romantique » de l'agriculture et militait pour la primauté absolue du village sur la ville. Le premier en date des ministres de l'agriculture nazis, Walter Darré, était imprégné de ces idées. Mais Darré tomba assez rapidement dans l'isolement politique. Il se révéla en effet incapable de remplir de façon satisfaisante les obligations économiques de son ministère. Car Hitler exigeait que Darré prépare la guerre, surtout dans la sphère alimentaire. Ce fut là que Darré échoua : le régime nazi n'obtint pas, sur le plan alimentaire, cette autarcie tant espérée, cette soi-disant « liberté alimentaire » [5].

Le successeur de Darré au ministère de l'Agriculture fut, en 1942, son ancien secrétaire d'État Herbert Backe. Et Backe ne symbolisait pas seulement l'abandon des « rêveries paysannes » ; il incarnait également un autre type de national-socialiste, ce même type qui devait déterminer de plus en plus fortement la politique agricole du Reich : le technocrate raciste. Les nationaux-socialistes à la Backe étaient, tout comme Darré, des fanatiques convaincus du racisme, mais ils rattachaient cette vision du monde à un grand « professionnalisme » et essayèrent de moderniser l'agriculture afin que cette dernière fut à même de satisfaire aux exigences qu'on lui avait imposées en matière de livraison. Ce faisant, ils se retrouvèrent en totale contradiction avec la tradition agrarienne.

Les technocrates nazis entendaient modifier radicalement le monde rural traditionnel [6]. Le village classique avait vécu dans un monde à part et n'avait entretenu que peu de relations avec la nation. Les planificateurs

---

3. Hartmut HARNISCH, « Agrarstaat oder Industriestaat. Die Debatte um die Bedeutung der Landwirtschaft in Wirtschaft und Gesellschaft Deutschlands an der Wende vom 19. zum 20. Jahrhundert », dans Heinz REIF [dir.], *Ostelbische Agrargesellschaft im Kaiserreich und in der Weimarer Republik*, Berlin, Akademie, 1994, pp. 33-50.

4. Jürgen W. FALTER, *Hitlers Wähler*, Munich, Beck, 1991, 443 p.

5. Gustavo CORNI et Horst GIES, *Brot - Butter - Kanonen. Die Ernährungswirtschaft in Deutschland unter der Diktatur Hitlers*, Berlin, Akademie, 1997, 644 p.

6. Konrad MEYER, « Neues Landvolk » dans Konrad MEYER [dir.], *Landvolk im Werden*, Berlin, Deutsche Landbuchhandlung, 1942, pp. 15-55 ; Jörg GUTBERGER, *Volk, Raum, Sozialstruktur. Sozialstruktur - und Sozialraumforschung im "Dritten Reich"*, Münster, Lit, 1996, 541 p. ; Kurt WAGNER et Gerhard WILKE, « Dorfleben im Dritten Reich : Körle in Hessen », dans Detlev PEUKERT [dir.], *Die Reihen fast geschlossen*, Wuppertal, Hammer, 1981, pp. 85-106 ; Karl STOCKER, « Landwirtschaft zwischen "Rückständigkeit" und "Fortschritt". Notizen zur Industrialisierung des Agrarbereichs in der NS - Zeit am Beispiel der Oststeiermark », dans *Zeitschrift für Agrargeschichte und Agrarsoziologie*, tome 38, 1990, pp. 62-86.

nationaux-socialistes voulaient désormais ouvrir de force la porte de l'ancien village, le sortir de son isolement. Les paysans, ces « originaux » à la « tête dure », étaient appelés à devenir partie intégrante de la communauté des Allemands, de la soi-disant « *Volksgemeinschaft* ».

Ce fut par une emprise étatique et centraliste, profondément étrangère au régionalisme paysan, que l'État nazi chercha à détruire l'ancien village. L'impulsion centrale fut une transformation de l'organisation de l'espace [7]. La propriété agricole devait être répartie différemment : les petites propriétés agricoles devaient quasiment disparaître et céder leurs parcelles aux exploitations de taille moyenne. Les nouvelles fermes rentables devaient, grâce à la mécanisation et à la rationalisation de la production, mieux faire honneur à leurs obligations envers la nation qu'un petit paysan qui ne produisait que pour satisfaire ses besoins propres. L'État nazi visait ainsi l'homogénéisation du paysage agricole allemand, si disparate. On y trouvait en effet jusqu'alors un grand contraste entre les différentes régions : une domination des grandes propriétés terriennes à l'est de l'Elbe, un règne des exploitations de taille moyenne dans le nord, tandis que l'ouest et le sud-ouest étaient marqués par la « petite culture ». Ces petits paysans, tout particulièrement, furent considérés comme de véritables « cas sanitaires » : l'État nazi décréta tout simplement qu'ils n'avaient plus le droit de vivre. Ils devaient, d'une part, émigrer dans les villes et être absorbés par l'industrie ; et d'autre part, un certain nombre d'entre eux devaient coloniser les territoires conquis à l'est [8]. Car, après l'occupation de l'ouest de la Pologne en 1939, le *Großdeutsches Reich* disposait d'un territoire qui, par une épuration ethnique, devait être germanisé. Les colons allemands devaient donc prendre la place des Polonais condamnés à la déportation...

Cette heure fut aussi celle des planificateurs agricoles avec leurs « visions planistes ». Ils voulaient utiliser les méthodes d'une discipline académique encore récente, le « *Raumforschung* », c'est-à-dire « l'exploration de l'espace », pour remodeler tout un espace culturel selon leurs conceptions [9]. Ces ingénieurs sociaux voulaient jouer aux créateurs et inventer le « nouveau village » – sans une once de respect ou de sentimentalité à l'égard des structures agraires traditionnelles. Dans ce but

---

7. Herbert MORGEN, « Zur Problematik der ländlichen Sozial - und Bodenordnung », dans *Raumforschung und Raumordnung*, tome 6, 1942, pp. 394-403.

8. Friedrich KANN, « Die Neuordnung der Realteilungsgebiete in Verbindung mit dem Aufbau des deutschen Ostraumes », dans *Neues Bauerntum*, tome 31, 1939, pp. 275-277 ; Michael G. ESCH, « *"Ohne Rücksicht auf historisch Gewordenes". Raumplanung und Raumordnung im besetzten Polen 1939-1944* », dans *Modelle für ein Deutsches Europa*, Berlin, Rotbuch, 1992, pp. 77-123.

9. Konrad MEYER, « Planung und Ostaufbau », dans *Raumforschung und Raumordnung*, tome 5, 1941, pp. 392-397 ; Frank GLATZEL, « Der praktische Ansatzpunkt der raumpolitischen Wissenschaft im Führerstaat », dans *Raumforschung und Raumordnung*, tome 4, 1940, pp. 481-484 ; Dieter MÜNK, *Die Organisation des Raumes im Nationalsozialismus*, Bonn, Pahl-Rugenstein, 1993, 491 p.

fut mis en place un impressionnant appareil de planification contrôlé par un représentant typique de la nouvelle élite technocratique : Konrad Meyer.

Konrad Meyer était un fonctionnaire nazi aux multiples compétences, à cheval entre deux domaines très différents : la science et la politique [10]. Professeur des sciences agronomiques à l'université de Berlin, il avait bâti un véritable empire scientifique. Le personnel d'encadrement scientifique des travaux de planification venait aussi des instituts de recherche dirigés par Meyer. La réalisation du travail de planification proprement dit revenait au *Reichsnährstand*, une administration gigantesque chargée de toutes les questions agricoles et agissant selon les indications de Meyer. Mais le véritable centre de la planification était le commissariat du Reich chargé de la protection du peuple allemand (en allemand *Reichskommissariat für die Festigung deutschen Volkstums*), une administration placée sous le contrôle des SS et dont Meyer dirigeait le département « planification ». Meyer tirait toutes les ficelles, car il ne préparait pas seulement la colonisation des territoires occupés à l'Est, mais il examinait également quelles étaient les possibilités de colonisation dans l'ancien Reich [11].

Ainsi on examina, jusqu'en 1943, environ 4 500 villages allemands, totalisant à peu près 5 millions d'habitants [12]. Les planificateurs avaient visité environ 1,4 millions de fermes et avaient statué sur le sort de chacune. Ils avaient décidé si la ferme devait être conservée, améliorée ou condamnée à la disparition du fait de sa faible rentabilité. Environ 220 000 familles de paysans devaient être transplantées d'ouest en est [13]. Ceci déclencha bien évidemment une forte irritation chez les personnes concernées. La contrainte devait, en dernier lieu, suppléer au peu d'empressement que montraient certains à transmigrer. Un déplacement de population d'une telle envergure ne pouvait être planifié et exécuté que dans le cadre d'une dictature.

Il est évident que l'emprise du régime nazi sur le monde rural ne se laisse pas réduire à des mesures socio-techniques, ne peut être ramenée à une simple intégration sans intentions politiques du milieu villageois paroissial dans le contexte national. En outre, la politique nazie d'aménagement du territoire fut accompagnée des mesures relevant de la

---

10. Konrad MEYER, *Über Höhen und Tiefen. Ein Lebensbericht* (mémoires non publiées) ; Heinrich BECKER, « Von der Nahrungssicherung zu Kolonialträumen : Die landwirtschaftlichen Institute im Dritten Reich », dans Heinrich BECKER [dir.], *Die Universität Göttingen unter dem Nationalsozialismus*, Munich, Saur, pp. 410-436.
11. Uwe MAI, *Ländlicher Wiederaufbau in der "Westmark" im Zweiten Weltkrieg*, Kaiserlautern, Institut für pfälzische Geschichte, 1993, 252 p ; Rolf-Dieter MÜLLER, *Hitlers Ostkrieg und die deutsche Siedlungspolitik*, Francfort, Fischer, 1991, 242 p.
12. Ludwig NEUNDÖRFER, « Reichsplanung - vom örtlichen Lebensbereich gesehen », dans *Neues Bauerntum*, tome 34, 1942, pp. 317-321 ; Siegfried MEDROW, « Erfolgreiche Arbeit der Siedlungsabteilungen des Reichsnährstandes », dans *Neues Bauerntum,* tome 36, 1944, pp. 91-93.
13. Selon le « plan général » du « Reichskommissariat für die Festigung deutschen Volkstums », juin 1942, repris dans Czeslaw MADAJCZYK [dir.], *Vom Generalplan Ost zum Generalsiedlungsplan*, Munich, Saur, 1994, p. 127.

politique raciale : le racisme, véritable force dynamique de l'État nazi, s'imposa donc aussi dans la politique sociale des campagnes.

Je ne peux pas traiter ici de façon exhaustive de cet aspect ; mais je voudrais du moins me pencher sur deux points qui me semblent significatifs pour notre problématique. Premièrement : un trait caractéristique de la face interne de la politique raciste nazie, c'est-à-dire de l'emprise raciste sur la population allemande, consistait en des liens très étroits que l'idéologie raciale entretenait avec un « diagnostic social ». La valeur raciale du peuple, ce qu'on nommait la « valeur héréditaire », se voyait en effet déduite en première ligne de comportements sociaux [14]. Des aspects « choquants » dans le comportement et de mauvaises performances à l'école ainsi que dans la vie professionnelle étaient considérés comme les révélateurs de défauts biologiques héréditaires ; tandis que toute réussite professionnelle et familiale devenait le témoin de qualités de même nature.

De cette biologie sociale surgit une terrible conséquence : d'un côté « l'élimination », de l'autre la reproduction choisie d'êtres humains dans un but d'« optimisation de la race ». Mais, en règle générale, seuls des groupes de population bien définis tels que les malades mentaux et les handicapés tombèrent dans les filets des hygiénistes nazis chargés des questions raciales, et ce parce qu'il était extrêmement long et coûteux de définir un profil biologique « type » de l'Allemand moyen [15]. Car ceci ne nécessitait pas seulement un examen médical, mais aussi l'établissement d'un profil social très complet, incluant également les ancêtres.

La population rurale tout particulièrement, qui évitait tout contact avec les organisations sanitaires étatiques, offrit tout d'abord peu de prise aux médecins eugénistes. Mais, ensuite, la toute nouvelle description détaillée des 5 000 communautés paysannes leur fournit une occasion bienvenue de rassembler des matériaux qui devaient leur permettre d'apprécier les qualités biologiques héréditaires de la population villageoise. Car quelques planificateurs agricoles donnèrent aussi dans leurs expertises des jugements sur les performances « biologiques et familiales » – terme alors en vigueur dans les instructions officielles [16]. De plus, ici et là, à l'occasion d'améliorations structurelles effectuées dans des régions en difficulté, on se

---

14. Gisela BOCK, *Zwangssterilisation im Nationalsozialismus*, Opladen, Westdeutscher Verlag, 1986, 421 p. ; Carsten KLINGEMANN, « Wechselwirkung zwischen Soziologie und Biologie - biologische oder soziologische Ethnopolitik », dans Eckhard DITTRICH et Olaf RADTKE [dir.], *Ethnizität. Wissenschaft und Minderheiten*, Opladen, Westdeutscher Verlag, 1990, pp. 245-262.
15. Karl Heinz ROTH, « "Erbbiologische Bestandsaufnahme" - ein Aspekt "ausmerzender" Erfassung vor der Entfesselung des Zweiten Weltkrieges », dans Karl Heinz ROTH [dir.], *Erfassung zur Vernichtung*, Berlin, Verlagsgesellschaft Gesundheit, 1984, pp. 57-100 ; Johannes SCHOTTKY, « Bauerntum und Rassenpflege », dans *Volk und Rasse*, tome 11, 1936, pp. 66-68.
16. Friedrich KANN, « Grundsätze für die Bereinigung des deutschen Dorfes », dans *Raumforschung und Raumordnung*, tome 6, 1942, pp. 386-394.

livra à un examen biologique de la population rurale, comme par exemple dans l'Eifel et le Rhön bavarois [17].

Tournons-nous vers le bilan historique, social et culturel de la domination nazie. Il convient tout d'abord de remarquer que les douze années de ce Reich à vocation millénaire représentent une période bien trop courte pour modifier radicalement des modèles de vie et de comportements bien ancrés. Cependant, l'action politique sur le village eut des suites décisives. Surtout chez les « paysans héréditaires », courtisés et privilégiés par le régime, il est facile de constater un assouplissement progressif des modes de pensée transmis par l'éducation.

Ce furent ces paysans à temps plein qui osèrent s'aventurer hors du ghetto mental de la communauté villageoise et commencèrent à se défaire du vieil Adam. Ils utilisèrent la mécanisation de l'agriculture introduite en force par l'État, ils envoyèrent de plus en plus fréquemment leurs fils dans les écoles agronomiques et mirent eux-mêmes à profit la moindre occasion qui leur était offerte de se perfectionner dans leur domaine. De plus en plus de paysans aux exploitations moyennes découvrirent un esprit d'entreprise jusque là resté en sommeil – un processus qui avait déjà fait son apparition autour des années 1900 dans des régions agricoles favorisées comme la Magdeburger Börde. Mais qui ensuite, pour la première fois, fit école dans tout le Reich [18].

C'est ainsi qu'une nouvelle manière de concevoir la production fit son entrée au village, et ceci ne resta pas sans conséquences sur le profil culturel des campagnes. Car le nouveau mode de pensée, orienté vers la production, entrait en collision avec la conception traditionnelle du travail, fondée sur l'effort physique [19]. Et comme l'éthique du travail constituait le noyau du code des valeurs villageoises, une nouvelle approche du travail agricole modifia en profondeur la culture des campagnes. Chez les petits paysans, à l'inverse, on observait une tendance au repli sur le village et sur la ferme. À ceci contribuaient avant tout les obligations de livraison imposées par

---

17. Joachim S. HOHMANN, *Landvolk unterm Hakenkreuz. Agrar- und Rassenpolitik in der Rhön*, tomes 1 et 2, Francfort, Peter Lang, 1992, 545 p. et 742 p.
18. Karl KASER et Karl STOCKER, *Bäuerliches Leben in der Oststeiermark seit 1848*, tome 2 : *Die verspätete Revolution*, Vienne, Böhlau, 1988, 324 p. ; Otto WIESE, « Welche Schlüsse sind aus den diesjährigen Wirtschaftsbeschreibungen für die bäuerliche Betriebslehre zu ziehen », dans *Wirtschaftskunde der schlesischen Erbhöfe. Eine Sammlung praktischer und wissenschaftlicher Erkenntnisse über die Grundlagen des schlesischen Landbaues*, tome 5, 1941, pp. 202-211 ; Otto WIESE, « Mechanisierung und zweckmäßige Gestaltung der Landarbeit », dans *Wochenblatt der Landesbauernschaft Moselland*, tome 27, 1942, pp. 859 f. ; Carl H. DENCKER, « Mechanisierung im Großbetrieb und in der bäuerlichen Familienwirtschaft », dans *Odal. Monatsschrift für Blut und Boden*, tome 10, 1941, pp. 259-275 ; Theresia BAUER, *Nationalsozialistische Agrarpolitik und bäuerliches Verhalten im Zweiten Weltkrieg. Eine Regionalstudie zur ländlichen Gesellschaft in Bayern*, Francfort, Peter Lang, 1996, 196 p.
19. Klaus HERRMANN, « Die Veränderung landwirtschaftlicher Arbeit durch Einführung neuer Technologien im 20. Jahrhundert », dans *Archiv für Sozialgeschichte*, tome 28, 1988, pp. 203-237.

l'économie de guerre, lesquelles ranimèrent une nouvelle fois chez les petits paysans cette conception profondément ancrée selon laquelle l'État était un percepteur d'impôts et une administration de contrôle [20]. C'est ainsi que le monde villageois se vit marqué d'une part par la persistance d'une « obstination » paysanne, d'autre part cependant par des processus de rationalisation culturelle – et qu'il devint ainsi de moins en moins homogène.

Somme toute, on peut donc constater, à la lumière de ce panorama de l'époque nazie, que les tendances à la décomposition qui existaient dans le monde villageois et agraire gagnèrent en force et en intensité. Dans le bloc compact de la communauté villageoise, apparurent des fissures de plus en plus larges. Il faut aussi bien se représenter que les exigences de l'État nazi ne visaient pas la préservation de ce milieu, mais sa transformation selon des critères raciaux.

Ce constat soulève une question ardemment débattue ces derniers temps : la domination nazie aurait-elle éventuellement contribué à moderniser la société agricole ? La réponse dépend avant tout d'une définition significative du mot « modernisation », débarrassée de toutes ses résonances trop normatives. La définition qui serait claire et utilisable dans le cadre de l'histoire socioculturelle soumet la modernisation à l'apparition d'une différenciation structurelle au niveau social, à l'émergence de l'individualisation au niveau culturel [21]. Du point de vue de l'histoire sociale, la modernisation signifie donc la disparition de modèles sociaux de type communautaire, la fragmentation de formations compactes et solidifiées en parties complémentaires. Et, vu sous cet aspect, il faut sans doute concéder au régime nazi une action de modernisation : il a bien pénétré dans la communauté villageoise jusqu'alors fermée et ainsi endommagé les murs extérieurs de ce milieu. Pourtant, il n'a en aucun cas entrepris ce qui aurait été le pendant nécessaire de cet assouplissement du milieu paysan : la libération de l'individu par rapport à des modes de pensée et de comportement héréditaires. Le régime national-socialiste a bien plus essayé – avec une variante nazie de la collectivisation – de prendre possession de chaque villageois, et ce bien plus brutalement qu'il n'était possible de le faire dans le

---

20. Daniela MÜNKEL, *Nationalsozialistische Agrarpolitik und Bauernalltag*, Francfort, Campus, 1996, 526 p.
21. Hans VAN DER LOO et Willem VAN REIJEN, *Modernisierung. Projekt und Paradox*, Munich, DTV, 1992, 216 p ; Peter FLORA, *Modernisierungsforschung. Zur empirischen Analyse der gesellschaftlichen Entwicklung*, Opladen, Westdeutscher Verlag, 1974, 256 p ; Detlev PEUKERT, *Max Webers Diagnose der Moderne*, Göttingen, Vandenhoeck, 1989, 157 p. La discussion intense dans l'historiographie allemande sur ce sujet pèche par une définition peu claire du concept de « modernisation » : Rainer ZITELMANN, « Die totalitäre Seite der Moderne », dans Michael PRINZ et Rainer ZITELMANN [dir.], *Nationalsozialismus und Modernisierung*, Darmstadt, Wissenschaftliche Buchgesellschaft, 1991, pp. 1-20 ; Michael PRINZ, « Die soziale Funktion moderner Elemente in der Gesellschaftspolitik des Nationalsozialismus », dans *ibidem,* pp. 297-327 ; Norbert FREI, « Wie modern war der Nationalsozialismus ? », dans *Geschichte und Gesellschaft. Zeitschrift für Historische Sozialwissenschaft*, tome 19, 1993, pp. 367-387.

microcosme de la communauté villageoise, éloignée de l'État et de la politique.

À la différence du régime nazi, la politique de la République fédérale peut présenter un parfait bilan de modernisation. À la fin des années 1960, on avait atteint un état de choses dans lequel le milieu agricole et villageois ne possédait plus de vie autonome, résultat d'une politique ciblée dans les domaines des structures agricoles et de l'aménagement du territoire.

Les premières années d'après-guerre, avec leur afflux de réfugiés et d'exilés urbains, confrontèrent sans aucun doute la communauté villageoise à des conceptions du monde et des comportements qui lui étaient étrangers. Toutefois, ce défi ne pouvait qu'égratigner la surface du noyau communautaire du microcosme villageois, et en aucun cas il ne pouvait l'atteindre dans sa substance. Une des raisons en était que la plupart de ces immigrants involontaires ne firent qu'une brève apparition dans les villages et retournèrent, quelques années plus tard, dans les milieux urbains qui leur étaient familiers. Mais, surtout, cette augmentation de la population ne porta pas atteinte au fondement agricole du mode de vie villageois [22]. On peut même enregistrer une nette évolution vers un retour à l'autarcie agricole – phénomène typique dans des temps de pénurie alimentaire !

Ce n'est qu'à partir du début des années 1950 qu'on peut parler d'une véritable politique des structures agricoles. Une nouvelle fois, la politique – par la voix des ministères de l'Agriculture et de l'Économie, et par celle des administrations chargées de l'aménagement du territoire – formula le désir d'une recomposition fondamentale de l'espace agricole : ce fut le « plan vert » [23]. Mais elle se garda bien, cette fois, de toute mesure coercitive et de toute tentative de récupération de la population villageoise. Mais, comme le Troisième Reich, la politique ouest-allemande ne pouvait ignorer l'urgence d'un assainissement des structures agricoles. Le problème de l'existence de petites fermes non rentables se posa même à elle avec encore plus d'acuité : c'était bien la partie ouest du Reich disparu qui avait pris en charge les régions où régnait le système des petites exploitations. L'État ouest-allemand n'essaya évidemment pas d'assumer cet héritage avec les méthodes en usage dans le Troisième Reich, à savoir le déplacement des petits paysans. Il n'était pas possédé par cette folie sociotechnique qui l'aurait conduit à mettre en œuvre une politique interventionniste pour créer de nouveaux espaces culturels. Il utilisa bien plus les instruments de contrôle de l'État pour accompagner les petits

---

22. Peter EXNER, « Integration oder Assimilation ? Vertriebeneneingliederung und ländliche Gesellschaft - eine sozialgeschichtliche Mikrostudie am Beispiel westfälischer Landgemeinden », dans Dierk HOFFMANN et Michael SCHWARZ [dir.], *Geglückte Integration ? Spezifika und Vergleichbarkeiten der Vertriebenen - Eingliederung in der SBZ/DDR*, Munich, Oldenbourg, 1999, pp. 57-88.

23. Ulrich KLUGE, *Vierzig Jahre Agrarpolitik in der Bundesrepublik Deutschland*, tome 1, Hambourg, Parey, 1989, 400 p.

paysans – et ceux pour qui l'agriculture était une activité annexe – sur le chemin qui devait les conduire hors de l'agriculture, dans le secteur tertiaire. Pour les prendre par la main, en somme.

En résumé, la politique structurelle de l'Allemagne fédérale écarta tous les obstacles à une « désagrarisation » des villages et scella ainsi le destin de la communauté villageoise. Je voudrais illustrer cette modernisation par l'exemple de deux régions aux paysages politiques différents, mais toutes deux marquées par l'agriculture : la Hesse du Nord et la Bavière.

« La Hesse en avant » : cette devise concernait avant tout la mutation des structures de la partie nord du *Land* : un paysage de moyennes montagnes dominé par l'agriculture, doté également d'une certaine activité industrielle, mais qui ne possédait qu'une seule vraie grande ville : Kassel. Le gouvernement social-démocrate de la Hesse s'était déjà voué, depuis le début des années 1950, au projet d'une harmonisation des conditions de vie entre ville et campagne. À pas de géants, il aida le progrès technique à entrer dans les campagnes : des villages autrefois coupés de toutes voies de transport (un voyage à Kassel était l'affaire d'une demi-journée) furent reliés au réseau routier. L'électricité, le gaz et l'eau courante atteignaient maintenant aussi les villages, et l'installation ciblée d'entreprises industrielles dans les campagnes devenait ainsi possible.

Cette modernisation technique du village était conceptuellement apparentée à un projet qui avait été conçu dès 1941 au ministère du Reich pour l'Alimentation et l'Agriculture – un indice infaillible de l'intérêt que prenaient tous les régimes politiques à l'amélioration des conditions de vie dans les campagnes. Ce programme précurseur se nommait « équipement du village » (« *Aufrüstung des Dorfes* ») et exprimait les revendications formulées par les campagnes : égalité, nivellement dans les domaines sociaux et culturels [24]. Le *Landtag* de Hesse arrêta en 1952 un programme pour « l'équipement social du village », dont le noyau consistait en une introduction prudente des biens de consommation urbains dans le monde villageois [25].

Des réfrigérateurs et des machines à laver, des bains publics, des bibliothèques municipales et surtout le premier téléviseur du village – tous ces messagers d'un nouveau style de vie furent d'abord l'apanage de la seule collectivité villageoise. On construisit pour ce faire des centaines de « maisons communautaires », afin de permettre que ces biens soient utilisés justement – c'est-à-dire, dans l'optique des villageois, de façon communautaire. Mais avec le début des années 1960, on assista, grâce à l'élévation du niveau de vie, à une appropriation de l'offre culturelle par les particuliers.

---

24. Wolfgang CLAUSS, « Aufrüstung des deutschen Dorfes », dans *Odal. Monatsschrift für Blut und Boden*, tome 10, 1941, pp. 276-280.
25. Detlev IPSEN et Thomas FUCHS, « Die Modernisierung des Raumes », dans *1999 - Zeitschrift für Sozialgeschichte des 20. und 21. Jahrhunderts*, tome 6, 1991, pp. 13-33.

En Bavière, l'installation de tendances semblables fut différée : la modernisation arriva ici sur la pointe des pieds [26]. Ce n'est qu'en 1957 que fut créée, avec la loi bavaroise pour la planification agricole, la première base législative de l'aménagement du territoire. En Bavière, l'assouplissement du noyau agricole du village ne se produisit que dans les années 1960. Au cours de ce processus, les couches de petits paysans et de saisonniers furent les premières à disparaître du monde du travail dans les campagnes. Plus la province bavaroise s'ouvrait aux infrastructures et plus il y eut d'entreprises industrielles à s'y installer, plus la force d'attraction exercée par l'industrie sur l'agriculture devint puissante.

La saignée que connut ainsi le monde agricole se distingua, dans une perspective qualitative, de l'exode rural traditionnel dont les représentants des intérêts paysans se plaignaient déjà amèrement depuis des décennies. L'exode rural habituel était synonyme de perte en termes de force de travail, et ce à cause de l'émigration dans les agglomérations industrielles ou dans les petites villes – mais il laissait le milieu villageois et agricole intact. Or, dans les années 1950 et surtout dans les années 1960, ces transfuges de l'agriculture continuèrent à habiter dans leur village d'origine, de telle sorte que le cercle des villageois réunis par le travail agricole devint de plus en plus étroit [27].

Ceux qui avaient un autre métier à côté de leur exploitation agricole (et les membres de leur famille qui travaillaient avec eux) furent les premiers à couper tous les ponts avec l'agriculture ; ils furent ensuite suivis par des troupes de petits paysans de plus en plus considérables. Ceux qui tirèrent d'abord profit de la situation furent les paysans aux exploitations de taille moyenne : ils purent en effet arrondir leur propriété avec l'aide des terrains abandonnés par les petits paysans et leur donner ainsi une taille rentable. Cette disparition du caractère « paysan » du village bavarois contribua sans doute profondément à l'apparition d'unités agricoles de taille moyenne au rendement plus important ; mais elle signifiait la fin du paysannat, de son influence dominante sur le mode de vie du village « traditionnel ».

Enfin, une partie des paysans « à temps plein » tenta également le saut dans une forme d'existence extérieure au monde paysan. Comme peut le montrer l'exemple des ouvriers d'Audi, provenant des environs ruraux d'Ingolstadt [28], ces paysans conservèrent tout d'abord leur ferme comme source complémentaire de revenus, mais ils coupèrent ensuite tout lien

---

26. Paul ERKER, « Der langsame Abschied vom Agrarland. Zur Sozialgeschichte der Bauern im Industrialisierungsprozeß », dans Matthias FRESE et Michael PRINZ [dir.], *Politische Zäsuren und gesellschaftlicher Wandel im 20. Jahrhundert*, Paderborn, Schöningh, 1996, pp. 327-360.

27. Andreas EICHMÜLLER, *Landwirtschaft und bäuerliche Bevölkerung in Bayern. Ökonomischer und sozialer Wandel 1948-1970*, Munich, 1997, 423 p.

28. Thomas SCHLEMMER, « Ingolstadt - Politik, Wirtschaft und Gesellschaft in einer Boom - Region 1948 bis 1975 », dans *Gesellschaft und Politik in Bayern 1949-1973. Vorträge auf der Tagung des Instituts für Zeitgeschichte vom 22. bis 23. Oktober 1997 in München*, pp. 15-23.

professionnel avec l'agriculture. Et on assista ainsi, avec la mobilité croissante introduite par l'automobile, avec la jouissance – pour la première fois – d'une importante quantité de temps libre, et avec l'extension de l'État social à l'agriculture (depuis 1957, les vieux paysans bénéficiaient d'une retraite lors de la transmission de leur ferme), à la décomposition du concept de travail dont les paysans avaient hérité, concept qui avait été autrefois le pilier du système de valeurs du monde villageois.

Et le village ancien mourut de sa belle mort. Ils furent bien peu à porter le deuil, surtout dans les milieux politiques où nul ne le regretta. Dire que, quatre-vingts ans auparavant, les esprits s'enflammaient encore en débattant du problème de l'identité de l'Allemagne : État agricole ou industriel ? À l'époque, les défenseurs de la « tradition agrarienne » avaient pu longtemps mobiliser leurs troupes politiques pour défendre avec succès la vie traditionnelle dans les campagnes. Ce fut justement le national-socialisme qui annonça la fin des anciens villages. Car l'élite des technocrates racistes pénétra brutalement et sans la moindre sentimentalité dans le microcosme villageois et se posa en maître des villages. Avec les moyens coercitifs d'une dictature, les ingénieurs sociaux nazis essayèrent d'ouvrir les villages à la communauté du « peuple ». Ils introduisirent un changement de mentalité et d'attitude qui se répandit pleinement dans la République fédérale.

***

Sans les travaux préparatoires du Troisième Reich, la modernisation des villages allemands n'aurait certainement pas réussi aussi facilement. La recette du succès de cette modification structurelle réside dans la prudence avec laquelle procédèrent les hommes politiques allemands dans le domaine agricole. Ils s'opposèrent clairement à toutes les visions romantiques de l'agriculture qui voulaient restaurer dans les campagnes l'univers du passé. Mais ils ne tombèrent pas non plus dans la folie de la planification totale et ne tentèrent pas de réformer d'un seul coup des espaces culturels entiers. Et le succès de cette modération se lit aussi certainement dans le climat de calme politique que connut le mode rural pendant cette modification fondamentale de ses structures.

La politique agrarienne du gouvernement de Vichy

Isabel BOUSSARD †

Le gouvernement de Vichy s'étend du 10 juillet 1940 au mois d'août 1944. Mais, avec les années, les élans et les perspectives du début se sont évanouis. Dès le 12 août 1941 (discours du « vent mauvais »), le maréchal Pétain a bien compris que l'opinion se détache de lui : « Français. J'ai des choses graves à vous dire. De plusieurs régions de France, je sens se lever depuis quelques semaines un vent mauvais. L'inquiétude gagne les esprits, le doute s'empare des âmes. L'autorité de mon gouvernement est discutée, les ordres sont souvent mal exécutés » [1]. Les interrogations se multiplient, la Résistance s'organise. Toutefois, le ministre de l'Agriculture, nommé en juillet 1940 (sans accord préalable de sa part), Pierre Caziot, reste en place jusqu'au 18 avril 1942, date du retour de Pierre Laval au pouvoir. Impliqué dans le « complot » contre Pierre Laval le 13 décembre 1940, il doit alors s'en aller.

Son successeur, Jacques Le Roy Ladurie, ne se fait guère d'illusions, même si ses discours tentent de faire croire à la possibilité d'une « grande » politique agricole : « Ce que nous voulons, c'est amorcer dès aujourd'hui une grande politique agricole ! Pour que les villes oublient à tout jamais le spectre de la famine, il faut que les villages de France soient remplis de rires d'enfants » [2]. S'adressant aux syndics de la Corporation, il leur parle « les yeux dans les yeux » et, condamnant la politique de la Troisième République, il évoque, curieusement, les « 35 heures » : « La crise irrémissible des années d'avant-guerre, ce ne furent pas les chimères politiques, les illusions folles ! Ce fut de dire à l'homme : "Loisir passe avant travail. Travaillons trente-cinq heures. Demain nous travaillons encore moins" » [3]. Ceci rejoint le discours du maréchal Pétain, un an

---

1. Philippe PÉTAIN, *La France nouvelle*, tome 2, *Appels et messages, 8 juillet 1941-17 juin 1943*, Montrouge, Draeger, 1943, p. 21.
2. Jacques LE ROY LADURIE, *Produire ou mourir, discours de Lyon du 2 juin 1942*, Paris, ARAC imp., 1942, 16 p., pp. 10-11.
3. *Ibidem*, p. 11.

auparavant, parlant des lendemains de la Première Guerre mondiale : « Depuis la victoire, l'esprit de jouissance l'a emporté sur l'esprit de sacrifice. On a revendiqué plus qu'on a servi. On a voulu épargner l'effort : on rencontre aujourd'hui le malheur »[4]. Dans la pratique, Jacques Le Roy Ladurie se contente de gérer le quotidien et passera dans la clandestinité au mois de septembre de la même année.

Après avoir été secrétaire d'État au Ravitaillement, aux côtés de Jacques Le Roy Ladurie, Max Bonnafous, normalien, agrégé de lettres, devient le dernier ministre de l'Agriculture et du Ravitaillement de l'État français, du 11 septembre 1942 au 6 janvier 1944 – date à laquelle le ministre des Finances, Pierre Cathala, prend en charge ce département. En décembre 1942, il garde un certain espoir et, préfaçant une brochure destinée aux prisonniers de guerre, parle encore de l'avenir : « Nous reprenons la tâche des ancêtres comme ils l'on faite, je veux dire sans y plaindre notre peine et notre patience, vertu rurale par excellence. Par l'agriculture, nous restaurons la France pour nos enfants et les enfants de nos enfants. Nous travaillons pour l'avenir »[5].

Mais ne sont-ce là que de belles paroles ? À l'exception du statut du fermage, les grandes lois retenues sont élaborées durant la première période, quand Pierre Caziot est ministre de l'Agriculture. Ce dernier est ingénieur agronome, expert foncier internationalement reconnu, sans aucune expérience politique, mais fermement attaché à la défense de la paysannerie. Il s'en explique lui-même : « Je me suis toujours tenu à l'écart de la politique, refusant d'entrer au Parlement, afin de défendre en toute indépendance, dans le plan technique, les intérêts de l'Agriculture »[6]. Ce témoignage direct, évidemment plaidoyer *pro domo,* est néanmoins intéressant. Écrit en février 1949 et reprenant une partie des exposés de son procès en mars 1947, il reflète bien l'attitude d'un homme qui a cru, malgré les circonstances, pouvoir mener une « grande » politique agricole, ce que l'on peut se risquer à appeler une politique « agrarienne ».

Nous célébrons le trentième anniversaire de la parution de l'ouvrage : *Les agrariens français de Méline à Pisani,* et l'auteur a défini ce qu'il appelle les « agrariens », c'est-à-dire, *grosso modo,* tous les agriculteurs : « Nous appliquerons ce terme aux petits comme aux gros, aux hommes de droite comme aux hommes de gauche, aux syndicalistes comme aux politiciens. C'est tout le dialogue engagé entre les volontés des agriculteurs et les actes des autorités publiques que nous voudrions saisir à la charnière

---

4. Philippe PÉTAIN, *La France nouvelle*, tome 1, *Appels et messages, 17 juin 1940-17 juin 1941*, Paris, Fasquelle, 1941, appel du 20 juin 1940, p. 18.
5. *La terre de France attend ses paysans prisonniers de guerre*, Paris, ministère de l'Agriculture et du Ravitaillement, ARAC imp., 1942, 142 p., p. 5.
6. Témoignage de Pierre Caziot, « L'agriculture », dans *La vie des Français sous l'Occupation. (1940-1944)*, Hoover Institute, Stanford University, California, Paris, Plon, tome 1, 1957, pp. 253-274, p. 255.

de l'économique et du politique »[7]. Il est évident que Pierre Barral voulait écarter par là l'assimilation des « agrariens » à de gros cultivateurs, situés politiquement à droite. Mais nous y ajouterons une connotation particulière, en définissant une politique « agrarienne » comme une politique à long terme. Cela est particulièrement utile pour la période étudiée. Une politique au jour le jour est toujours nécessaire mais, sous l'Occupation, une partie beaucoup plus importante de la politique agricole est consacrée à répondre aux besoins du moment : faire face à la pénurie, ravitailler les populations, essayer de juguler ou de minimiser les exigences allemandes. C'est une politique à court terme qui ne s'inscrit pas dans la durée. Pierre Caziot, pourtant, a d'autres ambitions et veut mener une politique de longue haleine qui engage l'avenir de l'agriculture, quelles que soient les circonstances.

Son témoignage prouve qu'il est bien conscient de la dichotomie ou plutôt d'une tâche à mener divisée en trois parties : « L'œuvre à accomplir [...] : A - Remettre l'agriculture en marche. B - Prendre les mesures nécessaires pour assurer le ravitaillement de la zone libre et maintenir la production agricole au niveau le plus élevé possible, afin d'assurer le ravitaillement du pays. C - Entreprendre l'œuvre de la restauration paysanne »[8]. On peut assimiler les deux premières obligations à une politique à court terme, à une réponse à la conjoncture. Quelques jours après sa nomination d'ailleurs, Caziot demande à être déchargé de cette politique au jour le jour. Il écrit au maréchal Pétain : « Je dois assumer deux tâches différentes ; nourrir le pays et *reconstruire la France agricole*[9]. Depuis la déclaration de guerre, la réunion de ces deux tâches était supportable car, en fait, la seconde était toujours ajournée et le ministre de l'Agriculture pouvait se consacrer à la première ». Mais cela ne peut durer : « La confiance et l'espoir au cœur des paysans doivent être soutenus par la certitude que la restauration paysanne – œuvre de longue haleine – n'est pas différée »[10]. Il obtiendra satisfaction avec la nomination de Jean Achard le 18 septembre 1940, puis de Paul Charbin le 11 août 1941, comme secrétaires d'État au Ravitaillement.

Ce qui est intéressant ici est de montrer que, neuf ans plus tard, en 1949, il est toujours dans le même état d'esprit puisque, outre les problèmes conjoncturels, il parle bien d'une œuvre de « restauration paysanne ». Il faut donc distinguer, dans la politique agrarienne menée durant la période, des mesures que l'on espère voir durer, mais qui seront abolies, du moins formellement, d'autres qui seront « aménagées », d'autres enfin qui seront tout simplement validées.

---

7. Pierre BARRAL, *Les agrariens français de Méline à Pisani,* Cahiers de la Fondation nationale des sciences politiques, n° 164, Paris, Armand Colin, 1968, 386 p., p. 13.
8. Témoignage de Pierre Caziot, *La vie des Français…*, ouv. cité, p. 258.
9. Souligné dans le texte. Lettre de Pierre Caziot à monsieur le maréchal Pétain, s.d., 2 AG 442 CC6, (archives du cabinet civil du chef de l'État).
10. *Ibidem.*

Une politique qui vise la durée

La principale des mesures prises que l'on espérait de longue durée est, bien sûr, la création de la Corporation paysanne. L'acte, dit loi [11] du 2 décembre 1940 ne crée qu'une commission provisoire d'organisation corporative mais, dès ce moment, on parle de « Corporation paysanne » [12]. En présentant la loi, le ministre évoque d'abord le passé : « Le gouvernement s'est bien gardé de bâtir un système entièrement nouveau à caractère théorique : c'est en partant des éléments existants et de l'expérience acquise depuis plus d'un demi-siècle que la loi a été conçue. Elle forme un cadre dans lequel devront être unifiées, réformées et intégrées les organisations actuelles dont la masse confuse ne représentait que d'une façon imparfaite la paysannerie française » [13]. Un point essentiel est, en effet, qu'il « ne peut exister qu'un seul syndicat agricole corporatif pour une même circonscription locale » [14] et que toutes les autres organisations professionnelles agricoles devront également être unifiées.

Cette référence au passé répond à un certain nombre de critiques qui reprochaient au projet de loi de faire table rase de ce passé : « On dit que pour "éviter une construction corporative de caractère utopique il est indispensable de partir des éléments existants de l'organisation professionnelle" ; et l'on détruit à peu près tout ce qui existe [...]. On prétend "utiliser les groupements qui ont fait leurs preuves" ; et on liquide, dissout et subordonne les organisations qui ont les succès les plus certains » [15]. Disparaissent, en effet, la Confédération nationale des associations agricoles, dont Michel Augé-Laribé était le secrétaire général, et l'Assemblée permanente des présidents des chambres d'agriculture [16], la nouvelle Corporation s'emparant de ses locaux.

Dans la présentation de Pierre Caziot, on voit bien qu'il songe à l'avenir : « Désormais, vous posséderez une organisation forte et bien ordonnée, qui sera BIEN À VOUS et qui aura les moyens de défendre vos intérêts légitimes [...]. Replacés au rang que vous méritez, vous pourrez ainsi être dans la grande œuvre que poursuit le Maréchal PÉTAIN, les grands artisans de la reconstruction française » [17].

---

11. Pour faire bref, on parlera désormais de « loi », bien que l'on sache que ces mesures avaient été promulguées sans aucun débat ni vote parlementaires, puisque les chambres avaient été « ajournées » le 11 juillet 1940 (article 2 de l'acte constitutionnel n° 3, *Journal officiel*, 12 juillet, p. 4518).
12. Voir, par exemple, le journal dirigé par Louis Salleron, *Syndicats paysans*, qui titre le 19 décembre 1940 : « La Corporation nationale paysanne est enfin réalisée ».
13. *Bulletin de la Commission nationale d'organisation corporative*, conférence de presse du 7 décembre 1940, cité dans : Isabel BOUSSARD, *Vichy et la Corporation paysanne*, Paris, Presses de la Fondation nationale des sciences politiques, 1980, p. 45.
14. Article 2 de la loi du 2 décembre.
15. Lettre de Michel Augé-Laribé, 28 septembre 1940, Fonds Augé-Laribé, 17, p. 36.
16. Article 18 de la loi du 2 décembre.
17. *Ibidem*, p. 46.

Cette idée de l'avenir se retrouve dans les discours du maréchal Pétain. Par exemple, dans le « message à la Corporation paysanne », adressé à Tulle, le 8 juillet 1942. Le chef de l'État y évoque le ravitaillement, le « domaine de l'immédiat », puis ajoute : « Mais la corporation paysanne n'est plus une réalisation temporaire, faite seulement pour passer un moment particulièrement difficile. Il faut qu'elle soit une œuvre durable, qu'elle soit la pierre angulaire de l'édifice corporatif de la France de demain. Et plus tard, paysans de France, vous pourrez dire avec fierté : nous avons été les premiers jalons de la renaissance française » [18].

On sait ce qu'il adviendra de ces beaux « rêves ». L'ordonnance du 26 juillet 1944 supprime la Corporation et les organismes transformés, fusionnés ou dissous en raison des « actes » dits « lois » de 1940-1941 : ceux-ci « sont réputés n'avoir jamais cessé d'exister et rétablis dans leurs statuts et leur administration à la date de leur transformation, fusion ou dissolution » [19]. Cette disposition indique le retour au *statu quo ante* mais, quand il devient ministre de l'Agriculture le 10 septembre 1944, le socialiste Pierre Tanguy-Prigent ne veut pas de ce retour. Il est parfaitement conscient que ce sont les hommes du syndicalisme plutôt situé à droite avant guerre, l'Union nationale des syndicats agricoles (UNSA), la « Rue d'Athènes » et son annexe de la « Rue des Pyramides » qui ont pris les rênes de la Corporation. Le retour au *statu quo ante* signifierait donc le maintien des dirigeants de la Corporation. C'est pourquoi il crée, à titre provisoire, un Comité national d'action agricole et des comités départementaux d'action agricole [20], dans lesquels il place ses amis, désirant conserver l'unité créée par le précédent régime, mais avec des hommes plus proches de ses idées personnelles. On sait que ce nouveau désir ne se réalisera pas et que, dès les élections de mars 1946, des anciens de l'UNSA et donc de la Corporation, reviennent aux postes de commande, ce que Pierre Barral appelle « le retour des évincés » [21].

En fait, même Tanguy-Prigent conserve le principal apport de la Corporation, à savoir cette fameuse unité syndicale qui se maintiendra, avec la Fédération nationale des syndicats d'exploitants agricoles (FNSEA) et sa « filiale », le Centre national des jeunes agriculteurs (CNJA), jusqu'en 1959 – date de la création du Mouvement de défense des exploitations familiales (MODEF). Ce dernier ne se veut pas une organisation à proprement parler syndicale mais, d'inclinaison communiste, il constitue néanmoins une brèche dans l'unité. Dix ans plus tard, ce sera la création de la Fédération française de l'agriculture (FFA), située plutôt à droite et, de nos jours, si la FNSEA reste majoritaire avec environ 60 % des voix aux différentes élections aux chambres d'agriculture, elle doit désormais compter avec les

---

18. Philippe PÉTAIN, *La France nouvelle*…, ouv. cité, p. 156.
19. Article 3 de l'ordonnance, *Journal officiel*, 5 août, p. 674.
20. Articles 7 et 8 de l'ordonnance du 12 octobre 1944, *JO*, 13 octobre, p. 925.
21. Pierre BARRAL, *Les agrariens français*…, ouv. cité, p. 288.

syndicats minoritaires, en particulier la Confédération paysanne, à gauche, et la Coordination rurale, à droite.

Une politique « aménagée »

Un certain nombre de mesures prises par le gouvernement de Vichy n'ont pas été officiellement abrogées à la Libération, mais « aménagées » « réaménagées » selon une nouvelle orientation politique. La plus célèbre d'entre elles est le statut du fermage adopté le 4 septembre 1943 [22].

Le projet datait du Front populaire, soutenu par le premier ministre socialiste de l'Agriculture, Georges Monnet [23]. Brièvement, ce projet comportait trois dispositions principales : 1° - Que tout fermier, à l'expiration de son bail, ait priorité pour son renouvellement. 2° - S'il ne peut le reprendre, qu'il ait droit à une indemnité d'éviction, sauf si le propriétaire reprend le bien pour l'exploiter lui-même ou sa famille. 3° - En cas de vente, le fermier aurait un droit de préemption.

Dès sa parution, le projet suscite une levée de boucliers, surtout contre la troisième proposition, au nom de la défense du droit de propriété. En particulier, Pierre Caziot, devant l'académie d'agriculture, dresse un sévère réquisitoire : le projet ne répond à aucune nécessité du moment, les rapports entre propriétaires et fermiers sont « presque toujours amicaux » et « inspirés d'une compréhension mutuelle », les nouvelles dispositions gêneraient l'installation des jeunes puisque le texte « créerait, en faveur des occupants, une sorte de droit d'usufruit » [24], *etc*. Le projet est voté par la chambre des députés en mai 1937, mais le sénat refuse de le mettre à son ordre du jour au nom, précisément, de la défense du droit de propriété.

Curieusement, les corporatistes de 1940-1941 vont reprendre le projet et même, disent ses détracteurs, l'aggraver. Les discussions sont fort nombreuses autour d'un, deux, puis trois projets, ce qui ne met pas de clarté dans les débats. *Grosso modo*, les chambres de notaires, les associations de propriétaires, la Société des agriculteurs de France et le ministère de la Justice consultés, y sont hostiles : il est peu précis, mal rédigé et surtout entrave encore davantage les droits du propriétaire, puisque le projet de 1937 permettait au bailleur de reprendre son bien en payant une indemnité d'éviction, alors qu'il ne pourra plus le faire si la commission paritaire s'y oppose. En bref, il est « pire » que celui de 1937 que le sénat a déjà eu bien raison d'écarter. Le seul point sur lequel tout le monde est à peu près d'accord est l'indemnité de plus-value au fermier sortant, accordée par la loi

---

22. *Journal officiel*, 8 septembre 1943, pp. 2365-2367.
23. Projet de loi relatif à la propriété culturale, n° 1362, 26 novembre 1936.
24. Communication de Pierre Caziot sur la propriété culturale, académie d'agriculture, 2 décembre 1936. Pour plus de détails sur ces controverses, voir : Isabel BOUSSARD, « Le statut du fermage (1936-1946) » dans Gérard BÉAUR, Mathieu ARNOUX et Anne VARET-VITU [dir.], *Exploiter la terre. Les contrats agraires de l'Antiquité à nos jours, Actes du colloque international de Caen 10-13 septembre 1997*, Bibliothèque d'histoire rurale n° 7, Caen, Association d'histoire des sociétés rurales, 2003, pp. 173-193.

du 15 juillet 1942 : le bailleur doit payer au fermier une somme égale à la moitié de l'accroissement de la valeur du fonds tel qu'il résulte de la comparaison de l'état des lieux au début et à la fin du bail [25]. Le reste traîne en longueur et les corporatistes s'impatientent : « Le ministre de la Justice refuse d'admettre qu'à l'instauration d'un Régime nouveau, le Régime Corporatif, il faut un droit nouveau » [26]. Le ministre de l'Agriculture, Max Bonnafous, nommé le 11 septembre 1942, s'en mêle et l'affaire remonte jusqu'au chef de l'État, qui somme le garde des sceaux, Maurice Gabolde depuis le 26 mars 1943, de faire diligence : « Le Ministre, Secrétaire d'État à l'Agriculture et au Ravitaillement vous a transmis, il y environ deux mois, deux projets de loi particulièrement importants pour l'agriculture : le premier porte statut du fermage, le deuxième bloque le prix des baux à ferme à la parité de 1939. Ces textes, qui ont été élaborés en plein accord avec la Corporation paysanne, sont attendus avec la plus grande impatience dans le monde agricole, auquel ils ont été annoncés et promis depuis bientôt deux années. J'attire tout spécialement votre attention sur la nécessité d'un prompt examen, par vos services, des dispositions qu'ils comportent et je vous demande de me tenir personnellement informé des objections éventuelles que les projets dont vous êtes saisi pourraient appeler de votre part » [27].

Tout cela aboutit à la loi du 4 septembre 1943, mais qui établit un statut du fermage parfaitement « édulcoré ». En particulier, le droit de préemption du fermier sortant est supprimé. Il ne sera octroyé qu'à la Libération, par la loi du 13 avril 1946 qui y ajoute le droit de « chasser » accordé au fermier [28].

Une politique qui a duré

Le Gouvernement provisoire, entre 1944 et 1946, ne s'attarde pas à abroger un certain nombre de mesures, jugées sans doute secondaires, et va même jusqu'à en valider certaines.

Dès son installation, le gouvernement de Vichy s'était soucié d'un problème, ô combien délicat en France : le régime des bouilleurs de cru et la lutte contre l'alcoolisme. La loi du 20 juillet 1940 interdit la distillation à domicile et supprime le régime forfaitaire des bouilleurs [29]. Celle du 23 août 1940 relève les droits sur l'alcool et interdit la consommation des apéritifs à base de vin titrant plus de 16 degrés [30]. Correspondant bien à la volonté

---

25. *Journal officiel*, 18 juillet, pp. 2474-2475.
26. Lettre signée Budes de Guébriant, Délégué général de la chambre syndicale nationale, à Jean Jardel, secrétaire général du chef de l'État, 15 mai 1943, 2AG 548 CC 149 B3.
27. Signé Philippe Pétain, 22 mai 1943, 2AG 547 CC 147.
28. *Journal officiel*, 14 avril 1946, p. 3136. Précisons bien qu'il s'agit du droit de « chasser » purement personnel, alors que le droit de « chasse » reste au propriétaire qui peut inviter qui bon lui semble à venir chasser sur ses terres, ce qui n'est pas permis au fermier.
29. *Journal officiel*, 22 juillet, p. 4564.
30. *Journal officiel*, 24 août, p. 4765.

moralisante et rénovatrice du régime, cette législation n'est appliquée qu'avec de nombreuses exceptions : « Il ne faut pas l'appliquer aux vins de Champagne parce que les Allemands s'y intéressent. Il ne faut pas l'appliquer au Roussillon parce que cela ruinerait les agriculteurs. Il ne faut pas l'appliquer au Porto parce que cela mécontenterait les Portugais »[31]. Mais comment ne pas avoir immédiatement en tête la politique menée par la suite, en particulier la lutte acharnée du gouvernement Mendès-France en 1954 ?

En novembre 1940, Vichy « prolonge » une création du Front populaire. Le 15 août 1936, Georges Monnet était parvenu, après bien des démêlés, à faire voter la loi créant l'Office national interprofessionnel du blé (ONIB). Celle du 17 novembre 1940 transforme l'ONIB en Office national interprofessionnel des céréales (ONIC)[32]. Sa compétence fut donc élargie aux céréales secondaires « et le pouvoir passa du Conseil central à un Président nommé. Celui-ci fut Hallé, de l'AGPB[33], qui, acquérant le contrôle, se ralliait ainsi à un mécanisme dont elle avait vivement contesté la création »[34]. Les professionnels de 1936 avaient, en effet, jugé le nouvel office trop étatiste, d'inspiration dirigiste, ne leur donnant pas assez de pouvoir au profit des représentants de l'État et ne sachant pas faire face aux excédents de blé pour lesquels il avait, pourtant, été créé. Pierre Hallé, lui-même, s'en explique : « *La loi du 17 novembre 1940* fondamentale, a transformé l'Office du blé en [...] ONIC, donnant aux professions un rôle beaucoup plus marqué ; elle a créé un Office véritablement interprofessionnel. Les pouvoirs et les attributions du Conseil central ont été conférés au *Président de l'Office* assisté d'un *Conseil de gestion interprofessionnel* de 11 membres : 6 producteurs, 2 meuniers, 2 négociants, 1 boulanger »[35].

Par ailleurs, toujours selon le témoignage de Pierre Hallé, le nouvel office « s'est révélé une mécanique tout à fait bien adaptée pour faire face à des récoltes déficitaires, assurer le ravitaillement en pain, *etc.* »[36]. Le problème est qu'il garde le secrétariat général puis la direction générale du groupe spécialisé des céréales et que ce cumul déplaît au ministre des Finances, Pierre Cathala qui, en décembre 1942, demande qu'il y soit mis fin[37]. Pierre

---

31. Archives Pierre Caziot. Voir : Isabel BOUSSARD, « Principaux aspects de la politique agricole française pendant la Deuxième Guerre mondiale », dans *Revue d'histoire de la Deuxième Guerre mondiale*, n° 134, 1984, pp. 1-32.
32. *Journal officiel*, 19 novembre 1940, p. 5714.
33. Association générale des producteurs de blé.
34. Pierre BARRAL, *Les agrariens français...*, ouv. cité, p. 271.
35. Pierre HALLÉ, « Les céréales », dans Louis SALLERON et *alii*, *La Corporation paysanne*, Paris, Presses universitaires de France, 1943, p. 191. Dans le conseil central créé en 1936, il y avait quatre fonctionnaires représentant les ministères des Finances, de l'Agriculture, de l'Intérieur et de l'Économie nationale, dont manifestement il n'est plus question.
36. Entrevue du 8 mai 1968.
37. Lettre du 16 décembre 1942, Fonds Augé-Laribé, Bonnafous.

Hallé proteste de son impartialité, mais explique qu'il y avait un désaccord « entre le président de l'ONIC, responsable du ravitaillement en pain, et la politique suivie par les gouvernements qui aggravait, à mon avis, les difficultés de ce ravitaillement » [38]. Toujours est-il qu'il dut démissionner de l'office et fut remplacé par un non-professionnel, ce qui provoqua à nouveau des protestations. Mais, de nos jours, l'ONIC existe toujours et continue à jouer un rôle important, notamment en matière de distribution des aides aux céréaliers.

L'amélioration de l'habitat rural est aussi un sujet de préoccupation en 1940. Pierre Caziot explique : « L'agriculture française est très en retard sur divers pays d'Europe au point de vue de son équipement (Suisse, Belgique, Hollande, Danemark). Ses bâtiments sont souvent d'une médiocrité rebutante et cette médiocrité d'habitat est une des grandes causes du départ des jeunes. La loi du 20 novembre 1940 avait pour but de résoudre une partie de ce problème. Elle fut accueillie avec un empressement extraordinaire par la paysannerie. Dans la zone libre, où nous avions encore des matériaux, le nombre des demandes dépassa toutes les prévisions » [39]. Cette loi, complétée par celle du 27 décembre 1942 [40], stipule que « tous les travaux d'amélioration peuvent bénéficier d'une aide financière de l'État comprise entre 25 et 50 % et ne pouvant pas dépasser 25 000 francs par exploitation. Ce maximum est porté à 100 000 francs en 1941. Les services du génie rural, chargés d'étudier et de surveiller les dossiers, ont été saisis d'environ 120 000 demandes, un crédit d'un milliard a été accordé, permettant d'entreprendre plus de trois milliards de travaux » [41].

Un autre problème préoccupe tout gouvernement et tout régime : le remembrement. Le 9 mars 1941 est promulguée la loi sur la réorganisation foncière et le remembrement qui prévoit à la fois la réduction, au moins partielle, des grandes exploitations et le regroupement de lots épars [42]. Mais sa mise en application est difficile et les résultats pratiques minimes. Pierre Caziot lui-même le reconnaît et pourtant, grand expert foncier, cette loi lui tient particulièrement à cœur. Il rappelle son combat mené depuis la fin de la précédente guerre : « C'est la loi la plus importante. Elle a été entièrement et intégralement validée. Elle permet, en effet, de réaliser les parties essentielles du programme que j'avais tracé en 1919. Elle a pour but de remanier la constitution terrienne des régions morcelées et de multiplier les exploitations familiales autonomes [...]. Dans la pratique, les résultats furent minimes et tout à fait insuffisants. » Il incrimine cette insuffisance aux « associations de propriétaires [...] longues à constituer » et à un corps du génie rural qui devrait être « bien plus nombreux que celui que nous

---

38. Lettre inédite du 25 octobre 1972.
39. Témoignage de Pierre Caziot, « L'agriculture », art. cité, p. 264.
40. *Journal officiel*, 22 novembre 1940, p. 5771 et 6 janvier 1943, p. 48.
41. *La terre de France attend...*, ouv. cité, p. 75.
42. *Journal officiel*, 18 avril 1941, p. 1659.

possédions ». D'ailleurs ce manque de personnel technique a persisté : « Depuis 1945, la loi est entrée en voie d'application, et les cultivateurs eux-mêmes réclament son application. Si les opérations sont lentes, c'est que le Service du Génie rural ne possède pas le personnel technique suffisant pour les accélérer »[43].

Une autre loi, dont curieusement Pierre Caziot ne parle pas, est celle du 5 avril 1941 : la responsabilité de toutes les questions sociales agricoles est transférée du ministère du Travail à celui de l'Agriculture[44]. La chose n'avait pas été sans difficulté, car le ministère du Travail s'était fait tirer l'oreille. On en trouve trace dans une note du 13 janvier 1941 : « Le ministère du Travail veut garder sous sa coupe les sections agricoles des Caisses d'assurances sociales... Cette prétention est dangereuse, car elle saperait toute l'organisation de la Corporation en matière de mutualité »[45]. Le ministère du Travail évoque, bien entendu, l'unité nécessaire, mais il perdra la partie, surtout quand on aura prouvé que le nouveau système n'entraîne aucune dépense supplémentaire. Après la création de la Sécurité sociale, le 5 octobre 1945, les luttes sont dures, mais finalement le ministère de l'Agriculture l'emporte et obtient une parfaite autonomie en la matière, ce qui est parfois critiqué...

***

On pourrait multiplier les citations de ces lois plus ou moins entérinées à la Libération. Ces quelques exemples suffisent à montrer que tout n'était pas condamnable dans la politique menée sous l'Occupation, comme l'écrit Michel Cépède, pourtant peu suspect d'indulgence pour le défunt régime : « Le premier gouvernement du général de Gaulle entreprend d'abroger la législation de "l'autorité de fait se disant gouvernement de l'État français" et de rétablir la légalité républicaine, tâche difficile parce que tout n'est pas indistinctement mauvais dans l'œuvre des cinquante mois d'armistice et parce que les problèmes qui se sont posés durant l'occupation restent à résoudre par la Quatrième République : ravitaillement, production, questions sociales, organisation professionnelle »[46].

Il y a ici une certaine confusion, hélas fréquente, entre la Quatrième République durant laquelle tous les problèmes ne sont effectivement pas résolus et le Gouvernement provisoire. La Quatrième République n'est complètement instaurée qu'avec l'élection de Vincent Auriol à la présidence de la République le 16 janvier 1947 et le général de Gaulle n'est président du conseil que sous le Gouvernement provisoire, jusqu'à son

---

43. Témoignage de Pierre Caziot, « L'agriculture », art. cité, pp. 265-266.
44. *Journal officiel*, 18 avril, p. 1663.
45. Archives Pierre Caziot.
46. Michel CÉPÈDE, *Agriculture et alimentation durant la Seconde Guerre mondiale*, Paris, Génin, 1961, p. 68.

départ le 20 janvier 1946. Il est certain que les problèmes ne se sont pas « envolés » avec la fin de l'Occupation et le départ des Allemands. Certes, la pénurie a subsisté après la Libération et Alfred Sauvy insiste, à juste titre, sur le fait que l'opinion publique se trompe en pensant que le départ de l'occupant suffira à rétablir l'abondance [47]. Rappelons qu'en matière de rationnement, les cartes de pain, supprimées en octobre 1945, à la veille des élections, ont dû être rapidement rétablies en janvier 1946 par Henri Longchambon, ministre du Ravitaillement, pour être définitivement retirées en février 1949.

Si l'on en revient à la « grande » politique voulue par Pierre Caziot, il faut souligner qu'à son procès, aucune mesure agricole ne lui est reprochée. Il est accusé d'avoir « en contresignant des lois d'exception, qui édictaient des incapacités et des déchéances à l'égard d'un certaine catégorie de Français, porté atteinte à l'unité de la nation, à la liberté des Français, à l'égalité entre ces derniers » [48]. Il s'agit, bien entendu, de la législation contre les juifs. Pierre Caziot aurait-il pu s'abstenir de les contresigner ? Sans doute ne s'en est-il pas soucié mais rien, dans ses discours et écrits, ne reflète un quelconque penchant pour l'antisémitisme. Il est condamné, pour crime d'indignité nationale, à la dégradation nationale à vie et à la confiscation de la moitié de ses biens au profit de l'État. Cette condamnation le laissera « désemparé » jusqu'à sa mort en 1953, à l'âge de 77 ans. Quant à son successeur, Jacques Le Roy Ladurie, il est incarcéré, mais pour quelque temps seulement, période durant laquelle son épouse est élue, à sa place, maire de son village : Les-Moutiers-en-Cinglais. Il peut reprendre rapidement ses différentes activités dans le syndicalisme agricole, à la présidence de la chambre d'agriculture du Calvados et de Normandie, de même qu'il peut poursuivre ses activités de maire, mandat qu'il aura exercé de 1929 à 1983, sauf pendant l'Occupation. Il est élu député indépendant du Calvados en 1951 et en 1958, devient président de la Fédération nationale des comités régionaux de propagande des produits agricoles (1961-1974), vice-président de la Sopexa (1962-1974), directeur de l'encyclopédie paysanne : *La Terre* (1936-1978), *etc.* [49]

Avec les années, leur œuvre n'a pas entièrement péri. Même si elle était fondée sur une vue un peu « optimiste » de la possibilité de mener une réforme structurelle dans les circonstances dramatiques de l'Occupation, elle a laissé des traces : réorganisation foncière, amélioration de l'habitat rural, mainmise du ministère de l'Agriculture sur les problèmes sociaux, ébauche de statut du fermage, unité syndicale ont été maintenues et remises à jour en fonction des exigences du moment et de la volonté des

---

47. Alfred SAUVY, « Démographie et économie de la France au printemps 1944 », dans *La Libération de la France. Actes du colloque international tenu à Paris, 28-31 octobre 1974*, Paris, Centre national de la recherche scientifique, 1976, p. 320.
48. Sténographie du procès de Pierre Caziot, 19 mars 1947, p. 9.
49. Il est décédé le 6 juin 1988 à l'âge de quatre-vingt-six ans.

gouvernements suivants. Quant à l'idéologie agrarienne, elle est loin d'être morte. Les Français « aiment » les agriculteurs, il veulent les aider et considèrent l'agriculture comme un « secteur d'avenir », une « chance pour notre économie », notamment sur le plan du commerce extérieur [50]. La vogue des produits biologiques, d'une certaine écologie, parfois mal comprise, participe de cet engouement. De plus, les Français veulent vivre à la campagne pour environ la moitié d'entre eux. Ils pensent que « les relations entre les gens sont plus humaines à la campagne qu'elles ne le sont en ville » (79 %) et que « les grandes valeurs fondamentales de notre pays sont mieux préservées à la campagne qu'en ville » (71 %) [51].

On en est au point que les liens possibles avec le gouvernement de Vichy sont parfois explicitement évoqués : « Peut-on écrire et filmer la terre soixante ans après Vichy ? Ou plutôt : peut-on, aujourd'hui, écrire et filmer la terre sans être accusé de vichysme larvé au prétexte que la célébrer reviendrait à reconnaître qu'elle ne ment pas ? Oui, oui et oui » [52]. Et il n'y a pas que les écrivains ou les cinéastes pour mettre en avant cet attachement à la terre, ce goût de la France profonde. Cela correspond à une opinion largement répandue qui mêle la modernité, les exigences économiques et un désir de retrouver des racines, de rétablir le lien avec la « vraie » France.

---

50. Voir : Isabel BOUSSARD, « Cinquante ans de sondages d'opinion : les agriculteurs vus par les autres Français et par eux-mêmes », dans Isabel BOUSSARD, François CLERC et Jean-Christophe KROLL [dir.], *Les cinquante premières années de la SFER. Quel avenir pour l'économie rurale ?* — *Économie rurale. Agricultures, espaces, sociétés*, n° 255-256, janvier-avril 2000, pp. 21-32.

51. Sondage CSA, 22 septembre-5 octobre 1998. Commentant un autre sondage de l'IFOP, en avril 1999 et dans lequel 44 % des Français déclaraient désirer vivre, dans dix ans, dans une petite commune rurale, *Le Monde* titrait : « Quand les urbains rêvent de redevenir des ruraux » (7 mai 1999) et *Le Figaro* : « Pourquoi les Français quittent les villes. L'exode urbain, ignoré des pouvoirs publics, est un phénomène qui se confirme chaque année » (1er septembre 1999).

52. Jean-Christophe BUISSON, « Des auteurs en campagne. Ils sont cinéastes, écrivains, essayistes et ils partent à la recherche de la France profonde », dans *Le Figaro*, 20 septembre 1999.

Le *Nouveau Larousse agricole* (1952) et « la gestion rationnelle des entreprises » : une tentative d'introduction du modèle de l'entreprise capitaliste industrielle en agriculture

Franck SANSELME

> « Les dictionnaires nous offrent, comme les œuvres littéraires, les mouvements, les institutions et les créations de la mode, une image précieuse d'une certaine civilisation, et ils mériteraient d'être étudiés attentivement par les historiens des idées, non seulement à cause des renseignements qu'ils nous fournissent sur les mots, mais encore, et surtout peut-être, en raison de l'esprit qui a animé leurs auteurs et des conditions qui ont assuré leur diffusion »[1].

Nombre de chercheurs s'accordent à penser que les années 1950 ont représenté pour l'agriculture une phase de modernisation remarquable[2]. Ainsi, l'historienne Annie Moulin parle avec enthousiasme d'« une spectaculaire mutation » qui « mérite bien le qualificatif de révolutionnaire »[3]. Avant elle, Paul Houée définissait dans un ouvrage autant

---

1. Georges MATORÉ, *Histoire des dictionnaires français*, Paris, Éditions Larousse, 1968, p. 26.
2. Ce texte a été remis par l'auteur à la fin de l'année 1999 : les références bibliographiques mobilisées ont pu être actualisées (à paraître), mais aucune n'a été ajoutée. (*Note des directeurs du volume*).
3. Annie MOULIN, *Les paysans dans la société française de la Révolution à nos jours*, Paris, Éditions du Seuil, 1988, p. 211.

scientifique que militant ce qu'il appelait « la révolution contemporaine »[4] du monde rural et de l'agriculture. Quant au géographe ruraliste Bernard Kayser, il évoque, beaucoup plus circonspect, « la modernisation accélérée de l'agriculture française à partir des années 1950 [qui] ne révolutionne pas, contrairement à ce que l'on affirme souvent, une paysannerie séculairement statique et routinière [...] »[5]. Il confirme en cela l'analyse de Pierre Barral qui, de son côté, tempère la formule, jugée « excessive », d'une « nouvelle révolution agricole »[6], en lui substituant l'idée moins radicale d'une prolongation des améliorations antérieures. Quoi qu'il en soit, une modernisation des techniques agricoles a bien lieu à cette époque. De nombreux « agents du changement »[7], tant internes qu'externes à la paysannerie, œuvrent pour cela. Parmi eux se trouvent les agronomes. Pouvant « s'acquitter de la fonction d'intermédiaires entre la classe dominante et la paysannerie »[8], ils sont, en ce début des années 1950, largement acquis à la mystique d'un capitalisme agraire ; celui-ci, forgé sur le modèle de l'entreprise industrielle urbaine, tente de rationaliser l'organisation de la production agricole et de prendre part à l'effort de reconstruction nationale. Soutenus idéologiquement par les desseins du plan Monnet de modernisation et d'équipement, ces agronomes, malgré de faibles moyens matériels[9], participent à l'effort de vulgarisation et de modernisation agricoles qui vise à introduire dans les exploitations françaises le modèle organisationnel de l'entreprise capitaliste industrielle. Ils disposent pour ce faire d'outils de propagande parmi lesquels figure le *Nouveau Larousse agricole* (1952). C'est plus précisément l'un de ses articles, celui consacré à « La gestion rationnelle des entreprises », qui fera ici l'objet d'une analyse herméneutique afin de retrouver et de restituer cet « esprit objectivé »[10] du capitalisme agraire des années 1950.

Le document

Le *Nouveau Larousse agricole*[11] n'est pas à proprement parler un dictionnaire. Il n'est pas, ou n'est plus comme dans sa première version[12],

---

4. Paul HOUÉE, *Les étapes du développement rural, tome 2: la révolution contemporaine (1950-1970)*, Paris, Économie et Humanisme/les Éditions Ouvrières, 1972, 295 p.
5. Bernard KAYSER, *La renaissance rurale. Sociologie des campagnes du monde occidental*, Paris, Armand Colin, 1990, p. 84.
6. Pierre BARRAL, *Les sociétés rurales du 20ᵉ siècle*, collection U, Paris, Armand Colin, 1978, pp. 214-216.
7. Annie MOULIN, *Les paysans dans la société française...*, ouv. cité, pp. 212-215.
8. Claude GRIGNON, « L'enseignement agricole et la domination symbolique de la paysannerie » dans *Actes de la recherche en sciences sociales*, n° 1, 1975, pp. 75-97.
9. Voir : Michel BOULET et René MABIT, *De l'enseignement agricole au savoir vert*, Paris, L'Harmattan, 1991, pp. 23-24.
10. Vincent DESCOMBES, *Les institutions du sens*, Paris, Les Éditions de Minuit, 1996, p. 289.
11. Raymond BRACONNIER et Jacques GLANDARD [dir.], *Nouveau Larousse agricole*, Paris, Éditions Larousse, 1952, 1152 p. (+ 78 p. d'annexe).

un ouvrage qui explique essentiellement des mots classés par ordre alphabétique. Dans cette nouvelle édition de 1952, l'ambition lexicographique originelle cède la place à une logique encyclopédique qui décrit et analyse les choses. Celles-ci s'organisent selon un plan qui, nous informe-t-on dans la préface, « se déroule logiquement, partant des connaissances du milieu (sol, climat) et de la plante ou de l'animal, pour aboutir à l'étude des cultures et des élevages, de l'équipement rural, des industries de transformations, des questions économiques et juridiques. Ce plan, qui supprime la fragmentation qu'entraînait inévitablement l'ordre alphabétique, présente les techniques agricoles dans leur unité, en dégage une vue d'ensemble, permet une étude de leurs multiples aspects et conduit plus rapidement et plus sûrement les agriculteurs vers la solution des problèmes auxquels ils se heurtent dans la mise en valeur de leurs sols ou dans l'exploitation de leurs élevages » [13].

Il est à remarquer que ce « déroulement logique » progresse, pourrait-on dire, depuis le plus « naturel » (« sol », « climat », « plantes », « animaux ») vers le plus « culturel » (« équipement rural », « industries », « questions économiques et juridiques ») des phénomènes étudiés. Il y a dans cette conquête, pratique et intellectuelle, sur une nature « sauvage » qui est mise à distance, voire annihilée comme telle, une conception proprement scientifique de l'objet « agriculture ». Ceci est confirmé par l'appartenance disciplinaire du collectif d'auteurs sous la plume duquel est né l'ouvrage, des auteurs qui, dans leur très grande majorité, sont rattachés scientifiquement à l'agronomie. C'est Raymond Braconnier, ingénieur agronome de formation, inspecteur général de l'agriculture et directeur de l'Institut national de la recherche agronomique (INRA), qui dirige la publication de ce dictionnaire en collaboration avec Jacques Glandard, ingénieur agricole. Quant à Jean Piel-Desruisseaux, auteur de « La gestion rationnelle des entreprises » [14], il occupe la fonction de directeur de l'Institut d'organisation scientifique du travail [15] en agriculture (IOSTA).

---

12. Réunissant deux volumes (1921-1922), alors que la version de 1952 tient en un seul.
13. Maurice LEMOIGNE, « Préface », dans *Nouveau Larousse…*, ouv. cité, p. XXIV.
14. Jean PIEL-DESRUISSEAUX, « La gestion rationnelle des entreprises », dans Raymond BRACONNIER et Jacques GLANDARD [dir.], *Nouveau Larousse…*, ouv. cité, pp. 876-880.
15. L'organisation scientifique du travail, assimilable à une « science » dans le sens ici d'une méthode rationnelle d'exécution du travail, provient originellement du secteur de l'industrie. Elle doit son invention, au début du siècle, à Frederick Winslow Taylor. Il s'agit alors pour ce dernier de résoudre les problèmes concrets, affectant principalement la productivité, posés aux dirigeants des entreprises. La solution adoptée, notamment face au postulat de la flânerie systématique des ouvriers, doit être rationnelle. Elle passe principalement par le classement et la formalisation – opérations prises en charge par les techniciens des bureaux des méthodes – des pratiques ouvrières afin de remplacer par des lois scientifiques – où le calcul des temps et la rationalisation des mouvements de production tiennent une grande place – l'empirisme aléatoire et peu productif des anciennes méthodes. L'objectif recherché est celui d'un *one best way*, d'un rendement optimal. Voir : Philippe BERNOUX, *La sociologie des organisations. Initiation théorique suivie de douze cas pratiques*, Paris, Éditions du Seuil, 1985 (3e édition), pp. 55-68 (1ère édition 1985).

Les trois idéaux scientifiques

Avancer l'hypothèse d'une tentative d'introduction du modèle de l'entreprise capitaliste industrielle en agriculture sur la base d'un outil didactique tel que le *Nouveau Larousse agricole*, c'est d'abord, classiquement, relier science et technique dans une logique ou une finalité capitaliste productiviste. La première doit alors servir de base théorique et cognitive au développement pratique et industriel de la seconde. Nous pensons qu'un tel lien existe dans le modèle agricole capitaliste qui, au moins idéologiquement parlant, a partie liée ici avec les « trois idéaux scientifiques » annoncés. Il serait par ailleurs étonnant qu'un ouvrage tel que le *Larousse agricole*, encyclopédie dirigée et rédigée par des agronomes, soit exempt de toute pensée scientiste. Maurice Lemoigne [16], dans la préface, donne déjà le ton du message qu'il convient d'adresser aux agriculteurs : « La technique se perfectionne constamment, au fur et à mesure des progrès scientifiques. Les recherches concernant l'action du climat, la nature des sols et leur fertilisation, les découvertes remarquables de la biologie végétale, les résultats souvent spectaculaires obtenus dans la lutte contre les mauvaises herbes, les maladies des plantes et les insectes et autres animaux prédateurs, donnent des moyens d'action d'une puissance inconnue il y a peu d'années » [17].

Objectivité et universalité

Le « *Mode d'emploi du tableau de marche de l'exploitation* » est peut-être déjà un bon indicateur du travail de (re)définition de l'agriculture moderne auquel s'attellent les agronomes. Ce document invite en effet son lecteur à distinguer deux catégories d'exploitant : « Ce tableau n'est pas destiné à un agriculteur cultivant son sol depuis de nombreuses années. Un tel homme, en effet, ne pourrait oublier une des opérations nécessaires au bon entretien de sa ferme, le souvenir des actes accomplis l'année précédente étant suffisant pour lui remettre en mémoire tout ce qu'il doit accomplir. Il en est tout autrement d'un jeune cultivateur qui vient de prendre possession du sol dont il doit s'occuper. [...] Le tableau de marche de l'exploitation a pour but de lui rappeler au moment opportun tout ce qu'il a à faire » [18]. La distinction ici esquissée entre « jeunes » et « vieux » exploitants appelle, en filigrane, celle qui sépare « modernistes » et « traditionalistes » dans l'ordre de la constitution et de l'application des savoirs agraires. Le « tableau de marche de l'exploitation » ne s'adresse visiblement pas à une agriculture empirique et routinière, « cultivant son sol depuis de nombreuses années » selon « le souvenir des actes accomplis l'année précédente ». Une agriculture qui, de plus, tend à particulariser et à individualiser la terre ou « son sol », notion qui se différencie de celle, plus

---

16. Membre de l'Institut et président de l'Académie d'agriculture.
17. Maurice LEMOIGNE, « Préface », art. cité, p. XXI.
18. Jean PIEL-DESRUISSEAUX, « La gestion rationnelle... », art. cité, p. 879.

impersonnelle, de « sol dont on doit s'occuper ». C'est de la même manière que le toponyme des espaces cultivés – autant de lieux-dits [19] qui sont traditionnellement porteurs d'une charge affective, émotionnelle et historique (dans le sens d'une mémoire communautaire) personnifiant et singularisant chaque pièce de terre – se voit, quant à lui, ramené à une froide abstraction : « Le premier travail de l'agriculteur est de prévoir les assolements de ses diverses terres. Il saura, par conséquent, qu'en 1952, par exemple, il ensemencera en orge son champ nommé "champ d'exercice" » [20]. Jointes à l'abstraction, ce sont maintenant l'uniformité et l'univocité des « chiffres » et des « lettres » qui assurent le passage – et la dissection méthodique en variables – d'un espace subjectif, vécu, à un espace objectivement mesuré : « Il [l'agriculteur] lui suffit alors, avec les éléments ainsi constitués, de remplir son tableau : en bas, à gauche, face aux chiffres, il mettra le nom de ses différentes pièces de terre, dans un ordre quelconque (et, à côté, la lettre indiquant la culture pratiquée) ; en bas, au milieu, face aux chiffres romains, il écrira les noms des engrais ou amendements dont il a l'habitude de se servir ; en bas, à droite, face aux lettres, il inscrira les noms des plantes qu'il compte cultiver » [21].

Bel exemple d'altération, sinon de négation, d'une « logique pratique » [22] par une raison scientifique, agronomique ! Une telle vision des choses se fait fort de réduire à « un ordre quelconque » des espaces qui, dans la réalité, ne se présentent jamais comme étant physiquement et, peut-être surtout, symboliquement équivalents. Tel champ, par son inscription dans l'histoire collective de l'exploitation, ne pourra, par exemple, être tout à fait identique à tel autre dans l'esprit de l'agriculteur ; celui-ci est particulièrement à même d'« individualiser chaque parcelle » [23] et donc d'établir entre elles un classement ou une hiérarchie quasi-sentimentale que la raison savante tente d'abolir ici. Comme le souligne Maurice Lemoigne, le temps n'est décidément plus en agriculture à l'affectif et à l'instinctif [24] ; il n'est plus question de mettre en avant cette sorte de « nature éternelle » qui s'avère peu compatible avec la modernité d'une culture technicienne : « Dans un État moderne comme la France, où la production agricole joue un rôle capital, le métier d'agriculteur n'est plus une chose simple. La pratique ancestrale, l'amour et l'instinct des choses de la terre, la ténacité, l'économie la plus stricte et l'ardeur au travail ne suffisent plus. Les problèmes avec lesquels le cultivateur est aux prises présentent une

---

19. Voir : Yvonne VERDIER, *Façons de dire, façons de faire. La laveuse, la couturière, la cuisinière*, Paris, Éditions Gallimard, 1979, pp. 168-169.
20. Jean PIEL-DESRUISSEAUX, « La gestion rationnelle... », art. cité, p. 879.
21. *Ibidem*.
22. Pierre BOURDIEU, *Le sens pratique*, Paris, Les Éditions de Minuit, 1980, pp. 135-165.
23. Henri MENDRAS, *La fin des paysans, suivi d'une réflexion sur la fin des paysans vingt ans après*, Arles, Actes Sud/Labor/L'Aire, 1984, p. 76.
24. Voir : Guy THUILLIER, « Pour une histoire du temps en Nivernais au 20ᵉ siècle », dans *Ethnologie française*, n° 2, tome 6, avril-juin 1976, pp. 149-162, p. 154.

complexité de plus en plus grande : complexité technique, économique et sociale »[25]. La connaissance scientifique vise un objet, une nature, qui ne vaut que comme ensemble de régularités généralisables.

Notons cependant que ce travail de neutralisation des particularités ne saurait être pleinement efficace sans le recours à l'écrit. Les trois commandements adressés à l'agriculteur – « il mettra le nom [...] », puis « écrira les noms [...] » et enfin « inscrira les noms [...] » – rappellent, avec Jack Goody, que « l'usage de l'écriture [...] est une technique qui permet d'examiner de façon plus minutieuse le savoir d'usage courant, de séparer plus méthodiquement le *logos* de la *doxa*[26], de pénétrer plus profondément dans la "vérité" »[27]. Si donc, à travers l'élan moderniste et scientiste qui tente d'emporter l'agriculture en ce début des années 1950, « on ne peut imaginer d'opposition plus radicale entre une connaissance empirique et particulariste et une connaissance scientifique et universaliste »[28], c'est bien finalement parce que l'idéal scientifique d'objectivité reste inconcevable s'il ne parvient à s'émanciper de la sensibilité et de la personnalité de l'exploitant. Le sujet « connaissant » de la science est un sujet universel, interchangeable, comme semble l'indiquer « l'établissement de documents témoins » en agriculture : « On peut aussi utiliser des documents établis par des spécialistes ou d'autres agriculteurs, dans des circonstances analogues ou pour des faits identiques à ceux qui doivent être contrôlés »[29]. Un tel sujet interchangeable est bien conçu pour une science universelle, c'est-à-dire un mode de connaissance dont les propositions sont vraies quels que soient le lieu mais aussi le moment choisis. Envisagée de la sorte, l'universalité rime ici avec une « dé-contextualisation »[30] de la connaissance à laquelle s'ajoute une « dé-temporalisation ». C'est ainsi que les « documents témoins peuvent être constitués par des résultats antérieurement constatés et contrôlés dans l'exploitation »[31].

---

25. Maurice LEMOIGNE, « Préface », art. cité, p. XXI.
26. Une séparation qui, notons-le en passant, participe toujours d'une illusion (même bien fondée) en sciences sociales. Voir : Franck SANSELME, « La "ruralité" entre sciences sociales et sens commun ou la coproduction d'un concept », communication à la Journée régionale de Rennes de l'ARF/LAS, *La ruralité: regards croisés. Transformation de la réalité et de l'objet d'étude*, 25 novembre 1998.
27. Jack GOODY, *The Domestication of the Savage Mind*, Cambridge, Cambridge University Press, 1977, traduction française : *La raison graphique: la domestication de la pensée sauvage*, Paris, Les Éditions de Minuit, 1979, p. 251.
28. Henri MENDRAS, *La fin des paysans...*, ouv. cité, p. 76.
29. Jean PIEL-DESRUISSEAUX, « La gestion rationnelle... », art. cité, p. 880.
30. Un processus qui est, là encore, inhérent à l'écriture (voir : Jack GOODY, *The Domestication...*, ouv. cité, p. 263) et qu'incarnent tour à tour ici le « tableau de marche de l'exploitation », les « fiches » et autres « documents témoins ».
31. Jean PIEL-DESRUISSEAUX, « La gestion rationnelle... », art. cité, p. 880.

Cumulativité

L'utilisation de cet outil graphique que sont les « fiches » est particulièrement recommandée en agriculture pour l'« enregistrement des renseignements » : « Pour éviter des omissions et permettre la consultation facile des renseignements, il est nécessaire d'adopter une forme de documents répondant aux services qu'on attend d'eux ; des fiches ont été établies à cet effet. [...] Le chef d'exploitation, quelle que soit l'importance de la ferme qu'il dirige, a toujours intérêt à constituer une collection de fiches d'instructions à son usage personnel ou à l'usage du personnel de maîtrise »[32]. Ce processus de stockage matériel de l'information permet l'accumulation d'un savoir empiriquement évolutif, qui est toujours susceptible de s'enrichir : « Elles [les fiches d'instruction] doivent être complétées chaque fois qu'une modification dans l'exécution des tâches permet d'améliorer le rendement du travail ; lorsqu'une faute ou une erreur se produit, on indiquera son origine et les moyens d'y remédier »[33]. Un tel enrichissement ne saurait en fin de compte se passer du recours à l'écrit, sorte de technologie graphique de l'intellect. Lui seul, par la forme stable et permanente qu'il confère au flux initial du message oral, autorise le retour réflexif, l'inspection distanciée du discours devenu statique, et libère du « problème de la mémorisation »[34] inhérent à l'enregistrement de la forme orale : « L'établissement de documents témoins peut se réduire au souvenir d'opérations antérieures, ce qui, du reste, présente de sérieux inconvénients : limitation de la documentation, insécurité dans la véracité des souvenirs... »[35]. Seul l'écrit rend possible ce qui n'est rien d'autre que la mise en place d'« une tradition cumulative d'examen critique »[36] nécessaire à l'avènement d'un mode de pensée proprement scientifique. Un mode de pensée dont l'appropriation symbolique (qui doit faire sens) par le chef d'exploitation sera d'autant plus forte qu'elle prendra la forme d'un travail de l'intérieur, où l'on fait par soi-même. C'est à cette logique que répond l'élaboration de ses propres fiches d'instruction, une tâche qui, fondamentalement, se ramène à l'examen critique de ses propres expérimentations accumulées, notamment « pour éviter les difficultés déjà rencontrées ».

L'organisation scientifique du travail en agriculture valide avant tout un savoir issu des faits livrés par l'observation et l'expérience : « *Le contrôle en agriculture*. – Le contrôle consiste à rapprocher les faits constatés des prévisions, d'une manière permanente ou à des intervalles de temps plus ou moins éloignés. Schématiquement, le contrôle comprend deux stades, auxquels correspondent des documents différents : l'établissement de documents témoins, pouvant être constitués par des prévisions théoriques ou

---

32. *Ibidem*, pp. 877 et 879.
33. *Ibidem*, p. 879.
34. Jack GOODY, *The Domestication*..., ouv. cité, p. 87.
35. Jean PIEL-DESRUISSEAUX, « La gestion rationnelle... », art. cité, pp. 879-880.
36. Jack GOODY, *The Domestication*..., ouv. cité, p. 101.

des résultats de contrôles antérieurs ; le rassemblement des éléments à contrôler au fur et à mesure de leur apparition, c'est-à-dire l'enregistrement des faits »[37]. Une observation et une expérience qui ne valent – dans leur visée de généralisation – que par la répétition ou la multiplication de leur nombre ainsi que par leur inscription dans un temps long : « L'agriculteur soucieux de gérer rationnellement son entreprise doit réunir, pour chaque parcelle et pour chaque production, un certain nombre de renseignements techniques et économiques que sa mémoire ne pourrait pas conserver infailliblement. Ces renseignements n'auront de valeur qu'autant qu'ils se rapporteront à un grand nombre d'observations au cours du temps »[38].

Il apparaît assez clairement que c'est une conception résolument expérimentale – observer, enregistrer, classer et analyser les faits afin d'en tirer des régularités – et inductiviste de la connaissance scientifique qui se déploie ici, c'est-à-dire une représentation de l'activité scientifique comme une accumulation positive de savoirs ou comme un progrès[39] cumulatif[40]. Cette représentation, appliquée à l'organisation « rationnelle » de la sphère de la production agricole, doit imprimer durablement dans l'esprit des exploitants l'idée impérieuse ou l'incontournable nécessité du progrès technique, de l'innovation et de la modernisation sans fin dans l'évolution de l'agriculture. La science, source de « puissance » dans la « perfection constante », comme le rappelait Maurice Lemoigne dans sa préface du dictionnaire, doit conduire l'agriculture sur la voie d'un progrès matériel illimité qui, toutefois, ne saurait être dissocié, semble assurer l'agronome, d'un progrès social : « Devant l'importance des problèmes économiques et sociaux, certains pensent que la technique doit passer au second plan. C'est là une erreur grave. Toutes ces questions techniques, économiques et sociales sont étroitement liées. La plupart des difficultés économiques et sociales ne peuvent être surmontées que par une technique plus perfectionnée et plus stricte, permettant d'augmenter la production, de maintenir ou d'améliorer sa qualité et de diminuer autant que possible les prix de revient »[41]. Mais à y regarder de plus près, il se pourrait bien que le social, vu comme progrès ou du moins comme « problèmes » et « difficultés » à « surmonter », s'adresse aussi à l'organisation du travail. Une « technique plus perfectionnée » est tout autant susceptible d'intéresser

---

37. Jean PIEL-DESRUISSEAUX, « La gestion rationnelle… », ouv. cité, p. 879.
38. *Ibidem*, p. 880.
39. Cela nous amènera à évoquer, en parallèle, la valeur progressiste qui s'attache au temps « technicien » en agriculture, un temps qui s'oppose à celui, cyclique et traditionnel, de la routine.
40. Voir : Alan CHALMERS, *What is this Thing Called Science ? An Assessment of the Nature and Status of Science and its Methods*, Saint Lucia, University of Queensland Press, 1976, traduction française : *Qu'est-ce que la science ? Récents développements en philosophie des sciences: Popper, Kuhn, Lakatos, Feyerabend*, Paris, Éditions La Découverte, 1987, pp. 21-49.
41. Maurice LEMOIGNE, « Préface », art. cité, p. XXII.

Chronos et les agronomes

La prévision en agriculture

Temps « linéaire » et logique de l'accumulation

Le temps tel que le conçoit l'auteur de l'article – et, par extension, la pensée agronomique qu'il représente – est un temps résolument « technicien »[42]. Il s'insère principalement dans une capacité de planification où « dans le domaine de la technique, le chef a pour mission d'organiser le travail »[43]. Ainsi, tout travail agricole doit initialement passer par une phase de « préparation [qui] consiste à prévoir les moyens à mettre en œuvre, les méthodes d'exécution du travail, et, enfin, les résultats et les conséquences de l'opération »[44]. L'activité agricole, dans laquelle, « plus que dans toute autre activité, rien ne doit être abandonné au hasard »[45], refuse alors l'aléatoire que seule une planification raisonnée des tâches permet d'écarter : « Chaque opération doit faire l'objet d'une étude de prévision, se rapportant à l'emploi du personnel, du matériel, des produits, et aux résultats à obtenir. La prévision permet de se placer dans les meilleures conditions d'exécution et d'éviter des situations imprévues »[46].

Ainsi décliné, le temps « technicien » s'impose en agriculture comme étant un temps « linéaire »[47]. Il est celui de l'action maîtrisée par la « prévision », la programmation de l'« à-venir ». Il s'affirme encore comme étant celui de la progression et du progrès qui s'opposent à la routine tant « l'activité du chef est caractérisée par [...] la nécessité de résoudre des problèmes nouveaux »[48]. Une routine dont l'invention idéologique serait « la découverte principale du mouvement agronomique qui se constitue dans la seconde moitié du 18e siècle »[49] et qui, elle, s'associe à un temps agraire éminemment cyclique. Ce temps « traditionnel » d'autrefois, orchestré par l'éternel retour des saisons – soumettant toutefois le rythme de la production aux aléas de la météorologie – et sanctifié par la religion qui permet, avec les rites agraires[50], de distinguer le travail du non-travail (les jours fériés), se pose, idéologiquement, par son caractère reproductif,

---

42. Henri MENDRAS, *La fin des paysans...*, ouv. cité, pp. 95-96 et 101.
43. Jean PIEL-DESRUISSEAUX, « La gestion rationnelle... », art. cité, p. 876.
44. *Ibidem*, p. 876.
45. *Ibidem*, p. 876.
46. *Ibidem*, p. 876.
47. Henri MENDRAS, *La fin des paysans...*, ouv. cité, pp. 94 et 113.
48. Jean PIEL-DESRUISSEAUX, « La gestion rationnelle... », art. cité, p. 876.
49. Claude GRIGNON, « L'enseignement agricole et la domination... », art. cité, p. 78.
50. Voir : Yves LAMBERT, *Dieu change en Bretagne. La religion à Limerzel de 1900 à nos jours*, Paris, Éditions du Cerf, 1985, pp. 40-42 ; Guy THUILLIER, « Pour une histoire du temps... », art. cité, p. 149.

immobile et an-historique [51], comme l'antinomie d'un temps « technicien linéaire », porteur de progrès et créateur d'avenir en agriculture. Désormais, l'agriculteur doit voir loin. La maîtrise stratégique du temps s'impose au sein de la nouvelle donne économique en agriculture où le marché, lieu par excellence des fluctuations et du changement, semble être devenu la mesure de toute chose [52] : « des prévisions budgétaires sont nécessaires, afin d'évaluer les besoins de l'entreprise en capitaux au cours de l'année. Ces prévisions doivent porter sur les dépenses, les recettes et les besoins de trésorerie du fonds de roulement. [...] Ce calcul permet d'orienter la production vers les spéculations les plus rentables, compte tenu des possibilités techniques et financières, et de la conjoncture du marché » [53]. Le temps « des prévisions budgétaires » et des « spéculations » – nouveau cadre cognitif et normatif qui, bien évidemment, modifie l'attitude traditionnellement méfiante, sinon hostile, de la paysannerie à l'égard du crédit [54] – est un temps comptable. Mieux encore, projeté vers l'avenir et, donc, objet d'un « calcul » tant mathématique que financier, il est un temps qui s'additionne, c'est-à-dire un temps de l'accumulation pleinement compatible avec « l'esprit du capitalisme » [55] et l'« ascétisme séculier » qui le caractérise : le capital, signe de l'élection divine, doit retourner indéfiniment au capital au lieu d'être gaspillé. C'est ainsi, dans cette logique de l'accumulation, que les « capitaux », produits des « spéculations les plus rentables », sont réinvestis afin de « fructifier » : « Activités financières. – Au point de vue financier, le chef d'entreprise doit réunir les capitaux nécessaires à l'exploitation, les faire fructifier et en contrôler l'emploi » [56].

La distribution sociale d'une compétence

La prévision en agriculture n'est donc pas étrangère à l'esprit du capitalisme qui s'y développe à l'époque. Maintenant, et outre la logique de l'accumulation à l'instant évoquée, il faut, afin d'être complet, relier l'exercice de programmation des tâches agricoles aux relations sociales qui s'instaurent entre dirigeants et exécutants dans le procès de travail. Un autre

---

51. Voir : Nicole EIZNER, « L'idéologie paysanne », dans Yves TAVERNIER, Michel GERVAIS et Claude SERVOLIN [dir.], *L'univers politique des paysans dans la France contemporaine*, Paris, Armand Colin, 1972, pp. 318-323.

52. Cette mentalité n'est cependant pas tout à fait nouvelle en agriculture puisque, historiquement, dès la seconde moitié du 19e siècle, on peut observer avec la catégorie des vignerons la constitution d'une avant-garde de paysans spéculateurs et modernistes sachant, eux aussi, voir loin. Voir : Yves RINAUDO, « Sur le vote vigneron (1849-1936) », dans Jean-Luc MAYAUD [dir.], *Clio dans les vignes. Mélanges offerts à Gilbert Garrier*, Lyon, Presses universitaires de Lyon, 1998, p. 424.

53. Jean PIEL-DESRUISSEAUX, « La gestion rationnelle... », art. cité, p. 876.

54. Le Crédit agricole, banque de la paysannerie, est sans nul doute le grand bénéficiaire de ce processus d'acculturation à la prévision économique en agriculture.

55. Max WEBER, *Die protestantische Ethik und der « Geist » des Kapitalismus*, 1905, traduction française : *L'éthique protestante et l'esprit du capitalisme*, Paris, Éditions Plon, 1964, 342 p.

56. Jean PIEL-DESRUISSEAUX, « La gestion rationnelle... », art. cité, p. 876.

trait saillant du système productif capitaliste dans son organisation scientifique se laisse alors apprécier : « *La prévision en agriculture*. – Tout travail, quel qu'il soit, doit comprendre trois groupes d'opérations principales : la préparation, l'exécution et le contrôle. [...] Le *contrôle* [mis en exergue dans le texte] consiste à vérifier si tout se passe conformément au programme adopté, aux ordres donnés et aux principes admis. [...] La prévision peut revêtir trois aspects, suivant qu'elle intéresse le chef d'entreprise, le technicien chargé de la direction du travail ou l'ouvrier exécutant celui-ci. Au stade du *chef d'entreprise*, la prévision doit porter sur le but à atteindre, les méthodes et les moyens à appliquer. Elle comporte les programmes d'action et de production, les plans de travail et de financement. Au stade du *technicien*, la prévision revêt un caractère plus précis et plus technique. Pour chaque travail, on prévoit les opérations à effectuer, le personnel et le matériel à utiliser, les approvisionnements nécessaires, les temps alloués, les contrôles à pratiquer, les rendements à obtenir, les erreurs à éviter. Enfin, au stade de l'*exécutant*, il est nécessaire de prévoir les dispositions indispensables à la réalisation du travail suivant le programme fixé. L'ouvrier ne doit rencontrer aucune difficulté résultant d'une insuffisance de prévision ; il doit être placé dans les meilleures conditions de travail et recevoir des instructions suffisamment précises sur la conduite à tenir au cours de sa tâche »[57].

Il est aisé de repérer dans ces trois fonctions de la pratique agricole, pratique qui est liée ici à la maîtrise du temps dans le procès de production, le décret d'une division et d'une hiérarchisation indissociablement techniques et sociales des tâches. Le schéma tripartite « chef d'entreprise »/« technicien »/« exécutant » semble correspondre à celui qui discrimine[58] les éléments du triptyque « théoricien »/ « technicien »/« praticien » dans l'ordre des compétences et des savoirs professionnels mis en œuvre. Un tel schéma consacre visiblement, en tête de liste[59], la compétence intellectuelle du planificateur, du méthodologue, du spécialiste de la « maîtrise fonctionnelle » aurait dit Taylor, que personnifie le « chef d'entreprise ». En dessous de celui-ci, mais aussi à mi-chemin entre le théoricien et le praticien, officie ce cadre moyen de l'agriculture qu'est le « technicien » agricole. Affecté au « contrôle » des « ordres donnés », il incarne ce rapport de commandement et de surveillance qui caractérise le schéma taylorien d'organisation du travail,

---

57. *Ibidem*, pp. 876-877.

58. Et ceci sans détours lorsqu'il est précisé plus loin, à propos des fiches d'instruction permettant l'enregistrement de renseignements sur des opérations techniques, qu'« il ne peut être question de remettre aux ouvriers de tels documents ». Jean PIEL-DESRUISSEAUX, « La gestion rationnelle... », art. cité, p. 879.

59. En rappelant que « Ranger des mots (ou des "choses") dans une liste, c'est en soi déjà une façon de classer, de définir un "champ sémantique", puisqu'on inclut certains articles et qu'on en exclut d'autres. De plus, ce rangement place ces articles en ordre hiérarchique : en haut de la colonne ceux qui sont "supérieurs", en bas ceux qui sont "inférieurs" ». Jack GOODY, *The Domestication*..., ouv. cité, p. 184.

schéma transversal qui vaut pour « tout travail, quel qu'il soit ». Enfin, clôturant la liste, l'« exécutant » se caractérise principalement, et comme son nom l'indique, par l'exécution de tâches essentiellement pratiques.

Plus fondamentalement, au-delà d'un critère strictement technique qui serait susceptible de justifier à lui seul un principe de division et de hiérarchisation du travail agricole, opère un processus éminemment social de légitimation d'un tel ordre. La distribution verticale « théoricien »/« technicien »/« praticien » sur l'axe des connaissances n'est pas simplement une affaire de compétences techniques. Elle est aussi et surtout socialement sanctionnée. Ainsi, la fonction prévisionnelle (de prévoyance) qui incombe au « chef d'entreprise » et qui se distingue des tâches d'exécution pratiques et non distanciées, réservées aux ouvriers, met symboliquement en jeu deux sens (la vue et le toucher) dont la connotation sociale et historique [60] consacre dans l'imaginaire collectif la domination de l'intellectuel sur le manuel. Il y a cette « prééminence [donnée] aux "sens de distance", vue et ouïe, capables de fonder une vision objective et active du monde, sur les "sens de proximité", le toucher et le goût, [...]. La conquête collective et individuelle du regard souverain, qui *voit loin* [c'est nous qui soulignons], au sens spatial mais aussi *temporel* [*idem*], donnant ainsi la possibilité de *prévoir* [*idem*] et d'agir en conséquence, [...] a pour contrepartie un divorce intellectualiste, sans équivalent dans aucune des grandes civilisations : divorce entre l'intellect, perçu comme supérieur, et le corps, tenu pour inférieur [...] » [61].

À la limite, la hiérarchie sociale ne fait dans cette perspective que refléter une sorte de hiérarchie naturelle à travers la mobilisation différenciée des sens selon les individus. Cette pensée naturaliste [62] est celle d'un « ordre social fondé dans la nature des choses [qui] s'octroie par là la permanence de l'éternité (ce qui est sera toujours, puisque conforme à la nature) ; il échappe au changement et à la contestation, d'avance disqualifiée comme révolte dérisoire contre la nécessité, des mal classés » [63]. Elle est *in fine* très proche d'une conception organiciste du groupe de production agricole ici considéré, tant sa hiérarchie fonctionnelle évoque l'association métaphorique de « la classe supérieure, l'élite, commandant au corps social comme le cerveau commande au corps humain » [64].

---

60. Voir : Alain CORBIN, *Le temps, le désir et l'horreur. Essais sur le dix-neuvième siècle*, Paris, Éditions Aubier, 1991, pp. 240-241.
61. Pierre BOURDIEU, *Méditations pascaliennes*, Paris, Éditions du Seuil, 1997, p. 34.
62. Voir : Franck SANSELME, « Les Maisons familiales rurales ou la pensée naturaliste d'un ordre éducatif », dans *L'Année de la recherche en sciences de l'éducation 1999*, 1999, pp. 179-199.
63. Pierre-Jean SIMON, *Histoire de la sociologie*, Paris, Presses universitaires de France, 1991, p. 54.
64. *Ibidem*, p. 55.

Enfin, toujours en matière de compétences prévisionnelles, il est à remarquer que la division et la hiérarchisation du travail agricole produisent un classement social « théoricien »/« technicien »/« praticien » dont la distribution, du premier au dernier, varie en raison inverse du contact de chacune de ces catégories avec la « terre », c'est-à-dire le lieu de production proprement dit. L'idée et la pratique de l'entrepreneur absent de l'exploitation, qui engage ses capitaux plutôt que sa personne dans l'unité de production, ne sont pas nouvelles [65]. Ce qui s'annonce ici, en 1952, n'est que la forte extension, vingt ans plus tard, d'un modèle : celui d'une agriculture industrielle capitaliste dont la forme sociétaire des sociétés civiles d'exploitation agricole (SCEA) illustre parfaitement la notion d'agriculture sans sol [66].

La prévision en agriculture comme compétence technique est donc avant tout une question de justification d'un ordre social et professionnel inégalitaire. Si le temps et sa maîtrise, pris dans une sociodicée quasi-naturaliste, « détiennent ce pouvoir », il ne serait dès lors pas étonnant que la discipline sociale, inhérente à tout rapport humain pris dans une division et une hiérarchisation sociales du travail capitaliste, s'affiche d'abord sous les traits d'une discipline temporelle.

Le chronométrage

La discipline temporelle comme discipline sociale

Le temps de travail en agriculture doit faire l'objet d'une comptabilité prévisionnelle. Assujetti à un impératif technique puis économique de « rendement », ce « temps réglé » s'ajuste particulièrement bien à la logique d'optimisation de la productivité qui, depuis déjà un siècle, a cours dans l'entreprise capitaliste industrielle urbaine [67]. Il est, pour ce faire, soumis au chronométrage, autre méthode typiquement taylorienne qui participe alors pleinement de « *La prévision en agriculture* » : « Exemple de prévision au stade de la maîtrise : la prévision des temps d'exécution des tâches. **Dans le salaire à la tâche, le personnel est rémunéré en fonction du travail produit.** Or, toute la difficulté réside dans la fixation de l'unité de travail, c'est-à-dire la détermination de la quantité de travail, exprimée en surface, en poids, en volume, en unités, que l'ouvrier peut fournir sans fatigue anormale, soit dans une heure, soit dans une journée. Même lorsque le personnel est payé au temps (à l'heure, à la journée ou à la semaine), il est nécessaire que le contremaître ou le chef d'exploitation ait une idée précise de la durée d'un travail ou d'une tâche, soit pour y affecter le personnel nécessaire, soit pour

---

65. Voir : Pierre BARRAL, *Les agrariens français de Méline à Pisani*, Paris, Presses de la FNSP, 1968, p. 139.
66. Voir : Bertrand HERVIEU, *Les champs du futur*, Paris, François Bourin, 1993, pp. 66-70.
67. Voir : Guy THUILLIER, « Pour une histoire du temps... », art. cité, p. 150.

rendre compte du rendement de la main-d'œuvre. Seul le chronométrage permet de calculer rationnellement cette quantité de travail »[68].

Le temps est donc cette variable « rationnelle » qui entre dans le calcul du « rendement » du travail agricole. Chronométré, il tend à réaliser une inversion majeure en agriculture où « la tâche ne fixe plus les limites temporelles mais le contraire »[69]. Il acquiert en fait ici le statut d'outil à part entière – tout comme l'ouvrier se voit instrumentalisé comme un « personnel à utiliser » dans « la prévision, au stade technicien » – pour « le contremaître chargé de la surveillance » ou « le chef d'exploitation ». Ce temps-outil est aussi un temps-objet. Il se pose comme une extériorité – quelque chose que l'on peut « perdre », par exemple – qui est mesurable ou objectivable et sur laquelle il est possible d'agir : « Correction des temps de chronométrage – On doit considérer qu'au cours des épreuves de chronométrage la tâche n'est pas effectuée dans des conditions absolument identiques à celles de l'exécution du travail. Il faut, en effet, tenir compte, tout d'abord, de la nécessité des temps de repos. Ensuite, la personne qui a réalisé l'épreuve peut posséder des aptitudes différentes de celles des tâcherons. [...] Enfin, certaines opérations exigent une finition plus poussée, pouvant entraîner des pertes de temps. [...] Pour ne pas négliger ces facteurs, les temps obtenus par le chronométrage sont augmentés ou diminués par l'application de coefficients supérieurs ou inférieurs à l'unité. Si, par exemple, le temps de repos doit représenter, pour un travail donné, le cinquième du temps total de travail – c'est-à-dire que, pour une opération exigeant, d'après le chronométrage, 1 heure de travail, il doit être accordé à l'ouvrier 72 minutes –, on affecte le temps de chronométrage du coefficient 1,2 »[70].

Ce temps-objet est alors ontologiquement indissociable d'un sujet qui tantôt le mesure, voire le « corrige », et l'« affecte » à autrui comme dans le cas du « contremaître » ou du « chef d'exploitation », tantôt le subit comme dans le cas de la « main-d'œuvre », de l'« ouvrier ». Un sujet qui, quelle que soit sa position, s'insère dans un temps chronométré, c'est-à-dire dans un temps qui est fractionné (et fractionnable) et qui n'est pas, bien sûr, sans satisfaire à l'exigence de division parcellaire du travail qui typifie communément le système capitaliste et rompt, en agriculture, avec un modèle artisanal antérieur. Simple décalque de la méthode taylorienne d'étude et de décomposition des temps et des tâches en mouvements élémentaires, celle qui est prônée par le *Larousse agricole* rappelle que « la simplification du travail permet d'obtenir le meilleur rendement de ces moyens, avec le minimum de dépense d'énergie, de matière et de

---

68. Jean PIEL-DESRUISSEAUX, « La gestion rationnelle... », art. cité, p. 877.
69. Henri MENDRAS, *La fin des paysans...*, ouv. cité, p. 102.
70. Jean PIEL-DESRUISSEAUX, « La gestion rationnelle... », art. cité, p. 877.

capitaux »[71]. Finalement, c'est dire ici que la discipline sociale inscrite dans la division du travail capitaliste – en termes principalement de subordination et de hiérarchisation sociales des individus au sein de l'entreprise et du processus de production – doit en partie son pouvoir de structuration de l'ordre social à une discipline temporelle – celle du « chronométrage » de l'exécution des tâches agricoles – qui est particulièrement à même de créer un temps sécable.

Le contremaître comme « relais » ou la pédagogie de l'« intérieur » et de l'« exemple »

L'apprentissage d'une discipline temporelle par l'intermédiaire de laquelle s'installe celle, sociale, de la division et de la hiérarchisation sociales du travail agricole, ne saurait être véritablement efficace lorsqu'elle s'impose trop visiblement de l'extérieur. La familiarisation avec un temps technicien en agriculture doit, là aussi, passer par une « pédagogie de l'intérieur », indissociable d'une « pédagogie de l'exemple », qui met en scène la figure doublement médiane ou intermédiaire du contremaître : « Le chronométrage est peu appliqué en agriculture : il est difficile de le faire admettre par le personnel. Certains agriculteurs ont été amenés à effectuer les opérations de chronométrage par personnes interposées. À cet effet, c'est le contremaître, chargé du contrôle et responsable de l'exécution de la tâche, qui est chronométré. Le contremaître, qui est généralement un ancien ouvrier, connaît la technique du travail ; il peut donc exécuter celui-ci dans les mêmes conditions que les tâcherons »[72]. Le contremaître est bien ce « relais » entre le chef d'exploitation, qui par son intermédiaire transmet ses ordres aux « tâcherons », et le monde des ouvriers agricoles qui appliquent ces mêmes ordres. Un « relais » qui est certes d'une nature technique par sa fonction instrumentale et « organique » au sein de l'exploitation. Mais un « relais » qui est aussi, et peut-être surtout, culturel par l'origine socioprofessionnelle du contremaître qui s'avère souvent proche, sinon identique, de celle de ses ouvriers. Telle semble être l'importante condition afin que puisse se réaliser cette « acculturation planifiée », comme disent les anthropologues, qui vaut comme pédagogie de l'« exemple significatif »[73]. Une « acculturation planifiée » qui travaille ici à l'avènement d'une agriculture moderne et rationnelle et qui, au-delà de la diffusion de simples traits techniques, véhicule la nouvelle image d'un groupe professionnel dont « l'identité sociale [...] n'est jamais aussi forte que lorsque les catégories de perception du monde social

---

71. *Ibidem*, p. 876.
72. *Ibidem*, p. 877.
73. Qui permet l'évaluation de telle ou telle technique agricole auprès d'un « Autrui qui compte », dirait Mead, auprès d'un « influent » proche qui fait autorité, dirait Mendras. George Herbert MEAD, *Mind, Self and Society from the Standpoint of a Social Behaviorist*, Chicago, University of Chicago Press, 1934, traduction : *L'esprit, le soi et la société*, Paris, Presses universitaires de France, 1963, 283 p. Henri MENDRAS, *La fin des paysans...*, ouv. cité, pp. 204-205.

sont le produit direct du monde social à percevoir, lorsque, en d'autres termes, le groupe social se perçoit à partir de ses propres critères [...] »[74], c'est-à-dire, dans le cas présent, à partir de ses propres (anciens) représentants.

Instrument d'un rapport pédagogique qui tend à neutraliser sa part d'arbitraire culturel, le personnage du contremaître rappelle en définitive qu'il n'y a pour les ouvriers de bons « intérêts » que bien « compris » : « Du reste, ce procédé [du chronométrage par contremaître interposé] n'a besoin d'être adopté qu'au début de l'application de la méthode du chronométrage : lorsque les ouvriers ont compris l'intérêt qu'ils peuvent en retirer – une juste et équitable rémunération – ils n'hésitent plus à subir eux-mêmes l'"épreuve du chronomètre" »[75]. L'anthropologie capitaliste, qui mesure la valeur humaine à l'aune de la mathématisation, sait se parer de l'emblème imaginaire de la raison émancipatrice…

***

Au total, avancer l'hypothèse d'une tentative d'introduction du modèle de l'entreprise capitaliste industrielle en agriculture sur la base d'un outil original tel que le *Nouveau Larousse agricole*, c'est créditer ce document didactique – et plus particulièrement la conception du savoir et du temps agraires qu'il véhicule – d'une fonction de socialisation auprès de la population agricole. Une socialisation que l'on peut qualifier de « secondaire »[76] dans le sens où cette « acquisition de savoirs spécifiques et de rôles directement ou indirectement enracinés dans la division du travail »[77] succède chronologiquement à une socialisation « primaire », familiale, et tente alors de s'articuler – selon, notamment, ce que nous avons appelé une pédagogie de l'« intérieur » et de l'« exemple » – aux premiers savoirs professionnels dans une sorte de mixte cognitif. Une socialisation qui, cependant, s'appréhende uniquement ici à travers l'examen d'un élément, livresque ou encyclopédique, qui prend place au sein d'une offre plus globale[78] de formation technique agricole.

Mais qu'en est-il de la demande ? Une partie de la population agricole, que l'on sait à l'époque peu touchée par les innovations techniques[79], a-t-

---

74. Patrick CHAMPAGNE, « La reproduction de l'identité », dans *Actes de la recherche en sciences sociales*, n° 65, 1986, p. 59.
75. Jean PIEL-DESRUISSEAUX, « La gestion rationnelle… », art. cité, p. 877.
76. Peter BERGER et Thomas LUCKMANN, *The Social Construction of Reality*, Londres, The Penguin Press, 1967, traduction française : *La construction sociale de la réalité*, Paris, Méridiens Klincksieck, 1989, pp. 189-200.
77. Peter BERGER et Thomas LUCKMANN, *The Social Construction…*, ouv. cité, p. 189.
78. Comices agricoles, JAC (Jeunesse agricole chrétienne), syndicats, représentants d'entreprises industrielles et coopératives sont autant d'« agents du changement » qui soutiennent matériellement et idéologiquement l'élan moderniste de l'agriculture à cette époque. Voir : Annie MOULIN, *Les paysans dans la société française…*, ouv. cité, pp. 212-213.
79. Voir : Pierre BARRAL, *Les agrariens français…*, ouv. cité, p. 296.

elle effectivement eu recours aux conseils du *Nouveau Larousse agricole* ? À défaut de savoir avec précision et certitude quel est, parmi la variété des exploitants agricoles de l'époque, l'idéal-type du lecteur du *Nouveau Larousse agricole*[80], nous pouvons néanmoins, d'un mot, évoquer celui qui est recherché par les auteurs du présent ouvrage dans leur entreprise de prosélytisme. Cet agriculteur, qui a « compris aussi, nous disent messieurs Braconnier et Glandard, qu'un métier ne fait vivre celui qui l'exerce que s'il est pratiqué avec science et avec raison »[81], semble tout entier contenu dans l'appellation récurrente « chef d'entreprise ». Il est celui qui sait allier l'autorité domestique du chef de famille à des compétences technique et marchande[82], symboles de la société industrielle[83]. Plus qu'un « métier »[84], il incarne en fin de compte idéalement la structure familiale de l'entreprise capitaliste et entre de plain-pied dans le modèle (l'idéal-type) sociétal dynamique de la modernité.

---

80. Les éditions Larousse n'ont pu elles-mêmes nous renseigner, arguant du fait qu'elles ne pratiquaient pas, à l'époque, d'études de marchés et autres enquêtes-marketing sur leur lectorat. Tout ce que nous pouvons affirmer, c'est que l'ouvrage que nous avons consulté a appartenu à monsieur Marcel Brunat (1908-1993), chef d'une exploitation familiale (10 hectares) de polyculture-élevage implantée sur la commune de La Celle (région Auvergne, département de l'Allier) et qu'il a reprise de 1960 à 1985, ceci après avoir été pendant vingt ans employé de commerce dans une coopérative agricole.

81. Raymond BRACONNIER et Jacques GLANDARD, « Avant-propos », dans Raymond BRACONNIER et Jacques GLANDARD [dir.], *Le Nouveau Larousse agricole*, ouv. cité, p. XXIII.

82. Voir : Henri MENDRAS, *La fin des paysans*..., ouv. cité, pp. 130-133.

83. Voir : Ali AÏT ABDELMALEK, « L'Europe et l'exploitation agricole. L'exemple du pays de Redon-Bretagne », dans *Économie Rurale*, n° 238, 1997, p. 16.

84. Un terme qui se révèle un peu trop « statique » au regard de la « dynamique » entrepreneuriale et qui, de plus, largement empreint de corporatisme, risque peut-être de raviver la mémoire – nous ne sommes qu'en 1952 ! – d'une « paysannerie » portée et célébrée par le régime de Vichy.

Troisième partie

**L'agrarisme, enjeu social,
instrument politique**

La lutte pour l'abrogation du métayage dans les Landes

Jérôme LAFARGUE

Cela n'est pas nouveau, nombre de représentations sociales erronées gouvernent l'entendement que nous avons, ou, pour être plus précis, croyons avoir, de situations historiques que l'on pense alors figées. L'histoire tourmentée du métayage et du syndicalisme dans les Landes est un bon exemple du décalage persistant entre ce qu'il advint « réellement » et ce que l'on veut bien en retenir, par ignorance, mauvaise foi ou désir de ne plus en entendre parler. Quelques constructions tenaces rythment encore la vision que l'on a, lorsqu'on est un peu curieux, des rapports entre propriétaires et métayers, des rapports entre ces deux catégories et les forces politiques, et enfin des rapports entre tous ceux-là et les syndicats. Ces constructions aboutissent toujours plus ou moins à une représentation très intégrée de la réalité. Ne restent en effet que l'image de propriétaires avides et peu enclins à s'intéresser à leurs métayers plus que dominés, l'image d'un mouvement de fronde orienté à gauche qui, en gros de 1905 aux années 1950, va traverser le corps des métayers (alliés ponctuellement à d'autres corps de métiers, comme les cheminots), et l'image au final de paysans brisés et fatigués, qui auront cru atteindre leurs idéaux avant d'en être cruellement dépossédés.

Cependant, la lutte pour l'abrogation du métayage a emprunté des chemins assez tortueux, où les compromis ont frayé avec les actions sans concession. Là non plus, il ne faut voir de quelconque nouveauté, lorsque l'on sait combien le cours des mobilisations collectives est complexe. Mais, en abordant ce sujet par les marges, sans volonté d'en écrire l'histoire serrée, je voudrais commencer d'égratigner quelques certitudes [1].

La geste un peu triste des métayers landais, même si elle repose sur des éléments tangibles, doit être corrigée. Elle ne résiste pas à ce courant tumultueux qui fait souvent de toute action collective une inconnue de son

---

1. Je me permets de renvoyer à quelques-uns de mes travaux, ci-après cités, qui comportent des références bibliographiques qui se sont efforcées d'être les plus complètes possible.

origine jusqu'à son terme, le bricolage et l'indécision étant la norme plutôt que l'organisation et le raisonnement prédictif. La mémoire « collective » retient facilement des événements clefs et spectaculaires – ici par exemple, les grèves forestières de 1907, la révolte des métayers du Bas-Adour en 1920, les manifestations unitaires de 1937 – et tend à faire dépendre le reste de ces moments puissamment évocateurs. Tous ces mouvements, en passant, se soldent au mieux par quelques concessions de la part des propriétaires. Le plus souvent, ils sont l'occasion de représailles salariales et judiciaires impitoyables. Je voudrai seulement montrer rapidement combien il est important de ne pas se laisser attirer par les pièges symboliques de ces mouvements, qui, souvent, finissent par cacher des réalités quotidiennes qui, elles, ne changent pas énormément.

Pour comprendre un peu mieux cet axe de recherche, partons de quelques généralités, en commençant par l'agrarisme. Pour tous les agrariens, les paysans représentent le fondement de la nation parce qu'ils en préservent les valeurs essentielles. Mais tandis que les agrariens de droite, inspirés par le catholicisme social de Le Play et La Tour du Pin, défendent un monde rural hiérarchisé bien que solidaire, l'agrarisme républicain prend une nuance plus laïque. Le paysan en effet y est considéré comme le meilleur soutien de la République, puisque cette dernière lui a apporté la terre, la liberté et le droit de voter. Sous la Troisième République, de plus en plus de paysans se sentent proches du combat des socialistes, qui défendent la petite propriété paysanne. La majorité des paysans membres de la Section française de l'Internationale socialiste (SFIO) se prononcent pour le courant révolutionnaire lors du Congrès de Tours en 1920. Le Parti communiste (PC) adopte des positions très claires sur les questions agraires, en réclamant notamment la suppression du salariat, du métayage et du fermage, même si quelques points restent ambigus, comme la possibilité de poursuivre la jouissance individuelle de la petite propriété absorbée par la collectivité communale. La SFIO, en particulier dans l'entre-deux-guerres, se montre plutôt attachée à une vision « traditionnelle » de l'agrarisme, fondée sur l'acceptation de l'efficacité économique de l'agriculture parcellaire. Sur le plan idéologique, elle paraît également réticente devant la volonté de changement de certains paysans, surtout ceux qui voudraient devenir des ouvriers, comme ce sera le cas des gemmeurs, par exemple, dans la partie nord du département des Landes. Pour les socialistes, le monde paysan est certes pénétré par l'appareil capitaliste, mais il est complètement éclaté pour cette raison, et de multiples intérêts antagonistes traversent les diverses couches sociales paysannes.

La pénétration de ces diverses idées socialistes et communistes à cette époque reste malgré tout difficile, dans une période triomphante pour l'agrarisme, au cours de laquelle sont célébrées les vertus paysannes et la « civilisation rurale ». Les socialistes vont être perméables à cette idéologie agrarienne, sans pour autant que cela atténue l'originalité de leur propre doctrine agraire, marquée par une vision malgré tout modernisatrice de l'agriculture, la valorisation de l'action coopérative, l'émancipation intellectuelle des travailleurs de la terre, l'amélioration des conditions de vie et le souci d'organiser les réseaux paysans en tous genres (loisirs, soutiens mutualistes, *etc.*)[2]. Ainsi, au cours de la première moitié du 20e siècle, la question du métayage, et en particulier de sa pérennité, se pose pour la plupart des forces politiques.

Dans le département des Landes, le métayage a toujours été un mode de faire-valoir extrêmement répandu, à tel point qu'au début des années 1910, les Landes venaient en tête des départements pour la proportion de métayers. Les contrats de métayage et les façons de les vivre sont très variés, en raison du grand nombre de métayers, près de 20 000, et de la diversité des activités agricoles concernées. Dans l'ensemble, les conditions de métayage sont plutôt mal vécues, même si la logique propriétaires véreux/métayers vertueux est à nuancer largement. Pendant tout le 18e siècle et la première partie du 19e siècle, les contrats de métayage dépendent essentiellement d'usages locaux, ce qui entraîne des disparités selon les propriétaires, les cultures et les territoires. La loi du 18 juillet 1889 sur le bail à colonat partiaire possède un caractère trop général pour appréhender la complexité des us existants. En réalité, le nouveau dispositif juridique ne fait qu'ajouter un niveau supplémentaire : la loi cohabite avec les usages locaux, progressivement codifiés à l'échelon cantonal, mais aussi avec les spécificités communales, sans parler des conditions particulières établies entre propriétaires et métayers pour tel ou tel type de culture. Cet embrouillamini juridique provoque une réelle incertitude, qui sera à la source de plusieurs malentendus générateurs de contestations. Si la logique du métayage repose sur une symétrie formelle (le capital et le travail se partagent également les bénéfices de l'exploitation), cette symétrie n'est que de façade, d'autant que la plupart des bailleurs disposent de plusieurs métairies. Le métayer, lui, n'a d'autres revenus que ceux de la métairie, amputés de la portion due au maître, sans parler des redevances et des impôts. Objectivement, « le métayer est un salarié qualifié, mais certaines prestations font de lui moins qu'un salarié : un domestique et un serf »[3]. Dans une telle position de subordination, le métayer est une cible privilégiée des efforts syndicalistes. Dans une moindre mesure, les revendications des métayers sont aussi prises en charge directement par les délégués de partis politiques.

Le département des Landes est marqué par l'essor remarquable d'un syndicalisme de petits paysans entre 1906 et 1939, et ce dans toutes les parties du territoire. La carte de l'activisme peut néanmoins se scinder en deux

---

2. Édouard LYNCH, « Le parti socialiste et la paysannerie dans l'entre-deux-guerres. Pour une histoire des doctrines agraires et de la politique au village », dans *Ruralia*, n° 3, 1998, pp. 23-41.
3. Anne ZINK, « Le métayage dans l'identité chalossaise », dans Michel PAPY et Christian THIBON [dir.], *Chalosse. L'esprit des lieux entre mémoires et histoires, Colloque du Musée de la Chalosse, 11-12 décembre 2002*, collection Universitaria, Orthez, Édition Gascogne, 2004, p. 111.

parties géographiquement opposées, la Chalosse agricole, dans le sud, composée essentiellement de cultivateurs et de vignerons, et la Haute Lande des forêts, dans le nord, domaine des gemmeurs. Néanmoins, la très grande majorité de tous ces paysans est composée de métayers. Chaque territoire a sa grande action collective, qui, sans véritablement générer des effets positifs immédiats pour le statut de ces hommes, marquera suffisamment les esprits : les grèves de la forêt en 1907 et la révolte des métayers du Bas-Adour en 1920. À l'origine de la fondation des premiers syndicats, la fin du métayage, bien qu'étant une revendication sous-jacente, est une idée considérée comme peu réaliste. Les principaux souhaits consistent à demander l'amélioration des conditions de travail ainsi qu'une répartition plus juste des revenus entre propriétaires et métayers. Ce n'est que dans l'entre-deux-guerres que les demandes d'abrogation pure et simple du métayage deviennent beaucoup plus fortes. Chargés d'archaïsmes préjudiciables, les contrats de métayage landais sont vertement dénoncés. Malgré des stratégies différentes selon les syndicats et les zones territoriales, on assiste à la promotion d'un sentiment paysan fondé sur des idéaux de gauche, en rupture avec l'agrarisme national traditionnel.

C'est très tôt que les socialistes prennent acte des doléances. Dans les années 1905-1908, ils s'opposent aux propriétaires terriens, leur reprochant pêle-mêle les contrats draconiens imposés aux métayers chalossais, la perception archaïque de la dîme ou la persistance des journées gratuites. En zone forestière, ils vilipendent les conditions de vie d'un autre âge, notamment en raison d'un habitat délabré et insalubre. Les propriétaires réagissent immédiatement et s'insurgent contre cette ingérence, notamment par la publication d'une brochure stigmatisant le danger du socialisme et démontrant le bien-fondé du métayage pour les paysans. Au final, la campagne socialiste n'aura que peu d'impact, au moins dans la partie chalossaise du département, sinon la création de quelques syndicats éphémères. En revanche, plusieurs syndicats gemmeurs sont fondés dans la partie nord, avec comme point d'orgue les grèves de 1907 qui couvrent une bonne partie du massif forestier.

Dans ces conditions, quels sont les mouvements sociaux importants qui vont servir de points d'ancrage ? On peut en retenir quatre.

Le premier intervient donc en 1907. De grandes grèves traversent le massif forestier, bien que le secteur de la Grande Lande, qui regroupe quatre cantons, dans le nord-ouest du département, pas encore véritablement syndicalisé, soit peu touché. En revanche, dans le Marensin et le Pays de Born, au nord-est et sur la bande côtière, les contestations sont organisées et, si elles ne débouchent pas sur des résultats satisfaisants en raison de l'intransigeance des propriétaires et des services préfectoraux, qui n'hésitent pas à envoyer la police, elles marqueront les esprits. Les méthodes –

manifestations, grèves tournantes, occupations de locaux, séquestrations de propriétaires – montrent un frémissement dans les mentalités [4].

Le second mouvement, en 1920, est également mené sous l'impulsion de syndicalistes. Une grande vague de contestation embrase la Chalosse, dans le sud du département, en partant des cantons formant le Bas-Adour. Après un certain nombre d'ultimatums, non entendus, envoyés aux propriétaires sur les conditions de métayage, les métayers déploient un nombre assez impressionnant de techniques de mobilisation – cessation du travail, cessation du paiement des redevances et des partages, boycottage des marchés, barrages de routes, manifestations. Les élus radicaux-socialistes apportent leur soutien et activent la formation d'une commission mixte regroupant propriétaires et métayers. Un accord, plutôt favorable aux métayers, finit par être signé à la sous-préfecture de Dax. S'il est respecté par plusieurs propriétaires, d'autres n'hésitent pas à l'ignorer. Pire, plusieurs congés sont donnés à des métayers grévistes, en présence d'huissiers et de gendarmes. Au final, il reste un sentiment d'inachèvement : si les grévistes cégétistes ont réussi à obtenir quelques sources de satisfaction, le non-respect de plusieurs engagements et d'autres situations conflictuelles simultanées (grève des cheminots) les ont empêchés d'aller au bout de leurs revendications, et surtout, d'apporter une solution aux exagérations des propriétaires et des forces de l'ordre – expulsions violentes et iniques [5].

Le troisième mouvement social se situe en 1937. Une nouvelle grève générale paralyse le massif forestier. On retient cette date, mais la totalité des années 1930 est marquée en réalité par de multiples mouvements qui montrent la ferme implantation du syndicalisme. Mais en 1937, on note une coordination très professionnelle des mobilisations. Des manifestations drainent jusqu'à plus de 20 000 personnes, et les grèves sont stratégiquement organisées pour une efficacité optimale. Les gemmeurs demandent l'abandon du statut de métayer pour devenir des ouvriers salariés. Ils n'obtiendront que partiellement gain de cause : s'ils obtiennent des conditions de partage qui leur sont plus favorables, ils restent métayers. Cependant, la guerre va bientôt interrompre les efforts syndicaux, alors que sans doute ils n'avaient jamais été aussi près d'aboutir.

Enfin, le quatrième mouvement, en forme de chant du cygne, traverse le début 1953, une nouvelle fois chez les gemmeurs. Mais les choses ont changé. Les grands incendies de 1946, la désaffection syndicale et, surtout, la remise en cause de la fonction même de gemmeur, en raison de

---

4. Jérôme LAFARGUE, « Résistance et lutte pour la reconnaissance en milieu forestier dans les Landes au début du 20e siècle », dans Mercedes YUSTA et Édouard LYNCH [dir.], *Campagnes européennes en lutte(s), 19e-20e siècles.— Histoire et société, revue européenne d'histoire sociale*, n° 13, 1er semestre 2005, pp. 18-29.

5. Voir : Hélène BAHUS-LESCOURRET, « La révolte des métayers du Bas-Adour dans les années 20 », dans *Annales du Midi*, tome 111, n° 225, janvier-mars 1999, pp. 47-63 ; et Hélène BAHUS-LESCOURRET, « L'amorce d'une modernisation. Mythes et réalités des métayers du Bas-Adour », dans Michel PAPY et Christian THIBON [dir.], *Chalosse. L'esprit des lieux entre mémoires et histoires*, ouv. cité, pp. 121-133.

l'automatisation et de la substitution d'autres produits à la résine, sont autant de motifs pour expliquer l'échec. En dépit de la mobilisation assez importante, bien que moindre par rapport à celle de 1937, les gemmeurs ne sont pas exaucés et n'obtiennent toujours pas le statut de salariés à la tâche [6].

Reprenons le fil de ces généralités, avec en point de mire les questions agraires, pour les questionner différemment. Sur la question du métayage, il n'y a pas réellement de suspense. On sait qu'il a fini par être abrogé. Pour autant, cela n'a pas signifié son extinction dans les Landes, et ce mode de faire-valoir s'est poursuivi longtemps après la loi de 1946 qui permettait la conversion du métayage en fermage. Si les trois quarts des paysans demandèrent la conversion, la plupart des propriétaires refusèrent et donnèrent leur congé aux métayers, ce qui donna lieu à de nombreux procès. Beaucoup de métayers en furent découragés et ne se risquèrent pas à demander la conversion, préférant lutter sur d'autres terrains, comme les gemmeurs qui cherchèrent à obtenir un résultat identique par des voies différentes (obtention du statut d'ouvrier salarié). On ne doit pas oublier non plus que le métayage restait fortement ancré dans les mœurs, ce qui explique sa résistance. Ce n'est que progressivement qu'il recule, surtout dans les années 1960-1970, grâce à la mécanisation et la possibilité offerte d'agrandir les exploitations par l'intermédiaire de l'aide du Crédit agricole.

Il y a là un décalage saisissant entre ce statut qui s'étiole de lui-même, principalement en raison des bouleversements drastiques des pratiques agricoles et de la place des paysans dans la société, et l'acharnement syndical qui a couru dans les Landes toute la première moitié du 20e siècle. Cet engagement politique et syndical plutôt à gauche a certes tranché avec un certain conservatisme social, au moins chez les gemmeurs. Mais, dans ce département des Landes marqué par des clivages territoriaux irréductibles à toute collaboration syndicale suivie – l'éloignement géographique, amplifié par la faiblesse des infrastructures de transport, n'éliminait pas les signes de sympathie mais condamnait les stratégies partenariales sur le long terme –, l'examen des protestations paysannes sous l'angle de l'agrarisme peut éclaircir certaines collusions ou inimitiés : il y eut dans l'entre-deux-guerres, malgré tous les obstacles, une forte identification des intérêts syndicaux et politiques, de nature à disséminer, dans l'ensemble du territoire, un sentiment d'appartenance à une même communauté, sentiment capable de transcender des cultures professionnelles parfois disparates.

Le fil directeur, c'est de savoir comment les idées socialistes se sont implantées et comment l'organisation syndicale est devenue un peu partout un *modus operandi* nécessaire et incontournable. Surtout qu'il n'y eut pas,

---

6. Sur les mouvements de 1937 et 1953, voir : Jérôme LAFARGUE, *Protestations paysannes dans les Landes. Les gemmeurs en leur temps (1830-1970)*, collection « Logiques politiques », Paris, L'Harmattan, 2001.

dans les Landes, de discours syndical communautaire sur les revendications. Quand les *leaders* syndicaux chalossais demandent l'accès à la propriété de la terre, les gemmeurs n'en font rien. Ce n'est pas leur objectif. Leurs intérêts n'en sont pas pour autant antagonistes. Leur lutte n'est pas la même, en dépit de leur statut identique. Ici, la nature des activités agricoles détermine les revendications. Il n'existe pas à proprement parler de défense d'un statut de « paysan » transcendant les clivages territoriaux et sociaux.

Notons d'emblée que le discours socialiste sur l'agrarisme n'a pas forcément servi d'incitateur. On est plutôt en face de multiples mouvements sur lesquels les parlementaires de gauche vont s'appuyer pour légitimer leur action politique. En ce sens, sans parler de récupération, on peut au moins évoquer l'image du « train pris en marche ».

Au sortir de la guerre de 1914-1918, le syndicalisme gemmeur est partagé en trois : sur le littoral atlantique, on trouve une fédération autonome ; dans la Grande Lande, les gemmeurs adhèrent à un syndicat affilié à la CGT, la venue de Léon Jouhaux n'étant pas étrangère à ce choix ; dans la région de Gabarret, ils s'associent à la branche agricole de la CGTU et se nomment « paysans travailleurs ». Ce n'est qu'en 1934 qu'est fondée la Fédération des métayers et gemmeurs du Sud-Ouest (FGMSO). Associant la plupart des syndicats gemmeurs des Landes, de la Gironde et du Lot-et-Garonne, elle est une des composantes de la Fédération nationale de l'agriculture, elle-même rattachée à la CGT. Ce n'est cependant qu'en 1937, lors du congrès de Saint-Symphorien, que l'affiliation à la CGT est officiellement reconnue. Le Front populaire est passé par là et sa dynamique va encourager les gemmeurs à proclamer haut et fort leurs demandes, la principale étant l'octroi du statut de salariés à la tâche. Mais, tout au long de ce processus, les responsables socialistes et communistes restent malgré tout en retrait. Jacques Lamaison, délégué de la SFIO dans les Landes, et auteur d'un ouvrage intitulé *Le collectivisme et le pays de la résine* qui fit grand bruit lors de sa publication en 1909, deux ans à peine après les grèves de 1907, rappelait que les Landes étaient un « admirable terrain pour la propagande socialiste, à condition que les propagandistes y viennent souvent »[7]. Les efforts sont réels, mais l'isolement du département et l'absence de discours unitaire au parti socialiste sur la question agraire en diminuent la portée. Avant la Première Guerre mondiale, les adhésions à la SFIO ne sont guère probantes.

Après la guerre, les *leaders* syndicaux entretiennent leurs réseaux de sociabilité politique, ceux qu'ils jugent les plus efficaces. Ils ont ciblé clairement leurs interlocuteurs, les parlementaires socialistes. Le crédit dont ces derniers disposent et qui fait naître des connivences ne s'explique pas seulement par les liens élémentaires qui existent entre socialistes et syndicalistes cégétistes. Généralement, les paysans sont supposés utiliser les différentes élites locales comme instruments d'intercession auprès des

---

7. *Le Socialiste*, 12 avril 1908.

autorités départementales et nationales, en fonction de la conjoncture politique. Mais on est ici en présence d'un lien qui n'est pas seulement stratégique et réversible. C'est un lien sur le long terme, plutôt ambivalent : certes, il est utilitariste ; mais en même temps il transcende le discours officiel sur les questions agraires : il y a une sorte de lien affectif, au-delà de la politique. Si l'on reste sur l'exemple des gemmeurs, la crise du gemmage en 1934 et le soutien apporté par les représentants socialistes ont durablement ancré dans l'esprit des gemmeurs l'idée d'un socialisme combatif et loyal. Les socialistes, après la Seconde Guerre mondiale, remportent la plupart des élections haut la main, parfois à contre-courant des tendances nationales, et restent les seuls véritables interlocuteurs des *leaders* syndicaux, notamment dans les difficiles années 1950 [8]. Bien entendu, on ne peut manquer de se demander jusqu'à quel point ce n'est pas l'empirisme électoral qui domine, supplantant la théorie sur la question agraire, où il serait davantage question de stabiliser les soutiens paysans que de diffuser une idéologie précise. De façon générale, le mouvement socialiste n'a d'ailleurs jamais été capable de recruter des cadres en nombre suffisant chez les agriculteurs. Dans les Landes, la chose aurait sans doute été possible à une échelle importante, mais on en est resté à des stratégies basiques de soutien.

Peut-être cette collaboration a-t-elle justement été facilitée par l'absence de renouvellement de la réflexion théorique des socialistes sur les questions agraires. Les analyses se limitent aux effets du capitalisme sur la petite exploitation et proclament l'efficacité économique de l'agriculture parcellaire. Le paysan doit se libérer de l'oppression capitaliste par le développement de l'instruction, la coopération et le crédit mutuel. Mais il n'est pas facile pour eux d'affirmer que le paysan est l'allié naturel de l'ouvrier : à ce titre, le soutien de la cause des gemmeurs, ni paysans ni ouvriers, mais aspirant au second statut, est assez important.

Qu'a-t-on repéré au final ? Qu'en confrontant un certain nombre d'informations concrètes à propos de thèmes classiques, on finit par déboucher sur des questionnements bien plus difficiles à résoudre que prévu. D'abord, il n'existe pas de ligne claire dans la trame des relations entre propriétaires, métayers, syndicalistes et acteurs politiques. Les hiérarchies ne sont pas toujours figées, et le jeu des tractations dans les moments de tension ne désigne pas nécessairement comme vainqueurs les plus dotés en ressources politiques. Ensuite, on mesure combien le discours politique, notamment sur les questions agraires, a du mal à trouver un écho durable. On peut même se demander s'il eut quelque importance, non seulement pendant les mouvements sociaux, mais plus encore dans le cours

---

8. Jérôme LAFARGUE, « Des mobilisations cognitives en berne. Le crépuscule du syndicalisme gemmeur dans les Landes », dans Jacques GERSTLÉ [dir.], *Les effets d'information en politique*, collection « Logiques politiques », Paris, L'Harmattan, 2001, pp. 83-108.

de la vie quotidienne. Et c'est là qu'enfin intervient une troisième constatation, qui met au jour la difficulté de saisir cette logique des interstices, qui est aussi une logique de l'oubli : que se passe-t-il concrètement durant les longues périodes où on ne trouve pas d'activisme syndical, où les délégués des partis ne circulent ni ne tiennent réunion ? On pourrait, avec un brin de cynisme, répondre que justement il ne se passe rien, que les questions touchant au statut de la paysannerie ne se posent qu'en situation de paroxysme. Et peut-être laisser ainsi de côté un pan entier de la réflexion sur la façon dont les paysans, landais en l'occurrence, se voyaient eux-mêmes et envisageaient leur place au sein de l'appareil de production. Il y a peu de documents en effet qui échappent à une certaine folklorisation et qui laissent transparaître les raisonnements inquiets sur les jeux diffus du capital et du travail. Dans le cas des gemmeurs, on sait pourtant que ces questionnements ont existé, et pas seulement dans le cadre de réunions syndicales passionnées : dans quelque débit de boisson artisanal en forêt, à l'occasion de fêtes familiales, pendant les foires. Ces paroles lancées au hasard des circonstances appartiennent bien entendu à la seule oralité, et très rares sont les mémoires des anciens gemmeurs qui en parlent avec précision. En passant, la mémoire du combat des gemmeurs est une mémoire douloureuse. Quand la fonction elle-même était louée pour les bienfaits du travail à l'air libre, les conditions de métayage étaient en revanche durement ressenties. Ce n'est qu'à doses homéopathiques que l'échec s'est raconté et s'est transmis, et à ce titre, il faut parler d'une mémoire bien plus enfouie qu'affleurante [9].

**

Regretter de ne pouvoir reconstituer ces écheveaux complexes serait une erreur, tant on sait que le travail d'historien est nécessairement affaire de frustration et d'incomplétude. Mais il paraît cependant important de chercher à combler les vides du mieux possible. Aux côtés des actions connues, des discours plus ou moins officiels publiés, des professions de foi défendues publiquement, des traces de séances informelles, il faut mobiliser, chaque fois que cela est possible, autant la parole cachée ou lointaine des humbles et des sans-grade que celles des élites, qui, elles aussi, doutent et spéculent. Tout ceci dans un contexte où la férule des propriétaires est sans doute moins un exercice de domination qu'un mouvement de préservation d'intérêts, aisément comparable à celui qui se joue dans toute société où le marché du travail est compétitif, peu créateur d'emplois, et où le pouvoir est détenu par une minorité plus immobile qu'agissante.

---

9. Voir : Jérôme LAFARGUE, « Le sentiment du passé : ce qui fut, ce qu'il reste. Quelques pans de la mémoire protestataire dans les Landes », dans Michel PAPY et Christian THIBON [dir.], *Chalosse. L'esprit des lieux entre mémoires et histoires*, ouv. cité, pp. 181-209.

Réseaux identitaires et élites agrariennes. Les administrateurs de l'Union du Sud-Est des syndicats agricoles (1888-1940)

Bruno DUMONS

« Si les historiens des forces sociales se sont surtout intéressés au mouvement ouvrier, ils ne doivent pas négliger les autres groupes et notamment les organisations agricoles qui ont montré beaucoup d'activité, en France comme dans d'autres pays, depuis un siècle »[1]. Cet appel, lancé par Pierre Barral en 1969 à la communauté historienne, fait alors écho à celui déjà émis l'année précédente dans son ouvrage sur les agrariens, visant à « sortir du purgatoire cette force sociale profonde », « celle des agriculteurs luttant pour défendre leur place dans la société industrielle », qu'il s'agisse des petits comme des gros, des hommes de droite comme de gauche, des syndicalistes comme du personnel politique[2]. En souhaitant participer au renouvellement historiographique qui insère l'histoire rurale dans la « nouvelle histoire » et qui affirme le rôle économique et politique des campagnes face à l'expansion urbaine et industrielle, ceci dans le contexte particulier de 1968 consacrant le messianisme de la classe ouvrière au sein des milieux intellectuels, Pierre Barral s'attache à ressusciter ces agrariens qui ont œuvré pour la modernisation de l'agriculture nationale et européenne[3]. Parmi eux, s'affirment les deux figures du notable et du

---

Nous remercions très chaleureusement monsieur Frédéric Bertrand, président de l'Union du Sud-Est des syndicats agricoles (USESA), et mesdames Claire Cuzin et Marie-Alix Bertillot pour leur accueil et leur aide dans la consultation des anciennes collections de la bibliothèque de l'USESA.

1. Pierre BARRAL, « Aspects régionaux de l'agrarisme français avant 1930 », dans *Le Mouvement social*, n° 67, avril-juin 1969, p. 3.
2. Pierre BARRAL, *Les agrariens français de Méline à Pisani*, Cahiers de la Fondation nationale des sciences politiques, n° 164, Paris, Armand Colin, 1968, p. 13.
3. *Ibidem*, p. 337. Sur le mouvement agrarien en Europe : Pierre BARRAL, « Les mouvements agrariens de l'ère industrielle (jusqu'à la Seconde Guerre mondiale) », dans *Revue historique*, n° 472, octobre-décembre 1964, pp. 299-330. Pour des travaux plus récents : Bertrand HERVIEU et Rose-Marie LAGRAVE [dir.], *Les syndicats agricoles en Europe*, Paris, L'Harmattan, 1992 ; Pasquale VILLANI [dir.], *L'agricoltura in Europa e la nascita della*

paysan qui ont successivement façonné les organisations syndicales entre la fin du 19ᵉ siècle et les années 1950 [4].

Se démarquant d'une historiographie agrarienne militante, souvent écrite par des acteurs et des dirigeants de ces organisations professionnelles, Pierre Barral met alors l'accent sur le développement de ces organismes du syndicalisme agricole et sur leur rôle dans les transformations de ce secteur de l'économie, la diffusion des nouvelles technologies et la professionnalisation des métiers de l'agriculture [5]. Partagé entre les deux vieilles maisons de la « rue d'Athènes » et du « boulevard Saint-Germain », la première cléricale et conservatrice, la seconde laïque et républicaine, le syndicalisme agricole a ainsi rencontré, dans le sillage de Pierre Barral, l'attention des historiens du social et du politique comme le prouve la variété des articles présents dans la livraison du *Mouvement social* en 1969. Dans la décennie suivante, plusieurs thèses d'histoire rurale qui abordent en particulier le 20ᵉ siècle, ont alors étudié certaines unions régionales du syndicalisme agricole, notamment celles émanant des « ducs et des marquis ». Gilbert Garrier s'est ainsi penché sur l'Union du Sud-Est des syndicats agricoles, tandis qu'Yves Rinaudo consacre quelques pages à l'Union des Alpes et de Provence [6]. D'autres associations agricoles régionales affiliées à la « rue d'Athènes » ont fait l'objet d'études, comme l'Office de Landerneau par la sociologue

---

"questione agraria" (1880-1914). Atti del convegno di Roma, ottobre 1992.— *Annali dell'Istituto « Alcide Cervi »*, Rome, n° 14-15, 1992-1993, 509 p. ; Maria MALATESTA, « Une nouvelle stratégie de reproduction : les organisations patronales agraires européennes (1868-1914) », dans *Les associations économiques et groupes de pression en Europe, 19ᵉ-20ᵉ siècles.*— *Histoire, économie, société*, n° 2, 1997, pp. 203-219.

4. *Ibidem.*

5. *Ibidem*, p. 104 et suivantes. Sur les premiers temps du syndicalisme agricole de la rue d'Athènes : Robert de ROCQUIGNY, *Les syndicats agricoles et leur œuvre*, Paris, Armand Colin, 1900 ; André de MARCILLAC, *Les syndicats agricoles, leur action économique et sociale*, Paris, Gabalda, 1913 ; Adrien TOUSSAINT, *L'Union centrale des syndicats agricoles. Ses idées directrices*, Paris, Payot, 1920. Pour une approche militante de l'histoire des politiques et du syndicalisme agricoles : Michel AUGÉ-LARIBÉ, *La politique agricole de la France de 1880 à 1940*, Paris, Presses universitaires de France, 1950 ; Louis PRUGNAULT, *Les étapes du syndicalisme agricole en France*, Paris, Éditions de L'Épi, 1963.

6. Gilbert GARRIER, « L'Union du Sud-Est des syndicats agricoles avant 1914 », dans *Le Mouvement social*, n° 67, avril-juin 1969, pp. 17-38 ; Gilbert GARRIER, *Paysans du Beaujolais et du Lyonnais (1800-1970)*, Grenoble, Presses universitaires de Grenoble, 1973, pp. 518-522 ; Gilbert GARRIER, « L'Union du Sud-Est des syndicats agricoles de 1888 à 1939 », dans *Bulletin du Centre d'histoire économique et sociale de la région lyonnaise*, n° 1-2, 1981, pp. 27-30. Sur l'Union des Alpes et de Provence : *Le Marquis de Villeneuve-Trans et les syndicats agricoles de Provence (1889-1908)*, Lyon, Vitte, 1916, p. 66 ; Claude MESLIAND, « Le syndicat agricole vauclusien (1887-1939) », dans *Le Mouvement social*, n° 67, avril-juin 1969, pp. 46-47 ; Yves RINAUDO, *Les paysans du Var (fin 19ᵉ-début 20ᵉ siècle)*, thèse de doctorat d'État, Université Aix-Marseille I, Lille, Service de reproduction des thèses, 1982, pp. 186-190 ; Yves RINAUDO, « Le syndicalisme agricole varois au début du 20ᵉ siècle », dans *Bulletin du Centre d'histoire économique et sociale de la région lyonnaise*, n° 1-2, 1981, p. 11.

américaine Suzanne Berger[7]. Le syndicalisme agricole est alors essentiellement analysé à travers le prisme de son idéologie et de la problématique de la représentation unitaire du monde paysan[8].

Ces lieux de la représentation agricole sont revisités depuis quelques années à partir de leurs dirigeants, en vue notamment d'une histoire sociale et politique des élites[9]. Élites agricoles certes, mais aussi élites politiques, exerçant un rôle de médiation important entre le centre et ses périphéries, entre la localité et le national[10]. Face à la modernisation du monde agricole sous la Troisième République, ces élites agrariennes, en particulier celles d'essence conservatrice et cléricale, ont montré une réelle capacité d'innovation dans les différents enjeux qui se présentaient à elles, que ce soit dans les techniques agricoles, la protection sociale ou les circuits bancaires. Si les différents secteurs qui ont largement contribué à la réussite syndicale de la « Rue d'Athènes » sont aujourd'hui bien connus, il reste que leurs dirigeants se trouvent encore partiellement dans l'ombre, encore trop souvent associés, de manière unique, à leur conservatisme idéologique.

Grands propriétaires et réseaux familiaux

Notre propos se veut modeste, puisqu'il n'envisage qu'une approche limitée des réseaux qui constituent et unifient les élites agrariennes de la « Rue d'Athènes ». L'analyse portera sur les administrateurs de l'une des quinze fédérations régionales liées à l'Union Centrale, à savoir l'Union du Sud-Est des syndicats agricoles (USESA) considérée comme le « modèle » en la matière[11]. Nous ne reviendrons pas sur son histoire et son idéologie, déjà bien retracée par Gilbert Garrier et quelques autres[12]. Rappelons

---

7. Suzanne BERGER, *Peasants against Politics*, Cambridge Mass., Harvard University Press, 1972, traduction française : *Les paysans contre la politique. L'organisation rurale en Bretagne, 1911-1974*, Paris, Éditions du Seuil, 1975, p. 87 et suivantes.
8. Yves TAVERNIER [dir.], *L'univers politique des paysans dans la France contemporaine*, Paris, Armand Colin, 1972 ; Isabel BOUSSARD, *Vichy et la corporation paysanne*, Paris, Presses de la Fondation nationale des sciences politiques, 1980 ; Pierre COULOMB, Hélène DELORME, Bertrand HERVIEU, Marcel JOLLIVET et Philippe LACOMBE [dir.], *Les agriculteurs et la politique*, Paris, Presses de la Fondation nationale des sciences politiques, 1990 ; Ronald HUBSCHER et Rose-Marie LAGRAVE, « Unité et pluralisme dans le syndicalisme agricole français. Un faux débat », dans *Annales, économies, sociétés, civilisations*, n° 1, janvier-février 1993, pp. 109-134.
9. Parmi les approches novatrices : Maria MALATESTA, *Signori della terra. L'organizzazione degli interessi agrari padani (1860-1914)*, Milan, Angeli, 1989 ; Claude-Isabelle BRELOT, « Le syndicalisme agricole et la noblesse en France de 1884 à 1914 », dans *Cahiers d'histoire*, tome 41, n° 2, 1996, pp. 199-208. Pour une approche sociologique : Sylvain MARESCA, *Les dirigeants paysans*, Paris, Éditions de Minuit, 1983.
10. Bruno DUMONS, « Élites agricoles et médiateurs politiques. Recherches sur les élus des chambres d'agriculture dans la France du Sud-Est en 1927 », dans *Histoire et sociétés rurales*, n° 10, 1998, pp. 81-103.
11. Pierre BARRAL, *Les agrariens français...*, ouv. cité, p. 108.
12. Claude SILVESTRE, *L'Union du Sud-Est des syndicats agricoles*, Lyon, Legendre, 1900 ; Antoine MALIAUSKIS, *L'Union du Sud-Est des syndicats agricoles*, Louvain, Peeters, 1912 ; Gilbert GARRIER, « L'Union du Sud-Est des syndicats agricoles avant 1914 », art.

simplement que l'USESA connaît une croissance importante de ses effectifs au cours du premier tiers du 20ᵉ siècle. De 263 syndicats regroupant 65 000 membres en 1900, l'Union a presque doublé le nombre de ses adhérents avec 507 syndicats et plus de 130 000 personnes affiliées à la veille de la Grande Guerre [13]. Le millier de syndicats est dépassé en 1925 pour atteindre les 2 000 en 1938, représentant plus de 300 000 adhérents [14]. L'USESA s'affirme donc comme la « première union de France », que ce soit au sein de la « rue d'Athènes » ou en comparaison avec les unions républicaines du « boulevard Saint-Germain » [15]. Elle s'étend sur un vaste espace régional de la France du sud-est, regroupant dix départements, allant d'Autun dans le Morvan à Saint-Paul-Trois-Châteaux en Provence et de Brioude en Velay jusqu'au Chablais sur les bords du Léman [16].

Installé d'abord près de la place des Terreaux puis sur l'aristocratique place Bellecour à partir de 1926, l'organe central de l'USESA est dirigé par un conseil d'administration composé alors d'un exécutif de dix personnes, d'une vingtaine d'administrateurs et d'une douzaine d'auditeurs, le nombre exact de sièges augmentant avec le temps. Retenant uniquement les fonctions de responsabilité au sein du bureau et celle d'administrateur, nous avons travaillé sur un corpus de 68 personnalités ayant appartenu au conseil d'administration de l'USESA entre 1888 et 1940, dont la plupart proviennent du Rhône et des départements voisins de l'Isère (11), l'Ain (8), la Drôme (8) et la Loire (8) [17]. Hormis pour une dizaine d'entre elles, la méthode prosopographique a donc permis de collationner des

---

cité ; Gilbert GARRIER, *Paysans du Beaujolais et du Lyonnais...*, ouv. cité, pp. 518-522 ; *L'Union du Sud-Est des syndicats agricoles. Une doctrine, une action, une étape*, Lyon, USESA, 1975 ; Gilbert GARRIER, « L'Union du Sud-Est des syndicats agricoles de 1888 à 1939 », art. cité ; Gérard GAYET, *L'Union du Sud-Est des syndicats agricoles de 1914 à 1941*, Mémoire de maîtrise sous la direction de Gilbert Garrier, Université Lumière-Lyon 2, 1972.

13. *Bulletin de l'Union du Sud-Est des syndicats agricoles (USESA)*, 15 décembre 1900, p. 231 ; *Bulletin de l'USESA*, décembre 1913, p. 269.

14. *L'Agriculteur du Sud-Est*, 4 décembre 1938, p. 719.

15. Gilbert GARRIER, « L'Union du Sud-Est des syndicats agricoles de 1888 à 1939 », art. cité, p. 27.

16. Il s'agit des départements de l'Ain (68 syndicats affiliés en 1920), l'Ardèche (51), la Drôme (52), l'Isère (200), la Loire (108), la Haute-Loire (26), le Rhône (43), la Saône-et-Loire (163), la Savoie (70) et la Haute-Savoie (19), *28ᵉ assemblée générale de l'USESA*, 27 novembre 1920, pp. 63-70.

17. La géographie du recrutement des administrateurs est ainsi relativement conforme à celle de l'implantation syndicale de l'USESA : Gilbert GARRIER, « L'Union du Sud-Est des syndicats agricoles avant 1914 », art. cité, p. 20. Sur la forte implantation de l'USESA en Isère et surtout en Bas-Dauphiné : Pierre BARRAL, *Le département de l'Isère sous la Troisième République (1870-1940)*, Paris, Armand Colin, 1962, pp. 134-136. Les départements périphériques, venus plus tardivement adhérer à l'Union, comme la Haute-Loire (4), la Saône-et-Loire (4) et l'Ardèche (3) sont moins représentés. En revanche, les deux Savoies n'ont qu'un administrateur chacune après le comte de Villette et le vicomte de Boigne.

renseignements biographiques suffisants en vue de brosser un portrait synthétique de ces élites agrariennes [18].

Au premier abord, il s'agit pour la plupart de grands propriétaires fonciers ayant hérité de domaines familiaux. Plusieurs d'entre eux ont alors renoncé à leur carrière militaire pour se consacrer à la gestion de leurs terres. Ce fut en particulier le cas pour Edouard de Monicault dans les Dombes à Versailleux, André Brac de la Perrière en Beaujolais à Fleurie, et Camille de Meaux dans le Forez à Écotay. Le milieu des juristes et des avocats lyonnais est également un vivier d'administrateurs, choisis pour leurs compétences juridiques et la bonne gestion de leurs importants domaines. Ainsi, Léon Riboud et son fils Julien, tous deux avocats, à la tête d'une vaste propriété à Monsols dans le Haut-Beaujolais, illustrent ces familles de juristes qui ont investi dans la terre au cours du second 19e siècle [19]. Un est médecin, le docteur Clément Petit, grand propriétaire de vergers à Millery, représentant le syndicat de Saint-Genis-Laval après le décès de son fondateur Antonin Guinand [20]. Viennent ensuite, parmi les plus jeunes générations, des ingénieurs agronomes, passés par un cursus scolaire spécialisé comme Raymond de Ribains dans le Velay ou Charles Genin en Bas-Dauphiné, et des agriculteurs d'extraction modeste ayant fait leurs preuves au sein des milieux catholiques sociaux de l'agriculture tels que les Semaines Rurales et la JAC, implantées surtout dans l'Ain et la Loire.

Quant au mode de recrutement, les administrateurs de l'USESA sont choisis par cooptation. Les réseaux familiaux constituent alors un moyen efficace d'entrer dans le conseil d'administration. Plusieurs y ont obtenu leur place en remplacement de leur père, soulignant par-là la volonté de poursuivre la tradition des fondateurs. Jean Duport représente ainsi sans doute son père Émile. Humbert Chatillon entre à l'Union un an après le décès de son père Joseph. Le drômois Louis de la Boisse remplace son père Jules démissionnaire en 1909 tandis que le grand producteur de noix iserois Paul de Montal succède semble-t-il à son père Arthur en 1911 [21]. Quant au forézien Charles de Gatellier, il fait admettre son gendre Camille de Meaux en 1930. Enfin, parmi les représentants du syndicalisme agricole ardéchois, les cousinages entre administrateurs sont étroits, puisque l'épouse de Jean de Montgolfier est une cousine de Camille Béchetoille [22]. Les sociabilités

---

18. Les dossiers des anciens administrateurs conservés dans les locaux de l'USESA ne concernent que ceux exerçant des fonctions après 1950. Pour obtenir des renseignements biographiques sur les administrateurs, il aura donc fallu rechercher les nécrologies parues dans la presse locale et agricole.
19. Nous remercions Serge Chassagne pour d'utiles renseignements biographiques et successoraux.
20. *L'Agriculteur du Sud-Est*, 27 août 1933, p. 488.
21. *Bulletin de l'USESA*, 15 décembre 1909, p. 232 ; *Le Sud-Est paysan*, 19 mars 1944.
22. Issu de la bourgeoisie d'Annonay, Angèle Béchetoille a épousé en 1907 à Davézieux Jean de Montgolfier. Nous remercions ici Jérôme Boissonnet qui nous a donné plusieurs renseignements biographiques sur ces familles ardéchoises. Sur les syndicats agricoles

patriciennes lyonnaises irriguent également ces administrateurs, puisque le tiers d'entre eux est inscrit dans au moins une édition du *Tout-Lyon Annuaire*, sorte de bottin mondain de la ville et de la région. Leurs résidences lyonnaises mentionnent par ailleurs une insertion quasi-générale dans le quartier catholique et aristocratique d'Ainay [23].

Ces pratiques clientélaires et conservatrices témoignent des conceptions leplaysiennes qui animent ces élites agrariennes, plaçant la famille et le syndicat sur un même plan. Rappelons d'ailleurs qu'elles sont fondées sur des options paternalistes, décentralisatrices, antirépublicaines, anti-étatistes et protectionnistes. Souvent monarchistes, ces notables locaux qui sont pour la plupart à la tête de grands domaines fonciers, partagent une même vision corporatiste de la société au centre de laquelle se trouvent les « autorités naturelles » comme le père, le curé, le maire et le châtelain, assimilant de fait les organisations agricoles à un corps intermédiaire entre l'État et les individus [24]. Derrière ce projet conservateur, il y a la conception d'une société rurale close sur elle-même, moins dépendante de l'administration centrale, de la concurrence des marchés et de l'idéologie républicaine. Cela nécessite un rôle déterminant des notables, particulièrement ceux dotés d'une particule, cherchant alors à organiser « leur » paysannerie grâce à un réseau dense de coopératives, de syndicats et de mutuelles [25]. Les écrits des fondateurs d'unions tels qu'Émile Duport pour l'USESA et le marquis de Villeneuve-Trans pour l'Union des Alpes et de Provence, ou encore de personnalités agrariennes comme le député Hyacinthe de Gailhard-Bancel, témoignent de cet esprit conservateur de l'organisation de l'agriculture, teinté d'Ancien Régime et de catholicisme social [26]. Reste alors à mieux percevoir les réseaux qui fondent et unifient ces élites agrariennes conservatrices de la France du sud-est.

Agriculture et catholicisme intransigeant

Lors de la réunion constitutive de l'USESA, le 15 octobre 1888, la composition du premier bureau souligne déjà la prégnance du catholicisme

---

ardéchois : Ginette FAYAT, *Le syndicalisme agricole dans l'Ardèche (1914-1940)*, Mémoire de maîtrise sous la direction de Gilbert Garrier, Université Lumière-Lyon 2, 1975 ; Marie VÉROT-CHENEIER, *Le syndicalisme agricole dans l'Ardèche (1880-1914)*, Mémoire de maîtrise sous la direction de Gilbert Garrier, Université Lumière-Lyon 2, 1975.

23. Bruno DUMONS, « Ainay, le quartier noble et catholique de Lyon ? », dans Annie FOURCAUT [dir.], *La ville divisée. Les ségrégations urbaines en question, France, 18e-20e siècles*, Grâne, Créaphis, 1996, pp. 376-393.
24. Pierre BARRAL, *Les agrariens français...*, ouv. cité, pp. 110-113 ; André GUESLIN, « Les débats autour du crédit agricole à la fin du 19e siècle et au début du 20e siècle », dans Colette CHAMBELLAND [dir.], *Le Musée social en son temps*, Paris, Presses de l'École normale supérieure, 1998, p. 223.
25. Suzanne BERGER, *Les paysans contre la politique...*, ouv. cité, p. 83 et suivantes ; Jean-Louis MARIE, *Agriculteurs et politique*, Paris, Montchrestien, 1994, pp. 36-37.
26. Louis de VOGÜÉ, *Émile Duport. La leçon de ses œuvres*, Lyon, USESA, 1909 ; *Le marquis de Villeneuve-Trans et les syndicats...*, ouv. cité ; Hyacinthe de GAILHARD-BANCEL, *Les syndicats agricoles aux champs et au parlement (1884-1924)*, Paris, Spes, sd.

intransigeant lyonnais au sein de la nouvelle organisation régionale du syndicalisme agricole [27]. Le président Gabriel de Saint-Victor est alors bien connu dans les milieux de l'agriculture du Haut-Beaujolais pour ses initiatives syndicales [28]. Ce grand propriétaire foncier qui a fait ses études au collège jésuite de Fribourg, a été l'un des inspirateurs en 1845 de l'hebdomadaire catholique *La Gazette de Lyon* puis de l'organe légitimiste *La Décentralisation* en 1868. Appartenant à la très cléricale Congrégation de Lyon depuis 1844, il espère le retour du comte de Chambord, l'affirmation des pouvoirs temporels du pape et participe à la fondation de l'Université catholique et à l'érection de la basilique de Fourvière [29]. La création de l'USESA en 1888 et la participation active de ses dirigeants, l'année suivante, aux manifestations provinciales du contre-centenaire s'inscrivent pour lui dans une même et unique démarche de défense d'un projet de société catholique et monarchiste.

Les trois vice-présidents témoignent également de cet attachement au catholicisme intransigeant. Propriétaire d'un grand domaine à Saint-Genis-Laval, au sud de Lyon, Antonin Guinand est « une âme généreuse dominée par une foi ardente » [30]. Ancien élève du collège jésuite de Mongré comme beaucoup de ses futurs collègues, il s'est alors investi pleinement dans la fondation de deux institutions lyonnaises du catholicisme intransigeant de la fin du 19e siècle, à savoir *Le Nouvelliste* de Joseph Rambaud et l'Université catholique [31]. Les deux autres exerceront la fonction de président : Émile Duport (1893-1906) et Anatole de Fontgalland (1906-1922). Le premier qui marque le poids de la viticulture beaujolaise et l'assise du Syndicat de Belleville, a laissé dans son « testament syndical » l'empreinte de ce catholicisme intransigeant qui anime l'USESA sur le modèle des patronages de Le Play et celui de l'Œuvre des cercles d'Albert de Mun [32]. Son charisme et celui de son syndicat permettront à plusieurs responsables de l'Union beaujolaise d'entrer au sein du conseil d'administration, comme Henri

---

27. Sur la composition du premier bureau : Gilbert GARRIER, « L'Union du Sud-Est des syndicats agricoles avant 1914 », art. cité, p. 21. Sur les orientations catholiques de l'USESA : Pierre BARRAL, *Les agrariens français...*, ouv. cité, p. 131 ; Christian PONSON, *Les catholiques lyonnais et la* Chronique sociale *(1892-1914)*, Lyon, Presses universitaires de Lyon, 1979, pp. 45-47.

28. *Ibidem*, p. 19.

29. Xavier de MONTCLOS [dir.], *Dictionnaire du monde religieux pour la France contemporaine*, volume 6, Paris, Beauchesne, 1994, pp. 383-384.

30. *Bulletin de l'USESA*, novembre 1925, pp. 353-326.

31. Louis de VAUCELLES, *Le Nouvelliste de Lyon et la défense religieuse (1879-1889)*, Paris, Les Belles Lettres, 1971, p. 40. Le passage par le collège jésuite de Mongré constitue une pépinière de jeunes élites catholiques intransigeantes : Catherine PELLISSIER, *La vie privée des notables lyonnais au 19e siècle*, Lyon, Éditions lyonnaises d'art et d'histoire, 1996, p. 64.

32. *Ibidem*, pp. 64-65. Ancien élève du pensionnat des Chartreux, il y a noué de solides liens d'amitié comme avec Joseph Glas, entré au conseil de l'USESA en 1906. Émile Duport a d'ailleurs été président de l'Amicale des anciens élèves : *Bulletin de l'USESA*, 15 août 1906, pp. 160-161 et 164-165 ; Louis de VOGÜÉ, *Émile Duport...*, ouv. cité, pp. 101-112.

Beauregard qui lui a succédé à la présidence de celle-ci, mais également André Brac de la Perrière, Paul Charvériat, Joseph Chatillon, Jérôme Mital et la famille Riboud, constituant ainsi la clientèle « Duport ». Le second, qui est à l'origine de l'Union des syndicats agricoles de la Drôme (1887), est lui aussi pétri de catholicisme intransigeant par ses origines familiales et ses rencontres amicales. Venu à Paris pour des études juridiques, il se lie d'amitié avec Albert de Mun et René de La Tour du Pin, s'engage dans la promotion de l'Œuvre des cercles, puis développe cette action dans les milieux agricoles de la région de Die et participe à l'Assemblée de Romans en 1888 [33]. L'itinéraire est semblable pour son ami Hyacinthe de Gailhard-Bancel, gros propriétaire à Allex dans la Drôme, lui aussi ancien élève de Mongré, juriste, membre de l'Œuvre des cercles, quittant le barreau pour la gestion de ses domaines fonciers et l'organisation de syndicats agricoles, suite à une conférence donnée en 1882 par l'économiste leplaysien Claudio Jannet, partisan des thèses du libéralisme économique et du catholicisme intransigeant qui s'expriment autour de l'école d'Angers [34].

Cet attachement à l'anti-étatisme nourrit le réseau du catholicisme intransigeant au sein de l'USESA dont le principal bastion dans la cité des Gaules se trouve à la faculté de droit de l'Université catholique. Ainsi, la charge de premier secrétaire de l'Union revient à Charles de Bélair, du syndicat de Saint-Symphorien d'Ozon. Châtelain et évergète dans sa commune de Solaize au sud de Lyon, ce propriétaire foncier est apparenté à deux autres administrateurs du syndicat local et de l'USESA, François Donat et son gendre André Gairal de Sérézin, ce dernier étant professeur de droit à l'Université catholique [35]. Cette filiation de pensée avec le catholicisme intransigeant enseigné aux Facultés catholiques va alors se poursuivre tout au long du premier tiers du 20e siècle [36]. Ainsi, la fonction de trésorier de l'Union revient en premier lieu au professeur de droit administratif Ernest Richard, déjà secrétaire du Syndicat de Belleville et cousin germain d'Émile Duport. Ses liens étroits avec le « premier paysan de France » et ses compétences juridiques le désignent pour cette charge. Il

---

33. *Bulletin de l'USESA*, janvier 1924, pp. 6-9 ; *Bulletin de la Société d'archéologie et de statistique de la Drôme (SASD)*, 1924, tome LVIII, p. 167.
34. Hyacinthe de GAILHARD-BANCEL, *Les syndicats agricoles aux champs...*, ouv. cité, pp. 5-8 ; *Bulletin de l'USESA*, 5 avril 1936, p. 207 ; Claude MAZOUYER, *Les réalisations des syndicats agricoles modèles d'Anatole de Fontgalland et de Hyacinthe de Gailhard-Bancel (1884-1914)*, Mémoire de maîtrise sous la direction de Gilbert Garrier, Université Lumière-Lyon 2, 1984. Cet anti-étatisme qui constituera un des fondements idéologiques de l'agrarisme de droite, ne sera toutefois pas totalement partagé par le futur député de l'Ardèche qui suivra la ligne du catholicisme social et du Ralliement.
35. *Bulletin de l'USESA*, 15 août 1901, 15 mars 1905, p. 53 et mai 1920, pp. 135-136.
36. Sur les enseignements des professeurs de la faculté de droit : Christian PONSON, *Les catholiques lyonnais et la* Chronique sociale..., ouv. cité, pp. 29-33 ; Bruno DUMONS, « La politique sociale sous la Troisième République : une vieille tradition à l'Université catholique de Lyon », dans *Bulletin de l'Institut catholique de Lyon*, n° 87, juillet-septembre 1988, pp. 51-62.

collabore régulièrement à la *Revue Catholique des Institutions et du Droit*, organe d'expression des thèses de l'école d'Angers [37].

Deux autres personnalités de l'USESA expriment cette filiation avec le catholicisme intransigeant des Facultés catholiques : Félix Garcin et Emmanuel Voron. Le premier assume la charge de président de l'USESA de 1923 à 1944. Cet avocat, propriétaire de domaines forestiers à Saint-Régis-du-Coin, au cœur du Massif du Pilat dans la Loire, est également professeur d'économie politique à l'Université catholique où il enseigne le libéralisme économique et l'intransigeance religieuse chers à Joseph Rambaud, son prédécesseur [38]. Dans son sillage, il cumule à partir de 1932 la charge de directeur du *Nouvelliste* où il se fait le chantre du corporatisme jusqu'à la Libération. Quant à Emmanuel Voron, lui aussi avocat et professeur de droit aux Facultés catholiques, auteur d'articles dans la *Revue Catholique des Institutions et du Droit*, ses compétences juridiques le conduisent au Comité du contentieux de l'USESA (1894), au secrétariat général (1899) puis à la vice-présidence (1906) [39]. À l'image de ces deux universitaires, exerçant de hautes responsabilités au sein de l'USESA durant les quatre premières décennies du 20e siècle, il convient donc de souligner l'influence déterminante de la pensée catholique intransigeante parmi les réseaux qui unifient les administrateurs de cette puissante organisation régionale du syndicalisme agricole [40].

Issu de la matrice du catholicisme intransigeant, le réseau du catholicisme social a également permis de constituer un ciment idéologique commun, notamment parmi les nouvelles générations des administrateurs de l'entre-deux-guerres [41]. Dans le département de l'Ain, l'USESA est alors représentée par des agriculteurs d'origine modeste ayant fréquenté les cercles ruraux du catholicisme social lyonnais. Ainsi, après le passage jusqu'en 1932 de Ludovic Bailly, exploitant à Hotonnes sur le plateau du Bugey, s'affirme Frédéric Genevrey, un jeune horticulteur de Saint-Bois, près de Belley, qui a participé avant la Grande Guerre à la création des Semaines rurales avec le chanoine Cottard-Josserand, directeur des œuvres

---

37. *Bulletin de l'USESA*, septembre 1922 ; *Le Nouvelliste*, 30 août 1922. Son fils Louis deviendra sulpicien, directeur du grand séminaire de Lyon. Sur l'école d'Angers : Jean-Marie MAYEUR, *Catholicisme social et démocratie chrétienne*, Paris, Cerf, 1986, p. 43 et 52 ; Bernard PLONGERON [dir.], *Catholiques entre monarchie et république. Mgr Freppel en son temps (1792-1892-1992)*, Paris, Letouzey et Ané, 1995.
38. *L'Agriculteur du Sud-Est*, 7 mai 1969, p. 10 ; Xavier de MONTCLOS [dir.], *Dictionnaire du monde religieux…*, ouv. cité, pp. 194-195.
39. *L'Agriculteur du Sud-Est*, 13 juillet 1941 ; *Bulletin des facultés catholiques de Lyon*, janvier-juin 1941, pp. 15-16.
40. Plusieurs d'entre eux ont reçu la haute distinction pontificale de saint Grégoire le grand : Joseph Fichet, Jean de Jerphanion, Jean de Montgolfier, Ernest Richard, Emmanuel Voron, en particulier pour récompenser les services rendus au bénéfice des Facultés catholiques et du diocèse.
41. Pierre BARRAL, *Les agrariens français…*, ouv. cité, p. 205 ; Gilbert GARRIER, « L'Union du Sud-Est des syndicats agricoles de 1888 à 1939… », art. cité, pp. 28-29.

diocésaines [42]. « Jeune turc » de la JAC et disciple de Marius Gonin, ce représentant des nouvelles élites agricoles, prisonnier de guerre, très lié à François de Menthon et au MRP, accédera à la présidence de l'USESA en 1947 [43]. De même, à Izieux dans la Loire, l'agriculteur Louis Réocreux, dirigeant du syndicalisme laitier, proche du Sillon et du PDP, entre à l'USESA en 1939 [44]. Cette mutation, du notable aristocratique au militant catholique dans les conseils d'administrations des unions régionales et sur les postes à responsabilité professionnelle, se traduit également dans d'autres provinces comme la Bretagne [45]. Les réseaux du catholicisme intransigeant et les milieux catholiques sociaux lyonnais apparaissent donc comme déterminants dans le système de représentation de ces élites agrariennes qui président aux destinées de l'USESA.

Noblesse provinciale et ruralité

Autre réseau d'importance parmi les administrateurs de l'USESA, c'est celui de la noblesse locale. En effet, près de la moitié du corpus étudié présente un patronyme à consonance nobiliaire. Gilbert Garrier avait déjà remarqué cette présence massive de l'armorial régional dès les premiers temps de l'USESA et ceci jusqu'à la veille de 1940 [46]. Consécutif aux désillusions politiques qu'ont connues les monarchistes des années 1880, un tel investissement de la noblesse rurale dans les organisations agricoles professionnelles et syndicales est caractéristique aussi bien dans les instances nationales de la Société des Agriculteurs de France et celles de la « Rue d'Athènes » que parmi les unions régionales [47].

Le premier foyer nobiliaire participant à la création de l'USESA est constitué par la noblesse beaujolaise, avec Gabriel de Saint-Victor, déjà cité, mais aussi avec le comte Raymond de Saint-Pol, ancien officier installé

---

42. *L'Agriculteur du Sud-Est*, 8 juillet 1956 ; Joseph FOLLIET, *Notre ami, Marius Gonin*, Lyon, Chronique sociale de France, 1944, pp. 216-217 ; Henri ROLLET, *L'action sociale des catholiques en France (1871-1914)*, tome 2, Paris, Desclée de Brouwer, 1958, p. 271.

43. Xavier de MONTCLOS [dir.], *Dictionnaire du monde religieux…*, ouv. cité, pp. 198-200 ; Jean VERCHERAND, *Un siècle de syndicalisme agricole. La vie locale et nationale à travers le cas du département de la Loire*, Saint-Étienne, Presses universitaires de Saint-Étienne, 1994, p. 92 et 116.

44. *Ibidem*, p. 50, 62 et 72.

45. Suzanne BERGER, *Les paysans contre la politique…*, ouv. cité, pp. 122-132 ; Michel LAGRÉE, *Religion et cultures en Bretagne (1850-1950)*, Paris, Fayard, 1992, pp. 456-473.

46. Gilbert GARRIER, « L'Union du Sud-Est des syndicats agricoles avant 1914 », art. cité, p. 21 ; Gilbert GARRIER, *Paysans du Beaujolais et du Lyonnais…*, ouv. cité, p. 519 ; Gilbert GARRIER, « L'Union du Sud-Est des syndicats agricoles de 1888 à 1939 », art. cité, p. 28.

47. Pierre BARRAL, *Les agrariens français…*, ouv. cité, pp. 78-81, 105-107 et pp. 110-111 ; Daniel MENGOTTI, « La noblesse et le catholicisme social dans les campagnes (1870-1914) », dans *Bulletin de l'Association d'entraide de la noblesse française*, juin 1992, pp. 64-121 ; Claude-Isabelle BRELOT, « Le syndicalisme agricole et la noblesse… », art. cité, pp. 199-208 ; Jean-Luc MAYAUD, « Noblesses et paysanneries de 1789 à 1914 : des rapports d'exclusion ? », dans Claude-Isabelle BRELOT [dir.], *Noblesses et villes (1780-1950)*, Tours, Maison des sciences de la ville, 1995, pp. 62-64.

à Vauxrenard. Plus tard, en 1931, la famille Brac de la Perrière, propriétaire de nombreux vignobles en Beaujolais, aura son représentant en la personne d'André, le fils de l'avocat et universitaire Laurent-Paul Brac [48]. Un autre groupe est celui des représentants d'une noblesse lyonnaise tels que Charles de Bélair et André Gairal de Sérézin dont les vastes domaines s'étendent sur la commune de Solaize en Isère, au sud de Lyon. Sont alors venus s'adjoindre à eux en 1888 les émissaires de la noblesse dauphinoise de la Drôme, avec Anatole de Fontgalland et Hyacinthe Gailhard-Bancel [49]. Dans leur sillage, sont admis le nouveau venu de Livron, Robert de Bretteville, issue d'une vieille famille provençale, et l'ardéchois de Saint-Marcel-les-Annonay, Jean de Montgolfier.

Au nord de la région, l'USESA compte rapidement sur l'appui de la famille dombiste Édouard et Pierre de Monicault ainsi que sur celle de l'ancienne province du Lyonnais, les Valence de la Minardière, dont Alfred exploite les propriétés charolaises de Vendenesse-sur-Arroux [50]. L'un des foyers nobiliaires les plus importants pour l'USESA provient de la Loire grâce à l'ossature de l'union départementale regroupant la plupart des familles nobles exploitant de vastes domaines fonciers. Elles sont en particulier installées dans la plaine du Forez à l'image d'Alfred de Poncins, ayant pris la suite de l'œuvre d'assainissement agricole de ses ancêtres, et de Charles de Gatellier, le frère de Maurice, officier et personnalité du catholicisme social lyonnais, déjà très engagé dans la promotion du syndicalisme agricole [51]. Avec eux, s'affirment le baron Jean de Jerphanion à Veauchette, le vicomte Camille de Meaux à Ecotay et le comte Gaston de Villoutreys à Saint-Paul-en-Jarez [52].

Enfin, viennent siéger au conseil d'administration de l'USESA quelques autres représentants de l'armorial provincial. Pour l'Isère, Amédée Arnaud des Essarts qui est installé au château de Marlieu à Sainte-Blandine, près de la Tour du Pin, est venu rejoindre les familles de Montal et de Leusse, respectivement fixées près de Grenoble et de Vienne. Quant aux Savoies, elles sont représentées par deux descendants de vieille souche savoyarde. Le premier est Louis Fernex de Mongex, marié à Marguerite d'Alexandry, d'ancienne noblesse piémontaise, dont le domaine se trouve à Montchabod

---

48. *L'Agriculteur du Sud-Est*, 10 novembre 1935, p. 675.

49. *Dictionnaire biographique illustré. Ardèche et Drôme*, Paris, Flammarion, 1912, p. 513 et 554.

50. *Dictionnaire biographique de Saône-et-Loire*, Paris, Jouve, 1897. Sur l'influence des familles nobles en Autunois : Marcel VIGREUX, *Paysans et notables du Morvan au 19e siècle jusqu'en 1914*, Château-Chinon, Académie du Morvan, 1998, pp. 502-503.

51. Xavier de MONTCLOS [dir.], *Dictionnaire du monde religieux…*, ouv. cité, pp. 343-344 ; Christian PONSON, *Les catholiques lyonnais…*, ouv. cité, pp. 172-173 ; Monique LUIRARD, *La région stéphanoise dans la guerre et dans la paix (1936-1951)*, Saint-Étienne, Centre d'études foréziennes, 1980, p. 52.

52. Jean VERCHERAND, *Un siècle de syndicalisme agricole…*, ouv. cité, pp. 48-49.

sur la commune de Villard d'Héry en Savoie [53]. Le second est Antoine de Menthon, issu de la vieille noblesse savoyarde, frère d'Henri, député de Haute-Saône, et neveu de François, futur Garde des Sceaux, résidant au château de Menthon-Saint-Bernard au bord du lac d'Annecy [54].

Au sein de ces familles, l'amour de la terre qui vient nourrir un discours en adéquation parfaite avec l'idéologie agrarienne, traduit également l'esprit contre-révolutionnaire auquel la plupart d'entre elles se réfère [55]. En effet, l'un des points communs entre ces grands propriétaires nobles qui ont administré l'USESA jusqu'en 1940 est la participation à l'une de ces assemblées provinciales du contre-centenaire de 1789. La première est celle qui a lieu à Romans en novembre 1888, célébrant les vertus des corporations d'Ancien Régime dans l'ancienne province du Dauphiné. Le discours d'Albert de Mun suscite ainsi les applaudissements d'une dizaine d'administrateurs ou futurs administrateurs de l'USESA, venus spécialement de la Drôme et de l'Ardèche écouter l'orateur catholique et monarchiste [56]. La seconde se déroule à Lyon en mai 1889. Elle recueille l'adhésion de tous les grands noms du catholicisme intransigeant et du légitimisme lyonnais mais également ceux de la noblesse provinciale [57]. Parmi eux, vingt-sept sont des administrateurs de l'USESA dont les représentants des familles Bélair, Gairal de Sérézin, Gailhard-Bancel, Gatellier, Jerphanion, Meaux, Montgolfier, Poncins, Saint-Pol, Saint-Victor et Valence de la Minardière [58]. L'exaltation des anciennes provinces qui trouve ainsi un écho particulier avec ces administrateurs d'extraction noble, suscite également l'intérêt d'un autre réseau qui leur est cher, celui des sociétés savantes locales.

---

53. Joseph GORGES, *Histoire de Villard d'Héry*, Chambéry, Imprimerie Chambérienne, 1947, p. 47 ; « Noblesses en Savoie », dans *L'Histoire en Savoie*, n° 132-133, 1998-1999, p. 174, 190, 199 et 224. Nous remercions ici Christian Sorrel de nous avoir communiqué des renseignements biographiques sur la famille Fernex de Mongex.

54. Nous remercions tout particulièrement Antoine de Menthon pour les précisions biographiques apportées sur son grand-père.

55. Pierre BARRAL, « La terre », dans Jean-François SIRINELLI [dir.], *Histoire des droites en France*, tome 3, Paris, Gallimard, 1992, pp. 49-69.

56. Il s'agit de Gatien Almoric, Camille Béchetoille, Jules de la Boisse, Louis Dugas, Anatole de Fontgalland, Hyancinthe Gailhard-Bancel, Antonin Guinand, Robert de Leusse, Félix et Auguste de Montgolfier, Gustave Sayn : *Assemblée commémorative pour le centenaire de l'assemblée générale des trois ordres de la province du Dauphiné*, Valence, Imprimerie Valentinoise, 1889, pp. 185-222 ; Pierre BARRAL, *Les agrariens français...*, ouv. cité, p. 137 ; Gilbert GARRIER, « L'Union du Sud-Est des syndicats agricoles avant 1914 », art. cité, p. 37.

57. *Procès-verbaux des séances de l'Assemblée provinciale de Lyonnais, Forez et Beaujolais à l'occasion du centenaire de 1789*, Lyon, Pitrat, 1889, pp. 167-187.

58. On remarquera également la présence d'administrateurs appartenant à des familles bourgeoises de la région telles que les Béchetoille, Chalandon, Charvériat, Fichet, Riboud, Richard avec les fondateurs Émile Duport et Antonin Guinand.

Physiocratie et sociétés savantes

Ruralité et localité constituent deux maîtres mots dans le mouvement culturel qui s'exprime au 19ᵉ siècle avec les sociétés savantes. Dès avant la Révolution, les sociabilités bourgeoises et nobiliaires se sont en particulier manifestées avec les activités des académies provinciales. L'attrait pour l'histoire locale, le goût pour les sciences et l'intérêt porté à la pensée physiocratique caractérisent ces nouvelles élites éclairées de province au 18ᵉ siècle [59]. Botanique et agronomie continuent au siècle suivant de côtoyer le provincialisme et de passionner les érudits et les savants de ces institutions culturelles que fréquentent les élites de la France profonde des régions et des départements [60]. Dans la plupart des provinces françaises, en Morvan ou en Franche-Comté par exemple, les grands propriétaires fonciers n'hésitent pas à investir ces sociétés savantes, affirmant leur emprise sur les réseaux départementaux de l'agriculture, les cercles des pouvoirs locaux et les sociabilités des élites provinciales [61].

Plus de la moitié du corpus des administrateurs de l'USESA (35) appartiennent au moins à une société savante, le plus souvent à celle qui possède la plus grande renommée dans les milieux culturels de la région. Pour les administrateurs lyonnais, la présence à l'Académie de Lyon s'insère dans les pratiques classiques d'un *cursus honorum* du patriciat local. Ainsi, Alfred de Poncins et Félix Garcin sont respectivement reçus en 1920 et 1933 pour leurs compétences en agriculture. En Forez, l'influence incontestée de la Diana permet de recueillir l'adhésion des grands noms de la noblesse locale, soucieux à la fois d'histoire et d'agriculture. Fleurons de l'innovation agricole et garants d'une tradition provinciale, les administrateurs foréziens sont ainsi accueillis par la vieille société de Montbrison, à l'image de Charles de Gatellier et son gendre Camille de Meaux (1920), dont il sera le vice-président, Gaston de Villoutreys (1920), Jean de Jerphanion (1937) et Alfred de Poncins (1939) [62].

Autres viviers d'administrateurs de l'USESA, il s'agit des sociétés savantes dauphinoises, en particulier la Société d'Archéologie et de Statistique de la Drôme et l'Académie delphinale. La première consacre une solide nécrologie à Anatole de Fontgalland et Hyacinthe de Gailhard-Bancel, rappelant l'importance de leur œuvre agricole et syndicale sur les

---

59. Daniel ROCHE, *Le siècle des Lumières en province. Académies et académiciens provinciaux (1680-1789)*, tome 1, Paris/La Haye, Mouton, 1978, p. 211 et suivantes.
60. Guy ROSSI-LANDI, « La région », dans Jean-François SIRINELLI [dir.], *Histoire des droites…*, ouv. cité, pp. 71-100 ; Jean-Pierre CHALINE, *Sociabilité et érudition. Les sociétés savantes en France (19ᵉ-20ᵉ siècles)*, Paris, Éditions du Comité des travaux historiques et scientifiques, 1995, p. 113, 178 et 197-220.
61. Marcel VIGREUX, *La Société d'agriculture d'Autun au 19ᵉ siècle (1833-1914)*, Dijon, Éditions universitaires de Dijon, 1990 ; Claude-Isabelle BRELOT, *La noblesse réinventée. Nobles de Franche-Comté de 1814 à 1870*, tome 2, Paris, Les Belles-Lettres, 1992, p. 632 et suivantes.
62. *Bulletin de la Diana*, n° 2, 1937, pp. 191-192 ; tome 35, n° 3, 1957, pp. 74-75 ; tome 39, n° 5, 1966, pp. 176-181.

terres drômoises [63]. Jules et Louis de la Boisse ont eux aussi participé aux activités érudites de la Société. Deux autres administrateurs en ont également été des promoteurs actifs. Grand propriétaire et géologue averti, Gustave Sayn a présidé aux destinées de la *Société* durant dix ans et diffusé grâce à elle ses connaissances paléontologiques [64]. Quant à Gatien Almoric, exploitant son domaine agricole à Chabrillan, il incarne surtout le félibrige paysan et l'amour de la terre locale à la Société de Valence [65]. De génération plus récente, Robert de Bretteville, qui possède une riche bibliothèque dans son château de la Gardette à Loriol, affiche un goût prononcé pour les documents anciens et les archives. Cela lui vaut son admission à la Société en 1915 mais également à la prestigieuse Académie Delphinale de Grenoble en 1922 [66]. Celle-ci accueille aussi en son sein à partir de 1912 le jeune Pierre Saint-Olive. Passionné par l'histoire économique et sociale du Bas-Dauphiné et du Bugey, il accède à la présidence de l'Académie en 1925. Ses compétences agricoles et culturelles vont d'ailleurs l'amener à la Libération à se consacrer à la promotion d'une nouvelle société savante en Bas-Dauphiné dont il assurera la présidence jusqu'à sa mort [67].

En Bourgogne, l'Académie de Mâcon, qui possède un puissant comité agricole et s'avère un promoteur actif de la viticulture locale, accueille deux administrateurs de l'USESA, exploitant des domaines viticoles, malgré la faible audience de l'organisation d'Émile Duport dans le vignoble mâconnais [68]. Il s'agit de l'industriel Joseph Fichet (1913) à Bussières et du viticulteur Charles Perraton (1925) à Chaintré [69]. En Velay, Raymond de Ribains appartient à la Société d'agriculture, sciences, arts et commerce du Puy et de la Haute-Loire et s'abonne régulièrement à la *Revue du Vivarais*. Enfin, dans le département de la Savoie, Louis Fernex de Mongex préside jusqu'en 1939 la vieille Société centrale d'agriculture et appartient à l'Académie de Savoie [70]. De même, dans le département voisin, Antoine de Menthon entre dès 1911 à l'Académie Florimontane d'Annecy [71]. La forte présence des administrateurs de l'USESA, en particulier ceux d'extraction

---

63. *Bulletin de la SASD*, tome 58, 1924, pp. 164-172 et tome 66, 1936, pp. 417-420.
64. *Bulletin de la SASD*, 1933, tome 64, pp. 212-236.
65. Hyacinthe de GAILHARD-BANCEL, *Les syndicats agricoles aux champs...*, ouv. cité, pp. 58-69 ; *Bulletin de la SASD*, tome 69, 1945, pp. 282-283.
66. *Bulletin de la SASD*, tome 75, 1962, pp. 212-213 ; *Bulletin de l'académie delphinale*, mars 1962, p. 77.
67. *Évocations*, janvier-mars 1971, pp. 87-100.
68. Pierre GOUJON, « Les débuts du syndicalisme agricole en Saône-et-Loire », dans *Bulletin du Centre d'histoire économique et sociale de la région lyonnaise*, n° 1-2, 1981, pp. 15-25 ; Pierre GOUJON, *Le vigneron citoyen. Mâconnais et Chalonnais (1848-1914)*, Paris, Éditions du Comité des travaux historiques et scientifiques, 1992, pp. 284-286.
69. *Annales de l'Académie de Mâcon*, tome 24, 1924-1925, p. 388 et tome 29, 1934, p. 421.
70. Christian SORREL, *Les catholiques savoyards. Histoire du diocèse de Chambéry (1890-1940)*, Les Marches, Fontaine de Siloé, 1995, p. 306.
71. *Revue savoisienne*, 1938, p. 44.

noble, au sein des sociétés savantes locales traduit ce souci de proximité avec les milieux culturels qui participent à la promotion de la localité en défendant les traditions du monde rural face aux dangers de la société industrielle et urbaine. Cet amour du pays et de la petite patrie passe également par sa modernisation. L'acquisition d'un savoir technique et la valorisation de méthodes nouvelles appliquées à l'agriculture constituent également une culture commune à la plupart des administrateurs de l'USESA.

Innovation et technicité

Si le projet de société défendu par l'USESA s'inscrit dans une perspective catholique et conservatrice, le monde paysan s'intéresse surtout à l'ensemble des services techniques que l'Union lui propose. Cette image d'innovation et de technicité est également celle qui transparaît pour bon nombre d'administrateurs, caractérisant déjà la noblesse foncière du Cotentin et de Franche-Comté au 19e siècle [72]. Les fondateurs Émile Duport et Anatole de Fontgalland avaient déjà acquis une réputation de défenseurs de l'agriculture par leur savoir-faire technique et leurs compétences professionnelles. Ainsi, le « maître du syndicat de Belleville » s'illustre particulièrement dans la lutte contre le phylloxéra et la défense de la viticulture beaujolaise mais également dans la promotion des multiples services économiques et sociaux de l'USESA [73]. Quant à Anatole de Fontgalland, ses compétences juridiques l'amènent très tôt à se servir de la loi de 1884 sur les syndicats et à œuvrer pour la défense des agriculteurs en fondant une revue d'informations spécialisées *Le Droit Rural* (1895-1912) [74]. De même, à l'image de leurs collègues universitaires des Facultés catholiques, les avocats Léon et Julien Riboud ont rapidement apporté leurs connaissances en droit pour servir la cause du syndicalisme agricole à Paris ou à Lyon [75]. Ces différents types de services ont ainsi très largement contribué au succès de l'USESA tout au long de la Troisième République. Or, derrière cette vitrine de compétences techniques, il y a des noms et des visages d'administrateurs.

En effet, avec la Coopérative de l'USESA, s'affirme Joseph Glas, l'ami fidèle et le bras droit d'Émile Duport, un homme d'expérience dans les affaires commerciales [76]. Outre la vente d'engrais, de matériels agricoles et de traitements chimiques, le mouvement coopératif s'est élargi notamment

---

72. Gilbert GARRIER, « L'Union du Sud-Est des syndicats agricoles avant 1914 », art. cité, p. 37 ; Alain GUILLEMIN, *Le pouvoir de l'innovation. Les notables de la Manche et le développement de l'agriculture (1830-1875)*, thèse de doctorat en histoire, École des hautes études en sciences sociales, 1980 ; Claude-Isabelle BRELOT, *La noblesse réinventée...*, ouv. cité, pp. 349-355.
73. *Bulletin de l'USESA*, 15 août 1906, pp. 144-145.
74. *Bulletin de l'USESA*, janvier 1924, p. 7.
75. *Bulletin de l'USESA*, 15 mai 1904, pp. 87-90 ; *L'Agriculteur du Sud-Est*, 26 mai 1940, p. 238.
76. *Bulletin de l'USESA*, mars 1913, pp. 56-57.

dans les années 1930 à la production du lait, du beurre et des fromages. Dans la Loire, Louis Réocreux a été un des promoteurs des coopératives laitières tandis qu'en Isère, Pierre Saint-Olive organise en 1927 la Confédération laitière du Sud-Est [77]. De même, avec le dauphinois Charles Genin, la recherche d'une meilleure qualité se traduit dans le secteur bovin par l'amélioration de la race et de l'alimentation du bétail [78]. Ce sont également des services plus performants dans le domaine mutualiste et bancaire qui font la renommée de l'USESA. Le juriste Emmanuel Voron a développé les retraites mutualistes agricoles qui ont porté son nom dans les milieux professionnels de l'agriculture [79]. Plus tard, l'ampleur du mouvement mutualiste agricole a suscité une spécialisation des organismes à l'échelle régionale et nationale. Le dauphinois Amédée Arnaud des Essarts a participé à Paris à la fondation de la Caisse centrale de réassurance des mutuelles-incendie, tandis que le dombiste Henri Chalandon préside aux destinées de l'Union des caisses centrales de mutualité agricole et de la Caisse régionale du crédit agricole [80]. Quant à Maurice de Leusse et Robert de Bretteville, le premier a renforcé la prise en charge médicale et chirurgicale des mutuelles de l'USESA alors que le second a su prendre la suite de Félix Garcin et d'Arnaud des Essarts en mettant son expérience technique au service de la SAMDA, organisme central d'assurance, et sa connaissance administrative des caisses régionales de la mutualité agricole pour les fédérer en une grande caisse nationale de mutualité professionnelle, la Caisse centrale de prévoyance mutuelle agricole (CCPMA) [81].

Innovateurs, les administrateurs de l'USESA ont su également l'être à l'échelle de leur exploitation personnelle. Plusieurs d'entre eux ont recueilli une renommée technique par les bons résultats de rendement et de qualité qu'ils ont su déployer sur leurs vastes domaines agricoles [82]. C'est le cas, parmi les fondateurs de l'USESA, des comtes Gabriel de Saint-Victor et Raymond de Saint-Pol qui ont respectivement fait de leurs exploitations de Ronno et du Thil, à Vauxrenard, des « modèles du genre » [83]. Autres « domaines-pilotes » sont ceux de Léon Riboud avec ses terres de Pressavin à Monsols dans le Haut-Beaujolais, et de Charles de Gatellier avec sa

---

77. *L'Agriculteur du Sud-Est*, 12 janvier 1936, p. 21 et 6 décembre 1974 ; Pierre BARRAL, *Le département de l'Isère...*, ouv. cité, p. 141.
78. *Ibidem*, p. 119 ; *L'Agriculteur du Sud-Est*, 13 juillet 1941, p. 118.
79. *L'Agriculteur du Sud-Est*, 13 juillet 1941 ; Bruno DUMONS et Gilles POLLET, *L'État et les retraites*, Paris, Belin, 1994, p. 351.
80. *L'Agriculteur du Sud-Est*, 22 octobre 1939, p. 543 et 2 mars 1958. Sur les administrateurs du Crédit agricole fédéré par l'USESA : André GUESLIN, *Les origines du Crédit agricole (1840-1914)*, Nancy, Presses universitaires de Nancy, 1978, pp. 102-124 ; André GUESLIN, *Histoire des crédits agricoles (1914-1975)*, volume 1, Paris, Economica, 1984, pp. 310-339.
81. *L'Agriculteur du Sud-Est*, 7 juillet 1957 et 4 mars 1962.
82. Sur les liens entre les progrès de l'agriculture et le catholicisme : Michel LAGRÉE, *La bénédiction de Prométhée. Religion et technologie*, Paris, Fayard, 1999, pp. 110-114.
83. *Bulletin de l'USESA*, avril 1893 et février 1899, p. 23.

propriété de Janzé, à Marcilly-d'Azergues dans le Lyonnais [84]. De même, certains ont poursuivi ou inauguré une politique d'aménagement de terres incultes. En Bugey, le jeune Frédéric Genevrey participe à l'assainissement des marais de la Chautagne tandis qu'en Forez et en Dombes, les grands propriétaires Alfred de Poncins et Pierre de Monicault ont continué l'œuvre entamée sur les étangs autour de Feurs et de Chalamont par leurs pères respectifs, Emmanuel et Édouard.

Appartenant à la même génération, tous deux ont poursuivi des études supérieures en agriculture en intégrant le prestigieux Institut national agronomique pour en sortir avec le diplôme d'ingénieur et dotés d'un véritable savoir technique [85]. D'autres administrateurs plus jeunes ont suivi ce même cursus à l'Agro pour ensuite s'affirmer dans leur région comme des agriculteurs performants à la tête d'exploitations modernes. C'est en particulier le cas de Raymond de Ribains qui met en valeur ses domaines forestiers de Jagonas, à Rauret près de la Lozère, tout en diffusant le principe des assurances agricoles dans le département de la Haute-Loire [86]. Tout comme Charles Genin à Jallieu, en Bas-Dauphiné, qui promeut les bienfaits agronomiques et mutualistes, Léon-Étienne Riboud a suivi un itinéraire semblable, à son retour de l'Agro, puisqu'il réussit à faire de son domaine agricole d'Essiat, à Sarry dans le Brionnais, un véritable centre d'expérimentation. Tous n'ont pas eu la chance de recevoir une qualification aussi prestigieuse. Ainsi, Humbert Chatillon, issu de la clientèle « Duport », proche du syndicat de Belleville, a acquis des connaissances techniques en se rendant en Picardie pour suivre les cours de l'Institut supérieur d'agriculture de Beauvais, patronné par l'Institut catholique de Paris [87]. L'enseignement agricole est aussi un axe prioritaire des services offerts par l'USESA en vue de la constitution de nouvelles élites rurales [88]. Les maîtres foréziens patronnent alors plusieurs initiatives locales et régionales. Le comte Gaston de Villoutreys est à l'origine en 1907 d'un cours féminin ménager à Saint-Étienne puis participe à la création en

---

84. *Bulletin de la Diana*, tome 35, n° 3, 1957, p. 74.
85. *L'Agriculteur du Sud-Est*, 8 décembre 1940, p. 424 et 31 janvier 1954, p. 3. Sur l'influence de Pierre de Monicault dans les milieux agricoles de l'Ain : Laurence BÉRARD et Cécile MAÎTREJEAN, *Le syndicalisme agricole dans le département de l'Ain. Étude du syndicat agricole de Bourg-en-Bresse de 1884 à 1940*, Mémoire de maîtrise sous la direction de Gilbert Garrier, Université Lumière-Lyon 2, 1974. Sur la renommée de « l'Agro » : Pierre BARRAL, *Les agrariens français...*, ouv. cité, p. 376 ; Marie BENEDICT-TROCMÉ, « L'Institut national agronomique et les ingénieurs agronomes (1876-1940) », dans Michel BOULET [dir.], *Les enjeux de la formation des acteurs de l'agriculture, 1760-1945. Actes du colloque ENESAD, 19-21 janvier 1999*, Dijon, Educagri éditions, 2000, pp. 367-371.
86. Nous remercions ici Louis de Ribains de nous avoir communiqué des renseignements biographiques sur son oncle. Sur l'influence de l'USESA en Velay : Auguste RIVET, *La vie politique dans le département de la Haute-Loire de 1815 à 1974*, Le Puy, Édition des Cahiers de la Haute-Loire, 1979, pp. 446-451.
87. *L'Agriculteur du Sud-Est*, 6 novembre 1955.
88. L'USESA a patronné l'école d'agriculture de Sandar à Limonest : Gilbert GARRIER, *Paysans du Beaujolais et du Lyonnais...*, ouv. cité, p. 345.

1920 de l'École d'agriculture de Ressins à Vougy dans le Roannais, sous la houlette du cardinal Maurin[89]. De même, le comte Camille de Meaux soutient l'enseignement féminin agricole au sein de l'USESA[90]. Cet attrait général pour une mise en valeur du monde rural et agricole par la technique et l'innovation, s'accompagne d'une autre culture commune importante parmi les administrateurs de l'USESA, celle de la conquête du pouvoir politique local.

Notabilité et politique

Les multiples réseaux de la politique au village et des pouvoirs locaux constituent l'envers de la défaite nationale qu'ont connue les milieux conservateurs à la fin du 19e siècle. Dès lors, nombreuses sont les élites traditionnelles, en particulier d'origine nobiliaire, à recueillir la reconnaissance publique par l'évergétisme et à briguer un mandat politique local[91]. Poursuivant la même stratégie, le tiers des administrateurs de l'USESA ont investi les municipalités rurales en se faisant élire au conseil municipal[92]. La fonction de conseiller est souvent le théâtre d'un apprentissage pour plus de la moitié d'entre eux pendant près de dix ans[93]. Quant au poste de premier magistrat, il apparaît souvent comme une garantie en vue d'une certaine longévité au sein du conseil d'administration de l'USESA, puisque la moitié de ceux qui sont maires d'une commune, le sont pendant plus de vingt ans[94].

Les mandats les plus longs s'exercent en général des dernières années du 19e siècle jusqu'à la Libération. Henri Chalandon préside aux destinés de la mairie de Parcieux, près de Trévoux dans l'Ain, entre 1897 et 1944 ; tandis que, dans le même temps, Pierre de Monicault et le baron Jean de Jerphanion ont dirigé les mairies respectives de Versailleux en Dombes et de Veauchette en Forez. Les administrateurs d'extraction noble exercent souvent cette fonction de maire, comme les savoyards Louis Fernex de Mongex à Villard d'Héry (17 ans) et Antoine de Menthon à Menthon-Saint-Bernard (6 ans), le forézien Camille de Meaux à Écotay (23 ans) et l'ardéchois Jean de Mongolfier à Saint-Marcel-les-Annonay (9 ans). Président de l'USESA, Félix Garcin a lui aussi exercé la fonction de maire à Saint-Régis-du-Coin (25 ans).

---

89. *L'Agriculteur du Sud-Est*, 7 novembre 1937, p. 672.
90. *L'Agriculteur du Sud-Est*, 19 septembre et 30 octobre 1965.
91. Claude-Isabelle BRELOT, « Fonction municipale et noblesse sous la Troisième République », dans Bruno DUMONS et Gilles POLLET [dir.], *Élites et pouvoirs locaux. La France du Sud-Est sous la Troisième République*, Lyon, Presses universitaires de Lyon, 1999, pp. 429-440.
92. Nous remercions ici tous les maires des communes concernées qui nous ont communiqué la durée des mandats exercés par leurs prédécesseurs. Il est probable que d'autres administrateurs ont exercé des mandats municipaux sans que nous puissions le savoir, à défaut d'une recherche systématique qui n'a pu être entreprise faute de temps.
93. La fonction d'adjoint est très peu sollicitée.
94. La moyenne de la durée du mandat de maire est d'environ un quart de siècle (25,4).

Parfois, le mandat municipal est affaire de famille, comme à Limas près de Villefranche où il se transmet de père en fils avec les Chatillon. Administrateur de l'USESA en 1904, Joseph a recueilli le mandat municipal à la mort de son père en 1899 pour le transmettre, lors son décès en 1921, à son fils Humbert, lui aussi administrateur, ceci jusqu'à la Libération. L'accession à la mairie s'inscrit pour certains dans ce processus qui vise à conquérir politiquement les campagnes, ce qui les amène parfois à exercer des responsabilités dans l'association départementale des maires, comme Henri Chalandon dans l'Ain et Pierre Saint-Olive en Isère. À l'inverse, pour les élus les moins dotés d'un capital social, la mairie peut constituer un tremplin pour l'accession à un siège d'administrateur au sein de l'USESA. C'est précisément le cas pour Ludovic Bailly, cultivateur et fils de paysans bugésiens, qui est présent au conseil municipal d'Hotonnes de 1919 à son décès en 1950 [95]. À Chaintré en Mâconnais, l'expérience des fonctions municipales depuis 1908 que renforcent l'admission à l'Académie de Mâcon (1925) et l'élection à la présidence de la cave coopérative (1928), permet au maire de droite Charles Perraton de briguer un siège au conseil d'administration de l'USESA [96]. De même, l'agriculteur Jean Parrel devient administrateur par son long exercice de la fonction de maire de Messimy, mais également grâce au cumul de ses mandats politiques.

Cumuler des fonctions politiques locales constitue alors le principal atout pour obtenir une certaine influence dans les campagnes de la France républicaine. Ainsi, Jean Parrel cumule son mandat de maire avec celui de conseiller général du Rhône, de la Chambre d'agriculture et de l'Office national du blé [97]. Les assemblées départementales accueillent alors cinq administrateurs au cours de l'entre-deux-guerres tels que les vellaves André Néron-Bancel et Raymond de Ribains. Cumulant avec la direction des communes respectives de Monistrol-sur-Loire et Rauret, ils exercent aussi un mandat au sein de la Chambre d'agriculture [98]. Nobles, notables traditionnels et nouveaux venus se partagent la représentation de l'USESA. Le siège de la place Bellecour devient ainsi une sorte d'annexe des chambres d'agriculture de la région où se côtoient entre autres les représentants de la noblesse rurale comme Robert de Bretteville (Drôme), Louis Fernex de Mongex (Savoie), Jean de Jerphanion (Loire), Antoine de Menthon (Haute-Savoie), Jean de Montgolfier (Ardèche) et Pierre de Monicault (Ain) ; ceux de la bourgeoisie foncière tels que Félix Garcin (Loire), Charles Genin (Isère) et Pierre Saint-Olive (Isère) ; ainsi que leurs collègues agriculteurs plus modestes, Jean Balleidier (Ain), Jean Parrel (Rhône), Charles Perraton (Saône-et-Loire) et Régis Souvignhec (Haute-Loire).

---

95. *L'Agriculteur du Sud-Est*, 24 décembre 1950.
96. Nous remercions ici Camille Biot, adjoint au maire de Chaintré, pour l'ensemble des renseignements biographiques fournis sur Charles Perraton.
97. *L'Agriculteur du Sud-Est*, 19 février 1950.
98. Bruno DUMONS, « Élites agricoles et médiateurs politiques… », art. cité, pp. 91-97.

Quant aux mandats nationaux, ils ne sont que trois administrateurs à en avoir conquis. Il s'agit là de trois nobles. Le premier est le fondateur de l'USESA, Gabriel de Saint-Victor, député du Rhône en 1871. Le dernier est Pierre de Monicault, député de l'Ain de 1919 à 1932, apparenté à la droite républicaine. Entre les deux, s'affirme la voix de l'USESA au Parlement, celle de Hyacinthe de Gailhard-Bancel, député rallié et conservateur de l'Ardèche (1899-1910 ; 1912-1924)[99]. Restent l'adhésion et la militance à un parti politique. Officiellement, celle-ci n'est guère prisée. Un seul administrateur exerce des responsabilités politiques au sein d'une organisation politique, il s'agit de l'avocat catholique et rallié Georges Ducurtyl, président du comité régional de l'Action libérale populaire[100]. Enfin, les décorations obtenues par un quart environ des administrateurs achèvent de consacrer symboliquement leurs ressources de notables ruraux. Croix de guerre (15) et légion d'honneur (12), souvent à titre militaire pour les représentants de la noblesse, apparaissent comme les distinctions les plus souvent accordées. Pour cinq d'entre eux, la République les aura décorés du Mérite agricole. Ils sont alors quatre à avoir reçu un triple honneur : André Néron-Bancel ainsi que trois nobles, Robert de Bretteville, Jean de Montgolfier et Raymond de Ribains.

***

De ce rapide portrait des administrateurs de l'USESA, aux accents conservateurs et cléricaux, esquissé pour la première moitié du 20e siècle, il ressort un bilan plus contrasté qu'il n'y paraît au premier abord. D'essence traditionnelle pour la plupart, ces « seigneurs de la terre » apparaissent à la croisée de plusieurs réseaux culturels et politiques qui présentent un caractère souvent novateur et dynamique, notamment à propos des techniques utilisées pour assurer la promotion du monde agricole. Avec eux, s'affirme une réinvention des élites de type ancien, ouvertes aux technologies du monde moderne mais attentives à l'univers de la localité et des provinces, antithèse d'une France urbaine, centralisée et laïque, cherchant à servir aussi bien la « grande » que la « petite patrie ». Agents discrets mais efficaces de la politisation des campagnes françaises, ces agrariens ont ainsi poursuivi un processus déjà engagé depuis longtemps par leurs aïeuls du 19e siècle, mais aussi par les « masses de granit »[101]. Bien

---

99. Hyacinthe de GAILHARD-BANCEL, *Les syndicats agricoles aux champs...*, ouv. cité, p. 125 et suivantes.
100. Christian PONSON, *Les catholiques lyonnais...*, ouv. cité, p. 175 et p. 342 ; Mathias BERNARD, *La dérive des modérés. La Fédération républicaine du Rhône sous la Troisième République*, Paris, L'Harmattan, 1998, pp. 107-108.
101. Maurice AGULHON, *La République au village*, Paris, Plon, 1970 ; Jean-Luc MAYAUD, *Les Secondes Républiques du Doubs*, Paris, Belles Lettres, 1986 ; Jean-Pierre JESSENNE, *Pouvoir au village et Révolution. Artois (1760-1848)*, Lille, Presses universitaires de Lille, 1987 ; Christine GUIONNET, *L'apprentissage de la politique moderne*, Paris, L'Harmattan, 1997. Pour une présentation des problématiques récentes : Gilles PÉCOUT, « La politisation

qu'ils soient hostiles sur le fond à la République, ces « blancs » du sud-est ont largement participé à l'instauration de la « politique au village » et méritent, de ce fait, que l'historiographie contemporaine ne les méprise plus et les considère comme objets d'histoire à part entière [102].

---

des paysans au 19ᵉ siècle. Réflexions sur l'histoire politique des campagnes françaises », dans *Histoire et sociétés rurales*, n° 2, 1994, pp. 91-125 ; « Histoire politique et histoire rurale », dans *Histoire et sociétés rurales*, n° 3, 1995, pp. 113-149 ; Christine GUIONNET, « La politique au village : une révolution silencieuse », dans *Revue d'histoire moderne et contemporaine*, tome 45, n° 4, octobre-décembre 1998, pp. 775-788.

102. Michel DENIS, *Les royalistes de la Mayenne et le monde moderne (19ᵉ-20ᵉ siècles)*, Paris, Klincksieck, 1977, p. 454 et 544 ; Claude-Isabelle BRELOT, « Le château face au vote paysan », dans *Politix*, n° 15, 1991, pp. 53-58 ; Steven D. KALE, *Legitimism and the Reconstruction of French Society (1852-1883)*, Baton Rouge, Louisiana State University Press, 1992 ; Peter McPHEE, *The Politics of Rural Life. Political Mobilization in the French Countryside (1846-1852)*, Oxford, Clarendon Press, 1992.

Le communisme rural en Europe, entre agrarisme progressiste et modèle collectiviste : quelques jalons

Jean VIGREUX

Évoquer le communisme dans un colloque sur l'agrarisme [1] peut sembler incongru au regard du poids de la culture ouvrière du communisme et du message révolutionnaire de la doctrine issue du marxisme. Généralement, la littérature communiste présente les campagnes comme un « agent conservateur », fidèle et soumis à l'ordre établi du notable ou du curé, puis de l'élu, essentiellement du maire, du conseiller général, du député, voire du sénateur ou du noble propriétaire terrien. Il s'agit donc d'une unité revendiquée comme un rempart à la modernité et aux changements sociaux. Pourtant, la réalité des « campagnes » est différente : les « jacqueries », les « peurs » paysannes, les émeutes, les manifestations violentes montrent qu'il peut exister un rejet de l'ordre établi, où la paysannerie peut jouer un rôle révolutionnaire... [2]

Entre ces deux visions, l'une radicalement agrarienne et l'autre, celle de la lutte des classes dans le monde rural, il s'agirait donc de présenter l'alternative à l'agrarisme, voire son antithèse. N'oublions pas non plus le registre méprisant de Karl Marx, qui voyait dans les paysans des « sacs de pomme de terre » ou cette déclaration du *Manifeste du parti communiste* : « Les classes moyennes, petits fabricants, détaillants artisans, paysans, ne

---

1. Ce texte est une version remaniée de l'intervention au colloque de l'ARF en 1999 ; il s'appuie sur des recherches récentes et sur la synthèse opérée dans le cadre de la rédaction du chapitre « Communisme, communistes et paysans » dans Michel DREYFUS, Bruno GROPPO, Claudio Sergio INGERFLOM, Roland LEW, Claude PENNETIER, Bernard PUDAL, Serge WOLIKOW [dir.], *Le siècle des communismes,* Paris, Éditions de l'Atelier/Éditions ouvrières, 2000, pp. 391-403.
2. Voir : Albert SOBOUL, *Problèmes paysans de la Révolution, 1789-1848*, Paris, François Maspero, 1976, 445 p. ; et plus récemment : Mercedes YUSTA et Édouard LYNCH [dir.], *Campagnes européennes en lutte(s), 19e-20e siècles.— Histoire et société, revue européenne d'histoire sociale*, n° 13, 1er semestre 2005, 66 p.

sont donc pas révolutionnaires mais conservatrices, qui plus est, elles sont réactionnaires : elles demandent que l'histoire fasse machine arrière »[3].

Toutefois, ce n'est pas si simple. C'est bel et bien dans un pays rural, décrit comme « arriéré » que le communisme s'est installé durablement au cours du 20e siècle. Si Lénine affirme toujours une vision doctrinaire dans ses *Thèses d'avril* de 1917 – celle de la nationalisation de la terre – les paysans, proches des socialistes-révolutionnaires, souhaitaient simplement l'appropriation des terres des grands propriétaires et oisifs. Face à la réalité sociale et politique des événements de l'année 1917, les bolcheviks prennent en considération le poids des paysans dans le processus révolutionnaire et le 26 octobre 1917, le décret sur la terre entérine un « fait accompli »[4], selon les mots de Marc Ferro ; de nombreux comités agraires s'étaient emparés des terres du tsar, des nobles, *etc*. Ce décret reprend intégralement la motion des socialistes-révolutionnaires[5], montrant le pragmatisme de Lénine. Surtout, il permet aux bolcheviks de mieux s'implanter dans les campagnes grâce à la création de nombreuses cellules du parti. Si le projet révolutionnaire, qui se voulait mondial (un exemple pour les pays capitalistes) échoue, malgré plusieurs soulèvements, il a bien fallu trouver d'autres alliés au prolétariat soviétique, en analysant la sociologie des pays voisins.

Dès lors s'entrecroisent plusieurs représentations de la paysannerie liées à l'évolution conjoncturelle. La mémoire des émeutes agraires – ou plutôt des « *pugatchevschina* » – sert à orienter la violence révolutionnaire des campagnes européennes et mondiales vers le nouveau parti mondial. C'est à la fois la recherche de nouveaux foyers révolutionnaires, mais aussi le projet émancipateur proposé, qui expliquent cet intérêt pour le « paysan » et l'intérêt de certains membres des sociétés rurales pour le communisme.

Valorisation ou mépris conduisent à créer un éventail large d'images du paysan : tantôt allié du prolétariat urbain – un élément révolutionnaire qu'il faut canaliser – et tantôt agent contre-révolutionnaire, « profiteur » à l'image du *koulak*. Ce regard méprisant peut également caractériser la haine des « villes » pour les « campagnes ». Dans cette gamme variée, il ne faut pas négliger, comme l'a souligné en son temps Robert Linhart, le poids de la famine, devenue « l'obsession des bolcheviks » et de Lénine[6]. La stalinisation des années 1930 qui met en place un modèle collectiviste caractérise pour de longues décennies les structures agraires et sociales des campagnes. Toutefois, la place du paysan varie au sein du monde communiste international ; aussi bien au sein des démocraties populaires –

---

3. Karl MARX et Friedrich ENGELS, *Le manifeste du parti communiste*, Paris, Éditions Sociales, édition de 1948, p. 18.
4. Marc FERRO, « 1917 : la révolution au village », dans *Cahiers du monde russe et soviétique*, 1973, p. 50
5. À ce propos, voir les développements de : Nicolas WERTH, *Histoire de l'Union soviétique*, Paris, Presses universitaires de France, 1990, pp. 124-125.
6. Robert LINHART, *Lénine, les paysans, Taylor*, Paris, Éditions du Seuil, 1976, p. 37.

de l'URSS à la Chine en passant par l'Europe de l'Est – qu'au sein des pays capitalistes ou du Tiers-Monde.

Le paysan fait alors partie du discours communiste, mais quel paysan ? Le terme « paysan » reste un mot à définir et à historiciser : il n'y a pas qu'un paysan, mais des paysans. Ce mythe de l'unité paysanne correspond à une vision idyllique, politique et corporatiste des campagnes, dont l'âge d'or fut l'idéologie agrarienne du régime de Vichy, mais aussi celle de l'Internationale verte et des partis agrariens européens des années 1930. Ainsi le paysan peut être ouvrier agricole, journalier domestique, c'est le prolétariat rural ; métayer ou fermier, qui travaille la terre d'autrui (faire-valoir indirect) ; exploitant propriétaire, qui exploite sa terre (faire-valoir direct) ; « gros » cultivateur ou éleveur et peut-être exploitant capitaliste...

Les premières catégories peuvent également travailler dans l'artisanat ou la forêt. Cette pluralité paysanne pose bien le problème d'une définition du paysan, d'autant plus que certaines personnes s'approprient la fonction pour participer aux élections. Ce terme, comme l'a souligné Pierre Barral, révèle aussi un aspect affectif[7] : au 19e siècle, il reste péjoratif, désignant quelqu'un de grossier (ce qui ne veut pas dire que ce sens ait disparu au 20e siècle). Le mot prend une connotation positive au tournant du siècle avec la naissance d'un nouveau syndicalisme, émancipé de la tutelle des notables.

Il semble que le débat ouvert il y a maintenant près de trente ans par Philippe Gratton, lorsqu'il contestait l'emploi du terme agrarien pour les communistes par Pierre Barral, soit aujourd'hui dépassé ; il est vrai que cette lecture des *Agrariens français* s'inscrivait dans la foulée de Mai 68 et de l'émergence d'un courant radical. Notre interrogation portera sur un panel européen afin d'évoquer dans un premier temps l'événement fondateur, la révolution russe et l'expérience du *Krestintern*. Était-ce un modèle anti-agrarien ? Il sera suivi d'une réflexion sur le modèle collectiviste mis en place en URSS, puis à l'Est (un anti-agrarisme revendiqué) avant d'aborder ses limites : le poids des traditions sociales et politiques qui conduisent à prendre en compte la défense de la petite propriété, comme le suggère Ronald Hubscher[8].

De l'événement fondateur à l'expérience du *Krestintern* : un modèle anti-agrarien

Révolution bolchevique et décret sur la terre

« La grande propriété foncière est abolie immédiatement sans aucune indemnité », stipule le décret sur la terre. Cette réforme agraire permet à

---

7. Pierre BARRAL, « Note historique sur l'emploi du terme paysan », dans *Études rurales*, n° 21, 1966, pp. 72-80.
8. Ronald HUBSCHER, « Le bolchevisme au village. Une déviation paysanniste ? » dans Jordi CANAL, Gilles PÉCOUT et Maurizio RIDOLFI [dir.], *Sociétés rurales du 20e siècle. France, Italie et Espagne,* Rome, École française de Rome, 2004, pp. 271-284.

plus de trois millions de familles paysannes de posséder enfin leur outil de travail, la terre. La socialisation des moyens de production se poursuit au cours des années 1920 avec la création d'un secteur soviétisé. Mais il reste marginal puisqu'il couvre seulement 0,7 % de la surface agricole en 1928. La plupart des terres sont aux mains de petits paysans et de *koulaks* et les problèmes de ravitaillement demeurent. C'est la période de transition entre la Nouvelle politique économique (NEP) et la collectivisation qui suscite de nombreux débats [9].

Le débat Boukharine-Staline

Les points de vue opposés de Boukharine et de Staline s'inscrivent dans la lutte acharnée pour la succession de Lénine. Le premier déclare dès 1925 : « Il nous faut répéter à toutes les couches de la paysannerie : enrichissez-vous, accumulez, développez votre économie [10] » ; et d'ajouter : « nous ne ferons pas obstacle à l'accumulation des *koulaks* et nous n'organiserons pas les paysans pauvres pour les exproprier une seconde fois » [11]. Boukharine prolonge la NEP et définit son programme à plusieurs reprises, comme le rappelle Robert Conquest. « Aussi paradoxal que cela paraisse, nous devons développer la ferme aisée pour aider les paysans pauvres et moyens » [12]. Boukharine, qui reste fidèle à cette ligne, défend avec Rykov, au sein de « l'opposition de droite » selon la stigmatisation stalinienne, l'idée selon laquelle « la collectivisation ne pourrait déboucher que sur l'exploitation militaro-féodale de la paysannerie, la guerre civile, le déchaînement de la terreur, le chaos et la famine » [13]. Quelle perspicacité... On mesure ici toute l'imprégnation d'un discours agrarien où l'on considère la paysannerie dans son ensemble afin qu'elle puisse s'enrichir et nourrir le pays.

En contradiction avec Staline et les farouches partisans du développement communiste à la campagne, ils sont écartés dès le printemps 1929 des instances dirigeantes du parti. Si Boukharine s'inscrit dans une vision proche de Lénine, Staline fait le double constat (amer) d'un poids de plus en plus grand du *koulak* et des résultats faibles du parti à la campagne : « à la fin des années 1920, il ne compte que 20 878 cellules rurales, regroupant 264 000 communistes sur un total de 546 747 localités rurales,

---

9. Voir en particulier *La question paysanne en URSS de 1924 à 1929*, textes rassemblés par M. FICHELSON et A. DERISCHEBOURG, Paris, François Maspero, 1973 (textes de Kamenev, Preobrajansky, Boukharine et Trotsky).

10. Stephen COHEN, *Nicolas Boukharine. La vie d'un bolchevik*, Paris, François Maspero, 1979, p. 212.

11. *Ibidem*.

12. Robert CONQUEST, *Sanglantes moissons. La collectivisation des terres en URSS, dans La grande terreur. Les purges staliniennes des années 30*, Paris, Robert Laffont, 1995, p. 69.

13. Nicolas WERTH, « Un État contre son peuple. Violences, répressions terreurs en Union soviétique », dans Stéphane COURTOIS, Nicolas WERTH, Jean-Louis PANNÉ, Andrzej PACZKOSKI, Karel BARTOSEK et Jean-Louis MARGOLIN, *Le livre noir du communisme. Crime, terreur, répression*, Paris, Robert Laffont, 1997, p. 162.

soit moins de 0,5 % de la population rurale adulte »[14]. À ce moment-là, le Parti communiste d'Union soviétique (PCUS) affirme de nouveau un discours ouvriériste et anti-agrarien. Mais la révolution a su chercher d'autres appuis.

De nouveaux alliés aux ouvriers des villes

Le rôle des paysans dans la révolution russe conduit Lénine à regarder avec intérêt le paysan, mais cette alliance est de courte durée : le communisme de guerre et les réquisitions forcées annulent les avancées bolcheviques de 1917-1918 au sein de la paysannerie. Pour sauver la révolution, Lénine définit trois points essentiels de sa politique agraire : la guerre pour le blé ; la lutte politique (voire culturelle) contre la mentalité « bourgeoise » du paysan-propriétaire ; l'organisation politique des paysans pauvres, « alliés naturels » du prolétariat des villes[15]. Si le bilan catastrophique du communisme de guerre est bien connu – même s'il sauve la révolution – l'instauration de la NEP en mars 1921 participe au rapprochement avec la paysannerie : « nous savons que seule une entente avec les paysans peut préserver la révolution socialiste en Russie aussi longtemps que ne survient pas la révolution dans les autres pays »[16]. C'est donc une politique d'aller-retour et forcément conjoncturelle, qui caractérise tout le discours agrarien des communistes russes.

Au sein du *Komintern*, l'intérêt pour le paysan est également bien compris. Lors de son deuxième congrès, l'Internationale définit ses thèses sur la question agraire. C'est le communiste allemand Ernst Meyer qui présente le rapport où le rôle moteur est confié au « prolétariat industriel des villes, dirigé par le Parti communiste, [qui] peut seul libérer les masses laborieuses des campagnes du joug des capitalistes et des propriétaires fonciers »[17]. On est toujours dans une vision du paysan comme force d'appoint, qui reste subordonnée à l'action des militants révolutionnaires. Ces thèses prévoient également la socialisation des moyens de production, même si les grandes exploitations ne doivent pas être partagées, mais seulement gérées collectivement par les communes[18]. « Là où subsistent encore les vestiges du système féodal, où les privilèges des propriétaires fonciers engendrent des formes spéciales d'exploitation, où l'on voit encore le servage et le métayage, il est nécessaire de remettre aux paysans une

---

14. « Paysannerie », dans Stéphane COURTOIS et Marc LAZAR, *Le communisme*, Paris, MA Éditions, 1987, p. 198.

15. *Ibidem*, p. 39 et suivantes.

16. Wladimir Ilitch LÉNINE, « La révolution bolcheviste », discours du 15 mars 1921, cité par Branko LAZITCH, *Lénine et la Troisième Internationale*, Neuchâtel, Éditions de la Baconnière, 1951, p. 173.

17. Premier point de la thèse sur la question agraire, deuxième congrès de l'IC, cité dans *Thèses, manifestes et résolutions adoptés par les 1er, 2e 3e et 4e congrès de l'Internationale communiste (1919-1923)*, Paris, La Brèche-Celio, 1984, p. 61.

18. *Ibidem*, p. 63 (point 6).

partie du sol des grands domaines ». La réforme agraire est à l'ordre du jour. Là encore, on évoque la léthargie des campagnes, qui ne peuvent agir que par le rôle d'avant-garde du prolétariat urbain [19]. Dès lors, les mouvements paysans en Italie reçoivent le soutien des communistes.

Après une période d'euphorie, le parti mondial de la révolution connaît des difficultés, et le front unique mis en place lors du troisième congrès valorise encore l'alliance ouvrière et paysanne. Ce discours volontariste traduit-il seulement les souhaits politiques de l'Internationale communiste (IC) et des communistes ou correspond-il aussi aux attentes de la paysannerie ? Le poids du discours ne doit ni masquer les attentes de l'IC, ni être surévalué au regard de la « peur du rouge » dans les campagnes [20], mais seulement confronté aux réalités sociales du mouvement communiste à la campagne. Il est vrai que le thème des « partageux » reprend alors une nouvelle jeunesse, grâce aux efforts des agrariens, mais cela n'empêche pas une partie de la paysannerie d'adhérer au communisme. Le poids de la Première Guerre mondiale, le lourd tribut payé par les paysans dans ce conflit, mais aussi les traditions politiques participent également à cette implantation. Ce mouvement rejoint l'universalisme de la nouvelle révolution : est-ce pour autant la seule fascination venue de l'Est ? Afin d'organiser réellement cette alliance des ouvriers et paysans, dans le cadre d'un projet mondial d'émancipation des prolétaires, l'IC fonde le *Krestintern* (du russe paysan), l'internationale rouge paysanne.

Lutter contre ou aux côtés des agrariens

Dans cette vision d'un affrontement ou d'un rapprochement, en fonction de la ligne politique choisie par l'IC (front unique, front de classes), deux organisations originales ont été mises sur pied, le *Krestintern* et l'Institut agraire international. Ce choix de créer une structure paysanne répond à la fois aux exigences de l'IC, mais aussi au poids de l'économie paysanne en Europe centrale et orientale [21]. Comme le rappelle Annie Kriegel, c'est l'échec du parti paysan de Bulgarie en 1922, ainsi que celui de la création d'une Internationale verte, qui donnent l'occasion au Polonais Dombal de proposer au comité exécutif de l'Internationale communiste (CEIC) la « convocation d'une conférence paysanne internationale [22] » : un outil contre les velléités des agrariens.

---

19. *Ibidem*, p. 64 (point 8).
20. Pour une période antérieure : Leen VAN MOLLE, « La peur du rouge dans le monde paysan, 1880-1914 », dans Pascal DELWIT et José GOTOVITCH [dir.], *La peur du Rouge*, Bruxelles, Éditions de l'Université de Bruxelles, 1996, pp. 27-38.
21. George D. JACKSON Jr, *Comintern and peasant in East Europe (1919-1930)*, Columbia University Press, 1966, p. 7. (publication de la these : *The Green International and the Red Peasant International ; a study of Comintern Policy towards the Peasant Political Movement in Eastern Europe, 1919-1930*, PhD. dissertation, Columbia, 1961).
22. Annie KRIEGEL, « Note sur le *Krestintern* », dans Pierre BARRAL [dir.], *Aspects régionaux de l'agrarisme français avant 1930.— Le Mouvement social*, n° 67, avril-juin 1969, p. 164.

En octobre 1923, le premier congrès du *Krestintern* a lieu [23]. Dirigé dans un premier temps par l'agronome Dombal, le *Krestintern*, filiale du *Komintern*, participe à l'union des ouvriers des champs avec ceux des villes, afin de propager la révolution mondiale. Partout, des structures nationales du *Krestintern* sont créées, le CPF en France, mais également en Roumanie : une étude récente publiée à partir des nouvelles archives montre en quoi le front unique a servi à se séparer des éléments réactionnaires [24]. En Croatie, le *Krestintern* prend contact avec Stjepan Radjic, *leader* d'un parti agrarien, là encore pour faire front commun [25]. On mesure alors l'ambiguïté des communistes qui doivent tenir compte des réalités locales. Le *Krestintern* demeure un outil anti-agrarien, afin de propager les idéaux de la révolution d'Octobre, mais il doit composer avec ses adversaires…

De 1925 à 1927, sous l'égide de Boukharine, le *Krestintern* change de perspective pour rechercher d'autres alliances à la révolution : le front unique est plus large et le parti mondial a besoin d'alliés nouveaux. Dès lors, on assiste un peu partout en Europe à des réunions larges de paysans, allant des chrétiens-démocrates aux communistes. Dans ce cadre, Guido Miglioli, démocrate-chrétien italien, joue un rôle considérable. Réfugié en France après l'arrivée des fascistes au pouvoir, il anime de nombreux débats et publie un ouvrage important sur la réforme agraire en Russie, *Le village soviétique* [26]. Toutefois, la place des paysans au sein du *Krestintern* reste difficile à mesurer, d'autant plus que la plupart des représentants communistes paysans sont devenus des permanents du parti, selon le modèle de la bolchevisation des organisations politiques. Dès lors sont présents les responsables des sections agraires des partis communistes ou des syndicats proches des communistes. Un noyau de militants professionnels veut alors incarner tous les paysans opprimés.

De 1928 à 1929, le *Krestintern* subit les contrecoups de la ligne sectaire de l'IC et de la mainmise de Staline sur l'organisation. Il remplace Alexandre Smirnov, secrétaire général du *Krestintern* et ancien commissaire à l'Agriculture en URSS, par Ivan Teodorovich. Enfin, en 1930, la crise économique internationale fait que le *Krestintern* décline et même disparaît en 1932 [27], au profit de l'Institut agraire international (IAI) [28], dont l'histoire moins éphémère dure de 1925 à 1940.

---

23. Sur cette filiale du *Komintern*, voir également : Jean VIGREUX, « Les archives du *Krestintern* » dans Serge WOLIKOW [dir.], *Une histoire en révolution ? Du bon usage des archives, de Moscou et d'ailleurs…*, Dijon, Éditions universitaires de Dijon, 1996, pp. 151-158.
24. Voir en particulier : Luiza V. REVIAKINA, « Krestintern i krestianskoe dvizhenie u ruminii : 1923-1931 », dans *Slavianovedenie*, n° 6, 1995, pp. 56-65.
25. Luiza V. REVIAKINA, « Le cas Stjepan Radjic et l'Internationale agrarienne », dans *Études balkaniques*, volume 31, n° 1, 1995, pp. 35-55.
26. Guido MIGLIOLI, *Le village soviétique*, Paris, Librairie du travail, 1927.
27. Selon le témoignage de Michele Donati, communiste italien délégué à l'automne 1930 auprès du *Krestintern*. Nous tenons à remercier Claude Pennetier de nous avoir fourni ces renseignements.

Cet institut est un laboratoire d'études sur la question paysanne, où l'on retrouve les différents spécialistes internationaux, les différentes publications sur la question agraire. C'est véritablement un centre de recherche et de documentation sur tout ce qui concerne le monde paysan. Par exemple, en France, on prend contact avec les professeurs Michel Augé-Laribé[29] Charles Gide[30] et Bernard Lavergne, en plus des responsables communistes paysans, Charles Martel, Jacques Castel, Renaud Jean et Marius Vazeilles. Charles Gide et Renaud Jean sont retenus pour faire partie des 73 membres de l'IAI. Cet institut est en même temps un centre de formation qui prépare des étudiants à une thèse en trois ans sur les questions agraires[31]. L'IAI entreprend parallèlement des enquêtes précises sur la crise des années 1930 dans les campagnes. Ainsi, cet organisme se substitue au *Krestintern*, et de nombreux rapports d'instructeurs parviennent directement à l'IAI *via* l'Internationale communiste. Une université agrarienne est née.

Toutefois, la complexité des rapports entre communisme et agrarisme demeure. Si le projet initial est de détacher le paysan de l'influence agrarienne, la montée du péril fasciste et le développement de la crise agricole conduisent à certains rapprochements. Rapprochements pour sauver la démocratie : ainsi, l'IAI participe activement à la lutte antifasciste ; dans le cadre de la ligne du front populaire définie par l'IC, il participe à la conférence agraire internationale de Bruxelles en 1936 (du 3 au 6 septembre) et aux assises internationales à Prague, le 10 juillet 1938, où se côtoient communistes, socialistes et radicaux, comme pour la France Mioch, Vazeilles, Dumont et Tanguy Prigent. Rapprochements également pour disqualifier l'adversaire : ainsi en France, le PC n'hésite pas, au cours de cette période de crise agricole, à rejoindre les agrariens « sur le terrain » pour défendre les paysans, avec une interprétation particulière du front unique, dans un but tactique précis : diviser l'adversaire[32]. Lors du congrès national du Parti agraire, les 4 et 5 février 1936, les membres les plus modérés se séparent de la ligne extrémiste prônée par Dorgères[33] et *La Voix paysanne* (organe de la

---

28. Sur cet institut, voir : Pierre BARRAL, « Note sur le Centre agraire international », dans Pierre BARRAL [dir.], *Aspects régionaux de l'agrarisme*…, ouv. cité, pp. 169-171.
29. RGASPI (Russian State Archive of Social and Political History) 536-1-35, 1926, p. 151.
30. Dont les travaux sur la coopérative sont publiés en Russie. On cherche à insérer le *kolkhoze* dans un processus plus large, voir à ce propos : RGASPI 535-2-156 à 158, où les courriers avec C. Gide sont nombreux.
31. RGASPI 536-1-128, 23 VII 1930 : il y a treize étudiants boursiers (dont un Français).
32. Jean VIGREUX, « Paysans et responsables du travail paysan dans la direction du parti communiste », dans Michel DREYFUS, Claude PENNETIER et Nathalie VIET-DEPAULE [dir.], *La part des militants*, Paris Éditions de l'Atelier, 1996, pp. 205-218.
33. Sur ce courant de pensée, voir en particulier : Pascal ORY, « Le dorgérisme, institution et discours d'une colère paysanne », dans *Revue d'histoire moderne et contemporaine*, volume 22, avril-juin 1975 ; pp. 168-190 et la synthèse récente de : Robert O. PAXTON, *French peasant fascism: Henry Dorgère's Greenshirts and the crises of French agriculture: 1929-1939*, New York, Oxford University Press, 1997, 244 p., traduction française : *Le temps*

CGPT) peut s'en féliciter [34]. Le PCF reprend à son compte le discours de l'unité paysanne, l'une des composantes lexicales du discours agrarien [35].

Cette expérience de l'IAI est toutefois éphémère ; le 18 novembre 1940, après une décision de la commission du comité central du PCUS, l'IAI disparaît définitivement. C'est bel et bien la limite intrinsèque de cet organisme international qui dépend uniquement du bon vouloir du régime stalinien : comme l'IC, c'est un élément de la politique étrangère du Parti-État, qui participe à la valorisation d'un modèle. La propagande vante les bienfaits de la socialisation des moyens de production et de la collectivisation forcée.

Le modèle collectiviste, un anti-agrarisme revendiqué

La collectivisation, forger un monde et un homme nouveaux

En 1929, la collectivisation forcée lancée par Staline consacre la terreur contre les paysans. C'est la mise en pratique de l'élimination physique des *koulaks*. Était-ce le moyen d'accéder à une société sans classe ? Cette pratique totalitaire fondée sur la violence, la brutalité, élimine plusieurs millions de paysans [36]. Pourtant, le problème alimentaire n'est pas résolu, comme en témoigne la grande famine de 1932-1933. Le regroupement forcé dans les *kolkhozes* conduit de nombreux paysans à abattre leur cheptel. En 1935, afin de freiner cet échec, le régime reconnaît le droit au *kolkhozien* de cultiver son lopin de terre en dehors de l'exploitation collective et la constitution soviétique de 1936 reconnaît la propriété personnelle. Toutefois, la terre appartient à l'État et le *kolkhoze* en a la jouissance perpétuelle. Se constitue également un prolétariat important de paysans « fonctionnaires » salariés des *sovkhozes* [37]. La planification très rigide, mise en place dès 1928, impose aux paysans leurs productions et le système de livraisons obligatoires. Il faut attendre 1956 pour que les paysans aient le choix de leurs cultures.

C'est ainsi que se régularise, avec difficultés, la production agricole. L'augmentation des rendements provient également de la mécanisation. Tout ce processus résulte d'une conception rationalisée et urbaine du travail : on calque sur la paysannerie les progrès industriels. M. Iline peut

---

des chemises vertes. Révoltes paysannes et fascisme rural, 1929-1939, Paris, Éditions du Seuil, 1996, 324 p.

34. Article paru dans *La Voix paysanne* le 8 février 1936 et cité par : Philippe GRATTON, *Les paysans français contre l'agrarisme*, Paris, François Maspero, 1972, p. 156.

35. Voir : Jean VIGREUX, « Le PCF, garant de l'héritage agrarien progressiste », dans Serge WOLIKOW et Annie BLETON-RUGET [dir.], *Antifascisme et nation. Les gauches européennes au temps du Front populaire*, Dijon, Éditions universitaires de Dijon, 1998, pp. 163-171.

36. Voir en particulier : Robert CONQUEST, *Sanglantes moissons...*, ouv. cité ; Nicolas WERTH, « Un État contre son peuple... », art. cité, pp. 164-177.

37. Voir en particulier : Jean-Paul DEPRETTO, *Les ouvriers en URSS, 1928-1941*, Paris, Publications de la Sorbonne, 1997.

alors écrire au début des années 1930 : « il faut organiser autrement le travail des hommes qui produisent le blé. Est-ce que nous souffririons qu'on extraie le fer non dans de grandes usines, mais dans des millions de petites forges paysannes ? Nous résignerions-nous à cela ? Consentirions-nous à ne jamais savoir si nous aurons du fer ou si nous n'en aurons pas, s'il y en aura assez ou si l'on en manquera ? Mais comment convertir tous ces petits paysans en de grandes fabriques paysannes ? Comment organiser le travail de manière à ne pas redouter une mauvaise récolte, à ne craindre ni la sécheresse, ni la pluie ? »[38] La solution que propose l'auteur correspond au modèle mis en place par Staline : c'est la collectivisation, la mécanisation et la planification. Ce meilleur des mondes qui offre le bonheur à tous participe à l'émergence « des hommes nouveaux »[39]. Cette foi inébranlable dans le progrès caractérise pour longtemps ce monde nouveau.

Cependant, il faut bien prendre en considération le fait que le monde urbain, celui des ouvriers des villes, demeure le moteur du socialisme réel ; comme le suggère avec finesse Victoria E. Bonnell la femme devient, dans les affiches soviétiques des années 1930, la figure de proue (voire l'icône) de la collectivisation des terres. La *kolkhozienne* incarne ici le monde rural tandis que l'homme, ouvrier, symbolise l'univers urbain[40]. On rejoint là encore le paradoxe d'un monde rural dominé par celui des villes, le tout analysé au prisme d'un univers sexué de la représentation du travail…

Un modèle qui s'exporte : réforme agraire, kolkhozes *ou variations sur une partition soviétique*

Au lendemain de la Seconde Guerre mondiale, l'Europe de l'Est, pour qui le *Krestintern* avait été en partie créé, tombe sous l'influence soviétique. Sans retracer la mise en place des démocraties populaires, il est utile de rappeler les réalisations en faveur des paysans. Les communistes entament une habile propagande auprès des populations rurales en leur promettant la réforme agraire tant attendue. La soif de terre des paysans s'explique à la fois par la survivance d'un système « féodal », comme en Albanie, où la grande propriété reste importante, mais aussi par l'accroissement démographique, toujours important dans ces campagnes.

La réforme agraire est entreprise par les gouvernements « antifascistes » issus de la Libération où sont associés communistes, socialistes, démocrates-chrétiens et paysans[41]. « En Pologne, un décret de septembre 1944 proclame que le régime agraire "sera fondé sur des exploitations agricoles saines et solides, susceptibles d'un rendement productif et qui

---

38. M. ILINE, *L'épopée du travail moderne. La merveilleuse transformation de l'URSS*, collection « Mon camarade », Paris, Éditions sociales internationales, 1932, p. 108.
39. *Ibidem*, p. 153.
40. Victoria E. BONNELL, *Iconography of Power. Soviet Political Posters under Lenin and Stalin*, Berkeley, University of California Press, 1997.
41. En Hongrie, aux élections suivant la Libération, trois partis sont majoritaires : le Parti des petits propriétaires, le Parti social-démocrate et le Parti communiste.

constitueront la propriété privée de leurs possesseurs" et on enlève sans indemnité aux propriétaires nationaux toutes les superficies dépassant 50 hectares à l'est, 100 hectares à l'ouest » [42]. En 1945, en Hongrie, on adopte une mesure du même type avec une limite de 57 hectares. Pour les autres pays du bloc de l'Est, les limitations sont du même ordre : 50 hectares en Roumanie, de 20 à 30 hectares en Bulgarie, en Yougoslavie et en Albanie. Pour la Tchécoslovaquie, le plafond est fixé à 50 hectares en 1948. Cette réforme agraire dans les pays de l'Est équivaut à 23 millions d'hectares qui sont répartis pour un tiers dans les nouvelles fermes d'État et pour les deux tiers entre les paysans ; ce qui en moyenne correspond à des mini-exploitations de 3 à 5 hectares, peu productives… Toutefois, la réforme agraire est là et les partis agrariens ou partis paysans restent de solides alliés des communistes – même si leurs dirigeants sont parfois assassinés (comme le Bulgare Petkov) [43].

L'amélioration du sort des paysans et la modernisation des campagnes deviennent les deux piliers de la politique communiste au sein des démocraties populaires. Dans un premier temps, il s'agit d'aménager des terres encore délaissées, comme la région des Puszta en Hongrie. En Bulgarie, on construit de nombreux barrages afin de régler les problèmes d'irrigation. Mais surtout, cette politique s'applique à reprendre le modèle des *kolkhozes*. Il s'agit, dans la propagande communiste, mais aussi dans sa mise en œuvre, d'exalter le système productiviste et la modernité [44].

Ainsi, après la Seconde Guerre mondiale, on assiste à une généralisation du modèle de la patrie du socialisme, avec quelques variantes. Toutefois, il n'existe plus d'organisation paysanne communiste comme le fut le *Krestintern*. Les ambivalences agrariennes seraient totalement rejetées avec la « construction du socialisme réel ».

En s'appuyant sur l'exemple français, mais aussi sur certains exemples européens, il semble bien que l'agrarisme progressiste ait laissé des traces au sein de la culture politique communiste, tant sur les discours que les pratiques.

Les limites au modèle : le poids des traditions sociales et politiques

« La démocratie rurale » : réponse d'un agrarisme progressiste

En Europe occidentale, les PC doivent prendre en compte l'attachement du paysan à sa propriété. Ainsi, en Italie du nord, la fédération d'Asti du PCI adapte son discours entre 1945 et 1956 à cette réalité sociale. Le

---

42. Pierre BARRAL, *Les sociétés rurales du 20ᵉ siècle*, collection U, Paris, Armand Colin, 1978, p. 247.
43. *Ibidem*.
44. Jean VIGREUX et Serge WOLIKOW [dir.], *Les cultures communistes du 20ᵉ siècle. Entre guerre et modernité,* Paris, La Dispute, 2003.

dogmatisme affirmé sur la collectivisation et la réforme agraire laisse vite place à la défense de la petite propriété [45].

Le cas de la France mérite également un regard particulier. Le PCF, sous l'égide de son secrétaire agraire depuis 1934, Waldeck Rochet, popularise davantage le droit à la propriété privée [46] que la collectivisation, qui est présentée comme une redistribution aux exploitants de la propriété devenue nationale. C'est l'interprétation souple du programme agraire du parti, défini à Marseille, lors de son deuxième congrès, par Renaud Jean. D'ailleurs l'épisode des *kolkhozes* en Corse en 1943 [47] souligne combien le PCF reste attaché à la structure agraire française.

Dans cette optique de défense de la petite propriété, le PCF insiste après la Seconde Guerre mondiale, sur le modèle polonais [48] qui garantit la propriété paysanne privée. Toutefois, le modèle soviétique est bien présent et *La Terre*, journal fondé en 1937, consacre de nombreux reportages et articles à l'agriculture socialiste [49]. Elle reprend le sillon tracé au début des années 1920 par *L'Humanité* qui avait consacré quelques billets au *moujik* russe et à la modernisation agraire. Cette valorisation de l'image de l'URSS et des démocraties populaires présente parfois ce modèle agricole comme la solution aux problèmes français ; c'est surtout dans le cadre des revendications ou des lacunes françaises (lois sociales, par exemple) que le PCF insiste, en montrant ce qui existe dans la « patrie du socialisme » [50]. La présentation des *kolkhozes* s'inscrit dans une conception de solidarité paysanne que l'on retrouve dans les coopératives françaises [51], en particulier

---

45. Mario RENOSIO, « Partito comunista e piccola proprieta contadina : evoluzione di rapporto difficile. Il caso della federazione di Asti (1945-1956) », dans *Bolletino Storico-Bibliografico Subalpino*, 1989, volume 87-2, pp. 561-590.

46. Waldeck ROCHET, *Vers l'émancipation paysanne*, Paris, Éditions Sociales, 1952, p. 223.

47. RGASPI 495-109-433 b, p. 41, lettre du 11 mai 1944, de Manouilsky à Vichinski. La direction du PCF a demandé aux communistes corses d'arrêter cette initiative. Cette affaire avait déjà été évoquée par Maurice Agulhon dans son intervention « Les communistes et la Libération de la France », lors du colloque organisé par le Comité d'Histoire de la Deuxième Guerre mondiale (publié aux éditions du CNRS en 1976) : « une obscure tentative de collectivisation des terres en Corse, à laquelle la délégation algéroise du CC elle-même (dans un document signé F. Bonte, E. Fajon, A. Marty et L. Feix) avait dû mettre le holà », p. 85. Maurice Agulhon utilisait les archives du Fonds Marty, dossier FIII. Ange Rovere précise qu'il doit s'agir du *kolkhoze* de Pietra Corbara, village du Cap corse : Ange ROVERE, « Pour une Corse nouvelle : la stratégie du PCF à la Libération (1943-1945) » dans *Cahiers d'histoire de l'Institut de recherches marxistes*, n° 12, 1983, p. 67.

48. Voir l'analyse de ce modèle par : Jerzy TEPICHT, *Marxisme et agriculture : le paysan polonais*, Paris, Armand Colin, 1973.

49. Sur *La Terre*, voir : Françoise DELASPRE, *La Terre, aboutissement d'une longue quête hésitante du PCF*, DEA d'histoire sous la direction de Serge Wolikow et Jean Vigreux, Université de Bourgogne, 2004 ; Jean VIGREUX, « *La Terre*, un complément de *l'Humanité* ? », dans Christian DELPORTE, Claude PENNETIER, Jean-François SIRINELLI et Serge WOLIKOW [dir.], L'Humanité *de Jaurès à nos jours*, Paris, Nouveau Monde Éditions, 2004, pp. 311-323.

50. D'après un dépouillement de *La Terre* de 1946 à 1964.

51. Dont les statuts de 1943 sont repris par l'ordonnance du 12 octobre 1945, « aspects corporatifs mis à part », selon l'expression de Philippe Nicolas : Philippe NICOLAS,

pour la mise en commun des machines et tracteurs, ce qui n'est pas sans rappeler les coopératives d'utilisation de matériel agricole (CUMA), nées au sortir de la guerre sous l'impulsion de la Confédération générale de l'agriculture (CGA) et du ministre de l'Agriculture Tanguy Prigent.

Ainsi, il faut bien voir que l'écart qui peut exister entre la défense de la petite propriété en France et la présentation du modèle collectiviste soviétique, n'est pas contradictoire et ne relève pas nécessairement d'un exercice d'équilibriste. Dans cette perspective, le PCF souligne à plusieurs reprises les attraits du modèle chinois [52], même si avec la crise PCUS-PCC, il abandonne très vite la référence chinoise. Le PCF s'appuie également sur toute la tradition républicaine, la tradition agrarienne de gauche. Dès lors, la présentation du modèle soviétique apparaît comme une référence obligée du discours communiste. Certes, il s'agit du programme maximum, en cas de victoire de la révolution ; mais sur le long terme, le PCF s'est contenté d'un programme minimum, de défense des salariés agricoles et des petits exploitants. On retrouve là la lutte des « petits » contre les « gros ».

C'est pourquoi, en France, les campagnes rouges sont bien présentes ; de nombreux paysans votent communiste – on retrouve à la fois les traditions politiques de gauche, mais aussi le pacifisme induit par la tuerie de la Grande Guerre et le poids des maquis durant la Seconde Guerre mondiale. Un vivier militant paysan existe bel et bien, même s'il reste très faible au regard des militants ouvriers, tant valorisés par le parti issu de la bolchevisation. Cette géographie du communisme rural, de l'implantation militante aux suffrages électoraux, est bien connue : des bastions du Centre (Allier, Cher, Nièvre) au franges occidentales du Massif central (Corrèze, Lot-et-Garonne) [53], avec des zones bretonnes [54] ou dans le Midi et les

---

« Émergence, développement et rôle des coopératives agricoles en France. Aperçus sur une histoire séculaire », dans Philippe CHALMIN et André GUESLIN [dir.], *Un siècle d'histoire agricole française. Actes du colloque de la Société française d'économie rurale.— Économie rurale*, n° 184-185-186, mars-août 1988, p. 119.

52. Notons par exemple la publication de : Sia TS'IEN, *Leur terre, ils l'ont gagnée,* Paris, EFR, 1954. Là encore, les paysans sont guidés par le prolétariat urbain : « les premières personnes qui parlèrent directement aux villageois de réforme agraire furent des ouvriers du téléphone de la ville », p. 17.

53. Georges DUPLEX, *Le Front populaire et les élections de 1936,* Paris, Armand Colin. 1959, pp. 147-150, et carte intitulée *Les suffrages communistes* ; Annie KRIEGEL, *Le pain et les roses, jalons pour une histoire des socialismes,* Paris, Presses universitaires de France, 1968, cartes p. 220 et 223 ; Pierre BARRAL, *Les agrariens français de Méline à Pisani*, Cahiers de la Fondation nationale des sciences politiques, n° 164, Paris, Armand Colin, 1968 ; Jean DUPLEX, *Atlas de la France rurale*, Presses de la Fondation nationale des sciences politiques, 1968 ; François GOGUEL, *Géographie des élections françaises sous la Troisième et la Quatrième Républiques,* Paris, Armand Colin, 1970 ; Pierre LÉVÊQUE, *Histoire des forces politiques en France,* Paris, Armand Colin, 1994 ; Jacques GIRAULT, « Recherches sur la naissance du PC dans le Cher », dans *Le Mouvement social,* n° 80, 1972, pp. 83-94 ; Jacques GIRAULT, *Sur l'implantation du PCF entre les deux guerres,* Paris, Éditions Sociales, 1977 ; Jacques GIRAULT, « L'implantation du PCF entre les deux guerres », dans *Le PCF, étapes et problèmes 1920-1972,* Paris, Messidor/Éditions Sociales, 1981, pp. 7898 ; J.-P. VAUDON, « Le PC dans le Puy-de-Dôme », dans *Le Mouvement social,* n° 74, 1971, pp. 75-98.

Pyrénées [55]. Dans ces départements, on constate une tradition de gauche remontant à la période jacobine, puis démocrate-socialiste, qui peut servir de matrice au 20e siècle à la carte du vote communiste [56].

Toutefois, il faut se méfier d'une lecture simple des corrélations des votes qui n'explique pas la transmission, les héritages. Les élections ne sont pas une simple équation entre structure sociale et vote, même si le poids des structures sociales, terre de métayers, de petits propriétaires exploitants ou des ouvriers bûcherons doit être pris en considération [57]. Il faut mêler ces facteurs. Les héritiers peuvent garder le vote des ancêtres. Un tel phénomène est mis en évidence pour d'autres régions, en particulier par Jean-Paul Molinari [58] ou Maurice Nicault pour le Berry [59]. D'autres facteurs doivent être pris en compte, comme le montre bien le récent numéro spécial d'*Études rurales*, sur le communisme rural en France [60]. L'apport des travaux de Philippe Gratton au cours des années 1970, sur le modèle corrézien, fondé sur l'analyse du métayage, est très important [61], même s'il semble être remis en question avec pertinence par l'historien américain Laird Boswell [62]. Ce dernier montre que ce sont les petits propriétaires et les ouvriers agricoles qui votent pour les communistes, alors que les métayers restent imperméables à la propagande communiste, restant fidèles aux socialistes ou aux radicaux quand ils votent pour le camp « progressiste ».

L'activité communiste ne se lit pas seulement à l'aune des élections, mais ces traditions ou héritages politiques amènent aussi à s'interroger sur le poids de « notables rouges », comme y invitait Marcel Faure [63]. Cette liste des communistes ruraux est longue : Renaud Jean dans le Lot-et-

---

54. Suzanne BERGER, *Peasants against Politics*, Cambridge Mass., Harvard University Press, 1972, traduction française : *Les paysans contre la politique. L'organisation rurale en Bretagne, 1911-1974*, Paris, Éditions du Seuil, 1975, 340 p. ; Patrick LE GUIRRIEC, « Communisme local, Résistance et PCF. Les trois éléments du pouvoir dans une commune bretonne », dans *L'État en perspective.— Études rurales*, n°101-102, 1986, pp. 219-230.
55. Jean SAGNES, *Le "Midi rouge", mythe et réalité : études d'histoire occitane*, Paris, Éditions Anthropos, 1982, 310 p. ; Michel CADÉ, *Le parti des campagnes rouges. Histoire du parti communiste dans les Pyrénées-Orientales (1920-1949)*, Paris, Éditions du Chiendent, 1988.
56. Voir : Jean-Paul MOLINARI, *Les ouvriers communistes. Sociologie de l'adhésion ouvrière au PCF*, Paris, Éditions de l'Albaron, 1990 (rééditée chez l'Harmattan, 1996).
57. Voir : Ronald HUBSCHER et Jean-Claude FARCY [dir.], *La moisson des autres. Les salariés agricoles aux 19e et 20e siècles*, Paris, Créaphis, 1996.
58. Jean Paul MOLINARI, « Les paysans et le PCF », dans *Politix*, n° 14, 1991, pp. 87-94.
59. Maurice NICAULT, « Le communisme en milieu rural avant et pendant la guerre. Militants et Résistants en Berry », dans *Gavroche*, n° 24, novembre-décembre 1985, pp. 16-22.
60. Rose-Marie LAGRAVE [dir.], *Les « petites Russies » des campagnes françaises.— Études rurales*, n° 171-172, juillet-décembre 2004, 227 p.
61. Philippe GRATTON, *Les luttes de classe dans les campagnes*, Paris, Anthropos, 1971 ; Philippe GRATTON, *Les paysans contre l'agrarisme*, Paris, François Maspero, 1972.
62. Laird BOSWELL, *Rural Communism in France, 1920-1939*, Ithaca/Londres, Cornell University Press, 1998, 266 p.
63. Marcel FAURE, *Les paysans dans la société française*, Collection U, Paris, Armand Colin, 1966, p. 203.

Garonne, Marius Vazeilles et François Aussoleil en Corrèze, Célestin Philbois dans l'Aube, Gaston Cornavin dans le Cher, Waldeck Rochet en Saône-et-Loire, Michel Rius pour le Languedoc et, plus récemment, André Lajoinie pour l'Allier [64]. S'ils ne sont pas tous paysans, à l'exemple de Cornavin, ils forment une section particulière au sein du PCF, qui jouit de 1934 à 1964 d'une certaine autonomie. Cela reflète, bien sûr, l'embarras du parti ouvrier à traiter le problème paysan, voire un certain dédain, comme l'éprouvait André Marty. Mais ces responsables ont su construire une identité forte que l'on retrouve encore de nos jours par la diffusion de *La Terre*.

CGA, ligues, syndicats : une nouvelle forme de défense agrarienne

L'élan unitaire de la Libération pousse les communistes à participer activement à la Confédération générale de l'agriculture. Leurs comités de défense paysanne créés au cours de l'été et de l'automne 1944 rejoignent la CGA. Mais lors de la Guerre froide, ce parti isolé préfère abandonner le cadre mythique de l'unité paysanne pour renouer avec une orientation plus protestataire. La grande différence par rapport à l'avant-guerre, c'est que le PCF dispose de bastions ruraux plus importants, même s'ils restent restreints, et que *La Terre* est devenue un des hebdomadaires les plus lus dans le monde rural français.

C'est l'heure des comités de défense paysanne ou des ligues de vignerons. De tels exemples sont nombreux et cette nouvelle orientation répond à des choix tactiques, pour montrer, aux yeux des paysans, que le PCF est le seul parti qui sait les défendre : tactique d'autant plus facile que le PCF n'est plus un parti de gouvernement et comme l'affirme Marcel Faure : « en fait, le rôle du PC à la campagne s'est borné presque uniquement à faire du poujadisme avant et après Poujade "afin" de rassembler les marginaux, les déshérités, pour récupérer le mécontentement » [65]. Mais les choix tactiques peuvent aussi s'appuyer sur les organisations agricoles traditionnelles, si le PCF est bien représenté dans leurs instances : ainsi, Waldeck Rochet est chargé « en vue d'examiner comment développer l'action des paysans contre la politique économique et financière, d'avoir une discussion avec les fédérations, où le Parti dirige les organisations agricoles (CGA, ligues, *etc.*) » [66]. Il s'agit simplement d'infléchir l'orientation syndicale selon les souhaits du PCF.

En février 1959, il doit développer « la protestation et l'action contre les mesures gouvernementales » [67], en prenant appui sur les ligues et comités

---

64. Stéphane BAUMONT, « De Renaud Jean à André Lajoinie : les agriculteurs et le communisme », dans *Les agriculteurs aux urnes*, Association des ruralistes français/Association française de science politique, Colloque international de Bordeaux 15 et 16 novembre 1990 (tapuscrit).
65. Marcel FAURE, *Les paysans dans la société française*, ouv. cité, p. 203.
66. Archives du PCF, Secrétariat du 11 septembre 1957.
67. Archives du PCF, Secrétariat du 4 février 1959.

de défense. Dans son rapport intitulé « la situation à la campagne » présenté devant le bureau politique du PCF, le 21 avril 1959 [68], Waldeck Rochet insiste sur les problèmes des petits paysans, qui ne peuvent pas utiliser le matériel moderne et, surtout, qui sont condamnés par la mutation agricole : « entre 1929 et 1956, 800 000 petites exploitations ont disparu et il est prévu que 800 000 autres disparaissent au cours des dix années à venir ». Dénonçant le capitalisme, il rappelle qu'il faut développer le programme de défense paysanne « contre l'accaparement des terres des petits par les gros ». Ce qui aboutit, en avril 1959, à la naissance d'un nouvel outil de propagande communiste dans les campagnes : le Mouvement de défense des exploitants familiaux (MODEF).

La rupture est définitivement consommée avec les principes unitaires, et le MODEF devient la structure qui regroupe les paysans communistes au sein de la CGA : « c'est à l'origine un groupe de pression dans la CGA plus [qu'un] véritable syndicat » [69]. Ces militants isolés n'ont qu'un rôle limité et leur organisation n'est pas reconnue par les pouvoirs publics comme un interlocuteur privilégié [70]. Ainsi, les communistes sont mis hors du jeu de la mutation agricole des années 1960 à laquelle, d'ailleurs, ils n'étaient pas favorables. Chacun restant sur ses positions, le MODEF connaît un véritable essor seulement en 1970 [71]. Cette action de repli sur ses propres bastions amène le PCF à dénoncer les « gros agrariens de la CGA » [72]. En Europe, on assiste également à la prise en compte des réalités agrariennes par les communistes : en Italie, les manifestations nombreuses à Rome au cours de cette période, dénoncent les intermédiaires fauteurs de vie chère. Si les chroniqueurs y voient l'attachement à un stade traditionnel de la distribution qui est en voie d'être dépassé, le PCI lutte contre la mort annoncée des petites et moyennes exploitations. Ses bastions de Toscane sont au cœur de la mobilisation, comme l'a souligné Anne Marijnen [73].

---

68. Archives du PCF, BP du 21 avril 1959. Le rapport se retrouve dans Archives du PCF, Fond Waldeck Rochet, Boîte 27 Dossier 1, la : rapport devant le BP, 21 avril 1959, dossier 1b : Le programme de défense paysanne.
69. Pierre GABORIT, « Le Parti communiste français et les paysans », dans Yves TAVERNIER, Michel GERVAIS et Claude SERVOLIN [dir.], *L'univers politique des paysans dans la France contemporaine*, Cahiers de la Fondation nationale des sciences politiques, n° 184, Paris, Librairie Armand Colin, 1972, p. 212.
70. En témoigne la réponse du ministre de l'Agriculture, Jacques Duhamel, le 29 juillet 1969, à la suite d'une demande d'audience de la part du MODEF : « Je ne puis aujourd'hui étendre mes consultations à d'autres organisations, dont le caractère représentatif au plan national et strictement professionnel n'est pas démontré ». Argument cité par : Yves TAVERNIER, « Le Mouvement de défense des exploitants familiaux », dans Yves TAVERNIER, Michel GERVAIS et Claude SERVOLIN [dir.], *L'univers politique des paysans...*, ouv. cité, p. 467.
71. Il obtient pour la première fois en moyenne 30 % des suffrages aux élections des chambres d'agriculture. Voir en particulier : Marcelle PADOVANI, « Paysans, les petits se raccrochent au PC », dans *L'Express*, 18-24 mai 1970, p. 55.
72. Terminologie communiste à partir de la fin des années 1950, largement reprise au cours du début des années 1960.
73. Anne MARIJNEN, *Mobilisations politiques et monde rural : le cas du Parti communiste italien dans la province de Sienne de 1944 aux années 1960*, Thèse pour le doctorat en

Les partis paysans : une butte-témoin de l'agrarisme ?

Après la Seconde Guerre mondiale, il n'y a pas d'organisation communiste spécifique pour les paysans. Le paysan est bel et bien soumis à l'ouvrier. La seule mention qui peut apparaître, c'est une branche particulière du Mouvement de la paix, le Mouvement de la paix des paysans. Cet exemple reste marginal et sans doute spécifique à la France [74], et s'inscrit plus dans le cadre de la Guerre froide. Cela correspond également au modèle de socialisme mis en place, à savoir le Parti-État et le socialisme dans un seul pays. C'est le repli sur soi, même s'il existe des rapports entre les partis-frères, essentiellement pour ceux du bloc de l'Est et du MCI. Il faut noter cependant le souci permanent d'associer les paysans à cette construction du socialisme ; si cela tient au discours, c'est également lié au poids des paysans dans ces sociétés. Les différentes démocraties populaires présentent des traits communs concernant les alliances électorales. Si le PC joue le rôle moteur, il a très souvent un parti paysan satellite : ainsi en RDA, le SED peut s'appuyer sur le Parti des paysans démocrates (NBD) ; en Bulgarie, il y a un Parti agrarien ; en Pologne, le POUP est la réunion du PC et du Parti paysan unifié [75].

La propagande communiste véhicule les progrès et la modernisation de l'agriculture dans le monde socialiste. La « science prolétarienne » n'échappe pas à la règle : l'expérience mitchourienne devient le phare des nouveaux paysans. Dès lors, sous l'égide du *Kominform*, de nombreux articles valorisent les travaux de Lyssenko et des agronomes soviétiques, même si certains biologistes communistes restent perplexes, tels Marcel Prenant ou Paul Dommergues.

En ce sens, les paysans ne sont pas oubliés, mais ils ne sont qu'un point d'appui pour valoriser le modèle et défendre la citadelle assiégée lors de la Guerre froide. Cela s'explique également par les mutations sociologiques en particulier dans le monde capitaliste. L'exode rural se poursuit et la concentration des terres « élimine » les petits paysans. La politique agricole commune a pu être combattue par les communistes de l'Europe de l'Ouest, comme la chronique d'une mort annoncée des petits exploitants : cette contestation a pu donner naissance en France au MODEF. La modernisation est acceptée au cours des années 1960 : on ne peut pas revenir en arrière.

« Paysans et communistes », cela reste pour beaucoup un couple antagoniste, d'autant plus que le paysan est soumis à la culture ouvriériste du modèle soviétique et de la culture des partis communistes. Il est vrai que

---

histoire sous la direction de Heinz-Gerhard Haupt et Michel Offerlé, Institut universitaire européen, Florence, 2000.

74. Waldeck Rochet confie à Serge Ravanel cette tâche d'organiser le Mouvement paysan : Jean VIGREUX, *Waldeck Rochet, du militant paysan au dirigeant ouvrier*, Thèse d'histoire sous la direction de Serge Berstein, Institut d'études politiques de Paris, 1997, tome 1, f° 390.

75. Voir : François FEJTÖ, *Dictionnaire des partis communistes et des mouvements révolutionnaires*, Paris Castermann, 1971, p. 201.

les paysans ont payé un lourd tribut à la collectivisation forcée de la période stalinienne. Toutefois, l'étude du communisme rural ne doit pas se limiter à l'URSS, il faut savoir prendre en considération les spécificités nationales, tant au niveau social que culturel, sinon on peut rester à côté d'une compréhension du phénomène : les études comparées permettront à l'avenir de combler cette lacune historiographique comme nous invitait à le faire Pierre Barral [76].

---

76. Pierre BARRAL, *Les agrariens français...*, ouv. cité ; Pierre BARRAL, *Les sociétés rurales...*, ouv. cité.

Le Parti paysan polonais *PSL* : un retour aux sources du mouvement paysan ?

Frédéric ZALEWSKI

En Pologne [1], l'abandon du pouvoir par les communistes se fit selon un processus pacifique, aboutissement d'une négociation entre le pouvoir et l'opposition, groupée dans le syndicat Solidarité, lors d'une table ronde tenue de février à avril 1989. Ces pourparlers débouchèrent sur l'organisation d'élections semi-démocratiques (35 % des sièges de la diète ouverts à la compétition électorale) dès juin 1989. Tirant profit de la déroute du camp gouvernemental à ces élections, Solidarité put, dès le mois d'août suivant, former un gouvernement et faire ainsi basculer le pays dans la démocratie. Par la suite, l'éclatement de Solidarité amorça l'apparition du pluripartisme, que les législatives de 1991 entérinèrent en permettant l'entrée à la diète de la frange de l'opposition qui était restée en dehors des pourparlers de la table ronde. L'apparition de partis dits « paysans » fut très rapide et, dès 1991, ils furent trois à briguer les suffrages des électeurs polonais. Cette éclosion fut favorisée par le mécontentement qui sévissait dans les campagnes depuis l'introduction des règles du marché par les gouvernements de Solidarité.

Parmi ces partis paysans, deux étaient issus du « camp » de Solidarité. Apparut ainsi dès 1989 le PSL « Solidarité » (*Polskie Stronnictwo Ludowe « Solidarnosc »,* Parti paysan polonais « Solidarité » [2]), dirigé par le chef du syndicat Solidarité rurale [3]. Adhérant à la vision des réformateurs au

---

1. Ce texte a été remis par l'auteur à la fin de l'année 1999 : les références bibliographiques mobilisées ont pu être actualisées (à paraître), mais aucune n'a été ajoutée. (*Note des directeurs du volume*).
2. Afin de ne pas alourdir inutilement le texte, le sigle PSL ne sera plus explicité, même s'il se rapporte à une organisation différente.
3. Nom usuel en français de la branche paysanne du mouvement Solidarité. Le NSZZ RI Solidarnosc (*Niezalezny Samorzadny Zwiazek Zawodowy Rolnikow Indywidualnych « Solidarnosc »,* Syndicat indépendant autogéré des agriculteurs individuels « Solidarité ») était dirigé dans la clandestinité par Jozef Slisz depuis 1986.

gouvernement, ce parti attribua les difficultés de l'agriculture à la « crise générale du socialisme » et prôna des réformes libérales pour sortir ce secteur du marasme. En 1992, une scission donna naissance au PSL-PL (*PSL-Porozumienie Ludowe*, PSL « Entente populaire »). Ce parti naquit en réaction au soutien du PSL « Solidarité » aux gouvernements incarnant la rupture de 1989 et développa une critique radicale de la politique agricole suivie depuis 1989-1990. Victimes du discrédit qui frappait l'ensemble du « camp » de Solidarité dans l'opinion, ces deux partis enregistrèrent des scores médiocres lors des législatives de 1993 qui furent remportées par l'opposition ex-communiste. Ils ne survivent depuis que comme composantes de blocs ou d'alliances électorales sans cesse redéfinis et ne sont guère plus que des officines sans véritable base militante et électorale.

Le troisième parti paysan est issu des forces de l'ancien régime : il s'agit du PSL. Il est, en effet, né de la reconversion à la libre compétition politique du ZSL (*Zjednoczone Stronnictwo Ludowe*, Parti paysan unifié), satellite du Parti communiste avant 1989. Il a hérité de celui-ci une partie de ses membres, de son patrimoine et de son appareil. Par ailleurs, le fait que certains dirigeants « historiques » du mouvement paysan (c'est-à-dire engagés dans celui-ci avant l'instauration de la démocratie populaire) aient accordé leur soutien à la réapparition sur cette base « post-communiste » d'un puissant parti paysan fut déterminant pour légitimer l'action réformatrice des cadres du ZSL, à un moment où les élites de l'ancien régime souffraient précisément d'un fort discrédit. Le PSL prônait dès 1989-1990 une certaine modération dans la conduite des réformes et l'adoption de mesures destinées à protéger le marché intérieur. Cette position le conduisit par la suite à s'opposer plus globalement à l'inspiration néo-libérale des réformes menées par les gouvernements de Solidarité et à se ranger aux côtés des ex-communistes lors de la campagne électorale de 1993. Il obtint 15 % des suffrages exprimés lors de celles-ci, arrivant ainsi en deuxième position derrière les ex-communistes. Son *leader*, le jeune Waldemar Pawlak, fut alors chargé par le président Walesa de former un gouvernement avec ces derniers. En 1995, le PSL dut céder la direction du gouvernement, mais la coalition avec les ex-communistes se maintint jusqu'aux législatives de 1997. Le PSL, qui perdait depuis de longs mois la confiance des agriculteurs, y fut sévèrement sanctionné et ne recueillit que 7 % des voix. Il paya là une politique ayant consisté à acheter la paix sociale à coup de subventions ou d'effets d'annonce.

Le relatif échec du PSL, lors de son passage aux affaires, favorisa alors la résurgence d'un syndicat agricole populiste né en 1990, Autodéfense paysanne (*Samoobrona Chlopska*), qui fut en 1999 l'instigateur de manifestations paysannes violentes et d'une grande ampleur. Sous la pression de cette radicalisation du mécontentement rural, le PSL s'efforce désormais de paraître plus ferme dans son opposition au gouvernement de centre droit post-Solidarité. Mais il s'agit là d'une voie étroite, puisqu'il ne renie pas pour autant son statut de parti de gouvernement.

Avec des résultats électoraux qui se maintiennent aux alentours de 10 %, le PSL peut être considéré comme le seul parti paysan durablement implanté dans la vie politique polonaise. Fort de ses succès électoraux, il se présente comme le dépositaire de la tradition du courant paysan polonais né à la fin du 19e siècle. Ses idéologues insistent fortement sur cette filiation et sur la conscience politique de la paysannerie dont la valorisation est alors un puissant facteur de légitimation. Ce faisant, le PSL ne s'affranchit pas totalement du mythe d'une paysannerie qui serait la substance de la nation polonaise. Il paraît donc important de « déconstruire » ce mythe avant de pouvoir s'interroger sur la nature des processus sociaux et politiques que traduit l'implantation du PSL dans la vie politique polonaise de la fin du 20e siècle [4].

Le mouvement paysan polonais entre son apparition et la Seconde Guerre mondiale : des aspirations nationales aux revendications sociales

Vers la fin du siècle dernier, une longue maturation fut nécessaire à l'émergence de partis paysans structurés et politiquement indépendants. L'histoire du mouvement paysan est aussi celle de l'émancipation de la paysannerie, même si elle ne se confond pas entièrement avec celle-ci. La complexité de ce processus fut renforcée par des conditions historiques originales. Depuis la fin du 18e siècle, en effet, l'État polonais n'existait plus et ses anciens territoires étaient partagés entre la Russie, la Prusse et l'Empire austro-hongrois. Ces trois tronçons se développaient à des rythmes différents et dans des voies parfois divergentes ; ils connaissaient aussi des climats politiques et intellectuels propres. La genèse du mouvement paysan eut donc pour cadre l'histoire de la Pologne partagée, qui fut paradoxalement marquée par l'émergence de conceptions modernes d'intégration de l'État-nation polonais.

L'histoire de la Pologne, au 19e siècle, fut celle d'une succession d'insurrections nationales ratées, suivies à la fois par la préparation de l'insurrection suivante et par le doute sur l'utilité de tels soulèvements. Ainsi l'aile libérale et démocratique de l'élite polonaise finit-elle par faire le constat

---

4. Voir : Bruno DRWESKI, « La Pologne et le poids de son histoire », dans *Transition*, volume 37, n° 2, 1996, pp. 53-76 ; Maria HALAMSKA, « L'exploitation familiale en Pologne », dans Hugues LAMARCHE, *L'agriculture familiale, tome 1 : Une réalité polymorphe*, Paris, L'Harmattan, 1991, pp. 213-260 ; Maria HALAMSKA, « Les paysans polonais dans le processus de transition », dans *Cahiers internationaux de sociologie*, volume 156, 1994, pp. 33-56 ; Tadeusz KISIELEWSKI, *Heroizm i kompromis, portret zbiorowy dzialaczy ludowych* (L'héroïsme et le compromis, portraits croisés de militants paysans), Varsovie, Coopérative éditoriale paysanne, 1977, deux volumes : 360 p. et 412 p. ; Marie-Claude MAUREL, *La transition post-collectiviste, mutations agraires en Europe centrale*, Paris, L'Harmattan, 1994, 366 p. ; Wieslaw PIATKOWSKI, *Mysl agrarystyczna Stanislawa Milkowskiego* (La pensée agrarienne de Stanislaw Milkowski), Varsovie, Coopérative éditoriale paysanne, 1983, 196 p. ; Andrzej ROSNER [dir.], *Rolnicy'92, Rolnicy wobec zmian systemowych* (Paysans 1992, Les paysans face aux changements systémiques), Varsovie, Centre d'étude de l'opinion publique, 1992, 188 p. ; Jean-Charles SZUREK, « Résurgence de l'agrarianisme en Pologne (1980-1981) », dans *Paysans et nations d'Europe centrale et balkanique*, Paris, Maisonneuve et Larose, 1985, pp. 241-256. On se reportera également avec profits aux périodiques *Wies Wspolczesna* (1980-1989) et *Wies i Panstwo* (1990-1996).

que ces insurrections échouaient parce qu'elles restaient l'affaire de la seule aristocratie patriotique. L'héritage du régime d'oligarchie nobiliaire à monarchie élective d'avant les partages fondait, en effet, un modèle de nation (*narod*) constituée de l'ensemble de la noblesse et excluant le peuple (*lud*). Toute la genèse du mouvement paysan est liée à cette problématique d'une redéfinition des contours de la nation au cours du 19ᵉ siècle et à son élargissement au peuple, composé dans son écrasante majorité de paysans [5]. Une frange des élites était ainsi convaincue que la cause de l'indépendance passait par l'éveil du sentiment national chez les paysans ; les « pères fondateurs » du mouvement paysan furent d'ailleurs des aristocrates éclairés et progressistes.

Le mouvement paysan se développa d'abord et surtout en Galicie (zone autrichienne), où son essor fut favorisé par un climat social archaïque. En effet, la mainmise par la grande aristocratie foncière polonaise sur les terres figeait la région dans des rapports sociaux féodaux. L'antagonisme entre paysannerie et aristocratie était tel que des jacqueries se produisirent encore en 1846, faisant même des morts parmi les propriétaires de domaines. En revanche, le climat politique libéral de la monarchie austro-hongroise permettait l'activité légale de partis politiques, ce qui facilita l'implantation du mouvement paysan et contrebalança la prépondérance des conservateurs liés à l'aristocratie et favorables au *statu quo* social permis par la tutelle autrichienne. Schématiquement, en Galicie le mouvement paysan se développa en deux temps. Dans une première phase, dans les années 1860-1880, il fut marqué par l'émergence d'une conscience politique parmi la paysannerie. L'action des « pères fondateurs » (Wyslouch, Stojalowski…) s'exerça principalement à travers des sociétés d'instruction populaire ou des journaux. Parut ainsi à partir de 1889 *Przyjaciel Ludu* (*l'Ami du peuple*), qui associait militantisme politique et vulgarisation technique. Mais le patronage des « pères fondateurs » permit aussi à des militants issus de la paysannerie de se former et de devenir, dans la période suivante, les cadres du mouvement paysan. La présence plus massive de paysans parmi les dirigeants se traduisait aussi par un relatif effacement des préoccupations nationales au profit de revendications sociales et économiques. Dans la deuxième phase de son développement, à partir de 1890, le mouvement paysan s'organisa effectivement. En 1895, à l'occasion des élections pour la diète régionale de Lwow (aujourd'hui en Ukraine occidentale), une grande réunion fut organisée à Rzeszow pour coordonner l'action des multiples comités électoraux de mouvance paysanne. Cependant, ce meeting déboucha aussi sur la création du SL (*Stronnictwo Ludowe*, Parti paysan) dont la direction fut confiée à Karol Lewakowski. Le SL se transforma en PSL lors de son congrès de 1903, au cours duquel il se dota également d'un

---

5. C'est pour cette raison que le mouvement paysan est dit, en polonais, *ludowe* (populaire) et non *chlopskie* (paysan).

programme. Puis, en 1913, se produisit une scission qui donna naissance à deux partis : le PSL « Lewica » (PSL « Gauche ») et le PSL « Piast »[6].

En zone russe, l'émergence du mouvement paysan fut plus lente. Le tronçon russe était plus développé sur le plan économique et d'autres courants de pensée y exerçaient une influence prépondérante : le socialisme et la démocratie nationale[7]. Le mouvement paysan se développa à l'ombre de ces deux familles politiques, sans parvenir à conquérir son autonomie avant la Première Guerre mondiale. Le rôle de précurseur joué, comme en Galicie, par les sociétés d'instruction populaire ou les journaux s'explique ici par le climat répressif du régime tsariste qui ne permettait pas l'action légale de partis politiques.

Ces tâtonnements du mouvement paysan renvoient à la problématique de la redéfinition des contours de la nation polonaise évoquée plus haut. Les partis globalisants (pour reprendre la notion employée par l'historien Daniel Beauvois[8]), en pleine gestation, cherchaient tous à incorporer les « masses » à l'État-nation polonais moderne. Courant socialiste (dont une tendance majoritaire avait *de facto* renoncé à l'internationalisme) et démocratie nationale développaient donc leur activisme en direction de la paysannerie. En zone russe, le mouvement paysan subit l'influence de ces deux autres courants politiques et y recruta ses premiers militants. En zone allemande (Poznanie, Varmie et Mazurie), le refus de la politique de germanisation de l'occupant était si fort que le mouvement paysan fut dominé par les thèses de la démocratie nationale et resta embryonnaire. On trouve ici une des explications de la plasticité idéologique et axiologique du courant paysan, qui couvre un spectre d'opinions assez étendu. La Galicie constituait à cet égard une exception : l'affrontement entre classes y était plus évident et n'était pas envenimé par la question nationale. Le courant paysan put alors conquérir plus rapidement son autonomie politique, envoyer des députés à la diète régionale de Lwow et au parlement de Vienne. Cette maturité se vérifia également au moment de la structuration en parti politique du mouvement paysan : elle s'accompagna, en effet, de la marginalisation du père Stojalowski, qui, bien que précurseur d'une action politique en direction des paysans avec ses journaux *Wieniec* (la Couronne) et *Pszczolka* (l'Abeille), finit, dans les années 1900, par s'éloigner du PSL et par se rapprocher de la démocratie nationale à laquelle il était apparenté par son catholicisme social.

Ainsi, le mouvement paysan polonais, avant 1914, se présentait-il avant tout comme un mouvement d'émancipation *nationale* et *sociale* de la paysannerie. Cette dimension nationale restait très affirmée car associée à

---

6. Du nom de la première dynastie des rois de Pologne.
7. En polonais *narodowa demokracja* ou *Endecja*. Famille politique née dans la seconde moitié du 19e siècle qui appuyait son programme sur une vision ethnique de la nation polonaise. Son principal théoricien fut Roman Dmowski.
8. Daniel BEAUVOIS, *Histoire de la Pologne*, Paris, Hatier, 1995, p. 258.

l'acquisition des droits civils et politiques modernes par une catégorie sociale qui sortait tout juste du servage. Le mouvement paysan put poser ces revendications comme légitimes en élaborant une vision de l'histoire polonaise fondée sur le mythe d'une paysannerie engagée dans celle-ci. Il reprit à son compte, par exemple, la devise des bataillons paysans recrutés par Tadeusz Kosciuszko, chef d'une insurrection contre les puissances partageantes en 1794, *Zywia i Bronia* (ils nourrissent et défendent) – même si cette participation paysanne restait très symbolique et ne s'appuyait pas nécessairement sur une conscience nationale claire. La force de cette aspiration nationale explique en partie le faible effort de théorisation au sein de ce mouvement avant 1914, même si le programme adopté en 1903 s'appuyait sur un essai de Boleslaw Wyslouch, intitulé *Szkice programowe* (Esquisse de programme) et publié par fragments dans *Przyjaciel Ludu* à partir de 1886 [9].

En 1918, le retour à l'indépendance fit naître des espoirs considérables chez les Polonais. Les paysans, en particulier, pouvaient espérer la prise en compte des revendications accumulées depuis les années 1880. Pourtant, le mouvement paysan, dans les années 1920, perdit de sa radicalité et s'enlisa dans de vaines querelles internes.

Dès 1918, sa principale revendication fut la mise en œuvre d'une réforme agraire. Celle-ci fut réalisée en 1919-1920, mais resta trop timide pour régler la question des paysans sans terre et pour réduire l'antagonisme séculaire entre paysannerie et grands propriétaires fonciers. Une des raisons de cette insuffisance est à rechercher dans la composition des gouvernements de l'époque : si le *leader* du PSL « Piast », Wincenty Witos, fut premier ministre à trois reprises entre 1920 et 1926, il dut gouverner avec la démocratie nationale qui défendait, sur les questions sociales, des positions conservatrices. Le mouvement paysan restait par ailleurs divisé en plusieurs partis. Le plus important était le PSL « Piast », qui schématiquement représentait la mouvance galicienne et se situait plutôt à droite. À gauche, le parti le plus important était le PSL « Wyzwolenie » (PSL « Libération »), surtout composé de cadres issus de la zone russe. Politiquement et idéologiquement, il était proche du Parti socialiste polonais, le PPS (*Polska Partia Socjalistyczna*). Les différences entre les deux partis ne tenaient pas tant à leurs programmes, et notamment à leurs positions sur la réforme agraire, qu'à leurs tactiques pour accéder aux affaires : le PSL « Wyzwolenie » récusait ainsi les alliances de Wincenty Witos avec la démocratie nationale et les concessions qui en résultaient. Ils

---

9. Par manque de place, nous laisserons de côté, dans cette présentation, la question des rapports entre le mouvement paysan et l'Église. Si, en zone allemande, la foi catholique était un puissant vecteur de la polonité, les rapports entre hiérarchie catholique et mouvement paysan se détériorèrent peu à peu en Galicie, où l'Église possédait des domaines et se montrait socialement conservatrice. Sur ces questions, voir : Jozef Ryszard SZAFLIK, *O rzad chlopskich dusz (Le gouvernement des âmes paysannes)*, Varsovie, Coopérative paysanne d'édition, 1976, 352 p.

s'opposaient aussi sur la question des minorités nationales, et en particulier sur l'attitude à adopter face à la minorité juive : ainsi, c'est sous un gouvernement dirigé par Witos que la diète instaura en 1923 des restrictions à l'accès des Juifs à l'enseignement supérieur.

Après 1928, la conjoncture politique évolua et permit un rapprochement entre ces deux tendances. Rappelons tout d'abord que le régime parlementaire connaissait de nombreuses restrictions depuis le coup d'État accompli en mai 1926 par le maréchal Jozef Pilsudski, personnage-clef de la lutte pour l'indépendance durant la Première Guerre mondiale et artisan de la victoire polonaise sur l'armée rouge en août 1920. Issu de la fraction indépendantiste du socialisme polonais, Pilsudski jouit lors de son putsch de la sympathie de l'ensemble de la gauche (PSL « Wyzwolenie » compris). Celle-ci s'en détourna néanmoins à partir de 1928 lorsqu'il parut clair que le régime s'appuyait comme auparavant sur les classes possédantes et bafouait de plus en plus les libertés publiques et le régime parlementaire. En 1930, de nombreux dirigeants de l'opposition furent arrêtés et jugés, parmi lesquels Wincenty Witos. Cette succession d'événements déboucha sur un rapprochement entre « Piast » et « Wyzwolenie » et sur la création en 1931 du SL (*Stronnictwo Ludowe*, Parti paysan), dans lequel l'influence de Witos allait être décisive. Exilé en Tchécoslovaquie à partir de 1933, celui-ci conduisit le SL sur la voie d'une opposition radicale au régime autoritaire de Pilsudski. En 1936 et 1937, de grandes grèves paysannes furent organisées et constituèrent un choc frontal avec le pouvoir. Le SL s'affirmait de cette façon comme le principal opposant au régime, tandis que les différences s'estompaient entre ce dernier et la démocratie nationale (valorisation de part et d'autre du culte du chef, antisémitisme...).

C'est précisément durant cette période que se développa l'Union de la jeunesse rurale « Wici ». La montée en puissance de cette nouvelle organisation traduisait l'émergence d'une nouvelle génération de militants paysans, plus jeunes et plus instruits. Initialement proches des idées du PSL « Wyzwolenie », ils développèrent ensuite leur propre idéologie. Celle-ci fut plus particulièrement systématisée par Stanislaw Milkowski dans deux ouvrages dont les titres, comme le remarque le sociologue Jean-Charles Szurek, sont à eux seuls un programme : *L'agrarisme en tant que forme de reconstruction du régime social* (1934), et *La lutte pour une nouvelle Pologne* (1936)[10]. Avec Milkowski, le mouvement paysan, pour la première fois, se référait explicitement à l'agrarisme et, de surcroît, donnait à celui-ci tournure très radicale. L'idéologue de « Wici » se montrait en effet partisan de l'autogestion et de la coopération ; il adhérait par ailleurs à la critique marxiste du capitalisme, tout en restant hostile au communisme. Toutefois, il ne se départait pas de la conviction classique selon laquelle le

---

10. Voir : Jean-Charles SZUREK, « Résurgence de l'agrarianisme en Pologne (1980-1981) », art. cité, p. 243.

paysan est au cœur de la vie nationale. Bien plus, son agrarisme tendait même à donner à ce mythe de nouveaux fondements théoriques.

Dans l'entre-deux-guerres, l'intégration des paysans à la nation polonaise fut, sinon achevée, du moins très avancée – la constitution de détachements de résistance spécifiquement paysans durant la Seconde Guerre mondiale pouvant l'attester –, et le mouvement paysan put alors s'orienter vers des revendications à caractère socio-économique.

Le mouvement paysan sortit néanmoins bouleversé de la Seconde Guerre mondiale. Le PSL reconstitué dès 1945 par Stanislaw Mikolajczyk (un ancien collaborateur de Witos, artisan des grèves de 1937) représentait *de facto* la seule opposition légale aux communistes et recrutait pour cette raison ses sympathisants dans toutes les catégories de la population. Après l'exil forcé de Mikolajczyk en 1947, les communistes prirent le contrôle du PSL grâce à la « tactique du salami » et en firent, sous le nom de ZSL, un parti satellite. C'est ce dernier, comme on l'a signalé en introduction, qui donna naissance en mai 1990 au PSL.

Le PSL depuis 1989 : un parti tributaire des processus de décollectivisation

Le ZSL fut conçu par les communistes comme une « courroie de transmission » de leur politique agraire collectiviste et, dans cette perspective, son existence devait être transitoire. Cependant, dès 1953 les déboires de la collectivisation amenèrent le Parti communiste à tolérer un large secteur privé en agriculture et à maintenir le ZSL. Pour comprendre comment, encore aujourd'hui, ces deux questions sont liées, il convient de faire un détour par une présentation de l'agriculture familiale polonaise dans la transition vers l'économie de marché.

On aurait pu penser que l'enclave de propriété privée qu'était l'agriculture familiale polonaise passerait avec succès l'étape de l'introduction de l'économie de marché. Certains observateurs, au début des réformes, étaient même convaincus que les paysans formaient une catégorie qui avait conservé un « souvenir » des pratiques liées au marché. Ils devaient être les pionniers de la « construction du capitalisme ». Or, il n'en a rien été ; les paysans se sont, au contraire, révélés un « bastion du communisme ». Ces observateurs ont ici fait l'erreur de penser qu'il n'y avait processus de décollectivisation qu'en cas de transformation des rapports de propriété (démantèlement des exploitations étatiques, restitutions, *etc*.). Le cas polonais montre, en effet, que la sortie du système soviétique s'accompagne pour l'agriculture d'enjeux qui dépassent ces seules questions de régime de propriété. Pour comprendre pourquoi la Pologne n'a pas été épargnée par ce processus de décollectivisation malgré l'existence d'un secteur privé avant 1989, on suivra plutôt le point de vue très pénétrant de Marie-Claude Maurel, qui parle de « transition post-collectiviste ». Selon cet auteur, la sortie du collectivisme s'effectue au gré d'une « décomposition-recomposition sociale », dont la privatisation des terres n'est qu'une composante parmi d'autres. La Pologne ne fait donc pas exception et connaît, au sein de sa société rurale, de profonds bouleversements qui modifient l'équilibre instauré sous le socialisme [11].

L'agriculture polonaise a été frappée, au début des années 1990, par une forte récession, avec en toile de fond la « thérapie de choc » administrée à l'économie du pays par les gouvernements de Solidarité. De nombreux facteurs ont contribué à la crise de ce secteur, dont les plus importants furent d'une part la contraction de la demande causée par la chute du niveau de vie des ménages, et d'autre part la réponse apportée à cette baisse de la demande par l'industrie agroalimentaire, qui en a répercuté les coûts sur les exploitants agricoles. Au même moment, les possibilités d'exporter vers l'Est diminuaient, tandis que le marché intérieur était envahi par des produits ouest-européens. De nombreux agriculteurs ont réagi à cette crise par un repli ou par de l'attentisme et ont vu leurs revenus diminuer sensiblement. D'autres ont au contraire développé une stratégie à contretemps en investissant au moment où le marché s'y prêtait le moins. La première phase des réformes a donc été très pénible pour les paysans polonais, ainsi que pour les ouvriers-paysans qui ont vu les effets de cette crise se combiner avec la perte, ou la précarisation, de leur emploi salarié extra-agricole.

Les déboires de l'agriculture polonaise ont toutefois une cause plus profonde : l'impréparation des exploitations familiales à affronter le passage au marché. Pour bien comprendre leurs difficultés à s'acclimater aux règles du marché, il faut revenir sur les conditions historiques spécifiques de leur développement, en l'occurrence leur insertion dans l'économie socialiste. L'agriculture familiale polonaise est, en effet, passée du modèle vivrier traditionnel à celui de l'exploitation modernisée (commercialisation de tout ou partie de la production) dans le cadre d'un système de planification centralisée. Il en a résulté un mode de développement spécifique, en rien comparable à la modernisation de l'agriculture ouest-européenne effectuée au gré de l'insertion à l'économie capitaliste. Les paysans polonais ont été amenés à développer au fil des ans une rationalité économique propre, qui, pour autant qu'elle leur permettait de s'accommoder de la planification, ne les préparait en rien au marché. Certains auteurs ont même parlé de « symbiose vénale » entre l'agriculture familiale et le système planificateur, se demandant si les logiques de l'un ne s'imprégnaient pas de celles de l'autre [12].

Les mentalités ont, elles aussi, été transformées par cette expérience, et les paysans polonais montrent un fort attachement à l'État tutélaire, perçu certes de façon assez négative, mais dont la relative prévisibilité était rassurante comparée à la « main invisible » du marché. La paysannerie polonaise est ainsi devenue dès le début des années 1990 la catégorie sociale qui rejette avec le plus de fermeté l'économie de marché – adhésion

---

11. Marie-Claude MAUREL, *La transition post-collectiviste...*, ouv. cité.
12. C'est notamment le cas de la sociologue Maria Halamska. Voir par exemple : Maria HALAMSKA, « L'exploitation familiale en Pologne », art. cité.

majoritaire à des concepts abstraits comme « capitalisme », mais rejet massif de toutes les règles du marché, lorsque celles-ci sont explicitées dans les enquêtes. Elle constitue aussi un groupe qui, aujourd'hui, attend beaucoup de l'État et se montre favorable à son intervention dans l'économie. Assez logiquement, les paysans polonais sont rapidement devenus un électorat protestataire sensible à la critique des réformes économiques.

C'est précisément sur cette réalité qu'a tenté de prendre pied le PSL. Dès 1990, ce parti critiqua la politique de « saut dans le marché » mise en œuvre par Solidarité et passa à l'opposition [13]. En 1993, le PSL radicalisa son discours et articula sa campagne pour les législatives autour d'une critique du bilan des gouvernements de Solidarité. Il bénéficia ainsi de la lassitude, voire de l'exaspération de la population et obtint 15 % des voix. Dans les campagnes, il gagna près d'un électeur sur deux.

Cependant, le PSL se heurta aux limites de cette stratégie dès qu'il fut confronté à l'exercice du pouvoir. La dénonciation de la politique économique des gouvernements sortants permettait d'envisager le court terme et préparait la victoire électorale, mais ne prenait appui sur aucun véritable programme de transformations structurelles de l'agriculture. Certains observateurs ont vu dans cette tactique une attitude électoraliste et démagogique. Certes, le PSL, à l'instar de tout parti politique, cherche à accroître son audience électorale et n'a pas hésité, à l'occasion, à lancer des slogans que l'on pouvait juger démagogiques, mais qui étaient en fait puisés dans un répertoire symbolique auquel les paysans sont sensibles – attachement à la terre, « marche » des paysans vers les institutions centrales comme ils pouvaient autrefois « monter au château » [14]... En fait, une critique du PSL sur de telles bases est assez politique : elle permet notamment aux milieux néo-libéraux qui font l'opinion des « gagnants » des réformes de présenter ce parti comme « archaïque », arc-bouté sur des « avantages acquis » maintenus grâce à une fiscalité « oppressive ». Il convient donc de se tourner vers d'autres explications pour rendre compte de la stratégie électorale du PSL.

Observons, tout d'abord, que le PSL reste tributaire de la vision mythique de la paysannerie élaborée au 19e siècle, fondée sur la centralité historique et sociale de la figure du paysan. Dans sa version rénovée, ce discours prend appui sur l'expérience communiste. Les paysans sont présentés comme le principal foyer d'opposition au système totalitaire, principalement pour s'être opposés avec succès à la collectivisation des

---

13. Depuis août 1989, le PSL faisait partie du gouvernement de Solidarité de Tadeusz Mazowiecki, car c'est précisément le basculement vers l'opposition des partis satellites – dont le ZSL, duquel est issu le PSL – qui avait contraint les communistes à abandonner le pouvoir à Solidarité.
14. Le slogan du PSL lors de ces élections était ainsi *Chlopi na Wiejska*, ce qui signifie : les paysans rue *Wiejska*. Il s'agit en fait d'un jeu de mot sur *wiejska*, qui veut dire « campagnard », mais est aussi le nom de la rue dans laquelle est situé le parlement polonais.

terres. Dans cette perspective, la chute du système communiste, en 1989, aurait dû entraîner une reconnaissance de leur rôle par la société et leur « retour » sur les devants de la vie nationale. La critique des réformes néolibérales entamées en 1989 ne se fonde donc pas seulement sur leur coût social élevé pour les ménages agricoles, mais aussi sur le fait qu'elle aurait été une négation du rôle historique des paysans, voire qu'elle aurait présenté des aspects punitifs à leur encontre. C'est pour les mêmes raisons que le PSL se montre aujourd'hui hostile au « développement rural multifonctionnel ». Cette nouvelle politique, qui recueille l'assentiment de nombreux sociologues et économistes ruraux polonais, préconise la création d'emplois non-agricoles en milieu rural pour offrir de nouveaux débouchés aux actifs agricoles et favoriser ainsi les processus de concentration. Une telle stratégie peut, non sans raison, être perçue comme porteuse de dépaysannisation. Son application par le gouvernement fut au cours des années 1995-1996 l'enjeu d'une lutte à l'intérieur de l'appareil central du PSL, où le principal opposant au président du parti finit par être contraint à démissionner de son poste de ministre de l'Agriculture, en partie pour avoir consenti à cette politique. Notons enfin que le PSL peut prendre appui dans son « paysannocentrisme » sur le travail de théorisation effectué par ses idéologues, qui s'expriment dans la revue *Wies i Panstwo* (*La campagne et l'État*) qui a succédé en 1990 à la revue du ZSL, *Wies Wspolczesna* (*La campagne contemporaine*).

L'implication contradictoire du PSL dans le processus susmentionné de transition post-collectiviste est la deuxième explication que l'on peut avancer pour mieux rendre compte des logiques de son discours électoral. On retrouve ici sa nature post-communiste et son passé de parti satellite. L'exercice de la profession politique au PSL a, en effet, été une ressource nécessaire à l'accomplissement des « trajectoires de conversion » de nombreux cadres économiques et politiques, surtout ruraux, de l'ancien régime après 1989. Ceux-ci, qui disposaient de la compétence professionnelle, de l'accès à l'information, de réseaux de relations, ont souvent été les « gagnants » de la transition dans les campagnes. Le PSL a bénéficié de leur afflux, d'autant que le parti successeur du Parti communiste devait momentanément faire face à de graves difficultés d'organisation et d'implantation. Un exemple de ces reconversions peut être fourni par un entrepreneur, sénateur PSL de 1993 à 1997, président de la société agroalimentaire Bakoma, en qui certains observateurs voient l'un des principaux soutiens financiers du PSL. Cette formation peut ainsi apparaître comme fondée sur des liens clientélistes et intéressée au maintien du *statu quo* politique, afin de garantir l'accès de ses cadres aux fonctions politiques ou administratives locales et/ou nationales. Notons par la même occasion que le PSL s'appuie paradoxalement sur les deux bouts de la recomposition sociale post-collectiviste ; il est *mutatis mutandis* tout autant le parti des « perdants » que celui des « gagnants » des réformes.

Enfin, le PSL a peu à peu perdu le soutien de nombreux intellectuels liés aux questions agricoles auparavant proches du ZSL, qui trouvaient auprès de la revue théorique de ce dernier un lieu où faire passer certaines idées hétérodoxes. La plupart ont notamment désavoué la campagne « négative » menée lors des élections de 1993. Cette « fuite des cerveaux » a sans conteste entravé l'élaboration d'un programme de réformes structurelles de l'agriculture.

Les insuffisances idéologiques du PSL renvoient en fait beaucoup plus fondamentalement à son incapacité à penser le processus de sortie du modèle collectiviste qu'à son « électoralisme ». Du reste, le PSL n'est pas le seul acteur à avoir été dérouté par ces changements. Les autres milieux politiques ont, eux aussi, parfois eu recours à des slogans simplificateurs et à des comparaisons stéréotypées. Les milieux néo-libéraux se sont, par exemple, appuyés très sommairement sur des comparaisons avec les agricultures compétitives de pays dérégulateurs comme l'Australie ou la Nouvelle-Zélande. Ces comparaisons sont aussi le fait du PSL, qui légitime ses conceptions interventionnistes en se référant à la Politique agricole commune de l'Union Européenne. L'attitude du PSL vis-à-vis de l'Union Européenne est donc plus complexe que ne le laisse parfois penser la lecture de la presse française, qui présente, sciemment ou non, ce parti comme une formation populiste qui prospère sur les angoisses paysannes face à Bruxelles.

***

On aurait pu s'attendre à une résurgence « par le bas » du mouvement paysan polonais. En 1980-1981, l'apparition de syndicats paysans libres dans le sillage de Solidarité ouvrière s'était accompagnée d'une redécouverte de leur identité par les paysans, et d'une affirmation de leur dignité face à un État socialiste dont la politique agraire collectiviste se fondait sur une idéologie pétrie de préjugés anti-paysans. Dans ce contexte, la redécouverte du passé paysan constituait l'un des leviers de la mobilisation du monde rural, en même temps qu'elle légitimait ses revendications. Cependant, cette ré-appropriation du passé était plus globale et engageait toute la société dans un effort de résistance à l'histoire officielle. La référence au mouvement paysan ou à toute autre famille politique servait de « marqueur » politique et idéologique bien plus qu'elle ne débouchait sur un travail de re-formulation théorique. Le bagage idéologique du mouvement paysan ne fut donc pas révisé et actualisé au cours des années 1980. Ce fut paradoxalement le ZSL qui s'attela à cette tâche à la fin de la décennie.

S'est-il acquitté de cette tâche de rénovation ? En fait, le PSL réactive à la fin du 20e siècle certaines valeurs propres au mouvement paysan « traditionnel » pour rendre les réalités actuelles intelligibles à ses sympathisants et électeurs. Parce qu'il prétend replacer au centre de la vie politique, économique et sociale la figure du paysan, le PSL peut être rattaché à l'agrarisme. Il n'en reste pas moins qu'il prend désormais appui sur les enjeux liés à la décollectivisation. Peut-on dans ces conditions parler de « renouveau » du mouvement paysan ? Ne faudrait-il pas pour cela que le PSL parvienne à proposer une vision des changements compatible avec la diversité des intérêts qui se font jour au gré de la décollectivisation ? Le principal obstacle que rencontre le PSL sur cette voie est son incapacité à s'affranchir de la vision « paysannocentrique » de l'histoire polonaise. Gageons que c'est sur ces terrains que le PSL joue son avenir.

Quatrième partie

L'agrarisme,
objet idéologique incertain

Déploration et acceptation de l'exode rural dans les discours au palais Bourbon, 1920-1972

Guy BARBICHON

L'objet de l'analyse proposée ici est une chaîne de discours parlementaires qui portent sur le thème de « l'exode rural », phénomène que je préférerais désigner de manière plus extensive sous le terme de « diminution rurale » afin de ne pas enfermer l'examen dans une dénomination qui peut être reçue dans des acceptions variées. Néanmoins, pour des raisons d'économie d'écriture, j'emploierai ici par convention le terme « exode rural » à défaut d'une expression neutre et brève. Que le lecteur soit persuadé que si le signifiant n'est pas neutre, l'auteur auquel s'impose son emploi s'est toujours efforcé, avec prétention probablement, de garder la distance de la froide objectivité vis-à-vis des faits sociaux évoqués, légitimement générateurs de jugements.

Les propos retenus sont ceux des députés qui ont évoqué le thème lors de débats à la chambre ou à l'assemblée au cours de la période 1920-1972. Je tente de saisir l'évolution de leur teneur et de leur forme en les rapportant aux conjonctures dans lesquelles ils sont émis et aux formations et courants politiques auxquels se rattachent leurs auteurs. Le corpus considéré, de 142 prises de parole, fait partie d'un ensemble plus étendu, qui réunit également les « discours » (528 textes) représentatifs des principales orientations politiques et idéologiques, pendant la même période. Les limites de l'enquête ne sont pas ignorées. En particulier, il eût été précieux de recueillir les discours prononcés au sénat, lieu remarquable de la représentation rurale. Et une recherche menée sur des sources exhaustivement numérisées serait à l'évidence infiniment plus fiable que celle-ci, conduite avec des moyens primitifs.

Le schéma grossièrement tracé que je crois pouvoir dégager de l'analyse est le suivant. Une première phase est dominée par le dogme inébranlable d'une « malfaisance » de l'exode rural, et par l'instrumentalisation du thème dans une argumentation de sollicitations d'étroites faveurs budgétaires. Dans la phase suivante, se manifeste un ébranlement des convictions ordinaires, et bientôt s'opère un renversement des positions relatives aux départs des agriculteurs. Cette phase d'inversion est suivie d'un retour à la position primitive, de condamnation de l'exode.

Au-delà de l'apparence d'un renversement passager de l'ordre des dogmes, la spirale dont je propose d'exposer le progrès accompagne et exprime des transformations effectives des constructions de pensée sociale. Au primat de la campagne et du paysan éternel, succède d'abord celui de l'agriculture moderniste, avant que, dans une sorte de retour à la fois vers la campagne et vers l'agriculture, s'affirmment une préoccupation de l'espace rural compris en perspective écologique, et une attention portée à un nouveau statut social des agriculteurs.

Le temps des vérités inébranlables

Le caractère de nocivité qui est attribué au mouvement démographique de la migration des habitants de la campagne vers la ville fait partie des convictions irréductibles qui prolongent une opinion très présente à la fin du 19e siècle. La désignation généralisée du phénomène sous le terme « d'exode rural » traduit bien l'appréciation négative qui lui est attachée. Dans les discours à la chambre postérieurs à la Première Guerre mondiale, la déploration est la règle. Il n'est point besoin de déclarer expressément, et pas davantage de démontrer, que l'exode est une calamité. Cette appréciation est une donnée à laquelle on fait référence dans les formes contractées qu'on réserve aux vérités d'évidence. Ainsi, lorsqu'on fait référence à l'exode, recourt-on largement à des qualifications sous formes d'apposition : 13 décembre 1929, centre : « l'exode rural, fléau social » ; 28 novembre 1929, centre : « l'exode rural ce fléau social » ; 13 décembre 1937, centre : « la désertion des campagnes, désastre » ; 26 mai 1955, droite : « nos campagnes sont victimes d'une hémorragie très grave [...] fait regrettable ». La conscience de mobiliser un lieu commun n'est pas absente : M. Chastenet (gauche), le 17 novembre 1926 : « Ce n'est pas d'aujourd'hui qu'on se lamente sur le dépeuplement des campagnes. Je ne voudrais pas remonter très haut, mais déjà Virgile s'était lamenté sur pareille calamité ». Prosper Blanc (11 février 1938, centre) : « Que n'a-t-il pas été dit et écrit par des orateurs de talent et par des moralistes distingués en vue d'atténuer l'exode rural. Et pourtant, ce grave problème social continue à être tout à fait d'actualité. Ce ne sont pas de belles paroles, qu'il nous faut, ce sont des actes ». Waldeck Rochet (19 novembre 1937, PC) : « De tous côtés, on déplore l'exode rural et l'on s'accorde à dire que le danger qu'il représente pour l'avenir ne peut être écarté que par des mesures assurant des conditions de travail et de bien-être équivalentes à celles des populations urbaines ». M. Halles (11 janvier 1963, droite) : « On parle beaucoup de l'exode rural, de la dépopulation de nos campagnes, de l'attraction des centres urbains. Mais tout le programme envisagé ne peut se concevoir que si des conditions satisfaisantes sont offertes non seulement à nos agriculteurs mais aussi à leurs épouses ».

DÉPLORATION ET ACCEPTATION DE L'EXODE RURAL

La référence à l'exode, instrument de requête

Les discours de caractère général et synthétique consacrés à l'exode rural représentent une infime exception (cinq pour l'ensemble de la période couverte). Il importerait d'approfondir leur recensement systématique au cours des périodes antérieures, dans des contextes « méliniens » en particulier, périodes de construction de la notion et du procès de l'exode rural. Dans l'enceinte parlementaire, l'évocation de l'exode rural (sous forme de jugements stéréotypés implicitement exprimés) est pour l'essentiel réservée à des réclamations de mesures favorables aux populations rurales et plus spécialement aux agriculteurs. Il est remarquable que cette instrumentalisation de la référence ne se raréfie pas au cours du temps – avant et après la Seconde Guerre mondiale. Il serait irréaliste d'ignorer que les débats parlementaires induisent, par leur nature institutionnelle, le discours de requête, dont le lieu prédominant est la discussion du budget agricole. Une preuve *a contrario* du caractère instrumental de la référence à l'exode rural est son absence de 1945 à 1955, période de reconstruction au cours de laquelle la situation des agriculteurs demeure relativement supportable – bien que, paradoxalement, le rythme des départs, notamment celui des salariés agricoles, ne soit pas ralenti.

L'utilisation du thème de l'exode comme moyen de requête consiste à se référer implicitement aux causes de l'exode, voire à une seule de ses causes, pour réclamer des ressources censées contrarier le mal de la « désertion des campagnes », mais qui pour l'essentiel intéressent l'ensemble du monde rural et spécialement agricole. Les remèdes ainsi réclamés s'attachent à des causes d'ordre variable.

Les premières sont des causes générales. Il s'agit principalement de l'inégalité des conditions rurales et citadines, et de la disparité des traitements politiques réservés respectivement aux secteurs de l'agriculture et de l'industrie. L'inégalité des conditions d'existence appelle des mesures d'ensemble au bénéfice des défavorisés. Après la guerre, la revendication recourt au terme de parité. L'intervention d'Antonin Ver (centre), le 4 novembre 1963, illustre ce discours, discours qui remonte des causes de l'exode à des réclamations d'action étroitement délimitées. Le parlementaire évoque, lors de la discussion du budget, la « désertion grandissante de nos campagnes » et les statistiques qui la révèlent : « tels sont dans leur douloureuse éloquence les chiffres qui attestent de l'exode rural, parmi les jeunes surtout ». « Les raisons en sont multiples », qu'il énumère : attraction des secteurs secondaire et tertiaire, baisse des gains, difficultés pour une famille de vivre sur une exploitation à l'époque où l'on aspire à la « parité tant promise », vie sans confort pour l'épouse… La remontée aux causes qui vont signaler le thème focal de l'orateur est ensuite déclenchée : « Mais il est, avec d'autres causes, deux éléments fondamentaux qui ne peuvent, hélas, que précipiter l'exode rural : la disparité des prix agricoles et des prix industriels, en perpétuel déséquilibre – c'est là un illogisme que le bon sens condamne ». Et de passer au terme de l'argumentation : « Quoique vous en pensiez, M. le Ministre, l'indexation des prix reste la revendication fondamentale de la paysannerie ».

Pierre Trémintin (centre), le 29 novembre 1927, au terme d'un long discours sur « la question agricole », envisagée sous tous ses aspects budgétaires, reproduit le même modèle d'introduction d'une réclamation spécifique : « en terminant, je voudrais expliquer brièvement la répercussion sociale de cette crise économique que je ne fais qu'envisager. Il y a un très grand découragement qui favorise l'exode rural. Ce découragement se trouve compliqué de la fameuse question des bénéfices agricoles ». Et l'orateur expose ses critiques et propositions relatives au mode d'imposition des familles nombreuses de cultivateurs associées pour l'exploitation de leurs terres.

La seconde catégorie est celle des causes particulières invoquées à l'appui d'une requête de mesures d'aide diverses. La disproportion entre l'action sur la cause et l'effet sur la réduction de l'exode n'a guère de limite. Importe avant tout la justification de la mesure budgétaire ou réglementaire réclamée. La conjugaison des deux modes de discours (causes générales et causes particulières, réclamation singulière) est fréquente. Les orateurs ont le sens des gradations et des détours et savent glisser du général au particulier. L'intervention de Julien Pescadour (Parti socialiste) le 15 décembre 1938 dans la discussion du budget de l'Éducation nationale, en faveur du traitement des instituteurs ruraux, est de ce type : « je voudrais insister sur le rôle que peut jouer l'instituteur dans la lutte contre l'exode rural. La plupart de nos campagnes se dépeuplent [...] » (illustration par la recrudescence des exploitants étrangers dans le Sud-Ouest)... Évocation de l'« abandon de la terre de France ». Pour « enrayer l'exode », il faut « donner à nos paysans la sécurité du lendemain [...] une vie digne [...] » et le paysan « sera moins attiré par les mirages de la ville ». « Mais pour cette œuvre également, l'école, l'instituteur ont un rôle à remplir. Nul mieux que le maître d'école ne peut inspirer à ses élèves l'amour de la terre, l'amour du travail libre. Nul n'est mieux placé que lui pour rendre la vie plus agréable au village. À une condition pourtant, c'est qu'il reste longtemps parmi la population rurale d'une même localité. [...] La ville l'attire lui aussi [...] ». « Pour retenir l'instituteur à la terre », l'orateur recommande l'attribution d'indemnités proportionnelles à la stabilité dans un même poste et un calcul de retraite tenant compte de la rémunération au titre de la charge de secrétaire de mairie. « C'est ainsi seulement que vous pourrez maintenir dans les postes ruraux des instituteurs qui, gagnant la confiance des paysans et donnant l'exemple de leur attachement à la terre, pourraient agir efficacement contre la désertion de nos campagnes ».

À propos des aides à la culture du chanvre et du lin, le marquis de Saint Pern (droite), le 13 décembre 1937, conjugue également deux modes d'argumentation : action globale (soutien des prix agricoles) sur des causes globales (conditions de vie) et action particulière (aide à la culture de plantes textiles) : « pour maintenir à la terre les générations qui montent, il importe de leur permettre de vivre et, par conséquent, il faut revaloriser les produits agricoles. Il faut aussi encourager la culture de certaines denrées dont nous sommes obligés d'importer un fort tonnage [...]. Je veux parler du chanvre et du lin ».

Le 5 novembre 1964, Hubert Ruffé (Parti communiste) argumente en faveur des équipements d'adduction d'eau : « Monsieur le ministre, Mesdames, Messieurs, étant donné le temps ridiculement restreint qui est imparti à chacun de nous, je me bornerai à jeter un cri d'alarme au sujet d'un problème dont la solution aurait un effet capital et déterminant sur la productivité, la rentabilité, la compétitivité et serait un moyen de retenir à la terre les jeunes qui, à un rythme inquiétant, l'abandonnent : je veux parler de l'adduction d'eau et de l'irrigation ».

La disproportion entre la cause étroite et l'effet étendu, et corrélativement entre le remède et l'effet, n'est pas le critère absolu du caractère instrumental de l'invocation de l'exode. Une forme de discours existe en effet, peu fréquente, qui est une articulation entre examen des causes globales et proposition de moyens minuscules. Elle est présente dans les années encore proches de la Première Guerre mondiale, période où la question de la désertion des campagnes est encore examinée comme telle, en sa totalité (peut-être faut-il dire sur un mode mélinien), années de consolidation d'un dogme et d'une condamnation auxquels, plus tard, on se référera, par prétérition, comme à une conception des choses universellement partagée.

Le 5 novembre 1926, M. Maupoil (centre) offre un exemple remarquable de ce type d'argumentation. Au terme d'une analyse générale, il stigmatise une cause « essentielle » de la désertion des campagnes : le service militaire. Et il préconise de rassembler dans des camps militaires hors des villes les jeunes gens qui accomplissent leur service militaire afin de les soustraire à l'oisiveté des garnisons : « quand ils reprennent la pioche et la charrue [après la vie de garnison citadine], cela leur semble trop dur et ils cherchent un emploi moins pénible. Dix mois passés dans des camps vaudraient mieux que dix-huit passés dans les casernes. Après six mois de travail militaire intensif, ils trouveraient que le travail des champs est presque un délassement ».

Stéréotypie de la référence à l'exode dans le discours causal de sollicitation indirecte

La consolidation du jugement collectif de nocivité porté sur l'exode permet de faire l'économie de sa formulation dans les discours de requête étroite. Un trait propre à ces discours « instrumentaux » confirme ce caractère d'économie de la démonstration de nocivité : aucun ne comporte d'évocation des effets négatifs de l'exode. Seule importe la référence, sous-entendue ou exprimée, à une cause, sur laquelle il importe d'agir. La mention des effets nocifs de l'exode, qui pour l'essentiel concernent l'univers rural, est réservée aux interventions qui, avant la Seconde Guerre mondiale, évoquent le malaise agricole général, dont l'exode est un aspect. « Les jeunes sont partis parce qu'ils n'ont plus confiance, parce que la terre ne nourrit plus son homme, parce que les grandes administrations, les usines ont appelé les jeunes gens sains. La physionomie de la France en est changée. Les fermes en ruine, les terres abandonnées risquent de transformer l'aspect riant de nos campagnes, que tous les étrangers nous envient » (Augustin Michel, droite, 13 décembre 1937). Si l'exposé des conséquences agricoles et plus généralement rurales immédiates inhérentes, au sens le plus strict du terme, au départ des agriculteurs, diminue en fréquence au cours de la période d'entre-deux guerres, en revanche, leur accentuation dramatique connaît ultérieurement une forte recrudescence, jusqu'en 1957 (avant que ne s'impose la focalisation sur la mutation de l'agriculture). On reste convaincu de l'efficacité du procédé rhétorique : « La disparition des petites exploitations familiales frapperait à mort cette belle race de terriens courageux et forts, honneur de nos provinces » (24 février 1956, droite) ; « Mort de nos petites cités, de nos villages » (18 septembre 1957, droite) ; « En France la terre se meurt » (18 septembre 1957, droite) ; « Effroyable hémorragie qui vide de leur substance nos campagnes si riche d'un sang généreux » (*ibidem*).

Après la guerre, après qu'a resurgi le thème de l'exode, la référence démonstrative à ses effets négatifs disparaît durablement (de 1958 à 1970). Il est désormais inutile de démontrer que l'exode est un mal. Cet effacement de référence est une manifestation d'un mouvement général de consolidation du stéréotype. La force avec laquelle s'impose de plus en plus fréquemment le stéréotype de l'exode malfaisant, imposition qui rend inutile la démonstration de malfaisance, se manifeste dans les discours de requête, sur le plan rhétorique, par la disparition progressive de la séquence argumentative d'un premier genre, qui remontait de la déploration de l'exode à l'évocation de ses causes, vers le monopole des argumentations d'un deuxième genre, qui partent directement d'une donnée problématique (l'état des routes des campagnes par exemple) et, comme preuve de la gravité du problème, invoquent l'exode rural qui en est la conséquence. Bien sûr, quel que soit le mode argumentatif adopté, il s'agit d'appeler une action sur une cause (générale ou étroite), mais le cheminement emprunté pour convaincre diffère, imposé par l'inutilité croissante de poser comme prémisse du discours une vérité d'éclatante évidence.

La césure qui marque le renforcement net de l'argumentation du deuxième genre se situe en 1964, après qu'ont eu lieu les débats les plus mouvementés sur les « mutations » de l'agriculture (86 % des discours « instrumentaux » sont de la deuxième forme, contre 55 % antérieurement). Le mouvement de contraction de l'argumentation autour du stéréotype, dans les discours de sollicitation, se manifeste également par la recrudescence des discours qui empruntent une forme simplement allusive, dans laquelle l'exposé des articulations est réduit à sa plus simple expression [1].

---

1. Pour les discours du deuxième genre, notamment, la proportion de discours « allusifs » passe de 37 % avant 1945 à 59 % après 1945, et pour les discours du premier genre de 0 % à 50 %

Le temps des ruptures

Autour de 1958, la modernisation agricole et ses effets deviennent sensibles. Les mouvements de départ des agriculteurs hors de l'agriculture ne concernent pas simplement des fils d'agriculteurs aides-exploitants en surnombre dans des familles nombreuses ou des salariés agricoles mal lotis vite happés par l'industrie en expansion. La menace de l'abandon de l'activité agricole touche des exploitants, et l'on en parle. L'exode désormais entraîne des dépossédés – maîtres et héritiers.

Paroles de précurseurs de discours sans détours

Dans les périodes observées, les progrès de l'agriculture et l'amélioration du sort des agriculteurs, qu'ils soient l'effet d'une action politique ou de contraintes externes non surmontées, peuvent difficilement se concevoir sans diminution de l'effectif des agriculteurs, surtout dans les régions où dominent les petites exploitations. Les raisons pour taire (sinon nier) cette réalité sont évidentes, surtout dans une institution où doit être affichée une sollicitude sans réserve vis-à-vis de la classe agricole. Arrive un moment où la conjugaison des pressions économiques et des progrès techniques, la poussée des jeunes agriculteurs pressés de s'installer, la politique étatique de « planification » opèrent dans le même sens, et contraignent gouvernants et parlementaires à reconnaître que leur volonté politique ne décourage pas le départ des agriculteurs.

Avant les grands débats autour des lois d'orientation agricole où s'exprime une rupture radicale avec le dogme établi, très exceptionnelles sont les interventions de parlementaires où est reconnu, à contre-courant, le fait que l'amélioration de la condition agricole est indissociable d'une diminution des effectifs de l'agriculture.

Le 11 février 1938, Prosper Blanc (centre) développe un exposé sur la production agricole, « les revendications du monde rural » et les « causes, les conséquences et les remèdes à la désertification des campagnes ». Le propos est canonique, avec l'évocation des causes (labeur pénible et faible rémunération, comparés à la condition urbaine), des effets (déception des émigrés dans la ville) et des remèdes (l'éducation morale des jeunes paysans et une politique nettement agricole et néo-méliniste) (« applaudissements et rires à gauche »). Pourtant, au-delà de l'évocation très conventionnelle de « ces liens mystérieux qui attachent le paysan au sol natal et au métier héréditaire » que « l'enseignement dans nos écoles de village » « laisse trop à l'état latent », surgit une qualification : « l'émigration rurale exagérée », qui nuance la conclusion radicale qui pourrait être attendue : « L'émigration rurale exagérée est imprudente, menace la prospérité du pays et fait aussi trop souvent le malheur des populations de nos campagnes ».

(avant 1945 la nécessité de l'analyse s'impose et l'on ne peut guère dérouler par prétérition un discours de remontée aux causes).

Les rares propos qui divergent par rapport à une norme stéréotypée peuvent se révéler d'une prudence extrême et s'envelopper dans une formulation ambiguë, apte à la fois à satisfaire les esprits indépendants et à ménager les représentants des positions classiques rigides. Les propos de M. Trémintin (centre) au cours du même débat, le 11 février 1938, illustrent ce mode de précautionneuse insinuation de la nuance. Il argumente une interpellation sur la politique agricole et le régime d'allocations familiales appliqué aux agriculteurs. Son discours, de facture orthodoxe, fait s'articuler « la crise sociale dont souffrent les travailleurs ruraux », le dépeuplement de la terre de France (« l'agriculture se trouve décimée », non seulement dans sa population, mais aussi « dans sa substance même, la terre ») et, parmi ses effets, la dénatalité nationale, qui entraîne « la chute à l'abîme de la France » – toutes choses qui plaident en faveur d'une égalisation des allocations familiales. Pourtant dans la conclusion de l'interpellation se glisse un tempérament : « L'intérêt général exige que la population paysanne soit le plus possible maintenue à la culture, à condition que nous puissions lui assurer le standard de vie nécessaire ». L'évocation du « plus possible » implique référence à une marge d'impossibilité et celle de « la condition que nous puissions » ajoute à l'expression d'une position réaliste, possibiliste. Toutefois l'expression est suffisamment contournée pour rassurer les auditeurs qui ne transigent pas avec le précepte du maintien absolu des agriculteurs sur place.

Dans les textes examinés, l'inversion de la position sur l'exode apparaît en 1957 (sauf erreur de repérage toujours possible). Toutefois les discours qui acceptent la nécessité d'un certain nombre de départs de l'agriculture ne préconisent pas de manière catégorique des retraits. Ils adoptent des formes indirectes pour en faire accepter le principe. Deux orateurs seulement dérogent à la règle du discours nuancé et précautionneux. Il n'est pas sans intérêt de noter qu'ils appartiennent respectivement à deux formations (la SFIO et le parti gaulliste) qui marquent les pôles opposés, mais non extrêmes de l'arc parlementaire. Le 20 septembre 1957, alors que les débats sur les destinées de l'agriculture ne sont pas encore engagés dans leur phase de grande turbulence, Jacques Piette, socialiste, dans une interpellation sur la politique économique, préconise une organisation des marchés et une loi organique de la profession agricole, et affirme une volonté de susciter l'exode en en réglant le cours : « Nous voulons favoriser – je pèse mes mots – parce que nous croyons que cela est nécessaire, indispensable même, un certain exode rural. L'exode rural, pour certains, est péjoratif, mais pour nous c'est la conséquence inéluctable d'une évolution technique contre laquelle vous ne pourrez pas lutter. Mais ne laissez pas faire l'exode rural à la seule disposition de ceux qui sont les plus écrasés. Cet exode rural, pensez-le, organisez-le ; d'abord au Gouvernement, dans le pays ensuite ».

Lors de la discussion de la loi d'orientation agricole qui consacre la politique du changement, de « mutation », liant transformation moderniste et transfert d'activité des personnes, le premier ministre, Michel Debré, aligne sans détours les éléments qui font la nouvelle donne économique de l'agriculture – productivité, rentabilité, augmentation de la surface de l'exploitation – et qui entraînent la diminution du nombre d'exploitants : « Il faut à la fois préparer l'agriculteur et le fils d'agriculteur à tout autre chose que d'être un exploitant et en même temps armer le jeune agriculteur pour d'autres professions que les professions agricoles [...]. Bien qu'il soit parfois difficile de l'expliquer, en particulier devant des auditoires ruraux, il ne faut pas laisser un problème comme celui-là dans l'ombre. [...] Vous savez que la productivité de l'agriculture augmente. La rentabilité, comme je viens d'y faire allusion, conduit à augmenter la surface donc à diminuer le nombre des exploitants. Dans ces conditions, il faut non pas laisser faire un phénomène connu depuis cinquante ans, mais l'orienter ».

Un renversement progressif

L'inversion des opinions sur l'exode est progressive dans ses expressions. Il s'agit à la fois de se convaincre, si on ne l'est déjà, et surtout de convaincre les acteurs intéressés. Deux inflexions marquent le mouvement vers une acceptation de la réduction des effectifs de l'agriculture. Celles-ci n'affectent pas de manière uniforme les diverses formations politiques.

Le premier décrochage par rapport au discours ordinaire passe par l'argument de l'inéluctable. Armand de Baudry d'Asson (droite, groupe Pinay, 17 septembre 1957) concède : « Le phénomène de réduction de la population agricole est général, je le sais, et il sera difficile de l'arrêter complètement ». Et le ministre de l'Agriculture, M. Rochereau (droite), le 23 octobre 1959, ose le qualificatif d'« irréversible », en s'appuyant sur l'autorité des économistes, tout en évitant d'être confondu avec eux – ce qui peut être prudent pour préserver l'image de l'homme politique proche de l'agriculteur : « c'est là, hélas ! un phénomène qui atteint toutes les zones rurales, tous les secteurs agricoles. Et les économistes qui sont distingués, comme vous le savez, estiment que cette évolution est irréversible. Tout le problème est de savoir, d'une part si, oui ou non, cette évolution est irréversible et d'autre part, si, dans cette hypothèse, on peut la contenir » (le ministre évoque ensuite la perspective de développement industriel régional et de réactivation de débouchés de la production agricole dans l'industrie).

Le 8 novembre 1967, Edgar Faure, ministre de l'Agriculture centriste, intégré dans un gouvernement de la majorité gaulliste au cours d'une période où sa virtuosité dans l'exercice de la conciliation n'est pas superflue, affirme le caractère inéluctable d'un mouvement, « phénomène mondial », qu'il serait irréaliste de vouloir ralentir en raison du coût d'une telle entreprise, et il insiste sur la résistance qu'il oppose à une « technocratie » qui voudrait l'accélérer, aux dépens des vieux agriculteurs : il est « impossible de freiner l'exode rural par des moyens budgétaires, ne serait-ce que pour éviter qu'ils dépassent les prévisions du plan ». Ce serait « une politique irréaliste ». « Freiner ce mouvement serait tellement coûteux que je ne crois pas que ce soit budgétairement possible. Mais l'accélérer serait tellement coûteux socialement que je ne crois pas que ce soit désirable. C'est pourquoi je suis obligé de résister à la pression de la technocratie, souvent insinuée même dans les rangs de la profession, qui me demande de recommander à tous les vieux agriculteurs de quitter la terre encore en plus grand nombre. Il en part déjà beaucoup. C'est un phénomène mondial. L'important c'est de l'accompagner pour qu'il se réalise dans de bonnes conditions ». Les discours qui relèvent de l'argument de l'inéluctable sont produits à droite et au centre. Ils n'apparaissent pas à gauche, fraction minoritaire du parlement.

La seconde inflexion dans l'expression d'une conception positive de la diminution du nombre d'agriculteurs est celle de l'affirmation que « l'exode est nécessaire ». Il s'agit d'une rupture franche avec le dogme primitif. Elle est essentiellement assumée par la droite gaulliste, entre 1959 et 1964. On se souvient toutefois que la déclaration initiale, sinon fondatrice, de nécessité de l'exode est celle de Jacques Piette, cité plus haut, qui prononce la parole décisive : « Nous voulons favoriser – je pèse mes mots – parce que nous croyons que cela est nécessaire, indispensable même, un certain exode rural ». Le thème de la nécessité (sous forme de substantif, ou d'adjectif) apparaît notamment au cours du débat sur le projet de loi d'orientation agricole (Michel Debré, M. Rochereau, le 26 avril 1960) ; il est repris (sous forme indirecte) par Robert Boulin le 23 mai 1960 : « il faut s'appesantir sur le fait que le progrès technique en agriculture, l'amélioration des conditions de travail, la disparition du sous-emploi ne peuvent se concevoir dans le cadre trop exigu d'un grand nombre d'exploitations ».

Bientôt, les tenants de la modernisation impérative insistent sur l'obligation de ne plus dissimuler la vérité (Michel Debré, 26 avril 1960, cité plus haut). « Affirmer qu'en aucun cas, il n'y aura pas d'excédent de main-d'œuvre agricole serait incontestablement une tromperie » (M. Rochereau, 28 avril 1960). Et en 1966, Edmond Bricourt (UNR, 13 mai) peut déclarer : « ainsi s'est-on attaqué courageusement à un grand problème, celui de l'exode rural. La démagogie, en ce domaine, est particulièrement malfaisante, car elle ne résout rien ». Le glissement qui s'opère de la thèse de l'inéluctable à celle de la nécessité est sensible chez M. Rochereau, que l'on pourrait qualifier de ministre de la phase d'ouverture des grands débats sur les mutations de l'agriculture. Il exprime dans son discours du 2 octobre 1959, cité plus haut, la position d'une prudente interrogation sur l'irréversibilité du processus. Il n'est pas sans intérêt de relever chez lui, quelques mois plus tard, le 26 avril 1960, une évocation de la nécessité : « Il est à peu près certain que le développement de la technique, les regroupements fonciers nécessaires feront progressivement apparaître une main d'œuvre excédentaire ». Une formule lapidaire d'affirmation radicale de la nouvelle doctrine sera donnée par Michel Debré : « Comme on l'a dit souvent, si l'exode agricole est une nécessité, l'exode rural est une calamité », antithèse qui refuse le compromis mais ménage un dépassement du problème « par le haut ».

On pourrait s'attendre à ce que le climat moderniste détermine une réduction de l'emploi du terme « exode rural » comme chargé d'une connotation passéiste et dramatique. Il n'en est rien. Paradoxalement, le terme connaît après 1945 une recrudescence d'emploi (avant 1940, 23 % des orateurs font usage du terme contre 45 % après 1945). Peut-être sa consécration est-elle l'effet d'une prise en compte, pragmatique, d'un processus perçu de manière moins vague parce qu'il est accentué, et parce qu'il est devenu un objet concret d'action collective.

Les familles politiques ne se distinguent pas par la fréquence de leurs discours exprimant l'acceptation de la transformation modernisatrice de l'agriculture et son effet sur la population des agriculteurs. Environ 25 % des discours de chaque famille politique faisant référence à l'exode rural expriment cette acceptation de principe. Les différences qui existent sont qualitatives ; elles concernent l'analyse des faits et les formes de leur acceptation. On l'a vu, la droite gaulliste soutient les positions les plus tranchées. Ces prises de position s'expriment entre 1959 et 1964 sur un fond homogène de volontarisme moderniste : aucune intervention qui introduise une requête étroite, aucun propos qui agite la menace de l'exode rural comme un spectre, aucun emploi allusif à l'exode. Si la droite, avant de proclamer « la nécessité », notion volontariste et réaliste à la fois, avait pratiqué l'invitation à la résignation devant « l'inéluctable », cette dernière position apparaît davantage adoptée par le centre. La gauche, quant à elle, ne rejette pas le processus de restructuration des exploitations et de diminution des effectifs agricoles, mais se distingue par la critique de l'action du gouvernement, de la manière dont ce dernier gère la redistribution des exploitations. Illustrant la pratique du discours indirect de consentement mesuré au processus, le Parti communiste se distingue par un emploi critique de la notion d'accélération : le gouvernement « accélère » le processus de concentration et d'élimination (MM. Ruffé, 1957, Roucaute, 1964, Couillet, 1965, Villon, 1971). Il « précipite » le processus, il cherche à hâter « l'élimination de [ces] 800 000 petites exploitations » (M. Roucaute, 1970).

Une inversion dans le discours : de l'action sur les causes à l'action sur les effets

Ceux qui prônent ou acceptent le retournement ne se présentent pas comme de froids entrepreneurs d'un nouvel état du monde agricole. Le départ des agriculteurs motive plus que jamais déclarations d'attention et de compassion. Mais à la différence des plaidoyers de l'époque de première orthodoxie, qui appelaient une action sur les causes de l'exode, pour l'enrayer, les argumentations de la nouvelle doctrine préconisent une action sur le terrain des effets des évictions de l'agriculture, actions qui comportent des mesures en faveur de ceux qui seront bientôt qualifiés d'agriculteurs « mutants », notion démographique qui ne peut être confondue avec celle des « mutations de l'agriculture », dans un contexte de perception aiguë des transformations économiques et sociales. Edgard Pisani, ministre de l'Agriculture du gouvernement gaulliste, artisan de la loi complémentaire d'orientation agricole de 1962, développant l'argument d'inéluctabilité exprime bien cette attitude d'action, le 5 novembre 1964 : « Les actions entreprises [...] ont pour objet d'atténuer l'effet de ces départs qui se produisent de toute façon, en France comme dans tous les pays du monde, et qui sont la conséquence évidente de l'évolution économique. [...] Les mesures que nous prenons tendent à empêcher que ces départs ne pèsent trop lourdement sur ceux qui quittent la terre ».

En 1966, M. Bricourt (discours cité plus haut), porte un jugement rétrospectif sur la politique entreprise et à poursuivre : « ne pas tenir compte du progrès et de l'évolution serait condamner les hommes à une situation sans espérance, Monsieur le Ministre ». Les remèdes proposés, et appliqués dans une mesure non négligeable, vont de l'aide individuelle à la formation à des métiers non agricoles, des subsides réservés aux exploitants qui acceptent une retraite anticipée, à un développement d'industries en milieu rural.

Moins que les autres, les discours qui traitent positivement de l'exode s'articulent autour de l'exposé de ses causes. Leurs auteurs ne s'étendent pas davantage sur le tableau compatissant de ses effets sur les acteurs et leur environnement (on a vu que cette référence démonstrative disparaît entre 1957 et 1970) dont les remèdes doivent atténuer la rigueur. Ces effets sont traités par prétérition, meilleure manière de ne pas affaiblir le soutien à la politique de métamorphose volontaire du monde agricole. La sollicitude à l'égard des évincés de l'agriculture s'oriente en fonction des affiliations politiques. À droite, on se préoccupe du sort des jeunes, victimes immédiates de ce qui sera bientôt la « révolution silencieuse » soutenue par leurs pairs, « jeunes agriculteurs ». M. Rochereau, ministre de l'Agriculture, le 28 avril 1960, déclare ainsi : « nous ne voulons pas que le jeune paysan vivant sur un sol trop peuplé devienne systématiquement le manœuvre-balai de l'usine voisine ». Un député de l'UNR-UDT ajoute le 13 mai 1966 : « Ce qu'il faut, c'est permettre la légitime promotion des jeunes tout en pensant à ceux qui partent, et leur donner une formation ouvrant sur la vie professionnelle d'autres perspectives que celle d'un emploi de manœuvre spécialisé ». À gauche, en toute cohérence, est invoqué le sort des « petits », comme on l'a vu avec l'intervention de Jacques Piette, le 20 septembre 1957. Michel Rocard (PSU), le 11 décembre 1970, suit la même logique : « devant cette situation, le Gouvernement nous dit aujourd'hui qu'il cherche à relancer la politique des structures, qu'il se propose l'agrandissement des dimensions moyennes des exploitations, ce qui en soi est un but louable auquel nous pouvons souscrire quitte à poser la question de savoir ce qui arrivera aux plus petites d'entre elles... ». Waldeck Rochet (PCF), le 3 mai 1960, déclare : « Il est vrai, car il faut le constater, que la petite exploitation individuelle ne permet pas d'utiliser rationnellement les machines modernes au même titre que la grande. Mais il est non moins vrai que dans le cadre du régime capitaliste qui est le nôtre, la concentration des exploitations a pour résultat la prolétarisation, l'appauvrissement et la ruine du plus grand nombre au profit d'une minorité, et c'est ce que nous n'acceptons pas ».

Au centre se manifeste une attention particulière pour les agriculteurs âgés, sans que pour autant soient oubliés les jeunes. On peut s'aventurer à rapporter cette sollicitude orientée sur les personnes à l'humanisme social qui est propre à la fraction politique médiane engagée avec une ferveur tempérée dans le programme du modernisme national de la droite gaulliste, et moins méthodiquement critique du jeu des inégalités sociales que ne le sont analystes et militants de la gauche.

Troisième inflexion : freiner l'exode

Sitôt atteinte la crête du mouvement d'inversion du discours premier, impérieux et stéréotypé, mouvement d'affirmation de la nécessité de l'exode agricole, naît un mouvement d'atténuation des convictions neuves, sur le mode « l'exode est excessif, il faut le freiner ». Ce mouvement simple s'observe dans les rangs de la droite, qui a été déterminante dans la promotion de la nouvelle politique. Mais l'expression des adhésions réservées était apparue au centre, dès l'ouverture des grands débats « d'orientation », avant que les représentants de cette tendance parlementaire ne rejoignent, vers 1964, la tendance consensuelle de droite, et tienne de manière prépondérante des propos positifs. À droite, le propos de A. Lalle, le 11 janvier 1963, demandant de freiner le mouvement est exceptionnel. Il faut attendre une intervention de Raymond Triboulet, le 7 novembre 1970, pour que s'amorce sensiblement le revirement, avant que la position de retrait ne soit en quelque sorte consacrée par Jacques Chirac, ministre de l'Agriculture, le 14 novembre 1972. Après avoir rappelé la crise que l'agriculture connaissait quinze ans plus tôt et les effets bénéfiques des lois d'orientation agricole, le ministre conclut : « Il est nécessaire de poursuivre une politique qui permette d'adapter ces structures aux exigences d'une agriculture moderne, afin qu'elles servent de base à la modernisation et à la rentabilisation nécessaire de l'outil de production qu'est l'agriculture. Une agriculture puissante, fondée sur l'exploitation à responsabilité personnelle, suppose évidemment le maintien d'une importante population agricole active. Or, nous observons depuis déjà des dizaines d'années un exode rural qui, certes, était justifié à un moment de notre histoire par les nécessités d'adaptation de l'économie ; mais il connaît aujourd'hui une ampleur qui sans aucun doute doit être freinée, sur le plan quantitatif et sur le plan qualitatif, c'est-à-dire dans les conséquences qu'a cet exode sur la pyramide d'âge des exploitants agricoles ».

Quatrième étape : l'exode a été bon, il ne l'est plus

Au cours des années 1970, à droite et à gauche, se fait jour l'affirmation qui consacre un retour à l'état initial, de condamnation du mouvement : l'exode a été bon, il ne l'est plus. Les prises de position caractéristiques des deux dernières inflexions d'abord se chevauchent. La formule de rupture franche est prononcée le 15 novembre 1971 par le ministre de l'Agriculture du moment, Michel Cointat (droite UDR), un an avant même qu'un successeur dans les mêmes fonctions, Jacques Chirac, recommande dans les termes plus balancés cités plus haut, le ralentissement du mouvement : « ma conviction personnelle qui est aussi une position gouvernementale affirmée par la plus haute autorité de l'État, est qu'il n'y a plus de risques d'un excès global de population et même de surproduction. Bien au contraire on aperçoit sectoriellement ou régionalement des tendances à la pénurie, à la désertification humaine [...]. [Il faut] favoriser d'un autre côté la pérennité et la vitalité d'un milieu rural garant au sein de notre civilisation industrielle et urbaine d'un mode de vie équilibré et naturel. Et un jour prochain, sans doute, l'homme de la cité, au-delà même de trop strictes recommandations économiques, remerciera cet homme de la terre aux traits burinés par le temps, à la peau rougie par le froid, la pluie et le soleil, aux yeux pleins de malice sachant lire dans les étoiles, de lui avoir gardé le sens de la beauté et de lui avoir montré le chemin de la sagesse ». L'intervention ressuscite des thèmes des discours originels et retrouve les formes emphatiques du lyrisme d'un autre temps parlementaire pour exalter « l'homme de la terre ». Le renversement de position, malgré les apparences, n'est pas contradictoire. L'objet principal du discours a changé. La préoccupation de la désertification rurale l'emporte désormais sur celle d'un nécessaire exil agricole. La défense des intérêts agricoles bien sûr ne disparaît pas du débat parlementaire. Désormais elle peut poursuivre une carrière autonome, étrangère à la thématique des effectifs. Au cours de la période des appels à la modernisation, l'accent était mis sur l'industrialisation des campagnes, pourvoyeuse d'emplois de conversion pour les agriculteurs dépossédés. La distinction entre exode agricole souhaitable et exode rural « calamité » était formulée par Michel Debré, dans une perspective d'urbanisation des campagnes et non dans celle de leur « résurrection ». Le discours de revirement introduit en effet un chef de préoccupation nouveau : la préservation des espaces naturels et des équilibres biologiques. Une intervention de Michel Cointat, quatre ans après son premier réquisitoire, marque dans les glissements de termes l'accentuation de la thèse. Le spectre de la « désertification humaine » (1971) cède la place à celui « d'une désertification regrettable mettant en péril un équilibre biologique indispensable » : « jusqu'à maintenant, l'opinion était convaincue que les campagnes françaises étaient surpeuplées et que l'exode rural était inéluctable. La réalité, vous le savez, est plus complexe. Nous nous apercevons que bien des régions, et notamment les régions montagneuses, tendent vers une désertification regrettable mettant en péril un équilibre biologique indispensable » (discours du 18 novembre 1975).

La montagne, objet privilégié d'un retour vers le discours originel

Les espaces de montagne représentent une situation extrême des effets de l'exode rural. Y sont conjuguées une disparition d'activités agricoles (pastorales notamment), inconnue dans les autres espaces, vivement convoités par des agriculteurs, une évasion des jeunes, et une dégradation immédiatement perceptible de l'environnement, à laquelle l'opinion commence à être sensibilisée dans un climat naissant de préoccupations qui vont bientôt, par contraction, être couramment baptisées « écologiques ».

L'évocation des départs de l'agriculture n'est bien sûr pas absente. Mais elle s'inscrit dans une analyse qui prend d'emblée en compte un « espace humain » en même temps qu'un espace naturel. Cette réorientation des préoccupations relatives aux risques de désertification qui s'appuie sur la référence aux hommes ne concerne plus exclusivement les agriculteurs : « la désertification humaine » (Michel Cointat, 15 novembre 1971, cité) ; « une aide de l'État en faveur de l'homme », (René Chazelles, socialiste, 18 novembre 1971).

René Chazelles exprime la nouvelle conception en distinguant les phases successives de la « surpopulation », de « l'équilibre approximatif, tandis que la loi favorisait essentiellement le domaine foncier » et de la « dégradation » : « nous réclamons une aide du législateur en faveur de l'homme, afin d'éviter que ne se dépeuple la montagne cependant que la dégradation des sols va s'accélérant ». Parallèlement, Jacques Barrot (centre, 18 novembre 1971) demande de porter « désormais [...] grande attention à la désertion des hommes, à l'abandon de la terre par les jeunes agriculteurs », essentiellement pour plaider en faveur de l'aménagement d'un espace d'expansion de l'activité artisanale et touristique, espace dans lequel les agriculteurs pourront trouver un nouvel emploi [2].

Deux époques, deux visions

Je voudrais, sans m'attarder sur la phase finale du cycle parcouru, qui marque un certain retour au point de départ, considérer ce cycle en son ensemble (sans ignorer la fragilité du découpage chronologique esquissé) et tenter de mettre en lumière, sous la surface du verbe parlementaire, ce qui change et ce qui demeure. Je crois pouvoir relever une première transformation, radicale, entre les discours qui font référence à l'exode rural, produits durant l'entre-deux guerres et durant l'après-guerre (période qui, dans le cas particulier étudié ici, commence souvent, on l'a remarqué, vers 1955). L'agrocentrisme domine dans les discours d'après la Seconde Guerre mondiale. Les considérations exclusivement agraires deviennent prépondérantes, tant pour exposer les causes de l'exode que pour en déplorer les conséquences. Au contraire, les propos antérieurs à la guerre associent l'évocation des aspects agraires à celle des aspects ruraux non agricoles et des aspects urbains, nationaux, qui peuvent concerner la société, française en l'occurrence, dans sa totalité. Ainsi, par exemple, le tableau oratoire des effets immédiats des abandons de l'agriculture sur l'espace rural en son ensemble – la friche, les ruines, le dépeuplement des campagnes, *etc.* – et son usage rhétorique pour introduire anathèmes, suppliques et réclamations, décroît sensiblement d'une période à l'autre. Ce déplacement d'objet du discours – d'un milieu rural, espace humain, à l'agriculture, secteur productif et marchand – comporte un corollaire. Alors que pendant la première période, la campagne est opposée la ville, autre espace, pendant la seconde période, après 1955, l'agriculture est évoquée

---

2. Cette intervention illustre dans une certaine mesure le décalage déjà noté entre le centre et la droite dans la progression d'adhésion à une politique d'acceptation des retraits de l'activité agricole et de leur prise en charge active. Jacques Barrot retrouve en effet la proposition de Michel Debré « l'exode agricole est une nécessité, l'exode rural est une calamité ».

dans sa concurrence avec l'industrie, autre secteur économique. M. Cadic (6 novembre 1926, droite) s'exclame ainsi : « comment voulez-vous que nos jeunes agriculteurs, après avoir vu et connu durant leur service militaire les routes macadamisées des villes, aient envie de retourner dans la boue ? » V. Lesaché (28 novembre 1927, gauche) s'écrie pour sa part : « Les jeunes, découragés et comparant leur sort à celui de leurs camarades des villes industrielles, abandonnent la terre et vont grossir la population des villes où les attendent d'ailleurs des difficultés qu'ils ne soupçonnent pas ». F. de Champeaux (13 décembre 1937, centre) : « il existe actuellement de telles divergences entre le standard de vie élevé de l'ouvrier des villes et celui, si modeste du petit propriétaire ou du travailleur des champs, que la dépopulation rurale fonctionne, pour ainsi dire, automatiquement... ». Waldeck Rochet, enfin (19 novembre 1937, Parti communiste) : « il est indéniable que nombre de travailleurs des champs sont enclins à abandonner la campagne parce que la vie, à bien des égards, y est plus dure, plus ingrate qu'à la ville ».

Antonin Ver (26 novembre 1966, centre) illustre le nouveau mode d'analyse. Il évoque les nombreuses causes de l'exode rural (« insuffisance des revenus, disparité entre les prix agricoles et les prix industriels, conditions de vie astreignantes... insuffisance de l'infrastructure... »), et poursuit : « cet état de fait favorise les conceptions officielles puisque le cinquième plan prévoit le délestage du secteur agricole au profit de l'industrie, au rythme de cent dix mille départs annuels. Il ne peut satisfaire ceux qui estiment que, malgré le machinisme, l'homme reste, en tant que producteur et utilisateur, le moteur de l'économie ».

D'autres composantes distinctives des discours s'ajoutent aux traits des deux ensembles dont l'opposition vient d'être dessinée. Leur présentation sera brève. Un exposé quelque peu détaillé prendrait trop de place dans le présent ouvrage. Au cours de la première période, les discours mettent en scène un sujet individuel concret, travailleur de la terre aux prises avec les difficultés, aspirant à un mieux-vivre, sujet décrit dans un environnement perceptible. D'une manière bien différente, les « temps modernes » suscitent un discours qui se réfère à un agent, l'agriculteur abstrait, appréhendé dans la perspective des changements techniques et des jeux de l'économie. Cette différence est particulièrement manifeste dans l'invocation des causes. Au cours de la période antérieure aux grands changements qui succèdent au conflit mondial (sans que celui-ci soit considéré comme l'unique déterminant), les causes de l'exode sont recherchées pour une large part dans des actions qui relèvent d'une économie individuelle et familiale, et les actions recommandées pour enrayer le mouvement sont directement rapportées à cette aire des conduites personnelles. Au cours de la période nouvelle, domine en revanche une analyse des causes, et des solutions, qui est conduite par référence à l'économie globale, même si derrière le secteur est également visé l'acteur économique, et l'électeur. Ainsi la sociologie des parlementaires de la première phase relèverait-elle de l'individualisme méthodologique avant que celle de leurs successeurs ne passe sous l'empire d'un « macro-économisme »…

L'observation d'une autre différence vient confirmer l'opposition dessinée ici, entre les représentations qu'on pourrait respectivement qualifier d'« organiques » (le monde rural) et de « structurelles » (l'univers agricole). Lorsque l'analyste s'applique à discerner quel est l'état idéal du monde qu'impliquent les propos développés dans les discours, il lui semble bien, de manière cohérente avec les traits relevés précédemment, qu'une prépondérance de l'appel à l'harmonie d'une communauté des hommes est peu à peu replacée par un plaidoyer pour un équilibre des structures sociales. Et cette opposition se reflète dans les styles : tonalité émotionnelle, avant, et tonalité « objective », après.

Le mouvement en boucle

L'opposition générale sur laquelle je viens d'insister entre les modes d'appréhension d'un même fait social et économique, – la « diminution rurale » qui, un moment, prend la forme d'une « réduction agricole » – ne doit pas masquer la succession circulaire des prises de positions politiques sur ce fait même, dont j'ai cru pouvoir affirmer la réalité. Il serait cependant inexact de ne voir dans l'état terminal des positions exprimées qu'un simple retour au point de départ. Certes, l'étape ultime est celle d'une préoccupation qui se porte à nouveau sur le milieu rural. Mais quand on s'inquiète de la disparition d'agriculteurs, il ne s'agit plus d'exalter l'univers rustique et la terre nourricière, mais bien davantage de défendre le milieu naturel, les paysages et les vestiges, tandis que s'efface le primat de production. À l'époque première, il s'agissait de pérenniser le paysan œuvrant en son espace champêtre. Dans la nouvelle perspective, on se préoccupe du maintien des agriculteurs économiquement marginalisés moins en tant que producteurs agricoles qu'en tant que protecteurs de l'environnement naturel.

En trois temps s'enchaînent donc trois objets d'intérêt : campagne, agriculture, nature. Successivement, on s'est désolé de la disparition des gens des campagnes, on a compati au destin malheureux des exclus au bénéfice d'une agriculture moderniste, et l'on s'inquiète de l'absence des derniers gardiens, potentiels, de l'environnement. Cependant les propos parlementaires articulés autour de la situation précaire des agriculteurs, objet de mon examen, gardent durant les trois phases principales qui ont été distinguées une référence à un éternel discours des champs : j'ai signalé la recrudescence, qui peut surprendre, du terme « exode » chez les parlementaires qui en affirment la nécessité. Non moins paradoxalement, au fil des transformations modernisatrices, l'agriculteur devient ou redevient un paysan. Pierre Barral en a décrit la réhabilitation à partir de 1905 et sa forte expansion au cours des années 1930 dans les orbites bien distinctes de

Dorgères et de la JAC [3]. Le traitement du présent corpus montre que, à partir de 1957, la consécration de l'agriculture moderniste n'éteint pas le culte nominal du paysan, aux côtés des termes nouveaux : agriculteur, puis exploitant, directement évocateurs de l'agrocentrisme. Le terme paysan, entité individuelle – qui renvoie à la rusticité –, coexiste avec le terme paysannerie, entité collective. J. Chamant (17 septembre 1957, droite) : « Encore une génération et le paysan n'existera plus ». O. Lefèvre d'Ormesson (23 octobre 1959, droite) : il faut encourager les « jeunes paysans dynamiques ». X.E. Dijoud (7 novembre 1970, droite) : « Les paysans montagnards remplissent [...] une véritable mission de service public » (l'orateur préconise une conversion sur place). Jacques Piette (SFIO, 20 septembre 1957) : « Il y a trop de monde à la campagne, trop de monde qui y vit mal. Il est nécessaire que vous réformiez la paysannerie française. Non pas en lui redonnant sa forme de 1830 ou même celle de 1914 : la paysannerie française, aujourd'hui, a encore besoin d'une exploitation familiale, mais elle n'est pas celle d'hier, elle est celle de la coopération, elle est celle de l'élargissement des zones cultivées, elle est celle des moyens mécaniques mis à la disposition collective de groupes de gens... » Le 15 novembre 1971, le député communiste P. Villon évoque en même temps « les jeunes ruraux obligés d'émigrer dans les grandes villes », les « petits et moyens paysans », les exploitations familiales, et fustige la politique d'importation de produits agricoles conduite par le gouvernement « quitte à ruiner le paysan français ».

Susan Rogers, s'interrogeant sur la constance de l'usage du terme paysan et les variations de son emploi, place en exergue de sa réflexion la déclaration à la presse de Michel Rocard, alors ministre de l'Agriculture, qui souligne [4] après la rupture des discussions sur la politique agricole entre Ronald Reagan et François Mitterrand, en 1985, que les représentants français « avaient bien travaillé pour nos paysans ». Avec cette constante du paysan, et du paysage, toujours transformés, le mouvement observé se conforme presque trop bien au modèle dialectique de la spirale thèse, antithèse, synthèse – même si, selon les bonnes leçons de la rhétorique, la synthèse est pensée comme ouverture, et prélude d'inconnu.

Au terme de l'analyse on ne saurait d'abord oublier les limites de la période 1920-1972, de la thématique oratoire – l'évocation de l'exode rural – et de la situation d'énonciation – le parlement – qui en constituent le matériau. Il est à considérer en particulier que l'investigation porte sur des paroles prononcées mais que, naturellement, elle est dans l'incapacité de saisir le contenu des silences qui enrobent les discours eux-mêmes (l'usage retentissant du stéréotype autorise le mutisme sur l'essentiel), et surtout la

---

3. Pierre BARRAL, « Note historique sur l'emploi du terme "paysan" », dans *Études rurales*, 1966, n° 2, pp. 72-80.
4. Susan Carol ROGERS, « Good to Think : the "Peasant" », dans *Contemporary France, Anthropological Quaterly*, 1987, volume 2, pp. 56-63.

signification des abstentions des parlementaires qui n'interviennent pas sur le thème étroitement circonscrit de « l'exode ». Enfin, il faut noter que, malgré l'intention d'apporter un soin comptable au repérage des évolutions, le tableau des chevauchements et autres différences des cycles d'évocation de l'exode, en fonction des orientations politiques, n'est qu'une ébauche. Une analyse des années postérieures à la borne chronologique posée serait seule capable d'étayer l'interprétation de la troisième phase décrite à partir des données traitées ici. Ainsi pourrait-on affirmer que cette phase était bien l'ouverture d'une nouvelle appréhension des choses de la campagne. Prolongée, la séquence serait alors en résumé la suivante : au cours d'une première période, l'exaltation de la campagne rustique s'associe à la figure de l'éternel paysan et du paysan exilé : elle nourrit un discours agrarien. Dans une seconde phase, plus resserrée, s'impose la préoccupation d'un espace et d'une économie agricoles, la figure d'un agriculteur élu, et du déplacement nécessaire des exclus. L'agrocentrisme commande le discours. Dans la troisième phase, l'espace de la campagne réapparaît, sous les traits de l'espace naturel à préserver, et l'agriculteur, nouveau paysan, est un « mainteneur » dont il faut empêcher la disparition ; l'écologie est déjà au centre du discours. Au-delà, aujourd'hui, il semble bien que les images de la campagne rustique, du paysan « traditionnel », de l'exode rural, soient cultivées en tant qu'images d'un univers définitivement perçu comme disparu, parfois objet de vénération passéiste, images projetées sur celle d'espaces naturels, désirés, préservés des atteintes conjuguées de l'agrocentrisme et de l'industrialisation du monde.

La dépopulation dans l'agriculture française, des vieux thèmes agrariens aux vues d'aujourd'hui

André FEL

Nous examinons ici la question de la dépopulation dans l'agriculture française dans le dernier demi-siècle[1]. Depuis 1950, le nombre des exploitations a été divisé par trois, celui des agriculteurs par quatre, leur place dans la vie active par cinq, passant de 25 à 5 % des emplois. Le bilan statistique semble se passer de commentaires, appuyé par la « loi » de la décroissance de la population agricole dans le progrès économique. Mais ce qui nous intéresse surtout est ce qui se cache sous cette courbe apparemment inflexible : les opinions, les doctrines, les idéologies. Que pensent les dirigeants politiques, les responsables professionnels, ceux qui écrivent sur l'agriculture ? En quoi peut-on modifier la tendance globale ? Peut-on repérer sur ces cinquante années diverses phases à cet égard ?

Le paysannisme des années 1950

Dans l'immédiat après-guerre, un grand débat d'idées aurait pu s'ouvrir. La planification, fut-elle « à la française », a pris des décisions : il fallait moderniser l'économie, produire plus et différemment, en agriculture comme à l'usine. Au « Plan » on s'interrogeait sur ce que devait être la population agricole nécessaire (on disait quelquefois « optimale »). Pierre Coutin, économiste et agronome de terrain, fit ses comptes, département par département[2]. La variété était grande. L'Auvergne, la Bretagne étaient incontestablement surpeuplées si on appliquait la mécanisation, le

---

1. Ce texte a été remis par l'auteur à la fin de l'année 1999 : les références bibliographiques mobilisées ont pu être actualisées (à paraître), mais aucune n'a été ajoutée. (*Note des directeurs du volume*).
2. Les travaux de Pierre Coutin, présentés déjà aux Semaines sociales de 1950, à Nantes, repris dans le cadre du Commissariat au plan, sont résumés, en tableaux chiffrés, par : Marcel FAURE, *Les paysans dans la société française*, collection U, Paris, Librairie Armand Colin, 1966, 344 p.

remembrement, *etc*. Pour la moyenne française, un homme cultivait seulement 7 à 8 hectares. Les 4 200 000 agriculteurs étaient en surnombre. L'estimation du trop-plein d'hommes restait toutefois modérée. D'autres allaient plus loin, René Dumont, Jean Fourastié, avec en tête des modèles de sociétés agricoles plus techniciennes.

Ces discours planificateurs et dépeuplants n'étaient guère entendus par les dirigeants agricoles. Mieux, ils étaient refusés. La notion de main-d'œuvre en « excès », à éliminer, paraissait aberrante. René Blondelle, président des chambres d'agriculture, déclara : « le Plan voue à la disparition un million d'exploitants », et « si les prix étaient normaux, il n'y aurait pas d'exploitations marginales »[3]. C'est la déprise agricole – l'exode rural, disait-on alors – qui était l'ennemi. Les écrits de l'époque évoquent, comme avant-guerre, la « désertion », la « démission », « l'abandon ». « Il faut renforcer l'exploitation familiale partout où elle existe » : tel était le discours dominant. Le monde rural, l'agriculture, et en agriculture la petite ferme paysanne, c'était tout un. Et c'est la petite ferme paysanne qui était le meilleur symbole de la résistance au dépeuplement. Ce populationnisme peut être appelé paysannisme[4] : le soutien à l'agriculture la plus dense, la plus peuplante. L'idée « que la force d'une société réside dans l'ampleur de sa base de petits paysans » (Gordon Wright).

Sans doute y a-t-il là un décalage, comme une nostalgie. Mais elle peut se comprendre. Certains avaient encore en mémoire, vers 1950-1955 – et même plus tard – le souvenir d'une épopée paysanne qui, après tout, était celle de la génération précédente. La petite culture paysanne arrivait à gagner encore quelques parcelles, conquises sur le domaine bourgeois ou les terres du château. On avait cru pouvoir s'établir avec cinq hectares et quatre vaches à l'étable, alors que les notables, quant à eux partaient pour Paris. Il nous semble trouver là les racines du « paysannisme » d'un Gaston Roupnel, qui a observé cette conquête de la terre en Bourgogne, ou encore d'un Lucien Gachon qui a étudié de très près (et ressenti) l'épopée paysanne de son Auvergne natale.

L'exploitation familiale et paysanne est capable, plus que tout autre, de retenir son monde. Le géographe Jules Blache – qui n'est pas suspect de paysanisme – nous explique cette rétention. Chez les paysans, « on ne change pas de métier comme de costume » et la famille est forte : « un paysan ne chasse pas son fils ». Et c'est pourquoi « le secteur agricole met sans doute en œuvre plus de travail humain qu'il ne serait économiquement nécessaire »[5]. Autre observateur non suspect d'agrarisme, Jules Milhau,

---

[3]. René BLONDELLE, Réunion des 27 et 28 novembre 1956 des présidents des chambres d'agriculture.

[4]. Gordon WRIGHT, *Rural Revolution in France. The Peasantry in the Twentieth Century*, Stanford, Stanford University Press, 1964, traduction française : *La révolution rurale en France. Histoire politique de la paysannerie au 20ᵉ siècle*, Paris, Éditions de l'Épi, 1967, 348 p.

[5]. Jules BLACHE, « La crise des campagnes », dans *Annales de géographie*, tome 75, n° 412, novembre-décembre 1966, pp. 641-656.

bon connaisseur des petits vignerons méridionaux, nous fait remarquer que la petite paysannerie continue à croire à son destin grâce au travail en famille : « le paysan subit l'illusion du travail gratuit... ce qui ne coûte que du travail ne coûte rien »[6].

Le paysannisme a ses idéalistes purs. Ainsi Roland Maspétiol, qui célèbre le paysan pour « une sorte de noblesse, laquelle se tirait comme partout de l'ancienneté de la famille dans le même lieu et sur la même propriété »[7]. Ainsi Henri Pourrat bien sûr qui, évoquant le milieu « naturel » dans lequel travaille le paysan, parle « d'alliance avec la création, de lien indissoluble avec la terre ».

Décidément le dialogue des planificateurs et des paysannistes était impossible. Le paysan des paysannistes, c'était le monde à part. Au fond, les paysannistes pensaient que l'agriculture ne pouvait pas être planifiée. Elle n'était pas assimilable à l'économie urbaine. Elle était faite d'exploitations individualisées, séparées. Chaque ferme était un petit monde particulier. Lucien Gachon – vrai paysanniste – montre assez bien cette particularité irréductible : « Vouloir que le paysan gagne autant par heure de travail que l'ouvrier, c'est croire que la ville peut être transportée au champ avec tous ses avantages sociaux, économiques et politiques. C'est postuler qu'un millier de travailleurs isolés physiquement dans 200 ou 300 fermes peuvent égaler en puissance politique un millier de travailleurs, ouvriers, ingénieurs, groupés dans une seule usine »[8].

Au fond, les dirigeants agricoles « paysannistes » redoutaient la modernisation, l'expansion, l'industrialisation de l'agriculture qui se préparaient. D'où l'étrange discours de tel syndicaliste agricole, en 1955 : « Le travail pénible du paysan, sans horaire va se transformer... Le cheptel sélectionné, l'organisation rationnelle du travail font que le prix de revient du lait ne saurait qu'augmenter »[9] La ferme modernisée est présentée comme une charge financière plutôt que comme un progrès. On se défie de la modernisation... mais déjà, « les techniciens avaient lancé leur assaut », comme nous le disait un petit exploitant de ces mêmes années, en Auvergne.

Le « délestage » programmé des années 1960-1970

Changement de ton radical avec les jeunes agriculteurs issus de la Jeunesse agricole catholique (JAC) et du Centre national des jeunes agriculteurs (CNJA) et qui vont devenir, en 1960, les nouveaux dirigeants

---

6. Jules MILHAU, *Le pouvoir d'achat des viticulteurs*, Montpellier, Éditions du Causse, 1945, 187 p.

7. Roland MASPÉTIOL, *L'ordre éternel des champs. Essai sur l'histoire, l'économie et les valeurs de la paysannerie*, Paris, Librairie de Médicis, 1946, 589 p.

8. Lucien GACHON, « La crise agricole française. Symptômes, manifestations causes géographiques et démographiques », dans *Revue de géographie de Lyon*, 1955, pp. 35-45.

9. Florent NOVÉ-JOSSERAND, « Perspectives de l'économie agricole française », dans *L'économie agricole française 1939-1958.— Économie rurale. Bulletin de la Société française d'économie rurale*, n° 39-40, janvier-juin 1959, pp. 255-258.

agricoles. Changement d'autant plus marquant qu'ils sont issus, pour la plupart, des régions de petite paysannerie surpeuplée : Bretagne, Auvergne, Aveyron. Ils connaissent bien l'émigration agricole et la vraie cause des départs. Le grand transfert s'explique tout simplement par les pénibles conditions de vie et de travail dans l'exploitation paysanne traditionnelle : cohabitation difficile entre les générations, accès tardif aux responsabilités pour les plus jeunes, partages successoraux pleins de conflits, émigration elle-même à la fois « forcée » et difficile à vivre. Le constat est sévère, le dogme paysanniste retourné. Une formule fera choc : « l'exploitation familiale, c'est l'exploitation de la famille »[10].

Il s'agit d'abord d'alléger la peine du paysan : accepter sans état d'âme le tracteur, les machines, les moteurs. Déjà de véritables plaidoyers pour la motorisation « qui apporte le bien-être » avaient été écrits, mais sans trop s'interroger sur ses conséquences (Maurice Artaud)[11]. Déjà, un dirigeant de la JAC, René Colson, était allé plus loin dans un ouvrage plus incisif[12]. Sans illusion sur l'intensité d'une nouvelle migration de type moderne, il évoquait « un million de paysans en trop » et préconisait un véritable office des migrations rurales pour l'ensemble de la France. Les dirigeants de l'agriculture de 1960, par exemple Michel Debatisse, n'hésitent pas à parler « de trop-plein de main d'œuvre » et de « chômage camouflé ».

Impossible de conserver l'agrarisme d'antan. Bon analyste d'un changement fondamental, Michel Cépède constate que ce qu'on considérait comme le meilleur système de culture était « celui qui fournissait au meilleur prix social une exploitation du sol qui maintienne les qualités de production », alors qu'aujourd'hui « nous en arrivons à considérer qu'un système de production est d'autant meilleur que, pour produire une certaines quantité de richesse, il utilise moins de travail humain »[13]. Comment mieux définir le nouveau *credo* de la productivité du travail agricole ?

L'enjeu est important, il ne s'agit pas d'une idéologie, voire d'une doctrine pour les dirigeants de l'agriculture française, mais bien d'une nouvelle politique qu'il faut appliquer avec l'aide des pouvoirs publics et de la nouvelle organisation européenne. Accepter la productivité du travail, réduire le nombre des exploitants, soit. Mais jusqu'où aller et comment légiférer ? Les nouveaux dirigeants n'entendent pas favoriser la grande culture capitaliste, comme ils ne veulent pas s'enliser dans la défense du vieux paysannisme. Il faut conserver l'exploitation familiale, mais

---

10. Michel DEBATISSE, *La révolution silencieuse. Le combat des paysans*, Paris, Calmann-Lévy, 1963, 280 p. : sur l'émigration pp. 55-65, sur le chômage camouflé pp. 231-232.
11. Maurice ARTAUD, *Le métier d'agriculteur et l'agriculture nouvelle*, Paris, Éditions ouvrières, 1968 (1ère édition 1944), 320 p.
12. René COLSON, *Motorisation et avenir rural*, Paris, Centre national d'études rurales, 1950, 148 p.
13. Michel CÉPÈDE, « L'évolution de la productivité », dans *L'économie agricole française 1939-1958.— Économie rurale. Bulletin de la Société française d'économie rurale*, n° 39-40, janvier-juin 1959, pp. 143-148.

modernisée. Ne pas tomber dans le salariat où « se perdrait initiative et responsabilité » (Michel Debatisse). Mais ne pas chercher à faire monter tout le monde « dans le train du progrès ». Voie étroite, avec, à l'horizon, des oppositions elles-mêmes antagonistes. Cette paysannerie modernisée, sorte de troisième voie entre la petite et la grande culture, est l'objet de tous les soins de la nouvelle politique. Cette paysannerie, on l'imagine se constituant progressivement, « avec des surfaces et des élevages qui doivent s'agrandir peu à peu ».

On a donc assisté à une politique agricole qu'on peut qualifier de délestage programmé de la population. Un remodelage qui, touchant non seulement à cette population, mais à la dimension des fermes, a été appelé « politique des structures ». Mais l'aspect démographique, moins étudié, est fondamental. Ce « délestage » fut orchestré par un extraordinaire appareil, des institutions toutes nouvelles, soutenues par les subventions de l'État-providence et de l'Europe-providence. On a touché à toute la démographie sociale de l'agriculture : installations, retraites, achats et ventes de terre.

Il a d'abord fallu définir le « niveau de base » de cette nouvelle exploitation familiale rentable, celle qui donnerait droit en somme à la modernisation subventionnée. Au-dessous de cette limite c'était le rejet. On devine à quelles discussions homériques donnèrent lieu la définition de la « surface minimale d'installation » (SMI), controverses entre paysannistes et modernisateurs, département par département, région par région. Le débat, souvent repris, est loi d'être clos [14]. Qui va-t-on aider ? Qui va-t-on laisser de côté ? Un problème, moins grave, se pose du côté de la grande culture : à partir d'une certaine aisance (trois surfaces minimales d'installation), on n'a plus besoin d'aide des pouvoirs publics [15]. De plus, il faut organiser « l'escalier montant » et « l'escalier descendant » de la migration agricole [16], et d'abord l'escalier descendant. « L'indemnité viagère de départ », première retraite paysanne, fait disparaître de la scène plus d'un demi-million de vieux agriculteurs. Disparaître ou s'effacer quelque peu. L'escalier montant, avec la « dotation pour les jeunes agriculteurs » (DJA) a trouvé son plein effet plus tard.

Quant aux SAFER, « Sociétés d'aménagement foncier et d'établissement rural », elles redistribuent, au rythme moyen de 80 000 hectares par an, les ventes et les achats de terre agricole. Les agriculteurs en ont été les principaux bénéficiaires, particulièrement les exploitants familiaux « moyens » qui ont pu étoffer leur entreprise. C'était bien le but recherché. Mais que n'a t-on dit et critiqué, dans les petites fermes mises quelque peu à l'écart de cette sélection agraire programmée !

---

14. Dans la montagne du département du Puy-de-Dôme, par exemple, les propositions pour définir une SMI ont varié de la gauche syndicale à la droite entre 15 et 45 hectares (d'après E. Montpied).

15. D'où la loi sur les « cumuls ».

16. L'expression d'Edgar Faure, alors qu'il était ministre de l'Agriculture, pour désigner ce réglage du flux et du reflux.

Le « délestage » voulu a-t-il dépassé les prévisions ? Quelle part revient à la politique suivie et quelle part à l'inévitable modernisation-élimination, dans une période de grande expansion des emplois urbains ? Quoi qu'il en soit, on atteint dans les années 1970-1980 des pertes d'effectifs agricoles de l'ordre de 5 % par an.

Il y a un paradoxe dans la proposition d'un modèle de ferme paysanne moyenne fortement modernisée. Réunir dans la même exploitation la famille (plus ou moins conservée : « les deux unités de travail ») et l'équipement en capital le plus performant supposait un très fort appui financier des pouvoirs publics, de Paris et de Bruxelles. Les *leaders* de la « révolution silencieuse », sortis de la petite paysannerie de la Bretagne, de l'Auvergne, de l'Aveyron, ont cru à cette évolution subtile entre paysannerie et capitalisme, entre initiative personnelle et soutien des États [17]. Puis, les obstacles se sont accumulés et l'argent a manqué.

Aujourd'hui : la peur du vide

Aujourd'hui, la productivité agricole n'a pas que des défenseurs. On dit volontiers : « productivisme », et le productivisme, entre autres défauts, détruit des emplois à grande vitesse. On ne dénombre plus guère que 600 000 exploitations agricoles en France. En comptant très largement et en sachant bien que beaucoup encore disparaîtront. Le renouvellement des chefs d'exploitation se fait mal. D'abord, la fécondité des familles d'agriculteurs a beaucoup diminué. Le célibat n'est pas rare. Les retraites et même les pré-retraites, avant soixante ans, deviennent fréquentes. Les installations sont loin de compenser les sorties. Au recensement agricole de 1989 – on posait la question à tous les agriculteurs – près de la moitié des exploitants déclaraient ne pas être certains d'avoir un successeur connu. De fait, calculé en moyenne sur les dix dernières années, le taux de remplacement annuel des chefs d'exploitation est à peine supérieur à un tiers. La chute est voisine de 4 % par an [18].

Au cours de la vie active, une certaine élimination apparaît qui n'existait guère autrefois. Des fermes bien équipées, trop bien équipées, n'ont pas pu résister au sur-investissement et aux dettes lorsque les mauvaises années sont venues. La ferme moderne est une entreprise lourde en capital qui n'a plus rien à voir avec la maisonnée familiale. Tel fils d'agriculteur « a vu trop grand », puis abandonne, après quelques années trop dures. Ou encore un jeune ménage s'établit en « groupement agricole d'exploitation en commun » (GAEC) avec les parents, mais s'adapte mal et quitte l'agriculture. Nous

---

17. Il est clair que les premiers contrats entre paysans et firmes de l'élevage industriel n'ont pas été perçus comme une véritable « intégration » au monde capitaliste. Voir : Michel DEBATISSE, *La révolution silencieuse*, ouv. cité, p. 237. C'était une « solution d'attente » pour « s'agrandir », ensuite, à la façon paysanne… En fait, cela dure.
18. Par an, environ 50 000 cessations d'activité (retraite ou décès). Environ 20 000 installations. Déficit de 30 000 exploitations, soit un taux de remplacement de 35 %. Revue *Agreste*, ministère de l'Agriculture (moyenne annuelle sur la période 1988-1998).

avons fréquemment rencontré ces cas dans nos enquêtes, dans le Massif central.

Le problème est grave dans les régions dites défavorisées, la plupart des montagnes françaises. La vive concurrence qui s'exerce entre les producteurs modernisés s'exerce aussi, à une autre échelle, entre les régions. Les plus pauvres, les moins aptes à la productivité, deviennent comme « facultatives » sur le marché. On pourrait, à la limite, se passer de leur production atomisée et coûteuse. L'européen Sicco Lendeert Mansholt avait très bien vu le problème, dès 1968, et son fameux mémorandum affirmant que seule l'agriculture la plus moderne devait être aidée par l'Europe (celle des plans de « développement »). Hors-circuit, toute une agriculture était condamnée à la mise en sommeil. Il fallait trouver autre chose : la forêt, l'entretien de la nature pour ces régions défavorisées. Ce fut un cri d'horreur quasi-unanime dans l'agriculture française. On refusa, purement et simplement, cette vision « technocratique » (et écologique en même temps).

Depuis, on a beaucoup écrit, et souvent avec excès, sur la « désertification » des régions défavorisées. Il y eut même, après la France sans paysans, « la France en friche »[19]. En fait, il est bien rare que la terre soit complètement délaissée par l'agriculture et vouée à la forêt envahissante. Non, ce qui se passe le plus fréquemment, quand un exploitant disparaît sans successeur, c'est une reprise par un agriculteur voisin, qui loue la terre. Ce processus d'agrandissement des fermes est en pleine action, et va très vite. Un éleveur actif, bien équipé, peut aujourd'hui maîtriser, tant bien que mal, cinquante hectares, cent hectares d'herbe. Mais une ferme a remplacé deux fermes d'autrefois…

Dans ces régions, ce qui ne serait ailleurs qu'un « délestage » est considéré comme une perte sèche, une force perdue. Car les régions défavorisées ont le double handicap d'être déjà très dépeuplées et malheureusement trop « agricoles » dans leur société. Dans ce village de l'Ariège, de la Creuse, c'était la vie agricole, bien vieillie pourtant, qui faisait vivre l'école, le petit commerce, les artisans. Par le processus d'agrandissement des fermes, la dégradation du tissu social s'aggrave. On sent bien qu'il faut trouver une solution, inventer quelque nouvelle activité inédite pour sortir de ce cercle vicieux de l'agriculture. Mais le problème, quoique moins grave, se pose un peu partout dans l'agriculture française. On nous apprend que le revenu final de l'agriculteur doit bien peu à la production agricole elle-même[20]. Ce sont évidemment les petites exploitations qui sont perdantes.

---

19. Éric FOTTORINO, *La France en friche*, Paris, Lieu Commun, 1989, 209 p.
20. Pour Philippe Lacombe, le revenu final de l'agriculture française en 1987 se décompose comme suit : 44 % de revenus extérieurs à l'agriculture, 25 % de concours publics et 31 % seulement d'origine purement agricole. Y a-t-il encore des agriculteurs ?

Faut-il donc chercher de nouvelles solutions pour maintenir les fermes moyennes et petites ? « une nouvelle intégration au monde moderne », avec Sicco Mansholt ? Les idéologies vont bon train et semblent peu à peu s'appuyer les unes les autres.

Il y eut, assez tôt, après le recensement de population de 1975, qui montrait une certaine stabilisation du peuplement rural (mais non pas agricole !) l'idée de la « renaissance rurale »[21]. Les urbains se rapprochaient des agriculteurs. On allait pouvoir compter sur de nouveaux clients : le consommateur urbain en résidence temporaire à la campagne aime les produits du terroir. Il veut de la qualité et de beaux paysages. La « campagne patrimoine » et la « campagne-nature » : voilà bien une nouvelle chance pour le tourisme à la ferme, les produits fermiers en vente directe, l'entretien de certaines parcelles « jardinées » par l'agriculteur. Or, voici que l'idéologie de l'agriculture « territoriale » séduit enfin les agriculteurs eux-mêmes, et opère un rapprochement. Il ne s'agit pas seulement de produire mais « d'occuper le territoire », de « maintenir la production sur tous les territoires »[22] « Sans une politique de cet ordre... les paysans français ne seront pas plus de 250 000 à 350 000 d'ici peu ». On dira aussi « nous avons plus besoin de voisins que d'hectares » et bientôt « pas de pays sans paysans »...

On compte beaucoup sur ces convergences idéologiques entre consommateurs et agriculteurs. Les mots « terroir », « paysan », reprennent une saveur nouvelle. Il ne reste plus qu'à convaincre les pouvoirs publics que cette agriculture de terroir doit faire partie de la mission de l'État. Deux syndicalistes très « paysans » remarquent : « Ce sont les agriculteurs qui ont façonné l'espace rural, mais cette tâche, ils ne pourront plus l'assumer si on laisse se concentrer la production sur peu de sol et en hors-sol » ; « Il faut cesser de s'auto-détruire », ajoutent les auteurs[23].

Dans cette découverte ou redécouverte de l'agriculture de terroir, la France conserve une certaine originalité. On l'a bien vu avec l'établissement des premières limitations de la production laitière (quotas laitiers, 1983). On a tenu à maintenir les quantités allouées au lieu même de l'exploitation : solution assez « paysanne », très locale, opposée à l'idée inverse d'un marché financier des quotas tel que l'ont pensé les Anglais ou les Néerlandais et qui favorise la concentration en grandes fermes. Plus récemment, les mesures environnementales en agriculture, lancées par

---

21. Bernard KAYSER, *La renaissance rurale. Sociologie des campagnes du monde occidental*, collection U, Paris, Librairie Armand Colin, 1990, 316 p. Parmi bien des écrits de l'auteur, voir également : Bernard KAYSER, « La ruralité aujourd'hui », dans *Les mutations dans le milieu rural. Actes du colloque de géographie rurale en l'honneur de Pierre Brunet, Caen, 17-18 septembre 1992*, Caen, Presses universitaires de Caen, 1995, pp. 463-469.
22. Voir : Daniel CROZES, *Raymond Lacombe : un combat pour la terre*, Rodez, Éditions du Rouergue, 1992, 318 p.
23. Michel FAU et Michel TEYSSEDOU, « L'agriculture ne doit pas se soumettre à la dictature du marché », dans *Le Monde*. 6 février 1997.

l'Europe, reçues comme action écologique par les pays du nord, ont été interprétées à notre façon. Pierre Alphandéry remarque qu'on « en a fait un outil de protection des zones où l'agriculture est en déprise »[24].

***

Peut-on conclure ? N'y aurait-il pas, si peu que se soit, quelque trace de « paysannisme », comme une survivance culturelle, dans les idéologies rurales de la France d'aujourd'hui ? L'idée que l'agriculture paysanne – même si elle est presque méconnaissable – est nécessaire aux côtés de la grande agriculture « efficace ». Un vieux débat, pas vraiment clos.

---

24. Pierre ALPHANDÉRY et Jean BOURLIAUD, « L'agri-environnement, une production d'avenir ? », dans Pierre ALPHANDÉRY et Jean-Paul BILLAUD [dir.], *Cultiver la nature.— Études rurales*, n° 141-142, janvier-juin 1996, pp. 21-43.

Georges Rouquier documentariste et l'ethnographie de la France paysanne. Un regard agrarien sur la société rurale ?

François PORTET

Georges Rouquier cinéaste, réalisateur de nombreux documentaires entre 1929 (*Vendanges*) et 1983 (*Biquefarre*) est connu par une série de documentaires sur les artisans du monde rural : *Le tonnelier* (1942), *Le Charron* (1943), *Le Chaudronnier* (1949), *Le Maréchal-ferrant* (1993) sans oublier *Le Sabotier du Val de Loire* (1955) confié à Jacques Demy, autant de films qui ont contribué à modeler notre regard sur la société préindustrielle. Dans ces films documentaires, l'anthropologue Marc-Henri Piault souligne, au-delà d'une appréhension nostalgique du travail « fait main », « une attention portée au geste, au mouvement et quelque chose de la durée et de l'espace que n'expriment pas les mots et qui passe dans le tournage d'un film ; sans doute aussi la présence de l'homme marquée sur l'environnement immédiat : on sent sur les outils la trace des mains qui les ont faits et utilisés, les rideaux aux fenêtres frémissent encore des regards qui les ont traversés »[1].

L'œuvre la plus reconnue du cinéaste est sans conteste le long métrage *Farrebique*[2] sorti en 1946, qui remporte le prix de la critique internationale à Cannes en 1946, la médaille d'or à Venise, et connaît un certain succès dans les salles. Des anthropologues américains et notamment Laurence Wylie ont vu dans ce documentaire scénarisé par Georges Rouquier sur la vie et les jours d'une famille paysanne du Rouergue un témoignage de première importance sur la vie rurale en France. Laurence Wylie encouragera la réalisation d'un deuxième film sur le même « terrain » : le village de Goutrens en Aveyron, autour de la famille Rouquier de

---

1. Marc-Henri PIAULT, *Anthropologie et cinéma. Passage à l'image, passage par l'image*, Paris, Éditions Nathan, 2000, p. 128.
2. Par convention nous écrivons en italique les mots *Biquefarre* et *Farrebique* lorsqu'il s'agit des films, et en lettres droites Biquefarre et Farrebique lorsqu'il s'agit des domaines ou lieux-dits.

Farrebique toujours, mais cette fois-ci sur la transformation d'une société paysanne confrontée à l'exode rural et à la nécessité des exploitations de s'agrandir pour survivre. Ce sera le film *Biquefarre,* réalisé par Georges Rouquier en 1983, trente-huit ans après *Farrebique.*

Aujourd'hui, nous sommes tentés de considérer ces deux films et l'ensemble de l'œuvre documentaire comme des documents ethnographiques qui nous renseignent sur la « vraie vie » des paysans français des marges orientales du Massif central avant et pendant la Seconde Guerre mondiale, à l'époque de la modernisation agricole, et jusqu'au début des années 1980. À propos de ces « documentaires scénarisés » qui livrent une interprétation de la société rurale dans deux périodes particulières, il faudra s'interroger sur cette question de la vérité et de l'authenticité du témoignage. La proximité entre le réalisateur-témoin et ceux qu'il met en scène, c'est-à-dire sa propre famille, pose une autre question qui est à relier avec la volonté affichée par Rouquier de traiter de l'intimité. Dans quelle mesure l'observateur peut-il exposer l'intime dans une société d'interconnaissance et de quelle intimité s'agit-il alors ?

Une dernière question porte sur le statut qu'ont pu prendre les lieux d'enquête « emblématiques » des sociétés rurales de l'après Seconde Guerre mondiale : à Plozévet [3], où de nombreux chercheurs ont séjourné, dans le village de Minot qui fut l'objet d'une présence longue de quatre chercheuses, ou encore sur le territoire du plateau de l'Aubrac, investi par l'équipe interdisciplinaire de la recherche coopérative sur programme dite de l'Aubrac menée en collaboration avec le Musée des arts et traditions populaires. Pour Martyne Perrot, qui a revisité ce terrain une vingtaine d'années après ces enquêtes, la recherche a laissé des traces dans la mémoire locale et les importants volumes de résultats de recherche publiés au début des années 1970 sont encore des références présentes dans les bibliothèques locales. Elle signale aussi combien cette recherche a contribué à installer durablement l'importance de l'image de la figure agropastorale dans les représentations contemporaines des habitants [4].

Le village de Goutrens, bien qu'il soit explicitement cité dans le film *Biquefarre,* n'est peut-être pas associé pour le grand public au « haut-lieu paysan » que serait Farrebique pour tous ceux qui ont vu le film. En revanche, il fait l'objet localement d'une reconnaissance patrimoniale par le biais d'un projet de musée Rouquier. Nous avons repéré dans une tribune libre du journal *L'Humanité,* l'intéressant témoignage d'un lecteur originaire de la commune. Celui-ci montre que l'œuvre de Rouquier peut être mobilisée comme une ressource autour du patrimoine local, mais qu'elle peut aussi, après plusieurs décennies, renvoyer encore une image

---

3. Pour ne pas trop alourdir l'appareil de notes, nous nous abstiendrons de citer l'ensemble des travaux publiés sur ces « terrains ruraux ».

4. Martyne PERROT, Conférence du Centre de recherche sur la littérature des voyages, Université Paris 4 Sorbonne, adresse du site http://www.crlv.org/outils/encyclopedie/afficher.php?encyclopedie_id=401

négative des habitants de ce territoire. Ainsi l'auteur de la tribune libre revendique le patronage du cinéaste pour défendre le paysage à l'occasion de la construction d'une ligne électrique. « En ce qui me concerne, j'ai toujours ressenti dans ces films, ce pays que je connais bien, et que je quitte suffisamment souvent pour mieux le reconnaître quand j'y reviens. À la fois les chemins, et cette nature si changeante à chaque saison, ces verres que l'on prend quand on va rendre visite à la famille, à un voisin en partant chercher les châtaignes, au vigneron pour prendre du vin » [5].

En revanche, cette vision patrimoniale de l'œuvre du cinéaste ne semble pas partagée par tous les habitants, qui peuvent avoir une perception soit localiste soit anecdotique du documentaire ou encore ne retenir qu'une vision négative d'eux-mêmes. « Nous avons toujours été attentifs aux diffusions de *Farrebique*, et ensuite de *Biquefarre*. Dans l'ensemble, les gens de Goutrens analysent ces films comme des détails locaux. Lorsqu'ils les montrent à leurs amis, ceux-ci ont souvent plus tendance à sourire qu'à s'extasier. Ces films génèrent, hélas, un sentiment de honte chez certains, qui estiment être décrits comme des arriérés » [6].

Ce témoignage qui renvoie à la persistance des représentations et à la transmission des images dans le public nous amènera aussi à nous interroger sur le rapport entre cette approche documentaire du monde paysan et l'ethnographie du domaine français qui s'attache aussi dans la même période à l'étude des sociétés paysannes, puis à l'étude du monde rural. Pourquoi avoir choisi d'arrêter son regard sur ces paysans « hors du temps » ? Peut-on considérer qu'il y a, entre les images en noir et blanc du film *Farrebique* présentant la lignée paysanne des Rouquier au travail, au sein d'un univers immuable, et le film *Biquefarre*, qui parle d'agriculteurs aux prises avec l'exode rural et l'évolution rapide d'une exploitation soumise aux lois du marché, une évolution du regard du documentariste ?

Dans la perspective des croisements qui ont pu exister entre des approches ethnographiques des sociétés rurales et ce travail documentaire, nous avons enfin tenté de cerner quelques objets qui structurent manifestement ces films, en constatant que ces objets sont sans doute plus construits dans le premier film que dans le second. Nous nous attacherons en particulier à examiner comment l'auteur privilégie dans *Farrebique* l'approche de la « lignée patrimoniale » et les liens qu'il établit entre cette lignée et la maison conçue à la fois comme un bien matériel et symbolique. Le film *Biquefarre* mettrait la lignée à l'épreuve du changement, alors que la notion de maison disparaît au profit de celle d'exploitation.

---

5. Éric DEMOUGIN, « *Farrebique et Biquefarre* », Tribune libre du journal *L'Humanité*, 13 octobre 1999.
6. *Ibidem*.

Proximité, authenticité et intimité

Le réalisateur s'est illustré et fait connaître à travers une œuvre où le thème agraire tient une large place. Ce thème récurrent s'explique aussi par la biographie de Georges Rouquier. Il s'en est expliqué à plusieurs reprises, et commentateurs et critiques de ses films ont relevé cette proximité entre l'auteur et le monde qu'il décrit à travers son œuvre documentaire. Le père du cinéaste était en effet originaire de la ferme et du hameau de Farrebique, situé dans la commune de Goutrens dans le département de l'Aveyron. La situation du père de Georges et de son frère est celle des frères cadets, illustrée dans les deux films par le personnage d'Henri : ils ont dû quitter la ferme pour laisser sa chance à l'aîné, le grand-père du film. Tous deux ont créé une laiterie à Lunel, dans le Gard. Le père de Georges est tué durant la Première Guerre mondiale, alors que ce dernier a six ans. C'est à ce moment-là que Georges Rouquier séjourne pendant plusieurs mois à Farrebique. On ne manquera pas de voir dans la description d'une ferme hors du temps historique que fera plus tard l'auteur de *Farrebique* un lien avec sa situation personnelle.

« Monté » à Paris après un premier apprentissage de typographe, il exerce le métier d'ouvrier linotypiste. C'est donc en autodidacte qu'il aborde la réalisation cinématographique avec un premier film intitulé « Vendanges » tourné dans le Midi viticole en 1929. Il a alors été séduit par le film muet du cinéaste ukrainien Eugène Deslaw *La Marche des machines* (1925), et c'est paradoxalement aux côtés de ce cinéaste d'avant-garde, inspiré par le machinisme, fasciné par la ville, mais dont l'œuvre a été brutalement interrompue par l'avènement du cinéma parlant, que Rouquier va s'initier à l'utilisation du son et de la post-synchronisation. Il se passe treize années avant qu'il ne passe à la réalisation d'un documentaire parlant avec *Le Tonnelier,* que le producteur Etienne Lallier accepte de financer en 1942. L'anthropologue Marc-Henri Piault a souligné combien ce film avait contribué à former un certain regard sur le travail. « Les images de ce film modéliseront pour longtemps les nostalgies du travail fait main », écrivait-il [7], rappelant aussi que ce travail s'inscrivait dans un climat de défense de l'artisanat et du monde rural favorisés par le régime de Vichy.

Après trois courts-métrages tournés pendant la guerre, Rouquier aborde le « monde paysan » à travers la représentation de la vie quotidienne d'une « lignée », des membres de sa propre famille installés sur la terre de Farrebique.

Pour l'ethnologue, il est assez troublant de trouver en ouverture de *Farrebique* cette déclaration d'intention écrite et reprise par le narrateur : « Ce film dont les prises de vue ont duré toute une année a été tourné de la première à la dernière image dans l'intimité d'une famille du Rouergue ». Deux conditions de l'observation ethnographique s'y trouvent réunies :

---

7. Marc-Henri PIAULT, *Anthropologie et cinéma...*, ouv. cité, p. 126. Marc-Henri Piault souligne combien ce film allait dans le sens de l'idéologie d'un régime qui « fondait ses valeurs conservatrices sur le moralisme du travail, l'obéissance au père et l'amour de la patrie ». *Ibidem*, p. 126.

durée longue de l'observation et attention au quotidien, à l'intime et au détail infime qui, avec le choix de « vrais personnages », confèrent la force du témoignage authentique à ce film, au point de faire oublier qu'il s'agit d'une œuvre de fiction, dont les situations et les dialogues sont soigneusement mis en scène par le réalisateur. Les acteurs principaux du film *Farrebique* sont exclusivement choisis dans la famille Rouquier et deux membres de la famille Fabre, qui sont des alliés possibles. L'intimité dans laquelle nous fait pénétrer *Farrebique* est donc toute relative. Certes, les gestes de la vie quotidienne sont là : repas collectifs, préparation des repas, vaisselle dans la souillarde, gestes de la fabrication du pain, lever et coucher des enfants. Au sein de l'espace domestique, le documentariste a le sens du détail, en particulier dans ce que l'on pourrait appeler les rituels de la vie domestique : le tranchage du pain toujours effectué par le maître de Farrebique : le grand-père, puis le père après la mort du premier, ou encore le claquement sec du couteau qui signale le début et la fin du repas. Signalons à ce propos l'importance accordée, particulièrement dans les espaces clos, aux ambiances sonores : le mouvement de la pendule et son tintement en arrière-fond ou, lors d'une visite au village chez la tante paternelle, le bruit des marteaux sur une forge que l'on distingue à peine. Les hommes sont filmés aussi dans l'étable : la traite à la lumière de la lampe à pétrole, c'est l'occasion de montrer des rapports de proximité entre les animaux et les hommes, par exemple lorsque le grand-père, lors de sa dernière visite, flatte ses animaux. L'espace des champs et des prés est en quelque sorte le prétexte à une illustration des travaux et des jours d'une ferme de polyculture, avec des images qui n'échappent pas toujours au tableau de genre.

« *Farrebique* est un film "vrai" parce qu'il a été filmé dans un vrai village du Rouergue avec de vrais paysans pour interprètes »[8]. Ce commentaire de Rouquier, Marc-Henri Piault l'a mis à l'épreuve en relevant certains aménagements avec la vérité : par exemple, le fait que l'un des frères Rouquier, prisonnier de guerre revenu au milieu du tournage, ait été écarté du film parce qu'il aurait, par sa présence, rappelé la guerre, et un temps présent que le réalisateur souhaitait bannir d'une action située hors du temps[9].

Dans le film *Biquefarre,* le temps a fait son entrée, notamment par la mécanisation qui a envahi tous les espaces de production. Cette évolution s'effectue au prix d'un éclatement de l'espace agraire « traditionnel » qui s'organisait entre un intérieur – la ferme telle que nous l'avons vue fonctionner, logeant les gens, les animaux et leurs biens – et un espace extérieur où se déployaient les activités agricoles. L'intérieur était, comme nous l'avons vu, un espace de l'intime marqué par des rites : ritualités

---

8. Philippe HAUDIQUET, Georges Rouquier, Paris, Images en bibliothèque, 1989, p. 5.
9. Marc-Henri PIAULT, *Anthropologie et cinéma...*, ouv. cité, p. 127.

quotidiennes, rites de passage lors des naissances et des décès. Désormais les espaces se sont différenciés : la cuisine, par exemple, n'est plus le lieu de parole du père, du maître de la maison [10]. Rouquier, précisément, s'attache à montrer systématiquement ces cuisines des maisons modernes où l'on discute de tout. C'est dans la cuisine du pavillon d'Henri, le fils cadet du film *Farrebique,* que s'amorce en présence de son épouse l'annonce de la vente du domaine de Biquefarre par son propriétaire, Raoul Pradal ; c'est là aussi que les acheteurs potentiels viennent aux nouvelles.

Les élevages de vaches de race holstein sont installés dans des stabulations dont le documentariste montre la rigidité, la contrainte qu'elles exercent sur les hommes et les bêtes. Au regard des rapports de proximité, voire de tendresse entre hommes et bêtes qui étaient montrés dans le film précédent, dans l'étable qui était présentée comme un prolongement du logis, il insiste au contraire sur la brutalité des comportements envers les animaux, qui sont représentés en masse, rarement individualisés. Le travail de la terre est représenté à travers le travail des machines, notamment la fenaison et le pressage des bottes de foin, évoqués par un véritable ballet mécanique, souligné par un accompagnement musical de piano mécanique. Rouquier nous invite enfin à mesurer combien les agriculteurs de ce temps sont dessaisis de la maîtrise de leur temps. L'un d'entre eux est réveillé au milieu de la nuit par l'entreprise de battage qui lui propose de moissonner son champ immédiatement : « c'est cette nuit ou dans quatre jours ».

Documentaire et approche ethnographique du monde rural

C'est une vision d'un paysan échappant aux changements qui affectent le mouvement de la société qui apparaît dans *Farrebique*. Dans le second film, *Biquefarre,* l'agriculteur est au contraire, comme nous venons de le voir, repris dans le mouvement de la société, à son corps défendant. Ce point de vue documentaire sur le paysan et l'univers des campagnes qui évolue dans le second film vers une vision critique de l'agriculture moderne peut être confronté, dans cette large période qui court de l'entre-deux-guerres aux décennies qui suivent la Seconde Guerre mondiale, avec une approche ethnographique du monde rural qui s'est construite dans la même période. On peut faire l'hypothèse, en effet, que ces deux types de regards se sont sans doute croisés et mutuellement influencés. Les propos qui suivent mériteraient sans doute d'être nuancés et développés ; il est cependant utile de comprendre comment une ethnologie de la France qui est en phase de construction, dans les années 1930, va s'orienter vers l'étude privilégiée de la « société paysanne », orientation qui sera plus marquée

---

10. Ce sont des remarques que font aussi les chercheurs qui effectuent à la fin des années 1970 une recherche sur la transformation de l'habitat rural en haute Lozère. Voir : Philippe BONNIN, Martin de LA SOUDIÈRE et Martyne PERROT, *L'ostal en Margeride. Pour une analyse des modèles sociaux de l'organisation de l'espace : la transformation de l'habitat rural en haute Lozère,* Paris Éditions du Centre national de la recherche scientifique, 1983, 342 p.

encore pendant les années de guerre dans un climat de connivence avec les idéologies du moment. Au sortir de la guerre, c'est sans doute dans la lente émergence des études rurales, faisant appel à une pluridisciplinarité retrouvée, que l'ethnologie du monde rural parviendra progressivement à échapper à une vision fixiste et idéologisée des « campagnes ». Cette histoire de la discipline a été largement débattue ces dernières années, nous n'y reviendrons pas ici. Peut être faut-il cependant rappeler que dans cette période, l'ethnologie française trouve une nouvelle audience à travers les musées et notamment le Musée de l'Homme, auquel s'adjoint en 1937 le Musée des arts et traditions populaires (ATP), qui réalise dans le cadre de l'exposition universelle de 1937 l'exposition des provinces françaises. Celle-ci s'appuie sur le travail de musées locaux et de groupes folkloriques qui collectent sur le territoire les éléments d'un « folklore paysan ».

Dans un article qui retrace l'action de Georges-Henri Rivière, responsable du musée des ATP en 1937, Isac Chiva montre comment les scientifiques qui sont associés à ce projet vont se trouver mêlés à ceux qui déjà idéalisent le monde paysan ou veulent y chercher un modèle de régénération sociale, au nom de l'urgence qu'il y aurait à recueillir les témoignages d'une société en voie de disparition [11]. « C'est qu'en 1937 la conjoncture était complexe pour qui œuvrait dans ce domaine. Aux préoccupations des pouvoirs publics en matière d'éducation et loisirs populaires, faisait contrepoint le pressentiment d'une transformation inévitable, proche et brutale du monde rural français, issu alors d'une très longue et lente évolution. Géographes, historiens, ethnographes et folkloristes de l'époque pensaient qu'il convenait d'étudier de toute urgence cette civilisation archaïque vouée à une décomposition rapide. D'autres, surtout parmi les politiques, les écrivains mais aussi les folkloristes, se laissaient tenter par l'idéalisation de cette société, en même temps que se produisait un renouveau des mouvements régionalistes et des groupes folkloriques : déjà les prémisses du "retour à la terre" et les promesses de rénovation sociale contenues dans le folklore paysan, qui s'amplifieront avec le régime de Vichy ! » [12]

Daniel Fabre montre comment, dans la période qui précède immédiatement la guerre, à l'instigation notamment de notables agrariens, les thèmes qui exaltent la permanence de la « France paysanne » sont développés. Il relève notamment une exposition qui devait être organisée à la bibliothèque nationale à l'occasion du quatrième centenaire d'Olivier de

---

11. La notion d'ethnologie d'urgence fera son apparition quelques décennies plus tard, à la fin des années 1970, alors que les mouvements régionalistes connaissaient un certain reflux, au moment de la création auprès du ministère de la Culture de la Mission et du conseil du patrimoine ethnologique. C'est une notion encore mentionnée aujourd'hui dans leurs opérations de collectes par certains ethnomusicologues.
12. Isac CHIVA, « Georges-Henri Rivière : un demi-siècle d'ethnologie de la France », dans Terrain, n° 5, 1985, p. 77.

Serres [13]. En préface au catalogue de cette exposition, l'historien Marc Bloch s'élève déjà, au nom de l'histoire comme science du changement, contre « l'insupportable mythe de l'immutabilité paysanne » [14].

Sans développer ici l'histoire du Musée des arts et traditions populaires pendant la Seconde Guerre mondiale et l'immédiat après-guerre, il faut relever cependant que c'est durant cette période que se mettent en place les grands chantiers de collecte et d'étude du musée. « En effet, le musée des Arts et Traditions populaires abritera certains des "chantiers intellectuels" qui, conçus par le poète, administrateur et résistant Edmond Humeau, avaient pour but avoué de favoriser l'emploi et combattre le chômage et pour but effectif de protéger au maximum les personnes, intellectuels suspects ou guettés par le STO. Ces chantiers du Commissariat à la lutte contre le chômage placé d'abord sous l'autorité de la Délégation générale à l'Équipement national, puis, dès la fin de la guerre, sous celle du secrétariat d'État au Travail, ont existé de 1941 à 1946. Ceux qu'abrita le Musée se vouèrent à des enquêtes sur le mobilier traditionnel, sur l'artisanat, sur l'architecture rurale notamment : la volonté de décrire la civilisation matérielle s'accompagnait du souci de préparer des solutions nouvelles, adaptées à chaque région, à chaque genre de vie, pour la période de reconstruction et de modernisation qui allait suivre la fin de la guerre » [15].

Après la Seconde Guerre mondiale et sans doute sous l'influence des historiens Albert Soboul [16] (associé durant la guerre aux chantiers d'étude de l'habitat rural où le résistant trouve un refuge [17]) et surtout Charles Parain qui, à la Libération, devient un collaborateur proche de Georges-Henri Rivière, les enquêtes sur l'habitat rural se poursuivent par une réflexion autour de l'ethnologie des techniques [18], dans laquelle les techniques agraires prendront une part importante. Dans les années 1960, renouant plus directement avec une perspective pluridisciplinaire voulue à l'origine du musée en 1937, la société rurale comme « établissement

---

13. Daniel FABRE, « *L'ethnologie française à la croisée des engagements* (1940-1945) », dans Jean-Yves BOURSIER [dir.], *Résistants et Résistance. Actes du colloque organisé les 11 et 12 janvier 1996 à l'Université de Paris 8-Saint-Denis*, Paris, Éditions L'Harmattan, 1997, p. 327.

14. *Ibidem*, p. 328.

15. Isac CHIVA, « Georges-Henri Rivière... », art. cité, pp. 77 et suivantes.

16. Albert Soboul, historien de la révolution française, résistant, participe au chantier sur l'habitat rural des ATP.

17. Albert Soboul publiera dans la revue marxiste deux études qui poursuivent les recherches menées dans le cadre de sa mission aux ATP : « Esquisse d'un plan de recherche pour une monographie de communauté rurale », dans la revue marxiste *La Pensée*, juillet-août 1947, puis en 1955, dans la collection des documents EDSCO édités à Chambéry par André et Lucien Sève, un dossier sur *La maison rurale française*. Celui-ci a fait l'objet d'une réédition du CTHS en 1995. Albert SOBOUL, *La maison rurale française*, EDESCO, Documents, n° 6, Chambéry, Les éditions scolaires, 1955. Réédition : Paris, Comité des travaux historiques et scientifiques, 1995, 173 p.

18. Voir en particulier Charles PARAIN, *Outils, ethnies et développement historique*, « collection Terrains », Paris, Éditions sociales, 1979, 502 p.

humain » – ces termes sont retenus dans le titre de la publication – fait l'objet d'une vaste recherche sur programme dans le cadre du Centre national de la recherche scientifique (CNRS), avec une forte participation de l'équipe scientifique et muséographique du musée. L'ethnologie, mais aussi l'histoire, la linguistique, l'ethnomusicologie, l'agronomie et la zootechnie sont convoquées pour réaliser cette très vaste monographie d'un territoire rural, avec une perspective qui oscille entre le recueil de témoignages autour d'un monde voué à la disparition et l'application de la méthode ethnologique en lien avec l'agronomie et la zootechnie, dans une perspective appliquée de développement agricole. Ce chantier est aussi pour les muséographes l'occasion d'une très importante collecte, qui permettra la mise en place de plusieurs reconstitutions dans le cadre d'un nouveau musée des ATP construit en 1969.

Ces quelques jalons, certes incomplets, permettent de mieux comprendre la place qui a été prise, dans le cadre des études d'ethnographie française, par le monde paysan puis la société rurale. Nous voudrions souligner deux traits saillants de la recherche durant cette période : une orientation vers les faits matériels, comme témoins d'une civilisation rurale menacée de disparition ; après la Seconde Guerre mondiale, ensuite, la tentative de rassembler des recherches autour d'une histoire et d'une ethnologie des techniques qui s'appliquerait aux techniques largement employées dans le monde rural. On pourrait interpréter aussi ce mouvement comme l'amorce, à travers les techniques, d'une historicisation d'une société qui avait été vue pendant près d'une décennie comme une société hors de l'histoire.

Il conviendrait de compléter ces observations, toujours pour la période considérée, par l'étude d'une ethnographie qui trouve sa place dans les musées régionaux. Pour en revenir aux correspondances qui peuvent exister entre le travail du documentariste Rouquier et le travail de collecte, de reconstitution et de scénographie autour des activités rurales « traditionnelles », on pourrait mettre par exemple en parallèle la présentation de la salle dite des « métiers auxiliaires de la vigne de et du vin » du Musée du vin de Bourgogne à Beaune [19], qui présente la taillanderie et la tonnellerie [20] et le film *Le Tonnelier*. Ici (dans l'exposition), la mise en scène des objets suggère des séquences de travail et évoque très précisément la chaîne opératoire qui transforme un ensemble de merrains de chênes en fût. Là, dans le film, le métier est aussi donné à voir à

---

19. La muséographie du vin de Bourgogne à Beaune a été conçue par Georges-Henri Rivière sur la base des matériaux ethnographiques et des collections rassemblées par l'ethnographe André Lagrange.

20. Voir en particulier le catalogue du musée du vin de Bourgogne établi par André Lagrange (ethnographe mais aussi animateur de fêtes régionalistes et folkloriques, associé à l'exposition de 1937 ; voir les travaux d'Annie Bleton-Ruget), avec une préface de Georges-Henri Rivière et introduction de Charles Parain. André LAGRANGE, *Catalogue du Musée du vin de Bourgogne à Beaune,* Paris, Éditions G.-P. Maisonneuve et Larose, 1965, 75 p.

travers des séquences qui découpent soigneusement cette même chaîne opératoire.

Il ne faudrait pas oublier une autre dimension de la muséographie qui contribue à la rapprocher du travail documentaire de Rouquier : dans la présentation successive des séquences du travail, les gestes sont suggérés par la position des outils et de la matière travaillée dans l'espace ; c'est ainsi une approche sensible de l'homme au travail qui est suggérée. On pourrait reprendre, pour ces techniques d'exposition, les propos de Marc-Henri Piault repris en exergue de cet article. À partir de cette comparaison entre la façon dont l'ethnographie traite de la technique à travers l'enquête, puis la restitution muséographique et l'investigation d'un documentariste comme Rouquier sur les techniques artisanales, il y a une piste de travail que nous souhaiterions poursuivre, notamment à partir du film *Farrebique,* dont la construction nous paraît plus centrée sur certains objets que le second film. Il s'agirait d'appréhender comment ce film documentaire s'appuie sur des objets qui sont aussi, à ce moment-là, des objets de l'ethnographie pour construire son propos. Dans *Farrebique*, il nous semble que deux grandes catégories d'objets émergent : la famille comme « lignée patrimoniale » et la maison comme un bien matériel et symbolique. Le film construit un lien fort entre ces deux objets, comme nous le verrons, ce qui devrait nous amener à nous interroger en conclusion sur la question contemporaine des objets d'une ethnologie de la ruralité.

Une lignée patrimoniale

Comme cela a été signalé, le champ d'observation du film *Farrebique* a été limité à douze personnages, dix d'entre eux sont les occupants de la ferme, deux autres sont des alliés potentiels. Dès les premières images, un découpage s'opère donc autour de la « lignée patrimoniale »[21] associée étroitement au domaine bâti. Cette lignée s'incarne à travers les trois générations ainsi nommées : le grand-père et la grand-mère, le fils aîné, Berthe sa femme, leurs enfants. Ensuite seulement sont nommés ceux qui n'appartiennent pas à la lignée : « Henri le fils cadet » et, plus éloignée encore, la tante Marie, sœur du grand-père paternel. La place et le rôle réservés à chacun de ces acteurs s'inscrivent dans un scénario patrimonial qui dit la transmission de la ferme sur trois générations.

Dans ce scénario, les figures masculines dominent : le grand-père, figure tutélaire et positive, constructeur, continue à prendre des décisions malgré la présence de son fils aîné à qui il s'apprête à transmettre la ferme. Il est le personnage principal qui porte en lui, au-delà de l'acte de transmission, la

---

21. « Lorsqu'un système d'héritage inégalitaire est en vigueur, comme en Gévaudan, privilégiant à chaque génération un des enfants, on voit apparaître au sein des lignées bilatérales, un ensemble formé des héritiers successifs du bien détenu par le couple souche, que l'on nomme lignée patrimoniale ». Définition donnée par : Élisabeth CLAVERIE et Pierre LAMAISON, *L'impossible mariage. Violence et parenté en Gévaudan. 17e, 18e et 19e siècles*, Paris, Hachette, 1982, p. 360.

perpétuation du domaine qui passe notamment par la reconstruction des bâtiments. Il a une vision du domaine qui s'oppose à la gestion prudente, aux économies prônées par le fils aîné. Celui-ci est plutôt présenté en quelque sorte comme une force de travail à l'œuvre dans les nombreuses séquences consacrées aux travaux de la ferme. Le scénario patrimonial accorde une place particulière au petit-fils, Raimondou, seul garçon avec quatre sœurs. Dans l'une des trois grandes scènes dialoguées du film, scène de veillée, le grand-père consacre ce rôle de l'héritier et successeur, celui qui deviendra le « maître de Farrebique » : « Quand les filles se marieront, c'est toi Raimondou qui reprendra la ferme » [22].

Centré sur la question de l'héritage au sein de la lignée, le film réserve aux femmes un rôle mineur : la grand-mère est toujours représentée dans une attitude prudente, conservatrice, inquiète de tout changement ; l'épouse du fils aîné revendique plus de confort, une amélioration de sa vie quotidienne. Le seul personnage féminin qui a un rôle positif quoique indirect dans le scénario, c'est la tante paternelle qui défend l'idée de reconstruire une maison neuve.

Le personnage du cadet, Henri, frère de l'héritier potentiel de Farrebique, Roch, que nous retrouverons comme personnage important de *Biquefarre,* est d'abord celui qui exécute de multiples tâches au sein de l'exploitation : meneur de bœufs, il nourrit les animaux, participe à la fenaison et aux moissons. Son aide apparaît essentielle puisque lorsqu'il se brise un membre, le projet de reconstruction des bâtiments échoue. Le cadet est destiné à un mariage au dehors, il paraît s'y résigner.

La scène du partage, autre scène majeure du film, pourrait se revendiquer comme une reconstitution minutieuse de la réalité d'un partage sur ces terres d'héritage inégalitaire, dans la première moitié du 20e siècle, c'est-à-dire dans une période où le fait inégalitaire doit s'habiller au moins des apparences d'une répartition indifférenciée. Le notaire comme représentant de la puissance publique dit le droit, s'attache à évaluer la valeur des parts, mais il rappelle aussi discrètement la règle socialement acceptée : « les aînés sont avantagés pour conserver le patrimoine. Dans notre pays, les cadets sont faits pour aller ailleurs fonder d'autres foyers ». Le cadet, Henri connaît la règle. Il s'attache donc à évaluer la part qui privilégie de fait l'aîné. En dehors des réactions de l'époux de la sœur mariée qui revendique d'abord un partage égalitaire puis conteste l'avantage fait à l'aîné, le partage tel qu'il est mis en scène par Rouquier s'opère dans un cadre pacifié où chacun tient sa place : le grand-père distribue la parole, modère, l'aîné héritier n'intervient que pour rappeler ses charges. Le cadet et l'aîné rendent finalement un hommage à leur père qui conclut en rappelant le sens de la succession à son fils aîné : « Maintenant tu es le

---

22. Dialogue extrait du film *Farrebique*.

maître, un jour tu passeras Biquefarre à ton fils comme les anciens me l'ont passé, en attendant tâche de le maintenir » [23].

La mise en scène privilégie ce moment du partage qui laisse dans l'ombre des questions ayant trait à l'héritage : comment l'aîné se libérera-t-il de la dette dont il se charge lorsqu'il reçoit la ferme ? La fille mariée a-t-elle reçu une dot ? L'époux de la sœur agit comme s'il était lui-même ayant-droit au partage au nom de son épouse. On peut s'interroger sur cette présentation qui privilégie la transmission de la propriété, qui implicitement défend le principe de la continuité d'une lignée patrimoniale. Au sein de la lignée, les moins favorisés, le cadet, les sœurs célibataires, acceptent de bonne grâce, au nom du patrimoine, un sacrifice qui leur est imposé. C'est aussi, en quelque sorte, au nom de son propre patrimoine que le « maître » de la famille alliée revendique une part plus importante de l'héritage.

Dans cette scène du partage, mais aussi dans tout le film, il semble que Rouquier se montre plus préoccupé par les questions de filiation que par les problèmes d'alliance : la société paysanne est vue du côté des hommes. Or, comme l'ont montré les anthropologues Élisabeth Claverie et Pierre Lamaison sur leur terrain du Gévaudan, « la parenté […] comme partout en France se définit par les femmes autant que par les hommes, ce qui les différencie des très nombreuses sociétés unilinéaires où seul prévaut l'un des sexes. Elle s'organise en outre par rapport à la possession et à la transmission de la terre pour lesquelles les stratégies de filiation mais également d'alliance se mettent en œuvre » [24].

Vision d'une société patriarcale centrée sur la lignée patrimoniale qui se perpétue, le film *Farrebique* présente aussi une société agraire dont les conflits sont atténués, une cellule familiale hors du temps et hors de l'histoire, et des conflits sociaux. « Cette vie, c'était celle que j'avais connue entre les deux guerres. Les remous sociaux venaient mourir au bord des terres de Farrebique. Et cette famille – comme bien d'autres du même genre, d'ailleurs – vivait et vit encore sur elle-même. Leur monde à eux est délimité par l'horizon que l'on découvre du haut du perron » [25].

La maison et sa perpétuation

Lorsqu'on connaît les propos de Georges Rouquier sur l'importance qu'il accorde à la mise en place de ses images dans chacun de ses plans [26], la mise en avant des images de la ferme de Farrebique dès les premiers plans du film indique clairement la place éminente que tient « la maison » [27] dans le récit.

---

23. Dialogue extrait du film *Farrebique*.
24. Élisabeth CLAVERIE et Pierre LAMAISON, *L'impossible mariage…*, ouv. cité, p. 11.
25. Georges Rouquier, cité dans : Philippe HAUDIQUET, *Georges Rouquier*, ouv. cité.
26. « Chaque image est un mot. Assembler des mots images pour obtenir des phrases-séquences et poursuivre ainsi rigoureusement le récit que l'on a choisi. », dans Philippe HAUDIQUET, *Georges Rouquier*, ouv. cité, p. 5.
27. La « maison » est entendue par les protagonistes comme la ferme : bâtiments d'exploitation, dépendances et logis.

En effet, dès le plan-titre, elle apparaît en vue aérienne au centre de son terroir. Après une série de portraits de tous les personnages, en gros plan, elle réapparaît dans quatre vues prises aux quatre saisons. Dans ces vues générales, on distingue au premier plan une imposante grange, en retour d'équerre le bâtiment du logis avec sa cheminée, puis en arrière-plan une autre grange. Comment ne pas faire le rapprochement avec les enquêtes sur l'habitat rural du musée des ATP ? Dans les dossiers d'étude des « chantiers 1425 », tous les bâtiments d'une exploitation sont soigneusement situés sur leur terroir, grâce au cadastre et aux cartes. Des photographies, des plans et des relevés d'architecture s'attachent à présenter à la fois l'implantation globale des bâtiments, sans négliger aucune des dépendances ; et, pour chacun des édifices, à décrire précisément tous les détails de sa conception architecturale.

C'est presque avec la même précision que le cinéaste met en scène la ferme. Mais très rapidement, il introduit dans son scénario la reconstruction de la maison, reconstruction qui sera finalement différée par l'accident du fils cadet. Une image forte présentée au début et à la fin : une lézarde dans la maçonnerie, indique clairement que la construction doit être à la fois lue comme un bien matériel et symbolique et que les destins de la lignée et de la maison sont liés. En dehors de la scène du partage précédemment commentée, deux autres scènes dialoguées concernent l'histoire et la construction de la maison. Dans la seconde de ces scènes, le grand-père parle à la veillée à son petit-fils et dresse l'histoire de Farrebique : la maison, l'exploitation et le domaine étroitement associés par le grand-père à l'histoire de la famille Rouquier. Dans ce récit de fondation, ce n'est plus seulement la lignée masculine qui trouve place : « c'est la maman de ma mère, ma "mémé" qui a commencé, il y avait un petit pré ici et une étable, ça s'appelait Farrebique… » [28].Ou encore : « Mon frère Just s'est établi tout près d'Avignon, ma sœur aînée s'est mariée, mon autre sœur Marie est allée dans sa petite boutique à Goutrens… » [29]

À plusieurs reprises a lieu une discussion entre le grand-père, encore maître de Farrebique, et son fils aîné, le premier poussant sans cesse à la reconstruction, le second craignant la lourdeur de cet héritage. Chaque homme aurait pris sa part dans une reconstruction permanente : « on a monté la maison d'un étage, c'est mon père qui a fait l'ancienne grange. Plus tard, je l'ai fait agrandir, j'avais 25 ans, à 33 ans j'ai fait la grange neuve » [30].

Trente-huit ans plus tard, le cinéaste, avec les premières images du film *Biquefarre*, brise en quelque sorte le lien entre le lignage et la « maison ». Le second film s'ouvre par un plan localisé puisqu'il s'agit d'une carte qui

---

28. Dialogue repris du scénario du film *Farrebique*.
29. *Ibidem*.
30. *Ibidem*.

présente le village de Goutrens, et on arrive très vite sur la ferme dont on retrouve le logis avec ce commentaire : « la vieille ferme est toujours là, silencieuse, elle a perdu la vie [...] et Raymond (le petit-fils dans le premier film) est devenu le maître de Farrebique. Les anciens bâtiments étant inadaptés à une agriculture moderne, il a construit une nouvelle étable »[31].

Le film *Farrebique* était construit autour d'allers et retours incessants entre les maisons d'habitation et les bâtiments d'exploitation et plus particulièrement les installations d'élevage. Avec le constat de décès placé en ouverture, « elle a perdu la vie », c'est la rupture entre la « maison » et le domaine de Biquefarre qui est consommée. Le propos de ce deuxième film tourne autour de la viabilité, de la sauvegarde du domaine de Biquefarre au prix de la disparition du domaine voisin de Farrebique, survie annoncée là aussi dans les dernières images du film par le remplacement des plaques de signalisation. Les deux fils du premier film : Roch l'aîné et Henri le cadet, sont devenus les « ancêtres » dans le second film, ils conspirent pour la sauvegarde du domaine de Biquefarre, le cadet en négociant le prix d'achat du domaine voisin pour le compte de son neveu, l'aîné, lui, dans la tradition qui favorise la transmission de la propriété à l'un de ses enfants, apportant secrètement la somme d'argent qui manque pour conclure la transaction.

Depuis ses premiers films le regard de Rouquier s'est focalisé sur les paysans, et leurs liens et attachements avec une terre qu'ils détiennent au nom de la lignée à laquelle ils appartiennent. Dans le film *Farrebique*, Raoul Pradal émet le vœu d'une municipalisation des terres, mais il cédera finalement sa propriété devenue trop exiguë à ceux qui en ont plus le besoin pour créer une ferme de taille suffisante. De la même façon que la lignée paysanne est toujours pour le documentariste le bon objet d'observation, le lien lignée/propriété ne peut pas être remis en cause. En dehors de la critique de l'agriculteur productiviste victime des méthodes qu'il emploie, et des rythmes qui lui sont imposés par la modernisation[32], il y a une difficulté à appréhender les changements de la société rurale. En particulier, l'emploi des femmes en dehors de l'agriculture qui s'est développé dans ces années-là, est plutôt présenté négativement.

***

À l'issue de ce rapide parcours autour de l'œuvre documentaire de Georges Rouquier, on pourrait s'interroger sur le poids de cette représentation « paysanne » de la société rurale. De ce point de vue, les deux films documentaires réalisés récemment par Raymond Depardon[33]

---

31. Commentaire tiré du film *Biquefarre*, 1983.
32. Le film *Cochon qui s'en dédit* réalisé en 1980 par Jean-Louis Le Tacon, se situe dans la même veine de critique de l'agriculture « productiviste ».
33. Deux films ont été réalisés au sein d'un projet qui devrait être une trilogie : *Profils paysans, chapitre 1 l'approche (2005) ; Profils paysans, chapitre 2 le quotidien (2005).*

participent de ce regard nostalgique des observateurs qui construisent cette altérité radicale d'un monde pourtant si proche [34]. La lecture des très nombreux articles de presse publiés à l'occasion de la diffusion à la télévision puis de la sortie en salle des films de Depardon, montre que les représentations contemporaines du monde rural restent alimentées par un « imaginaire paysan » qui s'appuie sur une observation de cette société disparue et pourtant si proche. L'ethnographie et ses méthodes d'investigation ont sans doute contribué à « l'effet de réel » nécessaire à cette mise en récit paysanne de la société rurale.

---

34. Commentaire d'un magazine de télévision : *L'approche*, premier volet de *Profils paysans* est la dernière oeuvre de ce gosse de cultivateurs devenu un photographe de renom. Fruit de la volonté pour cet enfant de la guerre de témoigner de la disparition de la France rurale de ses grands-parents. Il porte un regard empreint de nostalgie sur ces petits éleveurs à la marge, perdus quelque part entre Lozère et Ardèche. Le contact avec ce monde très fermé n'effraie pas le documentariste chevronné, à la patience légendaire. Et, en ces terres lointaines, Depardon ne rime pas forcément avec célébrité. Accompagné de sa femme, il se fait discret : elle à la prise de son, lui derrière ou à côté de la caméra, introduit ici ou là par le maire ou le facteur. Ils prennent enfin leurs marques, le plus souvent dans la cuisine. « J'espère avoir mis dans ce film de la tendresse, sans pittoresque ni "exotisme". Car ils restent des étrangers. » (http://www.telestar.fr/tele/telestar.nsf/warticles).

Les métamorphoses des idéologues de l'agriculture biologique : la voix de *La Vie claire* (1946-1981)

Christine CÉSAR

L'efficacité symbolique du discours de l'agriculture biologique en France recèle une ambivalence qui, déployée, permet de comprendre comment s'est orchestré autour des « produits bio » le passage de la « nostalgie communautariste » agrarienne [1] des années 1940 à l'utopie communautaire anticonformiste des années 1970. L'objectif de ce texte est de comprendre comment le produit « bio » a pu soutenir différents discours idéologiques (de droite, puis de gauche) et comment des éléments ont pu être conjugués de manières opposées. Le mécanisme décrypté se décline en deux versions : soit la représentation de la nature est convoquée pour imposer une idéologie de l'ordre et elle peut alors nourrir une pensée d'extrême droite [2] ; soit cette même représentation de la nature est mobilisée pour mener une critique des méfaits environnementaux du capitalisme, et elle peut alors alimenter une pensée écologiste de gauche.

Notre travail se concentrera sur la première modalité, car il semble pertinent de restituer la densité idéologique, peu étudiée, des premières années de cette agriculture (qui ne s'appelait pas encore tout à fait « biologique » [3]). L'analyse du périodique *La Vie claire,* de sa naissance (1946) à la reconnaissance officielle de l'agriculture biologique (1981), permet de mettre au jour plusieurs mécanismes constants qui fonctionnent dans une idéologie comme dans l'autre : la dénonciation du matérialisme

---

1. « L'agrarisme » néologisme défini par Pierre Barral, recouvre une idéologie aux multiples facettes que l'on peut cependant articuler autour d'un attachement au corporatisme, au protectionnisme économique, à la religion parfois, à une société et des valeurs paysannes conservatrices. Pierre BARRAL, *Les agrariens français de Méline à Pisani*, Cahiers de la Fondation nationale des sciences politiques, n° 164, Paris, Armand Colin, 1968, 386 p.
2. Luc FERRY, *Le nouvel ordre écologique. L'arbre, l'animal et l'homme*, Paris, B. Grasset, 1992, 274 p.
3. Jeanne-Marie VIEL, *L'agriculture biologique en France : une réponse ?*, Paris, Édition Entente, 1979, 96 p.

productiviste, la mythisation du passé et l'essentialisation de la « Nature ». Des métamorphoses ont été rendues possibles à travers une thématique commune du rapport au corps et à l'environnement, un imaginaire des gestes anciens porteurs d'une harmonie fantasmée. Les accents se sont déplacés, l'euphémisation a fonctionné et *in fine* des colorations idéologiques opposées ont porté à des époques différentes la promotion de l'agriculture biologique.

Les différentes organisations de l'après-guerre

Il est nécessaire, pour comprendre la perspective retenue pour étudier la genèse de l'agriculture biologique, de remonter aux années 1930, où la France connaît une triple crise de la paysannerie (dépression économique avec l'effondrement précoce des prix des denrées agricoles ; exode rural ; crise de représentation [4]) et voit l'émergence d'un grand démagogue rural, Henri Dorgères, célèbre agitateur des campagnes (qui finira par se rallier à Vichy et fera quelques années de prison à la Libération [5]). Si les relations de Dorgères avec le fascisme peuvent être débattues (il voulait restituer les autorités « traditionnelles » de la famille – ce qui le rapprocherait plus du modèle franquiste – et non pas installer un nouveau parti), il reste dans le « champ magnétique » [6] du fascisme et représente un agrarisme poussé à son extrême limite. Il rêvait d'imposer une « nation paysanne » et certains de ses objectifs recoupent le projet promu dans les années 1950 par les pères fondateurs de l'agriculture biologique en France. Après les séquelles de la Seconde Guerre mondiale, le monde agricole continue de s'interroger sur sa construction politique et sa relation à la société globale. De ce point de vue, les fondateurs de l'agriculture biologique peuvent être considérés comme de très classiques agrariens ou d'ultimes rémanences du magnétisme de Dorgères, avant que l'entrée dans le marché commun agricole – confirmée par le général de Gaulle en 1958 – puis les évènements de Mai 68 – et le départ de de Gaulle – n'organisent un changement de génération et d'idéologie. Se plonger alors dans l'histoire de l'agriculture biologique permet de découvrir, autour de son avènement, l'existence de préoccupations largement extra-alimentaires (du politique, du religieux, de l'idéologique) et permet également de tracer à grands traits l'histoire de groupes sociaux dominés et marginalisés dans le domaine de l'agronomie ou de la médecine.

---

4. Robert O. PAXTON, *French peasant fascism: Henry Dorgères's Greenshirts and the crises of French agriculture: 1929-1939*, New York, Oxford University Press, 1997, 244 p., traduction française : *Le temps des chemises vertes. Révoltes paysannes et fascisme rural, 1929-1939*, Paris, Éditions du Seuil, 1996, 324 p.
5. Il meurt en 1985.
6. Philippe BURRIN, « La France dans le "champ magnétique" des fascismes », dans *Le Débat*, n° 32, 1984, pp. 52-72.

La biodynamie

L'invention d'une première forme d'agriculture « biologique » se fait dans la mouvance austro-allemande de Rudolf Steiner (1861-1925) [7] qui, dans les années 1920, crée une société d'anthroposophie dotée d'un centre de formation en agriculture biodynamique (qui accorde une grande importance aux rythmes cosmiques, des saisons, biologiques, *etc.*) [8]. Cette agriculture s'installe en France, en Alsace, à partir de 1940 et se structure après-guerre grâce à l'Union des cercles bio-dynamistes. Cette agriculture s'est perpétuée à travers deux organisations contemporaines : le Mouvement de biodynamie à Paris et le Syndicat d'agriculture biodynamique, toujours basé en Alsace. Aujourd'hui minoritaire au sein des mouvements agrobiologistes, elle bénéficie d'une aura importante car les méthodes de conduites culturales bio-dynamiques président discrètement aux destinées de terroirs viticoles des plus prestigieux.

Des agrariens réactionnaires

Dans les années 1950, pour des raisons liées aux nouvelles orientations en matière de politique agricole (suppression de l'indexation des prix agricoles), un autre foyer de diffusion émerge dans l'Ouest de la France, avec la création du Groupement des agriculteurs biologiques de l'Ouest (GABO). Ces agriculteurs se mobilisent pour garder la maîtrise et l'autonomie de leur exploitation que les nouvelles lois précarisaient à court terme, en refusant de devenir les relais du développement de la monoculture et de l'augmentation de la consommation d'intrants. Le GABO veut restaurer l'indépendance du paysan en revalorisant le système de polyculture-élevage. Jean Boucher (inspecteur de la protection des végétaux), André Louis (ingénieur agronome, professeur de lycée agricole), Raoul Lemaire et Louis-Claude Vincent sont les quatre agronomes du Groupement qui, avec Mattéo Tavera (ingénieur à la SNCF), constituent le noyau de la structure. Ensemble, ils reprennent les thèses des docteurs Carton et Delbet, ainsi que du professeur Alexis Carrel, pour établir des « lois naturelles de la santé ».

Le docteur Paul Carton (1875-1947) peut être considéré comme ayant influencé par ses idées le développement de l'agriculture biologique [9]. Sa pensée est une référence dans les tentatives de la première époque et fournit des soubassements théoriques à des personnages-clés de l'agriculture

---

7. Rudolf Steiner fonde en 1913 l'anthroposophie (fille de la théosophie de Helena Petrovna Blavatsky), discipline philosophique et religieuse qui entend lutter contre le matérialisme de la civilisation industrielle.
8. Elle vise notamment à développer les forces « structurantes éthériques » des organismes et propose une quête transmutatoire qui cherche à métamorphoser le « travail » de « l'exploitant agricole » en « ouvrage ». Ces conférences sont publiées dans un ouvrage de : Rudolf STEINER, *Agriculture. Fondements spirituels de la méthode bio-dynamique*, Genève, Éditions anthroposophiques romandes, 1974.
9. Jacques CHAUVEAU, *Paul Carton*, Paris, Librairie Le François, 1976, 68 p.

biologique comme Raoul Lemaire (artisan de la méthode Lemaire-Boucher) ou Henri-Charles Geffroy, fondateur du journal *La Vie claire*. Carton, lecteur prosélyte de *L'Action française* (« dans lequel il trouve l'expression de toutes ses indignations contenues contre la société moderne »[10]) et auteur de *Bienheureux ceux qui souffrent*[11], est la référence du végétarisme des années 1930[12]. Pour lui, seule une vie ascétique, placée au cœur de toute pratique pieuse de « vie naturelle », permet d'accéder à la dimension mystique du catholicisme.

Raoul Lemaire (1884-1972), biologiste, généticien (médaillé d'or pour la découverte du bi-blé), fonde en 1930 la Société de vente de blé Lemaire, et ouvre à Paris la première boulangerie (1931) fabriquant le « pain naturel Lemaire ». Il entre clairement en politique en 1936 car, déclare-t-il, « le ministère de l'Agriculture institue un service d'homologation des variétés de blé dans le but de soutenir une politique de blé de médiocre qualité afin de favoriser les importations de blés canadiens et tunisiens [...]. Les trusts financiers essayent de me ruiner et de me déshonorer, moi qui me dévoue corps et âme pour la cause nationale ». Il décide alors de « lutter contre l'Office du blé, contre les financiers, contre les juifs [...]. [Il s'] attaque seul aux trusts et [se] présente à Nice contre Dreyfus[13] [...] mais cette lutte est arrêtée par la guerre »[14]. Il devient vichyssois et, en 1955, rallie les poujadistes.

En 1962, Raoul Lemaire, Jean Boucher, André Louis et Mattéo Tavera veulent élargir le Groupement à une dimension non plus seulement régionale mais nationale et fondent l'Association française d'agriculture biologique (AFAB) qui devient en quelque sorte la représentation nationale du GABO. L'AFAB s'oppose au jeune Centre national des jeunes agriculteurs (CNJA) – issu de la Jeunesse agricole catholique (JAC)° – et qui participe largement à l'élaboration des lois complémentaires d'orientation agricoles de 1962[15].

---

10. Cité par : Arouna OUÉDRAOGO, *Le végétarisme. Esquisse d'une histoire sociale*, Ivry-sur-Seine, INRA, 1994.
11. Paul CARTON, *Bienheureux ceux qui souffrent*, Paris, Maloine, 1923, 81 p.
12. Arouna OUÉDRAOGO, « Assainir la société. Les enjeux du végétarisme », dans *Terrain*, n° 31, 1998, pp. 55-76.
13. Cette référence fait vraisemblablement écho à la famille Louis-Dreyfus, négociant international de grains et accusée par l'antisémite Dorgères d'importer illégalement de grandes quantités de blé en France.
14. Cité par : Jean BOUCHER, *Le précis scientifique et pratique de la culture biologique. La méthode Lemaire-Boucher*, Angers, Éditions Agriculture et vie, 1968 (4ᵉ édition), 287 p.
15. Michel GERVAIS, Claude SERVOLIN et Jean WEIL, *Une France sans paysans*, Paris, Éditions du Seuil, 1965, 128 p.

La naissance du « consommateur » bio

En 1963, une scission s'opère. Jean Boucher et Raoul Lemaire réunissent leurs compétences [16] pour proposer une méthode d'agriculture biologique spécifique fondée sur l'emploi d'une algue, le lithothamne. Ils sont suffisamment dotés en capitaux, économiques et sociaux, pour entreprendre avec succès la création d'une entreprise [17] et créent la société commerciale Lemaire-Boucher, qui vend sous contrat avec les agriculteurs le lithothamne et leur rachète les céréales produites. Ainsi en 1968 on peut compter plus de 300 boulangers sous contrat fabriquant le pain Lemaire. Le rayonnement commercial de l'entreprise sera porté par les trois fils Lemaire (Claude, Pierre-Bernard et Jean-François) qui créeront en 1964 le journal *Agriculture et vie*.

Refusant en 1964 ces orientations mercantiles (mais aussi certainement parce qu'ils n'avaient pas les moyens d'une telle réalisation), André Louis et Mattéo Tavera [18] fondent parallèlement l'association « Nature et Progrès, association européenne d'agriculture et d'hygiène biologiques » qui se dote d'un journal, *Nature et progrès*. Cette association s'inscrit dans le fil de nombreuses associations qui l'ont précédée comme L'homme et le sol (1946-1950), l'Association pour l'étude de la fertilité vivante des sols (1950-1954) et la plus active, l'Organisation scientifique pour l'entretien de la vie (OSV, 1954-1964), qui allait fusionner avec *Nature et progrès*.

La création de la revue *La Vie claire*

Sans enracinement dans le monde paysan, mais vitrine du végétalisme strict du docteur Carton et de certains combats de Raoul Lemaire, le journal *La Vie claire* est créé en août 1946 par le fils d'une famille d'éditeurs parisiens, Henri-Charles Geffroy (1895-1981) pour s'adresser directement aux « consommateurs » [19] : « Elle sera le trait d'union entre ceux qui souffrent [...]. Elle sera un moyen [...] de nous apercevoir que nous sommes beaucoup plus nombreux que certains le croient, à penser "clair", à voir "clair", à agir "clair" et à vouloir vivre "clair" ». Le but de la revue est exposé par Henri-Charles Geffroy dans le numéro 1 en 1946 : « depuis de nombreuses années, j'essaie de propager, par tous les moyens – et surtout par l'exemple – certaines notions grâce auxquelles toute personne normalement constituée, riche ou pauvre, peut se maintenir en bonne santé et vivre heureuse. [...] Lorsque l'on commence à conformer sa vie aux lois

---

16. On a vu que Raoul Lemaire avait déjà créé en 1930 sa propre société de commercialisation pour vendre ses blés de force. Jean Boucher avait quant à lui une connaissance très fine de la réglementation du marché.
17. Jean BOUCHER, *Le précis scientifique...*, ouv. cité.
18. Mattéo TAVERA, *Ma mission sacrée*, Paris, Courrier du Livre, 1965.
19. L. PINTO, « Le consommateur : agent économique et acteur politique », dans *Revue française de sociologie*, n° 21, 1990, pp. 179-198.

de la nature, on se trouve entraîné bientôt à des modifications profondes dans le domaine spirituel et moral ».

Le programme couvert est bien plus vaste qu'un régime alimentaire. La coopérative sera ouverte en 1948 pour aider les lecteurs à s'approvisionner et, fin 1950, Henri-Charles Geffroy, prosélyte du régime végétalien, propose un « pain intégral de pur froment » (en regard du pain Lemaire) et crée dans la foulée (1951) la société « L'Aliment sain » grâce à des sociétaires de la coopérative. Des dépôts exclusifs se multiplient en France en garantissant les produits par l'apposition d'un timbre *La Vie claire*. En 1965, à la suite de l'appropriation de la marque « L'Aliment sain » par des actionnaires devenus concurrents, l'entreprise doit changer son nom en « Société française d'alimentation saine » et les magasins qui étaient les « dépôts exclusifs de l'Aliment sain » deviennent « Maison de La Vie claire » et sont dirigés par l'un des fils de Henri-Charles.

Après la reconnaissance officielle de l'agriculture biologique, l'enseigne est rachetée en 1982 par Bernard Tapie et le journal change simplement d'intitulé pour devenir *La Vie claire, À table*, nouvelle série (faisant repartir la numérotation au numéro 1, mais conservant l'indication du nombre d'années depuis le premier numéro de 1946). Le format de la publication s'est transformé petit à petit pour passer de celui d'un duo de doubles pages tabloïdes à celui, dans le début des années 1980, d'un magazine doté d'une couverture illustrée. En 1996, le groupe est revendu à Régis Pelen (l'actuel PDG) qui arrête bientôt de publier la revue.

Lors des premières années du journal *La Vie claire*, les cibles de la vindicte et le ton employé sont sans ambiguïté. Les rédacteurs oscillent entre archéo-poujadisme et néo-dorgérisme [20] ; ils désignent l'effritement de la famille et de la religion comme responsable de la déliquescence ambiante : « Nous vivons au milieu d'un effondrement social effarant et angoissant. À qui la faute ? […] À la base au couple père-mère, au sommet de la Société au couple social État-Église […]. Que peut faire la Société ? Mettre la famille, et non l'individu, à la base de son système social. […] Mais cela suppose, initialement, la suppression du régime capitaliste, qui est essentiellement antifamilial, et l'instauration d'un régime de répartition rationnelle des biens et des charges » (*La Vie claire*, n° 5, décembre 1946). Ils entendent lutter contre l'exode rural et fustigent l'État-providence « entité monstrueuse à la fois inhumaine et charitable » et ils voient « le pays livré au pillage des différents gangs industriels » (*La Vie claire*, n° 31, février 1949). Ils souhaitent « défendre les consommateurs contre les lobbies de l'industrie alimentaire qui font pression sur les pouvoirs publics » (*La Vie claire*, n° 31, février 1949) et luttent longtemps contre « les trusts qui manœuvrent pour déposséder les petits commerçants de leur monopole » (*La Vie claire*, n° 170, janvier 1962).

---

20. Robert O. PAXTON, *Le temps des chemises vertes…*, ouv. cité.

La mobilisation de la « Tradition » contre le capitalisme

Le journal se range dans le camp du protectionnisme et du nationalisme (proche en cela des positions de Lemaire). Il réalise notamment une apologie permanente de tout ce qui est présenté comme issus de la « Tradition » : « Aux États-Unis, un pays sans traditions, qui se jeta à corps perdu dans les méthodes scientifiques d'agriculture et partout où l'usage des produits chimiques se généralise, le sol perd sa fertilité au point de devoir être abandonné. [...] En France, le paysan a la tradition de ses ancêtres : il faut la respecter » (*La Vie claire*, n° 44, juin 1950).

De façon emblématique, tout comme P. Carton et R. Lemaire, H.-C. Geffroy place le pain au centre de la « Tradition » : « Le pain sans germe, pain mort qui en un demi-siècle a déjà fait de la France une nation d'impuissants, de lâches et de détraqués » (*La Vie claire*, n° 22, mai 1948). La diminution de sa qualité, avec la diffusion du pain blanc et de sa consommation, est le fer de lance des combats du journal : « La France a une mission, un rôle exceptionnel à jouer au bénéfice de la communauté des peuples. France oblige, car elle est la patrie des anciens maîtres d'œuvre de la Chrétienté. [...] Partout il apparaît que la mission du blé a été d'éveiller l'esprit des peuples, de leur permettre de s'élever au-dessus du matérialisme et de la bestialité » (*La Vie claire*, n° 22, mai 1948).

Ce discours s'enracine aussi dans un discours contre le matérialisme productiviste : « On nous prive de pain pour nous faire manger autre chose [...]. *Pour faire marcher le commerce.* Pour permettre à l'industrie alimentaire d'entasser des milliards en nous empoisonnant ! » (*La Vie claire*, n° 22, mai 1948). En dénonçant autour du « complot contre le pain » les perversions supposées d'un mécanisme politique et social, les rédacteurs de *La Vie claire* veulent s'ériger en « professionnels des injustices à réparer [21] » dans des situations qui pour eux, exigent la réaffirmation de leurs valeurs.

La mythisation du passé

Pour alimenter cette idéologie agrarienne, *La Vie claire* travaille sur la perception du temps. Uli Windisch a montré que la « construction » du temps est propice à la projection d'éléments mythiques et symboliques qui font fréquemment l'objet d'une manipulation dans le cadre de discours politiques [22]. Cela s'illustre dans le journal par le recours à la glorification des sociétés pré-capitalistes, dont celle de l'Égypte ancienne. Le journal voit dans le sort fait au « vrai » pain un « complot » et entend s'y opposer en relevant « une mission capitale : la mission du blé Osiris ». Cette mission consiste à répandre gratuitement, *via* les amis de *La Vie claire*, une semence de blé appelé Osiris. À partir de 1948, de nombreux articles sont consacrés

---

21. Howard S. BECKER, *Outsiders. Étude sociologique de la déviance*, Paris, Métailié, 1985, 250 p.
22. Uli WINDISCH [dir.], *Le raisonnement et le parler quotidiens*, Lausanne, L'Âge d'homme, 1985, 240 p.

à ce sujet : « Osiris le miracle du blé ; la légende d'Osiris ; une révélation sur les cérémonies rituelles du blé dans l'Ancienne Égypte ; action du fluide humain sur le blé ; mangeons du blé » (*La Vie claire*, n° 22, mai 1948). La semence de blé Osiris est présentée comme retrouvée dans les pyramides. Pour sa dissémination, le journal lance une véritable « croisade » : « Nous faisons dégénérer le blé par de mauvaises pratiques agricoles. [...] Dans la course descendante que suit actuellement l'humanité, l'intervention d'un blé auquel 7 000 ans de sommeil ont épargné 7000 années de dégénérescence est seule capable de provoquer un rebondissement miraculeux des hommes vers les sommets d'un progrès réel. [...] Ce blé recèle en sa substance l'élan vital » (*La Vie claire*, n° 22, mai 1948).

Dans cette conception du temps, le changement est perçu comme facteur de dégradation, c'est le thème majeur de la dégénérescence : « Le vrai problème, c'est la dégénérescence de la race. La vraie cause du mal ? Tous ces produits nocifs qu'on a laissé répandre dans le public, alors que les biologistes en ont, depuis longtemps, signalé le danger. Les parents qui suivent les prescriptions de *La Vie claire* auront des enfants qui ne boiront pas d'alcool, ne fumeront pas, parce qu'ils n'en éprouveront pas le besoin et que les poisons leur feront horreur, comme à tous les êtres équilibrés. Alors leurs enfants seront beaux, forts, sains et magnifiques ; il faut les voir se développer harmonieusement, pousser sans la moindre difficulté, comme les petits de tous les animaux vivants dans des conditions naturelles » (*La Vie claire*, n° 9, avril 1947).

Autre exemple de fonctionnement concret du temps mythique, la construction hexagonale du cycle des saisons qui a l'avantage de conjuguer protectionnisme et nationalisme. En refusant d'acheter des produits de contre-saison, le journal *La Vie claire* organise et impose une géographie imaginaire et nationale qui érige le « contre-saison » en « contre-nature ». De ce point de vue, tout se passe alors comme si le produit « bio » permettait de réactiver le mythe d'une nature éternelle et d'un ordre fixe. Ces rêves ont leurs lois qui renvoient alors directement à l'idée de sélection naturelle. Ainsi, la référence à Alexis Carrel est récurrente jusque dans le milieu des années 1980 [23]. Ces visions « biologisantes » ont pour base une vision profondément essentialiste, autre caractère récurrent de la publication.

L'essentialisme ou la lutte contre la vaccination

La vaccination est une méthode constamment dénoncée. C'est même, avec le pain, l'autre « complot majeur » contre lequel *La Vie claire* se mobilise. Pour le journal, « L'injection de vaccin a mis la vie des enfants en danger et corrompu leur sérum sanguin par du poison » (*La Vie claire*, n° 5,

---

23. « Hommage à Alexis Carrel », dans *La Vie claire*, n° 220, 1966 ; « Alexis Carrel, humaniste chrétien », dans *La Vie claire*, n° 228, 1967 ; « Alexis Carrel, cet inconnu », dans *La Vie claire*, n° 44, 1986.

décembre 1946). La prégnance de l'essentialisme [24] rend impossible l'acceptation du principe de la vaccination qui est précisément « désessentialisant » puisqu'il introduit la notion de gradation. Tout se passe pour la revue comme si le combat contre la vaccination engageait des représentations de la pureté qui ne peuvent s'accommoder d'aucune trace de maladies, fussent-elles des anticorps. Comme dans la pensée de Raoul Lemaire, Pasteur y est présenté comme un imposteur : « le plus grand titre de gloire de *Pasteur* est la *mystification* de la guérison de la rage ! » (*La Vie claire*, n° 22, mai 1948).

La conception générale de la santé présentée (commune à Carton, Lemaire...) défend l'idée « d'une immunisation naturelle par purification du milieu intérieur : le microbe n'est rien, le terrain est tout » (*La Vie claire*, n° 172, mars 1962). Les lois de la nature doivent dominer sur les lois créées par l'homme ce qui les conduit à regretter que : « La sélection naturelle ne nettoie plus l'espèce comme elle le fait dans les cadres naturels » (*La Vie claire*, n° 172, mars 1962).

Si, en quelque sorte, le vaccin est « contre-nature », un autre argument redouble cette perception : le passage par un élément hétérogène. En effet, le sérum est obtenu à partir d'une matière animale : « Loi à la sauvette : les enfants sont assassinés par le BCG. [...] Il y a spécificité du matériel humain qui ne peut correspondre à celui de l'animal. Le colibacille du cheval pullule dans le sérum de cet animal et est la cause des décès entraînés à la suite de vaccination ». Cet article s'assortit d'une pétition pour la liberté de vaccination (*La Vie claire*, n° 31, février 1949).

Ainsi se livre une lecture morale et religieuse de la science qui procède de l'eugénisme : « Le vrai visage de la science : à peine purifié de la tache originelle par son baptême, le petit d'homme qui vient au monde est l'objet de la part de la science de deux interventions dont le sens symbolique marque une contradiction formelle avec ce sacrement : la privation, sous de fallacieux prétextes, de la seule nourriture qui n'apporterait en lui ni souillure, ni dissonance, puis comme si cela ne suffisait pas à le maléficier [*sic*] profondément, l'adjonction à cet acte absurde de celui, sacrilège, qui consiste à introduire dans son sang, c'est-à-dire au plus profond de sa personnalité physiologique, *du pus d'animal* dont l'effet est de perturber irrémédiablement ses humeurs, c'est-à-dire de lui infliger la pire souillure qui puisse être faite à un être humain » (*La Vie claire*, n° 44, juin 1950). Cette croisade contre le principe même de la vaccination est intense dans les années 1950-1960. De façon continue sont dénoncés « l'immunité artificielle comme un leurre », « l'absurdité des vaccinations collectives », « les accidents oculaires post-vaccinaux », « Le BCG obligatoire : une nouvelle maladie »...

---

24. Entendu ici comme croyance en la Nature comme référence transcendante, inaltérable, anhistorique.

Dans les années 1970 cette lutte prend un tour de dénonciation politique accentuée s'illustrant par de fortes affirmations : « La France est une antidémocratie à cause de la pléthore de vaccins obligatoires » (*La Vie claire*, n° 279, avril 1972). Dans les années 1980 (avant la découverte du sida), quelques nuances apparaissent dans les titres : « La vaccination : une affaire complexe ». Mais une nouvelle variante de l'argumentaire se dessine : les personnes vaccinées seraient contagieuses. « Vaccination, protection : ce n'est pas si simple ». « Certains virus créent des mutants... les vaccinés sont dangereux avec des vaccins à virus qui sont dangereux pour ceux qui les côtoient » (*La Vie claire*, n° 1 bis, décembre 1981). Ces articles deviendront minoritaires par la suite, mais subsistera une « sensibilité » à la question des vaccinations et une large ouverture vers toutes les médecines ou thérapies se présentant comme alternatives à l'allopathie.

Un magazine pas féministe... mais qui deviendra féminin

Si la revue militante s'adressait d'abord à l'homme de la ville, rapidement la femme devient un sujet valorisé comme individu pour sa proximité avec la « Nature ». Là encore, l'action de la modernité est perçue comme procédant d'un détournement dommageable. Au centre de ces discours, on trouve l'image d'une femme qui, dans une conception conservatrice de la famille, devrait rester au foyer : « Les femmes sont capables d'allaiter intégralement un an, mais puisque notre société fait de la mère une sorte de bête de somme qui doit retourner au travail après qu'elle a mis bas, cela entraîne le raccourcissement de la durée de l'allaitement » (*La Vie claire*, n° 286, janvier 1973). La mère est donc supposée se consacrer exclusivement ou presque à son foyer. Cela suppose que les études qu'elles peuvent réaliser doivent être orientées par cet accomplissement ultime : « Les étudiantes gaspillent leurs heures scolaires, au lieu de les initier à cet acte lourd de conséquence : procréer un être sain et équilibré. Parce qu'ainsi elles négligent cet apprentissage dont dépend la vitalité des femmes et l'avenir de leur famille et du pays. [...] Le fœtus vit du sang de sa mère à la portée des poisons [...]. L'enfantement est un acte naturel [...], la vigueur de l'homme s'élabore au cours de la grossesse. Si elle est entachée d'erreurs, l'enfant naîtra taré et deviendra plus tard la proie des fléaux de dégénérescence, un arthritique, un cancéreux, un tuberculeux, un anormal » (*La Vie claire*, n° 239, avril 1968).

Dans la continuité de ces combats, le journal *La Vie claire* se montre opposé à la pilule : « La contraception est un péché contre l'esprit » (*La Vie claire*, n° 351, juin 1979). « La nocivité de la pilule contraceptive est certaine et la prescrire à une femme bien portante, c'est prescrire un dérèglement morbide à un organisme normal [...], c'est polluer le courant héréditaire qui va d'un œuf fécondé à un autre. Il faut choisir une méthode n'ayant aucune interférence sur la physiologie normale et ses rythmes. [...] La fonction de reproduction est liée à l'instinct maternel » (*La Vie claire*, n° 305, décembre 1974).

Le journal est même contre toute forme de contraception, puisque son usage ne se justifierait que par le développement de la luxure généralisée. La pilule pénaliserait les plus « innocentes » en les forçant à recourir à l'avortement qui est considéré comme « une erreur » (*La Vie claire*, n° 309, avril 1975). « Les contraceptifs : l'érotisme dégradant a conduit trop de gens à bestialiser l'amour et à blesser leur âme et leur corps. Cela à cause du matraquage quotidien de photographies osées. La conséquence de ces abus érotiques sont des grossesses non désirées et donc la recherche d'une solution dangereuse : l'avortement. On trompe les adolescentes en les déviant vers des excès bestiaux et dégradants et l'on ruine leur santé en même temps que celle de leurs descendants » (*La Vie claire*, n° 316, janvier 1976).

Pour statuer sur cette question, *La Vie Claire* ne manque pas de convoquer l'avis de l'Église. « La contraception face à la morale traditionnelle : on oublie le livre blanc des évêques où il est bien indiqué que la suppression d'un être humain est un acte de mort, de non-respect de la vie créée par Dieu. Il faut adopter les règles morales inspirées des besoins spécifiques de l'esprit humain aux nécessités naturelles, c'est-à-dire aux lois générales de la création et à la volonté du créateur. La contraception est la conséquence naturelle de la frénésie sexuelle systématique qui fait courir l'Occident. La contraception est un péché contre l'esprit » (*La Vie claire*, n° 351, juin 1979).

Même au début des années 1980, le discours sur la nécessité de la femme au foyer se maintient (même s'il est plus minoritaire) : « La femme moderne contre sa nature : ces prétendues mères qui passent leur temps à de tout autres occupations qu'à l'éducation de leurs enfants qui devraient pourtant constituer une de leurs tâches essentielles alors que la femme est à l'épicentre de la vie humaine. [...] Regardez ces gueules tordues d'hommasses à l'université, à l'usine, au syndicat… bouffissure de la taille, leur clochardise bleu-jeaneuse, leur cigarette au bec. La déchéance de la femme est liée à celle de l'homme, il a fallu que des technocrates insanes manipulés par des financiers sans état d'âme la fassent boire, fumer, la galvaudent sexuellement, la rendent frigide. [...] Cette femme désintégrée, désintègre la cellule familiale. [...] La femme au foyer retrouve plénitude et finalité » (*La Vie claire*, n° 370, mai 1981).

Le discours moral limite le rôle social de la femme à celui de la mère, clef de voûte de la tradition familiale. Puis, elle est progressivement désignée comme la première victime du monde moderne et c'est par cette pente qu'insensiblement la revue quittera la dénonciation musclée, les attaques contre l'État, la glorification du paysan pour se tourner définitivement vers un lectorat nombreux mobilisé autour de l'environnement, de la prévention des risques en matière de santé. Dans les dernières années de sa parution, le journal de *La Vie claire* est presque devenu un magazine féminin comme les autres, conforme au modèle dominant en vigueur dans ces magazines.

Le discours sur la femme s'est déplacé de la femme-épouse aux valeurs portées par la femme-mère avec, dans les années 1980 en particulier, un accent accru sur les enfants – de l'alimentation de la femme enceinte jusqu'à leur comportement (bébé-nageur, agitation, anorexie, *etc.*) – ce qui favorisera l'adhésion plus large d'un public différent.

***

Ce qui était dénoncé par les réactionnaires comme « scandale » dans les années 1950 (« scandales » du pain, de la vaccination) cherchait toujours à être transformé en une « affaire politique ». Au cours des années 1970, le journal ne s'est engagé ni dans le mouvement soixante-huitard, ni dans l'écologie de l'époque. Mais peu à peu, soutenu par des orientations plus commerciales qui rebondissaient sur le courant de Mai 68, un esprit plus ouvert et humaniste est parvenu à mettre en minorité les représentants vieillissants de la veine réactionnaire. Un certain nombre de « scandales » (celui du veau aux hormones, de l'eau...) sont vulgarisés par d'autres journaux et d'autres courants politiques et le journal de *La Vie claire* semble abandonner l'événementialisation comme si elle était devenue un discours trop commun. Le développement d'un discours sur la responsabilisation individuelle en matière de santé a pris le pas sur l'action collective et politique. La transformation de la coopérative en société anonyme à responsabilité limitée (SARL) avec l'arrivée de Bernard Tapie parachève cette métamorphose.

L'histoire du produit « bio » reconstruite ici à travers la voix de *La Vie claire* [25] livre un charge politique et idéologique qu'il noue tout au long du processus qui l'a conduit de la marge des mouvements agricoles à sa labellisation officielle en 1981. S'arrachant progressivement au système de l'autoconsommation alimentaire qui caractérise les agriculteurs (et plus particulièrement les agriculteurs de produits « bio »), la reconnaissance d'un label et d'une agriculture biologique en 1981 ouvre la voie d'une normalisation qui fait passer la catégorie des adeptes de produits « bio », au rang de consommateurs « avertis » garantissant leurs « droits », légitimant leurs « besoins » [26]. Au niveau de la société globale, l'institutionnalisation de l'agriculture biologique comme processus a incidemment conforté l'idée (très présente dans le « sens commun » mobilisés par les consommateurs) selon laquelle l'accroissement de la quantité obtenue grâce à « l'industrialisation » de l'agriculture s'était accompagné d'une diminution généralisée de la qualité.

---

25. L'analyse a été élargie aux autres courants agrobiologistes des années 1950 et 1960 qui partagent (avec quelques nuances) le même fond d'agrarisme. Voir : Christine CÉSAR, *De la conception du « naturel », les catégories de l'entendement à l'œuvre chez les consommateurs de produits issus d'agriculture biologique*, Thèse de doctorat, Université de Paris-X Nanterre, 1999.

26. Michel WIEVIORKA, *L'État, le patronat et les consommateurs*, Paris, Presses universitaires de France, 1977, 271 p.

La question n'est évidemment pas de prendre position pour ou contre l'agriculture biologique et encore moins de faire croire qu'en mangeant « bio » à l'entrée du troisième millénaire on cautionne les odieuses valeurs d'extrême droite qui ont été fondatrices du développement premier de ce type d'agriculture dans les années 1950. L'analyse d'une genèse complexe rappelle que la promotion d'une « agriculture naturelle » n'est pas toujours en soi un argument neutre, anhistorique.

Un monde agricole insoumis : agriculture biologique et agrarisme à travers la revue *Nature et progrès* (1964-1974)

Nicolas WOSS

« On loue la terre, la plante et on dévalorise le lit, le vêtement, le navire ; surtout on met en garde contre le flot des marchandises actuelles, grises et inconsistantes. Ferme hiérarchie : on inférioise donc la production qu'on distingue de la création comme de la génération. Et parmi ce qui a été réalisé par l'homme, on place au plus bas ce que la machine a façonné, tandis qu'on tolère ce que le geste avisé et la main habile ont peu à peu travaillé. »
François DAGOGNET, *Nature*, Paris, Librairie philosophique J. Vrin, 1990.

Établir un lien entre l'agriculture biologique et l'agrarisme peut surprendre tant ce nouveau segment rémunérateur de l'agroalimentaire hexagonal s'est développé de manière distincte, en marge de l'histoire rurale contemporaine [1]. En effet ce mouvement se détermina, et se détermine encore, en opposition aux théories et pratiques dominantes, dans le refus d'une stricte application du « progrès » tel qu'il lui paraissait défini et imposé par l'État – à travers la recherche scientifique et l'enseignement agricole –, les entreprises de fourniture et de commercialisation, et les établissements bancaires. Pourtant, cette rupture conduisit à la constitution d'un groupe à

---

1. Ce texte a été remis par l'auteur à la fin de l'année 1999 : les références bibliographiques mobilisées ont pu être actualisées (à paraître), mais aucune n'a été ajoutée. (*Note des directeurs du volume*).

l'identité très marquée avec des revendications spécifiques. Son positionnement idéologique semble montrer une permanence : la volonté de rénover la pensée agrarienne, de s'affranchir des compromis et des renonciations de l'agriculture « classique », afin de renouer avec une véritable « spécificité agricole ».

Nature et progrès joua un rôle majeur dans l'histoire de l'agriculture biologique. Cette revue, grâce à son audience et sa volonté d'ouverture, se transforma en véritable forum, creuset des idées animant le secteur mais aussi reflet de ses courants dominants. L'association européenne d'agriculture et d'hygiène biologique, qui soutenait la publication, naquit sous l'impulsion de deux hommes : Mattéo Tavéra, agriculteur, architecte et ingénieur, et André Louis, ingénieur agronome. Tous deux avaient participé à la première aventure collective du Groupement d'agriculture biologique de l'Ouest (GABO), dès 1959, aux côtés de Jean Boucher et Raoul Lemaire [2]. Ils fondèrent d'ailleurs en 1964, avec Jean Boucher, l'Association française d'agriculture biologique (AFAB), extension nationale du GABO. Pourtant cette même année ils rompirent avec eux pour fonder leur propre structure. « L'esprit » de l'association présenté au début du premier bulletin d'information éclaire cette décision. Au-delà des aspirations communes – comme la dénonciation des méfaits de l'agriculture chimique et la promotion de l'agriculture biologique –, *Nature et progrès* entendait se différencier, rester libre « d'action » et de « pensées », accueillir tous ceux qui avaient le même idéal quelle que soit leur « discipline politique, religieuse et idéologique ». Tavéra ajoutait que la nouvelle association se voulait « libre de toutes attaches industrielles, commerciales, ou de tous intérêts particuliers ». Bien entendu cette déclaration d'intention, qui fut maintes fois réitérée, mérite d'être nuancée. Ainsi, le pragmatisme amena *Nature et progrès* à se préoccuper de commercialisation tandis que plusieurs rédacteurs du bulletin laissaient paraître des opinions très marquées. Certains articles s'inscrivaient dans une veine spiritualiste, d'autres dans un registre agrarien traditionaliste ou ouvertement réactionnaire. Mais le bulletin s'ouvrit progressivement à des voix divergentes qui témoignaient du poids considérable des événements de Mai 68 dans l'association. Pourtant les sujets abordés restèrent relativement proches, simplement remaniés par la pensée libertaire, ce qui élimine toute tentation d'analyse strictement chronologique [3]. *Nature et progrès* peut alors revêtir l'aspect d'une véritable usine conceptualiste, qui créa et éprouva des thèmes écologistes, et illustrer l'appropriation d'idées déjà largement débattues par une agriculture qui revendiqua son caractère « alternatif » et novateur. Elle nous permet de mieux appréhender les rapports ambigus

---

2. Voir : Pierre CADIOU, Françoise MATHIEU-GAUDROT, André LEFEBVRE, Yves LE PAPE, Françoise MATHIEU-GAUDROT et S. ORIOL, *L'agriculture biologique en France, écologie ou mythologie ?*, Grenoble, Presses universitaires de Grenoble, 1975, 179 p.

3. La plupart des écrits traitant ce sujet sous un angle historique évoquent volontiers une rupture, principal raccourci pour éliminer d'un revers de main une complexité idéologique persistante.

qu'entretiennent tradition et modernité, contestation et réaction, à travers un syncrétisme qui, bien que s'accommodant mal de schémas d'analyse standards, gagne progressivement les consciences.

Une position désintéressée...

Nature et progrès entretenait avec Lemaire et Boucher des rapports empreints de tensions et conflits. Il s'agissait de se démarquer en dénonçant les activités commerciales de la société créée par les deux hommes sur la base de la méthode culturale qu'ils avaient élaborée en 1963. Dans le premier numéro du bulletin de l'année 1965, la « bibliographie sélective » rendit compte pour les nouveaux adhérents d'un ouvrage de Jean Boucher, son *Précis pratique de culture biologique*. La notice élaborée par André Louis reprochait à l'auteur la présentation du « lithotamne », appellation commerciale du maërl [4], comme « une panacée universelle ». Quelques années plus tard [5], un article réagissait à l'intervention d'un ingénieur agronome dans la presse professionnelle [6]. L'auteur approuvait les reproches de « mercantilisme trop évident » et de « sectarisme outrancier », mais regrettait l'amalgame établi à partir de la société Lemaire-Boucher et de son organe de presse *Agriculture et vie*.

La plupart du temps les attaques étaient plus insidieuses, se limitant à rappeler que, « pour sa part », *Nature et progrès* n'avait rien à vendre. À plusieurs reprises, Tavéra exprima le rapport distant qu'entretenait l'association avec l'argent. Dans le numéro 2 de 1965, il écrivit à propos de la publicité : « Jamais *Nature et Progrès* n'acceptera d'argent, jamais elle ne signera de pacte avec le diable. Son indépendance a été mon premier vœu, elle restera notre ligne de conduite sacrée, notre principal devoir, notre force ». Malgré ce refus effectif jusqu'en 1968 [7] – date à laquelle la publicité apparut « à contrecœur » pour répondre à l'augmentation des coûts – la quatrième édition de *La fécondité de la terre* de Pfeiffer [8], préfacée par André Louis, fit l'objet d'un encart dans la revue. Cette même année [9], Louis signa un « plaidoyer pour une attitude nouvelle » où il fallait « réhabiliter le profit » qui était parfois nécessaire, notamment s'il servait au développement de l'agriculture biologique.

De plus existait dès le premier numéro la rubrique « je vends, j'achète » pour faciliter les échanges « d'affaires et d'amitiés » entre producteurs et consommateurs. En 1965, le problème de la commercialisation des produits

---

4. Une algue aux vertus fertilisantes.
5. « Il n'existe aucun produit miracle susceptible de convenir à tous les sols » : Pierre CHATENET, dans *Nature et progrès*, n° 2, avril-mai-juin 1971.
6. *L'Agriculteur de Dordogne*, 16 décembre 1970.
7. Très exactement le n° 2 de l'année 1968.
8. Ehrenfried PFEIFFER, *Fécondité de la terre, méthode pour conserver ou rétablir la fertilité du sol, le principe bio-dynamique dans la nature*, 4ᵉ édition, Paris, Triades, 1966, 352 p.
9. N° 4/68.

biologiques conduisit « *Nature et progrès* » à devenir une marque. L'association lutta activement pour une reconnaissance officielle de l'agriculture biologique, principalement à travers l'élaboration d'un cahier des charges, et elle ouvrit parfois ses colonnes à des coopératives de consommation [10]. Plus que la difficile conciliation d'un projet éthique avec un système économique qui condamnait par avance son intégrité, cette démonstration met en avant un discours détaché des contingences matérielles. Il participait à une spiritualité déterminante pour l'association.

Une spiritualité évolutive

Dans le premier bulletin, André Louis justifia le nom de l'association en le décomposant. Pour lui le terme « nature » évoquait un « complexe insoumis à l'intelligence de l'homme » [11] auquel était accolé « progrès » pour parer les éventuels reproches de passéisme. Mais seuls des « progrès réels et surtout durables, conformes aux besoins de la nature humaine, dans le respect des lois naturelles » lui paraissaient intéressants. Dans son introduction à l'agriculture biologique [12], Mattéo Tavéra parlait de « communion » avec la nature, « d'harmonie totale » et d'un lieu où il fallait entrer « religieusement ». La sacralisation de la nature représentait une partie infime des textes présents dans la revue. Mais elle revenait de manière incessante. *Nature et progrès* s'inscrivait de la sorte dans la longue tradition de pensée qui donna naissance à l'agriculture biologique, caractérisée par l'opposition au rationalisme, corollaire de l'industrialisation [13]. L'association revendiquait le double héritage de la Soil association et de la méthode bio-dynamique initiée par Rudolf Steiner [14]. Or ce dernier considérait l'agriculture comme un sous-ensemble de la doctrine globale qu'il avait élaborée : l'Anthroposophie [15]. Elle était marquée par l'obligation morale de respecter la nature, tout être vivant étant doté d'une « force-vitale ». De son côté, la Soil association née

---

10. Par exemple dans le premier numéro de 1969, le président de Coop-santé vante sur trois pages tous les avantages de sa structure auprès des lecteurs (consommateurs ou producteurs) du bulletin.
11. François Dagognet souligne l'attachement de l'Homme à la « primordialité », « le premier et le sauvage » car ils naissent de la terre, sont offerts par Dieu. Ceci alimente une « religiosité naïve ». François DAGOGNET, *Nature*, Paris, J. Vrin, 1990, 232 p.
12. N° 1/64.
13. Jean-Paul DELÉAGE, *Histoire de l'écologie, une science de l'Homme et de la nature*, collection « Histoire des sciences », Saint-Amand, Éditions de la Découverte, 1991, nous apprend que dès la seconde moitié du 19ᵉ siècle, certaines voix s'élevaient contre la foi inébranlable dans les sciences comme réponse à des problèmes environnementaux jugés passagers. Elles stigmatisèrent particulièrement les *Lettres sur la chimie* de Liebig, parues en 1845 : Justus von LIEBIG, *Lettres sur la chimie et sur ses applications à l'industrie, à la physiologie et à l'agriculture*, Paris, Charpentier, 1845, 331 p.
14. Steiner fut présenté dans le premier numéro comme le père de l'agriculture biologique et, dès le deuxième bulletin, une allocution du président de l'association anglaise était retranscrite.
15. Le philosophe autrichien adhéra en 1899 à la Société théosophique créée aux États-Unis. Il s'en sépara en 1913 pour fonder avec d'autres dissidents l'anthroposophie.

dans les années 1930 avait adopté en 1943 la méthode créée par Albert Howard. Il avait été profondément marqué par un voyage en Inde où il avait découvert le respect de la nature des Hindous et l'idée d'immanence du divin.

Mais à ce syncrétisme oriental se juxtaposa une vision d'inspiration catholique ou l'homme et la nature étaient dissociés, l'homme placé en état d'infériorité par rapport à la nature, création divine [16]. Cela s'opéra principalement sous l'impulsion des associations satellites et « amies » de *Nature et progrès*. Le docteur Bas était l'animateur de l'Association française pour la recherche d'une alimentation normale (l'AFRAN), qui à partir de 1952 fit la promotion de la doctrine anthroposophique en France. Il devint un collaborateur régulier de *Nature et progrès* puis un administrateur de l'association. Il célébra dans le quatrième numéro de l'année 1965 l'action du docteur Carton, un des précurseurs du mouvement naturiste français, pour son spiritualisme bienfaisant qui considérait la « maladie à la fois [comme une] punition mais aussi une rédemption ». André Birre, président de l'Organisation scientifique pour le maintien de la vie (OSV), écrivit en 1970 (numéro 2) : « l'Homme doit devenir le maître d'œuvre de cette création qui lui est donnée en garde, et qu'il se doit d'enrichir pour assurer sa propre élévation ».

Ainsi se greffait sur un profond respect mystique et poétique de la nature, une relation morale et religieuse dans une tonalité héritée des physiocrates. En effet Quesnay, dans son article « Grains » de l'*Encyclopédie*, repris dans le *Tableau économique*, avait écrit que l'homme devait s'efforcer d'accroître le « produit net » du sol sans contrarier les lois de la nature car « nous sommes destinés [...] à perpétuer la grande œuvre de la Création ». Inévitablement, cette spiritualité attirait *Nature et progrès* dans un registre traditionaliste. Celui-ci s'articulait autour de deux principaux axes : la défense d'un modèle d'exploitation fondé sur la cellule familiale et l'antagonisme établi entre l'industrie et l'agriculture.

Le repli traditionaliste

Dans le troisième bulletin de l'année 1966, André Louis répondit au courrier d'un ingénieur agronome ayant effectué un « retour à la terre » qui se demandait s'il devait conserver son bétail. Plus que la promotion de la polyculture-élevage comme outil indispensable pour une fertilisation naturelle des cultures, il s'agissait d'une véritable ode à l'effort, la propriété et sa pérennité : « si vous cultivez votre propre terre et si vous souhaitez laisser celle-ci à vos enfants en meilleur état que vous ne l'avez prise, c'est-à-dire si vous désirez cultiver en bon père de famille, vous devez vous imposer – fut-ce au prix d'un certain sacrifice – de conserver votre

---

16. Voir : Éric AMELINE et Évelyne AMELINE, *Les idéologies véhiculées par le mouvement d'agriculture biologique*, mémoire de troisième année dirigé par Marie Guibourdenche et Henri Guibourdenche, Institut d'études politiques de Grenoble, 1973, 57 f°. Ce travail plus qu'intéressant suggéra en partie la présente répartition thématique.

troupeau » [17]. Une querelle sémantique apparut dans le numéro 2 de l'année 1969 dans un article issu de *La Documentation AFRAN*. L'auteur s'indignait du refus des agronomes contemporains d'utiliser l'expression « faire valoir un terroir », préférant le terme d'« exploitant » très proche pour lui d'« exploiteur ». Il privilégiait le mot « terroir » qui désignait « la propriété héritée que l'on veut faire prospérer et que l'on doit transmettre ». De plus, « paysan » était abondamment employé dans la revue, au détriment d'« agriculteur » car ce vocable, comme Henri Mendras et Pierre Barral l'ont écrit [18], définissait plus qu'une profession, un véritable « état ».

L'exacerbation de la fierté d'appartenance à un groupe social annulait de fait la validité de l'alternative ouvrière et urbaine comme en témoigne ce titre péremptoire : « Retourner à une civilisation agraire ou périr », extrait du troisième bulletin de 1973. L'auteur [19] dénonçait l'exode rural et « le mirage de la vie facile » d'un monde urbain synonyme de « corruption des mœurs », « dégénérescence organique » et « ramollissement ». À ses yeux, la « mentalité industrielle » des citadins avait contaminé les ruraux, ce qui révélait le pouvoir néfaste des villes. René Duchet, membre du conseil d'administration de l'association, allait plus loin. Il déclara lors de l'Assemblée générale de 1967 qu'il ne s'agissait « plus maintenant de l'industrialisation de l'agriculture mais de l'absorption du secteur agricole par le secteur industriel ». Il développa cette idée en 1968 [20] en prédisant « la substitution des aliments dits de synthèse, inventés par la chimie, aux aliments traditionnels fournis par l'agriculture ». Ce thème était en fait développé très fréquemment dans la revue [21]. Mais il n'était qu'une manifestation édulcorée d'une critique globale du système économique et politique qui, parfois, devenait très virulente.

Une dialectique fermée

Il paraissait évident à André Birre que les inégalités entre paysannerie et industrie, qui vidaient les campagnes, étaient encouragées par l'État [22] et ceci « au profit des grands trusts maîtres des industries alimentaires » [23]. L'effet mécanique de la baisse du poids électoral des campagnes induisait

---

17. Notons la parenté avec les fondements de l'agrarisme établis sous la Troisième République.
18. Henri MENDRAS, *La fin des paysans. Changement et innovations dans les sociétés rurales françaises*, Paris, SEDEIS, 1967, 361 p. Rééditions : collection U2, Paris, Armand Colin, 1970, 308 p., Le Paradou, Actes Sud, 1984, 370 p., Le Paradou, Actes Sud, 1992, 436 p. ; Pierre BARRAL, « Note historique sur l'emploi du terme "paysan" », dans *Études rurales*, n° 21, avril-juin 1966, pp.72-80.
19. Pierre Gevaert, un des rédacteurs du bulletin.
20. N° 4.
21. La première trace visible parut dans le n° 2/65 : « Voyage d'un naturiste à travers le nouveau monde » où l'auteur, Maurice Derouet, décrivait avec dégoût les innovations culinaires de l'industrie agroalimentaire américaine.
22. André BIRRE, « Les structures agricoles vues sous l'angle de la biopolitique », dans le n° 1 de 1970.
23. René DUCHET, « Réflexions sur l'actualité » dans 2/71.

un désintérêt accru des hommes politiques pour les difficultés rencontrées par les ruraux [24]. Ce constat conduisait certains à prôner la rupture avec les pouvoirs publics. D'ailleurs dès 1965 [25], Tavéra avait écrit que l'association travaillait dans un domaine qu'ils avaient négligé, qu'elle se « substituait » à eux. Pierre Gevaert [26] préconisa la restauration de la petite exploitation familiale pour conserver l'indépendance des agriculteurs face aux intrusions de l'État, qu'elles soient d'inspiration libérale ou planificatrice. L'association s'érigeait en ultime rempart contre le processus d'acculturation paysanne entraîné par le discours moderniste et libéral majoritaire. Elle se battait avec toute la ferveur d'un groupe qui se sentait isolé à l'intérieur d'un secteur économique et culturel lui-même dominé.

Mattéo Tavéra dans son dernier éditorial [27] – avant qu'il ne trouve la mort sur la route du congrès de 1970 aux côtés d'André Louis – fut pour la première fois extrêmement politique et polémique. Il s'indignait de la volonté de la France, avec l'outil que constituait le cinquième plan, de devenir « un grand pays industriel » à l'image de l'URSS et des USA [28], sans tenir compte des coûts écologiques, sociaux et sanitaires. Il établissait à cette occasion une corrélation entre le sort des paysans et des artisans, voués à la disparition par la volonté de l'État allié à l'industrie. Tavéra manifestait ainsi une filiation idéologique avec le mouvement poujadiste. De plus une certaine forme de « populisme vindicatif » [29] apparaissait lorsqu'il parlait de « feuilles de super-impôts » qui permettraient de sécher les larmes des contribuables et qui, à terme, serviraient au compost.

Ces positions extrêmes, très marquées à droite, sont à rapprocher des renvois incessants à l'œuvre d'Alexis Carrel dans la revue et d'un texte du docteur Bas de 1933, reproduit dans le numéro deux de 1965 [30], où il écrivait : « Les questions alimentaires conditionnent la régénération de notre race ou la disparition à brève échéance de notre pays et de notre civilisation. [...] La race française est décimée et marque un sérieux déclin de vitalité ». De plus André Birre confessa, en 1971 [31], avoir été séduit par l'appel du maréchal Pétain pour un « retour à la terre ». Il existait donc indéniablement une proximité entre les aspirations des rédacteurs du bulletin et celles qui jalonnaient l'histoire de l'extrême droite. Mais les options énoncées – préservation de la nature, hygiénisme, agrarisme – étaient avant tout des éléments constitutifs de l'agriculture biologique. Lorsqu'ils furent intégrés

---

24. René Duchet lors de l'assemblée générale de 1967, 3/67.
25. Bulletin n° 2.
26. Pierre GEVAERT, « Retourner à une civilisation agraire ou périr », 3/73.
27. 2/70.
28. Le rejet de la bipolarité mondiale et de ses expressions nationales est une constante dans la revue.
29. Voir : Ariane CHEBEL d'APPOLLONIA, *L'extrême droite en France de Maurras à Le Pen*, collection Questions du 20ᵉ siècle, Bruxelles, Éditions Complexe, 1988, 446 p.
30. Conférence au Collège libre des sciences sociales. Une introduction du « comité de rédaction » soulignait : « Malgré les trente-deux ans qui nous séparent du jour où elles ont été dites, les paroles qui suivent n'ont rien perdu de leur valeur, de leur pertinence. C'est bien le privilège des pensées les plus logiques de ne pouvoir jamais vieillir ».
31. Troisième bulletin.

et amplifiés par la contestation d'extrême gauche, *Nature et progrès* sut saisir l'occasion qui était offerte à l'agriculture biologique.

Une nature fédératrice

L'impact des événements de Mai 1968 dans la revue parut dans un premier temps très restreint. Le numéro 3 de l'année 1968 débuta par un éditorial lapidaire : « Comme vous le savez notre Congrès n'a pu avoir lieu à la Pentecôte comme prévu. Ce fut pour nous tous une grande déception ». Un encart en bas de page donnait la nouvelle date et le lieu du congrès de 1968, précisant la raison de l'ajournement : « en raison des grèves générales ». Mais dans le quatrième bulletin, Tavéra rappelait « l'ouverture » de l'association et Louis écrivait qu'elle était à un carrefour, jeunes et anciens s'y rencontrant, « animés du même amour de la nature et du naturel ». Ce positionnement incertain face aux nouveaux individus qui se rapprochaient de *Nature et progrès* est inconsciemment décrit par Claude Aubert[32] à travers deux questions posées dans deux articles de 1971. Le premier, « À quoi servent les paysans ? », s'inscrivait dans la tradition du bulletin. Il défendait un modèle agricole biologique et familial contre les décisions politiques prises par des citadins. Le second, « Sommes-nous des hippies de l'agriculture ? », établissait une analogie entre les deux démarches tout en s'empressant de « rassurer » les adhérents : le projet de *Nature et progrès* ne s'accommodait pas de « l'oisiveté et des spéculations intellectuelles coupées du réel ».

Pourtant l'émergence de thèmes récurrents qui allaient structurer le mouvement contestataire écologiste était une donnée ancienne dans les pages du bulletin. Le premier à introduire la protection de l'environnement, par un autre biais que l'agriculture, fut André Louis. Président de l'Association française de zoologie (AFZoo) en plus de ses fonctions dans l'association, il soulignait dans le deuxième bulletin le rôle primordial des rapaces dans l'équilibre naturel. D'ailleurs, la bibliographie sélective comporta longtemps un ouvrage de Serge Boutinot : *La protection des oiseaux à l'école*. En 1965 furent publiés un article alarmiste sur la qualité de l'eau dans la vallée du Rhône et un autre contre la chasse des oiseaux migrateurs. La Société nationale de protection de la nature s'insurgeait contre la loi de 1964 créant les associations communales de chasse. Le premier numéro de l'année 1967 donna la parole à l'Association pour la protection contre les rayonnements ionisants (APRI). Cette dernière critiquait vigoureusement l'industrie nucléaire, productrice de déchets nuisibles et « support » de l'armement nucléaire. Véritable précurseur, elle fut dirigée dès 1956 par l'instituteur Jean Pignero[33]. Or, la lutte contre le nucléaire semble avoir été le réel catalyseur

---

32. Cet ingénieur agronome arriva dans l'association en 1967. Lorsqu'il rédigea ces articles (1/71), il était secrétaire général.
33. En 1973 (2/73), *Nature et progrès* évoquait encore l'action bénéfique de l'homme et de son association.

des mouvements écologistes dans les années 1970 [34]. Ainsi, les associations « amies » dépassaient le cadre de l'hygiénisme. *Nature et progrès* devenait une véritable tribune d'expression pour tous les défenseurs de la « nature ». Parallèlement à ces signatures sporadiques, certains rédacteurs de la revue s'engagèrent dans cette voie. Paradoxalement, ces plumes qui excellaient dans le registre traditionaliste optèrent pour la mise en place d'une problématique globale qui allait bientôt être à la pointe des combats ancrés à gauche.

La réaction libertaire

André Birre lors de la seconde assemblée générale, en 1965, fêta la naissance de la « biopolitique », qu'il définissait comme « la science de la conduite des États, compte tenu des lois naturelles », née de l'étude des problèmes africains. Pour lui, le temps de la « grande solidarité mondiale », « du grand partage des ressources planétaires, sinon des avoirs » était venu. Ces propos suggéraient une sensibilisation à l'idéologie « tiers-mondiste » alors naissante [35]. Birre surenchérissait dans la rhétorique écologiste en dénonçant « l'action débilitante des forces techniciennes » et la nécessité de limiter la production d'armement pour réaliser des économies budgétaires. Au congrès de 1969 [36], il appela de ses vœux la création de « petites unités urbaines » et de « communautés locales à dimension restreinte excluant l'anonymat » et pratiquant une agriculture « jardinée ». Il protestait de cette manière contre le « gigantisme » qui régentait les organisations humaines. Pour parvenir à cet objectif, il fallait s'affranchir de l'État qui, bien évidemment, n'encourageait pas ce type d'initiative [37]. Le discours libertaire s'accompagnait alors d'une dialectique révolutionnaire : pour faire triompher cet idéal, Birre préconisait une insertion dans les « rouages des sociétés concentrationnaires ».

Au-delà d'une coexistence active, *Nature et progrès* nourrissait à l'égard du système économique et social dominant une antipathie non dissimulée. Dès son origine, l'association avait intégré le concept de « développement séparé », mais l'engouement pour divers aspects de sa personnalité

---

34. Voir : Guillaume SAINTENY, *Les verts*, collection Que sais-je ?, Paris, Presses universitaires de France, 2e édition, 1992, 128 p. ; ou, dans la même collection : Dominique SIMONNET, *L'écologisme*, collection Que sais-je ?, Paris, Presses universitaires de France, 3e édition, 1991, 127 p.

35. Voir : Edmond JOUVE, *Le Tiers-Monde dans la vie internationale*, collection Documents et essais-2, Bruxelles, Publisud/Berger-Levrault, 1983, 294 p. Notons que le ton, volontairement alarmiste, rappelle le « catastrophisme stratégique » qui fleurit plus tard dans les ouvrages traitant de « l'environnement ». Ceci constitua la principale critique opposée au premier rapport du Club de Rome.

36. 1/70.

37. Voir : Marcel BOLLE de BAL, *La tentation communautaire, les paradoxes de la reliance et de la contre-culture*, collection « psychosociologie », Bruxelles, éditions de l'Université de Bruxelles, 1985, 262 p. Dans sa préface, Henri Janne définit quatre types d'organisations sociales. Le « néo-communautaire » s'insère au cœur du système « sociétaire », modèle dominant et antérieur, en réaction contre lui pour restaurer des liens. Cette opération est facilitée par l'existence d'un projet commun.

l'amenait à avoir, à son tour, des velléités d'hégémonie. Toutefois le sujet de l'autonomie de l'exploitation – et *a fortiori* d'une communauté rurale dans son ensemble – renvoyait à l'agrarisme traditionaliste autant qu'au socialisme utopique [38]. Cette ambiguïté se manifesta notablement dans un article de René Duchet, extrait de l'assemblée générale de 1967 [39]. Il évoquait le problème de la famine, citait René Dumont, mettait en garde contre le nucléaire, l'illusion du progrès. Dans le même temps, il revenait sur l'œuvre d'Alexis Carrel et parlait de la « progression continue des maladies mentales, de la délinquance juvénile et de la criminalité » qui caractérisait la société moderne. De cette façon, nulle rupture n'intervint dans la revue. Les propos progressistes faisaient écho au traditionalisme qui dominait avant ; le lectorat le plus ancien pouvait participer aux combats d'avant-garde sans être pour autant déconcerté. Mais l'arrivée de nouveaux adhérents après 1968 accélera la transformation du bulletin.

La « contre-culture » mise en pratique

L'éditorial de Roland Chevriot, successeur de Tavéra, « Jeunesse d'abord », témoigne de ce bouleversement à l'intérieur de l'association [40]. Dans son compte rendu du congrès de 1972, il se félicitait de la « chaude ambiance » créée par les jeunes présents malgré les excès de « contestataires-nés ». Selon lui, ils avaient provoqué un électrochoc nécessaire face à la tiédeur de certains et permettaient de renouer avec l'esprit initial de l'association. Dans le numéro 3 de 1972, il prit acte de la croissance du nombre d'adhésions [41] et de la perte de convivialité qui menaçait la structure. La solution mise en avant était la décentralisation par le biais des groupes locaux. Dans ce bulletin, un article revint sur la conférence de l'ONU de 1972 consacrée à la question de l'environnement, tenue à Stockholm. L'auteur se félicitait des « conférences parallèles [qui] étaient l'exutoire pour l'expression du public », de la radicalisation des mouvements écologistes face à la tentative de « récupération technocratique ». Il revendiquait « l'Utopie » comme l'expression du refus de la résignation et la « bio-politique » comme une action révolutionnaire. Ainsi, *Nature et progrès* investissait un nouveau champ rédactionnel principalement occupé par des publications très engagées sur le terrain politique. Parfois elle exprimait ouvertement ses affinités éditoriales.

Le décès de Pierre Fournier, rédacteur en chef de *La Gueule ouverte* et chroniqueur à *Charlie Hebdo*, donna lieu à un hommage appuyé [42].

---

38. Il rappelle aussi le troisième foyer de l'agriculture biologique, né en Suisse sous l'impulsion de Millier, qui comprenait des objectifs politiques et économiques : autarcie de l'exploitation, commercialisation par circuit court et protection de l'environnement.
39. 3/67.
40. Numéro 1 de l'année 1972.
41. Entre 1968 et 1974, le nombre d'adhérents fut multiplié par dix pour atteindre 5 000.
42. 2/73.

L'association tenait à rendre hommage au premier homme qui avait parlé de l'agriculture biologique dans un journal à tirage national et entraîné de nombreux jeunes au congrès de 1971. Sans doute *Nature et progrès* se sentait proche de ce militant « inclassable » politiquement. Plus loin, la rédaction conseillait la lecture de *La Gueule ouverte,* « premier journal écologique français digne de ce nom ». Cette promotion s'expliquait certainement par la priorité donnée aux « faits concrets » et non pas aux idéologies, par la dénonciation des « méfaits [...] de l'ère industrielle et technologique » et la liberté de ton expliquée par l'absence « de budget publicitaire ». *La Gueule ouverte* était donc en parfaite adéquation avec « l'esprit de l'association » naguère exprimé par Mattéo Tavéra. Mais il s'agissait plus encore d'une relation quasi-gémellaire qui dépassait « l'amitié » qui prévalait dans l'alliance avec *La Documentation AFRAN* ou le *Bulletin de l'OSV*. L'union n'était plus dictée par une nécessaire cohésion face à une victoire plus qu'incertaine. À présent, l'association regardait sa « vigoureuse et irréductible relève » avec quiétude, toujours animée de la même détermination.

Cependant, la question idéologique ne pouvait être escamotée de la sorte : elle intéressait une partie des lecteurs. Elle revint en 1973 par le truchement d'un courrier mais sous un angle imprévisible. Une lettre accusait *Nature et progrès* d'être une revue « réactionnaire ». Le terme voulait rendre compte d'une « dérive scientiste » destinée à légitimer commercialement l'agriculture biologique. Son auteur réclamait la stricte promotion d'une agriculture qui permettrait de « repenser la vie différemment ». Ainsi s'établissait la jonction avec le passé de la revue, grâce au spiritualisme.

***

Si l'association *Nature et progrès* paraît avoir vécu un destin extraordinaire – eu égard à sa personnalité trouble, oscillant entre amnésie et schizophrénie [43] –, c'est sans doute parce qu'elle se trouvait au centre d'une problématique qui dépassait les oppositions idéologiques. Elle intégra des individus aux parcours, aux opinions et aux discours très différents, superposant leurs aspirations individuelles pour atteindre un objectif commun à tous : la défense d'une certaine conception de l'agriculture et du mode de vie qui s'y rattachait. Cet autre modèle paraissait à *Nature et progrès* le seul capable, dans un secteur durement éprouvé par l'évolution de la société, de maintenir un poids économique, de perpétuer une identité et des valeurs. Certains auteurs inspirés pourraient voir dans ces faits une

---

43. À ce propos, Marcel Bolle de Bal établit dans son ouvrage une séduisante analyse sur la dualité de la nature humaine, soumise à des tentations infiniment puissantes et antagonistes : identité personnelle et sociabilisation, libertaire et totalitaire. La tentation communautaire serait en fait la voie médiane, l'expression du désir de concilier les contraires. Marcel BOLLE de BAL, *La tentation communautaire...*, ouv. cité.

précoce manifestation de la « désidéologisation » de la société contemporaine. D'autres, comme Jeanne-Marie Viel [44], pensent que la réunion des courants néo-ruraux et biologistes s'opéra sur la base de la défense de la petite propriété contre le capitalisme.

Ne peut-on entrevoir, à travers l'exemple de *Nature et progrès,* l'émergence et l'expérimentation d'un nouvel idéal embrassant nombre de préoccupations et imprégné de spiritualité [45] ? Celui-ci entraînant une réflexion sur les activités humaines, leur incidence sur autrui et l'environnement, établissant grâce à la perspective historique une critique en règle des idéologies antérieures, et incorporant ou rejetant leurs différents aspects. Idéologie en mouvement qui muta en système de pensée largement partagé [46]. Toutefois l'agriculture biologique fut handicapée par ses errements ésotériques et politiques. Elle fut exclue des premiers programmes écologistes alors que son influence sur la structuration du mouvement fut des plus déterminantes. René Dumont, le premier candidat écologiste à l'élection présidentielle en 1974, qui était un agronome productiviste « repenti » d'inspiration marxiste, ne lui accordait guère de crédibilité. Pourtant, certains membres de *Nature et progrès*, résolument progressistes, participèrent à son comité de soutien.

L'agriculture biologique véhicule encore aujourd'hui cet idéal. Symboliquement, à l'instar des aliments qui en sont issus, elle s'évertue à renvoyer une image de pureté, d'intransigeance et d'insoumission [47]. Les vifs débats qui l'agitent témoignent de la volonté des acteurs de la filière de préserver une mystique de la « bio ». Devant l'incapacité de changer la société, ils entendent au moins maintenir cette construction technique et philosophique en retrait [48].

---

44. Jeanne-Marie VIEL, « L'agriculture biologique : une réponse ? », dans *Les Cahiers de l'écologie*, Paris, Éditions Entente, 1979, 96 p.

45. C'est sans doute pour cette raison que *Nature et progrès* refusa d'intervenir trop explicitement dans le débat politique, avec la volonté de n'appartenir à aucune époque, société ou classe. Son caractère transcendant l'amena à réfuter sa propre identité.

46. Roland Chevriot définit quelques années plus tard *Nature et progrès* comme un « mouvement d'opinion basé sur une conception idéologique de la vie ».

47. Cela constitue sa principale ressource argumentaire et lui fournit une légitimité face à son inévitable présence sur la scène commerciale agroalimentaire.

48. Se reporter par exemple à l'article de : Chantal LE NOALLEC, « Main basse sur les produits bios, derrière une quête, des mensonges et des profits », dans *Le Monde diplomatique*, n° 540, mars 1999, p. 27. S'insurgeant contre la collusion entre la filière bio et certains groupes industriels opportunistes – entraînant une baisse de la qualité des produits et une dépossession éthique –, elle appelle de ses vœux un retour aux valeurs fondatrices de l'agriculture biologique ; parmi elles, « l'autarcie » de l'exploitation, prônée dans l'éditorial du numéro de mai-juin 1998 de *Nature et progrès*.

Cinquième partie

Crise du productivisme, question environnementale et néo-agrarisme

Entre refus et acceptation de l'agrarisme, les gauches paysannes en France depuis 1945

Jean-Philippe MARTIN

Les syndicats agricoles, nés en France après la loi Waldeck-Rousseau de 1884, ont développé des thèmes agrariens qui marquent encore profondément le syndicalisme actuel [1]. L'agrarisme affirme que les paysans constituent un groupe uni, aux intérêts convergents ; il refuse l'exode rural, est méfiant vis-à-vis des groupes sociaux urbains et, pour lui, la « profession » doit se gérer elle-même [2]. Certains courants minoritaires, proches de la gauche, se sont très tôt opposés à l'agrarisme et ont critiqué les organisations agrariennes, construisant parfois leurs propres syndicats [3].

Les thèmes agrariens constituent encore, après 1945, les soubassements idéologiques des syndicats majoritaires, Fédération nationale des syndicats d'exploitants agricoles (FNSEA) et Centre national des jeunes agriculteurs (CNJA). Les critiques portées à leur encontre débouchent à deux reprises sur des ruptures qui donnent naissance aux gauches paysannes. Ces courants dénoncent avec force ce qu'ils appellent le mythe de l'unité paysanne qui profite aux plus gros et affirment refuser le corporatisme. Pourtant, leur discours n'est pas exempt d'accents agrariens, il s'adapte localement à leur base et les évolutions sont nettes, rapprochant les nouveaux syndicats d'un discours hier honni. Peut-on pour autant parler d'un agrarisme de gauche ?

---

1. Ce texte a été remis par l'auteur à la fin de l'année 1999 : les références bibliographiques mobilisées ont pu être actualisées (à paraître), mais aucune n'a été ajoutée. Il convient toutefois de signaler au lecteur la récente parution de l'ouvrage que préparait alors l'auteur : Jean-Philippe MARTIN, *Histoire de la nouvelle gauche paysanne. Des contestations des années 1960 à la Confédération paysanne*, collection Cahiers libres, Paris, Éditions La découverte, 2005, 276 p. (*Note des directeurs du volume*).
2. Pierre BARRAL, *Les agrariens français de Méline à Pisani*, Cahiers de la Fondation nationale des sciences politiques, n° 164, Paris, Armand Colin, 1968, 386 p.
3. Philippe GRATTON, *Les luttes de classe dans les campagnes*, Paris, Anthropos, 1971, 482 p. ; Ronald HUBSCHER et Rose-Marie LAGRAVE, « Unité et pluralité dans le syndicalisme agricole français. Un faux débat », dans *Annales, économies, sociétés, civilisations*, tome 48, n° 1, janvier-février 1993, pp. 109-134.

Ne serait-ce pas nier les spécificités, l'originalité de ces courants et en particulier les efforts de réflexion de la Confédération paysanne ?

Refus de l'agrarisme et dénonciation des agrariens

Trois thèmes agrariens ont donné prise à la critique des gauches paysannes. Pour les agrariens, l'unité des paysans constitue un socle indépassable, la solidarité entre eux est une nécessité. En effet, le hors-groupe constitue un danger potentiel pour les paysans et en particulier les groupes sociaux urbains, d'où la tentation du corporatisme et de la cogestion. L'exode rural est refusé car la terre est le réservoir de valeurs morales, par amour du mode de vie qui y est attaché, car il faut défendre l'exploitation familiale et la propriété paysanne. Ces valeurs ont rapproché les syndicats agrariens de la droite politique ou des radicaux. Les militants proches de la gauche qui rompent avec la FNSEA, en 1959, pour créer le Mouvement de défense et de coordination des exploitations familiales (MODEF) [4], animé par des militants communistes, ou dans les années 1970, pour donner naissance au mouvement Paysans-Travailleurs (PT), proche de la gauche extra-parlementaire, contestent ces idées [5].

Le refus de l'unité paysanne

L'unité paysanne tout d'abord est refusée et dénoncée comme un mythe qui profite aux plus puissants. Le MODEF distingue des catégories différentes parmi les paysans, dont les intérêts sont selon lui contradictoires [6]. Les petits et moyens sont des exploitants familiaux dont les intérêts sont convergents, mais s'opposent à ceux des grands exploitants. Il entend, pour sa part, défendre en priorité les petits agriculteurs qui souffrent et sont les victimes de la modernisation. Les grands exploitants modernisés, qui travaillent des exploitations de type capitaliste, sont favorisés par les gouvernements de droite et utilisent les autres pour faire aboutir des revendications qui leur profitent, car ils dominent la FNSEA. De ce fait, « la prétendue unité du monde paysan a abouti à la capitulation des principaux responsables devant les intérêts de la grande industrie, de la banque et du négoce » [7] et a desservi les exploitants familiaux alors que les grands en ont profité. Le discours du MODEF est finalement assez simple.

---

4. Une première rupture avait eu lieu en Languedoc où des militants communistes avaient créé la Ligue des petits et moyens viticulteurs (LPMV), en 1951, puis en 1953 avec le Comité de Guéret qui n'avait pas donné naissance à une organisation très structurée.
5. Rose-Marie LAGRAVE, « Les gauches syndicales (MODEF, CNSTP, FNSP) », dans Pierre COULOMB, Hélène DELORME, Bertrand HERVIEU, Marcel JOLLIVET et Philippe LACOMBE [dir.], *Les agriculteurs et la politique*, Paris, Presses de la Fondation nationale des sciences politiques, 1990, pp. 335-369.
6. MODEF, *Rapport préliminaire,* 3ᵉ congrès, février 1971.
7. MODEF, *Appel du 7 avril 1959*, Toulouse.

Bernard Lambert, un des *leader*s du mouvement des PT, refuse lui aussi le mythe de l'unité paysanne, « alliance de la carpe et du lapin »[8]. Il distingue aussi trois grandes catégories parmi les paysans, mais utilise un vocabulaire marxiste très affirmé[9]. Il oppose les paysans « exploiteurs », les grands, et les paysans « exploités ». Ces « exploités » sont constitués des paysans pauvres, qui ne se sont pas modernisés et sont souvent âgés, et des paysans « prolétarisés », des paysans moyens, plutôt jeunes, qui eux se sont modernisés mais ont perdu leur indépendance du fait de l'intégration croissante de l'agriculture[10]. Les différences entre les paysans sont liées aux superficies cultivées, à leur revenu, à leur inégale insertion dans l'économie marchande et à leur degré de modernisation. Ces différences sont telles que la lutte des classes traverse la paysannerie et que les « agriculteurs capitalistes » sont passés dans « le camp des exploiteurs » des autres couches paysannes. En fait, il semble que, par exploitation, il faille comprendre, comme au MODEF, utilisation voire manipulation des petits et des moyens par les grands, les premiers constituant le corps de bataille permettant aux plus grands de faire aboutir leurs revendications. Le rapport Richard affirme que si, pour la plupart, les paysans sont en position de « patrons », en fait, ils s'exploitent eux-mêmes[11], ce qui l'amène à conclure qu'ils sont des travailleurs qui doivent être solidaires des autres travailleurs.

Reste que s'il n'y a pas exploitation des uns par les autres, l'agriculteur capitaliste n'a pas les mêmes intérêts que le « moderniste », qui n'est « propriétaire que de ses dettes » ou que le « traditionaliste »[12]. Participation au travail d'exécution, absence de profit et sous-rémunération caractérisent ces deux dernières catégories, qui sont donc en situation d'exploités[13]. Alors que l'agriculteur capitaliste profite du système, les autres ont intérêt « à obtenir la maîtrise de leur revenu et un changement de leur condition d'homme et de travailleur »[14], qui passe par un changement de système économique : la solution est donc politique[15]. Et de conclure, « on retrouve dans ce secteur, la même division que dans l'ensemble de la

---

8. Bernard LAMBERT, *Les paysans dans la lutte des classes*, Paris, Éditions du Seuil, 1970, 190 p., p. 31.
9. Bernard Lambert, ancien du CNJA, après avoir été député Mouvement républicain populaire (MRP) en Loire-Atlantique, est alors membre du Parti socialiste unifié (PSU) et d'une de ses tendances, de gauche, la Gauche ouvrière et paysanne.
10. Bernard LAMBERT, *Les paysans...,* ouv. cité, pp. 78-79.
11. Rapport d'Antoine Richard au congrès du CNJA de juillet 1970, p. 1.
12. PT, *Un syndicalisme de Paysans-Travailleurs. Pourquoi ? Comment ?*, janvier 1972, p. 7. Centre d'histoire du travail, Nantes, Archives des PT.
13. *Ibidem*, p. 7.
14. *Ibidem*, p. 7.
15. Le rapport Richard, s'il souligne la dimension politique du combat mené, affirme la nécessité de l'indépendance syndicale « quel que soit le pouvoir politique » (p. 15).

société capitaliste », « deux classes antagonistes » [16] sans que l'utilisation du terme de classe soit clairement explicitée.

Qu'est ce qui explique alors la croyance répandue dans la profession en l'unité des paysans ? Là où Bernard Lambert avait utilisé le concept d'aliénation, le document de 1972 parle de « conditionnement des mentalités effectué par la classe dominante » qui amène les agriculteurs à accepter comme une fatalité la division entre riches et pauvres et à rechercher des solutions individuelles pour essayer de s'en sortir, voire changer de catégorie [17]. Cette idéologie qui repose sur les principes d'ordre, de légalité, de liberté, est diffusée par le biais de « l'État, la Justice, l'École, la Police, l'Armée, l'Église », d'où la nécessité d'une nouvelle pratique syndicale qui démystifie « les discours de la bourgeoisie » [18].

L'opposition au corporatisme

Un second refus alimente la contestation des gauches paysannes, c'est leur commune opposition au corporatisme et leur volonté affirmée de nouer des alliances sociales, de ne pas considérer tous les urbains comme des adversaires. Le MODEF souligne que les exploitants familiaux ont les mêmes intérêts que les ouvriers agricoles. Il s'adresse aussi aux artisans et aux petits commerçants, ainsi qu'aux salariés pour mener des actions communes afin de vivre dignement de son travail [19]. L'augmentation de salaire des ouvriers génère une hausse de leur pouvoir d'achat et donc une augmentation de la consommation, permettant aux exploitants de vendre mieux ou d'éliminer leurs excédents. En ce sens, la sécurité de l'emploi des travailleurs des villes et la défense de l'exploitation familiale sont liées. D'autant plus que ces catégories ont les mêmes adversaires, les grands trusts qui font des profits considérables, les « puissances d'argent » et le « pouvoir personnel » qui sont avides de spolier et d'asservir les hommes [20]. À cette minorité de profiteurs qui a l'appui du gouvernement, le MODEF veut opposer l'unité des travailleurs des villes et des exploitants familiaux [21].

Pour Bernard Lambert, le corporatisme représente une aliénation à dénoncer afin que les paysans prennent eux-mêmes leur lutte en main [22]. L'alliance avec d'autres couches sociales est une nécessité tactique : le nombre de paysans est en recul et « il n'est pas possible de lutter seul contre les méfaits du capitalisme » [23]. Cette alliance se fait « en premier lieu avec

---

16. *Ibidem*, p. 8. À distance, l'observateur a le sentiment que c'est ce qu'il fallait absolument démontrer, passage obligé du discours de la gauche des années 1970.
17. *Ibidem*, pp. 10 et 11.
18. PT, *Journées nationales Paysans-Travailleurs, Orléans, 21 et 22 mai 1972*, p. 7.
19. MODEF, *Résolution générale du 2ᵉ congrès*, Saint-Ouen, mars 1968.
20. MODEF, Alfred Nègre, compte rendu du congrès de janvier 1965, p. 1.
21. MODEF, *Résolution générale*, congrès de mars 1968.
22. Bernard LAMBERT, *Les paysans...*, ouv. cité, pp. 26-28.
23. *Ibidem*, p. 155.

la classe ouvrière »²⁴, victime de la politique capitaliste, car la majorité des paysans partagent à terme avec elle une communauté de destin du fait de leur prolétarisation : paysans et ouvriers sont confrontés aux mêmes problèmes (insuffisance des équipements collectifs, caractère anti-démocratique de l'enseignement…). L'affirmation virulente de leur appartenance au camp des travailleurs place ces militants parmi ceux qui, aux côtés des ouvriers, sont censés mener l'action et bâtir, rôle historique, une nouvelle société ; en effet, ces « purs » n'entendent pas faire alliance avec les ouvriers sur n'importe quelle base mais bien dans une perspective de lutte des classes²⁵. D'où, peut-être, les réticences envers les autres groupes sociaux moins objectivement révolutionnaires, dans une perspective marxiste. Si on peut trouver des alliés parmi les étudiants ou les travailleurs du tertiaire agricole, Bernard Lambert se méfie de l'impérialisme culturel des étudiants et rappelle que ce tertiaire agricole est constitué en partie de « cadres [...] payés pour maintenir [...] "l'ordre" dans les campagnes »²⁶. S'il semble moins favorable que le MODEF à une alliance avec les artisans, c'est vis-à-vis des enseignants qu'il fait preuve d'une « nécessaire sévérité », car s'ils peuvent devenir des « alliés de classe *possibles* »²⁷ (souligné par nous), Bernard Lambert dénonce fortement leur rôle dans l'aliénation des paysans et refuse « un "socialisme" d'instituteurs » car, dit-il, « le temps du maître d'école est révolu »²⁸.

La terre à ceux qui la travaillent ?

En ce qui concerne l'attachement à la terre, à l'exploitation familiale et à la propriété du sol, autre thème agrarien, l'attitude des gauches paysannes est plus nuancée et plus différenciée. Le MODEF défend, comme les agrariens, l'exploitation familiale et, après un temps, affirme nettement son attachement à la propriété paysanne. Les PT sont plus critiques : pour Bernard Lambert, la propriété du sol, même si elle a permis d'obtenir sécurité et initiative, est un mythe et les premiers documents des PT ne se privent pas de souligner que les paysans sont d'abord propriétaires de leurs dettes. L'attitude des jeunes qui acceptent plus facilement l'agriculture de groupe ou la remise en cause de la propriété du sol est soulignée et vue comme prometteuse. La terre, pour les PT, est essentiellement un outil de travail dont la répartition ne devrait pas être soumise à la loi du marché²⁹.

---

24. *Ibidem*, p. 155.
25. *Ibidem*, pp. 155-158.
26. *Ibidem*, p. 165.
27. *Ibidem*, pp. 160-161.
28. *Ibidem*, p. 52. Propos à rapprocher d'autres discours agrariens et sur lesquels nous revenons un peu plus loin.
29. *Ibidem*, pp. 28-30. Sur cette question, le MODEF est proche de la position des PT, puisque le congrès du MODEF-Jeunes de 1972 affirme que la terre doit être considérée comme un outil de travail et propose une liste de revendications pour y parvenir.

L'exploitation familiale est présentée à la fois comme un système de production artisanal et comme un mode de vie. Dans cette situation, les aliénations nombreuses, vécues par de plus en plus de paysans, expliquent que le paysan s'exploite lui-même, ait des journées de travail très longues, interrompe la scolarité de ses enfants et ait une mentalité individualiste [30]. Le rapport Richard en 1970 est encore plus critique, après avoir mis en évidence que « la nécessité de capitaliser pour les agriculteurs les rend esclaves de leurs moyens de production » puis dénoncé « l'intégration par les firmes privées ou l'intégration coopérative en système libéral » qui transforme les agriculteurs en « simples exécutants ». Il affirme qu'il n'y a pas « d'autre voie que l'appropriation collective des moyens de production » [31]. La répartition des terres devrait alors se faire en fonction des besoins dans le cadre d'un office foncier et l'objectif serait une agriculture de groupe, de la production à la vente, dans laquelle « les travailleurs des ateliers de production et ceux de l'entreprise coopérative... prendront les décisions » [32]. L'auteur prend toutefois la précaution d'ajouter qu'échafauder dans le détail des grands projets ne servirait à rien et que le plus important est l'action syndicale.

Ce genre de thématique est nettement moins affirmé ensuite dans les documents des PT. En janvier 1972, ils se demandent encore si « la terre, support de l'activité agricole ne devrait pas être propriété de tous » [33] ; mais quelques mois plus tard, ils se contentent de constater que les agriculteurs sont trop souvent obligés d'acheter la terre mais que beaucoup « s'essoufflent pour la rembourser » [34]. Le document de 1974 différencie la situation du moment, qui oblige les paysans à passer par l'accession à la propriété du sol, et le « long terme » (non défini), dans lequel « la terre [...] doit être un bien collectif ». En attendant, il faut refuser le démantèlement des exploitations, lutter contre les « cumulards » et essayer de contrôler collectivement la répartition du sol [35]. Il y a là comme un glissement qui fait penser à l'opposition entre programme minimum qui renvoie à l'agitation et aux luttes de tous les jours et programme maximum souvent réservé aux déclarations de congrès ou à usage interne à l'organisation. Sur cette question comme sur d'autres, le discours des PT évolue, le refus des thèmes agrariens passe par d'autres voies et se nuance. Les PT comme le MODEF doivent s'adapter pour s'implanter durablement et, de toute façon, derrière la virulence des anathèmes anti-agrariens, des ambiguïtés demeurent.

---

30. Bernard LAMBERT, *Les paysans...*, ouv. cité, pp. 30-36.
31. Rapport Richard, p. 11.
32. *Ibidem*, pp. 11 et 12.
33. *Un syndicalisme de PT, Pourquoi ? Comment ?*, janvier 1972, p. 14.
34. *Journées nationales PT*, mai 1972, p. 2.
35. *PT, s'unifier et s'organiser*. Projet de plate-forme pour les journées nationales des 19-20 octobre, 1974, p. 11.

Ambiguïtés, adaptations et évolutions

Les gauches paysannes ont adopté vis-à-vis de la FNSEA et du CNJA un discours très hostile et ont dénoncé leur manque de combativité, leur défense des intérêts des plus gros producteurs, leur notabilisation, leur proximité idéologique avec les gouvernements de droite et leur soumission au « grand capital ». Pourtant, ces gauches ont parfois dû tenir un discours dans lequel l'influence des thèmes agrariens était perceptible. Dans nombre de départements, les points communs entre l'immense majorité des producteurs étaient soulignés et dès les origines, sur certaines questions, l'agrarisme était présent. En d'autres termes, quel sont les éléments qui plaident pour caractériser l'idéologie de ces courants comme un agrarisme de gauche ?

Des ambiguïtés réelles

Ambiguïtés et contradictions sont en effet présentes très tôt dans les discours de ces organisations. Le MODEF est porteur d'une sensibilité agrarienne marquée. L'attachement à l'exploitation familiale est explicitement affirmé dans le sigle. Le syndicat veut que les exploitants puissent continuer leur travail de la terre mais aussi puissent transmettre leur exploitation à leur descendance, d'où la création d'une organisation de jeunes chargée de prendre en charge les revendications spécifiques à ce groupe. Les exploitants continuent l'œuvre des anciens et prolongent, en conservant leur indépendance de producteurs, « les efforts et les sacrifices consentis »[36] par les grands ancêtres paysans depuis des siècles. Ces exploitants veulent vivre dignement de leur travail, le MODEF refuse que les campagnes se vident car les petits iront grossir en ville la masse des travailleurs non qualifiés. Il réclame donc un meilleur équipement des campagnes[37] et un développement de la scolarisation dans les zones rurales afin que les jeunes y restent. Le MODEF met aussi en exergue les valeurs portées par ces paysans, exploitants familiaux indépendants, qui travaillent avec ténacité, ingéniosité et veulent conserver leur liberté de producteurs, leur dignité. L'« amour de la terre » est aussi réel, voire même souligné, et le MODEF se positionne en meilleur défenseur de la petite propriété paysanne qu'il ne saurait plus être question de supprimer.

L'analyse du discours des PT permet de percevoir qu'il n'est pas exempt de contradictions et reste marqué par certains thèmes agrariens. Bernard Lambert dénonce le fait que les paysans moyens qui se sont modernisés doivent le plus souvent jouer la carte de l'intégration à de grandes firmes et deviennent des « façonniers »[38], « entièrement dominés par les industries et coopératives [...] exploités [...], ils sont progressivement dépossédés des

---

36. Alfred NÈGRE (Président du MODEF), *L'exploitant familial*, janvier 1965, p. 1.
37. MODEF, congrès de février 1971.
38. Bernard LAMBERT, *Les paysans...*, ouv. cité, p. 70.

véritables moyens de production. Ils entrent ainsi peu à peu dans la catégorie des prolétaires »[39]. Bernard Lambert refuse cette prolétarisation, vue comme perte d'indépendance et déqualification. Il semble regretter cette évolution tout en affirmant vouloir dépasser, à terme, l'appropriation privée du sol, en appelant à développer la lutte contre les « cumulards » et en demandant un blocage de la valeur de la terre agricole. Pour lui, les travailleurs de la terre devraient gérer collectivement la propriété du sol[40] ; mais ne faut-il pas voir dans sa proposition, qui se veut autogestionnaire, la possibilité pour les paysans de répartir entre eux les terres afin qu'ils demeurent des producteurs indépendants des grandes firmes capitalistes ? Le rapport Richard insiste sur les idées de contrôle, de participation aux décisions et de définition démocratique des choix[41]. L'appropriation collective semble dans cette perspective la condition pour rester paysan et pour reconquérir une réelle indépendance. L'utilisation maintenue du terme paysan, fut-il travailleur, ne traduit-elle pas ce désir de conserver liberté de choix dans le travail et mode de vie ?

Rester paysans, c'est aussi empêcher que des régions se vident, lutter contre l'exode rural. Cette thématique se retrouve dans les années 1970. Un slogan affirme : « nous voulons vivre et travailler au pays », en s'inspirant des courants régionalistes actifs dans ces années[42]. Pour Bernard Lambert, « le développement anarchique, c'est-à-dire capitaliste, étouffe les régions dites riches et tue les régions dites pauvres ». Pour ceux qui sont « déracinés, déportés par la misère [...] la vie devient impossible dans un cadre urbain quasiment concentrationnaire »[43]. Ici, la terre n'est pas à la différence des agrariens du début du 20e siècle, le réceptacle de valeurs morales ; mais la ville moderne, si elle n'est pas le lieu des vices et des illusions, apparaît comme un espace où l'homme qui a subi l'exil, est nié, rendu anonyme, dans la perte des racines et des réseaux de sociabilité. D'autre part, les villes de province ne pourraient vivre sans un arrière-pays fortement peuplé, même si pour cela il doit être industrialisé[44].

Cet attachement au pays, décliné dans plusieurs régions, nous pouvons le retrouver dans les documents du MIVOC (Mouvement d'intervention viticole occitan) ou dans ceux du Syndicat démocratique des paysans de Savoie (SDPS) qui le proclament en 1975 et 1976. La défense du pays n'est pas une invention des années 1970 mais avait déjà été déclinée, sur un mode certes différent, à la fin du 19e siècle, puisque « les premiers agrariens

---

39. *Ibidem*, p. 79.
40. *Ibidem*, p. 138.
41. Rapport Richard, pp. 11 et 12.
42. Alain TOURAINE [dir.], *Le pays contre l'État, luttes occitanes*, Paris, Éditions du Seuil, 1981, 318 p.
43. Bernard LAMBERT, *Les paysans...*, ouv. cité, p. 154.
44. Il ne fait aucun doute que les agriculteurs qui disaient vouloir « vivre et travailler au pays » espéraient le faire en conservant leur activité.

proclamaient [...] leur désir d'autonomie provinciale »[45]. Elle s'accompagne de certains refus qui témoignent à la fois de l'espoir de demeurer des paysans ou des vignerons, mais aussi du refus de certaines activités jugées moins nobles car non productives, qui mettent les hommes de ce pays au service d'autres, qui mettent en danger une façon de vivre et qui semblent aliéner la particularité du pays. Ces deux syndicats apprécient peu, en effet, le développement du tourisme dans leur région. Le SDPS est critique vis-à-vis du tourisme d'hiver qui est selon lui un tourisme de luxe. Il estime aussi que si cette activité n'est pas planifiée, mais seulement pensée à court terme (pour le profit), elle est « une gêne de plus en plus grande pour l'activité agricole »[46]. Il est donc nécessaire d'organiser et de maîtriser le développement du tourisme pour que les paysans puissent travailler en paix. Le MIVOC utilise avec plus de vigueur la thématique régionaliste qui lie, dans les années 1970, perte de substance de la région, domination par Paris et expansion du tourisme. Il désavoue « l'implantation de l'industrie touristique telle qu'elle est proposée » et ces « Occitans » disent vouloir défendre « les intérêts politiques, économiques et culturels de [leur] pays »[47]. Ce discours est ancien en Languedoc puisqu'un des *leaders* du mouvement viticole de 1967 affirmait que si les viticulteurs du Midi ne gagnaient pas leur combat, ils seraient condamnés à vendre des cigales aux touristes.

Le manifeste *Mon païs escorjat* (mon pays écorché), lancé en 1978 sur l'initiative d'Emmanuel Maffre-Baugé, Robert Laffont et Jean Pierre Chabrol, soutenu par le PCF en Languedoc mais signé bien au-delà de cette sphère, par les dirigeants du MIVOC entre autres, va plus loin encore. Refusant de n'être plus que « quelques indigènes pensionnés » chargés de garder « un vide ensoleillé que hanteront à saisonnées les Européens en vacances », le manifeste s'oppose à l'élargissement de la CEE à l'Espagne, au Portugal et à la Grèce et appelle les Occitans à lutter « contre l'Europe du capital, pour l'autonomie ici. Et pour l'Europe des peuples » qui semble antinomique avec une « exploitation touristique forcenée »[48]. Cette relation à l'autre, au hors-groupe, représenté par le touriste, est, dans les années 1970, mal acceptée voire refusée par ces militants paysans.

Il est cependant une autre figure sociale qui semble cristalliser un fort ressentiment, nettement perceptible dans le livre de Bernard Lambert, c'est celle de l'instituteur. La fonction de l'école, lieu majeur de l'aliénation, est fermement dénoncée. Elle est un lieu où on apprend à respecter l'ordre social, elle se plaque comme un corps étranger sur un univers différent, elle ouvre sur le monde de la bourgeoisie. Elle ne tient donc pas compte du milieu dans lequel elle évolue et apprend à respecter la société capitaliste.

---

45. Pierre BARRAL, *Les agrariens français...*, ouv. cité, p. 343.
46. SDPS, *Pour un syndicalisme de travailleurs*, octobre 1976, p. 21.
47. MIVOC, *Projet de plate-forme*, septembre 1975.
48. *Mon Païs Escorjat*, 1978.

De plus, elle trompe les paysans car les savoirs qui y sont inculqués ne leur servent pas, car elle laisse croire que tous les enfants sont « égaux devant les mystères de l'accord du participe passé »[49] et elle encourage les plus méritants à quitter la paysannerie. Or, l'instituteur croit à ce qu'il fait, il s'engage dans cette pratique. Il est donc condamnable pour le contenu et la pratique de son enseignement, il accomplit des tâches certes « techniquement nécessaires mais insuffisantes et équivoques ». Il sème des illusions en laissant croire à la valeur libératrice de l'école. De plus, même quand il veut militer à gauche, il semble ne pas se départir d'un ton docte et suffisant qui alimente l'hostilité de Bernard Lambert au « socialisme d'instituteurs »[50].

Il est impossible de ne pas rapprocher certains de ces propos des dénonciations des instituteurs faites par Dorgères telles que les rapporte Robert O. Paxton. « La haine de l'instituteur » des dorgéristes renvoie à plusieurs raisons : il était rendu responsable par beaucoup de l'exode rural, il était un agent de la domination des villes sur les campagnes, il semblait considérer le plus souvent « l'agriculture comme une profession plus basse que les autres »[51] et l'enseignement public ne répondait pas aux besoins de ceux qui voulaient rester des agriculteurs. Enfin, le militantisme communiste de certains instituteurs avait parfois entraîné des heurts avec des dorgéristes en Bretagne.

L'ennemi par excellence de ces gauches paysannes est, toutefois, situé dans les villes, il est représenté par les puissances d'argent, qui ont constitué de grands groupes capitalistes, des firmes industrielles dominatrices dont certains ont une dimension internationale. Ces adversaires, très présents dans le discours des gauches ouvrières, ont pour certains été aussi utilisés par les agrariens – l'hostilité à la ville, à l'industrie et la méfiance vis-à-vis des grandes sociétés caractérisant leurs discours.

Malgré ces contradictions, le discours national des gauches paysannes s'oppose à celui de la FNSEA ou du CNJA. Mais pour s'implanter durablement, ces courants l'ont parfois « lissé ». Les paysans, par ailleurs, réagissent le plus souvent à des problèmes locaux, à des propositions adaptées à telle ou telle production, telle ou telle région. Les groupes locaux ont donc souvent dû faire un travail d'adaptation du discours et des pratiques nationales qui peut entraîner des inflexions notables.

Des adaptations locales

S'il est un thème qui a parfois du mal à être perçu localement, c'est celui de l'existence d'intérêts contradictoires entre les paysans d'une même

---

49. Bernard LAMBERT, *Les paysans...*, ouv. cité, p. 46.
50. *Ibidem*, p. 52.
51. Robert O. PAXTON, *French peasant fascism: Henry Dorgères's Greenshirts and the crises of French agriculture: 1929-1939*, New York, Oxford University Press, 1997, 244 p., traduction française : *Le temps des chemises vertes. Révoltes paysannes et fascisme rural, 1929-1939*, Paris, Éditions du Seuil, 1996, 324 p, pp. 54-55.

région qui, le plus souvent, ont l'habitude de se souder face à un ennemi extérieur. L'étude d'un certain nombre de départements permet de repérer que ces gauches ont parfois privilégié l'unité des paysans sur une base locale et désigné comme un adversaire soit les grands agriculteurs capitalistes du nord de la France, soit les urbains aisés, extérieurs donc à la paysannerie locale, soit bien sûr l'État. Les « gros » étant toujours les autres, ceux d'autres départements ou régions, raisonnement facilité par les zones de relative force du MODEF, au sud de la Loire. C'est ce qui semble ressortir de plusieurs documents du MODEF de départements situés au sud de la Loire, en filigrane dans les affirmations du Comité de Guéret en 1953.

Nous ne pouvons encore présenter un tableau complet des adaptations locales des PT, mais il nous semble intéressant d'analyser la façon dont plusieurs organisations départementales ont, dans les années 1970, voire encore aujourd'hui, abordé cette question de la composition sociale de la paysannerie. Le SDPS en Savoie publie en 1976 un document où il explique pourquoi des militants ont été « évincés » de la FDSEA et ont été amenés à créer une nouvelle organisation. On remarquera, tout d'abord, que ce ne sont pas eux qui se placent en situation de responsables de la rupture de l'unité syndicale [52] mais les responsables de la FDSEA qui sont présentés comme ceux qui ont voulu la rupture de l'unité. Après une analyse de la situation économique et sociale des paysans marquée du sceau de l'orthodoxie, tendance PT, et qui différencie bien trois couches sociales liées au développement du capitalisme et dont les intérêts s'opposent (les capitalistes, les modernisés et les petits), le SDPS s'empresse d'ajouter qu'il n'y a pas de paysans capitalistes en Savoie et qu'il existe très peu de paysans modernisés chefs d'entreprise. De ce fait, les paysans auxquels s'adresse ce syndicat sont dans leur majorité des paysans exploités, petits paysans pauvres ou modernisés endettés entre lesquels il existe certes des contradictions, mais qui ne sont qu'apparentes, car ils sont les « victimes communes » du même « système d'exploitation » [53]. L'unité de la paysannerie est quasiment rétablie car « les ennemis véritables [...] ce sont les trusts agroalimentaires » [54].

La plate-forme du MIVOC [55], qui s'adresse en 1975 aux viticulteurs du Languedoc, permet de saisir comment la dénonciation des gros n'empêche pas de s'adresser à l'immense majorité des paysans d'une région. Le MIVOC, qui vient de se créer, affirme qu'il ne veut pas diviser la viticulture, qu'il reconnaît le Comité régional d'action viticole comme la seule structure d'expression du mécontentement des viticulteurs, mais qu'il veut « exprimer [son] analyse de la situation », « sans gêner les autres organisations professionnelles ». Il dénonce les ennemis de « la viticulture »

---

52. SDPS, ouv. cité, p. 1.
53. *Ibidem*, pp. 6-10.
54. *Ibidem*, p. 10.
55. Sans être membre des PT, ce mouvement en est proche.

(le terme revient plusieurs fois dans le texte), « du monde viticole », « des viticulteurs occitans », qui sont le pouvoir en place, le négoce et « les gros propriétaires fonciers ». Comment comprendre cette expression et comment évoquer la viticulture, ce qui laisse penser qu'elle est unie, tout en critiquant une partie des agriculteurs ? Tout d'abord en sous-entendant qu'ils ne travaillent pas eux-mêmes la terre, qu'ils sont de gros propriétaires rentiers, ce qui les oppose aux « véritables viticulteurs » qu'ils empêchent d'ailleurs de s'installer. Ensuite, ils « spéculent sur la valeur de la terre », ils n'y sont pas attachés affectivement comme les viticulteurs occitans et n'ont probablement pas les mains calleuses comme l'immense majorité. Un autre moyen pour les placer à l'extérieur du groupe est de les condamner moralement, ils « exploitent » une main d'œuvre, ils « fraudent impunément sans être inquiétés » et donc ne respectent pas les règles que la profession s'est imposée depuis 1907 (interdiction du sucrage). De plus, ils drainent vers eux la majorité des aides de l'État, ce qui laisse supposer soit d'obscurs appuis, soit une collusion avec le pouvoir en place[56], hostile selon ce courant aux viticulteurs qui, pour une large majorité, votent alors pour l'opposition de gauche. Il est essentiellement fait allusion aux propriétaires absentéistes qui résident en ville et font travailler la vigne par d'autres.

Des luttes exemplaires ?

La mythologie que le syndicat des PT élabore peu à peu donne une valeur fondatrice à des luttes jugées exemplaires, la grève du lait et la lutte des paysans du Larzac. La grève du lait du printemps 1972, en Bretagne, que les PT soutiennent, vise à obtenir le maintien du prix du lait à un niveau jugé rémunérateur pour les producteurs par les laiteries, qu'elles soient privées ou coopératives. Dès juin 1972, *Vent d'Ouest,* journal de ce courant, signale certes que « les petits producteurs sont les plus déterminés à continuer l'action », mais ne lance pas d'exclusive et utilise dans les articles qui rendent compte de cette lutte l'expression « les producteurs ». Tout en dénonçant l'attitude de Michel Debatisse, président de la FNSEA, qui désavoue le combat et les revendications des « producteurs de lait », les PT ne se risquent pas à mener une analyse des différenciations sociales à l'œuvre parmi ces producteurs de lait, du moins à ce moment. Seule la référence à la suppression des primes liées à la quantité traduit leur souci de défense prioritaire des petits et des moyens. L'accent est alors mis sur l'exemplarité supposée de l'action et sur la volonté de défendre la rémunération des producteurs dans leur ensemble[57]. Quelques mois plus

---

56. MIVOC, *Plate-forme*, septembre 1975.
57. *Vent d'Ouest*, journal des PT, juin 1972, n° 29. Un point de vue (FDPL, FDSEA, CDJA de la Loire) paru dans le numéro de septembre évoque, certes, la nécessité de contrôler les volumes de production et de ne pas focaliser sur la défense du prix mais ne faut-il pas y voir surtout l'expression de la sensibilité d'une autre région ? De plus, on peut aussi lire dans le même numéro, un communiqué du Comité de Défense de Landerneau qui met en valeur

tard, dans un article de débat sur l'action laitière, intitulé « Réflexion des producteurs de l'Ouest »[58], les PT affirment que le prix n'est qu'un élément parmi un ensemble de revendications dont certaines comme l'instauration d'un système de quotas de production sont censées être plus favorables aux petits et moyens. Il n'oublie cependant pas de souligner qu'il est injuste qu'avec le système existant des prix, « la grande majorité des producteurs soit obligée de rogner sur leur salaire ». Ne faut-il pas voir alors dans cette réaffirmation programmatique, *a posteriori*, une simple concession – confidence réservée au petit nombre des purs, abonnés à *Vent d'Ouest* ?

La lutte du Larzac voit aussi les PT défendre avec beaucoup de vigueur l'ensemble des paysans, quelle que soit l'importance de leur exploitation, contre le projet d'extension du camp militaire. De la même manière, l'action menée pendant l'été 1999 contre un chantier de construction d'un restaurant Mac Donald à Millau, très relayée par les médias nationaux, est au départ une action de défense de l'ensemble de la filière Roquefort, et donc de tous les producteurs. La Confédération paysanne, dans la zone de Roquefort, n'oublie certes pas de dénoncer les rentes de situation et défend avec vigueur les petits et moyens et la nécessité d'un contrôle de la production ; mais elle assoit sa popularité sur l'exemplarité de ses actions, sur sa revendication de transparence à l'intérieur de l'interprofession et sur sa détermination à défendre les producteurs (*via* la défense d'un prix rémunérateur) face aux industriels, mais aussi l'ensemble de la filière, jusqu'à la grande distribution, dénonçant la fraude ou les taxes imposées sur ce produit par les États-Unis[59].

Des évolutions sensibles

Une fois dépassé le temps de l'affirmation doctrinale qui fixe les grands traits du discours, et désigne les adversaires, les gauches paysannes sont obligées de tenir compte des réalités locales, des problèmes spécifiques. Avec les années, elles doivent aussi s'adapter aux transformations de l'agriculture, aux changements intervenus dans le milieu et dans l'ensemble de la société. Leur discours s'est modifié, et des thèmes autrefois condamnés réapparaissent.

Le MODEF change nettement son discours à la fin des années 1970. Il a désormais tendance à minimiser les divergences d'intérêts entre les producteurs agricoles et à souligner au contraire les convergences. L'agriculture française est selon lui menacée par la concurrence d'autres pays, méditerranéens pour la vigne et les fruits et légumes, par les États-

---

« ceux qui se battent pour que *l'ensemble des agriculteurs* ait un salaire » (souligné par nous).

58. *Vent d'Ouest*, novembre 1972.

59. Pour des raisons d'opportunité et d'élargissement du combat, la CP en fait un symbole de la lutte contre la « mal-bouffe » et l'OMC. Sur la CP de la zone de Roquefort : Jean-Philippe MARTIN, « La Confédération paysanne entre contestation traditionnelle et nouvelles propositions », dans *Sciences de la société*, n° 45, octobre 1998, pp. 27-44.

Unis et la politique libérale du GATT pour les céréales. L'unité paysanne se trouve ainsi remise en valeur, alors que c'est la dénonciation de ce mythe qui avait été à l'origine de la création de ce mouvement. Cet infléchissement est parallèle au tournant du Parti communiste français (PCF) en défense de l'indépendance nationale, défendue avec d'autant plus de force que le PCF a rompu avec son partenaire socialiste en 1977. La campagne du MODEF (et du PCF) contre l'élargissement de la CEE à l'Espagne, au Portugal et à la Grèce recueille un écho important dans les campagnes du Languedoc-Roussillon, mais elle n'est pas l'apanage de cette seule organisation, puisque les socialistes dans cette région s'y affirment alors hostiles. Cette volonté de défendre l'agriculture française dans son ensemble, qui semble la nouvelle ligne du MODEF, est à son tour mise en sourdine au profit de nouveaux thèmes dans le courant des années 1990. Le MODEF reprend alors les questions sur lesquelles travaille la Confédération paysanne, issue d'un rapprochement des PT (devenus Travailleurs-Paysans en 1981) et du courant socialiste qui n'a rompu qu'après 1981 avec la FNSEA.

Ces PT (puis TP) ont eux aussi nettement évolué par rapport à la première moitié des années 1970. Le langage s'est simplifié, la référence au marxisme a disparu, oubliée la lutte des classes, supprimé le concept d'exploitation. Pour autant, des catégories sociales différentes subsistent parmi les paysans, trois sont distinguées mais, en définitive, deux principales s'opposent : il y a les grands producteurs capitalistes, qui profitent de la situation, monopolisent les aides publiques, exportent dans le monde entier, participent à l'élimination des autres et polluent du fait de la pratique d'une agriculture « productiviste » ; et en face, l'immense majorité de ceux qui travaillent beaucoup pour un revenu limité et incertain, et sont parfois très endettés. Ce sont eux qui devraient en priorité bénéficier des aides pour qu'il y ait des paysans nombreux dans toutes les régions du pays. Localement, l'évolution peut être plus sensible, puisqu'en 1983, l'appel à voter aux élections aux chambres d'agriculture en Ille-et-Vilaine met en valeur le fait que les candidats « sont des syndicalistes qui ont prouvé leur réalisme, leur sagesse et leur capacité à défendre **tous** [en gras dans le texte] les agriculteurs du département »[60]. Sur le plan national, le syndicat veut aussi réfléchir à un nouveau modèle d'agriculture qui s'oppose au « productivisme »[61] et qu'il appelle « l'agriculture paysanne ». Dans ce modèle, le paysan réinventé se pose la question de l'utilité économique et sociale de son travail afin d'être en phase avec les exigences de la société : la qualité gustative des produits et l'histoire incorporée (l'« authenticité », le « terroir »), les paysages et les usages de l'espace rural, l'environnement et

---

60. Appel à voter pour les candidats de l'UDSTP de l'Ille-et-Vilaine, janvier 1983.
61. La critique du productivisme apparaît dans le projet de plate forme de 1977 des PT, mais surtout à partir de mars 1981. Il est alors demandé aux quelques équipes départementales des PT-TP qui subsistent de mener un premier débat systématique sur cette question.

la question de la pollution des eaux et des sols. Le paysan nouveau doit aussi être acteur de la société rurale locale et participer aux grands débats de société. Le débat sur les catégories paysannes se complexifie car si dans la presse du syndicat, les gros sont toujours des productivistes et *vice versa*, la réalité voit des agriculteurs, qui ne sont pas des gros, pratiquer une agriculture intensive ou des membres du syndicat tarder à rompre avec le « productivisme ». Quelle attitude adopter d'autre part vis-à-vis des gros qui se convertiraient à ce type d'agriculture et vis-à-vis des grandes centrales d'achat qui veulent avoir un rayon « bio » ou sont prêtes à jouer la carte de l'agriculture qu'elles appellent « raisonnée » ? Des débats nouveaux vont sûrement s'imposer au syndicat et ils risquent d'obliger à une certaine souplesse tactique fort éloignée du discours fracassant des années 1970.

Une autre question a disparu des documents programmatiques, c'est celle de la propriété de la terre. Au début des années 1970, les textes fondateurs n'hésitaient pas à évoquer l'appropriation collective de la terre, certes le plus souvent renvoyée à un avenir plus ou moins lointain. Le projet de plate-forme des PT de 1977 insiste bien sur la nécessaire « atteinte à la grande propriété agricole », mais « en partant du point de vue des petits ». Le syndicat affirme, en effet, vouloir préserver « les intérêts des petits propriétaires ». Des assemblées paysannes devraient permettre de contrôler la répartition des terres mais aussi d'arrêter le démembrement des exploitations [62]. Le travail collectif est, pour les PT, un moyen d'échapper à l'individualisme et est formateur, mais il n'est plus question d'appropriation collective de la terre, ce que confirme le document de 1981. « Les paysans doivent disposer de la terre dont ils ont besoin », ils doivent donc pouvoir la répartir, fixer un maximum d'exploitation, mais aucun passage ne dénonce la propriété individuelle de la terre et, localement, les choses peuvent être dites avec plus de netteté. En 1981, le document fondateur de l'UDSTP de l'Ille-et-Vilaine proclame : « nous voulons être maître chez nous » [63]. En 1983 le problème du foncier est essentiellement vu du point de vue des jeunes qui veulent s'installer et ne le peuvent pas car ils n'ont pas les moyens d'acheter suffisamment de terres [64]. Dans les années 1990, la propriété n'est plus remise en cause, mais la volonté de répartir les terres et de maîtriser les productions est toujours présente. Quant aux grands propriétaires, les agri-managers, leurs propriétés ne sont plus contestées, le syndicat estime seulement qu'ils ne doivent plus bénéficier d'aides au-delà d'une certaine quantité de production. Le syndicat s'est assagi et a abandonné un certain maximalisme, sa pratique en témoigne aussi.

---

62. PT, *Projet de plate forme PT*, journées nationales, novembre 1977, pp. 40-41.
63. *Vent d'Ouest*, CNSTP, *Une dynamique syndicale pour une autre politique agricole*, juin 1981, p. 11 et *Bulletin de l'UDSTP*, Ille-et-Vilaine, octobre 1981, n° 1, p. 2.
64. Congrès de la CNSTP, Millau, *Vers un véritable statut pour les paysans*, septembre 1983, pp. 56-57.

Dans les premiers temps, les PT refusaient de participer à la gestion et dénonçaient la cogestion à laquelle participait la FNSEA, alors que ceux qui étaient restés dans celle-ci pour y constituer un courant d'opposition ne s'opposaient pas forcément à ces pratiques. Cette volonté de participer aux décisions a été présente dès les origines du syndicalisme agricole, les agrariens estimant que la profession devait se gérer elle-même. Le choix de la forme syndicale des PT puis la victoire de François Mitterrand en 1981, qui reconnaît les gauches paysannes, modifient la donne. Les PT ne s'affirment plus seulement comme une organisation contestataire et revendicative, mais veulent participer aux commissions des chambres d'agriculture et entendent défendre des dossiers, voire faire des propositions concrètes. Il s'agit d'être reconnus des pouvoirs publics et donc de conquérir une légitimité – mais aussi de s'opposer à la FNSEA et de se différencier des autres courants de gauche, MODEF et Fédération nationale des syndicats paysans (FNSP) constituée, en 1982, par l'ancienne opposition interne à la FNSEA [65] proche des socialistes. « Ce courant évolue ainsi vers un syndicalisme de proposition et prend peu à peu le chemin d'une institutionnalisation », même si « la culture militante des antérieurs demeurera très présente » [66]. Il est possible de discerner dans ces propos de Serge Cordelier certains des traits qui font l'originalité de la Confédération paysanne, en cette fin de 20e siècle. Tradition activiste et contestataire, souci de propositions à court et moyen termes et projet de société dans lequel s'insère le modèle d'agriculture défendu ; autant de particularités qui témoignent du réel caractère novateur de ce syndicat dont l'ancrage politique maintenu n'empêche pas l'indépendance vis-à-vis des gouvernements de gauche.

Vers un nouveau projet

Repérer des permanences, mettre en évidence des continuités, souligner des contradictions ne veut pas dire considérer que les gauches paysannes ont reproduit à l'identique les thèmes agrariens, ne se sont opposées à la FNSEA que pour prendre sa place, et n'ont pas nourri la réflexion sur la place de l'agriculture dans la société. Dans trois domaines, les oppositions aux agrariens sont restées fortes, même si elles ne se présentent plus dans les mêmes formes que dans les années 1960-1970.

En premier lieu, contrairement aux agrariens, ces syndicats sont proches des partis de gauche, même s'ils sont assez indépendants des socialistes ; ils refusent par ailleurs l'agriculture intensive, souvent mise en œuvre par des grands exploitants, et défendent en priorité petits et moyens ; enfin ils

---

65. Ceux-là mêmes qui n'avaient pas fait le grand bond hors la maison mère dans les années 1970.
66. Serge CORDELIER, « La gauche paysanne moderne et la cogestion », dans Pierre COULOMB, Hélène DELORME, Bertrand HERVIEU, Marcel JOLLIVET et Philippe LACOMBE [dir.], *Les agriculteurs et la politique*, ouv. cité, pp. 189-197, p. 194.

s'opposent au corporatisme et affirment leur solidarité avec d'autres catégories sociales.

Des gauches paysannes indépendantes ?

Tous les courants de la gauche paysanne ont critiqué les gouvernements de droite des débuts de la Cinquième République et sont souvent animés par des militants politiques appartenant à des partis de gauche. Ils ont donc pour certains souligné leur proximité avec ces partis. La signature du programme commun de gouvernement entre le PCF, le PS et les radicaux de gauche amène le MODEF à comparer celui-ci à ses propres propositions et à mettre en évidence les « nombreux points concordants », voire les « positions similaires » entre les deux projets. Le MODEF rencontre en 1972 le PS et le PCF, qui reconnaissent sa représentativité. Il estime que l'orientation de ces partis « constitue un des moyens de mettre rapidement en application une partie importante de [son] programme »[67] et dénonce avec force le refus du gouvernement de droite de recevoir le syndicat ainsi que sa politique agricole générale. Les PT sont plus proches du Parti socialiste unifié (PSU) ou de l'extrême gauche, très hostiles aux gouvernements de droite, mais méfiants vis-à-vis de l'union des partis de gauche dans les années 1970. Ils se placent dans le camp d'une gauche critique et activiste, qui espère faire pression sur les grands partis traditionnels de la gauche quand ils seront aux affaires. Ils rappellent souvent le caractère politique de toute action syndicale mais veulent entretenir l'indépendance des syndicats, même s'ils se placent dans ce qu'ils appellent une « perspective socialiste »[68]. Cette affirmation de l'indépendance est assortie de critiques quant à l'insuffisant contenu programmatique de l'union de la gauche et la volonté supposée trop faible de ces partis de rompre avec le capitalisme. Pour eux, c'est l'action et le contrôle des travailleurs qui permettraient d'aller plus loin.

Le projet de réforme viticole du MIVOC, paru en juin 1977, traduit bien cette vision et paraît anticiper les années 1980. « De grandes déceptions risquent d'éclater si l'on n'y prend pas garde. Un gouvernement de gauche ne peut exister que s'il y a une participation effective des travailleurs »[69]. C'est l'exemple du Front populaire et des luttes qui ont suivi l'arrivée au pouvoir de Léon Blum qui est ici mobilisé, proposé en exemple et espéré afin de pousser plus loin le futur gouvernement de gauche et de mieux ancrer le syndicat. La rupture de l'accord entre le PS et le PCF, à l'automne 1977, surprend donc ce courant qui est déstabilisé, cherche sa place, subit un recul et se divise à nouveau. Certains pensent alors que même si tout dépend d'abord de l'action, les revendications des PT risquent d'être mieux

---

67. MODEF, *Rapport de Raymond Mineau*, congrès de Tours, septembre 1977, pp. 12-13.
68. Il s'agit d'un socialisme mythique qui n'est pas le système soviétique, pas tout à fait le modèle chinois, malgré les préférences de certains, mais un « idéal » qui serait à placer entre l'espoir millénariste et… la référence obligée de document de congrès.
69. Projet de réforme viticole du MIVOC, juin 1977, p. 1.

prises en compte par les partis de gauche [70]. Le rapport des journées nationales de mars 1981 souligne que le contexte syndical est plus difficile, parle de résistance paysanne et dénonce la politique suivie par la droite. Mais il paraît atemporel, n'évoque pas l'élection présidentielle à venir, signe que les PT ne s'attendaient peut-être pas à la victoire électorale de François Mitterrand, et exprime sa volonté, en adoptant la forme syndicale, de ne pas interférer avec le domaine des partis politiques [71].

Les gauches paysannes se saisissent toutefois de l'opportunité ouverte par la victoire de la gauche et l'arrivée d'Édith Cresson au ministère de l'Agriculture : elles sont reconnues et invitées à la conférence annuelle de 1981. Ces gauches se structurent sur le plan syndical, il y a en 1982 trois courants, le MODEF, la Confédération nationale des syndicats de travailleurs paysans (CNSTP) [72] et la FNSP (les anciens opposants internes de la FNSEA). Ils participent de manière divisée aux élections aux chambres d'agriculture de 1983. Le rapport de forces leur est défavorable, puisque la FNSEA les remporte avec près des deux tiers des suffrages. Le MODEF obtient près de 9 %, la CNSTP autour de 6 % et la FNSP un peu moins de 6 %. L'éclatement de ces courants a renforcé leur caractère minoritaire. Le gouvernement socialiste en tire le bilan : il tente de ne plus apparaître comme hostile à la FNSEA et au CNJA qu'il considère comme les interlocuteurs privilégiés.

La position des gauches syndicales vis-à-vis du pouvoir de gauche avait de toute façon évolué avant même ces élections. Dans un premier temps, elles avaient toutes souligné que le nouveau contexte serait plus favorable aux revendications qu'elles portaient. Le MODEF affirmant que de syndicat de lutte, il devait devenir « un syndicat de lutte et de propositions », espérant que de cette nouvelle logique syndicale et du nouveau contexte politique sortirait une nouvelle politique agricole [73]. Même s'il se sent obligé de dire qu'il combattra les mesures auxquelles il s'oppose, une nouvelle logique est à l'œuvre qui l'amène à se sentir proche du pouvoir et à faire preuve, un temps, de moins de fermeté revendicative. La CNSTP réclame une nouvelle politique agricole, espère que l'action pourra dans la nouvelle situation être plus efficace et ne veut pas devenir la courroie de transmission du nouveau pouvoir, dont elle souligne qu'il n'a peut-être pas les moyens « de remettre en cause fondamentalement l'emprise du productivisme sur l'agriculture », d'où la nécessité de l'action à la base [74]. Malgré tout, les espoirs de changement sont réels parmi les militants de ces courants.

---

70. *Bulletin intérieur* du SDPS, février 1978, soit peu de temps avant les élections législatives de 1978 qui voient les partis de gauche, divisés, échouer de peu à conquérir la majorité.
71. *Vent d'Ouest*, Journées nationales PT, *Rapport d'orientation*, mars 1981, Fontenay-sous-Bois.
72. Issue de la fusion des PT et de groupes locaux, dont le SDPS de Savoie en juin 1981.
73. MODEF, congrès de Montreuil, février 1982, projet de déclaration du secrétaire général, p. 1.
74. CNSTP, *Texte d'orientation*, supplément à *Vent d'Ouest*, juin 1981, p. 9 et 10.

Peu à peu, vient le temps des désillusions, de la prise de distance et des critiques. Après leur faible résultat aux élections aux chambres d'agriculture de 1983, les gauches paysannes se sentent lâchées par les socialistes qui, au gouvernement, privilégient les contacts avec la FNSEA, refusent leurs revendications et oublient les projets qu'ils avaient fait miroiter. Le temps de l'indépendance critique est venu, la CNSTP évoque les acquis, les réformes engagées mais qui ont été vidées de leur contenu et conclut que le gouvernement n'a pas de réelle volonté de « modifier en profondeur l'orientation de la politique agricole », privilégiant le productivisme, la recherche des exportations et non la garantie des revenus [75]. Le MODEF est plus nuancé, les efforts du gouvernement ont produit des « résultats appréciables » mais « insuffisants » et il attribue ces insuffisances au manque de luttes et de pression de la base, voire au fatalisme car, pour lui, la lutte revendicative de masse doit permettre d'amener « le gouvernement français à se battre aussi bien à Bruxelles qu'à Paris pour la réalisation des engagements pris par le président de la République ». Même critique et indépendant, le MODEF ne veut pas confondre droite et gauche [76].

Pour les gauches paysannes, l'indépendance syndicale, même vis-à-vis des gouvernements de gauche, est fondamentale. La structuration du syndicat devient une priorité afin de pouvoir encourager ou mener des luttes jugées nécessaires, mais aussi élargir l'influence de l'organisation. L'arrivée au ministère de l'Agriculture de François Guillaume, ancien président de la FNSEA, accélère le rapprochement entre CNSTP et FNSP qui fondent la Confédération paysanne (CP) en 1987. Mais le MODEF reste à l'écart de ce processus. Les analyses de la CP reprennent un certain nombre de critiques développées par la CNSTP à partir de 1981.

Du refus du productivisme à l'élaboration d'un nouveau projet

Le projet, en gestation, part d'un refus, celui du modèle d'agriculture intensive appelé « productivisme ». Dès les premières années de son existence, le syndicat s'oppose au modèle défendu par le CNJA puis la FNSEA qui veulent faire de l'agriculteur un chef d'entreprise – car cela suppose l'élimination d'un nombre important d'autres agriculteurs. À la fin des années 1970, le syndicat commence à s'interroger sur la culture biologique, mais c'est l'affaire des « veaux aux hormones », à l'automne 1980, qui accélère les débats et amène la CNSTP à réfléchir de manière plus approfondie et à affirmer la nécessité de « remettre en cause le productivisme » [77]. Celui-ci est alors défini comme « la recherche constante, et obligée, de la meilleure productivité possible » qui oblige à investir et à

---

75. CNSTP, congrès de Millau, septembre 1983, p. 3 à 8.
76. MODEF, congrès de Montpellier, *Rapport d'orientation*, février 1984, p. 3.
77. CNSTP, *Journées nationales PT*, mars 1981, p. 47. Un certain nombre de thèmes présentés par Bernard Lambert dans un langage marxiste sont ici réutilisés, « recyclés » dans une logique plus environnementaliste.

substituer de manière croissante le « capital au travail par le biais de techniques de production étroitement contrôlées par l'amont ou l'aval »[78], phénomène qui date des débuts de l'industrialisation de l'agriculture selon le syndicat. Ce modèle a des conséquences négatives pour les paysans, il entraîne endettement, perte d'indépendance du producteur, peur d'être éliminé ; il accroît même les disparités entre les agriculteurs et avive la concurrence entre eux. Les conditions de travail deviennent plus dures, certains sont obligés de renoncer à leur activité et des jeunes ne peuvent pas s'installer. D'autre part, ce modèle coûte cher à la collectivité par le biais des subventions ou des frais nécessaires pour lutter contre les pollutions, et les aides vont en priorité aux plus grosses structures. Ce modèle d'agriculture est utilisateur de beaucoup d'énergie, et polluant. Dans les années 1990, la CP dénonce les gros ateliers porcins qui dépassent les normes autorisées, contribuant à la détérioration de la qualité de l'eau en Bretagne, et affirme que « les pollueurs doivent être les payeurs ». Le productivisme s'accompagne aussi d'une nette dégradation de la qualité des produits alimentaires, de risques réels pour la santé et d'une différenciation entre produits de qualité pour les consommateurs aisés, et produits médiocres pour le plus grand nombre, ce que refuse le syndicat. Enfin, le productivisme participe et accentue la domination du « Tiers-Monde » (terme encore utilisé en 1981) par les pays du Nord. En fournissant des céréales à bas prix, car subventionnées, ces pays découragent les producteurs locaux dont les prix sont parfois plus élevés et entraînent l'importation de nouveaux modèles alimentaires qui aggravent la dépendance vis-à-vis du Nord[79].

Cette dénonciation virulente s'accompagne peu à peu de propositions visant à sortir de ce modèle et à mettre en œuvre une « agriculture paysanne ». On appréciera le retour de l'adjectif qui indique une volonté de re-territorialiser l'activité, de l'« humaniser » à nouveau, de faire référence à un mode de vie, voire à un certain sens de la mesure, le syndicat se défendant, toutefois, de toute volonté de retour en arrière. Pour la CP, le « paysan », tel qu'elle en répand la représentation, a plusieurs fonctions : il est un agent économique, producteur de produits alimentaires, mais pas seulement ; il est animateur de la vie rurale, un de ceux qui dynamisent le pays et la société locale ; il est aussi gestionnaire de l'espace, responsable, par certains aspects, du paysage, patrimoine commun. Ce paysan « nouveau » a reconquis son autonomie et ne dépend plus des firmes agroalimentaires grâce aux réseaux et aux alliances qu'il a su tisser. La CP défend l'organisation du marché afin de maintenir des paysans nombreux sur tout le territoire, ses principales revendications portant sur la maîtrise et la répartition des productions afin que tous les producteurs puissent être correctement rémunérés. D'où la nécessité, pour elle, d'une différenciation

---

78. *Ibidem*, pp. 49-50.
79. *Ibidem*, pp. 47-56.

et d'un plafonnement des aides européennes afin qu'elles ne favorisent plus les gros producteurs et qu'elles tiennent compte de la qualité des produits. Quelles sont les pratiques agricoles qui sont popularisées, quel type d'exploitation est mis en avant, comment est repensé le métier ? [80]

L'exploitation telle qu'elle est défendue par le syndicat demeure une exploitation familiale, dans laquelle l'accent est mis sur la diversité des situations et des solutions. Un certain nombre de constantes doivent toutefois permettre le maintien de l'indépendance des producteurs. L'exploitation doit être autonome et économe. Elle doit donc dépendre le moins possible des fournisseurs à l'amont ou des centrales d'achat à l'aval. Dans cette logique, ce qui est vanté, c'est la complémentarité des productions sur l'exploitation, la réduction des intrants pour diminuer les coûts et la recherche de la meilleure valorisation des produits qui passe par une démarche de production de qualité, par le développement de la vente directe et le raccourcissement des circuits de distribution. L'exploitation n'est pas seulement agricole, la pluriactivité est vantée, elle est présentée comme une solution pour nombre de régions dans lesquelles le tourisme, la réalisation de produits alimentaires artisanaux, le travail salarié de la compagne... fournissent un complément de revenu indispensable à celui de l'exploitation agricole elle-même, ce qui permet à l'exploitant de maintenir son activité et le mode de vie qui y est attaché.

Les pratiques agricoles sont, elles aussi, revisitées, l'agriculteur doit fournir une alimentation de qualité : le syndicat combat les ateliers porcins hors-sol et l'agriculture intensive qui fournit une alimentation standardisée, de piètre qualité, et qui peut présenter des risques pour la santé. Il valorise donc les appellations d'origine contrôlée (AOC), les efforts pour réaliser des produits de « terroir », de qualité et diversifiés. La presse du syndicat met en exergue les réalisations pratiques et popularise les expériences concrètes, n'hésitant pas (fait rare) à publier le chiffre d'affaires des exploitations afin de montrer qu'une telle voie est possible. Ce qui est promu, c'est le produit attaché à une région, dont la qualité gustative est réelle et qui n'a pas subi de traitement chimique irraisonné (car ce n'est pas seulement l'agriculture « biologique » qui est ici popularisée). Le savoir-faire paysan est réhabilité au détriment d'une agriculture trop technicienne, les pratiques valorisées sont, en effet, respectueuses de l'environnement et des équilibres écologiques. L'agriculteur n'est propriétaire que provisoirement de la terre car il doit la léguer aux générations futures, la logique est donc celle d'un développement durable qui permet, par ailleurs, de tisser des alliances avec des couches sociales urbaines [81]. Les valeurs sur lesquelles repose ce projet vont à l'encontre d'une logique corporatiste mais ont pour objectif à la fois de répondre aux problèmes de la profession et aussi aux attentes de la société.

---

80. Nul doute que le terme de « métier » ne plairait pas trop aux actuels dirigeants de la CP.
81. Documents de congrès de la CP depuis sa création en 1987. Voir aussi *Campagnes solidaires,* revue nationale mensuelle de la CP.

Un projet en cohérence avec des valeurs

La solidarité apparaît comme centrale dans le discours de la CP et ne se cantonne pas à tel ou tel espace, mais embrasse tous les contours de la société, voire de la planète, puisant ainsi dans un humanisme présent déjà dans la JAC [82]. Solidaires, les campagnes doivent d'abord l'être entre elles : le syndicat met au cœur de son action une politique volontariste d'installation des jeunes (pas forcément issus du milieu paysan). Il défend en priorité les petits et les moyens et refuse la constitution de deux agricultures. Il plaide enfin la solidarité entre les régions, refuse la concentration de l'agriculture dans les régions les plus favorisées et demande des choix favorisant les régions enclavées et les zones de montagne. Pour maintenir des agriculteurs nombreux sur tout le territoire, il réclame une véritable politique d'aménagement du territoire ; d'où sa défense des services publics en zones rurales et sa revendication d'implantation de nouvelles activités.

La solidarité s'étend au-delà des campagnes et dépasse les murs des villes. Il réclame des mesures contre l'exclusion et a soutenu à plusieurs reprises les luttes des chômeurs dans les années 1990 ou les luttes des sans-papiers. Son opposition au libéralisme sur le plan économique l'a amené à comprendre et à soutenir les fonctionnaires lors des grèves et des manifestations de décembre 1995. Il continue à soutenir les ouvriers confrontés à des licenciements. C'est le sens de la présence du *leader* aveyronnais, José Bové, lors d'un *meeting* avec les syndicats de Michelin, à Clermont-Ferrand, à l'automne 1999. Ses préoccupations environnementales et son souci d'une alimentation de qualité l'ont amené à essayer de développer les liens avec les associations de consommateurs et les associations écologistes, alliance qui s'est surtout manifestée en Bretagne contre les élevages porcins qui ne respectaient pas les limitations de taille, mais aussi pour exiger une amélioration de la qualité de l'eau.

La solidarité dépasse les frontières, puisque les paysans français sont appelés à lutter avec ceux d'autres pays de l'Union européenne. Elle ne doit pas non plus se cantonner aux pays riches mais doit viser aussi le développement économique des pays du Tiers-Monde. C'est pourquoi, la CP critique les exportations françaises à destination de ces pays, car elles ruinent leur agriculture en proposant des céréales à bas prix et accroissent leur dépendance en modifiant les modèles alimentaires. Pour elle, chaque pays doit être indépendant sur le plan alimentaire. Cette dimension internationale est présente dans le combat contre les organismes génétiquement modifiés mené par le syndicat en 1999, en liaison d'ailleurs

---

82. Rose-Marie LAGRAVE, « Les gauches syndicales... », art. cité, p. 370. Rappelons d'autre part que le syndicat Solidarnosc émerge en Pologne à l'été 1980, fait majeur pour la gauche non stalinienne, qui s'honore après le coup d'État de décembre 1981 de manifester son soutien à *Solidarnosc*. Sans que cela signifie pour la CP un ralliement aux socialistes français.

avec une organisation paysanne du sud de l'Inde. Le concept de solidarité est un des fondements d'un projet de société en construction qui explique, en partie, la réceptivité de l'opinion et des médias aux propositions de la Confédération paysanne et qui l'amène à être partie prenante d'un mouvement hostile aux règles actuelles de l'Organisation mondiale du commerce.

***

Les gauches paysannes se sont construites après 1945 en opposition au syndicalisme majoritaire qu'elles considéraient comme agrarien. Elles refusaient, en particulier, le mythe de l'unité paysanne et le corporatisme, voire pour les Paysans travailleurs la propriété privée de la terre. Au-delà du discours virulent et des anathèmes lancés contre leurs adversaires, une étude plus précise permet de repérer la continuité de thèmes agrariens dans le discours et les pratiques et même la ré-appropriation locale ou nationale de certaines des idées les plus dénoncées auparavant. Ces courants ne sont-ils alors que des agrariens de gauche ? La réponse nous paraît devoir être nuancée. Si avec le MODEF, en net déclin, c'est bien d'un agrarisme de gauche qu'il faut parler, il faut souligner que ce courant n'a jamais bénéficié d'un appui inconditionnel du PCF et n'a jamais réussi à être un lieu d'élaboration théorique, mais a été un espace permettant de canaliser la colère des petits paysans [83]. Les courants qui ont donné naissance à la Confédération paysanne ont incontestablement repris des thèmes agrariens ; toutefois, leur volonté d'élaborer un projet en phase avec les attentes de la société, leur choix de rester indépendants sur le plan politique et la place centrale de l'idée de solidarité, à rebours d'un corporatisme frileux, nous font penser que par delà les emprunts, il n'est pas possible de caractériser les idées défendues par ce syndicat comme un nouvel agrarisme de gauche. Ce syndicat est un des lieux de renouvellement des gauches syndicales, qu'elles soient ouvrières, paysannes ou issues des mouvements sociaux des années 1990 [84].

---

83. Je m'appuie ici sur un certain nombre de remarques faites, après la présentation orale de ce travail lors du colloque de l'ARF, par Pierre Barral, François Clerc et Jean Vigreux. Qu'ils en soient remerciés.
84. Les traits communs avec un syndicat comme SUD paraissent indéniables. Ivan SAINSAULIEU, « La fédération SUD-PTT : le creuset d'une contestation pragmatique », dans *Revue française de science politique*, volume 48, n° 1, février 1998, pp. 121-141.

Visages d'une jeunesse « néo-agrarienne »

François PURSEIGLE

Nombreux sont les ruralistes qui ont relaté et analysé les représentations et engagements de la jeunesse agricole des années 1950-1960 formée à l'école du triptyque jaciste : « voir, juger, agir ». Beaucoup s'accordent à reconnaître la remarquable ascension socioprofessionnelle de cette génération ; mais plus rares sont en revanche ceux qui s'interrogent sur la manière dont les héritiers de la « révolution silencieuse »[1] se représentent leur profession, l'espace dans lequel ils évoluent, leur rôle et leur avenir. Cette absence d'analyses scientifiques est-elle à mettre au compte des craintes – somme toute légitimes – que suscite l'utilisation du terme « jeune agriculteur » ? Ou est-ce simplement en raison d'une réflexion « adulto-centriste », qui resterait sans âge ?[2]

À l'instar du jeune étudiant soixante-huitard, le jeune jaciste est donc devenu, tant aux yeux des responsables professionnels que des scientifiques, un « archétype mythique » qui occulte tout questionnement sur une jeunesse qui semble à jamais prisonnière de son histoire. Il paraît donc nécessaire, au-delà des simples questions ayant trait à l'installation des jeunes agriculteurs, d'entreprendre une réflexion sociologique sur la manière dont la jeunesse agricole perçoit les profonds bouleversements qui affectent la profession qu'elle a choisi d'embrasser[3].

Fruit de deux enquêtes réalisées, d'une part, auprès d'élèves et d'étudiants scolarisés au sein d'établissements d'enseignement agricole, et d'autre part, de jeunes agriculteurs, cette communication se propose de décrypter le

---

1. Michel DEBATISSE, *La révolution silencieuse. Le combat des paysans*, Paris, Éditions Calmann-Lévy, 1964, 277 p.
2. Xavier GAULLIER, « Âges mobiles et générations incertaines », dans *Esprit*, octobre 1998, pp. 5-44.
3. Notons cependant l'importance dans ce champ d'étude des travaux réalisés par : Roger LEGUEN et Jean-Noël PINATEL, *Jeunes et agriculteurs dans les années 90. Une enquête nationale auprès de 821 jeunes agriculteurs*, décembre 1990, 2 tomes, ESA d'Angers-CNJA, ainsi que ceux menés par : Olivier GALLAND et Yves LAMBERT, *Les jeunes ruraux*, Paris, INRA-L'Harmattan, 1993, 253 p.

système de représentations d'une jeunesse profondément attachée à la défense d'une « France paysanne » qui semble menacée. Ces travaux constituent le prélude à une étude que nous menons sur les processus d'engagement professionnel des jeunes agriculteurs dans un contexte de crise identitaire [4].

Ce contexte de crises, décrit par ailleurs [5], remet en cause le « référentiel modernisateur » jadis prôné par des organisations professionnelles qui avaient su trouver dans le réseau d'établissements scolaires (publics et privés) le relais nécessaire à sa diffusion. Une telle situation conduit la jeunesse agricole d'aujourd'hui à s'interroger sur la place qu'elle occupe (et qu'elle peut ou doit occuper dans l'avenir) au sein des campagnes, mais aussi dans la société tout entière. Quel est (et quel sera) le rôle des jeunes agriculteurs dans un espace rural en mutation ? Quelle définition doit-on donner d'un métier en pleine recomposition ? Telles sont les deux questions fondamentales qui sous-tendent le processus de socialisation à travers lequel les jeunes construisent leur identité sociale et professionnelle. Des identités qui sont mises à mal par de nouvelles attentes sociétales fondées sur le passage de la monofonctionnalité (produire uniquement des denrées alimentaires) à la multifonctionnalité (assurer des fonctions sociales, territoriales et environnementales). En effet, les nouvelles réalités socio-économiques conduisent à une redéfinition des contours d'une identité professionnelle qui ne se rattache plus à la seule action de produire des denrées alimentaires, mais qui s'articule autour de nouvelles compétences (activités agritouristiques, gestion de l'espace...) [6]. Dès lors, le processus de construction identitaire entendu comme « ipséité c'est-à-dire comme processus ininterrompu de formation et de maintien d'un soi-même » [7] s'apparente au résultat troublant de la confrontation entre une « identité héritée », transmise entre autres par les parents et les établissements d'enseignement agricole, et une « identité visée » bâtie autour des nouvelles fonctions assignées à l'agriculture [8]. Notons en outre que cette jeunesse est confrontée, à l'instar de toute une génération, à une crise de la socialisation par le travail, à laquelle s'ajoutent les éléments structurels d'une mutation inhérente à l'ensemble de la profession agricole.

---

4. Cette étude est réalisée sous la direction des professeurs Pierre Roux (UMR Dynamiques rurales, ENFA Toulouse) et Jean-Pierre Prod'homme (UER Sociologie rurale, INA Paris-Grignon) en collaboration avec Jacques Abadie (UMR Dynamiques rurales, ENSA Toulouse).
5. Bertrand HERVIEU, *Les champs du futur*, Paris, François Bourin, 1993, 172 p. Voir aussi : Jean-Paul BILLAUD, « Des dimensions nouvelles pour une identité sociale en question », dans Marcel JOLLIVET et Nicole EIZNER [dir.], *L'Europe et ses campagnes*, Paris, Presses de Sciences-po, 1996, pp. 109-131.
6. Jean-Paul BILLAUD, « Des dimensions nouvelles... », art. cité, pp. 109-131.
7. Anne-Marie GRANIÉ, « Mécanismes de production et de reproduction de l'identité communale en milieu rural », dans *Actes du colloque Territoires ruraux et formation*, Dijon, ENESAD, ministère de l'Agriculture, de la Pêche, et de l'Alimentation, DGER, 7-8-9 février 1995, pp. 327-335.
8. Claude DUBAR, *La socialisation. Construction des identités sociales et professionnelles*, Collection U, série « sociologie », Paris, Armand Colin, 1998, 276 p.

Ainsi, les difficultés d'entrée dans la vie professionnelle dont est victime la jeunesse actuelle sont autant d'éléments qui la renvoient à un destin qu'elle ne partage pas avec ses parents [9]. Mais la « crise de professionnalisation » [10] qui touche la jeunesse agricole est d'autant plus prégnante qu'elle repose, en partie, sur la « non-pertinence de la catégorie générique d'agriculteur ainsi que de l'existence et de la reproduction de groupes professionnels différenciés » [11]. Face à une telle situation, ces jeunes (futurs et jeunes agriculteurs) ont entrepris, à la lumière des mutations qui affectent le monde agricole et la société rurale, un travail de ré-appropriation de cette « force sociale profonde », que Pierre Barral nomme l'agrarisme [12], conduisant à ce que nous appellerons ici le « néo-agrarisme ».

Ainsi, nous nous proposons, dans un premier temps, à travers l'exploitation d'une enquête réalisée auprès de scolaires, de mettre en perspective la construction d'un référentiel « néo-agrarien », puis, dans un second temps, de nous interroger, à partir des résultats d'une enquête sur les membres de la JACR (section Jeunes Agriculteurs de la Coordination rurale), sur la manière dont certains jeunes puisent dans ce néo-agrarisme pour véhiculer un fondamentalisme agraire revisité.

De la construction d'un référentiel néo-agrarien

Une enquête comme point de départ

C'est autour des résultats d'une enquête réalisée auprès d'élèves et d'étudiants scolarisés dans l'enseignement agricole, complétée en guise de contrepoint par l'analyse du discours des jeunes agriculteurs du CNJA, que nous essaierons d'entrevoir la manière dont se construit ce que nous qualifierons de « référentiel néo-agrarien ».

Ce travail procédait d'une tentative d'identification des représentations de jeunes ayant fait le choix de s'installer en agriculture. Il reposait essentiellement sur la volonté de répondre au questionnement central : « De quelle manière les jeunes élèves, apprentis et étudiants de l'enseignement agricole et les jeunes agriculteurs se représentent-ils leur (actuelle ou future) profession, leur milieu social et professionnel, leur rôle, leur avenir ? » Dans cette première enquête, notre choix s'est porté sur quelque 125 jeunes scolarisés, âgés de 16 à 25 ans, ayant un projet d'installation à court, moyen ou long terme. Ce choix nous semblait d'autant plus pertinent qu'il s'agissait pour nous d'entrevoir la manière dont le futur agriculteur prépare

---

9. Louis CHAUVEL, *Le destin des générations. Structure sociale et cohortes en France au 20e siècle*, Paris, Presses universitaires de France, 1998, 301 p.

10. Jacques RÉMY, « La crise de professionnalisation en agriculture : les enjeux de la lutte pour le contrôle du titre d'agriculteur », dans *Sociologie du travail*, n° 4, 1987, pp. 415-441.

11. Brigitte MONFROY, *Les jeunes agriculteurs, genèse d'une catégorie professionnelle*, communication au colloque international « Genèse et dynamique des groupes professionnels », Paris, 1992, p. 3.

12. Pierre BARRAL, *Les agrariens français de Méline à Pisani*, Cahiers de la Fondation nationale des sciences politiques, n° 164, Paris, Armand Colin, 1968, 386 p.

son entrée dans la vie active, posée « comme une expérience parmi les expériences multiples participant aux processus, de plus en plus diversifiés, de socialisation à travers lesquels se construisent les identités »[13]. Dès lors, il s'agissait de se replacer dans des situations de formation qui, comme l'a souligné Claude Dubar, « contribuent à déstabiliser les identités établies et à favoriser des dynamiques identitaires différenciées »[14]. Pour ce faire, trois établissements, l'un en région Midi-Pyrénées (Haute-Garonne), les deux autres en région Languedoc-Roussillon (Aude) ont été choisis pour cette enquête. Il s'agissait du lycée agricole de Toulouse Auzeville, du lycée agricole Charlemagne de Carcassonne et du Centre de formation pour apprentis agricoles de Narbonne. Situés dans des départements assez proches géographiquement, ces trois établissements présentent la particularité de recruter des jeunes issus de zones de productions agricoles différentes. En effet, les jeunes du lycée agricole de Toulouse sont originaires principalement de départements où la polyculture et l'élevage dominent, alors que les jeunes du lycée Charlemagne et du CFA de Narbonne résident dans une région viticole ayant connu une restructuration récente des systèmes de production. Ceci nous a donc permis d'appréhender partiellement les effets des particularismes géographiques et économiques qui sous-tendent les systèmes de représentations de ces élèves et étudiants.

Les 125 jeunes enquêtés se répartissent au sein de six groupes selon leur classe d'origine[15]. Pour des raisons de commodité, ces entretiens ont été réalisés en groupe dont l'effectif a varié de neuf à quatorze en fonction des sections. Ces entretiens, qui avaient pour but de compléter les pistes de travail suggérées par nos lectures exploratoires, ont été menés selon la méthode semi-directive avec un guide d'entretien. Ils ont été complétés par un questionnaire distribué aux élèves et étudiants scolarisés en formation initiale dans les lycées de Toulouse et de Carcassonne[16], afin de préciser la conception que les jeunes ont de leur futur métier ainsi que la façon dont ils conçoivent leur engagement futur au sein de la profession agricole.

---

13. Christine GAMBA-NASICA, *Socialisations, expériences et dynamique identitaire. L'épreuve de l'entrée dans la vie active*, collection « Logiques sociales », Paris, L'Harmattan, 1999, p. 24.

14. Claude DUBAR, « Formation continue et dynamique des identités professionnelles », dans *Formation-Emploi*, n° 34, La documentation française, avril-juin 1991, pp. 87-100 ; Claude DUBAR, *La socialisation...*, ouv. cité.

15. LEGTA de Toulouse Auzeville : 13 et 11 étudiants scolarisés respectivement en $1^{\text{ère}}$ et 2e années de brevet de technicien supérieur agricole (BTSA) « analyse et conduite des systèmes d'exploitation » (ACSE), 9 étudiants scolarisés en 2e année de BTSA TV (technologie végétale) ; LEGTA Charlemagne de Carcassonne : 13 élèves scolarisés en 2e année de baccalauréat professionnel viticulture-œnologie et 14 étudiants scolarisés en $1^{\text{ère}}$ année de BTSA viticulture-œnologie ; CFA agricole de Narbonne-Centre Pierre-Reverdy : 35 et 30 élèves scolarisés respectivement en $1^{\text{ère}}$ et 2e années de brevet d'enseignement professionnel agricole par apprentissage, option « cultures pérennes ».

16. Il est à noter que seuls 30 % des questionnaires (soit 18/60) nous ont été renvoyés. Ce questionnaire a été construit autour de six questions ouvertes permettant aux jeunes de répondre librement et d'étendre les perspectives de codage de l'information. Le but de cette enquête par questionnaire étant strictement qualitatif, il ne s'agissait que d'entrevoir des pistes de réflexion et non de quantifier des résultats qui n'auraient eu aucun sens, sans au préalable la constitution d'un échantillon représentatif.

Une jeunesse « dépositaire » d'un patrimoine

Si l'espace rural n'apparaît pas ou plus, aux yeux des jeunes interrogés, comme le cadre au sein duquel ils affirment leurs différences face à une jeunesse qui vit en ville, il n'en demeure pas moins investi d'une nostalgie qui fait de lui un legs que l'on se doit de préserver pour tous. Il s'agit pour ces jeunes de faire du rural un véritable patrimoine social construit autour d'un « ensemble de savoirs, de pratiques, de productions matérielles et symboliques » [17] que l'on se doit de partager avec différents groupes sociaux, mais dont on ne pourrait appréhender le sens qu'au travers des pratiques agricoles. Si tout groupe social « pour se perpétuer, élabore une mémoire collective, des traditions culturelles, des règles de reproduction, bref une forme de patrimoine social » [18], il n'en reste pas moins que cette jeunesse trouve dans cette construction patrimoniale l'instrument identitaire du maintien de sa légitimité à représenter les campagnes françaises. Ainsi, en instituant le rural tel un patrimoine social, les jeunes s'offrent une ressource pour penser et élaborer l'altérité, en d'autres termes leurs identités sociale et professionnelle.

En s'affirmant « ruraux », la plupart des jeunes interrogés conçoivent la défense de la ruralité dans le partage de valeurs qui leur semblent communes à toute la jeunesse, et qui trouvent leur ancrage dans un ensemble de préoccupations environnementales. Aux accusations de pollueurs qui hantent les représentations de l'image qu'ils véhiculent auprès des citadins, ces jeunes opposent une connaissance de la ruralité qu'ils élèvent au rang de patrimoine : « Il faut axer la culture [sous-entendu la production agricole] vers le respect de l'environnement et remonter dans l'estime des Français » (Olivier) [19]. « Pour se défendre, l'agriculteur doit produire des choses de qualité afin que le secteur et son utilité soient reconnus » (Pierre).

Le discours de ces scolaires semble rejoindre celui des jeunes militants du Centre national des jeunes agriculteurs (CNJA) qui, face à une « société qui oublie » l'histoire qui la lie à ses campagnes, « veulent s'afficher comme les dépositaires actifs de ce patrimoine, qui fonctionne comme la source vitale des repères dont notre société prive une part croissante de la population » [20].

Pour les scolaires interrogés, être un « dépositaire actif » signifie une implication notamment au sein des communes dans lesquelles s'inscrivent leurs activités futures ou présentes. Ce désir d'implication puise ses racines

---

17. Michel RAUTENBERG, « Sur le sens des patrimoines sociaux et leur place dans la modernité », dans Jean-Pierre SAEZ [dir.], *Identités cultures et territoires*, Paris, Desclée de Brouwer, 1995, p. 201.
18. *Ibidem*, p. 199.
19. Les propos retranscrits respectent la rédaction initiale. Les prénoms des élèves et des étudiants ont été changés pour des raisons d'anonymat, mais respectent le genre.
20. CNJA, 1999, site *web* du comité d'organisation Terre attitude, www.terre-attitude.com.

dans les représentations d'un espace rural qui semble de plus en plus échapper au contrôle des agriculteurs : « Il faut continuer à être représenté, c'est nous qu'on est sur la commune, on y vit tout le temps. Si on se fait gouverner par des gens qui travaillent à l'extérieur ça ne me plaît pas trop. Je préfère que ce soit quelqu'un de la profession plutôt que quelqu'un qui nous dit tu pollues » (David).

Scolarisée et diplômée comme les jeunes urbains, cette jeunesse ne peut admettre que les instances de gouvernance territoriale que sont les communes puissent leur échapper : « À mon avis les agriculteurs doivent être les représentants des sociétés rurales et s'investir au niveau de la vie politique, sociale, *etc.*, de leur commune. Il ne faut pas que les communes soient dirigées par des néo-ruraux qui ne font rien dans l'intérêt des agriculteurs, ils dépensent le budget de la commune à des activités ou constructions très souvent inutiles et qui coûtent très cher aux communes et qui vont être dégradées très rapidement. Donc il faut laisser le pouvoir aux agriculteurs, car aujourd'hui un grand nombre d'agriculteurs ont des diplômes assez importants donc capables de diriger les communes ou autres » (Philippe).

La construction du référentiel néo-agrarien se nourrit non de l'affirmation des différences entre une population urbaine et rurale, mais de la revendication d'une légitimité à représenter les campagnes en raison d'un savoir et de compétences que les jeunes agriculteurs partagent avec leurs jeunes homologues cadres, employés ou ouvriers. La jeunesse agricole entend s'affirmer non dans ce qui la différencie, mais dans ce qui l'unit au reste de la société. Paradoxe, s'il en est, le néo-agrarisme puise sa force, contrairement à l'agrarisme d'hier, moins dans une opposition que dans une articulation entre urbanité et ruralité, dont l'agriculteur serait le garant. Ayant pris acte de la quête d'authenticité à l'œuvre chez certains urbains, ces jeunes se posent en gardien du « réservoir de valeurs » et de repères que constitue la campagne [21]. Ils entendent ici répondre aux aspirations de nombreux Français « qui manifestent de plus en plus une authentique faim d'ancrage, d'enracinement dans un passé et dans une évolution qui doivent apparaître de façon concrète et palpable » [22]. Il ne s'agit plus de convertir les urbains mais de leur démontrer, au travers de pratiques mais aussi d'engagements professionnels et techniques (respect des normes environnementales, productions de qualité…), que l'agriculteur est un citoyen « actif ».

Toutefois, tout en partageant une « méta-culture collective » qui se traduit dans l'adhésion à des valeurs, des goûts vestimentaires, des loisirs – que l'on retrouve au sein même des temples de l'urbanité que sont les banlieues –, cette jeunesse s'affiche profondément attachée à la

---

21. Bertrand HERVIEU et Jean VIARD, *Au bonheur des campagnes (et des provinces)*, Paris, Éditions de l'Aube, 1996, p. 82.
22. CNJA, 1999, site *web* du comité d'organisation Terre attitude, www.terre-attitude.com.

segmentation de l'espace en deux pôles distincts mais complémentaires [23] : la ville et la campagne. Chose qui peut paraître au premier abord surprenante, ce sont les jeunes étudiants et élèves des lycées agricoles, originaires des agglomérations urbaines, qui semblent le plus attachés à cette représentation duale de l'espace. On peut penser que face à des fils d'agriculteurs qui apparaissent comme les héritiers d'un espace qu'ils connaissent peu, les fils d'employés ou d'ouvriers s'emploient à survaloriser une ruralité qu'ils aspirent à découvrir [24]. Le néo-agrarisme en tant qu'affirmation d'une bipolarisation de l'espace trouve ses plus ardents défenseurs chez ces jeunes urbains qui intègrent de manière croissante les rangs de l'enseignement agricole. En puisant dans le registre de l'agrarisme, ils tentent de renouer avec des valeurs « paysannes », non en les opposant à des valeurs urbaines, mais en les réinterprétant dans une complémentarité symbolique qui fait la part belle à un territoire « inconnu » au sein duquel ils aspirent à trouver leur place. Ces enfants de la ville s'offrent alors aux organisations agricoles comme autant de relais exogènes nécessaires à la diffusion d'un patrimoine que seul l'agriculteur serait en mesure de défendre. Il ne s'agit plus de défendre la ruralité en opposant les acteurs de deux mondes qui seraient le village et la cité, mais en construisant des ponts entre des territorialités et des temporalités différentes [25].

Le discours de ces scolaires trouve, une fois de plus, écho dans celui des jeunes du CNJA pour qui : « Aujourd'hui, 80 % de la population vit en ville. Un urbain passe, en moyenne, une heure dehors par jour. Notre rapport à la terre change profondément et se traduit de plus en plus par une perte de nos repères. Parce qu'ils sont les conservateurs dynamiques d'un

---

23. Notons que la complémentarité entre ville et campagne dans l'imaginaire des enfants, des adolescents et jeunes ruraux est soulignée par des auteurs comme : Martin de LA SOUDIÈRE, « Entre ferme et lycée : l'enfant des champs », dans *Autrement*, n° 10, 1977.
24. Pour l'année scolaire 1998-1999, la direction générale de l'enseignement et de la recherche du ministère de l'Agriculture soulignait dans un document de synthèse l'importance croissante du nombre d'élèves issus de familles d'ouvriers et d'employés soit 40,9 % des effectifs (43,7 % des effectifs dans le secteur privé contre 36,9 % dans le secteur public) contre 20,8 % pour les élèves issus de familles d'origine agricole (23,8 % des effectifs dans le secteur public contre 18,9 % dans le secteur privé) : Ministère de l'Agriculture et de la Pêche, DGER, « L'enseignement général, technologique et professionnel agricole. L'évolution des effectifs et des filières dans les établissements techniques agricoles (voie scolaire) année scolaire 1998-1999 », février 1999, p. 6.
25. Ce « néo-agrarisme » trouve un écho certain dans les discours des nombreux hommes politiques de tous bords qui se sont déplacés lors de la manifestation de Pomacle (Marne) et notamment dans celui du premier d'entre eux, le président Jacques Chirac pour qui « la ruralité correspond à une aspiration profonde de notre peuple. Pas seulement parce qu'il y trouve ses racines. La ruralité n'est pas une nostalgie, elle n'est pas une valeur du passé inadaptée à notre époque. Elle est d'abord une éthique : l'homme ne vit pas sans la terre, il vit avec la terre et se nourrit de la terre. La culture humaine et la culture de la terre sont en réalité indissociables. Nous sommes tous des paysans au sens éthique du terme. L'éthique paysanne est le lien entre le passé, nos racines et notre histoire, le présent, notre responsabilité et l'avenir, nos aspirations. […] Il serait vain d'opposer les villes et les campagnes, les citadins et les ruraux. C'est une attitude archaïque qui correspond à une vision dépassée de notre société ». Extrait du discours prononcé par le président de la République à Pomacle.

patrimoine constitué de paysages, de biens architecturaux, de cultures locales et de savoir-faire, les agriculteurs fournissent, à travers produits et services, des repères matériels et concrets permettant à chacun de s'inscrire dans le temps »[26]. En outre, il s'agit de faire découvrir les multiples dimensions d'une temporalité qui s'inscrit dans une « gestuelle multiséculaire, celle de l'approche sensorielle du temps, de la terre et de ses ressources » qui se conjugue au présent grâce aux pratiques innovantes menées par les « héritiers » que sont les jeunes agriculteurs : « Un rural, il connaît la valeur de la terre. Un urbain n'a pas la notion du temps » (Julien). Pour ces jeunes, il ne fait aucun doute qu'il existe un « temps des villes » et un « temps des champs ». Loin d'être figé dans l'histoire, ce « temps des champs » relèverait, entre autres, d'une complexité née d'une alliance entre tradition et modernité dont on ne pourrait entrevoir le sens qu'à travers les transmissions intergénérationnelles : « Être agriculteur, c'est continuer le travail de plusieurs générations » (Nicolas).

Cette dimension du néo-agrarisme était présente dans le discours des jeunes agriculteurs présents à Pomacle (Marne) lors de la manifestation *Terre attitude* : « Aujourd'hui, je travaille avec un tracteur et un équipement modernes, sur les mêmes terres que mes grands-parents qui travaillaient avec des animaux de trait ; mais quand je tâte la terre après la pluie, pour savoir si je peux labourer ou s'il faut que j'attende un peu, je sais que je fais le même geste qu'eux », explique Jean-Paul V., agriculteur dans la Marne sur le site internet consacré à la manifestation *Terre attitude* organisée par les jeunes du CNJA [27]. Par ailleurs, notons que pour la plupart des fils d'agriculteurs interrogés dans les lycées, l'enseignement agricole ne semble pas en mesure de transmettre cette complexité à de jeunes citadins : « La formation est plutôt faite pour des jeunes issus du milieu agricole. Le jeune qui arrive de l'extérieur, il est perdu, il a aucune référence, ni rien. Tandis que nous on sait déjà. On est plongé dans le milieu » (Alexandre). Ceci nous conduit à concevoir le « néo-agrarisme », produit du système de représentations des jeunes, non comme la volonté de se distancier d'un urbain conquérant, mais comme la traduction sectorielle d'un désir de médiatiser un patrimoine mémorial dont « le monde agricole reste[rait] pour partie le dernier dépositaire »[28].

Alors que d'aucuns s'accordent à reconnaître que « la ville et la campagne s'entremêlent toujours un peu plus au point que différencier les pratiques de ceux qui résident dans un de ces deux types de lieux devient une gageure chaque jour plus délicate »[29], cette jeunesse s'assigne comme mission présente et future de médiatiser des repères qu'elle considère comme absents des cités : « Moi, je pense que les urbains ont une mauvaise

---

26. CNJA, 1999, site *web* du comité d'organisation Terre attitude, www.terre-attitude.com.
27. *Ibidem*.
28. *Ibidem*.
29. Bertrand HERVIEU et Jean VIARD, *Au bonheur des campagnes...*, ouv. cité, p. 45.

connaissance de l'agriculture et des problèmes qu'ont les agriculteurs » (Jérôme).

Le « néo-agrarisme », une tentative de réponse aux crises des appartenances territoriales et professionnelles ?

En faisant de la ruralité un patrimoine à défendre, ces jeunes ne se contentent pas de répondre aux aspirations d'urbains en mal de campagne, il s'agit pour eux d'esquisser des réponses aux crises des appartenances territoriales et professionnelles auxquelles ils sont confrontés. Ainsi, le néo-agrarisme dont témoignent les propos des jeunes enquêtés participe de la volonté de « territorialiser » un espace qu'ils voudraient à jamais dévolu à la production agricole. Une situation qui renvoie à la territorialité décrite par Fabienne Cavaillé « en tant qu'appropriation spécifique d'un espace par un individu et un groupe » (en l'occurrence celui des jeunes agriculteurs) qui « relève et participe d'une construction identitaire »[30]. Toutefois, les jeunes enquêtés semblent quelque peu dépourvus des outils nécessaires à la production sociale de l'espace au sein duquel ils aspirent exercer leurs activités futures. Dès lors, la construction de leur territoire professionnel s'apparente à l'utilisation massive des marqueurs d'une identité professionnelle « héritée », construite autour du référentiel modernisateur. Malgré une prise de conscience des enjeux environnementaux et sociaux des activités agricoles, ces jeunes éprouvent de grandes difficultés à utiliser les marqueurs d'une identité professionnelle « visée » qui répondent aux aspirations de la société. Si l'enseignement agricole a été créé, comme le souligne justement Bertrand Hervieu, pour passer d'un espace « patrimonial républicain » à un espace de production [31], il semblerait qu'il ait eu des difficultés à proposer à ces élèves et étudiants les instruments de la reconquête d'un espace patrimonial relevant non plus de la sphère du privé mais de celle du public [32].

En ne proposant que rarement un travail de distanciation à l'égard de son futur espace professionnel, l'enseignement agricole n'a pu répondre que partiellement au sentiment d'isolement d'une jeunesse en quête de territoires d'appartenance. Si l'on constate la présence, dans les programmes des établissements d'enseignement supérieur agronomique (public et privé), de périodes de stage qui permettent aux étudiants de rompre avec leur environnement socioculturel, elles sont en revanche plus

---

30. Fabienne CAVAILLÉ, « Décomposition et recomposition des territorialités rurales : un enjeu pour la formation des ruraux ? » dans *Actes du colloque Territoires ruraux et formation*, ouv. cité, pp. 195-200.
31. Bertrand HERVIEU, « Comment articuler les réflexions prospectives sur les territoires ruraux et sur les systèmes de formation ? » dans *Actes du colloque Territoires ruraux et formation*, ouv. cité, pp. 14-28.
32. Par public, nous devons comprendre un espace au sein duquel l'ensemble des acteurs ont une place et dont la gestion ne serait plus le fait d'une unique catégorie professionnelle, en l'occurrence celle des agriculteurs.

rares pour les formations secondaires, notamment en BEPA (brevet d'enseignement professionnel agricole). Dès lors, dépourvus d'une grille de lecture suffisamment claire pour décoder les multiples dimensions de la rupture territoriale qui affecte les campagnes, certains jeunes trouvent dans le néo-agrarisme des référents qui simplifient un processus de socialisation professionnelle dont les contours leur échappent. Le néo-agrarisme apparaît en somme comme l'une des multiples réponses à la complexification des identités territoriales et professionnelles proposées aux jeunes d'aujourd'hui. En utilisant des signes de « reconnaissance » et de « distinction » qui relèvent du registre de l'agrarisme, les jeunes enquêtés s'offrent les outils qu'ils n'ont pu trouver au sein du système scolaire. Il s'agit pour eux, à l'instar de l'ensemble des campagnes françaises, de réagir à « l'internationalisation des échanges et des modes de vie en bricolant des repères d'ajustement à l'expansion urbaine ».

Cependant, il convient de souligner que l'enquête a été réalisée avant la mise en place de la réforme du brevet de technicien supérieur agricole, ACSE (Analyse et conduite des systèmes d'exploitation) et du baccalauréat professionnel. D'autre part, le lancement d'un brevet de technicien agricole « Services en milieu rural » (BTS SER) et de nombreuses expériences menées localement tentent d'apporter des réponses concrètes à la complexification des identités territoriales et professionnelles, et ce en offrant des instruments orientés vers ce que l'on peut appeler « l'apprentissage de la complexité »[33]. Toute une réflexion pédagogique, mais aussi une série d'expériences, témoignent ainsi de la volonté d'offrir aux jeunes scolaires des réponses aux crises identitaires auxquelles ils sont confrontés[34]. Toutefois, notons que le réveil d'un certain discours agrarien et son renouvellement parmi les plus jeunes n'est sans doute pas étranger à l'attachement au local dont témoignent ces derniers. Il renvoie au renouveau de « l'esprit de terroir » défini par Martin de La Soudière comme « un attachement têtu, obstiné, souvent inconscient et irrationnel, au paysage familier, aux activités qu'il permet et aux rêves qu'il inspire »[35]. Au reste, il ne s'agit aucunement d'une caractéristique propre aux jeunes ruraux, mais de l'expression du réinvestissement, voire du surinvestissement du local par l'ensemble des jeunes d'aujourd'hui[36].

---

33. Philippe PRÉVOST, « Environnement, complexité et formation professionnelle en agriculture ou comment apprendre localement et connaître globalement », dans *Actes du colloque Territoires ruraux et formation*, ouv. cité, pp. 369-376.
34. Maryvonne FENECH et Jean LAFORGE, *Adaptation du BTS ACSE aux exploitations à systèmes d'activités diversifiées. Référentiel de compétences transversales. Document de travail*, ENFA Toulouse-LEGTA Neuvic, 1999, 24 p.
35. Martin de LA SOUDIÈRE, « L'esprit de terroir. Une réappropriation symbolique de l'espace », dans *Pour*, n° 109, novembre-décembre 1986, pp. 21-26.
36. Anne MUXEL, *Les jeunes et la politique*, collection « Questions de politique », Paris, Hachette, 1996, p. 62.

Face à l'élargissement de la « palette des ancrages territoriaux » qui la conduit à « intégrer plusieurs types d'identité territoriale »[37], la jeunesse agricole trouve dans les références agrariennes les éléments d'une réassurance identitaire. Dans ses dimensions territoriales et professionnelles, le néo-agrarisme procède donc d'un double mouvement identitaire qui renvoie à « l'enracinement symbolique », à un rural mythique et à l'acceptation de représentations universelles qui ne connaissent aucune frontière spatiale. Cependant, le néo-agrarisme constitue pour certains jeunes un terreau sur lequel de nouvelles organisations peuvent asseoir un discours aux accents fondamentalistes. Tel est le cas de la section JACR (Jeunes agriculteurs de la Coordination rurale) dont nous allons, à présent, analyser les réponses apportées à l'enquête qui les concernait.

Les Jeunes agriculteurs de la Coordination rurale : entre « néo-agrarisme » et « fondamentalisme agraire » ?

Origines et naissance d'une organisation de « jeunes »

Présent dans les discours de nombreux jeunes enquêtés, le néo-agrarisme trouve, avec la création de la section Jeunes agriculteurs de la Coordination rurale (JACR), un espace organisationnel au sein duquel sa traduction n'est pas sans rappeler le fondamentalisme agrarien de la jeunesse agricole des années 1930[38]. Il semble donc pertinent de s'interroger sur la naissance d'une telle organisation et sur le modèle identitaire que celle-ci propose à ses jeunes militants.

Créée le 2 décembre 1991 à l'Isle-Jourdain (Gers) lors des négociations de la réforme de la Politique agricole commune (PAC), la Coordination Rurale réunit, dès le 29 février 1992 pour son premier meeting à Agen, près de 1 500 agriculteurs[39] issus des rangs du Mouvement de défense et de coordination des exploitations familiales (MODEF), de la Confédération paysanne, de la Fédération française de l'agriculture (FFA) et de quelques déçus de la Fédération nationale des syndicats d'exploitants agricoles (FNSEA). Si, à son origine, la coordination rurale s'affirme comme un mouvement éclectique qui réussit des tours de force médiatiques comme celui du blocus de Paris (23 juin 1992), elle ne tarde pas à s'appuyer sur son aile droite en fusionnant avec la FFA (créée en 1969)[40]. De cette fusion naît

---

37. *Ibidem*, p. 62.
38. Pierre BARRAL, « La Jeunesse agricole catholique force de changement dans l'agriculture française », dans Jordi CANAL, Gilles PÉCOUT et Maurizio RIDOLFI [dir.], *Sociétés rurales du 20e siècle. France, Italie et Espagne*, Rome, Éditions de l'École française de Rome, 2004, pp. 257-269.
39. La coordination rurale revendiquait quant à elle 2 500 personnes.
40. Pour un éclairage très précis sur la naissance de la Coordination rurale, nous renvoyons le lecteur au mémoire de maîtrise de : Benoît HERVIEU, *La Coordination rurale (1991-1996) Naissance d'un syndicat ?*, mémoire de maîtrise en philosophie des sciences sociales sous la direction de François Chazel, Université Paris 4-Sorbonne-ISHA, septembre 1996, 109 f°. Ce mémoire permet de mieux comprendre comment une organisation construite initialement sur

en juin 1994 la Coordination rurale-Union nationale, qui tient le 30 novembre à Orléans son premier congrès devant près de 600 agriculteurs. Présente dans 75 départements, cette nouvelle organisation récolte 12 % des suffrages aux élections des chambres d'agriculture du 31 janvier 1995.

Forts d'une reconnaissance partielle tant sur le plan professionnel que politique [41], les agriculteurs de la Coordination rurale optent, en 1996, pour la création de sections spécialisées, viande bovine, lait, céréales à paille, maïs, oléoprotéagineux (ces trois dernières étant regroupées au sein de l'Organisation des producteurs de grains de la Coordination rurale) et d'une section nationale Jeunes agriculteurs [42] (JACR). Implantées dans 25 départements, les sections départementales JACR sont situées pour l'essentiel dans le centre (Eure-et-Loir, Indre-et-Loire, Loiret) et le grand ouest de la France (Ille-et-Vilaine et Morbihan pour la Bretagne ; Loire-Atlantique, Maine-et-Loire, Vendée pour les Pays-de-Loire ; Charente, Deux-Sèvres, Vienne pour le Poitou-Charentes ; Gers pour Midi-Pyrénées ; Pyrénées-Atlantiques et Lot-et-Garonne pour l'Aquitaine) [43]. Si les terres de la JACR correspondent le plus souvent, à l'instar de son aînée, à d'anciens fiefs de la FFA, il convient de souligner que certaines structures ont réussi à se mettre en place au sein d'organisations spécialisées départementales. C'est le cas dans le Jura, où le Syndicat des éleveurs, créé en 1957, sert de cadre aux actions menées par un groupe de jeunes très dynamiques. Dotés, avec le journal *L'éleveur jurassien*, d'une tribune, ces jeunes diffusent très facilement les principes fondateurs de la JACR en y associant des informations techniques. Néanmoins, il est difficile de donner un chiffre fiable concernant le nombre d'adhérents tant sur le plan national que régional.

Qui sont les jeunes de la JACR ?

En raison de l'absence de littérature sur le sujet, il nous a semblé pertinent d'aller à la rencontre de ces jeunes afin de mieux cerner les positions et trajectoires socio-économiques qui sous-tendent leur système de représentations. Les résultats présentés reposent sur une enquête nationale réalisée auprès d'un panel de 61 membres de la JACR (simples adhérents ou

---

le principe d'un mouvement social a évolué vers un nouveau modèle relevant du syndicalisme de protestation.

41. Une délégation d'agriculteurs de la Coordination rurale est reçue le 26 janvier 1996 par Jacques Chirac dans les Deux-Sèvres ainsi que le 9 février par Philippe Vasseur, alors ministre de l'Agriculture en déplacement à Auch.
42. Le président national de la JACR à la date de l'enquête est Dominique Pilet. Jeune agriculteur de 32 ans, ce dernier est installé en GAEC sur une exploitation familiale de type polyculture élevage (SAU : 120 hectares) dans le département de la Loire-Atlantique.
43. On peut aussi noter la présence de sections JACR en Champagne-Ardennes (Aube), Ile-de-France (Seine-et-Marne, Yvelines, Essonne), Picardie (Somme), Rhône-Alpes (Drôme), Limousin (Haute-Vienne).

responsables) [44]. Si l'on devait dresser le portrait-type d'un membre de la JACR après notre enquête, nous pourrions le décrire comme un homme âgé de 33 ans (âge moyen), marié et père de deux enfants. Moyennement, voire plutôt satisfait d'une formation initiale ou continue en classe de BTA (pour 50 % d'entre eux) [45], ce fils d'agriculteur s'est installé avec la dotation jeune agriculteur (DJA) sur une exploitation familiale [46], individuelle ou en groupement agricole d'exploitation en commun (GAEC). Disposant d'une surface agricole utile moyenne de 120 hectares, il est à la tête d'une « ferme » de type polyculture-élevage. Préférant développer une activité traditionnelle, il ne pratique pas d'activités agritouristiques sur une exploitation dont il juge la situation économique assez bonne. Peu impliqué politiquement, il n'en demeure pas moins attaché aux valeurs traditionalistes défendues par une France de droite qui a trouvé, en la personne de Philippe de Villiers ou de Jean Saint-Josse, les meilleurs défenseurs du monde agricole et de la ruralité.

Si cette tentative de description d'un profil-type du jeune membre de la JACR présente de nombreuses limites en raison notamment du caractère empirique de l'enquête, elle a cependant le mérite de dresser un premier portrait d'une jeunesse que l'on connaît peu. Dès lors, il convient de se pencher sur le programme proposé par la JACR afin de mieux percevoir les éléments du discours qui ont conduit ces jeunes à s'engager au sein de cette organisation.

« Pour une installation libre et réussie » [47]

Nous allons à présent nous intéresser aux jeunes « ciblés » par cette organisation ainsi qu'aux éléments de son discours qui trouvent écho dans le néo-agrarisme des futurs agriculteurs décrits précédemment. Ainsi, nous nous interrogerons sur la manière dont la JACR reprend à son compte un référentiel néo-agrarien qu'elle interprète à l'aune d'un « fondamentalisme agraire » revisité qui réactive « les représentations et les discours consacrant

---

44. Notons ici qu'il s'agissait d'une enquête par questionnaires écrits adressés par envois postaux. Ce questionnaire de 67 questions s'articulait autour de sept thèmes intitulés : 1. Vous et votre famille ; 2. Votre systèmes d'exploitation et vos productions ; 3. Le métier d'agriculteur ; 4 Votre vision du monde rural et des campagnes ; 5. Votre perception de la représentation professionnelle agricole ; 6. Vos engagements au sein de la profession ; 7. Vos engagements au sein de la cité. Sur les 13 régions enquêtées (soit 24 départements), 11 régions (soit 15 départements) ont répondu à cette enquête soit 34 % de retour. Les régions ayant répondu en nombre sont les régions Centre, Franche-Comté, Midi-Pyrénées, Pays-de-Loire et Poitou-Charentes.
45. 25 % des jeunes enquêtés ont suivi une formation courte de type BEPA (brevet d'enseignement professionnel agricole) contre 15 % pour une formation longue de type BTSA (brevet de technicien supérieur agricole).
46. 65 % des jeunes enquêtés ont succédé à leurs parents, 10 % à d'autres membres de la famille et 15 % à un tiers.
47. Nous reprenons ici le sous-titre du programme de la JACR intitulé *Un nouveau projet pour l'installation des jeunes agriculteurs* : JACR, *Un nouveau projet pour l'installation « Pour une installation libre et réussie »*, 7 avril 1997, 15 p.

la terre et l'agriculture et, par voie de conséquence, le monde agricole comme socle de la société, voire comme fondement de la civilisation »[48].

C'est au vu des résultats de l'application des récentes politiques d'installation, qu'ils jugent « insuffisants » (notamment la Charte nationale pour l'installation), que les jeunes de la Coordination rurale bâtissent leur programme. Focalisée sur la défense de la jeunesse agricole, la JACR s'en remet à ses aînés de la Coordination rurale pour proposer une alternative en matière, notamment, de politique agricole commune. Il s'agit en effet avant tout de répondre aux problèmes spécifiques qui se posent à la jeunesse, comme l'installation et l'entrée dans la vie professionnelle : « Nous, les jeunes, nous avons des problèmes spécifiques, relatifs à notre installation, et à notre intégration dans le milieu agricole. C'est pourquoi nous avons senti la nécessité de créer une Section jeunes pour, à notre tour, défendre nos idées »[49].

Les installations aidées ne pouvant compenser les départs à la retraite, un « autre projet d'installation » doit être proposé à des jeunes qui « dans bien des départements [...] s'installent sans aide »[50]. Ces « sans dot », qui ne « sont pas représentés par le syndicalisme officiel » apparaissent comme les victimes « d'une politique agricole qui veut concilier les intérêts contradictoires de la compétitivité et de l'exportation avec l'occupation du territoire et l'installation des jeunes ». La création d'un syndicat qui se proclame « indépendant, libre afin de défendre réellement les intérêts de tous les JA sans exception », sonne pour les jeunes de la Coordination rurale comme la naissance du « seul syndicat représentant les JA installés sans aide »[51].

Mais qui sont les « sans dot »[52] que cette organisation souhaite ardemment défendre ? Telle est la question que nous sommes en droit de nous poser à l'issue d'une exploitation partielle des résultats de notre enquête. Rappelons en effet que l'essentiel des jeunes ayant répondu à l'enquête a bénéficié d'une DJA. Cependant, la représentativité somme toute limitée de notre échantillon ne peut nous permettre de conclure quant à la légitimité d'une telle organisation à représenter les jeunes installés sans aide. Notons simplement que cette population constitue pour la JACR une cible qui peut s'avérer sensible à son discours. Ainsi, la JACR ne se résout pas à défendre une jeunesse agricole dont les contours auraient été délimités par le

---

48. Bertrand HERVIEU, « Ruptures identitaires et fondamentalisme agraire. Vers une ère nouvelle pour la représentation professionnelle », dans Marcel JOLLIVET et Nicole EIZNER [dir.], *L'Europe et ses campagnes*, ouv. cité, pp. 133-151.
49. Extrait du discours de Frédéric Verjus (agriculteur dans le Jura) lors de l'Assemblée générale des Jeunes de la CR nationale, dans *L'éleveur jurassien*, 1999, p. 6.
50. *Ibidem*, p. 2.
51. *ibidem*, p. 2.
52. Jacques RÉMY, « Les sans-dot de l'agriculture ; faut-il aider les installations sans aide ? », dans *Représentation politique et sociologique du monde agricole et rural français.— Économie rurale, agriculture, espaces, sociétés*, n° 238, mars-avril 1997, pp. 33-37.

syndicalisme officiel : « Le statut du jeune agriculteur ne s'arrête pas à l'âge fatidique de 35 ans. Doit être considéré comme Jeune Agriculteur quiconque s'installe pour la première fois, exception faite du conjoint de l'agriculteur qui prend sa retraite »[53]. Notons que l'on retrouve ici une définition très proche de celle proposée par la Confédération paysanne, qui dénonce elle aussi une construction professionnelle du concept de jeunesse dont les dimensions ne correspondent plus, selon elle, à la réalité de l'installation en agriculture. Toutefois, si l'utilisation par la JACR de l'expression « jeune agriculteur » renvoie dans sa définition à celle de sa rivale de gauche, il n'en demeure pas moins que les similitudes s'arrêtent là. En effet, contrairement à une Confédération paysanne qui refuse de créer une organisation dite de « jeunes » en raison, selon elle, de l'incapacité de ce terme à définir une installation aux multiples visages, la Coordination rurale, quant à elle, n'hésite pas à s'appuyer sur celui-ci pour asseoir une nouvelle organisation spécialisée. Dès lors, la création de la JACR renforce la dimension paradoxale des démarches stratégiques d'une Coordination rurale qui, tout en refusant les symboles modernisateurs du syndicalisme majoritaire, reproduit des modèles d'organisation éprouvés qui lui sont propres. Le paradoxe de ces schémas reproductifs se cristallise dans l'utilisation des trois lettres JAC qui ne sont pas sans rappeler le sigle du mouvement jaciste. Ainsi, la Coordination rurale apparaît dans l'incapacité d'élaborer un discours contestataire en dehors du cadre organisationnel contre lequel elle est censée lutter [54].

Par ailleurs, au-delà du renforcement du soutien aux installations sans aides, cette organisation préconise la mise en place d'une politique nataliste spécifique au milieu rural qui n'est pas sans rappeler certains discours que l'on pensait réservés aux livres d'histoire : « Le renouvellement des agriculteurs se heurte à un problème démographique puisque chaque année naissent seulement 20 000 bébés issus de parents paysans [...]. Par conséquent [il convient] d'envisager deux types d'installations différentes suivant l'origine des candidats tout en encourageant la natalité en milieu rural »[55]. De plus, la JACR s'assigne comme objectif de rompre l'isolement qui affecte la jeunesse agricole en proposant une réflexion autour de diverses animations [56]. Mais au-delà de simples rencontres ayant trait à l'installation, les manifestations organisées par ces jeunes (ou celles auxquelles ils participent) sont autant de témoignages d'un « néo-agrarisme pré-moderne » qui plonge ses racines dans le renouveau du

---

53. JACR, *Un nouveau projet pour l'installation*, ouv. cité, p. 3.
54. Nous rejoignons dans notre analyse Benoît Hervieu qui, dans l'annonce en décembre 1995 de la naissance d'une Coordination rurale-Jeunes, entrevoyait lui aussi les paradoxes des démarches entreprises par cette organisation. Benoît HERVIEU, *La Coordination rurale...*, ouv. cité, pp. 86-87.
55. JACR, *Un nouveau projet pour l'installation*, ouv. cité, pp. 3-4.
56. Franck BAILLY (responsable de la JACR Jura), « Une section jeune est née », dans *L'éleveur jurassien*, 1999, p. 7.

« fondamentalisme agraire »[57]. En témoignent les débats et animations programmés lors du premier championnat national de non labour et semis direct[58]. Autour de débats consacrés aux vertus d'un non labour associé aux prouesses des vers de terre, « ces êtres infatigables qui labourent le sol en toutes saisons »[59], cette manifestation répond bel et bien aux discours d'une jeunesse pour qui les traditions agricoles s'inscrivent dans le respect de la nature. De même, cette manifestation exprime aussi la volonté affichée de se distancier d'une modernité dont l'agriculteur a été le premier défenseur mais aussi la première victime. Ainsi, en disant « non au labour », ces jeunes disent « non à une modernité » dont ils se sentent les victimes. Les modèles technicistes renvoyés par le syndicalisme « majoritaire » et les jeunes du CNJA lors des concours de labour ne correspondent plus à la soif d'ancrage temporel et territorial manifestée par les jeunes de la JACR.

On le voit donc, si le néo-agrarisme lisible dans les discours et les actions menées par les jeunes du CNJA et de la Confédération paysanne semble relever d'un « environnementalisme » postmoderne, il semblerait, pour la JACR, témoigner d'une nouvelle forme de radicalité que l'on qualifiera de « pré-moderne ». Cet « environnementalisme pré-moderne » s'appuie sur une rhétorique naturaliste qui présente l'agriculteur comme l'unique exploitant du vivant : « l'agriculture ne travaille pas sur des matières inertes comme l'industrie. Elle travaille sur la vie. Savez-vous que la terre qui paraît inerte grouille de vie, qu'il y a des milliards de bactéries (de 10 à 100 millions par gramme), des algues, des champignons microscopiques, des vers de terre, *etc*. Savez-vous que la terre est la véritable matrice de la vie, l'endroit où d'une façon encore mystérieuse, dans l'échange entre les racines des plantes et tous ces êtres microscopiques, la matière est changée en vie. Si l'on tue la terre, on tue la vie. Savez-vous que la terre, les plantes et les animaux surexploités se fragilisent. Votre vie et celle des générations futures dépendent du bon entretien de cette vie fragile et par conséquent du bon travail des paysans qu'il faut conserver nombreux pour pouvoir cultiver raisonnablement »[60]. Présente jusque dans les manifestations, cette vision pré-moderne et néo-agrarienne prend source dans des discours et un programme qui seront plus amplement discutés dans le paragraphe suivant.

---

57. Bertrand HERVIEU, « Ruptures identitaires et fondamentalisme agraire… », art. cité.
58. Ce premier championnat de non-labour a été organisé à Bouëx en Charente le samedi 7 août 1999.
59. Coordination rurale, « 1er championnat national de non-labour et semis direct à Bouëx en Charentes », dans *Coordination rurale Infos*, septembre 1999, n° 73, p. 7.
60. Extrait du discours de Jacques Laigneau (président national de la Coordination rurale) lors de la manifestation « Le village dans Paris » le 25 septembre 1998, dans *Coordination rurale Infos*, n° 63, octobre 1998, p. 5.

La renaissance d'un fondamentalisme agraire

Il convient à présent de porter notre attention avec plus de précision sur les éléments du discours de la JACR. Quel est, de l'agriculteur ou du paysan, celui que ces jeunes souhaitent défendre ? Quel modèle d'agriculture préconisent-ils ? Quelle place accordent-ils aux acteurs agricoles dans un espace rural en mutation ? Quels sont les éléments du discours qui suggèrent un retour au fondamentalisme agraire ? Telles sont les questions qui nous conduisent à nous interroger sur le modèle identitaire que cette organisation propose aux jeunes agriculteurs.

De la défense d'une « France, pays de civilisation paysanne »…

Tout en se voulant une organisation qui répond spécifiquement aux difficultés des jeunes agriculteurs, la JACR n'en reste pas moins attachée aux représentations d'une « France paysanne » chère à leurs aînés. Ainsi peut-on lire dans le manifeste fondateur (*Une révolution en vert et pour tous*) de la Coordination rurale : « La France est d'abord un peuple de paysans enracinés dans leur terroir. Qui n'a pas un parent agriculteur ? Nous sommes tous concernés au plus profond de nous-mêmes, génétiquement, culturellement, sensuellement attachés à nos campagnes si variées dans leurs couleurs, leurs reliefs, leurs plantes, leurs odeurs, leurs bruits, leur gastronomie, *etc*. Aucun pays n'est si divers dans ses productions d'une qualité souvent inégalée (vins, animaux, fromages, *etc*.). Ne laissons pas détruire notre civilisation, perdre notre culture et notre âme »[61]. La défense de l'installation constitue, dans cette perspective, l'un des outils de la reconquête identitaire de l'espace français : « La France, pays de civilisation paysanne, doit se donner les moyens de conserver ses agriculteurs sous peine de perdre son identité »[62]. Ainsi, l'installation de nombreux jeunes est « une chance pour la France »[63]. Ce discours renvoie manifestement à « l'impossible deuil de la France paysanne » décrit par Bertrand Hervieu[64] et témoigne des ruptures auxquelles sont confrontés le monde agricole et la société rurale dans leur ensemble. Les jeunes de la JACR semblent dans l'incapacité de rompre avec l'idée que les agriculteurs constitueraient les derniers survivants d'une civilisation menacée. Confrontés à une crise des appartenances territoriales et professionnelles à laquelle une partie de la jeunesse « néo-agrarienne » répond par un réinvestissement du local, les jeunes de la JACR réinvestissent *a contrario* la

---

61. Jacques LAIGNEAU, Philippe ARNAUD, Nicolas JACQUET, Henri GAULANDEAU, Raymond GIRARDI et Yves MANGUY, *Une révolution en vert et pour tous*, L'Isle-Jourdain, Coordination rurale, p. 13.
62. JACR, *Un nouveau projet pour l'installation*, ouv. cité, p. 11.
63. *Ibidem*, p. 11.
64. Bertrand HERVIEU, « L'impossible deuil de la France paysanne », dans Jean VIARD [dir.], *Aux sources du populisme nationaliste. L'urgence de comprendre Toulon, Orange, Marignane*, collection « Monde en cours » Paris, Éditions de l'Aube, 1996, pp. 151-181.

sphère d'un national mythique qui leur offre des repères de substitution et d'identification que le local ne semble pas en mesure de leur offrir [65].

Ce choix apparaît comme une réponse aux bouleversements qui affectent une ruralité dont les nouvelles dimensions sociales et territoriales compliquent la lecture. Ces jeunes ne retrouvent pas, dans le nouveau cadre territorial de leur profession, les instruments d'« identisation » et d'« identification » [66] dont leurs parents disposaient pour affronter la « révolution silencieuse ». Une « identisation » qui s'articulait autour d'un « nous, les jeunes paysans » glorifié par des mouvements de jeunesse dont les missions d'« identification » reposaient sur la quête d'une parité avec les autres acteurs de la société. Ainsi l'exaltation, par les jeunes de la JACR, d'une identité nationale fondée sur une civilisation paysanne disparue, ne traduit pas simplement l'identification à une nation paysanne, mais témoigne de la complexité du rapport que ces jeunes entretiennent, aujourd'hui, avec l'identité nationale. L'identité nationale qui, comme le souligne Sophie Duchesne, « n'est pas un phénomène à sens unique » mais le résultat de deux processus inverses qui renvoient l'un à « la quête de l'identification à la communauté nationale », l'autre à « la quête de l'individualité » [67], témoignant « non seulement de la séparation, mais aussi de la recherche de l'autonomie, de la reconnaissance de soi-même comme un tout, comme une individualité persistante au-delà de tous les systèmes d'appartenances » [68].

Le paysan, l'unique « moteur de la ruralité »

Les meilleurs défenseurs de cette identité paysanne nationale ne peuvent être que « les paysans qui ont fait la France et l'agriculture qui est à la base de notre civilisation » [69]. Ces paysans qui « joue[nt] un rôle primordial dans l'aménagement du territoire et l'entretien de l'environnement » sont (et « seront toujours ») le « moteur de la ruralité » [70]. Dès lors, l'installation de jeunes paysans répond à la dimension économique et symbolique d'un discours qui justifie une reprise en main du monde rural par une « classe paysanne » vouée à la tradition [71].

---

65. Rares sont les jeunes enquêtés qui déclarent participer aux activités de leur commune.
66. Nous renvoyons le lecteur pour la définition de ces deux notions à la contribution de P. TAP, dans *Identité collective et changements sociaux*, collection « Science de l'homme », Toulouse, Privat, 1980, p. 12. Pour cet auteur, nous devons entendre par « identisation » le « processus par lequel l'acteur social tend à se différencier » et par « identification », « le processus par lequel l'acteur social s'intègre à un ensemble plus vaste et dans lequel il tend à se fondre ».
67. Sophie DUCHESNE, « Engagement ou politique. Le paradoxe de la citoyenneté », dans Pascal PERRINEAU [dir.], *L'engagement politique. Déclin ou mutation ?*, Paris, Presses de la Fondation nationale des sciences politiques, 1994, pp. 185-214.
68. *Ibidem*, p. 187.
69. Extrait du discours de Jacques Laigneau lors de la manifestation « Le village dans Paris », ouv. cité, p. 5.
70. JACR, *Un nouveau projet pour l'installation*, ouv. cité, p. 11.
71. Benoît HERVIEU, *La Coordination rurale...*, ouv. cité, pp. 49-50.

Les activités agricoles traditionnelles apparaissent comme autant de piliers fondateurs d'une campagne française dans laquelle les autres activités ne sont que secondaires : « L'agriculteur sera toujours le moteur de la ruralité. C'est sur cette activité principale que se greffe l'essentiel des activités connexes (filière amont et aval) et annexes (utilisatrices de main d'œuvre rurale). [...] La seule profession qui a pour impératif "d'exercer" à la campagne est celle d'agriculteur. Si les agriculteurs partent, rien ne retiendra les autres professions qui auront tout intérêt à aller s'installer en agglomération : pas de pays sans paysans ! » [72] Ainsi, le paysan ne saurait être l'hôtelier ou l'aubergiste qu'on lui propose, selon lui, de devenir à travers des activités agritouristiques. Rappelons ici qu'une minorité des jeunes militants de la JACR enquêtés pratiquent ce genre d'activités. Contrairement à l'ensemble des jeunes scolarisés que nous avons interrogés, l'attachement aux activités agricoles traditionnelles ne se décline pas sur l'air d'un modernisme jaciste, mais renvoie à une tradition que l'on qualifiera de « pré-moderniste ».

Ce « pré-modernisme », qui se caractérise par la sur-valorisation des activités agricoles, est perceptible jusque dans le vocabulaire employé. À titre d'exemple, notons que l'exploitation agricole a fait place, dans le discours officiel de ces jeunes, à la « ferme », et si le terme « exploitation » est utilisé, il est associé à l'adjectif « familiale ». Une « ferme » au sein de laquelle les fils de paysans acquièrent une capacité professionnelle supérieure à celle qu'ils pourraient espérer obtenir dans un lycée agricole. Ainsi la formation pour « les JA issus du milieu agricole » ne peut être la même que pour celui qui ne serait pas issu de ce milieu. Pour ces fils de paysans, « il ne sera exigé ni diplôme, ni stage obligatoire. La formation doit rester facultative. La meilleure capacité est bien l'expérience. *N'oublions pas que le Certificat d'études peut suffire pour être président du Sénat !* » [73] À l'inverse du discours néo-agrarien des étudiants, pour qui la formation agricole reste indispensable mais plus facilement appropriée par des fils d'agriculteurs, le discours des jeunes de la JACR témoigne de la volonté de rompre avec un « référentiel modernisateur » [74] au sein duquel l'enseignement occupe une place prépondérante [75]. En somme, il s'agit de refuser dans son intégralité un

---

72. *Une révolution en vert et pour tous*, ouv. cité, p. 68.
73. JACR, *Un nouveau projet pour l'installation*, ouv. cité, p. 4.
74. Bernard BRUNETEAU, *Les paysans dans l'État. Le gaullisme et le syndicalisme agricole sous la Cinquième République*, collection « Alternatives rurales », Paris, L'Harmattan, 1995, pp. 75-86.
75. Ce refus d'une formation imposée a semble-t'il trouvé un écho favorable chez certains jeunes agriculteurs lors des récentes élections aux chambres d'agriculture. Une étude sur les déterminants socio-économiques du vote des agriculteurs dans l'Oise, réalisée sous la direction de Bruno Guermonprez, a mis en évidence une corrélation entre un niveau d'études moyen, voire court, et le vote pour la Coordination rurale. Bernard AVAN et Pascale GIRARD, *Les déterminants socio-économiques du vote des agriculteurs dans l'Oise*, sous la direction de Bruno Guermonprez, Lille-Beauvais, FESIA-ISA Lille-ISAB, août 1995, pp. 30-31.

héritage qui aurait conduit à une « dépaysannisation » de la société française [76].

Cette « dépaysannisation » serait accentuée par l'arrivée de néo-ruraux qui seraient dans l'impossibilité d'acquérir une connaissance suffisante d'une campagne où « l'on y respire bien, on y mange à sa faim, on se sent en sécurité, on y parle à son voisin » [77] : « Chaque pays, chaque région a sa culture propre. Si des arrivistes viennent, ils serviront juste à meubler le pays, mais ne peuvent pas participer à sa culture propre. La culture, ça ne s'improvise pas, c'est basé sur le passé » (jeune militant de la JACR, Maine-et-Loire). Ainsi, la ruralité apparaît comme le cadre idéalisé au sein duquel le jeune paysan serait le gardien héréditaire d'une civilisation et non le simple dépositaire d'un patrimoine. Elle sert de support à ce que Benoît Hervieu a justement qualifié de « messianisme rural », dont les apôtres ne peuvent être que les jeunes paysans.[78]

En guise de conclusion à cette analyse, notons que contrairement à un discours néo-agrarien qui consacre les activités agricoles comme un acte de médiation patrimoniale, tout en reconnaissant implicitement les mutations d'un rural transformé, la JACR, quant à elle, se réfugie dans une tradition qui fait du paysan le pilier d'une civilisation qui s'impose par essence à l'ensemble des Français. La création d'une organisation comme la JACR semble correspondre à l'arrivée sur la scène politique et syndicale de ce que Jacques Ion qualifie de « niches », c'est-à-dire de « petits noyaux à forte cohésion et grande connotation affective où se manifeste vivement le mouvement de dépérissement du *nous* » [79]. Dans ce cas de figure, il s'agirait de faire face à la disparition d'un « nous jeunes paysans » tout en utilisant un modèle organisationnel qui aurait conduit à sa perte. Mais un tel mouvement apparaît aussi, dans sa volonté de recruter au-delà des 35 ans, comme une réponse au « brouillage des âges » [80] qui marginalise les jeunes installés en fonctionnant comme un « groupe de réassurance identitaire » [81]. Le travail dont nous présentons ici les prémices se poursuivra [82] par une

---

76. *Ibidem*, pp. 84-86.
77. JACR, *Un nouveau projet pour l'installation*, ouv. cité, p. 11.
78. Benoît HERVIEU, *La Coordination rurale...*, ouv. cité, p. 46.
79. Jacques ION, *La fin des militants*, Paris, Les Éditions de l'Atelier/Editions Ouvrières, 1997, p. 59.
80. Xavier GAULLIER, « Âges mobiles et générations incertaines », art. cité, p. 14.
81. Jacques ION, « L'évolution des formes de l'engagement public », dans Pascal PERRINEAU [dir.], *L'engagement politique...*, ouv. cité, pp. 23-39.
82. La thèse de François Purseigle a été soutenue en 2003 : François PURSEIGLE, *L'engagement des jeunes agriculteurs dans les organisations professionnelles agricoles. Contribution à l'étude des processus d'entrée dans l'action collective*, thèse de doctorat de sociologie rurale sous la co-direction de Jean-Pierre Prod'homme et Pierre Roux, Institut national polytechnique de Toulouse, 4 volumes, 435 f°, soutenue le 22 mai 2003. La « position de thèse » a été publiée dans *Ruralia* n° 12/13-2003, pp. 355-365, et demeure consultable sur : http://ruralia.revues.org/document353.html. La publication de la thèse est disponible : François PURSEIGLE, *Les sillons de l'engagement. Jeunes agriculteurs et*

étude qui devrait nous conduire vers une compréhension des mécanismes qui président à l'entrée dans de telles organisations syndicales.

***

Face au « grand chambardement »[83] d'une France paysanne qui a perdu son visage de société agraire[84], une partie de la jeunesse agricole d'aujourd'hui paraît dépourvue des outils lui permettant de penser la complexité qui se fait jour au sein d'un « village planétaire » dont elle appréhende difficilement les contours. Un « village » auquel ces jeunes souhaitent donner le « sens » que l'on donnait au village paysan d'hier qui, à leurs yeux, simplifiait le regard que l'on portait sur les grandes transformations du monde moderne. C'est donc avec les instruments retrouvés de leurs parents et grands-parents que ces jeunes se sont lancés dans la quête de sens qui affecte leur profession future ou présente. Parmi ces instruments, l'idéologie agrarienne tient une place non négligeable, car elle s'offre comme cadre à une pensée simplifiante « plus apte à produire une représentation immédiate du monde où l'on vit »[85].

Nonobstant l'utilisation d'un référentiel agrarien qui peut apparaître, sous certaines de ses dimensions, comme identique à celui utilisé par la jeunesse d'hier, la jeunesse agricole actuelle ne s'affirme plus collectivement, mais individuellement. En effet, si elle puise dans le registre d'un « nous » catégoriel, ce n'est que pour mieux définir et affirmer un « je » dans lequel s'inscrivent ses activités professionnelles. Dès lors, le néo-agrarisme s'apparente au fruit de la ré-appropriation individuelle d'un ensemble de représentations collectives qui simplifient et balisent un processus de construction identitaire de plus en plus complexe. Il participe ainsi à « cette transformation souterraine par laquelle chacun se fait l'artisan de sa propre sphère de sens »[86]. Ainsi, en s'affirmant comme le dépositaire d'un patrimoine ou le gardien d'une civilisation révolue, le jeune agriculteur se sent requalifié dans son appartenance à un « nous » dont il a du mal à percevoir la signification actuelle.

---

action collective, collection Débats jeunesses, Paris, Éditions L'Harmattan, 2004, 262 p. (*Note des directeurs du volume*).

83. Fernand BRAUDEL, *L'identité de la France*, Paris, Arthaud-Flammarion, 1986, 368 p.
84. Bertrand HERVIEU, *Les agriculteurs*, collection « Que sais-je ? », Paris, Presses universitaires de France, 1996, p. 3.
85. Jean VIARD, « Les grandes peurs de l'ère planétaire », dans Jean VIARD [dir.], *Aux sources du populisme nationaliste*, ouv. cité, p. 20.
86. Jean-Baptiste de FOUCAULD et Denis PIVETEAU, *Une société en quête de sens*, Paris, Éditions Odile Jacob, 1995, p. 111.

Ouvrages agrariens et agrarisme.
Agronomes et paysagistes

Yves LUGINBÜHL

Être agronome et paysagiste à la fois pourrait paraître, dans la conception commune de ce que sont un agronome et un paysagiste, sinon contradictoire, du moins anachronique. L'agronome est le spécialiste de la production destinée aux biens alimentaires et vestimentaires, le paysagiste dessine des parcs et jardins. L'histoire a cependant connu des agronomes paysagistes. Mais cette association mérite que l'on se penche un peu sérieusement dessus, au-delà d'une simple évocation des figures les plus illustres de ces spécialistes de la production agricole qui se piquaient en même temps de dessiner et de mettre en forme les champs pour composer un tableau. Cette association dépasse par son sens ce qui pourrait paraître une simple curiosité. Elle renvoie en effet à l'évolution des rapports sociaux à la nature et au changement social, parce qu'elle met en relation des acteurs de l'agriculture et du paysage dans deux domaines apparemment distants mais qui ont fortement à voir, l'un et l'autre, avec la nature et sa manipulation ou avec l'expérimentation des processus naturels, vus d'un côté, depuis la production de biens alimentaires à partir d'objets naturels, et de l'autre depuis la mise en forme des composantes de la nature. Elle ouvre une brèche dans cette dissociation qui a semblé définitive entre le domaine de l'économie agricole et la production volontaire et consciente de paysages.

Ainsi la trajectoire empruntée par cette association de l'agronomie et du paysagisme, c'est-à-dire par un courant d'idées que l'on ne peut pas vraiment identifier comme un mouvement social ni une filiation sociale, mais davantage comme une réflexion originale sur la production agricole et la question de l'esthétique de la nature et des paysages, ouvre des pistes prospectives sur ce que peut être dans l'avenir l'agriculture et la production des paysages futurs en Europe. Elle fait également réfléchir aux forces qui animent l'agriculture moderne et contemporaine et qui l'ont structurée à partir de la première révolution agricole du 18e siècle et ont tendu à cantonner l'agriculture dans un rôle unique de production. Après avoir évoqué et analysé comment se sont parfois liés agronomie et paysagisme dans la période de cette révolution agricole du 18ᵉ siècle, on se propose d'étudier les exemples d'agronomes paysagistes qui, surtout au 19ᵉ siècle ont contribué à développer une idéologie diagonale entre le « productivisme » et la construction des paysages, puis à examiner les effets contemporains de cette agriculture gardienne de la nature et des paysages que certaines institutions, certains groupes professionnels et même certains scientifiques cherchent à instaurer.

L'agronomie, discipline globale

Jusqu'au 18ᵉ siècle et peut-être dès la Renaissance, l'agronomie savante englobe dans son domaine d'intérêt et d'intervention un champ très vaste qui n'est pas limité à la production des biens alimentaires et vestimentaires. On est encore loin de la spécialisation de cette discipline qui connaîtra au cours du 19ᵉ, puis du 20ᵉ siècle, un cloisonnement intense et l'instauration de multiples techniques qui s'étalent depuis la zootechnie jusqu'à la mécanique des sols ou à la biochimie du vin et des produits lactés. L'agronomie est à la fois une « science », pour autant que l'on ait pu la considérer comme telle à la Renaissance, et une philosophie, une manière de voir les choses du monde naturel et de l'activité productrice des aliments et des textiles. Les ouvrages des agronomes qui sont publiés entre 1500 et 1800 sont pour la plupart des ouvrages complets ou plus exactement composites qui s'interrogent sur les processus du fonctionnement des sols et des plantes ou sur les animaux, mais qui ne se départissent pas de réflexions plus amples et moins techniques sur l'économie domestique et sur le sens des pratiques agraires pour les sociétés. Ces réflexions sont toujours animées d'un sens esthétique relativement prononcé, quoique variable selon les auteurs.

Dans le *Récepte véritable* publié en 1563, Bernard Palissy propose des réflexions sur les engrais, les divers types de sols et sur les pluies qui entraînent les engrais, et nourrit une interrogation qui constitue une nouvelle attitude face à l'agriculture, plus ouverte et très marquée par des considérations philosophiques. Charles Estienne et Jean Liebaut, en 1564, dans *L'agriculture et maison rustique* s'intéressent aux travaux des champs et à leur complexité, tout en faisant de nombreuses remarques sur les différentes plantes cultivées et le bétail, mais s'intéressent également aux différentes formes de jardins et leurs intérêts sociaux, dont l'intérêt médicinal.

L'ouvrage qui marque très nettement ce double intérêt pour l'agronomie et l'art des jardins est bien évidemment celui d'Olivier de Serres : *Le théâtre et mesnage des champs* publié en 1600. Animé d'une sensibilité indéniable, cet ouvrage nourrit à la fois des réflexions sur l'importance à donner aux herbages et aux cultures qui doivent être adaptés aux divers types de sols, sur les coutumes agraires dont il distingue les bonnes des mauvaises et sur l'art des jardins médicinaux, potagers, bouquetiers et d'agrément. Olivier de Serres est peut-être l'un des premiers « agronomes »[1] à avoir mis le doigt sur la nécessité de la propriété individuelle de la terre dans son expression « tenir son bien à sa main » qui renvoie à une attitude d'agronome propriétaire. C'est un ouvrage qui plonge sa réflexion à la fois dans l'art et la science et orienté vers une véritable philosophie du bien-être. À côté des considérations pratiques, techniques et esthétiques sur l'agriculture, il propose également des recettes culinaires et une réflexion sur l'économie domestique : c'est l'agronome qui met ses sens au service du bien-être en les déclinant dans toutes les phases de la production à la consommation des aliments, y compris dans les formes que doivent prendre les massifs de cultures.

Son ouvrage sera suivi de nombreux autres, davantage spécialisés sur les jardins : c'est le cas du *Théâtre des plans et jardinages* de Claude Mollet, très marqué par les jardins d'agrément italiens que ce « paysagiste » imitera dans la vallée de la Loire ; et du *Traité du jardinage selon les raisons de la nature et de l'art* de Jacques Boyceau (1638), intendant des jardins du Roi, qui y développe une réflexion sur la manière de joindre l'utilité et le plaisir (avec le recours à une théologie brumeuse). Effectivement, de nombreux agronomes éditent des livres qui sont souvent calqués sur ceux de leurs prédécesseurs, tout en y ajoutant des réflexions qui ne sont pas toujours novatrices.

Bien évidemment, dans cette lignée d'ouvrages d'agronomes paysagistes, le plus orienté vers la qualité esthétique des aménagements jardiniers est *L'instruction pour les Jardins fruitiers et potagers* de Jean de La Quintinie, publié en 1690, deux après sa mort. « Directeur de tous les jardins fruitiers et potagers du Roy », La Quintinie, avocat de formation, a eu l'occasion de voyager en Italie et en Angleterre où il a pu découvrir de multiples jardins et notamment dans ce dernier pays les « *Country Houses* », domaines dotés de jardins et vergers. Il a également visité le jardin botanique de Montpellier créé par Richer de Belleval en 1593 sur ordre d'Henri IV et a ainsi formé son goût pour les jardins réguliers, modèle qu'il va reproduire dans le domaine de Versailles : expérimentateur zélé des techniques de greffe et de taille d'arbres fruitiers ou de l'acclimatation des espèces exotiques, il est également un esthète scrupuleux. En créant le potager du Roy, il sait qu'il fait œuvre d'art et se préoccupe fortement de l'effet des limites et des formes du jardin : « Je n'auray pas de peine à prouver que la figure de nos Jardins doit être agréable ; il est nécessaire que les yeux y trouvent d'abord de quoy être contents, & qu'il n'y ait rien de bizarre qui les blesse ; la plus belle figure qu'on puisse souhaiter pour un Fruitier, ou pour un Potager, & même la plus commode pour la culture est sans doute celle qui fait un beau carré, & sur tout quand elle est parfaite, & si proportionnée dans son étendue, que non seulement les encoignures sont à angles droits, mais que sur toute la longueur excède d'environ une fois &

---

1. Dans l'acception non scientifique du terme.

demie, ou deux fois l'étendue de la largeur, [...] car il est certain que dans ces figures carrées le Jardinier trouve aisément de beaux carrés à faire, & de belles Planches à dresser ; il y a plaisir de voir de véritables carrez de Fraises, d'Artichaux, d'Asperges, *etc.* de grandes Planches de Cerfeuil, de Persil, d'Oseille, tout cela bien uny, bien tiré, bien compasle, *etc.* ce qu'il ne sçauroit faire dans les figures irrégulières, ou au moins a-t-il toujours beaucoup de temps à perdre, quand pour en cacher en quelque façon la difformité, il tâche d'y trouver quelque chose qui aproche au carré [...]. De plus pour l'agrément de notre Potager, & sur tout s'il est grand, il est à souhaiter que l'entrée soit justement par le milieu de la partie qui a le plus d'étendue [...] afin de trouver en face une Allée, qui ayant toute la longueur du Jardin paroisse belle & coupe le terrain en deux parties égales, chacune de ces parties, qui font des carrez trop longs pour leur largeur seront ensuite subdivisés en d'autres plus petits carrez, s'il en est besoin »[2].

On retrouve ici cette association entre l'esprit fonctionnaliste et l'esprit esthète qui marque profondément la plupart des agronomes paysagistes, hommes pratiques et hommes d'art, et qui sera un peu plus tard déclinée par les successeurs de La Quintinie sous le projet de « réunir l'utile et l'agréable ». Cette association entre l'utile et l'agréable a sans doute plusieurs explications possibles.

Tout d'abord, elle se comprend lorsque l'on sait que ces agronomes paysagistes appartenaient à l'élite sociale et qu'ils étaient en fait souvent également de grands propriétaires possédant un domaine agricole avec un château ou une demeure aristocratique ou bourgeoise qui s'accompagnait d'un jardin en continuité avec les champs cultivés ou les prairies. Pour ces personnages de classes sociales en vue du peuple, la possession d'un jardin d'apparat ou d'agrément qui servait à recevoir et organiser des fêtes, c'est-à-dire à se montrer, était aussi importante que celle du domaine qui était consacré à la production et donc à un revenu permettant d'entretenir la partie d'agrément du domaine. Cette double possession faisait partie des privilèges que tout homme de ce rang se devait de pouvoir montrer à ceux de son groupe : satisfaire à la fois la bourse et l'œil ou les sens constituait un signe d'appartenance à cette élite. Si les concepteurs de jardins s'intéressaient à ces parcs et à la continuité qu'ils ménageaient avec le domaine cultivé, c'est donc sans doute parce que ces domaines étaient situés à la campagne où, peu à peu, ils ont pu s'intéresser également à l'agriculture, à la condition paysanne et au spectacle de la nature.

L'intérêt porté à l'agriculture, à la société rurale et à la paysannerie par les agronomes du 18e siècle [3], comme Duhamel Dumonceau, rejoint une préoccupation primordiale de l'époque marquée par la disette et par les

---

2. Jean de LA QUINTINIE, *L'Instruction pour les Jardins fruitiers et potagers*, Amsterdam, chez Henri Desbordes, 1697, pp. 80-81.
3. Yves LUGINBÜHL, « Rural Tradition and Landscape Innovation in the 18th Century », dans John DIXON HUNT et Michel CONAN [dir.], *Tradition and Innovation in French Garden Art: chapters of a new history*, Philadelphie, University of Pennsylvania Press, 2002, pp. 82-92.

famines. Les agronomes ont peu à peu pensé un autre modèle d'agriculture, fondé sur la propriété individuelle du sol et la suppression des terres collectives qui étaient considérées comme le symbole de la routine improductive. Pour parvenir à une productivité de la terre qui suffirait à alimenter les populations rurales, il fallait en finir avec ces pratiques rurales « archaïques » qui étaient la marque de la féodalité et des rapports de domination entre la paysannerie et l'aristocratie terrienne. L'observation des campagnes par les agronomes témoigne bien du regard empreint à la fois de considérations sociales et d'appréciation esthétique ; le voyage d'Arthur Young en est le prototype : là où la campagne est inculte, elle n'offre que le visage d'une nature laide et malsaine, comme de nombreux mémoires des archives le relatent également, à l'instar des landes et friches que le célèbre agronome anglais constate dans certaines régions comme la Bretagne (« des landes, encore des landes » écrit-il dans son trajet entre le Finistère et le Morbihan). Il y a bien dans le regard des agronomes une double vision qui associe la productivité et la beauté des terres à une société saine, cultivée et belle, comme les paysages où elle vit. Et *a contrario*, les terres incultes, laides et malsaines [4] à une société sans culture, laide et malsaine. Il n'est donc pas étonnant que l'idéal agronomique ait tendu vers la fin programmée de la féodalité qui représentait, par les pratiques agraires, cette société inculte, laide et malsaine.

Il est vraisemblable, du moins l'analogie peut être faite dans les textes, que les idées préromantiques ont joué un rôle essentiel dans l'élaboration de cette pensée agronomique [5]. Comme Jean-Jacques Rousseau, des concepteurs de jardins au service d'aristocrates éclairés ont pensé effectivement que l'imitation de la nature, belle par essence, constituait la voie vers un paysage de bonheur universel. Ils voyaient la campagne comme un lieu où pouvait s'exercer la démocratie et où les nouvelles techniques agronomiques (comme les prairies artificielles par exemple) pouvaient contribuer à la fois à une meilleure alimentation (grâce au développement de l'élevage) et à un spectacle charmant et pastoral (grâce aux verdoyantes perspectives). On comprend mieux ainsi les projets et les théories de concepteurs de jardins comme Jean-Marie Morel ou René-Louis de Girardin qui prônaient la ferme ornée comme jardin ou la ferme champêtre et recommandaient de concevoir le paysage autour des demeures campagnardes comme des peintures : « Il existe peu d'établissements qui, ayant pour objet une utilité réelle, réunissent autant d'agrément que celui de la ferme. Ce jardin est peut-être le seul, où l'un & l'autre non seulement se combinent sans de préjudicier, mais se prêtent encore un mutuel secours, & tirent avantage de leur association. En effet, dans une ferme bien ordonnée, toutes les plantations & les cultures destinées à l'agrément doivent être

---

4. En particulier les régions de marécages.
5. Yves LUGINBÜHL, *Paysages. Textes et représentations du paysage du siècle des Lumières à nos jours*, Lyon, La Manufacture, 1989, 270 p.

fructueuses, & toutes celles qui ont un but d'utilité doivent & peuvent être agréables. [...] Quel est le cœur qui n'éprouvera jamais d'émotion devant le spectacle de la Nature renaissante dans les beaux jours du printemps, en voyant ce premier mouvement de la sève qui nous donne une tendre verdure, & fait éclore les fleurs avec l'espérance du cultivateur »[6]. Jean-Marie Morel, auteur de ces lignes, concepteur de jardins qui contribua au dessin du parc d'Ermenonville avec René-Louis de Girardin, concevait également le pays comme un jardin et imaginait que l'on pouvait en effet « paysager » ce pays comme un jardin.

Dans cet imaginaire utopique où s'associaient donc productivité agricole et beauté de la nature, l'exemple anglais avait joué un rôle fondamental : la formation du paysage anglais au 18e siècle en « charmant » bocage avait permis à ce pays un développement de l'élevage des ovins et des bovins qui, chez les concepteurs de parcs anglais, n'étaient que la réminiscence de la pastorale virgilienne. Ils constituaient en même temps un modèle politique et économique où la propriété individuelle du sol et le libéralisme mettaient définitivement fin à l'interdiction de clore son champ, avec la loi des *enclosures*. Ce modèle faisait de l'Angleterre la première puissance économique du monde avec une agriculture tournée vers le marché et une industrie florissante. Les observations que de nombreux agronomes français avaient pu faire du paysage anglais les avait inspirés et ils cherchèrent à mettre en place, dans un contexte différent il est vrai, en raison de l'importance numérique de la paysannerie française, ce modèle qui semblait révéler une association parfaite entre la beauté des paysages et la productivité de son agriculture.

Cette même association s'est transposée d'ailleurs chez de nombreux hommes politiques français de l'époque révolutionnaire, qui voyaient dans la productivité agricole un moyen de sortir la France d'une longue période d'archaïsme politique, économique et technique et de faire de son territoire un pays embelli par la richesse de son agriculture, opulente et verdoyante. Ainsi, Louis-Nicolas François de Neufchâteau, ministre de l'Intérieur, des Arts et de l'Agriculture – l'association des deux dernières missions était révélatrice de cette tentative d'association – imagina-t-il un vaste programme de plantation d'arbres qu'il intitula « Culture des arbres » pour arborer et embellir la France et contribuer par les feuillages à apporter aux terres les engrais nécessaires à une meilleure productivité. Si ces desseins paraissent avec le recul utopiques et souvent naïfs, ils ont cependant marqué profondément, au-delà même de la pensée des agronomes paysagistes, la représentation que les Français se sont faite des paysages de la Nation.

---

6. Jean-Marie MOREL, *Théorie des jardins*, Paris, chez Pissot, 1776, pp. 307-308.

La dissociation de l'agronomie en agriculture et en horticulture

Cette idéologie de l'association entre paysage et agriculture s'est poursuivie au-delà de la période révolutionnaire et a donc marqué fortement les agronomes et les propriétaires de domaines agricoles qui ont été très nombreux au cours du 19e siècle, incités par les rendements de l'investissement capitalistique, des banques notamment, dans l'agriculture. Mais le contexte avait changé et n'était plus à l'utopie de la fin du 18e siècle. Les rapports qu'entretenaient les propriétaires de domaines agricoles avec la nature étaient plus pragmatiques et nettement orientés vers la rentabilité de leurs terres.

En même temps, un processus de spécialisation scientifique s'est développé, qui a scindé le champ de l'agronomie dès les premières années du 19e siècle : en effet l'agronomie se subdivise alors en deux domaines différents, d'une part l'agriculture considérée comme une forme d'économie et de technique de la production alimentaire et vestimentaire, et d'autre part l'horticulture, spécialisation qui se consacre à la production des espèces fruitières, potagères et ornementales et où se range l'art de la mise en forme de la nature. Cette perte de l'approche globale de l'agronomie, science et art, met donc fin à plusieurs siècles de tentative d'association entre l'agriculture productive et le paysagisme. En effet, la création du mot même d'horticulture permet de comprendre les difficultés qu'ont eues les agronomes paysagistes pour faire valoir leur regard pratique et esthétique que reprenait le mot d'ordre « utile et agréable ». Les protagonistes de la nouvelle horticulture insistaient, dans l'instauration de ce nouveau domaine, sur l'essence supérieure de leur discipline par rapport à l'agriculture qui n'était que la production grossière des biens alimentaires et vestimentaires. L'horticulture constituait la discipline qui se démarquait d'une approche trop économiste et technique de l'exploitation de la nature : elle ajoutait une dimension supplémentaire, celle de l'art et se présentait comme une forme d'agronomie raffinée. Tels furent en effet les discours tenus par les membres de la première Société d'horticulture française créée dans les premières années 1800.

Par ailleurs, les progrès techniques agricoles et le développement du libéralisme et de la propriété individuelle du sol ont entraîné la création de nombreux domaines agricoles aux mains de nouveaux riches, nouvelle aristocratie terrienne attirée par les espoirs de rentabiliser les investissements qu'ils faisaient dans l'achat de foncier et dans les nouvelles techniques agricoles. Cette création de domaines agricoles allait de pair avec la construction de châteaux qui fut également intense dans cette période. Mais ces domaines agricoles n'étaient pas gérés comme les domaines de l'aristocratie d'avant la Révolution française, cette aristocratie ne s'intéressant que de loin à la rentabilité de l'agriculture qu'ils faisaient pratiquer par des régisseurs souvent peu scrupuleux. Le 19e siècle fut marqué par le sceau du progrès technique que professaient et divulguaient les sociétés d'agriculture et ces nouveaux domaines étaient souvent hautement productifs, gérés avec soin, et les propriétaires manifestaient un véritable intérêt pour leur domaine et sa gestion agricole.

Ce qui caractérisait cependant ces domaines était l'articulation entre la partie agricole et la partie d'agrément ou de représentation sociale. Tous ces vastes domaines comportaient en effet un parc paysager dont la présence constituait une marque de distinction sociale. C'était également le lieu de la représentation du maître devant ses invités, qui y étaient conviés pour des fêtes au cours desquelles le propriétaire faisait valoir les beautés du parc, les espèces majestueuses d'arbres, souvent importées ou « empruntées » aux anciennes pépinières royales [7]. Cette juxtaposition du parc et du domaine agricole n'était pas en faveur du « paysagement » réel du territoire rural, car ces deux parties étaient le plus souvent séparées ; parfois, des vues du parc étaient ménagées sur la campagne environnante et c'était le moyen le plus fréquent de lier parc et domaine de production.

Néanmoins, certaines tentatives d'articulation plus forte eurent lieu et l'on peut dire que le qualificatif d'agronomes paysagistes prenait alors tout son sens. L'exemple le plus pertinent est celui de Gabriel Thouin, directeur du jardin des plantes, qui publie en 1820 un ouvrage intitulé *Plans raisonnés de toutes les espèces de jardins* [8]. Dans cet ouvrage, l'un des plans de jardins représente le jardin champêtre où, manifestement, il tente la campagne paysagée : le parc comprend un vignoble placé vraisemblablement sur une butte et dans l'espace le plus ouvert, le parcellaire des cultures est représenté soigneusement ; ailleurs des allées courbes serpentent dans la prairie et franchissent un pont au-dessus d'un ruisseau qui alimente un étang. Certes, ce plan de jardin n'a sans doute pas été réalisé, mais représente le projet de campagne paysagée le plus abouti : une campagne à la fois bucolique et pastorale telle que l'on pourrait la voir dans un tableau de Watteau ou de Poussin, avec les personnages en moins, ou dans les textes de Jean-Marie Morel.

C'est sans doute cet exemple qui a marqué le regard des agronomes paysagistes qui lui ont succédé au 19e siècle. Mais l'on peut également dire que ce plan était conforme à la conception du parc paysager champêtre de la fin du 18e siècle et qu'il reflétait une pensée utopique, qui concevait les futures campagnes comme des lieux de bonheur universel, paysagées par

---

7. Les pépinières royales, mises en place au début du 18e siècle dans chaque province, avaient été édifiées pour fournir les arbres nécessaires aux plantations sur le domaine public, c'est-à-dire les routes et les canaux principalement. Gérées par un directeur placé sous l'autorité de l'Intendant de la Province, elles furent pillées par les demandes des élites provinciales fortement appuyées par les relations politiques qu'elles avaient développées dans leur milieu social. La plupart du temps, les pépinières devaient fournir des plants d'arbres et arbustes gratuitement à ces aristocrates ou grands bourgeois et les directeurs se plaignaient régulièrement de ces emprunts qui n'étaient jamais payés. C'est pourquoi ces établissements, qui auraient dû être en même temps des écoles de formation de jardiniers, furent supprimés dès le début du 19e siècle. Certaines pépinières furent transformées en parcs urbains (le parc du Luxembourg par exemple), ou en *arboretum* encore en fonction aujourd'hui.

8. Gabriel THOUIN, Plans raisonnés de toutes les espèces de jardins, chez l'auteur, Paris, 1820.

des artistes. C'est bien dans cette conception que certains agronomes paysagistes ont envisagé leurs œuvres. Parmi ceux-ci, Paul-Bernard de Lavenne (1794-1864) comte de Choulot, a réalisé pour le compte de 250 propriétaires environ des parcs attenant à des domaines agricoles. Dans son ouvrage *L'art des jardins, études théoriques et pratiques sur l'arrangement extérieur des habitations. Essai sur l'architecture rurale, les cottages et la restauration des anciennes constructions*, publié en 1846, de Lavenne propose sa théorie des parcs agricoles et paysagers : il tente de mettre en scène la continuité entre la partie parc et la partie consacrée à la production agricole en ménageant les vues et en faisant des allées des chemins d'exploitation. La végétation utilisée dans le « paysagement » de l'espace doit être composée d'espèces locales, de manière à ne pas rompre l'unité de l'ensemble. Cette unité du domaine agricole et paysager tient largement à la liaison qui se fait par l'intermédiaire des prairies, destinées au pâturage des moutons, vaches et chevaux et propres à assurer la transition entre l'espace voué à l'agrément et l'espace voué aux cultures : la présence de l'herbe est égale dans l'un et l'autre. C'est donc une fois de plus que le modèle pastoral s'impose comme dans la ferme ornée de Jean-Marie Morel et même dans le jardin champêtre de Gabriel Thouin.

On comprend aisément d'ailleurs pourquoi c'est davantage la prairie que les cultures qui assurent cette fonction paysagère : l'étendue d'herbe permet en effet non seulement de ménager des bosquets ou des haies vives qui peuvent être utiles pour entourer les parcelles et y garder les animaux, mais encore abriter des arbres isolés et majestueux qui attirent l'œil au milieu d'une vaste étendue verdoyante. Le modèle paysager pastoral est en outre conforme au mythe virgilien et chrétien : la présence de moutons en particulier évoque le berger conduisant son troupeau. C'est pourquoi cette alliance des arbres et de la prairie se retrouve souvent dans de nombreux parcs agricoles et paysagers dans toute la France et même en dehors. Modèle anglais ? Peut-être, ou plus exactement modèle européen et sans doute méditerranéen qui avait séduit les concepteurs de jardins anglais : ils en ont fait le modèle national qui s'est diffusé ensuite dans toute l'Europe par la force économique qu'il représentait. Le modèle pastoral a été d'ailleurs théorisé au 18e siècle par un critique d'art anglais, William Gilpin, comme la forme la plus pittoresque (au sens de « digne de la peinture ») et permettant de formaliser un paysage où les traces du travail disparaissent pour laisser place à la beauté.

Il faudrait ajouter ici un autre modèle, qui renvoie davantage à la production agricole et à la rupture qui s'est produite entre le 18e et le 19e siècle. Ces parcs agricoles et paysagers se devaient de montrer l'exemple et de parvenir à un haut niveau de productivité pour montrer leur efficacité par rapport à ce que la France avait connu auparavant, avant le passage du « progrès » technique agricole. Ce modèle est celui de la prospérité et de la richesse qu'un domaine agricole doit offrir au regard pour faire oublier les anciennes coutumes où c'était la misère qui régnait sur les campagnes. Une gravure d'après 1867 montre en parallèle deux états d'une même exploitation : en 1849 et en 1867. Dans l'état initial, les métairies sont constituées de bâtiments recouverts de chaumes et leurs toits sont plus ou moins effondrés ; la grange est un petit bâtiment également recouvert de chaume et son intérieur révèle des animaux mal tenus et faméliques ; dans une autre scène, un attelage de six bœufs étiques tire péniblement une charrue dans un paysage où, de toute évidence, la friche règne encore. De l'autre côté de la gravure, en 1867, le progrès agronomique est passé : l'ensemble des bâtiments est ordonné, les toits de tuiles abritent des édifices modernes et bien tenus auxquels on accède par un portail situé dans l'axe de symétrie de l'exploitation ; la grange est un grand bâtiment dont l'intérieur montre des bêtes prospères et abritées dans des stalles régulières ; la scène du bas représente un attelage de dix bœufs gras qui tirent aisément une charrue dans un paysage ordonné, avec des haies et des chemins sillonnant l'espace cultivé.

Cette représentation, qui sert précisément à l'exemplarité du progrès technique au service de la prospérité des propriétaires, replace bien ces deux cas opposés dans leur paysage respectif. La vision agronomique qui veut montrer l'exemple de la belle exploitation est aussi un regard paysager qui renvoie à la richesse. D'ailleurs, ces parcs agricoles et paysagers ont été de toute évidence des moyens pour diffuser auprès de la population rurale et paysanne les exemples de la « bonne » agriculture. Si ces domaines étaient le plus souvent clos de hauts murs, ils n'en étaient pas moins perméables, ne serait-ce que parce que la domesticité et le personnel agricole constituaient l'intermédiaire entre l'esprit éclairé de l'agronome paysagiste et la « masse paysanne ». « Pour vivre heureux, vivons cachés », dit le proverbe. Si les grands propriétaires tenaient à leur intimité, ils n'en étaient pas moins attachés à faire connaître aux paysans leurs pratiques « éclairées ». Certes, cette logique d'exemplarité a eu des effets lents, mais elle est encore utilisée aujourd'hui par les institutions qui tentent de divulguer cette fois les exemples d'une « bonne gestion paysagère ».

Pour matérialiser cet exemple de parc agricole et paysager, une description d'un domaine existant s'impose : il s'agit du domaine que l'un des ministres de Napoléon III s'est fait construire dans la vallée de l'Isère, à dix kilomètres de Grenoble, sur le territoire communal de Saint-Ismier. Le propriétaire des lieux était le maréchal Randon, ministre de la Guerre et des Colonies pendant le Second Empire ; il avait participé aux campagnes de colonisation du Maghreb. Le domaine comportait environ 40 hectares clos d'un grand mur auxquels s'ajoutaient des terres situées à l'extérieur. Le château n'a pas une grande facture architecturale, il abrite de nombreuses pièces qui accueillaient la famille et les invités. Devant le château, une vaste prairie en pente douce permet à la vue de s'échapper vers les lointains et en particulier vers la chaîne de Belledonne. La prairie est encadrée par de hauts arbres, cèdres à l'est, bosquets de grands platanes à l'ouest. Dans cette direction, un espace de pelouse abrite des végétaux exotiques et une chapelle de forme mauresque, souvenir du propriétaire qui a été marqué par l'architecture arabe dans ses campagnes coloniales. À l'est, une roseraie s'étend autour d'un kiosque d'où partent de multiples allées en étoile ; un vaste verger de production aux espèces fruitières très diversifiées et une vigne de chasselas et de muscat et un bois aux allées rectilignes complètent cet espace. Derrière le château, les communs : la maison du régisseur, les étables, immenses, avec des granges permettant d'abriter de grandes quantités de foin. Une orangeraie et ses orangers et citronniers, un potager et ses serres où sont cultivés de multiples variétés de légumes ; et une étable expérimentale qui jouxte un verger expérimental où les jardiniers greffaient de nouveaux plants et essayaient de créer de nouvelles variétés.

Ce domaine exemplaire, qui malheureusement n'existe plus (transformé en lotissement), est tout à fait caractéristique des parcs agricoles et paysagers du 19e siècle, identique sans doute à ces très nombreux domaines qui émaillent la campagne française et se signalent par les hauts murs et les houppiers des grands arbres émergeant de la verdure et masquant en partie la silhouette du château. Exemplaire et d'un étonnant conformisme esthétique au modèle dominant ; sans véritable inventivité paysagère en tout cas. Après tout, se disaient ces notables qui se considéraient comme les représentants de la modernité dans les campagnes, si ce modèle fonctionnait bien et en outre était compatible avec la production agricole, pourquoi en changer ?

C'est sans doute pourquoi ces parcs d'agronomes paysagistes se sont multipliés dans l'espace rural français et ont servi souvent à divulguer le « progrès » technique et paysager en reproduisant un modèle qui s'ancre dans l'histoire des relations entre agronomie et paysage.

L'agriculture productrice de formes

La mode des parcs agricoles et paysagers n'a finalement pas duré très longtemps, guère plus d'un siècle. Les grands propriétaires ont bien souvent fui la campagne pour se consacrer à des activités plus rentables. Les rapports de domination et de soumission qu'entretenaient ces notables avec la population paysanne ont souvent été à l'origine de conflits et n'ont pas favorisé le maintien des domaines, même si aujourd'hui encore ces rapports existent dans de nombreuses régions, lorsque certains domaines se sont maintenus. Pendant la première moitié du 20e siècle, l'association de l'agronomie et du paysagisme n'a pas donné lieu à une grande inventivité. On peut même dire que la préoccupation sociale pour les questions de paysage a régressé pour céder la place au fonctionnalisme agricole. C'est seulement à partir des années 1970 que cet intérêt connaît un renouveau qui s'inscrit dans un autre contexte et dans une autre perspective. L'exode rural, la rationalisation de l'agriculture, la mécanisation et les progrès techniques de la seconde « révolution verte » ont entraîné des transformations profondes des paysages agraires, sans doute aussi importantes que celles de l'époque des grands défrichements du Moyen Âge. À ces facteurs inhérents aux transformations de l'agriculture elle-même, se sont ajoutés les changements dus à l'urbanisation, le développement des transports et des voies de communication, les grands équipements, les lignes électriques, les bases de loisirs, *etc*. Les paysages français, comme d'ailleurs partout en

Europe, ont alors été considérés par l'élite sociale comme dégradés ou en voie de dégradation. C'est donc dans cette perspective, celle de la nécessaire restauration et réhabilitation des paysages que les rapports entre agriculture et paysages se sont peu à peu reformulés et ont donné lieu à des actions nouvelles et symptomatiques d'une nouvelle vision de la campagne.

Il serait possible d'affirmer qu'à l'assimilation de la laideur à la misère et à l'inculture s'est substitué un autre regard qui tend à considérer la laideur des paysages comme le résultat d'un développement à la fois désordonné et trop intense : une sorte de renversement de la représentation des paysages, avec pour corollaire la valorisation des paysages d'autrefois et en particulier des paysages produits par la paysannerie – fut-elle pauvre. Alors que les paysages d'avant le 19e siècle étaient considérés comme laids à cause des mœurs archaïques de la paysannerie, les paysages d'après 1970 l'étaient en raison de la disparition de la même paysannerie. C'est d'ailleurs ce qui permet de comprendre l'intérêt immodéré pour les pratiques paysannes et leur histoire et les relations entre ces pratiques et les paysages.

On comprend alors mieux le changement qui s'est produit dans la reformulation de l'action paysagère ayant pour objectif de réhabiliter les paysages agraires : si ceux-ci étaient dégradés, c'est parce que les pratiques ancestrales, censées être en harmonie avec la nature, se délitaient et que la modernité et les progrès techniques les effaçaient. Le nouvel intérêt pour cette réhabilitation des paysages s'inscrit ainsi dans une autre perspective, plus sociale, et qui imagine une action davantage répartie sur l'ensemble du corps des agriculteurs et moins centrée sur l'action de quelques élites. Par conséquent, au terme d'agronomes paysagistes – construit ici pour la démonstration, comme une sorte de métaphore – se substituerait l'expression d'« agriculteurs gardiens de la nature ou du paysage », voire d'« agriculteurs paysagistes »[9]. L'action s'est donc faite par le biais des pratiques agricoles et par l'exemplarité suscitée par les institutions de l'agriculture et de l'environnement, voie de transformation des agriculteurs en paysagistes ou en gardiens du paysage.

Cependant, cette action n'allait pas de soi. Elle fut même combattue fortement par les organisations professionnelles agricoles qui y voyaient une dérive d'un métier tourné dans son essence vers la production de biens alimentaires et non vers l'entretien de la nature. Ce fut la première réaction qui émana des syndicats agricoles soutenus par leurs puissantes fédérations ou par les responsables nationaux : un agriculteur n'était pas un gardien de la nature, il était formé pour produire, comme on lui avait appris depuis deux siècles. Cette position a tenu au moins vingt ans et elle fut aussi rigide que celle de leurs détracteurs qui dénonçaient l'action dévastatrice de l'agriculture productiviste qui arasait les haies et les talus du bocage, supprimait les arbres isolés des campagnes, faisait disparaître les petits

---

9. Mais il s'agit également d'une expression élaborée pour la circonstance.

vergers et les bosquets, tous ces éléments qui faisaient le charme des paysages ruraux et qui permettaient à la faune et à la flore de s'épanouir.

Cette position a en effet tenu jusqu'à ce que les organisations professionnelles agricoles réalisent que ce mouvement en faveur de la réhabilitation des paysages constituait en fait une demande sociale – certes floue et ambiguë –, mais qu'ils ne pouvaient négliger. Leur refus de marquer un intérêt pour cette préoccupation risquait de discréditer les agriculteurs et surtout de leur enlever la gestion des actions que les institutions prônaient pour cette réhabilitation et qu'ils préféraient avoir à leur main. Par ailleurs, l'image de l'agriculture dans la société française était assez mauvaise en raison des problèmes de pollution ; elle n'était toutefois pas encore catastrophique, et ce sont les risques de la maladie de la vache folle ou la fièvre aphteuse qui entraînèrent la dégradation de cette image un peu plus tard. C'est au début des années 1990 que les organisations professionnelles agricoles et leurs administrés ont procédé au renversement de leur position opposée à l'entretien de la nature et des paysages. Plusieurs événements ont marqué cette volte-face : en 1990, les organisations professionnelles agricoles organisent sur les Champs-Élysées la fameuse « moisson » qui a fait beaucoup parler d'elle et du rôle des agriculteurs dans la société française. Par cet événement, ils souhaitaient montrer que ce sont les agriculteurs qui produisent de quoi nourrir le peuple et les paysages de la campagne. Mais l'objectif « paysagiste » n'était pas encore totalement abouti. C'est un peu plus tard que l'assemblée permanente des chambres d'agriculture (APCA) a organisé une grande manifestation en son siège de l'avenue George V dans le 8e arrondissement de Paris, qui avait pour but également de redorer l'image des agriculteurs, quelque peu ternie par les effets de leurs pratiques sur la nature et les paysages. Y étaient invitées de nombreuses personnalités scientifiques et universitaires qui avaient pour mission de montrer le rôle essentiel de l'agriculture dans la gestion de la nature. Sur la façade de l'hôtel particulier du siège de l'APCA était tendue une vaste fresque représentant un paysage rural bucolique et pastoral avec une colline, une forêt, des cultures et des prairies, au milieu duquel trônait un tracteur. Cette fresque voulait ainsi affirmer aux yeux de tous : « c'est nous, agriculteurs, qui produisons les paysages français ». Ainsi, les organisations professionnelles agricoles assuraient leur fonction fondamentale dans la gestion de la nature et des paysages. Elles voulaient dire en même temps qu'elles revendiquaient cette gestion et ne souhaitaient pas la laisser à d'autres – aux écologistes en particulier.

Mais cette position n'empêchait pas les institutions de l'environnement ou de l'agriculture d'engager des actions en faveur de la réhabilitation des paysages. Dès les années 1970, en effet, le ministère de l'Agriculture (surtout) et le ministère de l'Environnement avaient lancé quelques opérations en faveur des paysages de bocage. Elles étaient destinées en fait à effacer l'image néfaste des remembrements dans la société française. Ces actions furent engagées à l'échelon central avec la mobilisation de quelques administrations départementales. Ce furent les premières plantations de haies destinées à effacer les effets des remembrements dans certaines régions où ils avaient été particulièrement drastiques. L'administration de l'agriculture affirmait d'ailleurs que ce n'étaient pas les remembrements en eux-mêmes qui entraînaient ces arasements de talus et de haies, mais leurs travaux connexes, ce qui aux yeux des responsables était fort différent : le remembrement est une opération foncière d'échange de terres et de recomposition du parcellaire, les travaux connexes sont ceux que ces échanges rendent nécessaires en raison des modifications des limites parcellaires et en particulier de l'agrandissement des parcelles. Mais pour les défenseurs des paysages et de la nature, ce sont bien les remembrements qui sont en cause.

Les premières opérations de reconstitution du bocage eurent donc lieu en Bretagne en 1972, avec des plantations de résineux (épicéas de Sitka, thuyas notamment) mais ce modèle qui était alors calqué sur la politique forestière ne dura qu'un temps assez court, jusqu'en 1980, date à laquelle le modèle de haie de lotissement périurbain le remplaça. Puis, dans les années 1990, ce furent les haies d'essences locales qui eurent la faveur des institutions, marquant ainsi la volonté d'adapter les plantations au paysage local. Mais l'essentiel de l'action paysagiste des agriculteurs réside plutôt dans le rôle même des agriculteurs dans ces opérations : celles-ci sont en effet fondées sur le volontariat et sont soutenues financièrement à hauteur de 60 % par les institutions qui en sont les maîtres d'ouvrage, c'est-à-dire les conseils généraux ou régionaux ou les chambres d'agriculture, un peu moins les directions départementales de l'Agriculture et de la Forêt. L'action paysagère des agriculteurs est donc une action qui mobilise les agriculteurs motivés et incités par des financements intéressants. L'exemplarité est souvent utilisée par ces institutions, comme l'a révélé un programme de recherche sur ce thème [10] : un agriculteur des Côtes-d'Armor a vu défiler chez lui des cohortes d'agriculteurs que les institutions voulaient convaincre de l'intérêt de pratiquer ces plantations. D'ailleurs, l'analyse de ces opérations et de leurs conséquences a montré que l'entretien de ces haies nouvelles, dénommées « haies bocagères » (à la différence des haies anciennes, « arbres sur talus »), n'est que rare et peu soutenu, ce qui entraîne des pertes fréquentes de plants dans les haies.

Par ailleurs, cette même analyse révèle que les agriculteurs confient de plus en plus l'entretien des haies ou des talus à des opérateurs extérieurs, souvent anciens agriculteurs qui se sont reconvertis dans les travaux agraires et qui ont monté une entreprise de travaux agricoles, ou encore des élagueurs ou, lorsque les haies sont limitrophes avec le domaine public, les services communaux qui sont désormais équipés de matériel spécifique (lamiers, épareuses verticales notamment). Ainsi, tout se passe comme si les agriculteurs acceptaient de jouer le jeu du paysagement du territoire, mais

---

10. Programme de recherche « Bocagement, reconstitution et protection du bocage » de l'UMR LADYSS, évaluation des politiques publiques de paysagement du territoire, rapport de recherche pour le MEDD, 382 p. Avec la collaboration de l'UMR ECBIO, l'UMR COSTEL, l'INRA SAD Armorique et l'ENSP de Versailles.

en fait n'allaient pas jusqu'au bout de l'action paysagère. Leur métier est un métier de producteur et ils l'assument avec une pleine adhésion. Tout ce qui touche à des travaux annexes à la production est de plus en plus externalisé.

L'un des enseignements que l'analyse des opérations de reconstitution du bocage a fournis est précisément cette émergence d'un marché de la réhabilitation du paysage de bocage avec tous ses opérateurs : concepteurs qui imaginent les modèles de haies, maîtres d'ouvrage qui gèrent les opérations et les financent, animateurs qui incitent les agriculteurs à planter, planteurs (en l'occurrence et souvent les agriculteurs eux-mêmes, mais pas toujours, ils peuvent être des propriétaires fonciers non-agriculteurs), élagueurs, fabricants de machines à élaguer ou de machines à planter ou à dérouler les films de plastique que l'on installe pour éviter le développement des adventices, associations qui pratiquent l'apprentissage de la mise en forme des haies, *etc*. Ce marché est aujourd'hui florissant, il crée des emplois, il a même son salon, le « Salon du bocage » qui a lieu tous les ans à Chemillé dans le Maine-et-Loire à l'automne et réunit tous ces opérateurs.

Cette déconnexion de la production et des opérations de paysagement du territoire montre que le chemin de l'agriculture paysagiste n'est pas aussi facile à mettre en œuvre que les institutions qui la prônent l'imaginaient [11]. L'agriculture paysagiste reste marginale ; elle touche quelques expériences d'agriculteurs alternatifs qui se fixent des objectifs situés en dehors de l'idéologie dominante productiviste. Elle est souvent liée à des actions de patrimonialisation des structures paysagères et peu inventive sur le plan esthétique. Quelques expériences ont bien sûr eu lieu [12], mais elles ne sont pas souvent relayées par le milieu agricole, qui reste attaché à des pratiques de production soutenues par les organisations professionnelles agricoles. Les opérations de reconstitution du bocage qui se déroulent un peu partout dans les régions où le bocage était répandu ne compensent pas encore, en outre, les arasements de haies qui continuent à être pratiqués à un rythme soutenu. Comme de nombreuses recherches l'ont déjà montré pour les questions d'environnement, on se trouve devant un conflit de représentations, entre celles des agriculteurs qui conçoivent leur métier comme un métier devant se consacrer à la production, et les représentations des protagonistes du paysage qui imaginent encore qu'il est possible de paysager les territoires comme le rêvaient les utopistes du 18e siècle et les agronomes paysagistes du 19e.

---

11. Yves LUGINBÜHL, « Le paysage rural. La couleur de l'agricole, la saveur de l'agricole, mais que reste-t-il de l'agricole ? », dans Jacques CLOAREC et Pierre LAMAISON [dir.], *De l'agricole au paysage.— Études rurales*, n° 121-122-123-124, janvier-décembre 1991, pp. 27-44.

12. On peut citer par exemple un viticulteur qui cultive ses vignes sur des terrasses tracées au bulldozer sans murets et avec des talus maintenus par de la végétation basse, à Beaumes-de-Venise dans le Vaucluse ; cette opération est souvent montrée comme un exemple qui prouve que l'on peut faire de l'agriculture paysagiste, mais elle est un cas rare.

***

Cette analyse historique des agronomes paysagistes et des tentatives de paysager l'action des agriculteurs renvoie tout d'abord à la question problématique des représentations du paysage chez les Français : comme on a pu le montrer [13], le paysage qui signifiait d'emblée « campagne » chez la plupart des Français est devenu bien plus un objet de nature aujourd'hui. Ce glissement de la campagne ou des paysages agraires vers la nature s'est produit dans les vingt dernières années environ, en raison précisément des problèmes que l'agriculture a rencontrés dans sa « mission » de gestion de la nature. Les crises de l'encéphalite spongiforme bovine (ESB), de la fièvre aphteuse ou les pollutions d'origine agricole ont creusé un fossé entre les Français et les agriculteurs. Ceci ne signifie pas que les Français refusent de voir le paysage rural comme un modèle paysager attractif ; simplement, la campagne qu'ils souhaiteraient voir est davantage une campagne qui aurait été celle des paysans, qui n'existent plus aujourd'hui, les agriculteurs étant assimilés à des entrepreneurs proches des industriels. Les « paysans » d'avant le productivisme étaient censés savoir gérer la nature, ce qui n'est évidemment pas une certitude.

Malgré les exemples que l'on a cités dans cette brève histoire des agronomes paysagistes, il reste qu'aucun d'entre eux ne pouvait faire la preuve d'une capacité à gérer dans le long terme les ressources naturelles. Les tentatives d'articulation entre l'agriculture et une visée paysagère étaient le plus souvent formelles et reposaient sur une vision esthétique et non écologique. C'est pourtant l'une des questions-clés que se pose la recherche aujourd'hui et qui n'est pas, loin s'en faut, étrangère à la question du paysage. Celui-ci est le plus souvent restreint à la question esthétique étroite de l'agencement de formes. Or, dans les représentations du paysage, le terme « harmonie » qui revient souvent et qui donne un sens positif au paysage, ne signifie pas uniquement harmonie formelle (des formes et des couleurs par exemple). L'harmonie est aussi celle que les hommes sont supposés entretenir avec la nature, c'est-à-dire le savoir et le savoir-faire qui permettent de gérer les ressources naturelles dans le long terme. À la limite, s'il fallait restreindre la question du paysage à une esthétique formelle, l'articulation entre l'agriculture et le paysagisme ne serait qu'une question technique et ne serait finalement pas difficile à résoudre. C'est parce qu'elle suppose le croisement de processus sociaux et biophysiques complexes qu'elle est en réalité bien plus difficile que la simple recherche de création de formes de champs ou de plantation d'arbres aux bords des parcelles.

---

13. Yves LUGINBÜHL, *La demande sociale de paysage, rapport pour le Conseil national du paysage*, ministère de l'Aménagement du territoire et de l'Environnement, 2001, 21 p. et Yves LUGINBÜHL, « Paysage modèle et modèles de paysages », dans *L'Environnement, question sociale*, Paris, Éditions Odile Jacob, 2001, pp. 49-56.

L'une des voies qui n'est pas totalement explorée par la recherche ni par les praticiens du paysage – bien qu'ils s'en réclament – réside peut-être dans le fait que l'agronomie a été et continue d'être une discipline de projet et non uniquement technique. C'est peut-être en considérant l'exploitation agricole comme un lieu de projet, c'est-à-dire un espace où l'agriculteur se projette dans l'avenir et dans toute l'étendue spatiale, en tentant de prendre en compte les diverses dimensions qui font de cet espace un cadre de vie pour lui-même et pour les autres, que l'on pourrait approcher cette articulation entre agriculture et paysagisme. Si l'agronome est un homme de projet et le paysagiste également, la voie vers une agriculture paysagiste passe peut-être ainsi par le projet d'une exploitation agricole et paysagiste qui saurait décliner les diverses dimensions de la question du paysage : sociale, esthétique et écologique, et qui ferait de son chef un véritable agronome paysagiste.

La contestation de Natura 2000 par le « groupe des neuf » : une forme d'agrarisme anti-environnemental dans les campagnes françaises ?

Pierre ALPHANDÉRY
et Agnès FORTIER

L'application de la directive Habitats en France constitue un révélateur de l'importance des questions liées à la nature dans la gestion de l'espace rural. Cette politique publique, dont l'objectif affiché est la préservation de la biodiversité, s'est donné pour moyen la constitution d'un réseau écologique européen baptisé « Natura 2000 ». La mise en œuvre de cette directive soucieuse d'assurer la conservation des habitats naturels et des habitats d'« espèces d'intérêt communautaire » a suscité un fort mouvement de contestation en France, comme en ont témoigné les actions engagées par le « groupe des neuf » rassemblant d'importantes organisations du monde rural. Un travail de recherche engagé sur l'application de cette directive [1] nous a permis d'analyser les termes de ce conflit. Les thèmes avancés par certains protagonistes ne sont pas sans rappeler une vision du monde rural proche de la définition de l'agrarisme proposée par Pierre Barral dans son célèbre ouvrage [2]. Doit-on dès lors envisager le « groupe des neuf » comme la perpétuation, dans un contexte nouveau, d'une forme d'agrarisme ? Ou

---

1. Cette recherche, effectuée en réseau, a mobilisé une équipe de sociologues : E. Rémy (coordinatrice), P. Alphandéry, J-P. Billaud, N. Bockel, C. Deverre, A. Fortier, B. Kalaora, N. Perrot et F. Pinton. Elle a donné lieu à la rédaction d'un rapport intitulé : *La mise en directive de la nature. De la directive Habitats aux prémices du réseau Natura 2000*, ministère de l'Aménagement du territoire et de l'Environnement, juillet 1999, 273 f°. Elle s'est prolongée à travers l'examen du dispositif de gestion mis en place pour assurer la sauvegarde des habitats présents sur l'ensemble des sites. La parution d'un rapport était prévue à l'automne 2005.
2. Pierre BARRAL, *Les agrariens français de Méline à Pisani*, Cahiers de la Fondation nationale des sciences politiques, n° 164, Paris, Armand Colin, 1968, 386 p.

faut-il voir dans la virulence de la réaction à l'application de la directive Habitats, la manifestation du fait que de profondes transformations sont en cours dans la gestion de l'espace rural ?

Après avoir rappelé les objectifs de la directive Habitats et présenté son dispositif d'application en France, à l'origine de vives contestations, nous analyserons de plus près les argumentaires développés par les organisations du « groupe des neuf »[3] en insistant sur les similitudes et les différences avec les conceptions de la ruralité portées par l'agrarisme. Nous montrerons enfin comment l'usage de cette notion contribue à penser les recompositions sociales et les conflits d'usages de l'espace qui caractérisent aujourd'hui les campagnes françaises.

Le dispositif de la directive Habitats à l'épreuve de la contestation

La science au cœur du dispositif français d'identification des sites

La directive Habitats (DH), adoptée en 1992 par l'Union européenne, ne constitue pas un simple élargissement du champ d'intervention de la politique européenne en matière de protection de la nature. Elle s'en démarque par l'objectif fixé – limiter l'érosion de la biodiversité –, par la volonté de rationaliser les mesures de conservation des milieux naturels, et enfin par le modèle de protection proposé. Son ambition, et c'est là son originalité, réside dans la volonté de concilier objectifs scientifiques et préoccupations sociales dans une perspective de développement durable, « [...] le but principal de la présente directive étant de favoriser le maintien de la biodiversité, tout en tenant compte des exigences économiques, sociales, culturelles et régionales »[4]. À une politique de mise en réserve de la nature, se substitue une autre logique visant à intégrer les activités humaines qui, désormais, ne sont plus considérées comme une entrave à la biodiversité, mais comme une condition de sa production[5]. Enfin, une autre particularité de la DH réside dans l'élaboration, à l'échelle européenne d'un réseau écologique baptisé Natura 2000, construit à partir des sites abritant des espèces et des habitats naturels reconnus d'importance communautaire[6]. En d'autres termes, les espaces à protéger ne sont pas considérés isolément, mais doivent participer à l'édification d'un ensemble

---

3. Ce texte a été rédigé à l'occasion du colloque de l'ARF en 2000. Il porte sur la période 1996 à 1999, pendant laquelle l'action du « groupe des neuf » a été déterminante. Néanmoins, nous avons jugé bon d'actualiser certaines données pour tenir compte des évolutions qui ont eu lieu depuis l'année 2000.
4. Extrait de la directive 92/43/CEE du 22 juillet 1992, *Journal officiel des Communautés européennes*.
5. Pour un développement de cette question se reporter à *La mise en directive de la nature*, ouv. cité.
6. Pour inventorier les espaces naturels intégrés dans ce réseau, la directive a élaboré dans ses annexes I et II des listes d'habitats et d'espèces d'intérêt communautaire.

cohérent au sein du territoire européen organisé en régions biogéographiques[7].

Pour mener à bien les objectifs affichés par la directive Habitats, chaque État membre doit proposer à la Commission une liste de sites renfermant les habitats à conserver et prévoir les mesures de gestion appropriées à chacun de ces sites. Notre analyse, centrée sur les oppositions à la directive, intervient au cours de la phase d'identification des sites à l'échelon national. En France, c'est la Direction de la nature et des paysages (DNP) du ministère de l'Aménagement du territoire et de l'Environnement (MATE), qui définit le dispositif contribuant à la désignation des sites. Celui-ci prévoit la séparation du moment de la production scientifique de la phase de négociation avec les différents partenaires. Il débute, dans un premier temps, par la réalisation d'inventaires dont la responsabilité est confiée aux scientifiques. Le Service du patrimoine naturel (SPN) du Muséum national d'histoire naturelle (MNHN) assure, à l'échelon national, la coordination des opérations. En région, il est relayé par un conseil scientifique régional du patrimoine naturel (CSRPN) composé à quelques exceptions près de naturalistes aux compétences diverses[8], et dont la mission consiste – en lien avec la direction régionale de l'Environnement (DIREN) – à identifier et à définir les périmètres des sites qui abritent des espèces et des habitats d'intérêt communautaire. Pour établir la liste des sites, les CSRPN s'appuient sur les données existantes, essentiellement les inventaires des Zones naturelles d'intérêt écologique, floristique et faunistique (ZNIEFF) réalisés en France entre 1982 et 1992, et programment, en cas de besoin, des investigations complémentaires.

Après ce travail d'inventaire, le deuxième temps prévu par le dispositif est celui de l'organisation de consultations locales et départementales où l'ensemble des acteurs concernés (communes, associations de protection de la nature, organisations professionnelles *etc.*) est convié à donner son avis sur les mesures de conservation qu'il conviendrait d'adopter pour sauvegarder les habitats et les espèces préalablement identifiés. Ces dispositions sont justifiées par la DNP en ces termes : « La contribution de notre pays à la mise en place du réseau Natura 2000 ne veut pas dire qu'il s'agira de donner un statut d'"espace protégé" au sens réglementaire du mot à tous les sites qui y seront intégrés. La réflexion devra porter sur les moyens et dispositions de toute nature et plus particulièrement sur les mesures de gestion contractuelles qu'il conviendrait de prendre pour assurer le maintien ou le rétablissement dans un état de conservation favorable selon la définition donnée à l'article 1

---

7. Le territoire européen est divisé en cinq régions biogéographiques : alpine, atlantique, continentale, macaronésienne et méditerranéenne.
8. Parmi les disciplines représentées on peut citer : la phytosociologie, l'ethnobotanique, l'ornithologie, la géologie, la mycologie, l'écologie générale, végétale, animale, marine, l'entomologie, *etc.*

de la directive, des habitats naturels et des habitats d'espèces de faune et de flore sauvages dans les sites répertoriés. À ce titre, une attention particulière sera portée sur les risques que font peser d'éventuels abandons ou modifications d'activités humaines traditionnelles qui concourent au maintien des habitats concernés dans un état de conservation favorable alors que la conservation de la biodiversité peut, dans certains cas, requérir le maintien, voire l'encouragement d'activités humaines. En particulier les mesures agri-environnementales (MAE) devraient être pleinement utilisées à cette fin »[9].

Malgré l'affirmation de ces principes, en particulier le souci d'associer une partie des gestionnaires de l'espace, la procédure élaborée par la DNP est avant tout fondée sur l'action des scientifiques. Les socioprofessionnels en particulier ne sont pas conviés à la réalisation des inventaires. Le dispositif adopté opère clairement une distinction entre le travail d'identification des espèces et des habitats confié aux scientifiques naturalistes et la phase d'élaboration des mesures de gestion élargie à d'autres acteurs. Selon le MATE, la participation des acteurs socioprofessionnels à l'élaboration des périmètres des sites irait à l'encontre d'une démarche objective ; elle risquerait de biaiser le travail initial de délimitation en introduisant des considérations d'ordre socio-économique.

Le dispositif ainsi élaboré révèle les difficultés à mettre en œuvre les principes affichés par la directive. Il conduit d'abord à s'interroger sur la manière dont s'élabore le savoir naturaliste et sur le type de compétences mobilisées. Ce qui revient à discuter de la légitimité des acteurs conviés à participer à la réalisation des inventaires. Plus largement, il invite à s'interroger sur la place accordée à la science dans les processus de décision. Les experts sont-ils les seuls à même de guider l'action, d'imposer leur point de vue ? Ou bien l'approche scientifique doit-elle être considérée comme une connaissance partielle et être complétée par une démarche de type sociopolitique, visant à intégrer d'autres acteurs concernés ? La suprématie accordée à la science à ce stade du dispositif s'avère d'autant plus problématique qu'elle concerne un domaine où les savoirs et les connaissances relatifs à la préservation de la biodiversité sont lacunaires. Plus précisément, la réalisation des inventaires qui s'appuie en priorité sur la phytosociologie, a révélé un manque de compétences scientifiques directement mobilisables dans le cadre français, du fait notamment de l'insuffisance de personnel qualifié dans cette discipline [10]. Cet ensemble de lacunes du dispositif scientifique a alimenté la critique portée par le « groupe des neuf » comme nous allons le voir.

---

9. Instruction DNP du 21 janvier 1993.
10. Il n'est pas possible, dans le cadre de cet article, d'expliciter plus longuement les questions suscitées par la production des données scientifiques naturalistes. Pour en savoir plus, se reporter à : Élisabeth RÉMY, « Comment identifier des sites en conciliant contraintes écologiques et exigences économiques ? », dans *La mise en directive de la nature*, ouv. cité, pp. 114-162.

Les inventaires soumis à la critique

Le dispositif adopté par le MATE pour identifier les sites à l'échelon national n'a pu être appliqué selon les formes et les délais prévus et un retard très important a été accumulé par rapport au calendrier initial [11]. Ce retard est lié à des considérations d'ordres administratif et scientifique – difficultés dans la réalisation des inventaires – mais aussi et surtout à l'émergence d'un fort mouvement de contestation de la part de certains acteurs socioprofessionnels et d'élus. Cantonné dans un premier temps aux représentants de la forêt privée, le mouvement d'hostilité à la directive va – à la faveur de certains événements – s'amplifier et s'étendre à d'autres gestionnaires de l'espace rural.

Les forestiers privés, par le biais de leurs principales structures de représentation, l'Association nationale des centres régionaux de la propriété forestière (ANCRPF) et la Fédération nationale des syndicats de propriétaires forestiers sylviculteurs (FNSPFS), sont les premiers à s'emparer du dossier Natura 2000 [12]. Début 1994, Leclerc de Hautecloque, alors président de la FNSPFS, émet un certain nombre de critiques que l'on retrouve quelques mois plus tard sous la plume de J-M. Barbier, alors directeur du Centre régional de la propriété forestière (CRPF) du Limousin. Ce dernier évoque « la crainte du zèle intempestif de certains pour constituer de vastes zones où les actes normaux de gestion seraient strictement réglementés voire peut-être interdits » [13]. Les problèmes soulevés concernent la taille des périmètres, les objectifs écologiques et les contraintes qui en résulteraient. Comparé aux dispositions environnementales ou paysagères adoptées jusqu'alors, le réseau Natura 2000 apparaît potentiellement plus prescriptif. Il s'agit donc, pour les représentants de la forêt privée, de s'opposer à toute forme de contraintes qui risquerait de rendre impossibles certaines activités vitales pour les forestiers et de vider la propriété privée de son contenu. Selon J-M. Barbier, les obligations qui pourraient résulter de cette directive sont susceptibles de porter atteinte à la fonction de production de la forêt, et par voie de conséquence, à l'emploi dans la filière bois. De plus, l'auteur dénonce « l'absence de concertation avec la forêt privée, aussi bien pour le choix des sites Natura 2000 que pour la détermination des mesures de protection à appliquer ». Il soutient que « la prise en compte des exigences économiques, culturelles, régionales » doit s'appliquer à toutes les phases de la procédure, et non pas se limiter à la définition des mesures de gestion.

Les démarches entreprises par les acteurs de la forêt privée auprès des représentants des ministères de l'Agriculture et de l'Environnement visent à

---

11. Celui-ci prévoyait la transmission des listes à la Commission avant juin 1995.
12. Sur les raisons de cette mobilisation précoce, voir : Pierre ALPHANDÉRY et Agnès FORTIER, « Natura 2000, le dispositif français à l'épreuve de la réalité sociale », dans *La mise en directive de la nature*, ouv. cité, pp. 71-113.
13. Extrait de : *Forêts de France*, n° 386, septembre 1995.

anticiper les contraintes apparues après l'adoption de toute une série de mesures, de lois et de règlements promulgués depuis dix ans par l'Union européenne ou par la France, dans le domaine de l'environnement. L'instauration des ZNIEFF a déjà fait l'objet d'une contestation particulière. Ces dernières ont suscité de vives critiques de la part de certains acteurs ruraux qui reprochaient aux structures techniques para-administratives d'avoir élaboré sans concertation un inventaire à qui on a reconnu, peu à peu, une portée indirecte opposable aux communes ou aux propriétaires. Les opposants à la procédure de la directive ont ainsi craint que les écologistes et les DIREN ne tentent, par des Zones spéciales de conservation (ZSC) calquées sur les ZNIEFF, d'« obtenir par la force un droit de regard et d'intervention sur une partie importante du territoire »[14].

La parution des résultats des premiers inventaires révèle l'existence de la directive Habitats à beaucoup d'acteurs du monde rural. À l'exception des propriétaires forestiers, les autres gestionnaires de l'espace rural s'étaient, jusqu'alors, montrés peu hostiles à cette mesure. Le président de l'Union nationale des fédérations départementales de chasse (UNFDC), Pierre Daillant, comme celui de la Fédération nationale des syndicats d'exploitants agricoles (FNSEA), Luc Guyau[15], avaient d'ailleurs apporté leur « soutien » à la mise en œuvre de cette directive dans leur contribution respective à la lettre d'information du ministère de l'Environnement[16]. Mais l'ampleur des superficies concernées et la dénonciation, par les forestiers, des modalités concrètes de mise en œuvre de cette directive, vont contribuer à élargir le mouvement de contestation à d'autres groupes socioprofessionnels. Si, jusqu'alors, leur représentant national se disait plutôt favorable à la directive, les chasseurs, disséminés dans les régions, se montrent quant à eux très inquiets. Le précédent de la directive Oiseaux, promulguée par la CEE en 1979, leur fait craindre l'interdiction de la chasse dans les futures ZSC. Les maires, également impliqués dans la procédure, sont alertés par les chasseurs et les forestiers et invités à donner un avis défavorable lors de la phase de consultation prévue à l'été 1996. Parallèlement, les manifestations hostiles à la directive se multiplient dans les régions. Elles rassemblent des socioprofessionnels de plus en plus nombreux à contester cette mesure.

Les conclusions rendues par le Conseil national du patrimoine naturel (CNPN), le 11 mars 1996, contribuent à amplifier le mouvement de contestation. La liste retenue concerne 1 316 sites couvrant 7 millions d'hectares, soit 13 % du territoire national. Cela signifie que le CNPN a choisi de valider l'essentiel des propositions de sites Natura 2000

---

14. J.-F. LE GRAND, « Natura 2000 : de la difficulté de mettre en œuvre une directive européenne », dans *Les rapports du Sénat*, n° 309, session 1996-1997, p. 25.

15. Lequel se montrait favorable à la directive dès lors qu'elle prévoyait des compensations financières aux agriculteurs.

16. « Du côté des chasseurs », dans *Natura 2000 infos* n° 1, printemps-été 1994 ; « Des agriculteurs prêts à se mobiliser », dans *Natura 2000 infos*, n° 2, automne-hiver 1994.

présentées, contre l'avis des représentants socioprofessionnels du monde rural en place dans cette instance. Ces derniers décident alors une mobilisation générale. Le 10 avril 1996, le « groupe des neuf », rassemblant d'importants représentants du milieu agricole, forestier, cynégétique et piscicole [17] rédige une déclaration qui reprend les principales revendications développées précédemment par les sylviculteurs. Tout en réaffirmant qu'ils ne sont pas opposés au principe de conservation, ils dénoncent les méthodes employées pour l'établissement de la liste des sites [18] et l'importance des surfaces retenues (« un excès de zèle dangereux », dit le texte du communiqué). « Nous regrettons l'absence quasi-totale de concertation qui a caractérisé la définition des futures Zones spéciales de conservation par les seuls représentants des CSRPN et nous dénonçons l'ignorance dans laquelle les véritables acteurs du monde rural ont été tenus ». Le « groupe des neuf » déplore également que « la liste des sites ait été établie sur des critères scientifiques, sans tenir compte des exigences économiques, sociales et culturelles ; ce qui est contraire à l'esprit de la directive ». Les opposants à la directive demandent la réduction de la surface des sites Natura 2000 et l'attribution de moyens financiers pour compenser le manque à gagner suscité par les nouvelles mesures de gestion.

Pour le « groupe des neuf », la mise en œuvre de la directive ne doit pas « se faire contre, mais avec les propriétaires et les utilisateurs de la nature » [19]. Fort de ses alliances et des appuis dont il dispose auprès de certains responsables politiques, il a constitué un lobby puissant qui a contribué pour une large part à la décision d'Alain Juppé, alors premier ministre, de geler l'application de la directive de juillet 1996 à février 1997. Après la reprise de la procédure, le gouvernement a intégré une grande partie des revendications du « groupe des neuf » en s'engageant à ne présenter à Bruxelles que des zones recueillant un large consensus local. En définitive, la pression des protestataires, conjuguée aux difficultés d'ordres scientifique et administratif a eu pour effet de modifier en profondeur le dispositif initial et de réduire de façon substantielle les surfaces des Zones spéciales de conservation proposées à l'Union européenne.

---

17. Il comprend : l'Assemblée permanente des chambres d'agriculture (APCA), le Centre national des jeunes agriculteurs (CNJA), la Fédération nationale des syndicats d'exploitants agricoles (FNSEA), la Fédération nationale des syndicats de propriétaires forestiers sylviculteurs (FNSPFS), la Fédération nationale des communes forestières (FNCF), l'Association nationale des centres régionaux de la propriété forestière (ANCRPF), l'Union nationale des fédérations départementales de chasse (UNFDC), la Fédération nationale de la propriété agricole (FNPA), l'Union nationale des fédérations départementales de pêche et de protection du milieu aquatique (UNFDPPMA).

18. Il est reproché aux scientifiques d'avoir élaboré cette liste à partir de références peu crédibles, en particulier les ZNIEFF, et d'en avoir confié la réalisation à des acteurs qui ne disposent pas toujours des compétences scientifiques requises (naturalistes amateurs, militants écologistes).

19. Communiqué de presse de l'Union nationale des fédérations départementales de chasse, 10 avril 1996.

Le « groupe des neuf » et le courant agrarien

L'influence acquise par le « groupe des neuf », qui se pose en représentant des « véritables acteurs du monde rural », incite à se demander s'il ne s'agit pas d'un phénomène politique et social rappelant, dans un contexte nouveau, les agrariens qu'évoquait, voici plus de trente ans, Pierre Barral. Depuis cette date, en effet, la composition de la population des campagnes s'est largement modifiée et ces dernières ont été de plus en plus perçues par les urbains comme un lieu attractif. L'espace rural s'est vu ainsi valorisé pour son patrimoine culturel et naturel. Bertrand Hervieu et Jean Viard ont qualifié de « publicisation »[20] de l'espace rural, cette attention portée à des portions du territoire appréhendées comme des paysages plus que comme des lieux de production. « Ainsi s'est constitué un droit de regard sur un espace qu'on ne possède pas et ce mode d'appropriation conforté par une multitude de lois et de règlements – création de parcs, POS, lois sur les paysages, conservatoire du littoral, – est en train de se substituer au mode d'appropriation patrimonial du paysan républicain propriétaire comme à celui de l'exploitant »[21]. Cependant, certains acteurs supportent mal de voir contester leurs pratiques et leurs usages de la nature par des groupes « venus d'ailleurs ». On peut ainsi faire l'hypothèse que la conservation de la nature prônée par la directive Habitats, au même titre que la réglementation des conditions d'exercice de la chasse, fait désormais partie des thèmes de conflits dans le domaine de la gestion de l'espace rural. En paraphrasant la définition des agrariens donnée par Pierre Barral, ne peut-on voir, dès lors, dans le « groupe des neuf », l'expression d'une « force sociale profonde » luttant pour défendre sa place dans la société[22] ?

Conflits à propos du contrôle de la gestion de l'espace rural

En inventoriant les qualités naturelles de certaines parties de l'espace rural, les politiques de la nature ont largement contribué à les transformer en patrimoine dont la responsabilité incombe à la société tout entière. Auparavant, les responsables socioprofessionnels étaient largement associés aux zonages de type agronomique par le biais des structures parapubliques (chambres d'agriculture, CRPF, *etc.*) participant à la cogestion de la politique agricole. Mais, à compter des années 1990, ce type de délimitation de l'espace a été mis en concurrence avec des zonages que l'on pourrait qualifier d'environnementaux, relevant désormais de l'expertise naturaliste[23]. C'est pourquoi, comme nous l'avons vu plus haut, les

---

20. Bertrand HERVIEU et Jean VIARD, *Au bonheur des campagnes*, Paris, Éditions de l'Aube, 1996, p. 114.
21. *Ibidem*.
22. Les agrariens désignent « une force sociale profonde, celle des agriculteurs luttant pour défendre leur place dans la société industrielle » : Pierre BARRAL, *Les agrariens français...*, ouv. cité, p. 13.
23. Christian DEVERRE, « Territoires ruraux et environnement », communication au 19ᵉ colloque de l'ARF, Paris les 24 et 25 novembre 1994, « *Le monde rural et les sciences*

ZNIEFF, les Zones de protection spéciale de la directive Oiseaux et, à présent, les ZSC de la directive Habitats apparaissent au « groupe des neuf » comme des supports de gestion territoriale susceptibles de délégitimer le rôle de ses membres. Ceux-ci, écartés des comités chargés des inventaires prévus dans le cadre de la constitution du réseau Natura 2000, y voient un moyen pour le ministère de l'Environnement d'« étendre le territoire sous son contrôle ». Un responsable de la FNSPFS résume ainsi ce point de vue : « L'idée, c'est de faire en sorte qu'il y ait en France des zones aussi importantes que possible qui dépendent du ministère de l'Environnement et dans lesquelles s'applique une gestion qui satisfasse les écolos [...]. D'ailleurs, cette idée de conquête territoriale, on la retrouve beaucoup dans les propos des gens du ministère de l'Environnement ». Aux yeux d'une partie des membres du « groupe des neuf », l'administration en charge des questions d'environnement représente tout à la fois les mondes de la technocratie, de l'écologie et de la ville. Plus encore, s'estimant menacées dans leur gestion de l'espace rural, certaines composantes ravivent le thème agrarien de l'opposition ville-campagne, comme en témoignent les propos d'un dirigeant de l'UNFDC : « À travers Natura 2000 on assiste à la lutte des rats des champs contre les rats des villes. Les rats des champs ayant leurs habitudes, leur culture : chasse, pêche, agriculture dont ils vivent. Et toute cette protection de la nature, elle nous vient des 85 % des Français qui sont des rats des villes. Pour eux, la nature constitue un lieu de repos, idyllique, et ils ne se rendent pas compte qu'il y a 15 % des Français qui y vivent » [24].

Le « groupe des neuf » s'affiche comme le représentant des « propriétaires et utilisateurs de la nature » (selon les termes de son premier communiqué) défendant leurs droits et leurs usages contre les réglementations imposées par l'« écologie des villes ». Malgré la souplesse affichée par le ministère de l'Environnement depuis 1997, une partie des chasseurs continue à assimiler Natura 2000 à un produit du monde urbain. Ce dont témoigne cette déclaration du président de l'UNFDC : « Quand une civilisation urbaine devient dominante, les gens ne comprennent plus les actions comme la chasse. C'est en cela qu'elle est menacée. Cela peut commencer par une réduction de la chasse dans le temps et dans l'espace. Dans le temps avec la limitation par l'Europe des périodes de chasse. Dans l'espace avec le réseau de sites protégés Natura 2000 » [25]. Ces propos, tenus en 1998 au moment de la grande manifestation parisienne des chasseurs, illustrent l'écho rencontré par un courant qui se présente comme radicalement anti-écologiste et expression d'une affirmation de type identitaire. C'est dans ce contexte que le mouvement Chasse, pêche, nature

---

sociales. Omission ou fascination ? », atelier 4 (les approches de l'environnement et du territoire), reproduction avec pagination multiple.

24. Entretien avec les auteurs.
25. Interview de Pierre Daillant, *Libération*, 15 février 1998.

et tradition (CPNT) s'est posé en porte-parole de la ruralité et a rencontré une audience certaine à l'occasion des élections européennes de juin 1999.

Qu'ils défendent des positions modérées ou radicales, les membres du « groupe des neuf » entendent faire admettre leur légitimité à gérer l'espace rural. Parallèlement à leurs fonctions traditionnelles de producteurs, ils mettent aussi en avant leur vocation à conserver la biodiversité et les paysages. L'application de la directive Habitats a ainsi constitué l'opportunité pour le « groupe des neuf » de rappeler que s'il restait encore des habitats écologiques et des espèces à protéger, c'était bien grâce à la gestion de la nature opérée par ses membres. Il a donc demandé la prise en compte de leurs savoir-faire et leur participation aux inventaires scientifiques, au choix des sites retenus ainsi qu'à leur gestion. Soumis à des pressions multiples et isolé de ses partenaires traditionnels, le MATE a accepté de modifier les procédures de la DH. Les effets de cette évolution ont été notables [26]. À l'issue des négociations locales et nationales, la superficie des sites proposés à l'UE est passée du chiffre initial de 13 % du territoire à 5 % en 1999 [27]. En jouant alternativement sur les dimensions défensive et gestionnaire, le « groupe des neuf » a su se ménager de nombreux soutiens politiques locaux et nationaux qui ont aussi contribué à amplifier l'écho de ses critiques de la DH, au grand dam d'une partie des naturalistes.

Cette participation aux instances de négociation et de gestion de la DH en France pourrait être comparée, toutes proportions gardées, avec la cogestion de la politique agricole moderne par une partie des organisations agricoles. Il est tentant, une fois encore, de faire un parallèle entre l'action du « groupe des neuf » et celle des agrariens. En effet, Pierre Barral signalait, en conclusion de son livre, que ces derniers avaient, dans les années 1960, substitué à un comportement défensif la « recherche d'une insertion dans le monde contemporain qui respecterait les valeurs profondes du milieu rural » [28]. Mais la limite de cette comparaison apparaît rapidement. L'occupation et les usages de l'espace rural connaissent, on l'a vu, des bouleversements. De telle sorte qu'aucune catégorie sociale ne peut prétendre incarner un rôle de porte-parole unique. Il est significatif que les forestiers, d'abord, les chasseurs ensuite, aient constitué les éléments les plus actifs du « groupe des neuf ». On peut y voir la confirmation que la FNSEA n'occupe plus à elle seule une position prééminente dans les débats portant sur l'espace rural. Et cette situation différencie la période actuelle de l'époque au cours de laquelle les agrariens représentaient une réelle force politique et sociale. Dans ce cadre, si l'action du « groupe des neuf » témoigne de la puissance évocatrice d'un monde rural longtemps structuré autour de l'agriculture, les conflits suscités par la DH révèlent aussi que l'on a changé d'époque.

---

26. Voir : Pierre ALPHANDÉRY et Agnès FORTIER, « Natura 2000, le dispositif français... », art. cité.
27. Il s'élève à 7,7 % fin 2004.
28. Pierre BARRAL, *Les agrariens français...*, ouv. cité, p. 347.

LA CONTESTATION DE NATURA 2000

Recompositions sociales et enjeux des politiques de la nature

Bien que le « groupe des neuf » se soit posé, de 1996 à 1998, années de son activité la plus importante, en porte-parole du monde rural, il est loin d'en rassembler tous les acteurs. On peut d'une part souligner que certaines organisations agricoles comme la Confédération paysanne développent, à propos du réseau Natura 2000, une position inverse de celle du « groupe des neuf ». D'autre part, ce dernier ne réunit que les gestionnaires « traditionnels » de cet espace, à l'exclusion des associations tournées vers la protection de l'environnement et d'autres catégories d'usagers de la nature. Enfin, sa cohésion peut s'avérer problématique. En effet, les relations de ses composantes ont, jusqu'alors, souvent été placées sous le signe du conflit. Les chasseurs accusaient, en effet, les agriculteurs d'être à l'origine de la disparition du petit gibier. Les agriculteurs dénonçaient la gestion laxiste des chasseurs responsables des dégâts occasionnés par les sangliers sur les cultures tout en jouant de cette situation pour obtenir des dédommagements. Les relations entre les forestiers et les chasseurs n'étaient guère meilleures. Les propriétaires ruraux, quant à eux, reprochaient aux agriculteurs de bénéficier d'un droit de fermage qui leur était trop favorable. Quant aux pêcheurs, ils ont très tôt condamné l'utilisation massive, par la profession agricole, d'engrais et de produits de traitement responsables de la pollution des rivières. En outre, l'hostilité envers Natura 2000 s'est manifestée de manière sensiblement différente selon les acteurs. Comme nous l'avons montré plus haut, la directive Habitats est essentiellement perçue par les forestiers comme une atteinte au patrimoine et à la propriété privée. Ce n'est pas nécessairement le cas pour les agriculteurs qui ne disposent pas, dans leur majorité, du statut de propriétaire ou bien sur une portion seulement de leur exploitation. La réaction de la FNSEA a davantage consisté à stigmatiser, à partir de 1996, l'accumulation des « contraintes écologiques » en raison de la concomitance de l'application des directives Habitats et Nitrates. Rodé à la négociation et à la cogestion des politiques publiques, ce syndicat s'est inquiété des contreparties financières des deux directives et de l'influence croissante du ministère de l'Environnement sur les pratiques agricoles [29]. Quant aux chasseurs, les très nombreux recours juridiques déposés contre eux par les associations écologiques après la promulgation de la directive Oiseaux expliquent l'importance de leur mobilisation initiale.

Mais, d'une manière générale, chaque organisation a d'autant plus essayé de mobiliser ses membres contre la directive Habitats que cela lui permettait d'occulter ses divisions internes. Les enquêtes de terrain que

---

29. Voir : Pierre ALPHANDÉRY et Jean BOURLIAUD, « L'agri-environnement, une production d'avenir ? », dans Pierre ALPHANDÉRY et Jean-Paul BILLAUD [dir.], *Cultiver la nature.— Études rurales*, n° 141-142, janvier-juin 1996, pp. 21-43.

nous avons menées [30] montrent que les prises de position adoptées par chacun des représentants des différentes structures, ne correspondent pas nécessairement au point de vue de tous leurs membres. Si cela est vrai pour les chasseurs, cela l'est plus encore pour les propriétaires forestiers. La FNSPFS représente surtout les gros propriétaires, et ne reflète pas le monde de la forêt privée, disparate, désorganisé, où la diversité des opinions l'emporte sur le consensus. Le « groupe des neuf » est donc peu homogène et l'on peut s'interroger sur la solidité de cette alliance.

De leur côté, les naturalistes – bénévoles et professionnels – ou les membres d'associations de protection de l'environnement, ne représentent pas davantage un groupe uni. De multiples lignes de fractures les opposent. On peut ainsi distinguer des divergences entre les diverses approches scientifiques [31], mais aussi entre certains experts et une partie des associations, déçues par le manque de moyens déployés et par l'attitude du MATE. Maurice Wintz, secrétaire national de France nature environnement (FNE), en donne une illustration, à l'automne 1998, en dressant un sombre bilan de l'application de la directive : « Au-delà des péripéties de sa mise en œuvre, la directive Habitats aura au moins révélé de manière indélébile une situation que les protecteurs de la nature connaissent et dénoncent depuis longtemps : la profonde indigence de l'administration chargée de la protection de la nature dans notre pays »[32]. Le MATE n'a pas, quant à lui, reçu le soutien qu'il jugeait nécessaire de la part d'autres administrations. Ainsi, au ministère de l'Agriculture, un responsable exprime en ces termes l'idée que la science ne suffit pas à justifier l'action publique : « C'est une erreur tactique d'avoir confié seulement au Muséum de faire un inventaire ayant de surcroît un statut très flou. Le précédent des ZNIEFF est très dommageable et l'affaire a marqué les propriétaires et les maires, car l'utilisation juridique de ce classement pose problème. Les naturalistes ont oublié qu'ils n'étaient pas dans leur jardin. Le travail d'inventaire s'est fait dans l'indifférence et en catimini. Si le Muséum a fait un bon travail sur le plan scientifique, il a été nul sur le plan social. Je ne conteste pas la validité de l'inventaire. Mais sociologiquement, il a été fait comme la directive Habitats, entre spécialistes, sans mettre dans le coup les gestionnaires de l'espace naturel ». Enfin, des institutions jouant un rôle important dans l'application des politiques de la nature, telles que les parcs naturels régionaux (PNR), les parcs nationaux ou conservatoires du littoral n'ont pas toujours été à l'unisson de leur ministère de tutelle.

L'observation attentive du jeu des acteurs invite donc à remettre en cause la vision duale mise en avant par certains protagonistes. Derrière

---

30. Voir les études régionales et leur synthèse publiées dans : *La mise en directive de la nature*, ouv. cité, pp. 164-266.
31. Voir : Élisabeth RÉMY, « Comment identifier des sites… », art. cité.
32. M. WINTZ, « Pour une véritable administration de la protection de la nature », dans *La Lettre du Hérisson* (revue de FNE), juillet-août 1998, p. 3.

l'apparente opposition frontale d'un bloc rural représenté par le « groupe des neuf » et d'un bloc écologiste à dominante urbaine, se profile en fait une réalité bien plus complexe. Le « groupe des neuf », il importe de le souligner, n'est pas coupé des réseaux de l'écologie scientifique ; il sait parfaitement utiliser les divers argumentaires concernant la biodiversité. Les forestiers s'occupent d'environnement depuis un siècle [33] et travaillent avec de nombreux spécialistes dans leurs organismes professionnels ou en lien avec l'administration du ministère de l'Agriculture. Les agriculteurs de la FNSEA se sont intéressés plus tardivement aux dimensions territoriales et écologiques de leur activité. Dans certains départements, ils ont rattrapé leur retard et possèdent, notamment avec les chambres d'agriculture, un réseau de conseillers dotés de compétences écologiques [34]. Quant aux chasseurs, ils relèvent de la tutelle du MATE et leurs représentants institutionnels sont habitués, depuis la promulgation de la directive Oiseaux en 1979, à utiliser et à discuter les notions des scientifiques. Les réseaux européens dont ils disposent avaient d'ailleurs participé, en 1988/1990, à la négociation à Bruxelles du texte de la directive Habitats.

Cette situation explique en partie l'évolution survenue après le gel de l'application de la directive. La multiplication, en 1997 et 1998, des comités locaux et nationaux de négociation a suscité plus de réunions qu'aucune autre politique de protection de la nature n'en avait jamais produites [35]. Et ces contacts entre les membres du « groupe des neuf », l'administration, les naturalistes et d'autres usagers de l'espace rural ont induit des évolutions de part et d'autre. C'est ainsi que lors de la première réunion du comité national de suivi, le 30 juillet 1997, la ministre de l'Environnement Dominique Voynet soulignait : « Si les scientifiques ont détecté tant de sites méritant de figurer dans Natura 2000, c'est bien parce que des générations de paysans et de forestiers ont, peut-être sans en être conscients, géré l'espace en laissant une place à la diversité du vivant ».

***

En résumé, ces observations esquissent l'idée que, plus qu'une opposition villes-campagnes, les conflits suscités par la directive Habitats et l'action du « groupe des neuf » ont révélé la difficulté de concilier la pluralité des usages de la nature dans l'espace rural, en particulier de mettre en œuvre une gestion de la biodiversité compatible avec les activités productives. Dans ce cadre, la directive Habitats remet potentiellement en cause le partage des prérogatives portant sur la gestion de l'espace naturel

---

33. En particulier, à travers la politique conduite en faveur de la Restauration des terrains de montagne (RTM).
34. Hélène BRIVES, « L'environnement, nouveau pré-carré des chambres d'agriculture ? », dans *Ruralia* n° 2, 1998, pp. 73-83.
35. Voir : Christian DEVERRE, « Natura 2000 en régions : éléments de synthèse et perspectives », dans *La mise en directive de la nature*, ouv. cité, pp. 259-266.

qui prévalait jusque dans les années 1980. Partition qui reposait sur l'idée implicite, fondamentale chez les agrariens, que la terre était avant tout faite pour produire. Cette conception laissait ainsi l'essentiel de la responsabilité de l'espace aux organisations professionnelles cogestionnaires de la politique agricole [36]. Ces dernières reconnaissaient en retour les règles fixées par l'administration de l'environnement et les associations naturalistes sur une portion très limitée d'espace dévolu à la protection de la nature. L'approche développée depuis le début des années 1990 cherche, au contraire, à revenir sur cette partition qui cantonnait de fait la nature dans des réserves.

C'est dans ce contexte marqué également par les transformations rapides des usages de l'espace rural qu'est introduit le dispositif élaboré par le MATE, traduction française des prescriptions de la directive européenne. Sa caractéristique initiale, on l'a vu, revenait à appliquer localement des données scientifiques pour délimiter des sites sur lesquels seraient appliquées des mesures de développement durable. La suspension, puis la modification du dispositif, suscitées par l'action du « groupe des neuf », ont montré toute la difficulté de passer de prescriptions scientifiques à une politique territoriale. Elles ont soulevé un second problème : l'absence d'espace de discussion et de formes de médiation susceptibles de créer les conditions d'un débat entre les usagers de l'espace rural autour de la politique de la nature que représente la directive. Si la nature doit sortir des réserves, il reste à élaborer des objectifs et des normes légitimes aux yeux d'un grand nombre d'acteurs, susceptibles d'organiser des représentations et des pratiques communes de l'espace.

L'action du « groupe des neuf » incarne bien la vigueur des réactions déclenchées par cette « environnementalisation » de l'espace rural. Le caractère durable de ces mouvements est démontré par le fait que la délimitation des ZSC a fait problème jusqu'en 2005 et entravé la transmission des données à Bruxelles. Mais, paradoxalement, l'existence du « groupe des neuf » illustre aussi que les enjeux ne sont plus les mêmes que ceux qui caractérisaient le temps des agrariens, celui de campagnes avant tout agricoles. La puissance d'évocation de certains thèmes mobilisés par ces opposants à la directive Habitats mettant en scène la domination de la « culture » rurale par la « culture » urbaine ne peut cacher que la frontière entre les deux mondes s'est singulièrement estompée [37]. Pour aller vite, on peut avancer que, depuis plusieurs décennies, les habitants des campagnes

---

36. Pierre ALPHANDÉRY et Jean-Paul BILLAUD, « L'agriculture à l'article de l'environnement. Introduction », dans Pierre ALPHANDÉRY et Jean-Paul BILLAUD [dir.], *Cultiver la nature...*, ouv. cité, pp. 9-19.

37. Sur ce thème, on peut se reporter à : Denis CHEVALLIER [dir.], *Vives campagnes. Le patrimoine rural, projet de société*, collection Mutations n° 194, Autrement, mai 2000, 223 p. ; Pierre ALPHANDÉRY, Pierre BITOUN et Yves DUPONT, *Ruralités: les campagnes entre terroirs et mondialisations* —. Problèmes politiques et sociaux, n° 842, juillet 2000, 80 p.

se sont « dépaysannisés » au moment où ceux des villes étaient séduits par la ruralité. Cette dernière se trouve ainsi habitée et fréquentée par une nébuleuse de groupes sociaux aux options politiques et culturelles souvent opposées. L'année 1999 en a constitué un bon exemple. Elle a, en effet, été celle du succès électoral aux élections européennes du mouvement CPNT, très hostile à la directive Habitats. Mais elle a été aussi marquée par le fort écho rencontré par un courant d'idées porté par la Confédération paysanne, à l'origine des actions menées par José Bové, en Aveyron comme aux USA. Se réclamant d'une conception paysanniste ouverte sur la ville et sur le monde, cette mouvance voit dans les politiques de conservation de la nature une occasion de contester la prééminence de l'agriculture industrielle.

Dans ce contexte fortement contradictoire, le « groupe des neuf » s'est situé délibérément à la charnière de deux mondes. Il a mobilisé à certains moments des cadres de pensées issus d'un passé agrarien tout en participant à des dispositifs de gestion écologique de la nature qui inscrivent cette dernière dans des enjeux nouveaux. Et ce paradoxe alimente le travail de recomposition des identités qui accompagne l'actuel débat sur la ruralité.

L'agrarisme est-il soluble dans le lisier ? ou les problèmes de pollution agricole réactivent-ils certaines valeurs agrariennes ?

Hélène BRIVES

Les pollutions de l'eau engendrées par l'agriculture forcent aujourd'hui les agriculteurs à faire face aux conséquences de leurs pratiques sur l'environnement et les contraignent à prendre au sérieux la dimension naturelle, aléatoire de leur activité que la modernisation agricole, inspirée du modèle industriel, avait tenté de faire oublier [1]. En renouvelant le lien entre techniques agricoles et milieux physiques, les problèmes de pollution amènent à repenser l'agriculture dans sa diversité et dans son ancrage territorial. Les élevages industriels, porcins et avicoles, à travers la gestion de leurs effluents, sont aujourd'hui appelés à reconsidérer le lien au foncier dont ils s'étaient affranchis par des modes de production hors-sol.

L'objectif de ce texte est d'examiner la réaction d'un groupe d'agriculteurs, éleveurs bretons, face au problème de pollution de l'eau qui leur est adressé. L'idée n'est pas ici d'évaluer les filiations agrariennes d'une réaction professionnelle aux accents souvent corporatifs, mais plus modestement de repérer à quels moments et de quelle façon est réactivée, dans une telle réaction, la référence à la « communauté locale » que Stathis Damianakos qualifie de « fil rouge » des idéologies agrariennes. Pour ce dernier, les agrarismes européens ont en commun d'accorder à la communauté locale une forme de prééminence pour penser et organiser les formes de production et les rapports sociaux qui leur sont associés, pour prendre en charge son propre développement.

Notre ambition est de donner à voir, à partir d'une observation de type ethnographique, comment est construite, mise en scène, mobilisée la communauté locale dans une histoire où, face à la gestion des épandages

---

1. Hélène BRIVES, *Mettre en technique. Conseillers agricoles et pollution de l'eau en Bretagne*, doctorat de sociologie de l'Université Paris X-Nanterre, sous la direction de Nicole Eizner, 2001, 356 f°

des effluents d'élevage, les agriculteurs peuvent avoir des intérêts divergents, voire se trouver dans des situations de concurrence. Dans cette perspective, nous nous attacherons à retracer, à chaque étape de cette histoire, l'évolution de la formulation du problème des épandages, qui il mobilise, avec quels moyens et ce qu'il en est de la communauté locale. Il s'agit donc de suivre l'histoire de la construction, à l'échelle d'une commune, d'une carte des terres d'épandage.

Guéhenno est une petite commune de 840 habitants, dans un canton classé en zone d'excédents structurels (ZES) par rapport à la réglementation des pollutions agricoles, ce qui signifie que la production d'azote de l'ensemble des animaux présents sur le canton ne peut être résorbée sur les surfaces cantonales [2]. En 1995 démarrent les premières procédures d'intégration au Programme de maîtrise des pollutions d'origine agricole (PMPOA [3]), concernant les élevages de plus grande taille. Les exploitants de ces élevages doivent à ce titre présenter un diagnostic d'exploitation (Dexel) comprenant un plan d'épandage. L'élaboration de ce document leur permet de savoir précisément quelle surface leur manque le cas échéant, et leur confère en conséquence une longueur d'avance dans la recherche de terres disponibles pour l'épandage (par achat, location ou contrats de mise à disposition) par rapport aux agriculteurs qui n'ont pas encore forcément une idée claire de leur situation vis-à-vis de la réglementation.

De surcroît, à l'intérieur de la zone en excédents, la commune de Guéhenno est moins excédentaire que ses voisines du canton – 210 unités d'azote par hectare de SAU produites en moyenne sur la commune contre 270 sur les communes environnantes – grâce à la présence d'élevages laitiers qui maintiennent des surfaces en herbe importantes. Certaines pressions commencent donc à se faire sentir sur la commune dont les terres excitent la convoitise. Le maire, agriculteur proche de la Confédération paysanne, a vent d'odieux marchandages et pour le moins, les tractations souterraines se multiplient en vue d'obtenir les précieuses « mises à disposition ». Les enchères montent : « Il y a de la spéculation parfois » (le maire). Un article de *Ouest France* décrira plus tard la commune comme « une de ces zones où commençait la foire d'empoigne sur les terres d'épandage » [4].

À la même époque, la société qui gère la distribution d'eau localement (la Société d'aménagement urbain et rural) propose d'implanter une usine de traitement des lisiers sur une commune voisine. La chambre

---

2. La directive Nitrates, qui coiffe les réglementations en matière de pollutions agricoles, autorise un maximum de 170 unités d'azote épandu par hectare et par an. Cette norme concerne les effluents animaux et les engrais minéraux.
3. Issu d'un accord de 1993 entre les ministères de l'Agriculture et de l'Environnement, le PMPOA est un programme d'accompagnement pour aider techniquement et surtout financièrement les agriculteurs à se mettre en conformité avec les réglementations environnementales. Il s'attache en priorité à la mise aux normes des bâtiments d'élevage.
4. « Guéhenno, l'épandage à la carte », dans *Ouest France*, 21 juillet 1997.

d'agriculture et le conseil général, pressés de régler ce très encombrant problème de pollution menaçant l'élevage local, sont dans un premier temps favorables à l'implantation d'une telle usine, alors que les détracteurs affirment que ce type de grosse unité de traitement des effluents est progressivement abandonné aux Pays-Bas pour des raisons économiques. Les détracteurs sont nombreux. Des riverains constituent une association de défense contre l'implantation de cette entreprise qu'ils jugent polluante par la concentration des effluents qu'elle doit fatalement provoquer. Des pétitions sont signées, un collectif d'associations est mis en place. La Confédération paysanne et l'association Eaux et rivières de Bretagne organisent un débat public sur le sujet, objectant que le coût du traitement et ses modalités de financement demeurent inconnus. Qui va payer ? les livreurs d'effluents ? l'ensemble de la profession agricole, donc les petits éleveurs moins polluants comme les plus gros livreurs ? les consommateurs d'eau ? La Confédération paysanne, qui milite plutôt pour une limitation de la taille des élevages, met en avant d'autres solutions pour résoudre le problème des effluents en excès. Le traitement industriel des effluents risque au contraire, de son point de vue, de favoriser la concentration des élevages.

Le maire, éleveur lui-même et adhérent à la Confédération paysanne, est à la fois très opposé à ce projet d'usine de traitement et très préoccupé par la course aux terres d'épandage à laquelle il assiste impuissant. Il juge que non seulement les exploitants de petites structures ne trouveront plus de terres disponibles dans les années à venir, mais que sollicités dans l'urgence et pas toujours bien renseignés, ils risquent de signer des contrats de mise à disposition inconsidérés.

Le maire qui ne souhaite pas se retrouver en position d'arbitrer seul cette situation orchestrée par les tractations clandestines et les pressions, choisit de porter le problème des terres d'épandage sur la scène publique locale afin d'impliquer un maximum d'éleveurs. Son idée est de connaître précisément les excédents produits sur la commune afin que leur gestion puisse se faire de manière plus transparente.

Réagir collectivement contre l'« agression » extérieure

À l'issue d'une réunion de l'association foncière communale (qui gère les chemins d'exploitation devenus propriété collective à la suite d'un remembrement), le maire « crève l'abcès » et parle de ce marché souterrain des terres épandables, interrogeant ses collègues agriculteurs sur leur volonté de mener une « action concertée » (selon ses propres mots). Sa proposition est accueillie favorablement par l'ensemble des agriculteurs présents, quelle que soit leur tendance politique, parce que, lui semble-t-il, les éleveurs vivent mal cette situation où ils doivent gérer seuls et souvent dans l'ombre leurs problèmes d'épandage, dans un contexte où les Bretons, au premier rang desquels les éleveurs de porcs, sont montrés du doigt.

Si le maire obtient de ses collègues un accord de principe, c'est parce qu'il a été suffisamment habile pour ne formuler le problème des terres d'épandage ni en termes d'opposition à l'usine de traitement – certains agriculteurs y sont favorables – ni de défense des petits éleveurs qui se font prendre de vitesse dans la chasse aux mises à disposition – de gros éleveurs sont adhérents de l'association foncière communale. Son habileté consiste à formuler le problème comme une question de défense des agriculteurs de la commune, et de tous les agriculteurs de la commune, contre l'agression extérieure que représentent les éleveurs des communes voisines qui viennent épandre ou qui ont la volonté de venir épandre à Guéhenno. Il fait valoir, de manière implicite, une sorte de priorité qu'auraient les éleveurs de la commune sur les terres communales disponibles. Le projet d'usine est également présenté comme une solution imposée de l'extérieur, extérieure à la profession cette fois, risquant de s'avérer périlleuse puisque le coût et les modalités de financement du traitement demeurent inconnus.

Fort du soutien d'un petit groupe, le maire discute de son projet avec l'animateur du groupe de vulgarisation agricole (GVA) local, avec lequel il entretient des relations professionnelles et amicales depuis vingt ans et envoie une lettre au président de la chambre d'agriculture exprimant le projet communal de « mutualisation des terres d'épandage » afin d'obtenir un appui technique du service de développement. La chambre ne donne pas suite à la lettre. « La chambre a eu peur qu'on collectivise », dit le maire. En revanche, le maire va trouver un allié en la personne de ce conseiller agricole qui continue à réfléchir au projet malgré l'absence de réponse de sa hiérarchie. Le maire ayant longtemps assuré la présidence du GVA, le conseiller et lui ont l'habitude de travailler ensemble et sont tous deux rompus aux méthodes d'animation de groupe selon une répartition des rôles bien huilée. Ce sont de vieux complices du développement agricole qui se retrouvent à cette occasion.

« Réaliser soi-même son plan d'épandage »

La proposition du conseiller opère néanmoins un sérieux déplacement par rapport à la proposition du maire formulée en termes « d'action concertée » (sinon en termes de « mutualisation des terres d'épandage »). Il s'agirait en effet d'organiser une formation intitulée « réaliser soi-même son plan d'épandage », formation rodée, dispensée par la chambre en général à destination des agriculteurs qui ont besoin d'établir un plan d'épandage en vue de leur intégration au PMPOA. Le principe d'une telle formation consiste à ce que chaque participant construise son propre plan d'épandage à partir d'une réflexion en groupe et des informations apportées par les conseillers. La dimension collective et communale du projet initial semble donc sensiblement amoindrie dans cette nouvelle façon d'aborder la question des épandages. Cette idée de session de formation collective, susceptible de mobiliser tous les agriculteurs de la commune sur leur plan d'épandage personnel, convient néanmoins au maire : « En faisant soi-même son plan d'épandage, on se sent plus concerné, on ne va pas à la session pour s'accaparer la terre des autres et chacun est libre après la session » (le maire).

Par ailleurs, se pose le problème du financement de cette formation. Ce type de session est habituellement financé sur des crédits mobilisés par l'intermédiaire de la chambre si elle se produit dans le cadre des structures classiques du développement, en l'occurrence le cadre du GVA. Or, il est clair pour le conseiller comme pour le maire que si une telle formation est proposée dans le cadre du GVA local, par ailleurs largement moribond, de nombreux agriculteurs ne se sentiront plus concernés et certains membres de l'association foncière ayant donné un accord de principe risqueraient de se rétracter. Si ce projet devenait l'affaire du GVA et de ses habitués, marqué par sa longue histoire locale, il ne pourrait plus être l'affaire de tous les agriculteurs de la commune sans exclusion ainsi que le souhaite le maire. « Le fait que l'opération se fasse au niveau communal permet que personne ne soit écarté » (le maire).

Par son caractère physique, spatial, qui le pose comme une évidence indiscutable, le cadre communal permet de rassembler tous les exploitants sans qu'ils aient à justifier de leur engagement autrement que par le fait de faire partie de la commune, sans avoir à partager de point de vue politique ou à appartenir à une quelconque organisation. Comme, de surcroît, le maire a fait valoir une sorte de priorité des exploitants de la commune sur les terres de celle-ci, le cadre cantonal du GVA serait bien mal approprié.

Finalement une solution est trouvée. Avec l'accord de son chef de service (la chambre étant à présent rassurée de la tournure plus habituelle que prend le projet, s'acheminant vers une session de formation classique), le conseiller obtient les crédits en impliquant formellement le GVA ; mais ce montage restera invisible aux agriculteurs de Guéhenno. La structure GVA est associée mais de manière discrète et la formation est présentée comme destinée à l'ensemble des agriculteurs de la commune, et pour eux seulement. C'est d'ailleurs le maire qui convoque les agriculteurs à la session, et non le conseiller. On est passé de l'idée d'une « mutualisation » des terres d'épandage, notion un peu floue, choisie par le maire peut-être par provocation, pour signifier une organisation collective de la circulation des effluents sur la commune, à la mise en place d'une formation pour établir des plans d'épandage individuels pour les exploitants volontaires ; d'une opération concernant l'ensemble des terres de la commune comme un collectif, à une action qui prend en compte la somme des exploitations de la commune, en tant qu'entités autonomes. L'idée du maire et du conseiller étant, bien entendu, que la somme des plans d'épandage individuels constituera un plan d'épandage communal. Le principe de la formation proposée permet que chacun construise son plan d'épandage personnel mais dans une dynamique collective, ensemble mais chacun pour soi.

Treize agriculteurs sont volontaires et s'inscrivent pour la formation de trois jours séparés dans le temps, qui sera animée par un conseiller de la chambre spécialisé en environnement. Le premier jour, le conseiller expose les différents types de réglementations auxquelles sont soumises les exploitations en fonction de leur taille (réglementation installations classées soumises à déclaration ou à autorisation et règlement sanitaire départemental). Les exploitations des treize volontaires ne sont pas soumises aux mêmes contraintes réglementaires et par conséquent les règles d'épandage qui leur sont imposées diffèrent [5]. Dans ces conditions, il devient presque impossible de gérer l'épandage de manière collective et l'idée s'impose dans le groupe d'élaborer un cahier des charges commun à l'ensemble des agriculteurs.

Pour sortir de cet imbroglio, le conseiller propose donc une règle applicable à l'ensemble des exploitations. Ces libertés avec la règle sont prises en arguant d'un certain nombre de précautions définies collectivement – et non spécifiées par la réglementation – portant sur la nature des effluents (fumier plutôt que lisier), la quantité apportée, la date d'apport, et la météo au moment de l'apport. Pour l'ensemble des surfaces, les pratiques d'épandage doivent être conditionnées par l'étude des risques précis sur chaque parcelle : la pente, la nature de la culture, la présence de haies, de talus, de bandes enherbées, *etc.*

Face à une réglementation inadaptée par rapport à l'action collective, le groupe se dote ainsi d'un ensemble de règles endogènes, cohérentes et opératoires dans la mesure où elles peuvent s'appliquer de manière identique à tous les agriculteurs du groupe. En proposant une norme commune d'épandage, le conseiller permet la poursuite de l'action collective et contribue à faire exister le groupe d'agriculteurs. En même temps, l'enrôlement du groupe d'agriculteurs dans le projet du maire et des conseillers est renforcé : le choix de raisonner l'épandage des effluents en fonction des risques de pollution qu'il perçoit plutôt qu'en fonction d'une réglementation jugée « bête et méchante » confère au groupe un positionnement original d'innovateur responsable. Le maire et les conseillers, en parfaite entente, affirment ainsi leur prise de responsabilité ainsi que celle des agriculteurs qu'ils entraînent, dans le traitement du problème de pollution de l'eau au-delà de l'application des règles imposées de l'extérieur. « Des gens se positionnant par rapport à l'eau et pas par rapport à la réglementation » (le conseiller).

En fonction des règles collectives dont le groupe s'est doté, les deuxième et troisième journées de formation sont consacrées à la réalisation des plans d'épandage proprement dits. Sur les cartes cadastrales, chacun des agriculteurs travaille d'abord à localiser ses parcelles puis à repérer les habitations, ruisseaux ou autres éléments du paysage qui conditionnent l'épandage, et enfin à définir les zones interdites à l'épandage. Un conseiller de la chambre spécialisé en agronomie vient faire une intervention sur les bonnes pratiques de fertilisation et d'épandage à adopter, l'idée étant de convaincre les agriculteurs de remplacer le plus possible les engrais du commerce par les effluents animaux. Chacun calcule son bilan de fertilisation en fonction de sa charge de cheptel. Ce bilan de fertilisation, mis en rapport avec la surface épandable disponible, permet à l'exploitant

---

5. Les différentes réglementations en matière d'épandage ont à présent été harmonisées.

de savoir de combien précisément il est excédentaire ou quelle quantité d'effluents il est susceptible de recevoir.

L'animateur de la formation a reporté au propre le travail individuel des agriculteurs ainsi que six autres plans d'épandage réalisés sur la commune antérieurement – chez les premiers intégrables au PMPOA – sur les quatorze grandes cartes de section (au 1/2 000e) qui représentent la commune. Il présente ces cartes au groupe lors de la dernière journée de formation. À la vue de ces cartes qui récapitulent et font apparaître les terres épandables définies sur l'ensemble du territoire communal, les agriculteurs sont immédiatement frappés par les trous, les manques, les parcelles où la surface d'épandage n'a pas été déterminée. Au total, le travail est fait sur près de 60 % de la SAU et il ne semble pas très difficile de l'étendre à l'ensemble de la commune. Le groupe des participants voudrait pouvoir « décider les autres ». Ils s'accordent pour dire qu'« il faut combler les trous », finir la carte.

« Il faut combler les trous » sur la carte communale

Une étape est franchie dans le processus de construction collective de la carte dans la mesure où une partie au moins des agriculteurs mobilisés par la réalisation de leur plan d'épandage individuel souhaite poursuivre l'opération de manière collective. La carte, sous sa forme inachevée, mettant en scène ses manques pour devenir carte communale des terres épandables, convainc les participants d'aller plus loin dans sa construction. Cette volonté collective constitue un succès qui dépasse les espérances du maire et des conseillers qui le suivent dans ce projet. Ils n'ont certes jamais perdu de vue leur objectif, la construction d'une carte communale, mais après cette session de formation regroupant treize volontaires, il est assez probable que le conseiller devra compléter la carte par des enquêtes en porte-à-porte, comme par la suite sur d'autres communes.

En fait, il n'est pas décidé de convaincre tous les agriculteurs de la commune qui n'ont pas encore réalisé leur plan d'épandage de se joindre au groupe ou de le faire eux-mêmes d'une manière ou d'une autre. Ces trous sur la carte, qui visualisent aussi les échecs des conseillers de la chambre et du maire à mobiliser certains agriculteurs, seront comblés en faisant appel aux réseaux préexistants du maire, plus faciles à mobiliser que les agriculteurs demeurés silencieux à cette étape de la construction de la carte. Le principe adopté est de réunir deux ou trois agriculteurs autour des cartes d'un quartier qu'ils connaissent parfaitement et de leur faire faire collectivement les plans d'épandage des exploitations du quartier. Le maire a convaincu et recruté les volontaires nécessaires parmi les agriculteurs connaissant bien le territoire communal et ses exploitations, la plupart étant membres de l'association foncière.

Ces volontaires se réunissent en novembre 1996. Chaque commission de deux ou trois agriculteurs se regroupe autour des planches cadastrales de son quartier (c'est-à-dire son proche voisinage) et procède, pour elle-même et pour les agriculteurs absents, au repérage des terres épandables, en appliquant les règles fixées par le groupe au cours de la session de formation. Cet exercice est rendu possible par le fait que les agriculteurs connaissent de manière très précise les terres voisines et les éléments du paysage (haies, talus, cours d'eau, nature des cultures, *etc.*). En discutant ainsi autour d'un territoire bien connu et partagé, les agriculteurs en viennent à confronter leur connaissance de cet espace. C'est ainsi qu'est parfois discutée la définition de certains éléments de nature qui conditionnent la délimitation des surfaces d'épandage : tel cours d'eau temporaire doit-il être pris en compte ? Faut-il prendre en compte tel cours d'eau ayant discrètement disparu dans une buse et pourtant indiqué sur la carte ? Ils confrontent des perceptions différentes de telle haie, telle pente ou telle zone humide. En plaçant ainsi les négociations sur un territoire de forte interconnaissance à la fois des individus, des structures d'exploitation et du milieu naturel, aucune tricherie n'est possible et cela permet de construire une carte qui soit exactement le produit des négociations entre les éleveurs, donc susceptible de créer un maximum d'accord.

À l'issue du travail des commissions, le pari est tenu. La carte des terres épandables sur l'ensemble de la commune est achevée. Le conseiller produit une carte qui récapitule et met au propre les terres épandables sur l'ensemble du territoire communal. Chaque exploitation y figure sous une couleur différente. Le 18 février 1997, les 45 exploitants de la commune sont invités à la mairie de Guéhenno pour une présentation officielle de la carte communale des terres épandables. La presse est convoquée pour médiatiser l'événement. C'est un succès, trente personnes sont présentes, commentent et apprécient le travail qui a été fait. Le maire est ravi de constater que même les plus réticents au lancement du projet sont là et prennent part aux échanges enthousiastes autour de la carte.

Construite de manière collective, la carte devient un objet fédérateur dans laquelle les agriculteurs se reconnaissent car elle représente les savoirs des agriculteurs eux-mêmes sur le territoire de la commune et ses objets de nature. Complétée et mise au propre, elle fait exister la communauté locale des agriculteurs. Elle en révèle l'existence en premier lieu aux agriculteurs eux-mêmes, qui se pensaient solitaires, et même concurrents dans la gestion de leurs épandages, puis plus largement, lorsque la carte, exposée à la mairie, est visitée par des représentants de municipalités ou de groupes de développement agricole parfois même extérieurs au département. La presse locale et régionale, en produisant une dizaine d'articles, a aussi largement contribué à faire connaître l'expérience de Guéhenno.

La carte, objet fédérateur, outil d'un certain agrarisme

« Le fait que j'avais fait les cartes en format A0, des grandes cartes qu'on avait étalées sur la table, les agriculteurs étaient autour, on aurait dit un état-major en train de faire un plan de bataille des épandages, […] ils disaient : "au moins celle-là elle est juste", pas comme les autres documents administratifs » (le conseiller).

Reconnue comme « juste » par les agriculteurs, la carte pourra réellement jouer son rôle de guide des épandages. La carte n'est pas la représentation sur le papier de la réglementation en matière d'épandage appliquée à la commune, mais bien plus le produit des connaissances des agriculteurs concernant les risques liés aux épandages sur leurs parcelles. Les échanges autour de la carte ont dépassé les controverses de zonage. Ils ont permis de lever le voile sur les pratiques individuelles d'épandage et d'échanger sur ce que sont des pratiques collectivement acceptables : « Untel a exagéré, il a épandu en plein pendant la communion du fils du voisin, un dimanche après-midi » ou bien « t'as épandu trop près du ruisseau, là tu as déconné ». Un éleveur, représentant local de la FDSEA, propose à ses collègues de s'abstenir d'épandre le samedi puisque les gens du bourg se plaignent des odeurs. Tous s'accordent pour dire que quand c'est possible, il vaut mieux épandre du fumier que du lisier à l'odeur plus volatile à proximité des habitations.

Le traitement du problème des épandages a fait du chemin depuis l'époque des mises à disposition clandestines. La carte est devenue le représentant d'un groupe d'agriculteurs qui a accepté de jouer la transparence quant à la gestion des terres épandables, d'agriculteurs qui se veulent responsables par rapport aux problèmes de pollution dus aux effluents animaux. Dans un contexte de mise en accusation, en particulier des éleveurs de porcs, les discussions autour de la carte ont permis des échanges dédramatisés sur les pratiques individuelles d'épandage. Après des échanges sur tel ruisseau ayant disparu dans une buse, sur tel épandage en plein dimanche près du bourg ou trop près d'un puits, on peut imaginer que le groupe des agriculteurs va à l'avenir auto-contrôler ses pratiques. Ils se reconnaissent et sont reconnus désormais comme appartenant au groupe des agriculteurs qui ont osé poser collectivement – et bientôt publiquement – les problèmes d'épandage, et donc dans le même temps, le caractère polluant de leur activité. Ils se sont ainsi construit collectivement une image d'éleveurs responsables appréhendant la reconquête de la qualité de l'eau comme un défi, une nouvelle étape de la modernisation agricole, image rassurante permettant de contrecarrer celle de pollueurs invétérés que leur renvoient les médias. « En 58 on a construit le deuxième poulailler industriel ici sur la commune, on a su s'adapter à la demande de la société, maintenant on le peut aussi » (le maire).

La carte se fait la preuve qu'une solution, au moins partielle, au problème des épandages peut être trouvée localement en mobilisant l'ensemble de la communauté agricole. Pour poursuivre dans cette direction, les conseillers font le calcul à partir des surfaces d'épandage indiquées sur la carte : en utilisant au maximum sur la commune les techniques d'enfouissement et de compostage, en n'achetant plus aucun engrais minéral et en généralisant le principe de l'alimentation biphasée dans tous les élevages de porcs, la production théorique d'azote par hectare épandable tombe à 160 unités, c'est-à-dire en dessous des 170 unités autorisées par la réglementation. Le coûteux traitement des effluents devient alors superflu. Hypothèse théorique certes, mais inespérée et encourageante. « En disant aux agriculteurs, OK c'est une situation idéale mais on a des moyens pour résoudre le problème donc ce n'est pas mission impossible donc on peut commencer à faire quelque chose, se mettre en route. C'est un espoir pour les agriculteurs, ça permet de dédramatiser quand on dit qu'il n'y a pas d'alternative en dehors de la diminution des élevages et du traitement » (le maire).

Un article de *Ouest France*[6] titre « La résorption possible sans traitement ». Parce qu'elle présente une surface communale d'épandage élargie et qu'elle a rendu possible une discussion collective de la gestion des effluents, la carte devient une pièce à conviction à l'actif des défenseurs d'une solution alternative à l'usine de traitement de lisier. La carte réussit donc non seulement à faire exister la communauté agricole locale dans son unité, mais également à lui fournir les clefs de la résolution de l'épineux problème des épandages.

En même temps, la carte ne gomme pas les différences entre les producteurs agricoles. On se souvient que le projet initial du maire était bien de donner les moyens aux petits exploitants de se défendre contre des mises à disposition de terres inconsidérées, même si au départ, il a su mobiliser l'ensemble des d'agriculteurs sur le thème de la résistance à une agression extérieure. La carte fait apparaître *in fine* deux catégories de producteurs : les « excédentaires » ou « donneurs » en termes d'effluents et les producteurs « receveurs potentiels », selon la terminologie définie par le groupe des constructeurs de la carte. L'adjectif « potentiel » incite sur la liberté des petits producteurs d'accepter ou non sur leurs terres les effluents de leurs collègues en excédent. Chacun, en connaissance de cause, est censé pouvoir gérer sa situation au mieux de ses intérêts.

On remarque qu'à aucun moment de cette histoire les agriculteurs ou les conseillers n'ont interrogé les manières de produire. Derrière la construction de la carte communale, l'objectif du maire est de protéger un certain type d'exploitation dite moyenne, bâtie dans cette région de Bretagne sur un atelier hors-sol, qu'il estime menacé à la fois par la course aux terres d'épandage dans laquelle les plus grosses exploitations immédiatement intégrables au PMPOA ont une longueur d'avance et par le traitement industriel et payant des effluents. « Avec un plan d'épandage, tout le monde est au courant de la situation et peut négocier. Les plus gros ne peuvent pas prendre les petits de court. Aujourd'hui, nous savons combien la commune a de surfaces épandables et chaque agriculteur sait aussi combien il en a. Les "intégrables" savent combien d'hectares ils doivent chercher éventuellement et les autres savent s'ils ont des terres disponibles ou non. Chacun sait s'il peut être donneur ou receveur » (le maire).

---

6. *Ouest France*, 21 juillet 1997.

Construire l'invisibilité de l'encadrement professionnel

Les conseillers, de concert avec le maire, ne cessent de mettre en avant la mobilisation quasi-exceptionnelle des agriculteurs de Guéhenno, clef de la réussite de l'opération. Ils notent qu'au total, 75 % des agriculteurs de la commune ont participé à une réunion ou à une autre. En fait, nous avons vu que la construction de la carte a été portée d'un bout à l'autre de son histoire par le maire et deux conseillers. Le projet a été formulé en premier lieu par le maire, mais c'est avec l'appui d'un conseiller de la chambre que la session de formation a été organisée. C'est encore le conseiller, animateur de la formation, qui a suscité l'idée de poursuivre collectivement la construction de la carte en récapitulant l'ensemble des plans d'épandage individuels sur un fond de carte communale. À partir de cette décision collective, c'est encore le maire qui a personnellement mobilisé un groupe d'agriculteurs pour terminer la carte. Le maire parle de « rétrocession » de la carte aux agriculteurs pour désigner la réception qu'il organise à la mairie pour présenter la carte achevée. En employant le terme de « rétrocession », les conseillers et le maire indiquent que cette carte a été construite par les agriculteurs de la commune et pour les agriculteurs de la commune. Après un détour par la chambre, puisque c'est un conseiller qui a réalisé la carte telle qu'elle est présentée, mise au propre, elle est rendue à ses propriétaires légitimes.

Une telle mise à distance ou mise entre parenthèses de la chambre et du travail de ses techniciens semble acceptée et même souhaitée non seulement par le maire, agriculteur, mais aussi par les conseillers eux-mêmes. « Le mérite des agriculteurs [...] est d'avoir abordé la maîtrise des pollutions diffuses de façon responsable (pratiques de fertilisation raisonnée), dynamique (non pas une contrainte à subir mais une façon de bien faire son métier) et territoriale (toute la commune est concernée et pas seulement les élevages les plus importants). La réussite de notre projet tient essentiellement au fait que ce sont les agriculteurs qui ont pris les choses en main » (le maire [7]).

La prise en charge, par les agriculteurs eux-mêmes, en groupe, de l'organisation de leur activité et de leur développement est un des *credo* de la Jeunesse agricole catholique repris dans les fondements idéologiques du développement agricole, qui a marqué aussi bien le responsable professionnel agricole qu'est le maire que les deux conseillers. Le conseiller se veut accompagnateur du projet des agriculteurs. Le maire se positionne dans cette opération de manière tout à fait parallèle à celle des conseillers. Dans ce tandem avec les conseillers, le maire joue le rôle de responsable professionnel de GVA qu'il a longtemps été, sans s'afficher aujourd'hui comme tel.

---

7. Déclaration à *La Gazette* du 4 juillet 1997.

Une fois la carte terminée, les mécanismes de sa construction s'effacent. Le travail des conseillers agricoles de la chambre est rendu invisible, comme a été caché le rôle du groupement de vulgarisation agricole dans l'organisation de la session de formation. L'encadrement agricole disparaît. Demeure la communauté locale des agriculteurs, représentée par un maire lui-même agriculteur, ce qui permet de jouer suivant les moments de l'histoire sur son fondement plutôt territorial et communal ou bien plutôt professionnel et agricole. Demeure un collectif aujourd'hui donné en exemple, fait de professionnels agricoles responsables, actifs et dans une certaine mesure solidaires face aux pollutions engendrées par leurs activités. On a vu comment cette solidarité communautaire et/ou corporative aujourd'hui mise en avant pour parler de la fabrication de la carte, a été construite pas à pas. La carte met en scène l'unité de la communauté mais révèle aussi, derrière les catégories de « donneur » et de « receveur potentiel », des concurrences et des distinctions de classe au sein des producteurs agricoles. Le détour par l'histoire de la construction de la carte d'épandage de Guéhenno donne à voir ce qui construit concrètement une collectivité à un moment de son histoire, face à un problème particulier, ici la pollution de l'eau.

Conclusion
Agrarismes et agrariens, trente ans après...

Pierre BARRAL

Je commencerai en rendant un hommage reconnaissant à deux de mes aînés, prématurément disparus [1].

Tout d'abord à Pierre Léon, le fondateur de ce foyer scientifique qui nous reçoit aujourd'hui. Il y a exactement cinquante ans, à la rentrée de 1949, je débutais au lycée Champollion de Grenoble. Pierre Léon y enseignait, en achevant sa thèse. Il m'accueillit avec une bienveillance chaleureuse, me communiqua son dynamisme entraînant, soutint moralement un cadet incertain et inexpérimenté.

Ensuite à Jean Touchard, secrétaire général de la Fondation nationale des sciences politiques. Il me rendit l'immense service de publier dans sa prestigieuse collection ma thèse sur l'Isère et il se montra de nouveau favorable quand je lui apportai mon deuxième manuscrit en 1967. Il se déclara toutefois « un peu gêné par le titre » : « *Agrarien* est un substantif peu utilisé, sauf dans le vocabulaire communiste ». Il m'écrivit alors : « Comme je n'ai aucune contre-proposition à vous faire et comme le mot *agrarien* a le mérite de la brièveté, je ne vois aucun inconvénient à ce que vous le conserviez... mais le premier paragraphe de votre introduction devrait être consacré à justifier l'emploi du terme, au sens que vous lui donnez ». C'est pourquoi j'ai déclaré, en avant-propos : « *Agrarien*, le terme surprendra peut-être », et élaboré la définition explicite, que Bertrand Hervieu a bien voulu citer en ouvrant nos travaux.

Après avoir effectué une monographie départementale, je voulais développer ma recherche sur un thème global. À l'époque, de nombreux collègues étudiaient le mouvement ouvrier, les plus audacieux déchiffraient la geste des chefs d'entreprises. Il m'a paru qu'il fallait considérer aussi une troisième « force sociale profonde », « celle des agriculteurs luttant pour

---

1. Ce texte a été remis par l'auteur dans le courant de l'année 1999.

défendre leur place dans la société industrielle », alors que se réduit inéluctablement la proportion quantitative des producteurs de la terre. Ceux-ci forment désormais, selon la vigoureuse formule de Bertrand Hervieu, « une minorité qui se rappelle qu'elle a été majorité ». Il s'agissait de saisir « tout le dialogue engagé entre les volontés des agriculteurs et les actes des autorités publiques », « à la charnière de l'économique et du politique ». J'ai pu lancer ce programme, parallèlement à mes tâches d'enseignant à l'Université de Nancy, puis d'autres à leur tour ont repris le thème. Notre rencontre présente m'a semblé dense et riche. Elle a associé les disciplines, dans l'esprit constitutif de notre Association des ruralistes français ; elle a associé les générations, des retraités que nous sommes devenus aux jeunes, petits-fils ou arrière-petits fils de Pierre Léon ; elle a associé les nationalités, grâce à la précieuse intervention de nos collègues étrangers. Si bien sûr nous n'avons pas traité tous les aspects, j'ai écouté avec grand profit les compléments, les précisions, les ouvertures, dont je vais tracer un rapide bilan.

Ma première observation sera pour souligner l'extension internationale du mouvement agrarien dans l'Occident industrialisé des 19e et 20e siècles (Il en est autrement dans les sociétés traditionnelles d'Asie, d'Afrique et d'Amérique latine, tant que l'agriculture continue d'occuper la majorité de la population active). Il y a certes l'option originale de la Grande-Bretagne, à l'avant-garde de la Révolution industrielle. Fort à propos, Alain Clément nous a raconté le débat idéologique qui y a débouché sur l'abolition des *corn laws* dès 1846. Ce triomphe de l'industrialisme n'est pourtant qu'une exception éclatante au sursaut général de l'agrarisme. En 1964 j'en tentais une première esquisse dans la *Revue historique* : « à côté des "blancs", des "bleus" et des "rouges", chaque pays du monde occidental a connu ses "verts" ». Ces jours-ci, plusieurs contributions ont franchi les frontières pour analyser des forces collectives de ce type : insérées, dit justement Stathis Damianakos, « dans l'hétérogénéité de contextes sociaux différents »[2], mais convergeant fondamentalement dans le même sens.

Reconnaissons la priorité des historiens des États-Unis, qui ont publié depuis 1931 en abondance des œuvres de qualité sur les vagues de révolte dans le Middle West et le Sud, la *Grange*, les *Alliances*, la *Farmers'Union*, le *Farm Bureau*. Ce fut, avouons-le, une lacune dans notre tour d'horizon. Nous avons du moins considéré des situations variées. Pour l'Allemagne, aux structures agraires si contrastées, Robert von Friedeburg a souligné la continuité dans le long terme, Wolfram Pyta a dégagé les facteurs de rupture. Pour l'Italie, Gilles Pécout a présenté une historiographie stimulante[3], orientée sur les étapes de l'intégration nationale. Pour l'Espagne, Miguel Cabo Villaverde nous a fait entendre les paysans galiciens de 1922 : « nous sommes la terre qui veut se défendre ». Pour la Grèce, Stathis Damianakos nous a révélé la doctrine paysanniste de

---

2. Communication non suivie de texte (Note des directeurs de volume).
3. *Idem*.

CONCLUSION

Karavidas, proche dans sa démarche du Russe Tchayanov[4]. Pour la Pologne, Frédéric Zalewski a disséqué un exemple actuel, la rénovation du parti paysan PSL. De plus, il ne faut pas se limiter au cadre des États. Pour la Troisème Internationale, Jean Vigreux nous a ouvert les archives inédites du *Krestintern* et de l'Institut agraire international. Ajoutons que, depuis quarante ans, la construction européenne a transféré à Bruxelles le niveau de décision pour la politique agricole. Les professionnels en tiennent compte, balançant entre concurrence et solidarité. Un vaste champ de recherche, déjà jalonné par notre collègue Gilbert Noël, s'ouvre ici aux historiens du mouvement agrarien : nous l'avons seulement effleuré, à propos de la directive Natura 2000.

En second lieu, se pose une question-clef : le temps a-t-il validé le concept d'agrarisme ? Dans le climat de Mai 68, on l'a rappelé, mon approche a été contestée par Philippe Gratton, qui privilégiait *Les luttes de classes dans les campagnes*. Pour ma part, je n'ai jamais occulté les actions de l'extrême gauche agraire, mais je les interprétais comme des dissidences fractionnelles au sein d'un élan de fond. À cet égard, Jérôme Lafargue a opportunément évoqué les luttes des métayers landais. Philippe Gratton m'a reproché plus gravement une pétition de principe, dans la définition même du thème retenu. Mais je n'ai jamais promu l'agrarisme comme un dogme préétabli, je n'ai jamais tenté une conceptualisation en -*isme*, que je ne me sens guère capable de conduire. J'ai désiré rassembler et classer des données concrètes, sous un terme commode pour qualifier une force sociale aux composantes diverses. Avec plus de nuances, les auteurs de l'*Histoire de la France rurale*, Michel Gervais, Marcel Jollivet et Yves Tavernier, ont voulu corriger mon éclairage, qu'ils jugeaient trop favorable aux courants modernistes de droite : le débat, très courtois, m'a paru légitime. Aujourd'hui, Nathalie Duclos, dans sa thèse, croit voir « la fin des violences paysannes ». Des colères spectaculaires me retiennent d'adhérer pleinement à cette conclusion. Quand elles dérapent dans le vandalisme, l'indulgence de l'opinion et la prudence du pouvoir valent à leurs auteurs une large impunité, dont je suis personnellement scandalisé.

Au cours de notre colloque, une gerbe de contributions me semble avoir confirmé l'hypothèse d'une conscience collective, partagée par tous les « terriens », superposée aux conflits catégoriels. Ce refus de sombrer se réclame à la fois de la défense des intérêts matériels et de la louange des valeurs morales, en une combinaison constante aux dosages subtils. Elle se manifeste avec éclat dans la crise de mévente, détonateur d'un malaise latent, mais dans les temps plus propices elle persiste dans une vigilance soupçonneuse. Les gouvernants sentent intuitivement cette force, ils prodiguent les assurances verbales et ils satisfont bien des revendications. L'agriculture en recul conserve dans la société et dans l'État un poids

---

4. *Idem.*

supérieur au chiffre de ses effectifs. Nous l'avons constaté sous divers angles.

Annie Bleton-Ruget a scruté en ce sens les discours de Gambetta et les brochures de Joigneaux ; Jean-Luc Mayaud a restitué la complexité du mélinisme, contre l'ultime réquisitoire de Michel Augé-Laribé[5]. Bruno Dumons a évoqué l'Union du Sud-Est et Jean Valengin les organisations de l'Aisne[6]. L'expérience dramatique des guerres a été examinée pour 1914-1918 par Édouard Lynch, attentif au soldat-laboureur, et pour 1940-1945 par Isabel Boussard, l'auteur de référence sur la Corporation paysanne. Sur le plan culturel, Jean-François Chanet a fait ressortir l'orientation de l'école et François Portet celle du cinéma, avec l'exemple de *Farrebique*. Le chapitre capital de l'exode rural a inspiré à Guy Barbichon une enquête dans les discours du palais Bourbon et à André Fel un bilan équilibré de la situation récente. Pour les dernières années, Jean-Philippe Martin a fait le point sur les gauches paysannes et François Purseigle sur la jeunesse néo-agrarienne.

En troisième lieu, j'observe aujourd'hui une fissure dans le couple agriculture-nature, une contradiction croissante entre deux pôles qui orientaient les agrariens, de Méline à Debatisse, « l'ordre éternel des champs » et « le progrès agricole », pour reprendre deux formules beaucoup proclamées. Comme nous l'a dit Yves Luginbühl, les propriétaires du siècle dernier affirmaient concilier ces valeurs en structurant le paysage. Le paysan, affirmait Ramuz en 1936, « n'exerce pas seulement un métier, il représente un état, l'état premier » ; en même temps, il est fier de nourrir la nation. Sous nos yeux, la tension est visible entre un modernisme conquérant à rythme accéléré et un attachement nostalgique à la sauvegarde de la nature. Dans une autre réunion, à Viterbe, Gilles Pécout se demandait il y a peu « ce que deviennent les paysans : des agriculteurs entrepreneurs ou des gardiens de l'environnement péri-urbain ? ». Et il y a peu, une série du *Monde* nous a peint un tableau contrasté de « la nouvelle France rurale ».

D'une part, pour devenir un secteur intégré de l'économie globale, qualifié sèchement comme « l'agro-alimentaire », les producteurs de la terre ont dû bouleverser leurs techniques, leurs méthodes, leur mentalité. Dans un livre fameux, Henri Mendras a annoncé cette *Fin des paysans*. Ici même, Bertrand Hervieu a fait valoir que la trilogie abstraite de Pisani « homme-produit-espace » a remplacé la trilogie concrète d'autrefois « terre-subsistance-paysan ». Franck Sanselme nous a montré « l'agriculteur rationnel » invité à appliquer le taylorisme à l'organisation de son temps. Encore faut-il savoir et pouvoir. En deux colloques, l'Association pour l'histoire de l'agriculture et l'Académie d'agriculture viennent de traiter les étapes de « la formation des acteurs ». Pour le financement, je saluerai l'apport essentiel de mon ami André Gueslin dans sa thèse d'État : pionnier

---

5. *Idem.*
6. *Idem.*

en terre vierge, il a suivi sur un siècle la naissance du mutualisme, le développement régulier, l'épanouissement triomphant du Crédit agricole en France.

D'autre part, l'actualité vibre d'incantations dissonantes sur la protection de l'environnement. Les écologistes citadins dénoncent âprement des abus dans l'expansion à tout va et le « néo-rural » José Bové, héros médiatique du moment, les rejoint par son combat contre le productivisme et « la mal-bouffe ». Le film de Francois Dupeyron *C'est Quoi la vie ?* propose une utopie idyllique, dans la région même de Farrebique. Plusieurs communications ont exploré cette nouvelle perspective. Claire Delfosse a mis en évidence le slogan de la qualité chez les producteurs de lait. Christine César a analysé *La Vie claire*, Nicolas Woss *Nature et progrès*, deux revues « bios » au fort potentiel idéologique. Hélène Brives a disséqué dans un village breton la concertation à la base en vue d'un épandage harmonieux des nitrates. Mais les résistances sont vigoureuses. Celle de neuf organisations contre la délimitation par Bruxelles d'espaces protégés a été étudiée par Pierre Alphandéry et par Agnès Fortier. De ce rejet, les chasseurs ont été le fer de lance. On sait par ailleurs le succès inattendu de leurs listes aux élections européennes dans certaines campagnes. Les données du débat sont complexes, les uns et les autres se proclamant les meilleurs défenseurs de la nature. La loi Le Pensec de 1998 tente un compromis, le « contrat territorial d'exploitation », au nom de « la triple fonction des agriculteurs – économique, sociale, environnementale ».

En définitive, c'est un bonheur pour le vieil historien que je suis de constater que son travail est prolongé par d'autres, chacun avec sa personnalité propre, de voir partager l'intérêt qui l'a attiré vers un sujet d'étude et de réflexion, de saluer la relève qui révise et affine les interprétations proposées.

Je remercie vivement les auteurs qui ont préparé des communications fouillées et les auditeurs qui sont intervenus dans nos échanges animés et éclairants. Parmi ces derniers, François Clerc nous a fait part avec vie de sa longue expérience d'expert, de conseiller, d'organisateur de la politique agricole. Et je me fais l'interprète de tous pour dire notre chaleureuse gratitude au Centre Pierre Léon, si hospitalier, à l'équipe souriante de ses jeunes et enfin à Jean-Luc Mayaud, l'instigateur et le maître d'œuvre efficace de notre rencontre.

Table des matières

INTRODUCTION - Le temps retrouvé de l'agrarisme ?
Réflexion critique sur l'historicité et l'actualité d'un paradigme
par Pierre CORNU et Jean-Luc MAYAUD 7

PREMIÈRE PARTIE - Agrarisme et construction de la nation 49
    Gambetta et la République des paysans (1871-1879)
    par Annie BLETON-RUGET 51
    Agrarisme et agrariens en Galice : bilan et perspectives de recherche
    par Miguel CABO VILLAVERDE 65
    La construction du monde rural allemand comme entité politique
    (vers 1700-1914)
    par Robert VON FRIEDEBURG 85
    L'école rurale et la « désertion des champs ».
    Les débats sur la place de l'agriculture
    dans l'enseignement primaire des années 1880 aux années 1920
    par Jean-François CHANET 93
    La Première Guerre mondiale :
    renouvellement et mutations de l'agrarisme français
    par Édouard LYNCH 119

DEUXIÈME PARTIE - Agrarisme et développement rural 135
    Agrarisme et libre-échange dans la première moitié du 19e siècle
    en Grande-Bretagne. Le débat sur les *corn laws*
    par Alain CLÉMENT 137
    Agrarisme et qualité dans l'entre-deux-guerres. La question du lait
    par Claire DELFOSSE 155
    La tradition agrarienne et les visions planistes,
    du Troisième Reich au « Plan vert » de la République fédérale allemande
    par Wolfram PYTA 181
    La politique agrarienne du gouvernement de Vichy
    par Isabel BOUSSARD † 193
    Le *Nouveau Larousse agricole* (1952) et « la gestion rationnelle
    des entreprises » : une tentative d'introduction du modèle
    de l'entreprise capitaliste industrielle en agriculture
    par Franck SANSELME 205

TROISIÈME PARTIE - L'agrarisme, enjeu social, instrument politique 223
    La lutte pour l'abrogation du métayage dans les Landes
    par Jérôme LAFARGUE 225
    Réseaux identitaires et élites agrariennes.
    Les administrateurs de l'Union du Sud-Est des syndicats agricoles (1888-1940)
    par Bruno DUMONS 235
    Le communisme rural en Europe,
    entre agrarisme progressiste et modèle collectiviste : quelques jalons
    par Jean VIGREUX 257
    Le Parti paysan polonais *PSL* : un retour aux sources du mouvement paysan ?
    par Frédéric ZALEWSKI 275

QUATRIÈME PARTIE - L'agrarisme, objet idéologique incertain 287
    Déploration et acceptation de l'exode rural dans les discours au palais Bourbon,
    1920-1972
    par Guy BARBICHON 289
    La dépopulation dans l'agriculture française,
    des vieux thèmes agrariens aux vues d'aujourd'hui
    par André FEL 309
    Georges Rouquier documentariste et l'ethnographie de la France paysanne.
    Un regard agrarien sur la société rurale ?
    par François PORTET 319
    Les métamorphoses des idéologues de l'agriculture biologique :
    la voix de *La Vie claire* (1946-1981)
    par Christine CÉSAR 335
    Un monde agricole insoumis : agriculture biologique et agrarisme
    à travers la revue *Nature et progrès* (1964-1974)
    par Nicolas WOSS 349

CINQUIÈME PARTIE - Crise du productivisme,
question environnementale et néo-agrarisme 361
    Entre refus et acceptation de l'agrarisme, les gauches paysannes en France
    depuis 1945
    par Jean-Philippe MARTIN 363
    Visages d'une jeunesse « néo-agrarienne »
    par François PURSEIGLE 387
    Ouvrages agrariens et agrarisme. Agronomes et paysagistes
    par Yves LUGINBÜHL 409
    La contestation de Natura 2000 par le « groupe des neuf » :
    une forme d'agrarisme anti-environnemental dans les campagnes françaises ?
    par Pierre ALPHANDÉRY et Agnès FORTIER 427
    L'agrarisme est-il soluble dans le lisier ?
    ou les problèmes de pollution agricole réactivent-ils certaines valeurs agrariennes ?
    par Hélène BRIVES 443

CONCLUSION - *Agrarismes et agrariens*, trente ans après...
par Pierre BARRAL 455

La Boutique de l'Histoire éditions a publié

AMALVI Christian, *Répertoire des auteurs de manuels scolaires et de livres de vulgarisation historique de langue française de 1660 à 1960*, 2001

AMALVI Christian, *Le goût du Moyen Âge* (2ème édition), 2002

AMALVI Christian (dir.), *Dictionnaire biographique des historiens français et francophones. De Grégoire de Tours à Georges Duby*, 2004

Association Histoire au Présent, *Débuter dans la recherche historique*, 1996 (épuisé)

BILLON capitaine, *Souvenirs 1804-1815*, 2006

BLOCH Marc, *Rois et serfs et autres écrits sur le servage* (2ème édition), 1996

BOURACHOT Christophe, *Bibliographie critique des mémoires sur le Second Empire*, 1994 (épuisé)

BROSSAULT Colette, *Les intendants de Franche-Comté 1674-1790*, 1999

CASANOVA Antoine, *Napoléon et la pensée de son temps, une histoire intellectuelle singulière*, 2001 (épuisé)

CHEVILLET Jacques, *Souvenirs d'un cavalier de la Grande-Armée 1800-1810*, 2004

CLÉMENT Jean-Louis, *Les assises intellectuelles de la République. Philosophies de l'État 1880-1914*, 2006

DALISSON Rémi, *Les Trois couleurs, Marianne et l'Empereur. Fêtes libérales et politiques symboliques en France 1815-1870*, 2004

DALOTEL Alain, *De la Chine à la Guyane. Mémoires du bagnard Victor Petit 1879-1919*, 1996

DELFOSSE Claire, *La France fromagère 1850-1990*,.2007

DEPAUW Jacques, *Spiritualité et pauvreté à Paris au XVIIe siècle*, 1999

DONET-VINCENT Danielle, *De soleil et de silences. Histoire des bagnes de Guyane*, 2003

FOUCHER-CRÉTEAU Roger, *Écrit à Buchenwald 1944-1945*, 2001

HOCQUELLET Richard, *Résistance et révolution durant l'occupation napoléonienne en Espagne 1808-1812*, 2001

LALIEU Olivier, *La déportation fragmentée. Les anciens déportés parlent de politique 1945-1980*, 1994

LARGEAUD Jean-Marc, *Napoléon et Waterloo : la défaite glorieuse de 1815 à nos jours*, 2006

LE QUILLEC Robert, *Bibliographie critique de la Commune de Paris 1871*, 2006

MAURY Émile, *Mes souvenirs sur les événements des années 1870-1871*, 1999

MAYAUD Jean-Luc, *Courbet, l'Enterrement à Ornans. Un tombeau pour la République*, 1999

MAYAUD Jean-Luc, CHAUVAUD Frédéric (dir.), *Les violences rurales au quotidien*, 2005

MITZMAN Arthur, *Michelet ou la subversion du passé. Quatre leçons au Collège de France*, 1999

PETITEAU Natalie, *Élites et mobilités : la noblesse d'Empire au XIXe siècle*, 1997 (épuisé)

PETITEAU Natalie, *Lendemains d'Empire. Les soldats de Napoléon dans la France du XIXe siècle*, 2003

PETITEAU Natalie (dir.), *Voies nouvelles pour l'histoire du Premier Empire*, 2003

PLOUX François, *Guerres paysannes en Quercy. Violences, conciliations et répression pénale dans les campagnes du Lot (1810-1860)*, 2002

RATCLIFFE Barrie M., PIETTE Christine, *Vivre la ville. Les classes populaires à Paris (1ère moitié du XIXe siècle)*, 2007

RENUCCI Pierre, *Auguste le révolutionnaire*, 2003

TOUATI François-Olivier, *Marc Bloch et l'Angleterre*, 2007

TOUATI François-Olivier (dir.), *Vocabulaire historique du Moyen Âge (Occident, Byzance, Islam)*, 4ème édition, 2007

TOUATI François-Olivier (dir.), *Archéologie et architecture hospitalières de l'Antiquité tardive à l'aube des Temps modernes*, 2004

Détails et compléments sur notre site Web : http://www.bhedition.com

---

Achevé d'imprimer en France le 19 décembre 2007 sur les presses de

52200 Langres - Saints-Geosmes
Dépôt légal : décembre 2007 - N° d'imprimeur : 7024